भूमण्डलीकरण

मीडिया की आचार संहिता

'हिन्दी पाण्डुलिपि प्रकाशन अनुदान योजना'
मन्त्रिमण्डल सचिवालय (राजभाषा) विभाग
बिहार सरकार, पटना (बिहार) के अंशानुदान से प्रकाशित

भूमण्डलीकरण

मीडिया की आचार संहिता

अमित कुमार विश्वास

वाणी प्रकाशन

सजिल्द प्रथम संस्करण : 2023

वाणी प्रकाशन

4695, 21-ए, दरियागंज, नयी दिल्ली 110 002

फ़ोन : +91 11 23273167 फ़ैक्स : +91 11 23275710

शाखाएँ

अशोक राजपथ, पटना 800 004, बिहार

कॉफ़ी हाउस कैम्पस, महात्मा गांधी मार्ग, इलाहाबाद 211 001, उत्तर प्रदेश

महात्मा गांधी अन्तरराष्ट्रीय हिन्दी विश्वविद्यालय, वर्धा 442 001, महाराष्ट्र

36/ए, शेक्सपीयर सरणी, रानी बिरला गर्ल्स कॉलेज के पास, कोलकाता 700 017, प. बंगाल

www.vaniprakashan.com
marketing@vaniprakashan.in
sales@vaniprakashan.in

Bhoomandalikaran : Media Ki Aachar Samhita
by Amit Kumar Bishwas

ISBN : 978-93-5518-476-4
Journalism

मूल्य : ₹ 950

आर. टेक ऑफ़सेट प्रिंटर्स, दिल्ली-110 032 में मुद्रित

वाणी प्रकाशन का लोगो मक़बूल फ़िदा हुसेन की कूची से

पूज्य माँ एवं पिता को...

पुरोवाक्

अवधेय है कि संचार व मीडिया क्रान्ति से विश्व की समस्त मूल समस्याओं का निराकरण उसी गति से हो रहा है जिस गति से सूचना स्रोतों का विस्तार हो रहा है। जब भी ई-माध्यम की चर्चा होती है तो इसके साथ ई-व्यापार की भी चर्चा होती है। इसका निहितार्थ यह है कि नये इलेक्ट्रॉनिक संचार माध्यमों के विस्तार से समस्त विश्व के औद्योगिक तथा व्यापारिक प्रतिष्ठानों के इंटरनेट और 'वेब' से जुड़ने से 'ग्लोबल विलेज' बनने के बजाय विश्व एक 'ग्लोबल सुपर मार्केट' बन रहा है। भविष्य के समाज निर्माण में इसकी सीमा को भी समझना ज़रूरी है। ऐसा प्रतीयमान है कि इस संचार व मीडिया क्रान्ति की विकेन्द्रित और आर्थिक दृष्टि से आत्मनिर्भर समाजों के साथ भी संगति बैठ सकती है, ऐसे समाजों के साथ जिनके लिए पारम्परिक तकनीक और जीवन पद्धति को छोड़ने की कोई बाध्यता न हो। नवीन संचार व मीडिया की वैचारिकी का मूल स्वर आधुनिकतम संचार व्यवस्था से विकेन्द्रित अर्थव्यवस्था की सहज संगति की सम्भावनाओं को चिह्नित करना है। नवीन संचार व्यवस्था विकेन्द्रित ग्रामीण व्यवस्था के सम्पूर्ण विश्व से पृथक होने की अनिवार्यता को समाप्त कर सकती है। अब यह सम्भव है कि किसी गाँव में अपनी कुटिया में बैठा मनीषी संसार भर के ज्ञानियों और उनके विचारों से न सिर्फ़ अवगत हो सके, बल्कि उनसे संवाद भी स्थापित कर सके। महात्मा गाँधी ने असंख्य ग्रामीण गणराज्यों के 'महासागरीय वृत्त' से जुड़े होने की जो कल्पना की थी, वह इस संचार व मीडिया क्रान्ति से ही सम्भव है। महात्मा गाँधी अपनी बातों को लोगों तक पहुँचाने और विश्व के लोगों से संवाद स्थापित करने के प्रति अत्यन्त सजग थे। यह उनके लिए सर्वाधिक महत्त्व का विषय इसलिए था कि सत्याग्रह का मार्ग हृदय परिवर्तन का है और इसका माध्यम सत्याग्रही की भावना को अधिक से अधिक लोगों तक सम्प्रेषित करके ही हो सकता है। इसके लिए अपने जीवनकाल में भाषणों के अलावा उन्होंने उपलब्ध डाक, तार और अख़बार सभी का अधिकतम तथा सार्थक प्रयोग एवं सदुपयोग किया। महात्मा गाँधी को आधुनिक औद्योगिक व्यवस्था में जो न्यूनता दिखायी देती थी, वह थी—कुछ लोगों की लिप्सा के लिए प्राकृतिक संसाधनों

का विशाल अपव्यय और उत्पादन प्रणाली में असंख्य लोगों का शोषण। वर्तमान कम्प्यूटर और इंटरनेट के विकास की दिशा प्राकृतिक संसाधनों की उत्तरोत्तर मितव्ययिता और संरक्षण की ओर है। इस शताब्दी में मनुष्य को अस्तित्व की इसी चुनौती से जूझना होगा तथा यह आवश्यकताओं को कम कर छोटे समुदायों में छोटी आर्थिक इकाइयों के विकास से ही सम्भव होगा। लेकिन जब भी छोटी आर्थिक राजकीय इकाइयों की बात होती थी तब यह सवाल किया जाता था कि आज की दुनिया में आदमी ऐसी छोटी इकाइयों में नहीं रह सकता जहाँ वह बाकी संसार से कटा रहे। इंटरनेट के आने के बाद स्थिति बदल गयी है।

प्रस्तुत ग्रन्थ में मीडिया विमर्श को लोकतान्त्रिक व्यवस्थितीकरण के अनुरूप प्रणयनकारी है। समकालीन भारत में लोकतान्त्रिक मूल्यों की स्थापना के लिए कार्यपालिका, विधायिका एवं न्यायपालिका की महती भूमिका है। इनके दिशा-निर्देशों को जनसामान्य तक पहुँचाने तथा जनसाधारण के विचारों को विभिन्न संस्थानों को उपलब्ध कराने में मीडिया की भूमिका अग्रगण्य है। निस्सन्देह आज मीडिया काफी जागरूक है और लोकतन्त्र के शेष तीन स्तम्भों की ही नहीं, अपितु देश के अन्तिम नागरिक की आवाज़ भी बन रही है, जो एक स्वस्थ लोकतन्त्र की पहचान है। इतना महत्त्वपूर्ण होते हुए भी मीडिया ने बिना स्वयं की प्रतिष्ठा की चिन्ता किये बेबुनियाद तथ्यों का प्रसारण करके विश्वसनीयता को सन्देह के कटघरे में डाल दिया है।

पण्डित मदनमोहन मालवीय, तिलक, गाँधी जी से लेकर डॉ. बी.आर. अम्बेडकर, नेताजी सुभाषचन्द्र बोस, वीर सावरकर, बाबूराव विष्णु पराडकर, पण्डित दीनदयाल उपाध्याय जैसे राष्ट्रभक्तों ने समाज में पत्रकारिता के मूल्य व आदर्श के प्रतिमान स्थापित किये। पत्रकारिता के आदर्श व मूल्यों के लिए आचार संहिता की बात उठती रही है। पत्रकारिता पर अंकुश लगाने पर लोकतन्त्र का चौथा खम्भा कमज़ोर पड़ जायेगा। ऐसे में पत्रकारिता जगत् से सम्बद्ध लोगों को अपना 'सेल्फ रेग्युलेशन कोड' बनाना चाहिए। एक दूसरी ज़रूरत यह भी है कि सम्पादकीय जिम्मेदारी निभाने वाले वरिष्ठ लोगों की जवाबदेही भी तय होनी चाहिए, क्योंकि आज भी सामाजिक सरोकार से सम्बद्ध पत्रकारों की पत्रकारिता पर आमजनों का विश्वास इसलिए बना हुआ है कि अपने नैतिकता के घेरे में जनहित को सर्वोपरि मानती है। प्रामाणिकता, निष्पक्षता और विश्वसनीयता के प्रतिमानों पर चलने वाली पत्रकारिता सूचना और मनोरंजन में सन्तुलन बिठाने हेतु प्रयासरत है। हमें यह भली-भाँति जान लेना चाहिए कि सूचना देने और पाने का अधिकार हम सभी को प्राप्त है, लेकिन सूचना के आदान-प्रदान में एक गरिमा का होना अति आवश्यक है। मज़बूत लोकतन्त्र में मीडिया की भूमिका

और भी बढ़ जाती है। अतएव बेहतर समाज निर्माण के स्वप्न को साकारित करने हेतु पत्रकारों के लिए 'आत्म-संहिता' का होना आवश्यक है। आशा है कि यह पुस्तक मीडिया के सुधी पाठकों के लिए सन्दर्भ ग्रन्थ के रूप में उपयोगी साबित होगी।

स्थान : वर्धा
दिनांक : 02.04.2022
(चैत्र शुक्ल प्रतिपदा, वि.सं. 2079)

प्रो. रजनीश कुमार शुक्ल
कुलपति
महात्मा गांधी अन्तरराष्ट्रीय हिन्दी
विश्वविद्यालय, वर्धा (महाराष्ट्र)

प्ररोचना

विराट वैश्विक विषमताओं के बीच ज्ञान-संवेदना की संचार-क्रान्ति की दस्तक

अनेक नामों और रूपों में पहचाना गया वैश्वीकरण या भूमण्डलीकरण, मानवता की आजतक की उपलब्धियों, सम्भावनाओं और उनकी जटिल बहुआयामी प्रकृति और परिणामों का सम्भवतः सबसे ज्यादा प्रचलित नाम है। वैश्विक विचार-मंच पर शायद ही कोई पद इतना प्रचलित हो, जो आकर्षक होने के साथ ही अपनी सरलता में अनेक उलझे हुए विरोधाभासी तथा विविधतामय तथ्यों, भावनाओं, संकल्पों और सम्भावनाओं को एक साथ समेटता हो। भारत में, ख़ासतौर पर हिन्दी भाषा, साहित्य और ज्ञान-विज्ञान विवेचन पटल पर भूमण्डलीकरण अपनी धूम मचा चुका है। इस कड़ी में इस विवेचन को मीडिया के सन्दर्भ में पेश करके डॉ. अमित कुमार विश्वास ने कई अपेक्षाकृत अनछुए पहलुओं का समावेश इस मूल्यवान पुस्तक में किया है, किन्तु आज के समय की जटिल परिस्थितियों में, भूमण्डलीकरण की सम्यक् साझी और सारवान सार्थक समझ विकसित करना और उसका सरल और गहराई भरा खुलासा काफी टेढ़ी खीर-सी चुनौती है। एक सुधी पाठक केवल लुभावने, बहुप्रचलित जुमलों और सुनहरे वादों-सम्भावनाओं में उलझ कर नहीं रह जायेगा, इसके लिए विवेचन-विमर्श के अनेक दिशा-संकेत इस पुस्तक के पन्नों में देखे-परखे जा सकते हैं। यहाँ ऐसे ही कुछ पहलुओं का संक्षिप्त उल्लेख करेंगे ताकि संचार-ज्ञान-विवेचन माध्यमों के खिलाड़ी, पाठक, दर्शक और वैश्वीकरण के भँवर में फँसे आम जन वैश्वीकरण की ध्वनि, अनुगूँज और मायाजाल में फँस कर कहीं थोथे-थोथे को गह कर असली सार-तत्त्व को गँवाने लगे।

आजतक के इतिहास में कमोबेश शुरू से ही नज़र आने वाले व्यापारीकरण के मिटते-उभरते चित्र शुरू से ही कार्य-क्षेत्र, कार्य-परिणाम और उनके फैलते प्रसार-क्षेत्रों के मानिन्द अपनी दस्तक दुनिया की दर-दर पर देने लगे थे।

सारे भूगोलों, समाजों, इतिहासों और संवेदनाओं, वैचारिकताओं, मूल्यों और खट्टे-मीठे अनुभवों के तारतम्यों की व्याख्या करने और उनके अपने-अपने संस्करणों की महत्ता के ढोल पीटने की प्रवृत्तियाँ भी कई रूप लेने लगी थीं। संस्कृतियों, साम्राज्यों, धर्मों और विश्वासों-मान्यताओं के जमघट में आम आदमी की भूमिका कर्ता-धर्ता से कटकर परावलम्बिता, परजीविता और अहमन्यन्ता के शिकार के रूप में खून, आँसू, पसीने से सने और थोपे गये परित्याग के रूप में प्रकट होने लगी। हाँ, इतना अवश्य हो रहा है कि इन प्रवृत्तियों के जनक और अभिकर्ता अपनी कारगुजारियों अनिवार्यतः हासिल की उच्चता की ओर अग्रसर आंशिक उपलब्धियों को सुनहले रंग-रूप में सजाकर पेश करने लगे धर्म, राष्ट्रीयता, संस्कृति, जाति, विचारधारा आदि अनेक विभाजनकारी शब्दावलियों-विचारधाराओं-ज्ञानपरम्पराओं के रूप में महिमामण्डित करते हुए।

आज 21वीं सदी में जिस भूमण्डलीकरण के चर्चे सारे जहान में अपने आप में वैश्वीकरण के नाम से अनेक रूपों में फैले और छाये हुए हैं उनके चुनिन्दा पक्षों को परिपूर्णता या मुख्यता का पर्याय बना कर शुद्ध कार्यक्षेत्र, प्रभामण्डल और ठोस वैविध्यपूर्ण ताक़तों तथा सम्भावनाओं के अन्तहीन विस्तार एवं सिमटते हुए स्वार्थों की निर्लज्ज वृद्धि के अनेक उपक्रम चलाये जा रहे हैं। उन्हें अनेक नामों, एजेंसियों, सिद्धान्तों, जीवन की समग्रता से काटकर उन सीमित पक्षों को थोड़ी पूर्णता या प्रभावशीलता के रूप में परोसा और थोपा जा रहा है। मानव समाज, चिन्तन, प्रचार-प्रसार तन्त्र का शुक्र मनाइए कि अनेक रूपोंवाली यह विविधतामय निर्मम-निर्दय-बेबाक सच्चाई छिपी नहीं रह पाती है। आज के क्षुद्र स्वार्थों के दामन में दबी-छिपी शक्ति-क्षमता-व्यापक नज़र आती स्वीकार्यता की जड़ों की कमज़ोरी भी छिपी नहीं रही है।

निस्सन्देह सारे संसार में ग़ैर-बराबरी, अभाव, अज्ञान, अन्याय का हहराता सागर आजतक की तमाम उच्चतम उपलब्धियों पर काले ग्रहण का साया फैला रहा है। इतनी सम्भावनाओं की ठनक और दस्तक के बीच अभावों, अन्यायों और दारुण दुःखों की अन्तहीन दास्तां, धन्य हो संचार तथा ज्ञान व एकांगी लोकतान्त्रिक मूल्यों तथा संस्थाओं की आंशिक जीत आज त्रस्त और निबलीकृत मानवता के मन में ही नहीं, उसके इर्द-गिर्द के ठोस जगतीतल पर भी आशा के दीप जला रही है। इस प्रकाशन के द्वारा डॉ. अमित कुमार विश्वास की अपनी शोधपूर्ण मान्यताएँ और समझ देश के हिन्दी नागरी समाज से साझा कर

संचार-क्रान्ति की भागीदार बन रही है। वैश्वीकरण रूपी बहुप्रचारित प्रवृत्ति पर छाया व्यामोह इसकी असलियत विश्वव्यापी पी विषमीकरण को छिपाने में लगा हुआ है। आज के शक्ति असन्तुलन द्वारा घोषित और पोषित नैतिकता-शून्य एकांगी निजता के झंझावात के प्रति सजग रहने की ज़रूरत है। तब ही चीटी के पग की नूपुर ध्वनि भी सत्ता के सिंहासन की चूलें तक हिला पायेंगी। इस तरह के संकल्प ही संचार साधनों की आचार संहिता को निर्धारित करने में प्रभावी होगी।

दिनांक : 23 जनवरी, 2022
स्थान : नयी दिल्ली

—कमल नयन काबरा
पूर्व प्रोफ़ेसर, अर्थशास्त्र
इंडियन इंस्टीट्यूट ऑफ़ पब्लिक एडमिनिस्ट्रेशन, नयी दिल्ली

प्राक्कथन

यह समय संसारीकरण का है। भूमण्डलीकरण का है। वैश्वीकरण का है। बाज़ारीकरण का है। उदारीकरण का है। ग्लोबल विलेज का है। मुक्त व्यापार। संवेदना, सहानुभूति, मान-मूल्य-मर्यादा से मुक्त, सिर्फ़ मुनाफ़ा सत्य-जगत् मिथ्या का समय। नीति के केन्द्र में अर्थ और पार्श्व में बाज़ार। बड़ी मछलियों को निर्बाध अधिकार कि छोटी मछलियों को निगलती रहें। सब दूर बजती पूँजी की दुन्दुभि... पूरी दुनिया बाज़ार के तम्बू के नीचे आ जाये। शिक्षा, चिकित्सा, विज्ञान, प्रौद्योगिकी, अनुसंधान, आविष्कार, यहाँ तक कि सरकार भी बाज़ार के झण्डे के नीचे। बीसवीं शताब्दी ने इक्कीसवीं शताब्दी को यही विरासत सौंपी है।... परन्तु भूलकर भी इस कार्य-व्यापार को भारतीय संस्कृति और ज्ञान-परम्परा में वर्णित 'वसुधैव कुटुम्बकम्' से मत जोड़ बैठिए। यह मन्त्र नारा नहीं, जीवन-दर्शन है जिसके केन्द्र में मनुष्य है; जबकि बाज़ार के विद्यमान स्वरूप का मनुष्यता से नाता नहीं। इसीलिए व्यापार में अब 'महाजन' नहीं पाये जाते। वसुधा एक कुटुम्ब समान है, ऐसी अवधारणा के लिए बाज़ारवाद में कहीं कोई गुंजाइश नहीं। इस कड़वी सच्चाई की बुनियाद पर ही किन्हीं मुद्दों को सही परिप्रेक्ष्य में समझा जा सकता है। सम्भव है, कोई ऐसा मार्ग निकल आये जो मनुष्य और मनुष्यता की पुनर्प्रतिष्ठा में सहायक हो।

पहले कहा जाता था ज्ञान ही शक्ति है। अब कहा जाता है सूचना ही शक्ति है। सूचना का स्वरूप बहुआयामी है। सूचना के माध्यम भी बहुरंगी हैं। बोले हुए शब्द का लिखना और लिखे हुए शब्द का छपना ज्ञान के लोकव्यापीकरण की क्रान्ति ही कही जायेगी। ईसा की दूसरी सहस्राब्दी (सन् 1001 से 2000 ईस्वी) की समापन-बेला में जब शोधार्थियों के एक समूह ने ऐसे एक हज़ार महापुरुषों की सूची तैयार की, जिन्होंने इस विशाल कालखण्ड पर अपने कृतित्व की महान छाप छोड़ी, उनमें सबसे ऊपर योहानेस गुटेनबर्ग का नाम लिखा गया। गुटेनबर्ग ने मुद्रण यन्त्र को ईजाद किया। इससे पुस्तकों का बड़ी संख्या में मुद्रण-प्रकाशन सुगम हुआ।

चन्द हाथों में क़ैद ज्ञान आज़ाद हुआ। सर्वसाधारण के लिए सुलभ हुआ। शुरू-शुरू में दसियों, फिर सैकड़ों-हज़ारों और अब लाखों की संख्या में पुस्तकों के मुद्रण-प्रकाशन का चमत्कार सम्भव बनाया गुटेनबर्ग की ईजाद ने, इसीलिए उन्हें महानों में महानतम माना गया। इसे हम ज्ञान-शक्ति का प्रस्थान बिन्दु भी कह सकते हैं। यह परिघटना 1450 के आसपास की है। इसके कोई 150 वर्ष बाद सन् 1605 में स्ट्रासबर्ग (फ्रांस) से विश्व का पहला मुद्रित समाचार पत्र 'रेलेशन एलर फर्रेमेन एंड गेडेनक्वर्डिगन हिस्टोरियन' अस्तित्व में आ गया। तीन शताब्दियों तक साप्ताहिक, दैनिक, पाक्षिक, मासिक पत्र-पत्रिकाओं की धूम रही। जिस मुद्रित शब्द के पीछे सत्य और नैतिकता का बल था, वह 'बम' से भी ज़्यादा शक्तिशाली माना गया। संचार साधन के रूप में तार, बेतारयन्त्र, फोन प्रचलन में आये। फिर 'रेडियो' का जमाना आया। बीसवीं सदी में मुद्रित समाचार माध्यमों के बरअक्स रेडियो और टेलीविज़न, दृश्य-श्रव्य माध्यमों के रूप में घर-घर पहुँचे। सुनने और देखने के लिए पढ़ाई-लिखाई के ज्ञान की भी आवश्यकता नहीं। सो प्रसार का भूगोल विस्तृत और प्रभावी भी हुआ। वेगवान संचार का तीसरा मोर्चा खुला सोशल मीडिया से, जो सकारात्मक और नकारात्मक दोनों दृष्टि से ताक़तवर है। इंटरनेट, फेसबुक, ट्विटर, इंस्टाग्राम, ब्लॉग, व्हाट्सएप, एस.एम.एस. इत्यादि तमाम प्रारूपों की गति और पहुँच का ओर-छोर नहीं। बदलाव की बयार बहा दें, झूठ का मायाजाल रच दें, सही सूचनाओं के संचार से जनजागरण में सहयोगी बन जाएँ, विध्वंसक ताक़तों के हाथों में खेल जायें तो विनाश का ताण्डव मचा दें। भूमण्डलीकरण की आपाधापी ने मीडिया को भी अपनी गिरफ़्त में ले लिया है। परम्परागत ढाँचा ध्वस्त हो चुका है। नया ढाँचा मनमानी को विशेषाधिकार मानता है। इन हालात ने नये सवाल, नयी चुनौतियाँ, नये संकट और नये सम्भ्रम उपजाये हैं। यहाँ आचार संहिता की आवश्यकता प्रतीत होती है।

सवाल उठता है कि क्या अख़बार निकालना भी वैसा ही धन्धा है जैसे साबुन-शैम्पू बेचना? क्या ख़बरिया चैनल भी टीआरपी-विज्ञापन के फेर में मर्यादा की लक्ष्मण रेखा लाँघ कर कैसी भी उल-जलूल हरक़तों का धन्धा चला सकते हैं? क्या तिजोरी भरने के लिए उस भरोसे को दाँव पर लगाया जा सकता है जो लाखों-लाख पाठक/श्रोता/दर्शक समाचार माध्यमों पर करते हैं? पहले जब कोई व्यक्ति किसी दूसरे व्यक्ति को ख़बर सुनाता था, तब सामने वाला आश्वस्त होने के लिए पूछता था—तुम्हें कैसे मालूम? जवाब मिलता था—फलाँ अख़बार में पढ़ी है।

ख़बर पक्की मान ली जाती थी। अब समाचार माध्यमों की ख़बरों पर सन्देह किया जाने लगा है। दो सौ साल में जो भरोसा कमाया गया था, क्या लोभ-लाभ के लिए उसे दाँव पर लगाया जा सकता है? पेड न्यूज़, फेक न्यूज़ की भरमार ने समाचारों की विश्वसनीयता की हत्या की है। ख़बरपालिका का एक कर्तव्य और दायित्व 'अशुभ' के विरुद्ध जनमत जाग्रत करना है। यदि ख़बरपालिका स्वयं लोभ की बीमारी पाल ले तो समाज में फैलती विकृतियों-व्याधियों पर किस मुँह से आवाज़ उठायेगी?

कुछ आदतें 'लत' बन जाती हैं। ऐसी ही एक आदत है अख़बार पढ़ना, बिना नागा, रोज़ सुबह सवेरे। कई अख़बारों के एक पृष्ठ की शुरुआत पंचांग से होती है। इसमें एक उपशीर्षक होता है—ख़रीदारी का समय, जिसमें बताया जाता है कि कितने बजे से कितने बजे के बीच कौन-सी वस्तु ख़रीदना शुभ होगा। पहले हिन्दुओं में पितृ पक्ष में कोई नया काम नहीं किया जाता था। नयी वस्तु नहीं ख़रीदी जाती थी। अब अख़बार कहते हैं कि परिवार जितनी जोरदार ख़रीदारी करेंगे, पुरखों की आत्माएँ उतनी ही प्रसन्न होंगी। सबसे ज़्यादा मुसीबत बेचारे पुष्य नक्षत्र की है जिसे कभी कार, तो कभी हीरों का हार, कभी फ्रिज, तो कभी मकान ख़रीदने के शुभ मुहूर्त की मुनादी करने बार-बार आना पड़ रहा है। समाचार माध्यमों ने इस धन्धे में ऐसे कई ज्योतिषियों को लगा रखा है, जिनका अपना कोई भविष्य नहीं है।

अब ज़रा बाज़ारों में जुटने वाली भीड़ पर नज़र डालिए। यह भीड़ आकर्षक विज्ञापनों के जरिये लुभायी-भरमायी गयी है। जीवन को चलाते रहने के लिए ज़रूरी सामान की दुकानों पर ख़रीदारों की मौजूदगी इतनी कम होती है कि कभी भीड़ नहीं बन पाती। समाचार माध्यमों में जिन वस्तुओं के लिए ललचाने वाले विज्ञापनों की भरमार होती है, जिन वस्तुओं के बिना जिन्दगी आसानी से बसर की जा सकती है, भीड़ उन्हीं की दुकानों पर टूट पड़ती है। बहुरूपिया बाज़ार ने हर उम्र के स्त्री-पुरुषों को फैशन, डिजाइन और नित-नये मॉडल के मोहपाश में ऐसा बाँधा है कि ख़रीदारी का ताँता टूटता ही नहीं है। यह हवस है और हैसियत के प्रदर्शन का जरिया भी बन चुका है। थोड़े-थोड़े अन्तराल में विज्ञापनों की पंच लाइन बदलती रहती है, नये-नये दावों और छलावों के साथ। मीडिया को खुराक इन्हीं विज्ञापनों से मिलती है, सो वे भी बहे जा रहे हैं पूँजी के बहाव में।

समाचार माध्यम विज्ञापनों में किये जाने वाले दावों की कतई पड़ताल नहीं करते कि उनमें किस हद तक सच्चाई है। सच्चाई है भी कि नहीं। कितनी ठगी-कितनी बाजीगरी-कितनी लूट है? विज्ञापनों के मानक पर नज़र रखने वाली संस्था भी इस दिशा में सचेत नहीं है। कहीं गोरा बनाने का दावा है, तो कहीं बाल इतने मज़बूत बन रहे हैं कि खींच लें। कहीं डिटर्जेंट कीचड़ में फँसी एम्बुलेंस खींच निकालने की ताक़त भर देता है और कहीं ख़ास 'जूते' पहनते ही आदमी टार्जन बन जाता है। क्या कोई परखता है ऐसे दावों को? सवालों और दावों की फेहरिस्त लम्बी है, परन्तु जवाबदेही का कठघरा खाली है। बाज़ार लूट में मशगूल है और ख़बरपालिका विज्ञापन वसूलने में।

सवाल यह भी उठता है कि ख़बरपालिका इस बात की पड़ताल करे कि जिस तरक्की और विकास दर की धुन बजा-बजा कर सरकारें झूमती हैं, उनकी हक़ीकत क्या है? आम हिन्दुस्तानी के हिस्से में इस विकास से उपजी ख़ुशहाली आयी क्या? रोजगार से विकास-दर का क्या-कितना नाता क़ायम हुआ? कितनी ख़बरें बड़े-बड़े भ्रष्टाचारों का पहले तो बम फोड़ती हैं, फिर फुस्सी बम साबित हो जाती है। आला नेताओं-अफसरों-कॉर्पोरेटों के घोटाले, छापों और दबावों तक क्यों सिमटे रहते हैं? अंजाम तक क्यों नहीं पहुँचते? ख़बरपालिका की असली ताक़त होती है नीति और नीयत की नैतिकता! बिना नैतिक बल के लोकप्रहरी और लोकशिक्षक की जिम्मेदारी निभा पाना असम्भव है।

ज़रूरत इस बात की है कि ख़बरपालिका के सभी पक्षों और पहलुओं के वस्तुनिष्ठ अध्ययन के लिए तीसरा प्रेस (मीडिया) आयोग गठित हो। उसका गठन कमीशन ऑफ़ इनक्वारी एक्ट के अन्तर्गत हो, ताकि वह सम्बन्धित पक्षों को सम्मन कर उनके बयान दर्ज कर सके। उनसे तथ्य माँग सके, निर्दिष्ट समय-सीमा में उसकी रिपोर्ट आये। रिपोर्ट तत्काल सार्वजनिक की जाये। उस पर खुली चर्चा हो, संसद में और सार्वजनिक भी। आयोग की सिफ़ारिशों के क्रियान्वयन की भी समय-सीमा तय हो। मान-मर्यादा-दायित्व-बोध की लक्ष्मण रेखा खींचने में अधिक समय न गँवाया जाये। अन्यथा समाज का अक्स दिखाने वाला यह आईना इतना गन्दा हो चुकेगा कि साफ़ शक्लें दिखनी ही बन्द हो जायेंगी। सब जानते हैं कि गन्दा आईना घरों में नहीं रखा जाता, घूर पर फेंक दिया जाता है।

पुस्तक के लेखक डॉ. अमित कुमार विश्वास ने 'भूमण्डलीकरण और मीडिया की आचार संहिता' विषय का निर्वाह परिश्रमपूर्वक और सभी आयामों का समावेश

करते हुए किया है। पुस्तक के रूप में इसका प्रकाशन सन्दर्भित विषय की पाठ सामग्री में उल्लेखनीय अभिवृद्धि करेगा। ख़ासतौर से विद्यार्थियों के लिए उपयोगी सन्दर्भ-ग्रन्थ सिद्ध होगा।

स्थान : भोपाल
दिनांक : 23 सितम्बर, 2021

—विजयदत्त श्रीधर
संस्थापक-संयोजक
माधवराव सप्रे स्मृति, समाचार-पत्र संग्रहालय एवं शोध संस्थान
भोपाल, म.प्र.—462003, मो. 9425011467
sapresangrahalaya@yahoo.com

प्रस्तावना

भूमण्डलीकरण दुनिया भर के लोगों, कम्पनियों और सरकारों के मध्य बातचीत और एकीकरण की प्रक्रिया है। इस प्रक्रिया के सामाजिक, आर्थिक, राजनीतिक और सांस्कृतिक पहलू भी इसमें जुड़े हैं। 18वीं शताब्दी के बाद से परिवहन और संचार प्रौद्योगिकी में प्रगति के कारण भूमण्डलीकरण में तेजी आयी। वैश्विक अन्तःक्रियाओं से अन्तरराष्ट्रीय व्यापार, विचारों, विश्वासों और संस्कृति के आदान-प्रदान में वृद्धि हुई है। आर्थिक रूप से भूमण्डलीकरण की प्रक्रिया में माल, सेवा, डेटा, सूचना एवं संचार प्रौद्योगिकी और पूँजी के आर्थिक संसाधन शामिल हैं। वैश्विक बाज़ारों का विस्तार माल और धन के आदान-प्रदान की आर्थिक गतिविधियों को उदार बनाता है। सीमा पार व्यापार की बाधाओं को दूर करने से वैश्विक बाज़ारों का निर्माण अधिक आसान हो गया है। स्टीम लोकोमोटिव इंजन से लेकर जेट इंजन और कंटेनर जहाज़ों जैसे परिवहन के साधनों में प्रगति और टेलीग्राफ, इंटरनेट, मोबाइल फोन जैसे दूरसंचार के बुनियादी ढाँचे में विकास भूमण्डलीकरण के प्रमुख वाहक रहे हैं और इसने आर्थिक तथा सांस्कृतिक गतिविधियों में अन्योन्याश्रयता उत्पन्न की है। 19वीं सदी के अंत में और 20वीं सदी की शुरुआत में दुनिया के तमाम देशों की अर्थव्यवस्थाओं और संस्कृतियों के जुड़ाव में तेजी आयी और 1990 के दशक में भूमण्डलीकरण शब्द बहुप्रचलित हो गया।

भूमण्डलीकरण के सन्दर्भ में बीसवीं शताब्दी का उत्तरार्द्ध अद्भुत युग है। इस युग में अर्थव्यवस्था, समाज, संस्कृति, कला, साहित्य, धर्म, दर्शन, राजनीति और पूरे मानव-चिन्तन में परिवर्तन लाने की अपरिमित शक्ति है। इस शक्ति के द्वारा किसी भी देश की अर्थव्यवस्था को शेष विश्व की अर्थव्यवस्था के साथ एकीकृत किया जा सकता है। भूमण्डलीकरण राष्ट्र-राज्य की सीमा पार जाकर एक-दूसरे को व्यापार हेतु राह दिखाता है। यह सूचना तन्त्र प्रणाली के माध्यम से अपने काम को अंजाम देता है। उसका सम्बन्ध केवल उत्पादन-व्यवस्था से नहीं रह गया है अपितु सेवा क्षेत्र सहित कई नये बौद्धिक रूप से बाज़ार को

भरमाने की कोशिश में लगा हुआ है। यह ज्ञान ही शक्ति है, के बजाय सूचना ही शक्ति है, पर बल देता है। यही कारण है कि बहुराष्ट्रीय निगम सस्ती, सहज और शीघ्रता से सूचना उपलब्ध करा कर अपना हित साध रहे हैं। सूचना चाहे जिस भी रूप में हो उसे विश्व के एक कोने से दूसरे कोने तक अबाधित रूप से पहुँचाया जाता है।

भूमण्डलीकरण मूलतः प्रौद्योगिकी व तकनीक संचालित प्रक्रिया है। तकनीक व प्रौद्योगिकी के विस्तार के फलस्वरूप न सिर्फ़ भिन्न-भिन्न अर्थव्यवस्थाओं की भौगोलिक दूरियाँ कम हुई हैं अपितु अर्थव्यवस्थाएँ भी परस्पर नज़दीक आयी हैं। इस नज़दीकी के मार्ग में आने वाली बाधाओं एवं नियन्त्रणों को दूर कर मुक्त बाज़ार के लिए खुला रास्ता तैयार करती हैं। इसी मुक्त बाज़ार के रास्ते से पूँजीवादी ताक़तें आर्थिक एकीकरण के तहत विश्व-व्यापार की गतिविधियों और व्यापारीकरण में तीव्र प्रतिस्पर्धाएँ पैदा करती हैं। उत्पादन की गुणात्मक प्रक्रिया को प्रोत्साहित भी करती हैं ताकि लाभ तुरन्त और अधिकाधिक मात्रा में प्राप्त हो सके। अधिक उत्पादन को खपाने के लिए बाज़ार की आवश्यकता के मद्देनज़र राष्ट्र-राज्य और सरकारों द्वारा स्थापित क़ानून, विशेषकर वे जो बहुराष्ट्रीय निगमों के विस्तार में बाधा पहुँचाते हैं, को सुधारा जाता है या बिल्कुल समाप्त किया जाता है। इसलिए आर्थिक सुधार भूमण्डलीकरण का महत्त्वपूर्ण हिस्सा है। आर्थिक सुधार के तहत बाज़ार विश्वव्यापी होता जा रहा है। बाज़ार का अर्थ है—माल का उत्सव, उपभोग का सुख, मुनाफ़े का स्रोत। उपभोग और मुनाफ़े का सन्तुलन बिकाऊ माल के माध्यम से स्थापित होता है। इसलिए बिकाऊ माल अर्थात् ब्रांड, एक पवित्र मिथक बन जाता है, लेकिन इन नये मिथकों का निर्माण सामाजिक अनुभव और सांस्कृतिक परम्परा से नहीं होता बल्कि बाज़ार की रणनीति और भूमण्डलीय प्रतिमान के रूप में होता है।

भूमण्डलीकरण जीवन से जुड़े हर पहलू और अस्तित्व के हर रूप का वस्तुकरण करता है। बाज़ार में उसकी क़ीमत निर्धारित करता है तथा दुनिया के बाज़ार में उनकी ख़रीद-ब्रिकी करता है। यही कारण है कि आज सौन्दर्य व देह का उद्योग विश्वव्यापी बन चुका है। प्राकृतिक संसाधनों पर क़ब्ज़ा करने की प्रवृत्ति से ही यह हमें जीवन में सुख व सुविधा दिलाने के लिए अभिप्रेरित करता है, बशर्ते आपके पास उनके सामान को ख़रीदने के लिए पर्याप्त पैसे हों। उनके सामान को आप ख़रीदें, इसके लिए वे संचार माध्यमों का भरपूर उपयोग करते हैं।

आज आर्थिक नीतियों को ध्यान में रखकर ही वर्चस्व क़ायम करने की मुहिम में विकसित राष्ट्र लगे हैं। वर्चस्व का एक साधन राज्यसत्ता के संरक्षण में सेना और बहुराष्ट्रीय कम्पनियों का गठबन्धन है तो दूसरा साधन संचार प्रणाली है। प्रेस, रेडियो, टेलीविज़न, इंटरनेट सभी पर वर्चस्वशाली हितों का एकाधिकार है। अब राजनीतिक-सामाजिक चिन्तक भारत को अमेरिका का 'ग्राहक-राज्य' (क्लाइन्ट स्टेट) के रूप में परिभाषित करने लगे हैं। पूँजीपति वर्ग मीडिया के माध्यम से ऐसा वातावरण निर्मित कर रहा है कि आपका भला जल्द ही होने वाला है। यह विश्वास भी स्थापित करता है कि आपकी ग़रीबी, बेकारी को दूर करने के लिए नीति-नियम का मसौदा तैयार हो चुका है, आप अपना धैर्य मत खोइए।

भूमण्डलीकरण के दौर में मीडिया में भी उपभोक्तावाद की लहर चल पड़ी। यही कारण है कि सन् 90 के दशक में भूमण्डलीकरण राजनीतिक स्तर पर ध्रुवीकरण के साथ आया है। धन, भोग, लोभ ही इसके मूल्य व आदर्श हैं, जो कि अमेरिकी पूँजीवाद को जायज़ ठहराते हैं। वैश्विक ग्राम की आड़ में अपने बाज़ार का विस्तार करने के लिए पूँजीपति मीडिया का इस्तेमाल करते हैं। मीडिया का विश्लेषण करने पर हम पाते हैं कि आज वैश्विक स्तर पर जो विशाल मीडिया फर्में सक्रिय हैं, उनमें से ज़्यादातर अमेरिकी या पश्चिमी यूरोप व जापान की कम्पनियाँ हैं। वे चाहे हार्डवेयर निर्माण करने वाली हों या सॉफ़्टवेयर। वैश्विक स्तर की पाँच बड़ी कम्पनियाँ, जो मनोरंजन और मीडिया सॉफ़्टवेयर का निर्माण करती हैं, ये हैं—टाइम वार्नर, डिज्नी, न्यूज़ कार्पोरेशन, वायकॉम और टी.सी.आई.। ये विशाल मीडिया फर्में क्रास मीडिया ऑनरशिप के तौर पर मीडिया के माध्यम से विश्व बाज़ार में माल और सेवा के उत्पादन व वितरण पर अपना आधिपत्य रखती हैं। इनमें अधिकांश समूह अमेरिकी स्वामित्व के अधीन हैं। उत्पादन और वितरण पर यह प्रभुत्व संचार और संस्कृति के उत्पादों तक अपना विस्तार पा लेता है। मीडिया के मालिक उत्पाद और सेवा पर आधिपत्य स्थापित करने के लिए मीडिया के माध्यम से विज्ञापनों की बौछार करते हैं ताकि हम उनके उत्पाद व सेवा के प्रति आकर्षित हो सकें। पूँजीपति तबका भारत को एक बहुत बड़े बाज़ार के रूप में देखता है। आर्थिक उदारीकरण के तौर पर भारत में इसकी शुरुआत डॉ. मनमोहन सिंह द्वारा 1991 ई. में की गयी, जब वे प्रधानमन्त्री नरसिम्हा राव सरकार में वित्तमन्त्री थे।

परम्परागत रूप से प्रेस या मीडिया को हम लोकतन्त्र का 'चौथा स्तम्भ' या 'पहरुआ' के रूप में देखते-समझते आये हैं। मीडिया की भूमिका के सन्दर्भ में

गहराई से विश्लेषण करें तो हम पाते हैं कि मूलरूप से पत्रकारिता के दो कार्य हैं—पहला, लोकतन्त्र के स्तम्भ के रूप में काम करना और दूसरा, लोगों को एक साथ लाने, समुदायों को एक करने में अहम भूमिका का निर्वाह करना। देश के प्रत्येक संवेदनशील व जागरूक नागरिक का यह सोचना कर्तव्य है कि क्या यह प्रहरी वर्तमान वैश्वीकृत परिवेश में भी अपनी अपेक्षित या वांछित भूमिका निभा रहा है? क्या भूमण्डलीकरण ने इसके मूलभूत चरित्र को परिवर्तित किया है? सामाजिक-आर्थिक-सांस्कृतिक-राजनीतिक स्तरों पर आ रहे परिवर्तनों से यह कितना प्रभावित हुआ है? प्रश्न या मूल मुद्दा यह भी है कि प्रेस या मीडिया ने देश के लिए 'दिशा बोधक' की भूमिका निष्ठापूर्वक निभायी है या नहीं। क्या यह भी किसी उद्योग की भाँति सिर्फ़ 'प्रोडक्ट' और 'बाज़ार की वस्तु' बन कर रह गया है। क्या इसकी ऐतिहासिक हस्तक्षेपधर्मिता आज भी जीवित है?

पत्रकारिता को समाज सापेक्ष होना चाहिए। पत्रकार अपनी पैनी दृष्टि से समाज में व्याप्त शोषण के प्रति लोगों को सचेत करता है। एक समर्पित पत्रकार समाज व राष्ट्र के व्यापक हितों के प्रति स्वयं जाग्रत रहकर शासन, प्रशासन और समुदाय के समस्त यथार्थ का अन्वेषण करता है। समाज में स्वच्छ पत्रकारिता से ही किसी सकारात्मक बदलाव की पहल की जा सकती है। दश्रोपा (दर्शक, श्रोता, पाठक) तक सही बात पहुँचाना हर पत्रकार का कर्तव्य है। दश्रोपा को यह विश्वास होना चाहिए कि छपा या प्रसारित प्रत्येक शब्द ईमानदारी से लिखा गया है और उसके पीछे कोई दुराग्रह नहीं है। प्रकाशन के पूर्व समाचारों का सत्यापन ज़रूरी है, क्योंकि अफ़वाहों या गलतबयानी को जनता स्वीकार नहीं करती। समाचारों को सनसनीखेज या ब्रेकिंग न्यूज़ बनाने के लिए बढ़ा-चढ़ाकर की गयी टिप्पणियाँ घातक हो सकती हैं। यह स्वीकार करना चाहिए कि हाल के दिनों में पत्रकारों पर भी बाज़ार का रंग चढ़ गया है। बाज़ार भाव के समक्ष अगर कोई पत्रकार लोकभावना को भूल जाये तो वह पत्रकारिता की आत्मा पर ही कुठाराघात करता है।

सन् 1780 के औपनिवेशिक भारत से शुरू हुई और 2020 के स्वतन्त्र आधुनिक भारत तक पहुँची प्रेस-यात्रा के अनुभव की कहानी हमें यह बताती है कि इस यात्रा में तीन महत्त्वपूर्ण मोड़ आये—पहला मिशनवाद, दूसरा प्रोफेशनलवाद और तीसरा कमर्शियलवाद। आज प्रेस या मीडिया अपनी यात्रा के तीसरे चरण में है। प्रत्येक चरण के अपने अनुभव और प्रभाव हैं। भारतीय प्रेस कभी निरपेक्ष नहीं रही, समय सापेक्ष रही है। समय और घटना विशेष के अच्छे व बुरे प्रभाव

इस पर पड़ते रहे हैं, अर्थ तन्त्र और सत्ता तन्त्र इसे कमोबेश प्रभावित करते रहे हैं। आज मीडिया में कमर्शियलवाद (धन्धावाद) की नकारात्मक प्रवृत्तियों का वर्चस्व है, यह सर्वविदित और निर्विवाद है।

दरअसल, स्वतन्त्रता पूर्व प्रेस की अन्तर्धारा व अन्तर्वस्तु मुख्य रूप से मिशनवादी, मूल्यवादी और जनोपयोगी हुआ करती थी। 15 अगस्त, 1947 के पश्चात् भारतीय प्रेस की कार्य शैली में गुणात्मक परिवर्तन आया। स्वतन्त्रता प्राप्ति से अब तक के हुए परिवर्तनों के बीच भारतीय लोकतान्त्रिक व धर्मनिरपेक्ष राजनीति और मिश्रित अर्थव्यवस्था में प्रेस किस प्रकार की भूमिका निभाये, यह चुनौती भारतीय प्रेस के समक्ष है।

आज की पत्रकारिता में मिशन के बजाय प्रोफेशन और आजकल तो कमीशन का बोलबाला बढ़ता जा रहा है। ऐसे में पत्रकार येन-केन-प्रकारेण उपभोक्तावादी दौर में शामिल होकर पैसा कमाना चाहता है। जाहिर है कि आज की समाचार नीति बाज़ार के आगे घुटने टेक चुकी है। पत्रकारिता में 'शुभ लाभ' को वरीयता दी जाती थी पर आज इनका स्थान 'शुद्ध लाभ' ने ले लिया है। मीडिया संस्थान से जुड़े लोग माल-मुनाफ़े के चक्कर में सामाजिक मूल्य व नैतिकता की चिन्ता किये बगैर बाज़ारीय शक्ति को बढ़ाने वाले सन्देशों को सम्प्रेषित करना ही अपनी नियति मानते हैं। समाचार तन्त्र पर साम्राज्यवादी देशों के प्रभाव और व्यावसायिकता की हवा से पत्रकारीय मूल्य पतन के रास्ते पर जा चुका है। इस पर साम्राज्यवादी देशों के सम्बन्ध इस कदर हावी हैं कि पत्रकारिता यानी चौथा खम्भा अब लोकतन्त्र के संरक्षक, सहायक और पथ प्रदर्शक की भूमिका को टालकर अपनी सत्ता स्थापित करने में लग गया है। आज भी मीडिया तय भूमिका को पूरी सच्चाई और क्षमता के साथ साकार कर सकती है। यह तभी सम्भव है जब वह समाचार लेखन के आचारशास्त्र और नैतिकता का पालन करे। समाचार निर्माण के लिए मीडिया संस्थानों या अन्य संस्थानों के पास कोई ख़ास गाइडिंग सिद्धान्त नहीं है क्योंकि अच्छे-बुरे, नैतिक-अनैतिक का पैरामीटर उनके किसी काम का नहीं है। आज मीडिया नये प्रकार के मूल्य 'नथिंग एक्सीड्स लाइफ सक्सेस' यानी सफलता ही सब कुछ है, को जायज़ ठहराने लगी है। अख़बार मालिकों के लिए सफलता का मतलब विज्ञापन बाज़ार पर अधिक से अधिक क़ब्ज़ा यानी ज़्यादा से ज़्यादा मुनाफ़ा कमाना है।

मुनाफ़े के चक्कर में पत्रकारीय मूल्यों को ताक पर रखने वाले पत्रकार स्टिंग ऑपरेशन के जरिये 'सब कुछ जायज़ है', को चरितार्थ करते हुए निजी

मामलों को भी मीडिया में बखान करते हैं और स्वार्थपूर्ति का साधन भी बनाते हैं। यह तो सही है कि पत्रकारिता में पैसा कमाने की होड़ मची है, इसलिए अन्तरंग व निजी मामलों को भी स्टिंग पत्रकारिता का नाम देकर उसे 'कैश' कराने के जुगाड़ में पत्रकार लग जाते हैं। सेक्स रैकेट के नाम पर मीडिया द्वारा दिल्ली की अध्यापिका के ख़िलाफ़ चरित्र हनन का आरोप लगाना मीडिया को कटघरे में खड़ा करता है, वहीं सार्वजनिक हित के लिए मीडिया द्वारा ऑपरेशन दुर्योधन को समाज के समक्ष लाना जायज़ प्रतीत होता है।

प्रेस की आज़ादी के नाम पर पत्रकारों द्वारा दुरुपयोग करने के सम्बन्ध में कहा जा सकता है कि समाचार-पत्र एक बड़ा प्रतापी साधन है लेकिन जिस तरह नदी की अनियन्त्रित धारा सारे गाँव को डुबो देती है और फसल बर्बाद कर देती है, उसी तरह अनुशासनविहीन क़लम भी बर्बादी का माध्यम बन सकती है। इसलिए पत्रकार को संविधान के अनुच्छेद 19(1) में दिये गये वाक् एवं अभिव्यक्ति की स्वतन्त्रता का अधिकार तो प्राप्त है लेकिन उन्हें यह नहीं भूलना चाहिए कि संविधान के अनुच्छेद 19(2) में निर्बन्धन की भी व्यवस्था की गयी है। अभिव्यक्ति की स्वतन्त्रता के अधिकार के साथ-साथ मीडिया कर्मियों की चिन्ता जनकल्याण से जुड़े विषयों व मुद्दों वाले समाचारों और पत्रिकाओं को पाठकों, श्रोताओं और दर्शकों तक पहुँचाने की होनी चाहिए।

समकालीन पत्रकारिता पहले की अपेक्षा ज़्यादा उन्नत और सशक्त हुई है—ख़ासतौर से तकनीक के मामले में, किन्तु उसके सामने पहले से अधिक चुनौतियाँ हैं। पूँजीवाद, बाज़ारवाद से उपजे भूमण्डलीकरण ने मीडियाकर्मियों के समक्ष भी नये क़िस्मे की चुनौतियाँ उत्पन्न की हैं, मसलन मूल्य, सामाजिकता, नैतिकता आदि। बाज़ारवादी-भौतिकतावादी आयामों के मध्य किसी पत्रकार का इन चुनौतियों से लड़ते हुए अपने कर्तव्य और दायित्व का निर्वाह करना अपने आप में महत्त्वपूर्ण हो जाता है।

आज मीडिया में जिस तरह टीआरपी का खेल चल रहा है उससे अब इन पर कोई भरोसा नहीं रह गया है कि वह जो दिखाये या कहे, सत्य ही हो। कभी-कभी तो बाज़ारीय एजेंडे को पूरा करने के उद्देश्य से मीडियाकर्मियों द्वारा मनगढन्त स्टोरी भी बना दी जाती है। प्रतिदिन यह भी सुनने में आ रहा है कि परम्परागत मीडिया से लेकर न्यू मीडिया ख़ासकर व्हाट्सएप, फेसबुक, ब्लॉग, इंस्टाग्राम, ट्विटर आदि में झूठ-कारोबार पनप रहा है। टेब्लॉयड जर्नलिज़्म से पेड न्यूज़, फेक न्यूज़ तक के सफ़र में प्रतिबद्ध पत्रकारों का मन कचोटता है।

भारतीय प्रेस की नैतिकता पर उठ रहे सवालों के मद्देनज़र कहा जा सकता है कि मीडिया जगत् पर मालिकाना हक़ पूँजीपतियों का है। विज्ञापनदाताओं के दिशा-निर्देशन में समाचारों की प्रकृति को बदलने की योजना बनती रहती है। जनकल्याण, जनसेवा से जुड़ी ख़बरें, सामान्य जनता के दुःख-दर्द की ख़बरें, जननायकों के त्याग की ख़बरें आदि अघोषित सेंसरशिप की भेंट चढ़ जाती हैं जबकि हिंसा, सेक्स, क्रिकेट और ग्लैमरस जगत् से जुड़ी ख़बरों को प्राथमिकता मिलती है। इसलिए जब स्रोत, जर्नलिस्ट, समाचार संगठन और पाठक के हित सामान्य होते हैं तो उससे सम्बन्धित सूचना ख़बर बन जाती है और उसका स्वरूप उन तीनों के हित तय करते हैं। यही कारण है कि प्राइम टाइम में रियल्टी शो को दिखाया जा रहा है। टीवी चैनलों के प्रसारण आमजनों के जेहन में घुसकर उसके सामाजिक और पारिवारिक सरोकारों को तोड़ते भी हैं और जीवन-यथार्थ से दूर भी ले जाते हैं। मीडिया की नैतिकता पर उठ रहे सवालों के मद्देनज़र ही आचार संहिता की बात लाज़िमी है कि क्या मानवीय मूल्यों के सरोकारों से सम्बद्ध है। 'भूमण्डलीकरण मीडिया की आचार संहिता' विषय पर यह पुस्तक इन उद्देश्यों की पड़ताल करती है कि क्या बाज़ारवादी होड़ में मीडिया द्वारा अपनी लक्ष्मण रेखा मिटा दी गयी है? क्या मीडिया सामाजिक-आर्थिक-सांस्कृतिक और राजनीतिक विकास के प्रति ग़ैर-जिम्मेदार हो गयी है और इसके पीछे के कारण क्या हैं? क्या मीडिया धर्म और कर्म के बीच अन्तर करना भूलकर ख़बर के व्यावसायिक महत्त्व को समाज व देशहित से ऊपर मान रहा है? क्या आर्थिक उन्मुक्तता के नाम पर राजनीतिक तन्त्र, कार्यपालिका, विधायिका तथा न्यायपालिका पर मीडिया, यों ही सब कुछ यथावत् चलने देगा? सामाजिक उत्तरदायित्वों से कटकर मीडिया किस प्रकार के मूल्यों को स्थापित करेगा?

इस पुस्तक में भूमण्डलीकरण को व्यापक परिप्रेक्ष्य में समझने की कोशिश की गयी है। साथ ही भूमण्डलीकरण के अस्त्र के रूप में विश्व बैंक, आईएमएफ, एशियाटिक डेवलपमेंट बैंक, अन्तरराष्ट्रीय वित्तीय संस्थाएँ, बहुराष्ट्रीय निगम की क्रियाविधि को भी सूक्ष्मता से विश्लेषित किया गया है। पत्रकारिता, मीडिया का विकास, मीडिया क़ानून, मुक्त प्रेस की अवधारणा, भारतीय संविधान में मीडिया और आचार संहिता के ऐतिहासिक परिप्रेक्ष्य को अध्ययन में समाहित किया गया है और साथ ही जनसंचार माध्यम की नैतिकता, पत्रकारिता के आचरण के मानक और आचार संहिता पर विमर्श भी शामिल हैं।

पत्रकारिता के आचरण या मानक निर्धारण के लिए भारतीय प्रेस परिषद् का गठन किया गया। यह उस समय स्थापित हुआ जब केवल प्रिंट माध्यम अस्तित्व में था, आकाशवाणी या दूरदर्शन शैशवकाल में थे। प्रेस परिषद् के पास सीमित अधिकार होने के कारण पत्रकारिता की नैतिकता को तोड़ने वालों या पत्रकारिता की स्वतन्त्रता पर आघात पहुँचाने वालों के ख़िलाफ़ कुछ नहीं कर सकती। इलेक्ट्रॉनिक मीडिया पर नियन्त्रण रखने के लिए कोई ठोस नियन्त्रक इकाई (अथॉरिटी) नहीं है। प्रेस परिषद् प्रिंट माध्यमों पर नियन्त्रण करती है। प्रेस परिषद् पत्रकारिता के सिद्धान्तों का उल्लंघन करने पर भी दण्ड के नाम पर केवल चेतावनी या भर्त्सना करती है। प्रेस परिषद् अधिनियम में संशोधन करके भारतीय मीडिया काउंसिल का गठन किया जाये और इलेक्ट्रॉनिक मीडिया (न्यू मीडिया) को इसके दायरे में लाने तथा काउंसिल को और अधिकार देने की पहल करें। मीडिया काउंसिल को विधिक अधिकार भी दिया जाना चाहिए ताकि अनैतिक आचरण करने वालों या पत्रकारिता की स्वतन्त्रता को ठेस पहुँचाने वालों को दण्डित कर सके। देश में उच्चतम न्यायालय और उच्च न्यायालय के न्यायाधीश को भी किसी तरह का पूर्ण अधिकार नहीं है। वे भी दुराचार के मामले में संसद द्वारा अभियोग लाकर हटाये जा सकते हैं। वकील बार काउंसिल के दायरे में आते हैं, जो कि पेशेगत दुराचार के मामले में उनका लाइसेंस तक रद्द कर सकती है अथवा उन्हें निलम्बित कर सकती है। चिकित्सकों पर मेडिकल काउंसिल का नियन्त्रण होता है, जिनके पास उन्हें हटाने तक का अधिकार होता है। लेखा परीक्षकों के साथ भी समान व्यवहार होता है, तो फिर मीडिया की नैतिकता को ध्यान में रखते हुए मीडिया काउंसिल का गठन क्यों नहीं किया जाना चाहिए? बार काउंसिल, मेडिकल काउंसिल की भाँति मीडिया काउंसिल बना देने से पेशेगत आचरण की शुद्धता की पैमाना निर्धारित हो जायेगा, यह कहना मुश्किल है। इसलिए पत्रकारों की ओर से किसी भी प्रकार के बाह्य नियन्त्रण को अस्वीकार करते हुए आत्म-नियमन की बात की जाती है।

यह तो तय है कि भारत जैसे लोकतान्त्रिक देश में मीडिया को जनसामान्य के समर्थक के रूप में होना चाहिए। कोई भी पत्र अथवा उसका प्रतिनिधि जैसे ही प्राप्त स्वतन्त्रता का उल्लंघन करता है, वह जनहित और देशहित को ठेस पहुँचाता है। अतएव बेहतर समाज निर्माण के सपने को साकार करने के निमित्त पत्रकारों के लिए एक आचार संहिता का होना ज़रूरी है।

महात्मा गाँधी अन्तरराष्ट्रीय हिन्दी विश्वविद्यालय के आदरणीय कुलपति प्रो. रजनीश कुमार शुक्ल जी ने पुस्तक का पुरोवाक्, इंडियन इंस्टीट्यूट ऑफ़ पब्लिक एडमिनिस्ट्रेशन, नयी दिल्ली के पूर्व प्रोफ़ेसर एवं मैल्कीम एदिशेशिया के चेयर प्रोफ़ेसर व अर्थशास्त्री प्रो. कमल नयन काबरा ने प्ररोचना और माधवराव सप्रे समाचार पत्र संग्रहालय, भोपाल के संस्थापक डॉ. विजयदत्त श्रीधर ने प्राक्कथन लिखा है, डॉ. राम अवध ने आवरण फोटो बनाया है, मैं हृदय से सबके प्रति कृतज्ञता ज्ञापित करता हूँ। मैं आभारी हूँ भारतीय प्रेस परिषद्, नयी दिल्ली का, जिनका सहयोग मुझे निरन्तर मिलता रहा। मैं प्रो. मनोज कुमार, प्रो. सन्तोष भदौरिया, प्रो. कृपाशंकर चौबे, प्रो. हरीश अरोड़ा, डॉ. डी.एन. प्रसाद, डॉ. जयन्त उपाध्याय, श्री आनन्द भारती, श्री अशोक मिश्र, डॉ. अनिर्बाण घोष और जीवनसंगिनी डॉ. ममता के प्रति आभार व्यक्त करता हूँ जिन्होंने पुस्तक के लिए आवश्यक मार्गदर्शन किया। मैं अपनी बेटी तृषा के योगदान को भी नहीं भुला सकता जिसने अपने नटखटपन के बावजूद मुझे पुस्तक लेखन के लिए समय दिया। डॉ. रामविलास शास्त्री, श्री नटराज वर्मा, श्री सन्दीप कुमार दुबे, श्री राजेश आगरकर, श्री विजय खोब्रागडे ने प्रूफ शोधन, टंकण आदि में सहयोग प्रदान किया, धन्यवाद।

पत्रकारिता के आत्ममन्थन, आत्मानुशासन एवं उज्ज्वल भविष्य की आशा के साथ यह पुस्तक पाठकों तक पहुँच रही है। मुझे विश्वास है कि यह पुस्तक मीडियाकर्मियों, मीडिया क़ानून में रुचि रखने वालों, लोकतन्त्र के प्रति संवेदनशील सुधी पाठक और पत्रकारिता तथा जनसंचार के शोधार्थियों-विद्यार्थियों के लिए उपयोगी सन्दर्भ ग्रन्थ साबित होगा। विद्वज्जन परिष्कार के लिए सुझाव देने की कृपा करेंगे। अस्तु, यही कामना है!

—अमित कुमार विश्वास

स्थान : वर्धा
दिनांक : 15 अगस्त, 2021

अनुक्रम

भूमण्डलीकरण

भारत में स्वतन्त्रता प्राप्ति से एक आधुनिक राष्ट्र-राज्य के साकार होने की शुरुआत हुई जिसके केन्द्र में लोकतान्त्रिक राजनीति थी पर आर्थिक समृद्धि के लिए नीतिगत निर्णय की ज़रूरत आ पड़ी। आधुनिक राष्ट्र निर्माण के लिए कई योजनाएँ संचालित की गयीं। बड़े-बड़े बाँध, उद्योग-धन्धे, कल-कारख़ाने आदि लगाये गये। बाद में भूमण्डलीकरण, निजीकरण आदि के द्वारा भी विकास की एक नयी लहर चली।

भूमण्डलीकरण विश्व-भर के इतिहास में सर्वथा नयी परिघटना है। आधुनिकता के दौर में दुनिया राजनीतिक-आर्थिक-सामाजिक-सांस्कृतिक रूप से सर्वथा नये रूप में उभर रही है, जिसमें देशकाल, ज्ञान, शक्ति, सम्प्रभुता, भौगोलिक दूरी की अवधारणाएँ समाप्त हो गयी हैं। दुनिया संचार प्रौद्योगिकी के माध्यम से जुड़ चुकी है। "वस्तुतः भूमण्डलीकरण किसी एक देश के अर्थतन्त्र को शेष विश्व की अर्थव्यवस्था से जोड़ने का प्रकल्प है, जिसमें आर्थिक गतिविधियाँ बिना किसी अवरोध के विश्व भर में संचालित होती हैं। आर्थिक गतिविधियों के संचालन में आने वाली बाधाओं को हटाकर अर्थतन्त्र को स्वतन्त्र व मुक्त करके विश्व अर्थव्यवस्था से एकीकृत करना भूमण्डलीकरण का आधार स्तम्भ है।"[1] भूमण्डलीकरण को समझने के लिए पूँजी, नव-प्रौद्योगिकी व संचार की बुनियादी अवधारणा को जानना ज़रूरी होगा।

भूमण्डलीकरण से तात्पर्य है—विकेन्द्रीकरण। हालाँकि यह केन्द्रीकरण और अकेन्द्रीकरण के बीच की स्थिति होती है। केन्द्रीकरण का परिणाम होता है—सुव्यवस्था और अप्रत्यक्ष गुलामी। विकेन्द्रीकरण का परिणाम होता है—अव्यवस्था व लोकतन्त्र। वर्तमान सन्दर्भ में भूमण्डलीकरण दो प्रकार से हो रहा है—एक, राजनीतिक शक्ति का केन्द्रीकरण और दूसरा, आर्थिक शक्ति का विकेन्द्रीकरण।

छिपी ताक़तों द्वारा आर्थिक सत्ता की मदद से विकास के नाम पर नैसर्गिक संसाधनों को केन्द्रीकृत करने की योजना आज के भूमण्डलीकरण में समाहित है। समानता आधारित विकास के दर्शन पर पूर्व में जहाँ यूरोप अधिनायकवादी शिविर के रूप में उभरा वहीं आज अमेरिका आर्थिक समानता के नाम पर अपनी नीतियाँ दुनिया को मनवाने की योजना बनाता है। अधिनायकवादी सत्ता स्थापित करने के लिए यह ज़रूरी हो जाता है कि वह शेष दुनिया के लिए पूँजी के क़ायदे-क़ानून बनाये। इसी सोच के तहत विश्व बैंक, अन्तरराष्ट्रीय मुद्राकोष जैसी संस्थाओं के माध्यम से नियोजित स्व आर्थिक हित को बढ़ावा दिया जाता है। चूँकि पूरी दुनिया में अमेरिका एकल साम्राज्यवादी निज़ाम बन गया है, जिसका मकसद है—एकाधिकारवादी ढाँचा तैयार करना। इसके दो हिस्से हैं। इसका एक हिस्सा ऐसा है जो अमेरिकी सेना तथा दूसरी अन्य सैन्य एजेंसियों की मार्फ़त दबाव डालता रहे। इनके तीन आधारभूत अंग—विश्व बैंक, विश्व व्यापार संगठन और अन्तरराष्ट्रीय मुद्राकोष हैं। इसके माध्यम से शक्ति प्रयोगकर्ता की भूमिका में एकाधिकारवादी विश्व पर दबाव भी डालता है और ताक़त का इस्तेमाल भी करता है। इसके लिए वह संचार माध्यमों का भरपूर दोहन भी करता है ताकि वह जन के साथ हितैषी के रूप में दिखे।

आज हम ग्लोबलाइजेशन और परवर्ती पूँजीवाद द्वारा पैदा किये गये सांस्कृतिक व आर्थिक बदलाव को देख सकते हैं। आधुनिकता के नाम पर विदेशी संस्कृति अपनाने की होड़ मची है। आज ग्लोबलाइजेशन का ख़ासा प्रभाव समाज के मध्यवर्ग में देखा जा सकता है। इतना ही नहीं, हमारे मध्यवर्ग में फैशनेबुल तरीक़े से ग्लोबलाइजेशन का प्रभाव पड़ा है। सरकार की नीतियों में भी ग्लोबलाइजेशन का अन्धानुकरण चल रहा है। बौद्धिकों के बीच प्रायोजित तरीक़े से विमर्श किया जाने लगा है कि पूँजीवाद का अब कोई विकल्प नहीं है। साथ ही वे इस बात को जायज़ ठहराते हैं कि ग्लोबलाइजेशन के तर्कों को मानने के अलावा कोई और विकल्प नहीं है। यह स्थिति मीडिया द्वारा निर्मित की जा रही है कि उपभोक्ताओं में किसी क़िस्म के प्रतिवाद का स्वर दृष्टिगोचर नहीं होता बल्कि ग्लोबलाइजेशन के पक्ष में संचार माध्यमों यथा : टेलीविज़न चैनलों, समाचार-पत्रों के कई संस्करणों व मीडिया कनवर्जेंस से एक अभियान चलाया जाता है। भूमण्डलीकरण के लिए संचार माध्यमों का प्रयोग किया जाता है। संचार की अवधारणाओं को समझने के लिए मार्शल मैकलुहान के विचारों को संक्षेप में जानना ज़रूरी है क्योंकि उन्होंने मानव इतिहास को संचार माध्यम

के इतिहास से समझने का प्रयास किया और बतलाया कि "भाषा, चित्र, प्रिंट माध्यम, टेलीविज़न, इलेक्ट्रॉनिक्स, सैटेलाइट, कम्प्यूटर के आने के बाद मनुष्य समाज का स्वरूप किस तरह बदला और सैटेलाइट-कम्प्यूटर की तकनीक को विकसित किया, जिससे भौतिक-दूरियों का खात्मा होने लगा। बहरहाल इस 'विश्व ग्राम' को हम संसारव्यापी संचार नेटवर्कों के संजाल से समझ सकते हैं, जिसमें अब डिजिटल ढंग से हम शब्दों, ध्वनियों और छवियों को एक स्थान से दूसरे स्थान तक प्रेषित कर सकते हैं।"[2]

भूमण्डलीकरण के द्वारा साम्राज्यवादी दौर चल पड़ा। 'साम्राज्यवाद' अंग्रेज़ी के 'इम्पीरियलिज़्म' (IMPERIALISM) शब्द का हिन्दी पर्याय है जिसे लैटिन शब्द 'इंपैरेटर' (IMPERATOR) से सन्दर्भित किया गया है। 'इंपैरेटर' से अभिप्राय है—केन्द्रीय सत्ता की अधिनायकवादी शक्तियों और प्रशासन की मनमानी विद्वानों का मत है कि भूमण्डलीकरण (ग्लोबलाइजेशन) शब्द का पहली बार प्रयोग 1968 ई. में मैक्यूहान और 1983 ई. में लैविट ने किया था। भारत में इसकी शुरुआत डॉ. मनमोहन सिंह ने 1991 ई. में की, जब वे प्रधानमन्त्री पी.वी. नरसिम्हा राव सरकार में वित्तमन्त्री थे। विक्टर ह्यूगो की चर्चित पंक्ति 'जिस विचार का समय आ चुका होता है उसे रोकने की हिम्मत कोई नहीं कर सकता' को उद्धृत करते हुए वित्तमन्त्री डॉ. मनमोहन सिंह ने 24 जुलाई, 1991 को बजट पेश करते हुए सीमा शुल्क घटाने, उत्पाद शुल्कों की दरों को सरल बनाने और लाइसेंस-परमिट राज समाप्त करने की शुरुआत की, जिसे आमतौर पर भारत में भूमण्डलीकरण की शुरुआत माना जाता है। आज विकास के नाम पर सबसे चर्चित शब्द 'भूमण्डलीकरण' के निहितार्थ को जानना और समझना ज़रूरी है।

भूमण्डलीकरण : आशय

विचार, पूँजी, वस्तु, सेवाओं के विश्वव्यापी प्रवाह को भूमण्डलीकरण कहा जाता है। अंग्रेज़ी के ग्लोबलाइजेशन शब्द को हिन्दी में 'भूमण्डलीकरण', 'वैश्वीकरण', 'जगतीकरण' आदि शब्द दिये गये हैं। सामान्य रूप से इसका तात्पर्य ऐसी परिघटना से होता है जिसका वैश्विक परिदृश्य हो और जो विश्व के लगभग सभी राष्ट्रों, समाजों और समुदायों से सम्बद्ध हो। यह किसी एक देश की अर्थव्यवस्था को विश्व की अर्थव्यवस्था से जोड़ता एवं सामंजस्य स्थापित करता है। भारतीय सन्दर्भ में यह विश्व की विभिन्न कम्पनियों को देश की अर्थव्यवस्था में निवेश की अनुमति देना एवं इसके द्वारा विकास को अंजाम देना है।

"विदेशी विनिमय अधिनियम जैसे क़ानूनों को धीरे-धीरे समाप्त करके बहुराष्ट्रीय निगमों को देश में आने की व निवेश की सुविधाएँ प्रदान करना - मात्रात्मक प्रतिबन्धों के स्थान पर धीरे-धीरे प्रशुल्कों को समाप्त करना जिसमें आयात उदारीकरण कार्यक्रमों को व्यापक आधार पर लागू किया जा सके तथा कई तरह के निर्यात प्रोत्साहन के स्थान पर विनिमय दर में परिवर्तनों द्वारा निर्यात को प्रोत्साहन देना।"[3] इन आर्थिक सुधारों के पीछे का लक्ष्य सम्पूर्ण विश्व का मानवीय विकास और सुख-समृद्धि में वृद्धि करना है। इसमें विश्व व्यापार को बढ़ावा देने के लिए सार्वभौमिक नियम बनाये जाते हैं।

सन् 1990 के दशक में भूमण्डलीकरण प्रचलन में आया। वर्ष 2000 में अन्तरराष्ट्रीय मुद्राकोष (आईएमएफ) ने भूमण्डलीकरण के चार मूलभूत आयामों की पहचान की यथा : व्यापार एवं लेनदेन, पूँजी एवं निवेश आन्दोलन, लोगों का प्रवास एवं आन्दोलन और ज्ञान का प्रसार। भूमण्डलीकरण की प्रक्रियाएँ व्यापार तथा कार्य संगठन, अर्थशास्त्र, सामाजिक-सांस्कृतिक संसाधनों और प्राकृतिक पर्यावरण से प्रभावित होती हैं। इसलिए तो भूमण्डलीकरण को मुख्यतया तीन प्रमुख क्षेत्रों में विभाजित किया जा सकता है : आर्थिक भूमण्डलीकरण, सांस्कृतिक भूमण्डलीकरण और राजनीतिक भूमण्डलीकरण।

आर्थिक भूमण्डलीकरण : आर्थिक भूमण्डलीकरण माल, सेवाओं, प्रौद्योगिकी और पूँजी की सीमा पार आवाज़ाही में तेजी से वृद्धि के माध्यम से दुनिया भर में राष्ट्रीय अर्थव्यवस्थाओं की बढ़ती आर्थिक अन्योन्याश्रयता से सन्दर्भित है। आर्थिक भूमण्डलीकरण देशों के बीच आर्थिक एकीकरण को बढ़ाने की प्रक्रिया है, जिससे वैश्विक बाज़ार का उदय होता है या एक एकल विश्व बाज़ार निर्मित होता है। इसमें शामिल हैं : उत्पादन का वैश्वीकरण; जो लागत और गुणवत्ता में अन्तर से लाभ के लिए दुनिया भर के स्थानों से किसी विशेष स्रोत से माल और सेवाओं की प्राप्ति को सन्दर्भित करता है। इसी तरह, इसमें बाज़ारों का भूमण्डलीकरण भी शामिल है; जिसे एक विशाल वैश्विक बाज़ार में विभिन्न और अलग-अलग बाज़ारों के मिलन के रूप में परिभाषित किया गया है। आर्थिक भूमण्डलीकरण में प्रतिस्पर्धा, प्रौद्योगिकी, निगम और उद्योग भी शामिल हैं।

सांस्कृतिक भूमण्डलीकरण : सांस्कृतिक भूमण्डलीकरण दुनिया भर में विचारों, अर्थों और मूल्यों के प्रसारण को इस तरह से सन्दर्भित करता है जिससे सामाजिक सम्बन्धों का विस्तार तीव्र गति के साथ हो सके। इस प्रक्रिया को संस्कृतियों की

आम खपत से चिह्नित किया जाता है जो इंटरनेट, लोक संस्कृति, मीडिया और अन्तरराष्ट्रीय व्यापार के उद्देश्यों से विस्तृत हुई हैं। इसने कमोडिटी एक्सचेंज और उपनिवेशीकरण की प्रक्रियाओं को जोड़ा है जिनका दुनिया भर में सांस्कृतिक अर्थ रखने का लम्बा इतिहास रहा है। विविध संस्कृतियों का प्रसार व्यक्तियों को राष्ट्रीय और क्षेत्रीय सीमाओं को पार करने वाले विस्तारित सामाजिक सम्बन्धों में हिस्सेदारी करने में सक्षम बनाता है। ऐसे सामाजिक सम्बन्धों का निर्माण व विस्तार केवल भौतिक स्तर पर ही नहीं अपितु मानसिक स्तर पर भी जुड़ाव को रेखांकित करता है। इसमें साझा मानदण्डों और ज्ञान का निर्माण शामिल है जिसके साथ लोग अपनी व्यक्तिगत और सामूहिक सांस्कृतिक पहचान को जोड़ते हैं। यह विभिन्न आबादी और संस्कृतियों के बीच परस्पर जुड़ाव को बढ़ाता है। भूमण्डलीकरण ने विशेष रूप से इंटरनेट और उपग्रह टेलीविज़न चैनलों के माध्यम से पॉप संस्कृति का प्रसार करके मनोरंजन के अवसरों का विस्तार किया है। सांस्कृतिक प्रसार एक समरूप शक्ति का निर्माण कर सकता है, जहाँ भूमण्डलीकरण को बाज़ारों, संस्कृतियों, राजनीति और आर्थिक संप्रभुता के माध्यम से पाट दिया जाता है। विविध माध्यमों से लोग जुड़कर सांस्कृतिक संचार को बहुधा प्रसारित करते हैं कि अलग-अलग सांस्कृतिक पृष्ठभूमि के लोग आपस में समान और अलग-अलग तरीक़ों से कैसे संवाद करते हैं और वे कैसे विविध संस्कृतियों में संवाद करने का प्रयास करते हैं। सांस्कृतिक प्रसार मूलतः सांस्कृतिक वस्तुओं के प्रसार को रूपायित करते हैं यथा : विचार, शैली, धर्म, तकनीक, भाषा आदि। सांस्कृतिक भूमण्डलीकरण ने क्रॉस-सांस्कृतिक सम्पर्क को बढ़ावा दिया है, यही कारण है कि लोग वैश्विक रूप से संस्कृतियों के सम्मिलन में सहभागी हो रहे हैं।

राजनीतिक भूमण्डलीकरण : राजनीतिक भूमण्डलीकरण आकार और जटिलता दोनों में विश्वव्यापी राजनीतिक व्यवस्था के विकास को सन्दर्भित करता है। उस प्रणाली में राष्ट्रीय सरकारें, उनके सरकारी और अन्तर सरकारी संगठन के साथ-साथ वैश्विक नागरिक समाज के सरकार-स्वतन्त्र तत्त्व जैसे अन्तरराष्ट्रीय ग़ैर-सरकारी संगठन और सामाजिक आन्दोलन संगठन शामिल हैं। राजनीतिक भूमण्डलीकरण के प्रमुख पहलुओं में से एक राष्ट्र-राज्य का घटता महत्त्व और राजनीतिक परिदृश्य पर अन्य अभिनेताओं के उदय से सन्दर्भित है।

भूमण्डलीकरण को परिभाषित करते समय इसके बहाव पर ध्यान केन्द्रित किया जाता है। एक जैसी अर्थव्यवस्था व सुख-सुविधा से लैस होने के लिए

भूमण्डलीकरण जीवन के हरेक क्षेत्र को प्रभावित करता है। अर्थशास्त्र के क्षेत्र में भूमण्डलीकरण से आशय है—व्यापार, पैसा, निगम, बैकिंग, पूँजी। राजनीति विज्ञान के क्षेत्र में भूमण्डलीकरण के लिए युद्ध, शान्ति, सरकारी व ग़ैर-सरकारी संगठन ईंधन के रूप में काम करते हैं। जबकि समुदाय, वर्ग, जाति या जाति समझौता से आशय समाजशास्त्रीय भूमण्डलीकरण से है। अतिव्यापी संस्कृतियाँ, व्यक्तियों की पारस्परिक रुचि आदि को मनोविज्ञान भूमण्डलीकरण की श्रेणी में रखा जा सकता है जबकि ज्ञान व औज़ार के रूप में इंटरनेट, ब्लॉग आदि संचार भूमण्डलीकरण के स्रोत हैं। इसी तरह अन्तरिक्ष में भी बसने की कल्पना को साकार करने को भूगोल भूमण्डलीकरण की श्रेणी में रखा जा सकता है। इसे हम निम्न रूपों में भी देख सकते हैं—

अर्थशास्त्र भूमण्डलीकरण	–	व्यापार, पैसा, निगम, बैकिंग, पूँजी
राजनीति विज्ञान भूमण्डलीकरण	–	युद्ध, शान्ति, सरकारी व ग़ैर-सरकारी संगठन
समाजशास्त्र भूमण्डलीकरण	–	समुदाय, वर्ग, जाति, जाति समझौता
मनोविज्ञान भूमण्डलीकरण	–	अतिव्यापी संस्कृतियाँ, व्यक्तियों की पारस्परिक रुचि आदि
संचार भूमण्डलीकरण	–	ज्ञान और औज़ार के रूप में जानकारी, इंटरनेट, ब्लॉग आदि
भूगोल भूमण्डलीकरण	–	अन्तरिक्ष में भी बसने की कल्पना को साकार करना।

मूल रूप से व्यक्ति के अन्तर्निहित विचार अर्थव्यवस्था व समाज के प्रगतिशील एकीकरण के लिए भूमण्डलीकरण का प्रयोग किया जाता है। ''आधुनिक भूमण्डलीकरण का पहला अर्थ है, एक जैसा विश्व-अर्थतन्त्र व विश्व-बाज़ार का निर्माण जिससे प्रत्येक राष्ट्र के अर्थतन्त्र को निश्चित तौर से जुड़ना होगा। पहले गैट (जनरल एग्रीमेंट ऑन टैरिफ एंड-ट्रेड्स) के जरिये यह प्रक्रिया चलायी जा रही थी। अब इसकी जगह विश्व व्यापार संगठन (डब्ल्यू.टी.ओ.) ने ले ली है। दूसरा अर्थ है, दुनिया की राजनीति को इसी अर्थतन्त्र और बाज़ार की ज़रूरतों के हिसाब से संचालित करने की परियोजना। इस संचालन में बाधा बन सकने वाली राष्ट्रों की स्वायत्तता और सम्प्रभुता से निबटने के लिए अमेरिका के नेतृत्व में यूरोपीय संघ और जापान का शक्तिशाली गठजोड़ कार्यरत है। यह गठजोड़ कई राष्ट्रातीत सांगठनिक संरचनाओं के माध्यम से काम करता है।

इस गठजोड़ में सदैव एकता ही नहीं रहती, मतभेद भी होते हैं, जिनकी अभिव्यक्ति आर्थिक-राजनीतिक-सांस्कृतिक रूपों में अक्सर होती रहती है। यूरोपीय संघ नाफ्टा और एशियान व्यापार-क्षेत्रों का ताक़तवर होना भी भूमण्डलीकरण की प्रक्रिया के लिए एक चुनौती के रूप में देखा जाता है। यूरो डॉलर और अमेरिकी डॉलर द्वारा वर्चस्व के लिए आपसी संघर्ष एक अन्य उदाहरण है। इराक युद्ध को भी मतभेदों के एक उल्लेखनीय उदाहरण के रूप में देखा जा सकता है, लेकिन अमेरिका की प्रबल भू-राजनीतिक केन्द्रीयता और एंग्लो-अमेरिकी कॉर्पोरेट मॉडल का वर्चस्व इन मतभेदों के ऊपर हावी हो जाता है।

इसका तीसरा मतलब है—कम्प्यूटर, इंटरनेट और संचार के अन्य आधुनिकतम साधनों के जरिये दुनिया में राष्ट्रों, समुदायों, संस्कृतियों और व्यक्तियों के बीच फासलों का कम से कमतर होते चले जाना।

इसका चौथा मतलब है—उपग्रहीय टेलीविज़न की मदद से एक भूमण्डलीय संस्कृति की रचना करना। राष्ट्रीय संस्कृतियों के केन्द्र में नागरिक रहता था पर इस संस्कृति के केन्द्र में भूमण्डलीय उपभोक्ता रहता है। इस भूमण्डलीय संस्कृति में अमेरिकी सांस्कृतिक मुहावरा बुरी तरह हावी है। इसलिए हेनरी किसिंजर ने भूमण्डलीकरण को अमेरिकीकरण की संज्ञा भी दी है।"[4]

यह नयी तकनीक, नये आर्थिक रिश्तों, अन्तरराष्ट्रीय संगठनों, व्यापार, श्रम और नागरिक समाज सहित राष्ट्रीय व अन्तरराष्ट्रीय नीतियों से प्रेरित है।

भूमण्डलीकरण विभिन्न अर्थव्यवस्थाओं और बाज़ारों के बीच परस्पर फैली हुई क्रिया की प्रक्रिया है। इस प्रक्रिया में बाज़ार, पूँजी, सेवा, माल एवं वित्त प्रमुख घटक के रूप में स्वीकार किये जाते हैं। "भूमण्डलीकरण एक प्रकार का 'रामबाण' है जो इस देश के समस्त दुखों (ग़रीबी, विषमता, पिछड़ेपन, लड़खड़ाती विकास दर, असंतुलित आयात-निर्यात, बाज़ारोन्मुख अर्थव्यवस्था आदि) का जड़ समेत हरण कर लेगा।"[5]

दरअसल, यह तकनीक संचालित प्रक्रिया है। तकनीक से ही भिन्न अर्थव्यवस्थाओं की भौगोलिक दूरियाँ कम हुई हैं और अर्थव्यवस्थाएँ परस्पर नज़दीक आयी हैं। इस परस्पर नज़दीकी के मार्ग में आने वाली बाधाओं एवं नियन्त्रणों को दूर कर मुक्त बाज़ार का रास्ता बनाया गया है।

दूसरे शब्दों में कहा जाये तो भूमण्डलीकरण किसी देश के अर्थतन्त्र को शेष विश्व की अर्थव्यवस्था से जोड़ने का प्रकल्प है, जिसमें आर्थिक गतिविधियाँ बिना किसी अवरोध के विश्व भर में संचालित होती हैं।

भूमण्डलीकरण जीवन के हर क्षण घटित होने वाली घटनाओं या अस्तित्व के हर रूप का वस्तुकरण करता है, बाज़ार में उसकी क़ीमत/दाम निर्धारित करता है तथा वैश्विक स्तर पर उनकी ख़रीद-बिक्री करता है। साथ ही यह सौन्दर्य और देह का विश्वव्यापी बाज़ार निर्मित करता है। भूमण्डलीकरण की प्रक्रिया के दो आयाम हैं। पहले आयाम में व्यापार, निवेश, प्रौद्योगिकी, सीमापार से उत्पादन प्रणाली, सूचना एवं संचार प्रवाह शामिल हैं जो कि समाज और नागरिकों को एक साथ क़रीब लाने के लिए अभिप्रेरित करता है। दूसरे आयाम के तौर पर बौद्धिक नीतियाँ और संस्थाओं को इस तरह के व्यापार और पूँजी, बाज़ार, उदारीकरण, श्रम के लिए अन्तरराष्ट्रीय मानकों के रूप में सन्दर्भित है। बौद्धिक सम्पदा अधिकार पर समझौते, पर्यावरण, निगमित व्यवहार और अन्य मुद्दों पर अवलम्बित है। भूमण्डलीकरण जीवन विकास और सम्पत्ति निर्माण के लिए एक नयी क्षमता का परिचायक है। विकास के नये मॉडल के तहत भूमण्डलीकरण से बेरोज़गारी, असमानता, ग़रीबी की समस्याओं का निराकरण के सूत्र उपलब्ध कराता है। अन्य लोगों का तर्क है कि भूमण्डलीकरण असमानता की खाई को और भी चौड़ा कर रहा है। मूलरूप से बहुराष्ट्रीय निगम, अन्तरराष्ट्रीय मीडिया संगठन, अन्तरराष्ट्रीय संगठन, ग़ैर-सरकारी संगठन आदि भूमण्डलीकरण (वैश्वीकरण) के इंजन हैं। इसका सीधा सा अर्थ है—एक विश्व अर्थतन्त्र और विश्व-बाज़ार की अवधारणा को साकार करना, जिससे प्रत्येक राष्ट्र की अर्थव्यवस्था को अनिवार्य तौर से जुड़ना होगा।

लोकभारती बृहत् प्रामाणिक शब्दकोश के अनुसार भूमण्डलीकरण का अर्थ है—भूमण्डल और पूरे संसार में (किसी वस्तु या विचार का) होने वाला प्रभाव या फैलाव। बृहत् तौर पर कहा जा सकता है कि कम्प्यूटर, इंटरनेट और संचार के अन्य आधुनिकतम साधनों के जरिये दुनिया के देशों, समुदायों, संस्कृतियों व व्यक्तियों के बीच की दूरी का कम होता जाना। विज्ञान और सूचना प्रविधि ने विश्व में निकटता उत्पन्न की है, सूचनाओं को त्वरित, विश्वव्यापी और उन्मुक्त बनाया है लेकिन व्यापार और पर्यटन पर प्रभुत्वशाली राष्ट्रों का नियन्त्रण भी बढ़ाया है। इतना ही नहीं उपग्रहीय न्यू मीडिया के जरिये एक भूमण्डलीय संस्कृति की रचना करना भी इसके अर्थ में निहित हैं। 'फिदेल कास्त्रो' ने भूमण्डलीकरण को 'इतिहास का नियम' कहा है। भूमण्डलीकरण एक तरफ़ उत्पादक शक्तियों के विकास और दूसरी तरफ़ वैज्ञानिक प्राविधिक विकास का परिणाम है। भूमण्डलीकरण का सकारात्मक पक्ष यह है कि ज्ञान और प्रतियोगिता की नयी

सम्भावनाएँ साकार हुई हैं तथा प्रतिरोध के अन्तरराष्ट्रीय मंच विकसित होने लगे हैं, लेकिन उनका नकारात्मक पक्ष यह भी है कि साम्राज्यवादी प्रभुत्व और मज़बूत हुआ है तथा सम्पन्न देशों के धनी वर्ग के सुख भोग को बढ़ावा दिया है। यह राष्ट्रीय सीमाएँ तोड़ता है और संकीर्ण चेतना भी पैदा करता है। यह विकसित और अविकसित दोनों तरह के समाजों में लाभान्वित होने वालों और वंचित होने वालों की खाई अधिक चौड़ी करता है।

भूमण्डलीकरण के रूप में आधुनिकीकरण की प्रक्रिया को देखा जाता है। "यह भी कहा जाता है कि भूमण्डलीकरण के रूप में आधुनिकीकरण की प्रक्रिया अपने चरम पर पहुँच गयी है और अब सारा जगत् एक ही साँचे में ढाल दिया जायेगा। जो इस साँचे में ढलने के लिए तैयार नहीं होंगे, उन्हें छँटनी के सिद्धान्त के तहत नष्ट होने के लिए हाशिये पर फेंक दिया जायेगा। भूमण्डलीकरण के मौजूदा दौर से पहले राष्ट्रों की सीमाबद्ध उपस्थिति के आईने में ही दुनिया को देखा जाता था। उस समय अन्तरराष्ट्रवाद एक उदात्त और रेडिकल विचार था जिसमें समता और विविधतामूलक वसुधैव कुटुम्बकम् सरीखी एक दुनिया बनाने की उम्मीदें निहित थीं। इसके उलट भूमण्डलीकरण के विचार को सन्देह की दृष्टि से देखा जाता है। समझा जाता है कि इसके तहत दुनिया पर एक नयी सत्ता-व्यवस्था थोपी जा रही है।"[6]

वस्तुतः भूमण्डलीकरण ऐसी प्रक्रिया है जिसमें विश्व के एक क्षेत्र में घटित घटनाओं, निर्णयों और गतिविधियों का विश्व के दूसरे क्षेत्र में भी प्रभाव स्पष्ट दिखता है। "वैश्विक अर्थव्यवस्थाएँ परस्पर नज़दीक आती हैं, उनका एकीकरण होता है, जिसके परिणामस्वरूप विश्व में व्यापार, वित्त, निवेश तथा बहुराष्ट्रीय कम्पनियों के उत्पादन नेटवर्क का विस्तार होता है।"[7] इसमें उदारीकरण और निजीकरण के साथ जीवन के सभी पहलुओं का समावेश पाते हैं। "भूमण्डलीकरण वस्तुतः विश्व के एकीकृत आर्थिक इकाई के रूप में विकसित होने की प्रक्रिया है।"[8] यह एडम स्मिथ के बाज़ार सिद्धान्त से आगे निकल जाने की बात है। भूमण्डलीकरण में बाज़ार के बढ़ते हस्तक्षेप को ज़्यादातर विद्वान आम राय से स्वीकार करते हैं। "आर्थिक नीति के सन्दर्भ में प्रयुक्त भूमण्डलीकरण पद का सर्वमान्य अर्थ- आर्थिक गतिविधियों से सरकारी नियन्त्रण की समाप्ति और राज्य के हस्तक्षेप को सीमित करके आर्थिक प्रक्रिया में बाज़ार की ताक़तों को मुक्त रूप से कार्य करने की अनुमति प्रदान करना है।"[9] इसी के अनुरूप जगदीश भगवती भी इसे आर्थिक भूमण्डलीकरण के रूप में परिभाषित करते हुए कहते हैं कि

"भूमण्डलीकरण से मेरा तात्पर्य ही आर्थिक भूमण्डलीकरण है, आर्थिक भूमण्डलीकरण से तात्पर्य राष्ट्रीय अर्थव्यवस्थाओं के व्यापार, प्रत्यक्ष विदेशी निवेश (बहुराष्ट्रीय कम्पनियों और निगम द्वारा) अल्पावधि वित्तीय प्रवाह, अन्तरराष्ट्रीय श्रम संचरण और तकनीकी प्रवाह के द्वारा वैश्विक अर्थव्यवस्था में एकीकृत होने से है।"[10] भूमण्डलीकरण की इस प्रक्रिया को वरिष्ठ पत्रकार प्रभाष जोशी भारत के परिप्रेक्ष्य में एक अनिवार्य प्रक्रिया मानते हैं एवं इसे प्राथमिक रूप से आर्थिक प्रक्रिया मानते हैं। भूमण्डलीकरण से बाज़ारवाद के हावी होने का ख़तरा हमेशा जताया जाता रहा है। कार्ल पोलान्यी कहते हैं कि "मानव प्राणियों और उनके प्राकृतिक पर्यावरण की क़िस्मत का एक मात्र निर्देशक बाज़ार के तन्त्र को बना देने तथा क्रयशक्ति की मात्रा और इस्तेमाल का निर्धारण उसके ऊपर छोड़ देने का मतलब होगा समाज को ध्वस्त करना।"[11] मीडिया विशेषज्ञ सुधीश पचौरी भूमण्डलीकरण को विश्व पूँजी का निरंकुश रूप मानते हैं। "आर्थिक नीति के सन्दर्भ में प्रयुक्त भूमण्डलीकरण पद का सर्वमान्य अर्थ है, आर्थिक गतिविधियों से सरकारी नियन्त्रण की समाप्ति और राज्य के हस्तक्षेप को सीमित करके आर्थिक प्रक्रिया में बाज़ार की ताक़तों को मुक्त रूप से कार्य करने की अनुमति प्रदान करना।"[12] भारत जब आज़ाद हुआ तो सरकार ने देश के विकास के लिए सरकारी नियन्त्रण में उद्योगों को स्थापित किया, लेकिन उदारीकरण के बाद हमने विनिवेश के जरिये इसका निजीकरण करना शुरू किया। भूमण्डलीकरण को आर्थिक के साथ तकनीकी प्रक्रिया भी माना जाता है। अब संचार के क्षेत्र में ऐसी तकनीक विकसित हो गयी है कि संसार के किसी भी कोने में कहीं भी कुछ भी हो रहा हो, उसे आभासी रूप से प्रत्यक्ष देखा और सुना जा सकता है। संचार की तकनीक ने काल और स्थान की सीमाओं और गति को बेमानी कर दिया है। इसके सहयोग से बाज़ार ने भी अपना विस्तार किया।

कार्ल मार्क्स ने बाज़ारवाद के इस वैश्विक रूप को पहले ही पहचान लिया था और उन्होंने इसका विश्लेषण करते हुए कहा था कि अपने माल के लिए लगातार बढ़ते बाज़ार की ज़रूरत को ग्लोब भर में दौड़ाता है। वह हर जगह अड्डा जमाता है। हर जगह पहुँचता है और हर कहीं अपने सम्बन्ध बनाता है। लोगों के मन का विस्तार इस प्रकार किया जाता है कि वह स्थानीय चीज़ों से सन्तुष्टि के बजाय दुनिया भर के सबसे बेहतर उत्पाद की तलाश में लग जाता है। गाँधी का ग्राम स्वराज्य इसमें कहीं पीछे छूट जाता है और हम आत्मनिर्भरता

को त्यागकर विश्वस्तरीय अन्तरनिर्भरता की ओर अग्रसर होते हैं। "जिस प्रकार यह संवाद भौतिक चीज़ों में होता है उसी प्रकार बौद्धिक उत्पाद में भी होता है। अलग-अलग राष्ट्रों के बौद्धिक उत्पाद आम सम्पत्ति बन जाते हैं।"[13]

अगर हम भूमण्डलीकरण को ऐतिहासिक प्रक्रिया के रूप में देखें तो हम पाते हैं कि इसके पीछे की मूल धारणा कहीं न कहीं मानवहित ही है। इससे तरह-तरह के आविष्कारों, विचारों एवं कौशल का मानवहित में प्रचार-प्रसार होता है। ''राष्ट्र-राज्य की सीमाएँ पार करता हुआ वह प्रवाह बौद्धिक, सामाजिक, आध्यात्मिकता के नये क्षितिज छूता है। भूमण्डलीकरण से राष्ट्र और संस्कृति की सीमाओं से परे विचार की परिधि का विस्तार होता है। इस दृष्टि से भूमण्डलीकरण की प्रक्रिया अपरिहार्य और हितकर है।"[14] भूमण्डलीकरण के इस रूप से विभिन्न राष्ट्रों और समाजों के बीच एक बेहतर सामंजस्य स्थापित होता है, समाज सुधार को बढ़ावा मिलता है एवं तार्किकता पर आधारित समाज निर्माण की सम्भावना प्रबल होती है। लेकिन आज की स्थितियों में भूमण्डलीकरण का यह रूप कहीं पीछे छूट गया है और यह केवल बाज़ार और लाभ केन्द्रित ही हो गया है।

आज भूमण्डलीकरण शब्द का प्रयोग बहुत ही व्यापक अर्थ में होने लगा है। अब यह अपने शाब्दिक अर्थ जिसके अनुसार विभिन्न देशों के बीच की सीमाएँ ख़त्म हो चुकी हैं, के बदले मार्शल मैकलुहान के विश्व ग्राम की अवधारणा के क़रीब दिखती है। किसी भी कार्य का प्रभाव दुनिया भर पर पड़ता है और यह सीमित दूरी का अहसास भी कराती है। अब कोई भी देश अपने को अलग-थलग नहीं रख सकता है और अगर वह ऐसा करता है तो उसे अनेक नुक़सान उठाने पड़ेंगे। भूमण्डलीकरण का एक अर्थ ठीक इसके विपरीत भी है, जिसके अनुसार यह देशी हितों के बदले विकसित और सम्पन्न देशों के हितों एवं उनके यहाँ की शक्तिशाली बहुराष्ट्रीय निगमों के हितों को साधने का कार्य करती है एवं इसके लिए नियम-क़ानूनों में बदलाव भी लाने का कार्य करती है। ''यह अन्देशा जाहिर किया जाता है कि अन्तरराष्ट्रीय व्यापार और पूँजी निवेश के लिए देश के दरवाजे खोलने का मतलब ग़रीब और अमीर देशों को बकरी और बाघ की तरह एक ही घाट का पानी पीने की व्यवस्था करना है और ऐसी दोस्ती में अमीर देश ग़रीब देशों से मुनाफ़ा लेंगे ही।"[15] खुली प्रतिस्पर्द्धा हमेशा शक्तिशाली को ही समर्थन देती है। इस रूप में ग़रीब देश आत्मनिर्भर होने के बजाय अमीर देशों पर और ज़्यादा निर्भर हो जायेंगे और उनकी आर्थिक स्थिति और भी बिगड़ेगी। यह आगे चलकर औपनिवेशिकता को नये रूप में प्रस्तुत करेगी।

वर्तमान सन्दर्भ में देश की अर्थव्यवस्था का वैश्विक अर्थव्यवस्था से जुड़ाव और इस जुड़ाव से उत्पन्न हुए जोख़िम मिलकर ही भूमण्डलीकरण के स्वरूप को तय करते हैं। इसमें हम पूँजी एवं तकनीक के स्वतन्त्र प्रवाह के जरिये व्यापार एवं उद्योग के विस्तार में सहयोग देते हैं, जिससे संसाधनों के निर्माण एवं उपभोग की बाधाएँ दूर होती हैं। इससे सांस्कृतिक रूपांतरण भी सम्भव हो पाता है। ऐसे में ''भूमण्डलीकरण ग़ैर-पश्चिमी संस्कृतियों के लिए मारक साबित हो रहा है। जो समाज बहुसांस्कृतिकता से सम्पन्न थे वे एकआयामी होते जा रहे हैं। ...यह पश्चिमी सत्ता और नियन्त्रण का सांस्कृतिक वैयक्तीकरण है।"[16] यह हमेशा एकरूपता को बढ़ावा देता है ताकि उत्पादों के खपत में किसी तरह का व्यवधान पैदा न हो।

भूमण्डलीकरण : पृष्ठभूमि

वर्तमान सन्दर्भ में भूमण्डलीकरण की प्रक्रिया, स्वरूप या उसकी पृष्ठभूमि को समझने के लिए हमें औपनिवेशिक नीतियों की बखूबी पड़ताल करने की आवश्यकता है। प्रतिस्पर्धात्मक विकास के जुमले से ही औपनिवेशिक ताक़तों को साम्राज्य विस्तार करने वाला एक नया वातावरण निर्मित हुआ। विकास की होड़ के परिणामस्वरूप पूँजीवाद ने भूमण्डलीकरण को जन्म दिया। "पूँजीवाद के विकास ने जिस साम्राज्यवादी उपनिवेशवादी व्यवस्था को जन्म दिया और जिसके परिणामस्वरूप 'विश्व पूँजीवाद' का विकास हुआ उसकी अगली कड़ी नव-उपनिवेशवाद और भूमण्डलीकरण है, हालाँकि द्वितीय विश्व युद्ध के बाद इसके चाल-चरित्र व चेहरे में बहुत बदलाव आ गया है।"[17] पहले का साम्राज्यवाद एक अलग क़िस्म का था पर आज एक ऐसा साम्राज्यवाद है जहाँ कि बिना सैनिक भेजे रणक्षेत्र में बाजी मार कर पूँजीपति अपना मुनाफ़ा कमाता है।

मानव इतिहास को देखें तो हम पाते हैं कि इसमें परिवर्तन लगातार होते रहे हैं। ये परिवर्तन मानव जीवन की असुरक्षा को कम करने, प्रकृति से बेहतर ताल-मेल स्थापित करने, जीवन को सुगम बनाने के उद्देश्य से हुए और समय-समय पर कई प्रकार के आविष्कारों ने इसमें महत्त्वपूर्ण योगदान दिया है। इसी के कारण मनुष्य आदिम मानव से तकनीक सम्पन्न आधुनिक मानव तक का सफ़र तय कर पाया है। यह यकायक नहीं हुआ, वरन् हज़ारों सालों की उपलब्धि है। सभ्यता के विकास के साथ अर्थव्यवस्था का स्वरूप भी बदला और उसकी ज़रूरतें भी बदलीं। मानव सभ्यता के प्रारम्भिक काल में वस्तु-विनिमय के आधार पर

व्यवस्था संचालित होती थी, जिनके कारण बाज़ार का दायरा और ख़रीद फ़रोख़्त का आकार सीमित था। इस समस्या का समाधान मुद्रा के जन्म से हुआ। मुद्रा ने बाज़ार के विस्तार में सहयोग किया और परिवहन के साधनों के आविष्कार ने भौगोलिक सीमा को बेमानी कर दिया। यह बाज़ार समाज में सन्निहित था। बाज़ार समाज के निर्धारित उद्देश्यों के लिए काम करता था। विनिमय और उत्पादन के विभिन्न साधनों के भुगतान की शर्तें समाज द्वारा निर्धारित होती थीं।

वर्तमान में जो परिवर्तन देखने को मिल रहे हैं, वे पहले से काफी तेज, व्यापक एवं क्रान्तिकारी प्रभाव डालने वाले हैं। इन परिवर्तनों के मूल में विश्व को एक ग्राम बनाने का विचार सबसे महत्त्वपूर्ण भूमिका निभा रहा है। इसी को भूमण्डलीकरण की संज्ञा भी दी जाती है। पिछले तीन सौ वर्षों के साम्राज्यवादी नीतियों का इतिहास इस बात का गवाह है कि विकसित शक्तिशाली पूँजीवादी देशों ने अपने व्यापारिक-औद्योगिक एवं राजनीतिक स्वार्थों के लिए एशिया, अफ्रीका और लैटिन अमेरिका की प्राकृतिक सम्पदा का दोहन किया तथा उन्हें अपने माल की खपत के लिए बाज़ार के रूप में इस्तेमाल किया। दुनिया में विकास के लिए एक नया वातावरण विकसित हुआ। आधुनिक दौर में आज जिस भूमण्डलीकरण की चर्चा हो रही है उसकी पृष्ठभूमि की पड़ताल करें तो हम पाते हैं कि भूमण्डलीकरण की शुरुआत 1989 ई. में हुई, जब इसके वैचारिक आधार 'वाशिंगटन आम राय' का प्रतिपादन जॉन विलियम्सन ने किया। हालाँकि उसकी पृष्ठभूमि थैचर और रीगन के सत्तारूढ़ होने, अर्थशास्त्रियों के शिकागो स्कूल का दबदबा बढ़ने, सोवियत यूनियन के टूटने की बदौलत अमेरिका का प्रभुत्वशाली राष्ट्र बन जाने व गुटनिरपेक्ष आन्दोलन के शक्तिहीन होने तथा आत्मनिर्भर स्वतन्त्र अर्थव्यवस्था की बात नवस्वतन्त्र देशों में भुलाने के साथ तैयार हो गयी थी। भूमण्डलीकरण के वर्तमान दौर के वैचारिक आधार को 'वाशिंगटन आम राय' के रूप में जाना जाता है। इस पद का सृजन जॉन विलियम्सन ने 1990 में किया था। इसे सोवियत संघ के विघटन के बाद उत्पन्न हुई वैचारिक शून्यता को भरने के लिए लाया गया था। यह नीतियों का एक समूह था जिसे अमेरिकी सरकार, अमेरिकी ट्रेजरी, फेडरल रिजर्व और वाणिज्य विभाग और अन्तरराष्ट्रीय मुद्राकोष, विश्व बैंक और इंटर-अमेरिकरन डेवलपमेंट बैंक (बाद में उसके स्थान पर बने विश्व व्यापार संगठन) के समान दृष्टिकोण का सूचक था। इस 'आम राय' में तीसरी दुनिया की स्थितियों का कोई ध्यान नहीं रखा गया जबकि उनकी परिस्थितियाँ अमेरिका एवं यूरोप से सर्वथा भिन्न थी। आम राय बनाते समय

उनकी भागीदारी को भी ज़रूरी नहीं समझा गया। या यूँ कहें तो यह उन पर लाद दी गयी। वाशिंगटन आम राय सरकार की सक्रिय भूमिका को नकारता है। राज्य को आर्थिक मामलों में कम से कम दख़ल देने के हिमायती हैं। "उनकी धारणा है कि राज्य संरक्षणवाद, सब्सिडी और अपने स्वामित्व में उद्यमों को स्थापित कर अर्थव्यवस्था की कार्यकुशलता पर बुरा प्रभाव डालता है।"[18] वे राज्य से उम्मीद करते हैं कि आर्थिक उदारता एवं सार्वजनिक क्षेत्र के उद्यमों का निजीकरण करें। इस वाशिंगटन आम राय में दस बातों का समावेश है—"1. राजकोषीय अनुशासन : बजटीय घाटे को सीमित रखने के लिए कठोर क़दम, 2. सार्वजनिक व्यय सम्बन्धी प्राथमिकताओं में परिवर्तन : सब्सिडी में कटौती और ग़रीबी निवारण कार्यक्रमों की लगभग समाप्ति, 3. कर सम्बन्धी सुधार : कराधान के आधार का विस्तार और कर की सीमान्त दर में कमी, 4. वित्तीय उदारीकरण : ब्याज की दरों का बाज़ार द्वारा निर्धारण, 5. विनिमय दर : इसका निर्धारण ऐसे हो कि ग़ैर-परम्परागत निर्यात बढ़े, 6. व्यापार का उदारीकरण : कोटा समाप्त हो और दस वर्षों में सीमा शुल्क को कम कर दस प्रतिशत के आसपास किया जाए, 7. विदेशी प्रत्यक्ष निवेश : उसके प्रवेश में कोई बाधा न हो तथा देशी निवेश के साथ पूरी समानता दी जाए, 8. निजीकरण : राजकीय उपक्रमों का निजीकरण हो, 9. विनियमनों को हटाना : नयी देशी-विदेशी फर्मों के प्रवेश पर रोक या किसी तरह का प्रतिबन्ध न हो और 10. सम्पत्ति सम्बन्धी : सम्पत्ति सम्बन्धी अधिकारों को प्राप्त करने, इस्तेमाल में लाने और हस्तान्तरण में कोई रुकावट न हो।"[19]

इस वाशिंगटन आम राय से जुड़े आर्थिक कार्यक्रम को लैटिन अमेरिकी देशों ने अपनी दयनीय आर्थिक स्थिति से उबरने के लिए अंगीकार कर लिया था। वाशिंगटन आम राय को बाज़ार रूढ़िवाद या नवउदारवाद भी कहा जाता है। इसके जनक जॉन विलियम्सन ने दस साल बाद 2000 ई. में कहा कि तीव्र आर्थिक विकास की कुँजी न तो देश के प्राकृतिक संसाधनों में निहित है और न ही प्राकृतिक या मानवीय पूँजी के परिणाम या गुणवत्ता में। वस्तुतः उसके लिए आर्थिक नीतियों का एक सही सेट या समूह चाहिए। आज यह नवउदारवाद दुनिया का एक प्रबल सिद्धान्त या मतवाद बन चुका है।

यहाँ यह कहा जा सकता है कि "वाशिंगटन आम राय पर आधारित भूमण्डलीकरण में राज्य की आर्थिक भूमिका को न्यूनतम बनाने और निजीकरण पर विशेष जोर दिया गया था। इस धारणा को रेखांकित किया गया कि राज्य संरक्षणवाद, सब्सिडी और अपने स्वामित्व में उद्यमों की स्थापना द्वारा अर्थव्यवस्था

की कार्यकुशलता पर बुरा प्रभाव डालता है। वाशिंगटन आम राय ने विदेशी प्रत्यक्ष एवं संस्थागत निवेश के बेरोक-टोक आने-जाने, कम्पनियों को मज़दूरों की भर्ती और सेवा शर्तों को बिना सरकारी हस्तक्षेप तय करने तथा मज़दूर संगठनों पर अंकुश लगाने पर जोर दिया।"[20] व्यापार क्षेत्र पर क़ब्ज़ा करने के उद्देश्य से ही पूँजीपतियों में एक वैश्विक प्रतिस्पर्धा शुरू हुई। शीत युद्ध की राजनीति व कूटनीति के विस्तार के फलस्वरूप दुनिया दो शिविरों में विभाजित हो गयी। एक शिविर में सोवियत संघ, पौलेंड, चेकोस्लोवाकिया, पूर्वी जर्मनी, हंगरी जैसे देश शामिल हुए। दूसरे अमेरिकी शिविर में यूरोप, कनाडा, दक्षिण कोरिया जैसे राष्ट्र। जापान और यूरोप के औद्योगिक देशों को द्वितीय विश्व युद्ध से सबसे ज़्यादा नुक़सान हुआ था। युद्ध के बाद अमेरिका और रूस प्रमुख ताक़त बनकर उभरे। "रूस ने नियोजित विकास का रास्ता अपनाया तो पूँजीवाद की अगुवाई अमेरिका के हाथ में आ गयी और द्वितीय विश्व युद्धोत्तर अर्थव्यवस्था को लेकर उसकी चिन्ताएँ बढ़ गयीं। चूँकि अमेरिका एक ताक़त के रूप में उभरा था और युद्ध में उसका नुक़सान भी कम हुआ था इसलिए उसकी आर्थिक और राजनीतिक स्थिति ने उसे विश्व अर्थ में उसके नेतृत्व की दिशा तय कर दी। जापान, जर्मनी और इटली युद्ध में हारकर अपनी ताक़त खो चुके थे।"[21]

इसी शीत युद्ध ने तीन बड़ी सन्धि करायी। ये हैं - सेंटो, नाटो, वार्सा। शुरू की दो सन्धियों का सीधा सम्बन्ध पूँजीवादी देशों से था जबकि तीसरे का सम्बन्ध समाजवादी यानी पौलेंड, सोवियत रूस जैसे देशों के साथ था। इसी के साथ-साथ भारत, मिस्र, यूगोस्लोवाकिया, इंडोनेशिया जैसे राष्ट्रों ने तटस्थ भूमिका निभायी, जिसे 'गुट निरपेक्ष आन्दोलन' कहते हैं। तीसरी दुनिया के देशों में दक्षिण अफ्रीका सहित विकासशील व अर्द्ध विकसित देश शामिल हुए। आठवें दशक के आते-आते स्थितियाँ काफी बदल जाती हैं। पूँजीवादी शिविर आक्रामक होने लगता है और वे चारों तरफ़ से समाजवादी देशों की घेराबन्दी शुरू कर देता है। खाड़ी के देशों तथा अफगानिस्तान में नाटो की सेना को तैनात कर दिया जाता है। सेना की मौजूदगी से उन देशों की अर्थव्यवस्था गड़बड़ा जाती है। इसका लाभ अमेरिका उठाता है और अमेरिका के नेतृत्व में सन् 1990 में पहला इराक युद्ध शुरू होता है। हालाँकि विश्व को नयी अर्थ रचना में ढालने के लिए अमेरिका और उसके मित्र राष्ट्र प्रयासरत तो थे ही। कई सम्मेलन गैट, उरूग्वे आदि के माध्यम से सोचा गया कि विश्व की तीसरी दुनिया के राष्ट्रों को नये ढंग से आर्थिक रूप से दास बनाया जाये लेकिन इस लक्ष्य की प्राप्ति के लिए ऐतिहासिक रूप से

प्रतिद्वन्द्वी शिविर यानी सोवियत संघ का पतन आवश्यक था लेकिन 1990 ई. में जब इराक पर नाटो की सेना ने चढ़ाई की तो सोवियत संघ तटस्थ रहा। यही कारण है कि अमेरिका को खुला मैदान मिल गया। इसके बाद की घटना बताती है कि किस प्रकार 1991 ई. में सोवियत संघ का विघटन हुआ। यहाँ यह कहना समीचीन होगा कि 1989 ई. में ही बर्लिन की दीवारें टूटी। 1989 ई. से ही स्पष्ट हो गया था कि अब पूँजीवादी शक्ति नव उपनिवेशवाद का अभियान चलायेगा जिसकी पराकाष्ठा 1991 ई. में सोवियत संघ का पतन और साम्यवादी संघ का बिखराव होता है। यहाँ से वैश्वीकरण का अश्वमेघ शुरू होता है। सोवियत संघ के पतन के पश्चात् शीत युद्ध तो समाप्त हुआ ही लेकिन सम्पूर्ण विश्व एकल ध्रुवीय यानी 'यूनिपोलर' शक्ति तन्त्र में बदल गया। इसका यहाँ अर्थ हुआ कि अब विश्व में एक ही शिविर है और वह है, यूरोप-अमेरिकी शिविर।

यहाँ विचारणीय विषय यह भी है कि सोवियत संघ ने तो वार्सा सन्धि को समाप्त कर दिया था लेकिन अमेरिका ने नाटो को अब तक बनाये रखा है और इसकी सेनाएँ खाड़ी और अफगानिस्तान में बनी हुई हैं, आखिर क्यों? इस नाटो का एक ही मकसद है—नव साम्राज्यवादी/नव उपनिवेशवादी रणनीति को उसके तार्किक बिन्दु तक पहुँचाना। इसलिए आज भूमण्डलीकरण का 'अश्वमेघ' अपनी प्रचण्डता के साथ जीवन के सभी क्षेत्रों में चलाया जा रहा है। अन्तरराष्ट्रीय, राष्ट्रीय और स्थानीय मीडिया जाने-अनजाने इसके वाहक बने हुए हैं। यहाँ दो-तीन और प्रक्रियाओं का उल्लेख भी समीचीन रहेगा कि भूमण्डलीकरण के साथ-साथ तीन-चार और भी घटनाएँ होती हैं—जैसे 1. साम्यवादी शिविर का अवसान व शीत युद्ध की समाप्ति, 2. सभ्यताओं के टकराव की अवधारणा, 3. इतिहास के अन्त की घोषणा, 4. विचारधारा के अन्त की घोषणा। पश्चिमी विचारकों की अवधारणाएँ वैश्वीकरण की यात्रा को आगे बढ़ाने में सहचरी की भूमिका निभाती हैं। इन चारों परिघटनाओं व अवधारणाओं को संयोगमात्र नहीं माना जा सकता बल्कि यह अमेरिकी शिविर की एक सुनियोजित रणनीति का एक हिस्सा है और इसे अभिन्न भाग के रूप में देखा जाना चाहिए। इसकी पुष्टि 2003 ई. में एक विशेष प्रकार की आश्चर्यजनक अवधारणा से भी होती है। 2003 ई. में ब्रिटेन की तत्कालीन सत्तारूढ़ लेबर पार्टी का महाधिवेशन लन्दन में होता है और वहाँ राबर्ट कूपर नाम के सिद्धान्तकार एक नयी थीसिस सदस्यों के बीच रखते हैं। इस थीसिस में कहा जाता है कि यूरोप को अपनी आत्मरक्षा के लिए नये सिरे से साम्राज्यवाद व उपनिवेशवाद का अभियान चलाना चाहिए

क्योंकि तीसरी दुनिया के देशों में लोकतान्त्रिक व्यवस्थाएँ असफल हो चुकी हैं और वहाँ अराजकता की स्थिति है। ऐसी स्थितियाँ यूरोप के लिए खतरनाक सिद्ध हो सकती हैं। अतः हमें आत्मसुरक्षा के लिए नव साम्राज्यवाद/नव उपनिवेशवाद का अभियान चलाना चाहिए। इसे उन्होंने 'डिफेंसिव इंपीरियलिज़्म' की संज्ञा दी। राबर्ट कूपर कोई मामूली सिद्धान्तकार नहीं थे, वे तत्कालीन प्रधानमन्त्री टोनी ब्लेयर के सलाहकार भी थे। सन् 2002 में द्वितीय खाड़ी युद्ध के दौरान उन्होंने प्रधानमन्त्री को युद्ध सम्बन्धी सलाह दी थी। अतः भूमण्डलीकरण के परिप्रेक्ष्य में इन चीज़ों को देखा जाना चाहिए। 1990 ई. से भूमण्डलीकरण का अभियान अपनी सम्पूर्णता के साथ चलता है। भारत में 24 जुलाई, 1991 में तत्कालीन प्रधानमन्त्री पी.वी. नरसिम्हा राव और तत्कालीन वित्तमन्त्री डॉ. मनमोहन सिंह के नेतृत्व में भूमण्डलीकरण की शुरुआत हुई। भूमण्डलीकरण के सन्दर्भ में मुक्त अर्थव्यवस्था के नाम पर विचारकों ने यह सिद्धान्त गढ़ा कि आर्थिक गतिविधियों में राज्य का कोई नियन्त्रण नहीं होना चाहिए और व्यक्ति को स्वतन्त्र छोड़ देना चाहिए। भारत में इस मुक्त अर्थव्यवस्था की शुरुआत डॉ. मनमोहन सिंह ने की। भूमण्डलीकरण तीन प्रक्रियाओं पर आधारित है—1. निजीकरण, 2. उदारीकरण और 3. विनिवेशीकरण।

20वीं सदी के अन्तिम चरण से आरम्भ होने वाला भूमण्डलीकरण 18वीं, 19वीं और 20वीं सदी के पूर्वार्द्ध के साम्राज्यवादी/उपनिवेशवादी अभियानों से इस अर्थ में सर्वथा भिन्न है कि वर्तमान नव साम्राज्यवाद/उपनिवेशवाद के अन्तर्गत सीधे सामरिक अभियान नहीं चलाये जाते हैं। सैन्य उपस्थिति अनिवार्य नहीं है बल्कि परोक्ष व अदृश्य नियन्त्रणों से देशों को आर्थिक रूप से गुलाम बनाया जाता है। इस भूमण्डलीकरण के अस्त्र हैं—विश्व बैंक, आईएमएफ, एशियाटिक डेवलपमेंट बैंक तथा विभिन्न प्रकार की अन्तरराष्ट्रीय वित्तीय संस्थाएँ, बहुराष्ट्रीय निगम और सबसे जो महत्त्वपूर्ण माध्यम है, वह है—डब्ल्यू.टी.ओ. (विश्व व्यापार मंच)। इसमें सभी सदस्य देशों को समान रूप से मताधिकार प्राप्त हैं लेकिन क्या भूटान या मालदीव जैसे छोटे से देश अमेरिका, ब्रिटेन, फ्रांस, जापान से टक्कर ले सकते हैं। स्पष्ट है कि विश्व व्यापार मंच के माध्यम से अति समृद्ध व अति विकसित राष्ट्र अपने आर्थिक व कूटनीतिक एजेंडा को लागू करने की भरपूर चेष्टा करते हैं। वे विकासशील व निर्धन राष्ट्रों की बाहें मरोड़कर अपने आर्थिक योजनाओं को आगे बढ़ाते हैं। विकसित राष्ट्र अपनी रद्दी व घटिया क़िस्म की टेक्नोलॉजी को ग़रीब मुल्कों में बेचते हैं। सूचना प्रौद्योगिकी का विस्तार कर वे

अपना माल बेचने की जुगत में लगे रहते हैं। इसके लिए वे सस्ती दरों पर ग़रीब देशों के श्रम का दोहन भी करते हैं।

भूमण्डलीकरण की प्रक्रिया की शुरुआत बाह्य कारणों से पैदा हुए 1990-91 के भारतीय अर्थव्यवस्था में आये भुगतान सन्तुलन के संकट से हुई थी। "इस संकट से निपटने के लिए आपातकालीन ऑपरेशन जल्दी ही विश्व मुद्राकोष और विश्व बैंक के दबाव और प्रोत्साहन में व्यापार और निवेश क्षेत्रों के विनियन्त्रण में बदल गया, अर्थव्यवस्था का खोल दिया जाना और उसका ग्लोबल अर्थव्यवस्था से जुड़ना, सामाजिक क्षेत्र के उद्यमों का विनिवेश और निजीकरण, कार्यदक्षता बढ़ाने के नाम पर श्रमिकों की छँटनी और आर्थिक निर्णयों के केन्द्र में बाज़ार का आ जाना। इन योजनाओं की जटिलता को एक हितैषी लेबल दिया गया : 'आर्थिक सुधार'।"[22]

आर्थिक सुधार के निमित्त सूचना प्रौद्योगिकी ने भूमण्डलीकरण को गति प्रदान की। यही कारण है कि नब्बे के दशक में उपग्रहों के प्रक्षेपण की रफ़्तार अति तीव्रता से होने लगी है। 1990 ई. के उपरान्त ही निज़ी चैनलों को छूट मिली और प्रसारण में तेजी आयी। ख़ासकर 1991 ई. के बाद स्थानीय दैनिकों का विस्फोट हुआ। तमाम बड़े अख़बारों के स्थानीय संस्करण प्रकाशित होने लगे, तहसील स्तर के संस्करण निकलने लगे। भारत में लगभग 35 से 40 करोड़ लोग नव मध्यवर्ग में आते हैं। यह नव मध्यवर्ग उपभोक्ता संस्कृति के क़रीब हैं यही कारण है कि इनकी इच्छा और आकांक्षाओं को पूरा करने में राष्ट्र-राज्य लग गये और इसमें मीडिया इसका वाहक बन रहा है।

भूमण्डलीकरण के विस्तार के सन्दर्भ में पड़ताल करें तो हम पाते हैं कि इस दौर में पूँजी का संकेन्द्रण कुछ ही हाथों में सीमित होने के कारण पूँजीवाद एकाधिकार कर लेता है। इस प्रकार पूँजीवाद साम्राज्यवाद का आर्थिक आधार ग्रहण करता है। पूँजीवादी व्यवस्था के अन्तर्गत प्रतिस्पर्धा के क्रम में छोटे पूँजीपति पीछे छूटते जाते हैं और बड़े पूँजीपति (जिन्हें अधिक पूँजी सुलभ है), आगे बढ़ते जाते हैं। बड़े पूँजीपति उत्पादन के साधनों पर क़ब्ज़ा कर लेते हैं।

यहाँ यह कहना समीचीन होगा कि अत्यधिक उत्पादन से प्राप्त माल की खपत एवं कच्चे माल की प्राप्ति के लिए बाज़ार की तलाश अनिवार्य हो जाती है। देशी बाज़ार में माल की खपत चूँकि सीमित मात्रा में ही हो पाती है इसीलिए पूँजीपति माल की खपत और कच्चे माल की तलाश में उपनिवेशों की ओर उन्मुख होते हैं। ये उपनिवेश ऐसे देश होते हैं जहाँ बाज़ार की अपार सम्भावनाएँ तो होती हैं,

साथ ही प्राकृतिक संसाधनों के रूप में कच्चा माल भी भरपूर मात्रा में उपलब्ध होता है। औपनिवेशिक देश न सिर्फ़ प्राकृतिक संसाधनों का दोहन कर कच्चे माल का इस्तेमाल करते हैं अपितु मानव श्रम का भी शोषण करते हैं। इस प्रक्रिया को तर्कसंगत और वैध रूप प्रदान करने के लिए कई तरह की सांस्कृतिक और शैक्षणिक नीतियों को प्रोत्साहित किया जाता है। जिससे साम्राज्यवाद के लिए स्थानीय समर्थन प्राप्त किया जा सके। "एकाधिकार पूँजीवाद अपने देश से उपनिवेशों की तरफ़ इसी तरह से आगे बढ़ता है। इस तरह लेनिन ने साम्राज्यवाद को पूँजीवादी विकास का चरण माना है। जब एकाधिकार एवं वित्तीय पूँजी का प्रभुत्व स्थापित हो जाता है, तो उसमें पूँजी के निर्यात को सुनिश्चित महत्त्व मिल जाता है, दुनिया को अन्तरराष्ट्रीय ट्रस्टों में बाँटने की प्रक्रिया शुरू हो जाती है, जिसमें प्रमुख पूँजीवादी शक्तियों के बीच सम्पूर्ण विश्व के विभाजन का चक्र पूरा हो जाता है। जैसे-जैसे एकाधिकारिक पूँजीवाद आगे बढ़ता है, प्रतिस्पर्धात्मक पूँजीवाद मज़बूत होता है, उसे संस्थाओं से मज़बूती मिलती रहती है। अब बैंकों की भूमिका महत्त्वपूर्ण हो जाती है। बैंकिंग और औद्योगिक पूँजी मिलकर एक हो जाते हैं।"[23]

विचारक लेनिन ने साम्राज्यवाद को पूँजीवाद का आधार माना तथा उसके राजनीतिक पक्ष के साथ-साथ उसके आर्थिक पक्ष को भी उजागर किया। उनका मानना था कि साम्राज्यवाद पहले भी आक्रामक युद्ध से विजय प्राप्त करने की नीति से अलग था क्योंकि उसकी एक औपनिवेशिक नीति थी जिसमें किसी देश पर प्रत्यक्ष या परोक्ष रूप से नियन्त्रण करने के पीछे आर्थिक शोषण मुख्य उद्देश्य था। शोषण आधारित व्यवस्था को क़ायम करने के लिए औपनिवेशिक ताक़तों के द्वारा सत्ता के प्रति किसी तरह का कोई विद्रोह या असन्तोष उपजता तो उसे सख़्ती और बेरहमी से कुचल दिया जाता। "'दमन साम्राज्यवादी शक्तियों का प्रमुख हथियार है जिसके बल पर व्यापारिक और राजनीतिक निहितार्थ साधे जाते हैं।"[24] व्यापारिक निहितार्थ के तौर पर ही भारत औपनिवेशिक ताक़तों के आगे नतमस्तक हो गया।

यूरोप में हुई औद्योगिक क्रान्ति ने आधुनिक साम्राज्यवाद को वह शक्ति प्रदान की, जिससे उसका झण्डा पूरे विश्व में फहराया जा सके। अंग्रेज़ औपनिवेशिक नीति का विस्तार करने के लिए बेहतर सैन्य शक्ति व उत्पादन प्रणाली का सहारा लिया गया। दरअसल, औद्योगिक क्रान्ति ने उन्हें वह शक्ति प्रदान की जिससे कि वे परम्परागत पद्धतियों वाले प्रदेशों को उच्च तकनीक आधारित

सैन्य ताक़तों के बल पर अपना स्थायी घर बना सके। एशिया सहित लैटिन अमेरिका व अफ्रीका जैसे प्राकृतिक सम्पदा से सम्पन्न देश इस उभरती पूँजीवादी वैश्विक ताक़तों का मुक़ाबला नहीं कर सके। "शोषण और लूट पर आधारित विस्तारवादी साम्राज्यवादी नीतियों ने विश्व के एक बड़े हिस्से को रौंद डाला। औद्योगिक क्रान्ति से सम्पन्न ब्रिटेन और यूरोप ने लूट और शोषण की पद्धति और प्रक्रिया को निरन्तर मज़बूती प्रदान करने और विश्व पूँजीवाद के विस्तार के लिए हरसम्भव प्रयास किये।"[25] अपनी सत्ता को सर्वस्वीकार्य एवं स्थायी बनाने के लिए साम्राज्यवाद ने स्थानीय स्तर पर बने जनसंस्थाओं को ध्वंस कर उनके स्थान पर औपनिवेशिक संस्थाएँ स्थापित कीं। इन संस्थाओं को आधार प्रदान करने के लिए नौकरशाही, पुलिस, न्यायालय, शिक्षा आदि अपरिहार्य अंग बन गये। संचार एवं परिवहन की सुविधाएँ उपनिवेशों को प्रदान करना साम्राज्यवादी नीति की एक सुनियोजित चाल थी। वे यह जानते थे कि भारतीय व्यापार, हस्तकला और लघु उद्योगों को समाप्त करके ही अंग्रेज़ यहाँ उपनिवेशवाद की नींव मज़बूत कर सकते थे। इसलिए उन्होंने इंग्लैंड और यूरोप को निर्यात होने वाले माल पर भारी शुल्क लगाकर भारतीय अर्थव्यवस्था को आघात पहुँचाया। उपनिवेशवादी नीतियों ने भारतीय लघु उद्योगों, दस्तकारी को इस तरह से चोट पहुँचायी कि आबादी का एक बड़ा हिस्सा खेतीबाड़ी पर आश्रित हो गया और सभ्रान्त वर्ग व्यापार में शामिल हो गये।

दरअसल, ब्रिटिश हुकूमत ने पुरातन समाज के आर्थिक और राजनीतिक आधार को उखाड़ फेंका। उसने प्राचीन पूँजीवाद जैसे कि पूर्व के उत्पादन के तौर-तरीक़े को समाप्त कर दिया। उसके बाद पूँजीवादी उत्पादन व्यवस्था क़ायम हुई, उसमें उत्पादन का तरीक़ा पूरी तरह से औपनिवेशिक था, साथ ही उसमें किसी उपनिवेश के हित की कल्पना सम्भव ही नहीं थी। "ब्रिटिश शासन ने शोषण आधारित नीतियों में निरन्तरता और मज़बूती लाने के लिए अपने अनुकूल यातायात, संचार और प्रशासनिक व्यवस्था क़ायम की। भारत के प्राकृतिक संसाधनों का दोहन और माल की निर्बाध खपत के लिए एक व्यवस्थित और सुचारु यातायात और संचार प्रणाली की ज़रूरत थी।"[26] यह अलग बात है कि ये हमारे लिए जीवन के अंग बन गये। ब्रिटिश तौर-तरीक़े पर प्रशासनिक ढाँचे को चलाने के लिए ऐसे लोगों की आवश्यकता थी जो पश्चिमी शिक्षा प्रणाली के अनुकूल हो सकें। उपनिवेशवाद ने भारत के जनजीवन के सभी पक्षों को प्रभावित किया।

दुनिया भर के देशों ने विकास के लिए व्यापार-नीति को बढ़ावा दिया। कच्चे माल व उत्पादित माल के आयात-निर्यात का प्रचलन बढ़ा। एक जैसी अर्थव्यवस्था के नाम पर पूँजीपतियों ने व्यापार को बढ़ावा देने के उद्देश्य से आम लोगों पर अपना सिक्का जमाना शुरू कर दिया। द्वितीय विश्व युद्ध के उपरान्त संयुक्त राष्ट्र के गठन के बाद दुनिया को तीन हिस्सों (यथा विकसित राष्ट्र : प्रथम दुनिया-जिनका नेतृत्व अमेरिका कर रहा था, विकासशील राष्ट्र : दूसरी दुनिया अर्थात् साम्यवादी देश-जिसका नेतृत्व सोवियत संघ कर रहा था, अविकसित राष्ट्र अर्थात् तीसरी दुनिया-जिसका नेतृत्व मुख्य रूप से गुट निरपेक्ष संगठन कर रहा था) में विभाजित कर तीसरी दुनिया के देशों को समृद्ध करने की मुहिम छेड़ने की बात सोची गयी। संयुक्त राष्ट्र की संस्था—विश्व बैंक, अन्तरराष्ट्रीय मुद्रा कोष, विश्व व्यापार संगठन आदि के माध्यम से आर्थिक विकास की संकल्पना की जाने लगी।

संयुक्त राष्ट्र की संस्था—यूनेस्को (द यूनाइटेड नेशंस एजुकेशनल साइंटिफिक एंड कल्चरल आर्गनाइजेशन) अपने प्रारम्भिक दौर से ही संचार माध्यमों सम्बन्धी मुद्दों के प्रति अपना विशेष सरोकार रखती आयी है। इस संगठन के संविधान में निहित है कि "यह संगठन जनसंचार माध्यमों के द्वारा लोगों के परस्पर ज्ञान एवं समझ को बढ़ाने का काम करेगा तथा यह सुझाव देगा कि शब्द या आकृति के द्वारा स्वतन्त्र प्रवाह को बढ़ावा देने के लिए किस प्रकार के आवश्यक समझौतों की ज़रूरत है।"[27] यूनेस्को ने जनसंचार माध्यमों के द्वारा लोगों को जोड़कर परस्पर ज्ञान व समझ विकसित करने पर बल दिया।

यही कारण है कि बीसवीं सदी में विकास के लिए संचार माध्यमों व प्रेस को एक अपरिहार्य अंग माना जाने लगा। 20वीं सदी के शुरुआती वर्षों के दौरान अमेरिका की ए.पी., यू.पी.आई., ब्रिटेन की रायटर, फ्रांस की ए.एफ.पी., रूस की तास जैसी समाचार समितियों का अन्तरराष्ट्रीय संचार व्यवस्था में प्रभुत्व होने के कारण अन्तरराष्ट्रीय सूचना प्रवाह में भारी विषमता उत्पन्न हो गयी। इस विषमता के उन्मूलन के लिए तीसरी दुनिया के देशों ने वैश्विक स्तर पर अभियान छेड़ा। हालाँकि इस समस्या ने 1970 ई. के दशक में जोर पकड़ा। विश्व में दूसरी व तीसरी दुनिया के खेमे में अत्यधिक देश थे। इन दोनों खेमों के देशों ने पाया कि सूचना तन्त्र के एकतरफ़ा होने से हम आर्थिक रूप से पिछड़े हैं। फलतः विकासशील राष्ट्रों ने गुटनिरपेक्ष आन्दोलन के अन्तर्गत अन्तरराष्ट्रीय संचार से जुड़े मुद्दों को सुलझाने का प्रयास किया। इतना ही नहीं, सूचना के एकतरफ़ा प्रवाह को बदलने

की बात कही गयी। सनू 1975 में गुटनिरपेक्ष समाचार समिति 'पूल' की स्थापना की गयी। इसके द्वारा गुटनिरपेक्ष देशों ने क्षेत्रीय, राष्ट्रीय एवं अन्तरराष्ट्रीय स्तर पर समाचार वितरण प्रणाली को सन्तुलित करने का प्रयास किया। 1976 ई. में यूनेस्को के 19वें सम्मेलन में विश्व में सूचना प्रणाली (वर्ल्ड इन्फॉर्मेशन ऑर्डर) विषय पर गरमागरम बहस हुई। इस सम्मेलन में संचार समस्याओं के अध्ययन के लिए अन्तरराष्ट्रीय गुट नरपेक्ष आन्दोलन के अन्तर्गत अन्तरराष्ट्रीय संगठन बनाये गये यथा : विश्व बैंक, अन्तरराष्ट्रीय मुद्रा कोष आदि। 1978 ई. में यूनेस्को द्वारा आयरलैंड के लेनिन एवं नोबेल पुरस्कार विजेता सीन मैकब्राइड की अध्यक्षता में एक आयोग का गठन किया गया, जो मैकब्राइड आयोग के नाम से प्रसिद्ध हुआ। 1980 ई. में मैकब्राइड कमीशन ने 'मेनी वायसेज वन वर्ल्ड' शीर्षक से अपनी रिपोर्ट प्रस्तुत की। आयोग ने अपनी रपट में स्पष्ट किया कि सूचना का स्वतन्त्र प्रवाह वास्तव में एकतरफ़ा है। इसने विकसित व विकासशील देशों के बीच असन्तुलन को भी परिभाषित किया और तकनीक के कारण समाचार प्रवाह के असन्तुलन को बखूबी पहचाना। विश्व के ग्रामीण जनसंख्या की संचार समस्या, निरक्षरता, भाषा की समस्या, डाक सेवा, समाचार समितियों के द्वारा प्रेषित सन्देश में असन्तुलन, रेडियो, टीवी एवं फ़िल्म के क्षेत्र में विकसित देशों के एकाधिपत्य का भी मूल्यांकन आयोग की रिपोर्ट में शामिल था। आयोग के अध्ययन में उपग्रह निर्माण एवं प्रक्षेपण के क्षेत्र में विकसित देशों का एकाधिकार एवं कम्प्यूटर अनुप्रयोग भी सम्मिलित था। इसके अतिरिक्त आयोग ने संचार माध्यमों के स्वामित्व, पत्रकारों की स्वतन्त्रता आदि पर भी विचार किया। इतना ही नहीं, आयोग ने अपने अध्ययन में विकास की चिन्तन प्रक्रिया एवं इसके शोध तथा तकनीकी विकास को भी सम्मिलित किया। आयोग ने अध्ययन के निष्कर्ष में पाया कि असन्तुलन और असमानता का प्रथम कारण आर्थिक कमी ही है। उसने कहा कि संचार का एकतरफ़ा प्रवाह राजनीतिक और आर्थिक रूप से ग़रीब देशों को लगातार अमीर देशों पर आश्रित रहने को बाध्य करता है।

यूरोप की औद्योगिक क्रान्ति ने पूर्वी देशों को अपना उपनिवेश बनाने में महती भूमिका अदा की। इस उपनिवेशीकरण ने पश्चिमी देशों की बहुराष्ट्रीय कम्पनियों को मीडिया के माध्यम से तीसरी दुनिया के देशों में अपने व्यापार का जाल फैलाने में भरपूर अवसर दिया। औपनिवेशिक ताक़तों की छत्रछाया में इन्होंने लैटिन अमेरिका, अफ्रीका और एशिया के देशों से सस्ता कच्चा माल व सस्ते मज़दूर बटोरे और अपने महँगे 'बने बनाये' माल से उन देशों के बाज़ार को पाट दिया।

परिणामतः इन देशों की टिकाऊ अर्थव्यवस्था टूट गयी और सम्पन्न देश अविकसित देशों की श्रेणी में धकेल दिये गये।

द्वितीय विश्व युद्ध के बाद संयुक्त राष्ट्र संघ के गठन के उपरान्त उपनिवेशीकरण का जाल टूटा, पर आज विकास के नाम पर बहुराष्ट्रीय कम्पनियाँ तीसरी दुनिया में अपनी घुसपैठ बना रही हैं। औपनिवेशिक काल में जो काम फौज-हथियार के बल पर किया जाता था, उत्तर औपनिवेशिक युग में वह काम विकसित राष्ट्र बनाने के नाम पर विश्व बैंक व अन्तरराष्ट्रीय मुद्राकोष की सहायता से ऋण के हथियार द्वारा किया जा रहा है। "बहुराष्ट्रीय कम्पनियों को तीसरी दुनिया में निर्बाध रूप से अपने पाँव पसारने का क़ानूनी हक़ गैट के उरूग्वे चक्र की समाप्ति पर बने विश्व व्यापार संगठन ने दे दिया। जिसके तहत ये कम्पनियाँ इन देशों से राष्ट्रीय व्यवहार पाने की हकदार बन गयी हैं।"[28]

बहुराष्ट्रीय कम्पनियों ने तीसरी दुनिया के देशों की आर्थिक स्वायत्तता को नष्ट कर दिया है तथा व्यापक पैमाने पर ग़ैर-बराबरी और उपभोक्तावादी अपसंस्कृति फैलायी है। यहाँ यह कहा जा सकता है कि मीडिया मालिक बहुराष्ट्रीय कम्पनियों के साथ लयबद्ध हैं। आज ये नये तरीक़े से लोक कल्याणकारी जुमले के रूप में हमारे समक्ष प्रस्तुत होते हैं। यही कारण है कि पूँजीपतियों का एकाधिकार न सिर्फ़ आर्थिक क्षेत्र में है वरन् राजनीतिक क्षेत्रों में भी आका की भाँति यह तय करते हैं कि उनका कौन रहनुमा इस बार गद्दी पर बैठेगा। किसी रंगमंच की भाँति ये बहुराष्ट्रीय कम्पनियों के मालिक ही उनको जुबान निकालने को कहता है।

भूमण्डलीकरण : ऐतिहासिक परिप्रेक्ष्य

विश्व के सुप्रसिद्ध भौगोलिक दार्शनिक डेविड हार्वे भूमण्डलीकरण को ऐतिहासिक-भौगोलिक-भौतिकतावादी दृष्टि से समझने का प्रयास करते हैं। "वह पूँजीवाद को आधुनिकता, उत्तर-आधुनिकता देश-काल संकुचन के सन्दर्भों में समझते हुए भूमण्डलीकरण के निर्माण में उसकी भूमिका को बतलाते हैं। इसे वह इस प्रकार प्रस्तुत करते हैं—1500-1840 (अश्व वाहनों की गति 10 मील प्रति घण्टा), 1850-1930 (भाप इंजन गति 65 मील प्रति घण्टा और भाप जहाज 36 मील प्रति घण्टा), 1950 (हवाई जहाज 300-400 मील प्रति घण्टा), 1960 (हवाई जहाज 500-700 मील प्रति घण्टा)।"[29]

भूमण्डलीकरण के सफ़र की रूपरेखा तैयार करने का श्रेय यूरोप के औद्योगिकीकरण को जाता है। इसी के द्वारा उत्पादन में तीव्र वृद्धि हुई एवं इसके

लिए बाज़ार के विस्तार की आवश्यकता महसूस की गयी। "औद्योगिक पूँजीवाद के उदय के साथ ही बाज़ार की एक स्वतन्त्र हस्ती हो गयी। वह समाज के अधीन न रहा। वह समाज के नियन्त्रण से बाहर ही नहीं हुआ बल्कि उस पर हावी हो गया।"[30] इसने औपनिवेशिकता को बढ़ावा दिया एवं आधुनिकता की नींव रखी। "मार्क्स पहले व्यक्ति थे, जिन्होंने इस बात की ओर ध्यान दिलाया था कि एक एकीकृत विश्व बाज़ार की ओर ले जाना पूँजीवाद के तर्क में शुरू से ही अन्तर्निहित रहा था और उपनिवेशवाद ने ऐसे बाज़ार के निर्माण में मुख्य भूमिका निभायी है, लेकिन 15वीं शताब्दी से लेकर जब यह प्रक्रिया शुरू हुई, 18वीं शताब्दी के अन्त तक वास्तविक उपनिवेशवाद की प्रक्रिया अधिकतर अमेरिकन महाद्वीपों तक ही सीमित रही और केवल 19वीं शताब्दी में ही एशिया और अफ्रीका के आन्तरिक भागों में गहन रूप से उपनिवेश स्थापित किये गये और विश्व को अन्ततः उन्नत पश्चिम के केन्द्रीय औद्योगीकृत देशों तथा ग़ैर-औद्योगीकृत उपनिवेशों एवं आश्रित राज्यों के, जिनमें से कई नाममात्र के लिए स्वाधीन थे, समूहों में बाँटा गया।"[31] इसके कारण लोगों के जीवन में व्यापक बदलाव देखा गया। वे यूरोप की आधुनिकतावादी विचारों से प्रभावित हुए। उन्नीसवीं सदी के सातवें दशक में आधुनिकता के द्वारा वैश्विक स्तर पर व्यापक बदलाव हुए। "आधुनिकता को इनसान के सोच-विचार में तरह-तरह की क्रान्तियाँ करने का श्रेय दिया जाता है, लेकिन उसकी व्याख्याओं में यह पहलू सबसे कम उभर कर आ पाता है कि वह भूमण्डलीकरण की वाहक भी है।"[32] यह आधुनिकता का ही प्रभाव था कि जो सभी संस्कृतियों को एक ही पैमाने पर बैठाती है और फिर उन्हें समरूपीकरण की ओर ले जाती हैं। यह भूमण्डलीकरण का बीज इस रूप में फैलाती है। ये आधुनिकतावादी एक वैश्विक प्रणाली, वैश्विक नागरिक एवं वैश्विक राजनीति से हमेशा ही प्रेरित होते रहे हैं। ब्रिटिश साम्राज्यवाद ने अर्थव्यवस्था के क्षेत्र में भी इसे काफी फैलाव दिया। "सन् 1874 से 1879 तक हिन्दुस्तान में जितना विदेशी माल आता था उसका 82 फ़ीसदी भाग इंग्लैंड का बना होता था।"[33] धीरे-धीरे पूँजी की गतिशीलता और भी बढ़ गयी। 1870 ई. में इसकी शुरुआत से प्रथम विश्व युद्ध के दौर को उन्मुक्त बाज़ार के युग की तरह से परिभाषित किया जा सकता है। इस दौरान पूँजी और श्रम लगभग निर्बाध गति से विचरण कर सकते थे। कोई भी व्यक्ति कहीं भी बस सकता था और नागरिकता मिलने में भी कोई ख़ास समस्या नहीं होती थी। साम्राज्यवाद ने भी इसमें सहयोग किया। बाज़ार में सरकार का हस्तक्षेप बहुत कम था। नये आविष्कारों यथा : टेलीग्राफ, रेलवे एवं

भाप से चलने वाले जहाज़ों ने संचार एवं यातायात को तीव्र कर दिया, जिससे फासले कम हो गये। वैश्विक स्तर पर कोई विशेष हलचल भी नहीं हो रहा था क्योंकि ब्रिटिश साम्राज्य अपने चरम पर थीं। व्यापार के लिए पाउंड-स्टर्लिंग जैसी शक्तिशाली मुद्रा भी मौजूद था। "19वीं सदी का यह वैश्वीकरण निज़ी व्यापार पर आधारित था लेकिन उसे प्रोत्साहित करने के लिए और विशेष दिशा में मोड़ने के उद्देश्य से साम्राज्य की भूमिका महत्त्वपूर्ण थी।"[34] अंग्रेज़ अपनी आधुनिकता का प्रचार-प्रसार इस रूप में कर रहे थे कि वे ही केवल सभ्य हैं और यह उनकी जिम्मेदारी बनती है कि वह अन्यों को भी सभ्य बनावे। अपने उद्योग के लिए बाज़ार ढूँढ़ने के उद्देश्य से उन्होंने चीन और भारत जैसे देशों का अनौद्योगिकीकरण किया, जिससे ये देश अविकसित की श्रेणी में आ गये।

"ख़ास बात यह है कि इस जमाने में भारत, चीन और इंडोनेशिया जैसे देश सबसे ज़्यादा विदेशी निवेश पाने वाले देशों में से एक थे, लेकिन इन देशों का विकास नहीं हुआ और अमेरिका विकसित होता चला गया। लगभग आधी सदी के इस दौर में ग़रीब और अमीर देशों के बीच आमदनी का अन्तराल 7:1 से 11:1 हो गया।"[35] ये आँकड़े बताते हैं कि प्रारम्भिक दौर का यह भूमण्डलीकरण ही किस प्रकार विषमता को और बढ़ाने वाला साबित हुआ। "मानवता इस भूमण्डलीकरण से लाभान्वित ज़रूर हो रही थी, पर बड़े असमतल रूप से।"[36]

यहाँ यह कहना प्रासंगिक होगा कि "भूमण्डलीकरण की प्रक्रिया उन्नीसवीं सदी के मध्य से लेकर प्रथम विश्व युद्ध के आरम्भ तक काफी त्वरित रही। माल, पूँजी और लोगों का अन्तरराष्ट्रीय प्रवाह लगातार बढ़ता गया। इसके पीछे मुख्य कारण थे—मुक्त व्यापार के सिद्धान्त के बढ़ते प्रभाव के परिणामस्वरूप व्यापारिक अवरोधों का खात्मा और रेल मार्गों के निर्माण तथा वाष्पचालित जहाज़ों के आने से परिवहन लागत में कमी।"[37] हमें यह जान लेना चाहिए कि "19वीं शताब्दी में विश्व के ज़्यादातर बाज़ार ब्रिटिश औपनिवेशिक व्यवस्था के प्रत्यक्ष या परोक्ष नियन्त्रण में थे, लेकिन 19वीं सदी के उत्तरार्द्ध में यह तस्वीर थोड़ी बदलने लगी। यूरोप और अमेरिका विश्व मंच पर दो प्रमुख औद्योगिक ताक़त बनकर उभरने लगे थे। बाकी दुनिया में 19वीं सदी में ब्रिटिश व्यापारिक औद्योगिक ढाँचे को यूरोप और अमेरिका से चुनौती मिलने लगी थी।"[38]

1914 में प्रारम्भ हुए प्रथम विश्व युद्ध ने भूमण्डलीकरण के इस सिलसिले को तोड़ा। इस युद्ध के बाद मार्क्सवादी विचारधारा ने अपना फैलाव किया एवं क्रान्तियों ने देश को नये तरीक़े से स्थापित किया। "भूमण्डलीकरण की जगह

राष्ट्रों की सरहदें पूँजी और श्रम की नियामक हो गयीं। उन्होंने पूँजी और श्रम के आवागमन को मुश्किल बना दिया।"[39] रूस की क्रान्ति के बाद लेनिन की साम्यवादी सरकार ने पंचवर्षीय योजनाओं के जरिये देश के आधारभूत ढाँचे को मज़बूत करने के साथ-साथ विकास को एक नयी ऊँचाइयों तक पहुँचाया। उसने मात्र 10 वर्षों में सम्पूर्ण साक्षरता का लक्ष्य हासिल कर लिया। पंचवर्षीय योजनाओं के लक्ष्य को समय से पहले ही हासिल कर लिया गया। इसने दुनिया के सामने एक मिसाल क़ायम की और भूमण्डलीकरण के सामने एक चुनौती बनकर भी खड़ा हुआ।

द्वितीय विश्व युद्ध के बाद दुनिया दो हिस्सों में विभाजित हो गयी। ये दोनों ही आधुनिकता के समर्थक थे लेकिन दोनों के भूमण्डलीकरण का तरीक़ा अलग-अलग था। एक वर्ग वामपन्थी या समाजवादी तरीक़ा अपना रहा था तो दूसरा पूँजीवादी। "आधुनिकता के ग़ैर-पूँजीवादी वारिसों का दावा था कि वे पूँजीवाद के मुक़ाबले बेहतर क़िस्म का लोकतन्त्र, अधिक समतामूलक अर्थव्यवस्था और राष्ट्रों के बीच अपेक्षाकृत कम ऊँच-नीच के रिश्ते क़ायम कर सकते हैं।"[40] यानी वे एक समतामूलक समाज जो कि मानवता को तरजीह देता हो, के आधार पर भूमण्डलीकरण को अपेनाना चाहते थे, जिसमें न कोई शोषक था और न कोई शोषित। इसके केन्द्र में सोवियत संघ था, जो 'गैर-पूँजीवादी महाशक्ति' के रूप में मौजूद था।

इस युद्ध के बाद कई देशों की अर्थव्यवस्था पूरी तरह ध्वस्त हो चुकी थी। ऐसे में दुनिया के सभी देशों के सामने अपनी अर्थव्यवस्था को फिर से पटरी पर लाने के लिए तीव्र गति से ढाँचागत विकास एवं औद्योगिकीकरण करने की आवश्यकता थी। इससे अमेरिका के लिए नयी सम्भावना बनी क्योंकि उसे इस युद्ध से कम नुक़सान पहुँचा था, जिसके कारण उनकी अर्थव्यवस्था ऊँचाई पर पहुँच गयी। अन्य देशों को इससे उबारने के लिए भूमण्डलीकरण के पुराने और नये पैरोकार ब्रेटन वुड्स समझौते के द्वारा एक नये सपने को तैयार करने लगे। "1944 में न्यू हैमशायर की पहाड़ी सैरगाह ब्रेटन वुड्स में बैठ कर ब्रिटेन और अमेरिका ने एक नयी अन्तरराष्ट्रीय अर्थव्यवस्था का ताना-बाना तैयार किया जिसे मुक्त बाज़ार प्रणाली की जगह काम करना था।"[41] इस समझौते के अनुसार राष्ट्रीय मुद्राओं को अमेरिकी डॉलर से निर्धारित विनिमय दर के आधार पर जोड़ दिया गया और ज़रूरत पड़ने पर डॉलरों को सोने में भुनाने का अधिकार दिया गया। इसे संचालित करने के लिए अन्तरराष्ट्रीय मुद्रा कोष और विश्व बैंक की स्थापना की गयी।

अब पूँजीवादी भूमण्डलीकरण के केन्द्र में औपचारिक रूप से ब्रिटेन की जगह अमेरिका आ चुका था और पाउंड की जगह डॉलर ने ले ली।

वर्तमान आधुनिक भूमण्डलीकरण की प्रक्रिया के निर्माण के पीछे ये ही परिस्थितियाँ थीं। 1944 ई. के इस ब्रेटन वुड्स समझौते ने एक नयी व्यवस्था को स्थापित किया। इसी में यह तय किया गया था कि भविष्य में वैश्विक अर्थव्यवस्था कैसी होगी। ब्रेटन वुड्स प्रणाली के लागू होने के बाद अमेरिका के सामने एक नयी तरह की समस्या 'यूरो डॉलर' के रूप में उठ खड़ी हुई। ये वैसे डॉलर थे जो चीन एवं रूस ने अपने डॉलरों को पेरिस एवं लन्दन के बैंकों में जमा करा रखे थे। इन पर ब्रेटन वुड्स प्रणाली के क़ानून लागू नहीं होते थे एवं यह अन्य डॉलरों को भी अपनी ओर खींच रहा था। यह अमेरिका की अर्थव्यवस्था को नुक़सान पहुँचा रहा था। "साठ के दशक में जब अमेरिका में मुद्रास्फीति बढ़ी और डॉलर कमज़ोर होना शुरू हो गया तो सारी दुनिया में डॉलरों को सोने में भुनाने की होड़ मच गयी। अपना सोने का भण्डार खाली हो जाने के डर से अगस्त, 1970 ई. में राष्ट्रपति निक्सन ने एकतरफ़ा कार्रवाई करके डॉलरधारियों से यह अधिकार छीन लिया और इस तरह ब्रेटन वुड्स प्रणाली ध्वस्त हो गयी।"[42] अब चलायमान विनिमय दर को आधार बनाया गया। "अर्थशास्त्र की भाषा में यह मुक्त बाज़ार के बिना वित्तीय पूँजी के भूमण्डलीकरण की शुरुआत थी।"[43]

द्वितीय विश्व युद्ध के बाद जिस भूमण्डलीय अर्थव्यवस्था की नींव रखी गयी थी, वह 70 के दशक में आकार लेने लगी। अब वित्तीय पूँजी स्थिर विनिमय दरों के क़ैद से आज़ाद हो चुकी थी। इसी समय सूचना प्रौद्योगिकी, संचार एवं परिवहन के साधनों में भी तीव्र गति से विकास हो रहा था। साथ ही विश्व एक-ध्रुवीय व्यवस्था की ओर आगे बढ़ने लगा था। अब चीन जैसा देश पूँजीवाद के रास्ते पर क़दम बढ़ाने लगा था और हथियारों की होड़ ने सोवियत संघ की आर्थिक स्थिति को कमज़ोर करना शुरू कर दिया था। दूसरी ओर महाशक्ति के रूप में अमेरिका का रास्ता साफ़ होता दिख रहा था। "यही वह समय था जब दुनिया के बड़े-बड़े बुद्धिजीवियों का एक समूह उदारवादी लोकतन्त्रों में राजनीतिक भागीदारी सीमित करने में ही विश्व मानवता का भविष्य देख रहा था।"[44] औपनिवेशिक युग अपनी अन्तिम साँसें गिन रहा था। नये-नये आज़ाद हुए देशों के शासकों में से ज़्यादातर ने स्वायत्त पूँजीवादी विकास का रास्ता चुना। "इसके लिए राज्य ने वित्तीय क्षेत्र में हस्तक्षेप किया ताकि पहले से ही अपर्याप्त पूँजी के प्रवाह को अर्थव्यवस्था के सर्वाधिक महत्त्वपूर्ण क्षेत्रों की ओर मोड़ा जा सके।"[45]

इसके तहत सामरिक महत्त्व के क्षेत्रों का राष्ट्रीयकरण कर दिया गया एवं बाज़ार को विभिन्न विनियमनों के द्वारा नियन्त्रित किया गया, लेकिन यह मॉडल विफल हो गया और तीसरी दुनिया की अर्थव्यवस्थाएँ संकटग्रस्त हो गयीं। इस समय को भूमण्डलीकरण के वर्तमान स्वरूप की पृष्ठभूमि तैयार होने का समय माना जाता है। साथ ही सत्तर के दशक के मध्य में फ्रांस के मिशेल जे. क्रोजियर, जापान के जोजी वातानुकी तथा अमेरिका के सैमुअल पी. हंटिंगटन ने त्रिपक्षीय रिपोर्ट, जिसका शीर्षक था—'क्राइसिस ऑफ़ डेमोक्रेसी : रिपोर्ट ऑन द गवर्नेबिलिटी ऑफ़ डेमोक्रेसी टू द ट्राइलेटरल कमीशन' में कहा था कि लोकतन्त्र को जनता के दबाव को बेअसर करने के लिए काम करना चाहिए।

सन् 80 के दशक में उत्पादन का भूमण्डलीकरण प्रारम्भ हुआ। इसी समय अमेरिकी बहुराष्ट्रीय निगमों के नेतृत्व में अपने उत्पादन आधार को वैसे विकासशील देशों में स्थानान्तरित करने लगे जहाँ उत्पाद एवं सेवा क्षेत्र का बाज़ार बढ़ रहा है। श्रम के सस्ता होने के कारण यहाँ उत्पादन लागत भी कम थी। ये स्थितियाँ उनके लिए काफी लाभदायक थी। इसी दशक में अमेरिकी अर्थव्यवस्था में उतार का दौर आया। उसके आयात-निर्यात का सन्तुलन बिगड़ने लगा। "उसकी बाहरी स्रोतों पर निर्भरता बढ़ने लगी, जबकि उन्हें नियमित करने की क्षमता का उसमें ह्रास हो रहा था। दूसरे, अमेरिकी बाज़ार में तीसरी दुनिया के देशों का दख़ल बढ़ रहा था। अमेरिका इन देशों का आयातक बनता जा रहा था तथा अमेरिकी सामान विकासशील देशों में अपना स्थान नहीं बना पा रहे थे। अमेरिकी अर्थव्यवस्था में अन्तरराष्ट्रीय व्यापार की हिस्सेदारी तिगुनी हो गयी थी। वह सबसे बड़ा क़र्ज़दार हो गया था। अमेरिका इस बात से बड़ा परेशान हो गया था कि जापान से होने वाले दुतरफ़ा व्यापार में जापान बढ़त पर है। इसके अतिरिक्त यूरोप और कुछ एशियाई देशों में आर्थिक वृद्धि दर ज़्यादा तीव्र थी। इसी पृष्ठभूमि में पश्चिम ने गैट के भीतर उरुग्वे दौर की शुरुआत की। इसमें अमेरिका की प्रमुख भूमिका थी।"[46]

1980-90 दौर के बीच विश्व में अनेक ऐसी घटनाएँ घटीं जिन्होंने भूमण्डलीकरण की प्रक्रिया को तेज करने में महत्त्वपूर्ण भूमिका निभायी। सोवियत रूस का विघटन इसमें सबसे ज़्यादा प्रभावशाली था। इसने शीत युद्ध को समाप्त कर दिया और विश्व को एकध्रुवीय बना दिया। "सोवियत संघ के विघटन ने विकास केन्द्रित नियोजित अर्थव्यवस्था पर प्रश्नचिह्न लगा दिया और पूँजीवाद विकल्पहीन और निर्विवादित रूप से स्वीकार कर लिया गया।"[47]

इसी समय जर्मनी का एकीकरण भी हुआ। "शीत युद्ध के बाद विश्व अर्थव्यवस्था के बाज़ारीकरण और बाज़ार के भूमण्डलीकरण के सिद्धान्त का बोलबाला हो गया।"[48] अब आर्थिक मुद्दे राजनीतिक मुद्दों पर हावी होने लगे और जापान तथा यूरोपीय संघ नयी शक्ति के रूप में सामने आये। इस दशक में वित्तीय पूँजी का भूमण्डलीकरण प्रारम्भ हुआ। भूमण्डलीकरण की परिघटना अपने व्यापक रूप में दिखायी देने लगी। "उन्नीसवीं सदी में हुए मुक्त बाज़ार वाले भूमण्डलीकरण की भाँति ही इस बार भी इसके केन्द्र में एक महाशक्ति (संयुक्त राज्य अमेरिका), एक महामुद्रा (अमेरिकी डॉलर) और इंटरनेट और उपग्रहीय चैनल के रूप में हुई संचार क्रान्ति थी। पूँजी का उन्मुक्त प्रवाह सुनिश्चित करना इस भूमण्डलीकरण का मकसद था जिसकी पूर्ति के लिए उसने गैट और फिर विश्व व्यापार संगठन के अधीन एक नयी विश्व अर्थव्यवस्था की रचना कर डाली।"[49]

इस समय एक व्यापक परिवर्तन यह देखने को मिला कि भूमण्डलीकरण के प्रभाव ने एशिया और अफ्रीका के देशों को भी अपनी चपेट में ले लिया और अब इस वैश्विक अर्थव्यवस्था से जुड़ना उनकी अनिवार्यता बन गयी। भूमण्डलीकरण के नाम पर तीसरी दुनिया के देशों के विकास हेतु यह कहा गया कि मुक्त बाज़ारवाद से निर्धनतम राष्ट्र भी सम्पन्न हो जायेंगे, हालाँकि खुली व्यापार-नीति की यह कोई नयी बात नहीं है। भारत की सम्पदा-वैभव को हड़पने की यह नयी अर्थतन्त्र नीति है। वैश्विक पूँजीवाद अपने नये स्वरूप को अपनाकर वैश्विक पकड़ बनाने में लग गया। पूँजीपति वर्ग के द्वारा भोग-विलास में लिप्त करा कर हमारे ही कच्चे माल से ये उत्पाद माल में परिवर्तित कर वैश्विक बाज़ार पर क़ब्ज़ा करने की पुरजोर कोशिश कर रहा है।

भारत में भी भूमण्डलीकरण की शुरुआत इसी समय हुई। अब राजनीतिक मुद्दों की जगह आर्थिक मुद्दे ज़्यादा प्रभावी होने लगे और इनकी दखलन्दाजी नीतियों को प्रभावित करने लगी। भूमण्डलीकरण के समर्थकों की सोच यह थी कि विचारधाराओं के आधार पर किये जा रहे परिवर्तनों के बदले समाज को प्रबन्धन और प्रौद्योगिकी की बदौलत विकसित किया जा सकता है। "भूमण्डलीकरण बिना किसी लाग-लपेट के एक ऐसी सभ्यतामूलक एकता का नाम बनकर उभरा जिसके मर्म में पश्चिमी सभ्यता के उपजे प्रतिमान थे, रहन-सहन और खान-पान की कसौटी भी पश्चिमी थी और पहनावे का मानक भी पश्चिमी था।"[50] बीसवीं सदी के आख़िरी दशक तक आते-आते भूमण्डलीकरण ने लगभग पूरी दुनिया को

अपनी चपेट में ले लिया था। प्रमाणमूलक ज्ञान प्रणाली पर आधारित विज्ञान और तकनीक ने भी इसकी गति को बढ़ावा दिया।

भारतीय परिप्रेक्ष्य में भूमण्डलीकरण की शुरुआत 80 के दशक से मानी जा सकती है। लेकिन इससे भी दस साल पहले देश के आधुनिकीकरण की प्रक्रिया ने यूरोपीय या ब्रिटिश की जगह आधुनिकता के अमेरिकी संस्करण को वैचारिक रूप से आत्मसात करना शुरू कर दिया था। भारतीय अध्येता अर्जुद अप्पादुरै इसे इस रूप में व्यक्त करते हैं—''मुझे नहीं पता था कि मैं चेतना और ज्ञान के स्तर पर उत्तर औपनिवेशिकता की एक क़िस्म (आंग्ल शब्द-योजना, ऑक्सफोर्ड यूनियन में वाद-विवाद की कल्पनाओं, एनकाउंटर जैसी पत्रिका उधार लेकर पढ़ने और मानव विज्ञानों में एक अभिजात क़िस्म की दिलचस्पी) से एक दूसरी क़िस्म की आधुनिकता की तरफ़ खिसक रहा हूँ, जो अपनी स्पष्टता में कहीं निर्मम, लुभावनी और दिलो-दिमाग़ पर छा जाने वाली थी। इस नयी दुनिया में हम्फ्री बोगार्ट की पुनर्प्रदर्शित पुरानी फ़िल्में थीं, हेराल्ड राबिंसन के उपन्यास थे, टाइम पत्रिका थी और अमेरिकी शैली का समाजविज्ञान था।... अमेरिकी कीड़ा मुझे काट चुका था।''[51] ये एक व्यापक परिवर्तन की ओर इशारा कर रहे हैं। इसी समय सरकारी नीतियों में थोड़े परिवर्तन होने शुरू हो गये थे। तकनीक को आत्मसात करने का भी प्रयास किया जाने लगा। 1982 में एशियाड खेलों के समय दूरदर्शन के रंगीन प्रसारण की शुरुआत और साथ ही वीसीआर ड्यूटी फ्री किया जाना इन्हीं नीतियों की परिणति थी। राजीव गाँधी की सरकार ने कम्प्यूटर के विकास के लिए क़ानून बनाये और भारतीय मध्यवर्ग में इसकी पहुँच बनने लगी। अब नेहरू के विकास के मॉडल की जगह राजीव गाँधी ने निर्यातोन्मुखी विकास के रास्ते पर अपने क़दम बढ़ाना शुरू किया। अनिवासी भारतीयों से यह उम्मीद की जाने लगी कि वे देश के विकास में अपने कमाये गये विदेशी मुद्रा से योगदान करेंगे। अब स्वावलंबन की जगह निर्यात योग्य जिंसों के उत्पादन को अनिवार्य बनाया गया। ''इन्हीं नीतियों के संचित नतीजों के तौर पर विदेशी मुद्रा संकट सामने आया था।''[52] आर्थिक सुधारों की दिशा में राजीव गाँधी ने जो क़दम उठाये थे उनसे स्थितियाँ और बिगड़ी एवं व्यापार घाटा कम होने के बजाय और बढ़ गया। ''इस समय आर्थिक नीति में जो नयी प्रवृत्तियाँ देखी गयीं उनमें उत्पादकता में सुधार, आधुनिक टेक्नोलॉज़ी को आत्मसात करना और क्षमता के पूर्णतर प्रयोग को एक राष्ट्रीय अभियान का रूप देना था।''[53] निज़ी क्षेत्र के विस्तार के लिए लाइसेंस-परमिट राज को कम करने का प्रयास किया गया।

इसके तहत औद्योगिक लाइसेंस को सरल करना, विदेशी हिस्सा पूँजी को बढ़ाना, नियन्त्रणों एवं प्रतिबन्धों को हटाना तथा राजकोषीय एवं प्रशासनिक नियमन प्रणाली सरल की गयी। राजनीतिक, आर्थिक, प्रशासनिक और प्रौद्योगिकी के आयामों में सुधार का लक्ष्य तीव्र भौतिक विकास करना था। इसमें संचार एवं प्रौद्योगिकी को प्रशासन में इस प्रकार शामिल करने की बात थी, जिससे कि देश को आपस में और नज़दीकी से जोड़ा जा सके एवं सभी राजनीतिक एवं आर्थिक नीतियों से सम्बन्धित समस्याओं का समाधान ढूँढ़ा जा सके। पुरानी नीतियों को विकास एवं पहलकदमी के रास्ते की बाधा माना जा रहा था।

राजीव गाँधी सरकार की इन नीतियों से भारतीय अर्थव्यवस्था में कोई सुधार नहीं हो पाया और व्यापार घाटे में लगातार वृद्धि होती रही। छठी पंचवर्षीय योजना (1980-81 से 1984-85) के दौरान व्यापार शेष का औसत घाटा 5933 करोड़ रुपये था जो कि सातवीं योजना (1985-86 से 1989-90) के दौरान 10841 करोड़ रुपये तक जा पहुँचा था। सरकार की आमदनी में भी गिरावट आयी। इसका परिणाम यह हुआ कि देश को गम्भीर भुगतान शेष की स्थिति का सामना करना पड़ा। इसके पीछे खाड़ी युद्ध भी एक बड़ा कारण था। इसके कारण तेल के दाम काफी बढ़े। तीव्र मुद्रास्फीति की दर की समस्या भी इसी समय उत्पन्न हुई। ऐसी स्थिति में देश के सामने नीतियों में फेरबदल की आवश्यकता थी।

21 जून, 1991 को पी.वी. नरसिम्हा राव सरकार के गठन के साथ ही भारतीय रिजर्व बैंक के गवर्नर एस. वेंकटरामन ने सरकार को रिपोर्ट किया कि देश के पास केवल दो सप्ताह के आयात बिल के भुगतान लायक विदेशी मुद्रा भण्डार रह गया है। "अतः सरकार के पास अन्तरराष्ट्रीय मुद्राकोष से क़र्ज़ लेने के सिवाय कोई चारा नहीं था।"[54] "अन्तरराष्ट्रीय वित्तीय पूँजी द्वारा निर्देशित ढाँचागत समायोजन कार्यक्रम अपनाने का निर्णय किया गया, जिसका मतलब था लोकहितकारी राज्य की संरचना को बदल कर आयात प्रतिस्थापन की जगह निर्यातोन्मुख विकासनीति पर आधारित बाज़ारोन्मुख नीतियाँ अपनाना, बड़े पैमाने पर निजीकरण का कार्यक्रम चलाना, विदेशी पूँजी को प्रोत्साहन देने वाली नीतियाँ बनाना, लाइसेंस-परमिट राज ख़त्म करके वाणिज्य और उद्योग नीति में भारी बदलाव करना।"[55]

24 जुलाई, 1991 ई. को जब मनमोहन सिंह देश के वित्तमन्त्री थे, तब उन्होंने संसद में एक बजट पेश किया था, जिसने देश को एवं विश्व को बदल कर रख दिया।

यह एक बहुत ही दयनीय स्थिति में सरकार द्वारा उठाया गया क़दम था। राजनीतिक उठापटक, तेल की ऊँची क़ीमतें तथा खराब आर्थिक स्थितियों के कारण देश के पास विदेशी मुद्रा भण्डार लगभग समाप्त हो गया था। जिस तरह बुरी परिस्थिति में एक आम परिवार अपने जेवरातों को गिरवी रखकर अपना काम चलाता है, उसी प्रकार भारत ने भी 47 टन सोना बैंक ऑफ़ इंग्लैंड के पास गिरवी रखकर क़र्ज़ लिया। लेकिन इसके बाद भी उसे अन्तरराष्ट्रीय मुद्रा कोष से क़र्ज़ की आवश्यकता थी।

इस स्थिति में मनमोहन सिंह ने रुपये का अवमूल्यन किया, कोटा एवं लाइसेंसिंग प्रणाली को लगभग समाप्त कर दिया एवं यह घोषणा की कि जो भी चाहे वह विदेशी मुद्रा का निवेश करके कोई भी उद्योग शुरू कर सकता है। उन्होंने बजट पेश करते हुए विक्टर ह्यूगो के शब्दों को उद्धृत किया था, "विश्व में कोई ऐसी शक्ति नहीं है जो उन विचारों को रोक ले जिसका समय आ गया है।" मनमोहन सिंह के अनुसार वह विचार था 'भारत का विश्व में एक बड़ी आर्थिक शक्ति के रूप में उभरना।' इस उद्देश्य को पूरा करने के लिए विदेश व्यापार के लिए लाइसेंस नीति का समापन, आयात पर मात्रात्मक प्रतिबन्धों को हटाना और शुल्क दरों को विश्व में विकसित देशों की प्रचलित दरों के बराबर लाना जैसे क़दम उठाये गये। कुछ अर्थशास्त्रियों का मानना है कि इसके पिछले दशक के छोटे-छोटे सुधारों ने भी इसमें महत्त्वपूर्ण भूमिका निभायी पर मनमोहन सिंह की उदारीकरण की नीति ज़्यादा प्रभावशाली थी। इसलिए जुलाई, 1991 का महत्त्व भारत के लिए उसी प्रकार का है जिस प्रकार का चीन द्वारा दिसम्बर, 1978 में कम्युनिस्ट पार्टी द्वारा वहाँ की अर्थव्यवस्था को खोलने का निर्णय लिया जाना एवं मई, 1846 में अनाज क़ानून को समाप्त किया जाना। भूमण्डलीकरण के तहत अपनायी गयी नयी आर्थिक नीति के दो मुख्य आयाम हैं—निजीकरण और उदारीकरण। "निजीकरण की नीतियों के तहत एक ओर जहाँ निज़ी क्षेत्र पर लगाये गये अनेक प्रतिबन्धों को हटाया गया, वहीं दूसरी ओर सार्वजनिक क्षेत्र के उद्यमों के निजीकरण की प्रक्रिया प्रारम्भ की गयी। माना जा रहा था कि इन पाबन्दियों के हटा देने पर उद्यमशीलता को बढ़ावा मिलेगा।"[56] दूसरे, इसमें उदारता और खुलेपन को अपनाया गया। "अर्थनीति में उदारता के मायने राज्यसत्ता द्वारा आर्थिक क्षेत्र को स्वतन्त्र और खुला छोड़ देना है ताकि वह अपने नियमों से अपनी सहज गति प्राप्त कर सके। खुलेपन के तहत ही आयात-निर्यात के तौर-तरीक़ों को उदार बनाया गया और सीमा शुल्क दरों में कमी की गयी। पूँजी को आकर्षित करने के लिए यह आवश्यक भी है क्योंकि विदेशी कम्पनियाँ

अपने उत्पादन कार्यों के लिए कच्चे माल, कल-पुर्जों तथा अन्य सामग्री का आयात करना चाहेंगी और सीमा शुल्क की ऊँची दरें उनके प्रयासों को चोट पहुँचा सकती हैं।"[57] इसके आधार पर एक ऐसे तन्त्र के विकास की बात की जाती है जो बाज़ार के अनुसार नियमों का निर्धारण करे एवं उसका दायरा केवल क़ानून व्यवस्था बनाये रखने की हो।

औद्योगिकीकरण के विकास ने जिस साम्राज्यवादी उपनिवेशवादी व्यवस्था को जन्म दिया और जिसके परिणामस्वरूप विश्व पूँजीवाद का विकास हुआ उसने आगे चलकर नव-उपनिवेशवाद और और भूमण्डलीकरण का रूप ले लिया लेकिन द्वितीय विश्व युद्ध के बाद इसके रूप में व्यापक बदलाव आया।

इस प्रकार से कहा जा सकता है कि दो विश्व युद्धों, वोल्शेविक क्रान्ति, सोवियत खेमे के उदय, उपनिवेशवाद की समाप्ति और भारत जैसे कई नव स्वतन्त्र देशों द्वारा बाज़ार और संसाधनों को अपने स्वतन्त्र आर्थिक विकास के लिए आरक्षित करने से भूमण्डलीकरण की प्रक्रिया तेज हुई। द्वितीय विश्व युद्ध में जर्मनी, जापान और इटली जैसी साम्राज्यवादी ताक़तों को सिमटा दिया गया। अमेरिका और सोवियत रूस दोनों ही राष्ट्र वैश्विक शक्ति के रूप में उभरे। हालाँकि 1989-90 ई. के दौरान सोवियत रूस के विघटन से दुनिया में अमेरिका महाशक्ति बन गया। अमेरिका ने विश्व अर्थव्यवस्था को नये ढंग से सँवारा। 1990 ई. के उपरान्त नयी विश्व अर्थव्यवस्था भूमण्डलीकरण की प्रक्रिया त्वरित ही नहीं हुई अपितु उसका स्वरूप भी बदल गया, जिसका रूप आज हम देख रहे हैं।

आर्थिक विकास के मुद्दे पर नये राष्ट्र संगठनों का उभार आया। यही कारण है कि OBOR, ब्रिक्स, क्वाड जैसे संगठन बने। यहाँ यह कहना समीचीन होगा कि विकास दृष्टि के निमित्त अब राष्ट्र की सीमा का बन्धन नहीं रहा। कनेक्टिविटी आधारित विकास रणनीति के तहत चीन ने वन बेल्ट वन रोड OBOR (एक पट्टा, एक सड़क) नामक एक परियोजना शुरू की है जिसमें पुराने सिल्क रोड के आधार पर एशिया, अफ्रीका और यूरोप के देशों को सड़कों तथा रेल मार्गों से जोड़ा जायेगा। इस योजना के तहत सड़कों, रेल, बन्दरगाह, पाइप लाइनों और अन्य बुनियादी सुविधाओं को ज़मीन और समुद्र होते हुए एशिया, यूरोप और अफ्रीका से जोड़ने का विचार है। दुनिया के 65 देशों को इस परियोजना से जोड़ा जाना है, जिनमें धरती की आधे से अधिक लगभग 4.4 अरब आबादी रहती है। इसी प्रकार भारत और रूस साथ मिलकर दोनों देशों के बीच 7200 किलोमीटर लम्बा ग्रीन कॉरिडोर बनाने की तैयारी कर रहे हैं।

यह ग्रीन कॉरिडोर ईरान होते हुए भारत और रूस को जोड़ेगा। इसके साथ ही भारत यूरोप से भी जुड़ जायेगा। गौरतलब है कि समुद्री सीमाओं के हितों की रक्षा, जलवायु परिवर्तन, कोविड-19 महामारी से मुक़ाबला करने के उद्देश्य से भारत, अमेरिका, जापान और ऑस्ट्रेलिया ने क्वाड बनाया है, जिसकी शुरुआत 2004 में हिन्द महासागर में आयी सूनामी से मानी जाती है। उस समय भारत, जापान, ऑस्ट्रेलिया और अमेरिका ने मिलकर न केवल राहत और बचाव कार्य किये, अपितु बड़े पैमाने पर राहत-सामग्री भी भेजी थी। वर्ष 2008 में क्वाड ग्रुप ख़त्म हो गया और वर्ष 2017 में जापान ने फिर से इसे शुरू करने का प्रस्ताव रखा। 2020 में भारत-यूएस-जापान मालाबार नेवल एक्सरसाइज में ऑस्ट्रेलिया भी जुड़ गया। भारत, ऑस्ट्रेलिया, जापान और अमेरिका ने हिन्द-प्रशान्त क्षेत्र और विश्व की शान्ति और समृद्धि के लिए साथ काम करने का संकल्प किया। क्वाड के नेताओं ने सामूहिक चुनौतियों का सामना करने के लिए नयी पहल की घोषणा की। प्रधानमन्त्री नरेन्द्र मोदी ने कहा कि क्वाड वैश्विक विकास के लिए एक शक्ति के रूप में अहम भूमिका निभा सकता है। चार लोकतान्त्रिक देशों का यह संगठन हिन्द-प्रशान्त क्षेत्र और विश्व में शान्ति और समृद्धि सुनिश्चित करने का काम करेगा। विश्व में तेजी से उभरती हुई अर्थव्यवस्थाओं वाले पाँच राष्ट्रों का एक संघ बना - ब्रिक्स, जिसकी स्थापना वर्ष 2009 में हुई। इसके पाँच सदस्य राष्ट्रों (ब्राजील, रूस, भारत, चीन और दक्षिण अफ्रीका) के नाम अंग्रेज़ी में नाम के प्रथमाक्षरों B,R,I,C,S से मिलकर बना है। इसे R-5 के नाम से भी जाना जाता है क्योंकि इन पाँचों देशों की मुद्रा का नाम 'R' से शुरू होता है। दरअसल 2010 में दक्षिण अफ्रीका के शामिल किये जाने से पहले इसे 'ब्रिक' के नाम से जाना जाता था। रूस को छोड़कर, ब्रिक्स के सभी सदस्य विकासशील या नव औद्योगीकृत देश हैं जिनकी अर्थव्यवस्था तेजी से बढ़ रही है। वर्ष 2001 में अर्थशास्त्री जिम ओ नील ने अपने 'द वर्ल्ड नीड्स बेटर इकोनॉमिक ब्रिक' नामक शोध पत्र में यह उल्लेख किया कि ब्रिक देश (भारत, ब्राजील, रूस और चीन) तेजी से विकास कर रहे हैं और आने वाले 50 वर्षों में इन देशों की संयुक्त अर्थव्यवस्थाएँ, दुनिया के सबसे अमीर राष्ट्रों की अर्थव्यवस्थाओं से अधिक हो जायेगी, क्योंकि इन देशों का बाज़ार काफी बड़ा है और तेजी से बढ़ भी रहा है।

भूमण्डलीकरण : स्वरूप

वर्तमान में भूमण्डलीकरण का स्वरूप पूरी तरह स्पष्ट हो चुका है। यह एक वैश्विक अर्थव्यवस्था को स्थापित करने का प्रयास है जिसमें खुली प्रतिस्पर्द्धा हो।

"यह अलग-अलग अर्थव्यवस्थाओं और समाजों को इस नज़दीकी और सफलता से जोड़ता है कि माल, सेवा, वित्त, सूचनाएँ आदि परस्पर राष्ट्रों के आर-पार बिना समय खोये अबाधित रूप में प्रवाहित होती हैं।"[58] अर्थव्यवस्था की संरचना जटिल होने के कारण इसमें जीवन के अनेक पक्षों में शामिल किया गया है। अब उसका सम्बन्ध माल उत्पादन, विपणन और वितरण तक सीमित नहीं रहा है बल्कि व्यापक सेवा क्षेत्र (वर्तमान में दुनिया की अर्थव्यवस्था का 56 प्रतिशत हिस्सेदारी), वित्त और सूचना ने इसमें अपनी हिस्सेदारी बना ली है। भूमण्डलीकरण के विस्तार में सूचना और तकनीकी क्रान्ति ने महत्त्वपूर्ण भूमिका निभायी है। वर्तमान भूमण्डलीकरण इसी की सहायता से भौगोलिक दूरियों को कम करने में सफल हुआ है और अर्थव्यवस्था के प्रवाह में इतनी तीव्रता आ सकी है।

सूचना तकनीक ने सूचना को सरल, तीव्र एवं पुनरुत्पादन की असीम सम्भावनाओं के योग्य बनाया है। आज जीवन का हर पक्ष चाहे वह सामाजिक, आर्थिक, राजनीतिक या सांस्कृतिक हो, में सूचना का प्रवाह सरल हो गया है। यह चाहे आँकड़ों, ध्वनि या चित्र के रूप में हो, सूचना तकनीक के द्वारा दुनिया के किसी भी कोने में अत्यन्त कम समय में पहुँचाया जा सकता है। सूचना, तकनीक एवं संचार क्रान्ति के कारण ही आज सेवा क्षेत्र अर्थव्यवस्था का प्रमुख हिस्सा और इसका वैश्विक आकार बन सका है। सेवा क्षेत्र के इस वैश्विक रूप में सेवा प्रदाता और प्राप्तकर्ता दोनों बिना समय गँवाये और किसी निर्धारित स्थान पर जाये बगैर अनेक आर्थिक गतिविधियों को अंजाम दे सकते हैं। यह स्थिति सेवा प्राप्तकर्ता के लिए सस्ती सेवा और सेवा प्रदाता और अर्थव्यवस्था के लिए आय और रोज़गार की दृष्टि से सस्ती, सुलभ एवं लाभकारी है। इसमें सेवा प्राप्तकर्ता एवं सेवा प्रदाता को एक दूसरे से मिलने की भी ज़रूरत नहीं पड़ती और वे सूचना तकनीक के जरिये ही आपस में आभासी रूप से जुड़े होते हैं। इससे समय की बचत के साथ ही धन की भी बचत होती है। इस तरह भूमण्डलीकरण ने बाज़ार एवं अर्थव्यवस्था का व्यापक विस्तार किया है।

भूमण्डलीकरण आर्थिक एकीकरण के द्वारा विश्व व्यापार को ज़्यादा तीव्र एवं सुगम करता है। इससे विश्व व्यापार में वृद्धि होती है। इसका लाभ विकसित एवं विकासशील अर्थव्यवस्थाओं के व्यापार के विस्तार, पूँजी की गति एवं वित्त प्रवाह के द्वारा प्राप्त होता है। विभिन्न अर्थव्यवस्थाओं के आपस में जुड़ने से प्रतिस्पर्द्धा में वृद्धि होती है जिसके कारण गुणवत्ता में सुधार होती है एवं क़ीमतों में भी गिरावट आती है। प्रतिस्पर्द्धा के कारण बाज़ार में उपभोक्ताओं के सामने कई

विकल्प होते हैं जिसके परिणामस्वरूप वे बेहतर विकल्प चुनने में सक्षम हो पाते हैं। भूमण्डलीकरण में कोई देश उसी उत्पाद एवं सेवाओं का उत्पादन एवं निर्यात करता है जिसमें वह सबसे बेहतर एवं सबसे सस्ता होता है। इससे उस देश को ज़्यादा लाभ होता है। दूसरी ओर वह उन वस्तुओं का आयात करता है जिनके उत्पादन में या तो उसे विशिष्टता हासिल नहीं है या फिर उसे उसका उत्पादन महँगा पड़ता है। इस स्थिति में एक ऐसे वैश्विक बाज़ार का निर्माण होता है जो सभी के लिए खुला है एवं वह केवल बाज़ार के सिद्धान्तों द्वारा नियन्त्रित होता है। इससे उत्पादन में भी वृद्धि होती है एवं व्यापार भी व्यापक विस्तार पाता है। यह व्यवस्था पूरी तरह से लाभ आधारित होती है एवं अधिक-से-अधिक लाभ प्राप्त करना ही इसका उद्देश्य होता है। इस स्थिति में विभिन्न देशों की सरकारों के नियम-क़ानून खुले बाज़ार के लिए बाधा उत्पन्न करते हैं और वे इसमें सुधार चाहते हैं, ताकि बहुराष्ट्रीय कम्पनियाँ निर्बाध गति से कार्य कर सकें। आर्थिक सुधार भूमण्डलीकरण के लिए आवश्यक तत्त्व है।

भूमण्डलीकरण की एक विशेषता यह भी है कि इसने जीवन के हर क्षेत्र में अपनी उपस्थिति दर्ज करायी है और इसने अस्तित्व के हर रूप का वस्तुकरण किया है। बाज़ार के नियमों के अनुसार उनकी क़ीमत का निर्धारण होता है एवं इसकी ख़रीद-बिक्री होती है। बाज़ार का यह फैलाव कला, संस्कृति, धर्म और विचार तक को अपने घेरे में ले चुका है। हज़ारों सालों से जमा प्राकृतिक सम्पदाओं का तीव्र गति से दोहन भूमण्डलीकरण के कारण ही हो रहा है और इसके लिए निजीकरण को बढ़ावा दिया जा रहा है। 'नयी विश्व व्यवस्था' और उसके तहत हो रहे भूमण्डलीकरण का परिणाम राज्य की ताक़त के क्षय के रूप में निकला है। राष्ट्रों की कार्यसूची में अब राज्य की हैसियत पहले जैसी नहीं रही है।"[59] सरकार अपने को लाचार बताकर विभिन्न क्षेत्रों का निजीकरण करती है।

भूमण्डलीकरण की प्रकृति

भूमण्डलीकरण की प्रकृति अपनी मूल संरचना में बाज़ार केन्द्रित एवं विश्व व्यापार को बिना किसी बाधा के संचालित करने की है। यह निर्यात केन्द्रित उत्पादन पर जोर देता है। यह वैश्विक प्रतिस्पर्द्धा को सर्वोच्च प्राथमिकता देता है और इसी के आधार पर सारी व्यवस्था की संरचना को स्वीकार करता है। इस संरचना में प्रत्येक देश को उस वस्तु एवं सेवा का निर्यात करना होता है जिसमें वे सबसे कम लागत में सबसे बेहतर उत्पादित कर सकें एवं वैसे उत्पादों का जिनका वे बेहतर एवं सस्ता उत्पादन नहीं कर सके, उनका बिना किसी रोक-टोक के आयात किया जाये।

इस प्रकार यह एक ऐसे वैश्विक सन्तुलन की ओर बढ़ता है जिसमें सभी देश आत्मनिर्भर न होकर एक दूसरे पर निर्भर हैं। "इस तरह निर्यात-आयात केन्द्रित भूमण्डलीकरण की व्यवस्था विभिन्न देशों की अर्थव्यवस्था में निर्यात-आयात सन्तुलन बनाती है। इस प्रकार तुलनात्मक लाभ का सिद्धान्त भूमण्डलीकरण का प्रमुख लक्ष्य है।"[60] इससे विश्व व्यापार में तीव्र वृद्धि होती है एवं दुनिया भर में घटित किसी घटना, बदलाव का प्रभाव पूरी दुनिया में परिलक्षित होता है।

अपनी बेहतर अवस्था में यह व्यवस्था दुनिया को एक साथ रखने एवं आपसी सम्बन्धों को बेहतर बनाने में मदद करती है। इसमें वित्त का अन्तरराष्ट्रीय प्रवाह तीव्र होता है, जिससे वित्तीय संसाधनों के बेहतर उपयोग की सम्भावना पैदा होती है। इसके कारण लम्बे समय से चली आ रही असमानता की स्थिति जिसमें एक ओर संसाधनों का घोर अभाव एवं दूसरी ओर आधिक्य, को कम करने में मदद मिलती है। भूमण्डलीकरण से विश्व स्तर पर प्रतिस्पर्द्धा का विकास होता है जिससे दुनिया भर में हमेशा व्यापक सुधार होता रहता है। प्रतिस्पर्द्धा में वृद्धि से उच्च आर्थिक विकास, उच्च आय स्तर, रहन-सहन के स्तर में वृद्धि, उत्पाद की गुणवत्ता में सुधार भूमण्डलीकरण की परिणति बनकर उभरते हैं।

भूमण्डलीकरण के समर्थक यह दावा करते हैं कि वैश्विक आर्थिक एकीकरण की इस प्रक्रिया से सारी दुनिया को लाभ होगा। अमेरिका के तत्कालीन राष्ट्रपति रोनाल्ड रीगन के शब्दों में 'बाज़ार का जादू' अपना कमाल दिखायेगा। इसमें वैसे देश ज़्यादा लाभान्वित होंगे जो अभी तक आर्थिक रूप से ज़्यादा पिछड़े हुए थे। आर्थिक विकास की गति तीव्र होने से अमीर देश तो अमीर होंगे ही साथ ही ग़रीब देशों की ग़रीबी को समाप्त करने में सफलता मिलेगी। "आर्थिक परिदृश्य में प्रतिस्पर्द्धा होने के कारण उत्पादन में वृद्धि और गुणवत्ता दोनों ऊपर उठती हैं जिसका असर देश की उत्पादन व्यवस्था, रोज़गार और विदेशी मुद्रा हासिल करने में दिखायी देता है।"[61] इससे विज्ञान एवं तकनीक के क्षेत्र में नवीनतम आविष्कार भी होते हैं, जिसका लाभ पूरी मानव जाति को मिलना सम्भव हो पाता है।

आर्थिक इतिहासकार एंगस मेडिसन के अनुसार 1500 ई. में वैश्विक स्तर पर जनसंख्या एवं आय में भारत की हिस्सेदारी लगभग बराबर 24 से 26 प्रतिशत के आसपास थी। 1900 ई. में जनसंख्या की हिस्सेदारी घटकर जहाँ 16 प्रतिशत हो गयी वहीं आय 10 प्रतिशत रह गयी। 2000 ई. में यह 5 प्रतिशत तक पहुँच गयी। लेकिन भूमण्डलीकरण के समर्थकों का दावा है कि 2025 ई. तक भारत की जनसंख्या एवं आय में हिस्सेदारी पुनः बढ़कर लगभग 14 प्रतिशत हो जायेगी।

वे मानते हैं कि 1991 से 2011 तक भारत में ग़रीबों की संख्या में कमी आयी है और मध्यवर्गीय लोगों की संख्या में वृद्धि हुई है। अब भारत में ग़रीबों से ज़्यादा मध्यवर्गीय लोग हैं। इन बीस वर्षों में कारों की बिक्री में सोलह गुणा वृद्धि हुई है। ब्रिक्स (ब्राजील, रूस, भारत, चीन, साउथ अफ्रीका) रिपोर्ट के अनुसार भारत की विकास दर 1980 से 2002 के बीच 5.5 प्रतिशत थी, जो दुनिया के आठ सबसे तेजी से विकास करने वाली अर्थव्यवस्था में से एक थी। 2003 से 2011 के बीच यह वृद्धि दर बढ़कर 8.7 प्रतिशत हो गयी जो कि चीन के बाद दुनिया की सबसे तेज गति से वृद्धि करने वाली अर्थव्यवस्था थी।

भूमण्डलीकरण के कारण पूँजी का प्रवाह ज़रूरतमन्द देशों की ओर होता है। यह आर्थिक विकास को तीव्र करने में मदद करता है। सम्पन्न एवं विकसित देशों की बहुराष्ट्रीय निगमें विकासशील एवं पिछड़े देशों में पूँजी निवेश करती हैं और उद्योग-धन्धे लगाकर उत्पादन में वृद्धि के साथ-साथ रोज़गार के अवसरों में वृद्धि करते हैं एवं इसका प्रभाव आर्थिक विकास दर में वृद्धि के साथ-साथ प्रति व्यक्ति आय में वृद्धि के रूप में दिखता है।

इस भूमण्डलीकरण ने राष्ट्र-राज्य की सीमा को समाप्त कर दिया है और वैश्विक कम्पनियों ने अपने कार्य क्षेत्र का व्यापक विस्तार किया है। "अब किसी कॉर्पोरेशन का 'हेडक्वार्टर' (मुख्यालय) भले ही किसी एक राष्ट्र-राज्य में हो, पर अपने आर्थिक तर्क के चलते वह उसी राष्ट्र-राज्य से सम्बद्ध नहीं रह गया है। आज पूँजीवाद का वित्तीयकरण हो गया है, जिसके कारण पूँजी का प्रवाह भौतिक आर्थिक प्रक्रियाओं से मुक्त होकर काफी कुछ स्वायत्त हो गया है।"[62] इस पूँजी निवेश से विकासशील और अविकसित देशों में पूँजी की कमी की समस्या का समाधान होता है, जिससे ये देश तीव्र गति से विकास कर सकते हैं। इस प्रकार भूमण्डलीकरण से कम विकसित देशों को मज़बूती मिलती है और उनका आर्थिक विकास सम्भव हो पाता है। "प्रत्यक्ष विदेशी निवेश सन् 1991 के 36 अरब डॉलर से बढ़कर 2000 में 178 अरब डॉलर का 80 प्रतिशत हिस्सा 10 विकासशील देशों के हिस्से में आया है।"[63] अन्तरराष्ट्रीय पूँजी का इस प्रकार का प्रवाह किसी जनकल्याण के उद्देश्य से नहीं होता है बल्कि इसके पीछे लाभ हासिल करना ही मूल लक्ष्य होता है।

इस प्रक्रिया में परिवर्तनगामी चेतना की लहर हमेशा तीव्र रहती है। यह जीवन के विभिन्न आयामों को प्रत्यक्ष और अप्रत्यक्ष दोनों तरीक़े से प्रभावित करने की क्षमता रखता है। विश्व भर की संस्कृतियों में एकरूपता लाना इसका

लक्ष्य बन जाता है क्योंकि अगर इसमें भिन्नता बनी रह गयी तो निर्बाध व्यापार की स्थिति नहीं बन पायेगी। यह एकरूपता पश्चिमी सभ्यता को ही सबसे बेहतर मानती है, चाहे वह मैकडॉनल्ड्स कल्चर हो या एमटीवी कल्चर। इसके प्रचार-प्रसार में ही वह अपनी सफलता देखती है। यह भारतीय सभ्यता एवं संस्कृति को उस प्रसंस्कृत रूप में अपनाती है जो बाज़ार के अनुकूल हो। यह एक प्रकार से समग्र जीवन के बाज़ारीकरण के समान है। "समग्र जीवन के बाज़ारीकरण का अर्थ है—नागरिक समाज की समृद्धि और उसके संकुल चरित्र को बाज़ारी सतहीपन और सरलीकरण में सीमित कर देना यानी नाना प्रकार के नागरिक समाजों को विश्वव्यापी दैत्याकार सुपर मार्केट की शाखाओं में बदल देना।"[64] यह लोगों को बताती है कि दीपावली मतलब ढेर सारी ख़रीदारी और रक्षाबन्धन का मतलब बड़े से बड़ा तोहफ़ा अपनी बहन के नाम करना ही सच्चे अर्थों में महत्त्वपूर्ण है। यह उस वैलेंटाइन डे को बढ़ावा देती है जो बाज़ार केन्द्रित हो।

इसकी प्रकृति संरक्षणवाद को पूरी तरह से नकारने की एवं उसी के बाज़ार में टिके रहने की होती है जो मज़बूत है एवं अपने लिए नयी व्यवस्था में स्थान बना सकने में सक्षम है। इसमें राज्य का स्थान बाज़ार ग्रहण करता चला जाता है। यह विकल्पहीनता की स्थिति को बढ़ावा देती है। इसमें वैसे लोग असुरक्षित हो जाते हैं जो परम्परागत व्यवसाय से जुड़े होते हैं। यह उसी कृषि को सही मानता है जिसमें अधिक लाभ हो, अगर लाभ नहीं है तो उस कृषि उत्पाद का निर्यात करने पर बल दिया जाता है।

भूमण्डलीकरण की अवधारणा

भूमण्डलीकरण कोई नयी अवधारणा नहीं है। यह हमारे यहाँ की पारम्परिक 'वसुधैव कुटुम्बकम्' अर्थात् सारा विश्व एक परिवार है, की अवधारणा के क़रीब है। यह प्राचीन काल से मानव जाति के साथ चली आ रही अवधारणा है। समसामयिक भूमण्डलीकरण की अवधारणा नितान्त आधुनिक जीवन की परिघटना है जो हमारे परम्परागत अवधारणा से बिल्कुल अलग अर्थ और सन्दर्भों के साथ हमारे सामने आती है। आज की परिघटना ने वैश्विक अर्थव्यवस्था को एकीकृत किया है। यह एक प्रक्रिया है जो विगत 500 वर्षों से चल रही है। इसकी शुरुआत 19वीं शताब्दी के उत्तरार्द्ध में ही हो चुकी थी, उस दौरान इसका विस्तार बहुत ही धीमी गति से हुआ, प्रथम विश्व युद्ध व द्वितीय विश्व युद्ध के उपरान्त इसकी रफ़्तार थोड़ी तेज हुई। लेकिन 1991 ई. में सोवियत संघ के

टूटने के बाद से इसकी गति अति तीव्र हो गयी। हालाँकि द्वितीय विश्व युद्ध के उपरान्त दुनिया भर में सुख, शान्ति, विकास तथा दुबारा ऐसा विध्वंसक युद्ध न हो, इसके लिए राजनीतिज्ञों ने 'ब्रेटन वुड सम्मेलन' में अन्तरराष्ट्रीय वित्तीय संस्थाएँ व संगठन बनाने का निर्णय लिया। फलस्वरूप अन्तरराष्ट्रीय समझौते के तहत अन्तरराष्ट्रीय व्यापार के लिए गैट (जनरल एग्रीमेंट ऑन टैरिफ एंड ट्रेड), डब्ल्यूटीओ (वर्ल्ड ट्रेड ऑर्गेनाइजेशन), आईएमएफ (इंटरनेशनल मॉनिटरी फंड) बनाये गये। अन्तरराष्ट्रीय व्यापार समझौते के आधार पर ही भूमण्डलीकरण को आधार मिला। व्यापार-नीति के लिए उपभोग हेतु आदतों में परिवर्तन तथा बाज़ारीय व्यवस्था ने दुनिया को भूमण्डलीकृत करने में अपनी महत्त्वपूर्ण भूमिका निभायी। बहुराष्ट्रीय कम्पनियों द्वारा अपनायी गयी व्यापार-नीति, भूमण्डलीकरण के बीज रूप थे जिसे अब प्रौद्योगिकी व संचार माध्यमों ने पल्लवित-पुष्पित कर विशाल वट वृक्ष में परिवर्तित कर दिया। नयी आर्थिक नीति, लोक कल्याणकारी योजनाएँ आदि के जरिये विकसित राष्ट्र, विकासशील व अविकसित राष्ट्रों के विकास की पहल के लिए अपरिहार्य अंग मानते हुए पूँजीपतियों द्वारा नैसर्गिक संसाधनों के दोहन के लिए गिद्ध दृष्टि डाले रखता है।

यहाँ यह कहना समीचीन होगा कि "सन् 1990 में 'भूमण्डलीकरण' नाम से जन्मे शब्द और उसकी अवधारणा ने मुक्त बाज़ारवाद में दमकते सिक्के की तरह स्थान बना लिया था लेकिन उस समय भी 'भूमण्डलीकरण' का वास्तविक अर्थ स्पष्ट नहीं था। कुछ वर्षों पूर्व तक अपने बहुत सीमित अर्थ में 'भूमण्डलीकरण' का अर्थ था—मुक्त बाज़ारवाद और अमेरिकी विश्व-दृष्टि।"[65]

भूमण्डलीकरण औद्योगिक पूँजीवाद का एक नया रूप है। लेकिन 1991 ई. में सोवियत यूनियन के विघटन के बाद यूरोप और अमेरिकी देशों ने अपनी व्यापार नीति में मुक्त बाज़ारवाद के नारे को बुलन्द करने की पुरजोर कोशिश की। पूँजीपति तबकों द्वारा नियोजनबद्ध तरीक़े से मीडिया के माध्यम से बाज़ार पर क़ब्ज़ा किया जाने लगा। आज भूमण्डलीकरण की राजनीति और अर्थतन्त्र-नीति ने अपनी स्थिति को इस क़द्र मज़बूत किया कि इसकी अनुगूँज हर तरफ़ सुनायी पड़ने लगी। साम्यवाद की विफलता का प्रभाव बहुत दूर तक पड़ा। उसके बाद यूरोप और एशिया के बहुत से देशों ने अपनी व्यापार-नीति में मुक्त बाज़ारवाद का नारा दिया। "चतुरता के साथ 'मुक्त' बाज़ारवाद की स्थिति में सुधारवाद का नारा भी लगाया गया। इस सुधारवाद के पीछे तर्क दिया गया कि अधिकाधिक जमा विदेशी पूँजी की राशि को आर्थिक विकास के क्षेत्रों में लगाना आवश्यक है

ताकि आर्थिक दृष्टि से विपन्न देशों की माली हालत में सुधार किया जा सके। इस बहाने के साथ अमीर देशों ने ग़रीब देशों पर अपना जाल फैलाना शुरू कर दिया। जाल लम्बा-चौड़ा शक्तिशाली था। इसलिए सम्पन्न देशों ने लाभ भी ख़ूब कमाया। इस जालवाद का दूसरा नतीजा यह हुआ कि सम्पन्न देशों ने ग़रीब देशों के बाज़ार पर अपना वर्चस्व स्थापित कर लिया। विदेशी जाल से दूसरी दुनिया के बाज़ार पटने लगे और व्यापारी वर्ग खुश नज़र आया। विश्व के वित्तीय बाज़ारवाद में धीरे-धीरे गति आने लगी और अमेरिका का वित्त-भण्डार एक नये कुबेरवाद की ओर बढ़ता दिखायी दिया। पूँजीवादी साम्राज्यवाद का यह शतरंजी खेल अद्‌भुत और अपूर्व था।"[66]

भूमण्डलीकरण के नाम पर तीसरी दुनिया के देशों के विकास हेतु यह कहा गया कि मुक्त बाज़ारवाद से निर्धनतम राष्ट्र भी सम्पन्न हो जायेंगे। हालाँकि खुली व्यापार-नीति की यह कोई नयी बात नहीं है। भारत की सम्पदा-वैभव को हड़पने की यह नयी अर्थतन्त्र नीति है। नॉम चॉम्स्की के शब्दो में कहें तो 'नयी बोतल में पुरानी शराब के समान है यह भूमण्डलीकरण' अर्थात् वैश्विक पूँजीवाद अपना नया स्वरूप अख़्तियार कर वैश्विक यारी में लगा है। पूँजीपति तबका 'मनी-माइंड-मसल' के द्वारा भोग-विलास में लिप्त करा कर हमारे ही कच्चे माल से ये उत्पाद माल में परिवर्तित कर वैश्विक बाज़ार पर क़ब्ज़ा करने की पुरजोर कोशिश कर रहा है।

दरअसल, आधुनिक प्रौद्योगिकी को प्रश्रय देने वाला भूमण्डलीकरण दो क्षेत्रों पर बल देता है—उदारीकरण व निजीकरण। यहाँ उदारीकरण से सीधा मतलब है—औद्योगिक और सेवा क्षेत्र की विभिन्न गतिविधियों से सम्बन्धित नियमों में ढील देना और विदेशी कम्पनियों को घरेलू क्षेत्र में व्यापारिक और उत्पादन इकाइयाँ लगाने के लिए प्रोत्साहित करना। निजीकरण के माध्यम से निज़ी क्षेत्र की कम्पनियों को उन वस्तुओं व सेवाओं के उत्पादन की अनुमति प्रदान की जाती है, जिनकी पहले अनुमति नहीं थी। इसमें सरकारी क्षेत्र की कम्पनियों की सम्पत्ति को निज़ी क्षेत्र के हाथों बेचना भी सम्मिलित है। भूमण्डलीकरण के आधुनिक रूपों का प्रारम्भ दूसरे महायुद्ध से हुआ है हालाँकि पिछले बीस वर्षों में इसकी गति अति तीव्र हुई है। द्वितीय विश्व युद्ध के उपरान्त विजेता राष्ट्र ब्रेटन वूड्स सम्मेलन में सहभागी हुए और उन्होंने पुनर्निमाण तथा विकास की ज़रूरतों को पूरा करने के लिए अन्तरराष्ट्रीय मुद्राकोष तथा विश्व बैंक जैसी अन्तरराष्ट्रीय वित्तीय एजेंसियों की स्थापना की। इन संस्थानों पर विकसित

पूँजीवादी राष्ट्र ख़ासकर अमेरिका का प्रभुत्व स्थापित हो गया। यह राष्ट्र तमाम मुल्कों पर अधिनायकवादी प्रवृत्ति के साथ उभरे। वे यह निर्देश देने लगे कि अपनी ज़रूरतों की पूर्ति करने के लिए इन संस्थाओं से क़र्ज़ लेने वाले ग्राहक देशों की किस तरह की आर्थिक नीतियाँ अपनानी चाहिए। अमेरिका ने कर्जों के साथ-साथ 'शर्तों' को भी थोपना शुरू किया। इतना ही नहीं संयुक्त राष्ट्र ने एक 'नयी अन्तरराष्ट्रीय आर्थिक व्यवस्था' की रूपरेखा तैयार की। विकास के नाम पर 'नव उदारतावाद' का आर्थिक दर्शन प्रभावी होने लगा। नव उदारवाद के नाम पर भूमण्डलीकरण एक अराजक विश्व का निर्माण कर रहा है क्योंकि हम जानते हैं कि आधुनिक भूमण्डलीकरण मूलतः विकसित देशों के इर्द-गिर्द केन्द्रित है। ये देश विश्व के प्राकृतिक संसाधनों का मुख्य भाग खर्च करते हैं। इन देशों के लोग विश्व जनसंख्या के 20 प्रतिशत है परन्तु वे पृथ्वी के प्राकृतिक संसाधनों के 80 प्रतिशत से अधिक भाग का उपभोग करते हैं। उनका नवीनतम प्रौद्योगिकी पर नियन्त्रण है। विकासशील देश प्रौद्योगिकी, पूँजी, कौशल और हथियारों के लिए इन देशों पर निर्भर हैं। विकसित राष्ट्रों के पास तकनीक व प्रौद्योगिकी है और उसका इस्तेमाल वे उत्पाद को खपाने के लिए किया करते हैं। कई बहुराष्ट्रीय कम्पनियाँ अपनी फैक्टरियों को एक देश से दूसरे देश ले जाती हैं। इस प्रक्रिया में सूचना प्रौद्योगिकी उन्हें उत्पादन और वितरण को भंग कर विश्व में कहीं भी जाने योग्य बनाती हैं। कल और आज के भूमण्डलीकरण में अन्तर बहुत स्पष्ट है कि आज न केवल वस्तुएँ ही एक देश से दूसरे देशों को जा रही हैं अपितु बड़ी संख्या में लोग भी जा रहे हैं। पहले केवल तैयार की गयी वस्तुएँ ही जाती थीं, अब इनमें कच्चा माल, प्रौद्योगिकी और लोग भी सम्मिलित हैं। पहले पूर्व के देशों की ही अन्तरराष्ट्रीय व्यापार जगत् में प्रमुखता थी और उनकी वस्तुओं की माँग, ऊँचे दाम और सम्मान था। अब स्थिति इसके ठीक उलट है। अब पश्चिम की वस्तुओं का सम्मान अधिक हो गया है। कई कम्पनियाँ विकासशील देशों में वस्तुओं का उत्पादन करके और विकसित देशों में उन पर अपना लेबल लगा कर पूरे विश्व बाज़ार में विकसित देशों के उत्पाद के रूप में उन्हें बेच रही हैं।

भूमण्डलीकरण : मूल्यांकन

भूमण्डलीकरण निर्यात केन्द्रित उत्पादन व्यवस्था को जायज़ ठहराता है तथा सैद्धान्तिकी तौर पर यह तुलनात्मक व्यापारिक प्रतिस्पर्धा की सुविधा को बढ़ावा देता है। जिसके अनुसार प्रत्येक देश को उस वस्तु एवं सेवा का उत्पादन एवं

निर्यात करना चाहिए जिसमें वह सबसे सक्षम हो और तुलनात्मक रूप से मुक्त विश्व बाज़ार में कम क़ीमत पर उस वस्तु या सेवा को उपलब्ध कराने की क्षमता रखता हो। दूसरी ओर ज़रूरत पड़ने पर उन वस्तुओं और सेवाओं का आसानी से आयात कर सके जिनका उत्पादन उसे अपने यहाँ तुलनात्मक रूप से महँगा पड़ता हो। वे अपनी ज़रूरत के मुताबिक आयात करने के पक्षधर हैं। इस प्रकार से निर्यात-आयात केन्द्रित भूमण्डलीकरण की व्यवस्था विभिन्न देशों की अर्थव्यवस्था में निर्यात-आयात सन्तुलन बनाती है। उनका झुकाव निर्यात केन्द्रित होता है तथा नज़दीक से विश्व अर्थव्यवस्थाओं को जोड़ती हैं। "इससे विश्व व्यापार में बढ़ोतरी होती है तथा पूँजी, वित्त तथा बहुराष्ट्रीय कम्पनियों के नेटवर्क का विस्तार होता है। भूमण्डलीकरण की प्रक्रिया परस्पर देशों के अलगाव को ख़त्म कर उन्हें दुनिया की नयी व्यवस्था से जोड़ती है। ऐसा परिवहन, जन-संचार और तकनीक के क्षेत्र में हुई क्रान्तियों ने कम समय और कम लागत में सम्भव बना दिया है। भूमण्डलीकरण से अन्तरराष्ट्रीय वित्त प्रवाह को बढ़ावा मिलता है जो विश्व के वित्तीय संसाधनों के बँटवारे की कुशलता में सुधार करता है। भूमण्डलीकरण ने विश्व स्तर पर प्रतिस्पर्धा को बढ़ाकर उसका विस्तार किया है। विकासशील देशों की अर्थव्यवस्थाएँ भी विश्व-व्यापार और वैश्विक अर्थव्यवस्था की गतिकी दृष्टि से सक्रिय होने लगी है और विश्व-व्यापार में उनका हिस्सा बढ़ा है।"[67]

अन्तरराष्ट्रीय प्रतिस्पर्धा में वृद्धि, उच्च आर्थिक विकास, उच्च आय स्तर, उत्पाद की गुणवत्ता, रहन-सहन के स्तर में वृद्धि भूमण्डलीकरण की प्रक्रिया से ही निकले हैं। उनका मानना है कि इस आर्थिक एकीकरण की प्रक्रिया से सारी दुनिया को लाभ होगा। विशेषकर उन देशों को जो आर्थिक विकास के मामले में पिछड़े हैं। आर्थिक खुलेपन के बहाने यह व्यापार प्रक्रिया को बढ़ावा देता है। उनका कहना है आर्थिक खुलेपन से विश्व को दो लाभ होंगे—पहला, यह आर्थिक विकास की गति को तेज करेगा और दूसरा, तेज आर्थिक विकास ग़रीबी निवारण का एक आसान तरीक़ा होगा। इसलिए विदेशी व्यापार को बढ़ावा देने तथा सीमा शुल्क और आयात-निर्यात प्रतिबन्ध समाप्त करने पर ज़ोर दिया गया। खुली आर्थिक विश्व-व्यवस्था, उद्योग, कृषि और व्यापार की गतिविधियों को तेज करेगी और देश की अर्थव्यवस्था को बढ़ायेगी। यह सही है कि आर्थिक परिदृश्य में प्रतिस्पर्धा होने के कारण न सिर्फ़ उत्पादन में वृद्धि होती है अपितु गुणवत्ता में भी बढ़ोतरी होती है। जिसका प्रभाव देश की उत्पादन व्यवस्था, रोज़गार और विदेशी मुद्रा हासिल करने में दिखायी देता है।

खुली अर्थव्यवस्था के निहित स्वार्थों से भूमण्डलीकरण का लक्ष्य होता है कि कैसे विदेशी पूँजी की गतिशीलता को और भी तेज किया जाये। यहाँ यह स्वीकार करना यथोचित होगा कि आर्थिक विकास में पूँजी की कमी भारी व्यवधान पैदा करती है। विकसित राष्ट्र पूँजी देने के बहाने हमारे हमदर्द साबित होते हैं। चूँकि पूँजी निवेश के अवसर उन्हीं देशों को प्राप्त होते हैं जो कुछ ख़ास वस्तु और सेवाओं में अन्य देशों से तुलनात्मक लाभ की दृष्टि से समृद्ध होते हैं। यही कारण है कि भूमण्डलीकरण की शुरुआत के बाद पिछली सदी के आख़िरी दशक में विश्व अर्थव्यवस्था की विकास दर बढ़ी है। सन् 1990 के मुक़ाबले कई विकासशील देशों में विकसित देशों से भी ज़्यादा लगभग दोगुने का उछाल आया है।

एक जैसे विकास के लिए उपजे भूमण्डलीकरण के सम्बन्ध में अर्थशास्त्रियों में मतैक्य नहीं हैं। कुछ इसके फ़ायदे बताते हैं तो कुछ इसके नुक़सान। कुछ विद्वान तो इसके प्रभाव को मानवता के लिए ख़तरा भी बताते हैं। पत्रकार प्रभाष जोशी के शब्दों में "मैं चाहता हूँ कि हिन्दी में हम भूमण्डलीकरण के लिए प्रपंचीकरण का उपयोग करें। इस प्रक्रिया में ग़रीब शिकारों के साथ जो छल-कपट हो रहा है, वे उसे समझे और उसके ख़िलाफ़ तनकर खड़े हो जायें क्योंकि सच पूछिए तो भूमण्डलीकरण दुनियाभर के दीन-हीन ग़रीबों के पास जीते रहने के लिए जो संसाधन हैं वे उनसे छीनकर बलवान लोगों को सौंप देने का षड्यन्त्र है। ...अमेरिका की अगुवाई में दुनियाभर के अमीर देश, विश्व बैंक, अन्तरराष्ट्रीय मुद्राकोष और विश्व व्यापार संगठन जैसे संगठनों के जरिये बाकी दुनिया के देशों को अपने हित में चलाना चाहते हैं और एक ऐसा संसार बनाना चाहते हैं जिसमें अमीर और बलवान के सिवाय किसी और के लिए जगह न हो।"[68]

भूमण्डलीकरण की प्रक्रिया का लाभ उन्नत तकनीक सम्पन्न शक्तिशाली देशों को ही मिलता है। साथ ही ग़रीबी और आय की असमानता इस प्रक्रिया में निरन्तर बढ़ती जाती है। यही कारण है कि "समृद्ध देश तो बाज़ारवाद के सुधारों जैसे इन्फॉर्मेशन टेक्नोलॉजी, सूचना क्रान्ति का अपने ढंग से लाभ उठा लेते हैं; लेकिन तीसरी दुनिया और भारत जैसे देश अपनी अक्षमताओं के कारण इन लाभों को उठाने से वंचित रह जाते हैं।"[69] भूमण्डलीकरण के बाद तेजी से हो रहे परिवर्तनों के दौर में हम पाते हैं कि यह प्रक्रिया केवल उन्हीं लोगों तक सीमित है जिनके पास क्रय शक्ति है और बाज़ार में वस्तुओं को ख़रीद सकने की क्षमता। अर्थव्यवस्था जितनी उदार हुई है, आर्थिक असमानता बढ़ी है। सर्वेक्षण बताते हैं कि दुनिया के 20 प्रतिशत अमीर लोगों की आमदनी 1960 में 20

प्रतिशत ग़रीब लोगों की आमदनी से 30 गुणा अधिक थी। अब यह बढ़कर 70 गुणा अधिक हो गयी है। असमानता का तिलिस्म न सिर्फ़ विभिन्न देशों के बीच है अपितु देश के भीतर भी तेजी से पनपा है। भूमण्डलीकरण का लाभ आर्थिक रूप से सम्पन्न राष्ट्र ही उठा पाते हैं जबकि कम विकसित छोटे और कमज़ोर राज्य अपेक्षित लाभ से वंचित रह जाते हैं। विकासशील या अविकसित राष्ट्र में टिकाऊ विकास प्राप्त करने में भी ये अपनी महती भूमिका नहीं निभाते। इसका लाभ वे ही उठा पाते हैं जिनके पास बेहतर उत्पादन क्षमता, आर्थिक प्रबन्धन, व्यावसायिकता, अच्छा हुनर एवं उच्च तकनीक होती है। ये सब चीज़ें अविकसित देशों के पास नहीं होती हैं। जाहिर सी बात है कि आधुनिक विकास किसके लिए किया जा रहा है? यहाँ यह कहा जा सकता है कि "विश्व अर्थव्यवस्था का नियम विश्व व्यापार संगठन तय करता है। ऐसी स्थिति में किसी राष्ट्र को आर्थिक नीतियाँ बनाने और लागू करने में विश्व व्यापार संगठन द्वारा तय नियमों और सिद्धान्तों को ध्यान में रखना पड़ता है। बजाय अपने लोगों की ज़रूरतों को ध्यान में रखकर नीतियाँ बनाने के लिए कई देश अन्तरराष्ट्रीय मुद्राकोष और विश्व बैंक के दबाव में कार्य करते दिखायी देते हैं। इससे राष्ट्र की नीतियाँ बनाने और उन्हें लागू करने की स्वायत्तता पर अक्सर प्रश्नचिह्न लगा रहता है। दूसरे, भूमण्डलीकरण के तहत विश्व बैंक, अन्तरराष्ट्रीय मुद्राकोष और विश्व व्यापार संगठन जैसी अन्तरराष्ट्रीय संस्थाओं के नेतृत्व में लगभग आर्थिक और मानवीय विकास का एजेंडा तय करने का जिम्मा लोकतन्त्र (राजनीति) से छीनकर बाज़ार (अर्थनीति) को दे दिया गया है। दूसरे, वैश्विक अर्थव्यवस्था में जहाँ पूँजी तकनीक का विभिन्न अर्थव्यवस्थाओं में स्वतन्त्र प्रवाह होता है तथा माल और सेवाओं का अबाधित व्यापार होता है, ऐसी स्थिति में कोई देश ऐसी नीति नहीं अपना सकता जिसका अन्य अर्थव्यवस्थाओं से सामंजस्य न हो। इसी प्रकार घरेलू वित्तीय नीतियों और विदेशी विनिमय प्रबन्धन को भी वैश्विक रुझानों के अनुसार चलाना पड़ता है।"[70]

भूमण्डलीकरण की प्रक्रिया की पड़ताल करें तो हम पाते हैं कि बाज़ार इसमें एक महत्त्वपूर्ण भूमिका का निर्वहन करता है। इस बाज़ार का संचालन विकसित देशों व बहुराष्ट्रीय कम्पनियों के हाथों में निहित होता है तथा इसमें राष्ट्र-राज्य की सीमाएँ कोई बहुत ज़्यादा अर्थ नहीं रखती है। इस प्रक्रिया में विकसित देश दोहरा रवैया अपनाते हैं। वे अपनी लाभ की नीतियाँ बनवाते हैं। वे अपने नुक़सान से बचने के लिए संरक्षणवादी नीतियाँ अपनाते हैं। जो समूह देश खुली

अर्थव्यवस्था की सिफ़ारिश करते हैं तथा तीसरी दुनिया के देशों पर मात्रात्मक प्रतिबन्ध और सीमा शुल्क ख़त्म करने के लिए दबाव डालते हैं। वे स्वयं ही रक्षात्मक नीतियाँ अपनाते हैं—तीसरी दुनिया से आयात रोकने के लिए सीमा शुल्क बढ़ाना, सब्सिडी, बाल श्रम, पर्यावरण एवं श्रम मानकों पर दोहरा रवैया इसका प्रमाण है। भूमण्डलीकरण की प्रक्रिया में आर्थिक-राजनीतिक जोख़िम ही नहीं बल्कि सांस्कृतिक जोख़िम भी शामिल हैं। भूमण्डलीकरण के विपक्ष में विमर्श करने वाले विद्वानों का कहना है कि यह सांस्कृतिक एकरूपता का विस्तार करता है। वह अपनी सीमा में केवल आर्थिक पक्ष पर ही नहीं अपितु भाषा, साहित्य, कला-संस्कृति आदि को भी अपने में समाहित करती है। पश्चिम न केवल पूर्व के पिछड़े समाजों के आर्थिक, राजनीतिक और तकनीकी क्षेत्रों पर क़ब्ज़ा जमाने बल्कि वहाँ की राष्ट्रीय अस्मिता के तमाम रूपों भाषा, साहित्य, संस्कृति, कला आदि को अपने रंग में रंगने लगा है।

भूमण्डलीकरण से जुड़ा एक अन्य जोख़िम प्रदूषित प्रौद्योगिकी और प्रदूषित पर्यावरण से है। "भूमण्डलीकरण में जब अविकसित देशों को विकास के लिए विकसित प्रौद्योगिकी की ज़रूरत होती है तब विकसित देश इस स्थिति का फ़ायदा उठाते हैं और अपनी प्रदूषित प्रौद्योगिकी उन पर थोप देते हैं जो उनके पर्यावरण को जोख़िमपूर्ण बनाती है। अविकसित देशों में रेडिएशन फैलाने वाले कम्प्यूटरों का निर्यात इस तथ्य की पुष्टि करता है कि विकसित देश किस तरह नयी प्रौद्योगिकी के नाम पर अपने कचरे को अविकसित देशों पर थोपते हैं।"[71] दरअसल खुला आयात भूमण्डलीकरण की व्यवस्था का सबसे बड़ा हमला है जो सिर्फ़ खेती व किसानों तक सीमित नहीं है बल्कि जिससे कुटीर उद्योगों, कारीगरों, बुनकरों से लेकर बड़े उद्योगों तक, मछुआरों और पशुपालकों से लेकर दुकानदारों तक हर तबका प्रभावित हो रहा है।

इस प्रकार हम देखते हैं कि भूमण्डलीकरण वर्चस्ववादी व्यवस्था है, जिसमें किसी भी प्रकार का प्रतिक्रियावादी रूप मूलतः आतंकी होता है, भयोत्पादक होता है। साथ ही राष्ट्र-राज्य उसके मुख्य शत्रु हैं। जिसमें पुराने चिन्तन, पुराने साहित्य, पुरानी कला के क्लासिकल ढाँचे को अनुपयोगी करार दे दिया गया। ज्यां बाद्रिलॉ के शब्दों में कहें, तो "सम्पूर्ण पुनरुत्पादन तथा छवियों की असीम पुनरावृत्ति के जमाने में (फोटो कॉपी, डिजिटल कॉपी) वास्तविक तथा काल्पनिक के बीच, मूल तथा 'प्रतिलिपि' के बीच, गहराई और सतहीपन के बीच का अन्तर मिट गया है।

इसके फलस्वरूप हमारे पास 'अति वास्तविकता' (हाइपर रियलिटी) की संस्कृति फल-फूल रही है।"[72]

इलेक्ट्रॉनिक मीडिया का जन्म जो 'ग्लोबल विलेज' के स्वरूप निर्धारण का मुख्य आधार है। ग्लोबल पावर के रूप में मीडिया संगठन वैश्वीकरण से गठजोड़ स्थापित कर लोक कल्याणकारी राज्य के जुमले से हम तक पहुँचना चाहता है। सैद्धान्तिक रूप से यह कहना उचित होगा कि जब उत्पादन-साधन सम्प्रेषण से एक गठजोड़ स्थापित कर लेते हों और सम्प्रेषण स्वयं में एक उद्योग के संस्थागत संरचना को ग्रहण कर लेता है तो वह निरपेक्ष अभिव्यक्ति या 'लोक' अभिव्यक्ति के सहमति का स्वयं न होकर सत्ता का हिस्सेदार बन जाता है। यह उल्लेखनीय है कि समकालीन परिदृश्य में समाजवाद ग़ायब होता जा रहा है और उसकी जगह बाज़ारवाद घेरता जा रहा है। योजना की जगह उदारतावाद, राष्ट्रीयता आत्मनिर्भरता के स्थान पर भूमण्डलीकरण, वर्ग के स्थान पर सामाजिक समूह, क्रान्ति की जगह स्वैच्छिक संगठनों के आन्दोलनों, राज्य के स्थान पर नागरिक समाज, इतरालिंगी कामुकता के स्थान पर 'गे' और 'लेस्बियन' या समलैंगिक अधिकारों, आधुनिकता के स्थान पर उत्तर आधुनिकता पर विमर्श प्रायोजित किये जा रहे हैं। इसी तरह विचार की राजनीति के स्थान पर अस्मिता की राजनीति, राष्ट्र-राज्य के स्थान पर उप राष्ट्रीयता, जातीय संस्कृति के स्थान पर सिविल सोसायटी की कल्चर, स्थानीय संस्कृति की जगह ग्लोबल संस्कृति, राष्ट्रीय एकता के स्थान पर बहुसांस्कृतिकवाद एवं स्वीकृति की धारणाओं पर गरमा-गरम बहस हो रही है। आज सांस्कृतिक अस्मिता व पारम्पारिक रीति-रिवाज के क्षरण हेतु मीडिया को एक प्रमुख कारक माना जा रहा है। संचार व्यवस्था अन्य कई बातों के साथ आज सांस्कृतिक वर्चस्व को बनाये रखने के कारगर हथियार के रूप में इस्तेमाल की जा रही है। यह वर्चस्व सम्पन्न और विकसित हो रहे पूँजीवादी व्यवस्थाओं के साथ है। पूँजीवादी व्यवस्था विचारधारा के साथ नत्थी होकर बहुलतावादी संस्कृति को एकीकृत करने में जुटी है। यह तो सच है कि "कारख़ानों में बने उपभोक्ता सामानों के लिए बनी बाज़ार व्यवस्था अब दुनिया के पैमाने पर स्वाद, पसन्द और विश्वास की बिक्री के लिए इस्तेमाल की जा रही है। वस्तुतः विकसित पूँजीवाद के बर्तमान मंजिल में सूचना का उत्पादन और वितरण हर मायने में प्रधान और अपरिहार्य गति बन गये हैं। अमेरिका में बने संवाद, विचार

जीने के तौर-तरीक़े और सूचना तकनीक अन्तरराष्ट्रीय स्तर पर बेचे जा रहे हैं। यह भी उतना ही महत्त्वपूर्ण है कि विश्व स्तर पर उनकी नक़ल भी हो रही है।"[73]

वैश्विक स्तर पर जनसंचार "महाकायों का केन्द्रीकरण 'मूल्य निर्माण' के प्राथमिक साधन के रूप में परस्पर उत्थान और परस्पर बिक्री पर केन्द्रित है। यही बात महाकाय कार्यप्रणाली के हर स्तर के साथ विज्ञापन कार्य से जुड़ी हुई है। एक स्तर पर एक पुस्तक प्रकाशित होती है। एक अन्य स्तर पर इस पुस्तक पर आधारित एक फ़िल्म बनती है फिर एक अन्य स्तर पर इस फ़िल्म पर आधारित खिलौने और वीडियो बनाये जाते हैं फिर बिल्कुल ही अलग-अलग स्तरों पर (पत्रिकाओं, वीडियो भण्डारों और थीम पार्कों के जरिये) ये सारे उत्पाद प्रचारित किये और बेचे जाते हैं। इसी तर्ज पर 'पॉप संस्कृति' के इन महाकायों की ओर से सांस्कृतिक परिवेश में अधिकाधिक महत्त्व ग्रहण करता जाता है।"[74]

आज हम देख रहे हैं कि मीडिया के माध्यम से सांस्कृतिक बहाव तीव्र गति से हो रहा है, मूल्यों, विचारों और जीवन शैली का आदान-प्रदान बढ़ा है। ग्लोबल टेलीविज़न राष्ट्र की सरहदों को पार करके हमारे घरों में पहुँचा है। आज हम दुनिया की चीज़ों को आसानी से प्राप्त कर सकते हैं। ऐसी स्थिति में स्थानीय संस्कृति और राष्ट्रीय सम्प्रभुता के लिए संकट पैदा हुआ है। हालाँकि विचारकों का मानना है कि भूमण्डलीकरण अनिवार्य है इससे बच पाना सम्भव सा प्रतीत नहीं होता है। भूमण्डलीकरण के पक्षकार पाश्चात्य संस्कृति को ठीक मानते हुए गुणगान में लगे हैं। चूँकि हम जानते हैं कि भूमण्डलीकरण राजनीतिक स्तर पर एक ध्रुवीयता के साथ आया है। जो भी अमेरिकी पूँजीवाद का सत्य है वही सबका सत्य है। एक मूल्य है, धन, भोग, लोभ वही उसका आदर्श है, समाज को इसे स्वीकारना चाहिए। यही आदर्श सुख संकलन की सीढ़ी है जो इसके पार है, दूर है वही दुःखी है। आज की दुनिया का सबसे बड़ा सत्य, अब महायुद्धों का रूप नहीं रहा है। वह त्रासदी अब नहीं आने वाली है। सब एक-दूसरे से भयभीत हैं पर सबसे बड़ा भय बाज़ारवाद और उसकी रणनीतियों से है।

संक्षेप में, भूमण्डलीकरण के सन्दर्भ में उपर्युक्त तथ्यों पर दृष्टि डालते हुए कहा जा सकता है कि पूँजीपति वर्ग आर्थिक समानता के नाम पर बाज़ार को बढ़ावा देते हैं। वे अपने उत्पाद की खपत के लिए बहुसंख्य उपभोक्ता वाले देशों की ओर रुख़ करते हैं। उनकी रणनीति में साम्राज्यवादी नीतियों का विस्तार परिलक्षित होता है। भारत में साम्राज्यवादी उपनिवेशवाद को तीन चरणों यथाः व्यापारिक पूँजीवाद 1813 ई. से 1857 ई., औद्योगिक पूँजीवाद 1813 ई. से

1857 ई. तथा वित्तीय पूँजीवाद 1857 ई. से 1947 ई. तक में विभाजित किया जाता है। तीसरे चरण में संचार माध्यमों के द्वारा उपनिवेश बनाने की योजना सन्निहित है। यहाँ यह कहना समीचीन होगा कि व्यापारिक पूँजीवाद के दौर में ईस्ट इंडिया कम्पनी ने भारतीय शिल्प, हस्तकला और व्यापार को नष्ट करने में कोई कसर बाकी नहीं रखी। औद्योगिक पूँजीवाद के दौर में कम्पनी ने भारत के प्राकृतिक संसाधनों का जमकर शोषण किया। कम्पनी ने भारतीय व्यापार को नष्ट कर विदेशी माल से बाज़ारों को पाट दिया। वित्तीय पूँजीवाद के दौर में बैंक पूँजी के बढ़ते प्रभुत्व ने भारी मात्रा में भारतीय पूँजी को इंग्लैंड पहुँचाया। भारत में अंग्रेज़ी राज द्वारा स्थापित औपनिवेशीकरण, लूट और शोषण पर आधारित है। इस नीति के तहत राज्यतन्त्र का उत्तरदायित्व राज्य की जनता के प्रति नहीं, वरन् साम्राज्यवादी सत्ता के प्रति होता था। इसी औपनिवेशीकरण व्यवस्था को दृढ़ व शक्तिशाली बनाने के लिए पुलिस, नौकरशाही, न्यायालय और आधुनिक शिक्षा का तन्त्र मज़बूत किया। इतना ही नहीं, भूमण्डलीकरण के इस दौर का लाभ साम्राज्यवादी देशों को मिला; क्योंकि पूँजी, परिवहन और संचार तकनीक के क्षेत्र में ये देश एशिया और अफ्रीका से आगे थे। आवागमन की सीमा व क़ानूनी अड़चनों को साम्राज्यवाद ने बेमानी कर दिया। औद्योगिक क्रान्ति ने ऐसे साधनों एवं उपकरणों का विकास किया जिससे औद्योगिक तौर-तरीक़ों के साथ सामाजिक और राजनीतिक परिवर्तन घटित हुए। "एक ओर जहाँ उद्यमियों के हाथों में शक्ति का रूपान्तरण होने लगा तो दूसरी ओर रेल, वाष्प इंजन और दूरसंचार ने समय-स्थान की दूरी कम कर पूँजीवाद के विस्तार में मदद की। बड़ी मात्रा में उत्पादन, नयी तकनीक से उत्पादन में समय की बचत, यातायात, सूचना और सम्पर्क की सुविधा के कारण उत्पादन मूल्यों में गिरावट आयी। नयी वित्तीय व्यवस्था एवं व्यापारिक संगठन अस्तित्त्व में आये जिनका विस्तार विश्वव्यापी था। इस दौरान जो नये बाज़ार बने उनमें साम्राज्यवाद की कोशिश रही कि उनका एकाधिकार बना रहे।"[75] यही कारण है कि सैन्य, व्यापारिक और राजनीतिक हितों की रक्षा के लिए संचार और परिवहन की व्यवस्था की गयी और संचार माध्यम में वे अकूत पूँजी लगा रहे हैं। शीत युद्धोत्तर दौर में राजनीतिक मसलों के बजाय आर्थिक मसले ज़्यादा महत्त्वपूर्ण हो गये। यूरोपीय संघ और जापान नयी ताक़त के रूप में उभरे। सैन्य ताक़त की जगह आर्थिक ताक़त और शीत युद्ध की जगह आर्थिक युद्ध ने ली। विश्व व्यापार में अमेरिका, जापान और यूरोपीय संघ के बीच कड़ी प्रतिस्पर्धा थी और इनके राष्ट्रीय हित में यही था कि

पूँजीवादी व्यवस्था को समय-समय पर उतार-चढ़ाव के झटकों से बचाया जाये। "सन् 1990 के दशक में इन तीनों ने अन्तरराष्ट्रीय व्यवस्था बनाये रखने के लिए एक आर्थिक निदेशालय की तरह काम किया और एक बेमिसाल दबदबे वाली विश्व-व्यवस्था क़ायम की और विश्व व्यापार संगठन का मौजूदा स्वरूप तैयार किया।"[76] यूरोप की औपनिवेशिक नीति पर अमेरिका चल पड़ा था। ख़ासकर द्वितीय विश्व युद्ध के विध्वंस ने अमेरिका को नये अवसर प्रदान किये। युद्ध में कम नुक़सान होने के कारण उसकी आर्थिक स्थिति अत्यन्त मज़बूत थी। विश्व युद्ध की तबाही ने अमेरिकी अर्थव्यवस्था को सम्पन्नता के शिखर पर पहुँचा दिया था। युद्धकाल में औद्योगिक गतिविधियाँ तेज हो जाने से वहाँ बड़े पैमाने पर रोज़गारों की सम्भावना बनी और अमेरिका में पहली बार पूर्ण रोज़गार का अनुभव किया गया। जिसके परिणामस्वरूप अमेरिकी समाज में समृद्धि आई। अब ऐसी स्थिति में अमेरिका के सामने समस्या थी कि इस समृद्धि को, सम्पन्नता को और ऊँचाइयों तक कैसे पहुँचाया जाये। इसके लिए युद्ध में ध्वस्त राष्ट्रों की अर्थव्यवस्थाएँ फिर से खड़ी करने पर ध्यान दिया। इन राष्ट्रों की अर्थव्यवस्थाओं को सहायता देकर खड़ा करने के लिए अन्तरराष्ट्रीय मुद्राकोष व विश्व बैंक की कल्पना की गयी। "जिसके सामने दुनिया की ध्वस्त अर्थव्यवस्थाओं को फिर से खड़ा करने का लक्ष्य रखा गया जो स्वतन्त्र व्यापार के नियमों के पालन को दुनिया के व्यापारिक सम्बन्धों में सुनिश्चित कर सके। गैट इन्हीं परिस्थितियों की पृष्ठभूमि में जन्मा। जिसका लक्ष्य संलग्न देशों की सहमति के आधार पर दुनिया के व्यापार की स्थिति को नियमित करना था।"[77] इसी नीति के तहत पूँजीपति वर्ग अपने बाज़ार का विस्तार करने के लिए मीडिया का सहारा लेते हैं।

सन्दर्भ

1. कुमार, बिजेन्द्र, (2007), *हिन्दी पत्रकारिता और भूमण्डलीकरण*, दिल्ली : नटराज प्रकाशन., पृ. 5
2. जोशी, रामशरण, (2006), *वैश्वीकरण के दौर में*, दिल्ली : समयांतर प्रकाशन, पृ. 31
3. पुरी, वी.के. एवं मिश्रा, एस.के. *भारतीय अर्थव्यवस्था*, पृ. 548
4. दुबे, अभय कुमार, (2003), *भारत का भूमण्डलीकरण*, (सं.), दिल्ली : वाणी प्रकाशन, पृ. 439-440
5. जोशी, रामशरण, (2006), *वैश्वीकरण के दौर में*, दिल्ली : समयांतर प्रकाशन, पृ. 11
6. दुबे, अभय कुमार, (2003), *भारत का भूमण्डलीकरण*, (सं.), दिल्ली : वाणी प्रकाशन, पृ. 440

7. गाँधी, पी. जगदीश, *ग्लोबलाइज्ड इंडियन इकोनॉमी-कंटेम्परेरी इश्यूज एंड इट्स पर्सपेक्टिव,* पृ. 179
8. रुद्रदत्त, *सेकेंड जनरेशन इकोनॉमिक रिफार्म इन इंडिया,* पृ. 59
9. बायर, टेरेंस जे., (1998), *द इंडियन इकोनॉमी : मेजर डिबेट सिंस इंडिपेंडेंस,* न्यूयार्क : ऑक्सफोर्ड यूनिवर्सिटी प्रेस, पृ. 245
10. भगवती, जगदीश, (2007), *इन डिफेंस ऑफ़ ग्लोबलाइजेशन,* यूएसए : ओयूपी, पृ. 3
11. मिश्र, गिरीश एवं पाण्डेय, ब्रज कुमार, (2008), *भूमण्डलीकरण : मिथक या यथार्थ,* मुजफ्फरपुर : अभिधा प्रकाशन, पृ. 14
12. बायर, टेरेंस जे., (1998), *द इंडियन इकॉनामी : मेजर डिबेट सिंस इंडिपेंडेंस,* न्यूयार्क : ऑक्सफोर्ड यूनिवर्सिटी प्रेस, पृ. 245
13. कुमार, बिजेन्द्र, (2007), *हिन्दी पत्रकारिता और भूमण्डलीकरण,* दिल्ली : नटराज प्रकाशन, पृ. 24
14. वही
15. वही, पृ. 25
16. वही
17. वही, पृ. 11
18. मिश्र, गिरीश एवं पाण्डेय, ब्रज कुमार, (2008), *भूमण्डलीकरण : मिथक या यथार्थ,* मुजफ्फरपुर : अभिधा प्रकाशन, पृ. 12
19. वही
20. *संवेद,* जनवरी 2011, अंक 1, पृ. 50
21. कुमार, बिजेन्द्र, (2007), *हिन्दी पत्रकारिता और भूमण्डलीकरण,* दिल्ली : नटराज प्रकाशन, पृ. 35
22. जोशी, रामशरण, (2006), *वैश्वीकरण के दौर में,* दिल्ली : समयान्तर प्रकाशन, पृ. 51
23. कुमार, बिजेन्द्र, (2007), *हिन्दी पत्रकारिता और भूमण्डलीकरण,* दिल्ली : नटराज प्रकाशन, पृ. 12-13
24. वही
25. वही, पृ. 15
26. वही
27. पत्रकारिता एवं जनसंचार स्नातकोत्तर पाठ्यक्रम, कोटा : खुला विश्वविद्यालय।
28. दीक्षित, राजीव, (2009), *बहुराष्ट्रीय कम्पनियों का मकड़जाल,* वर्धा : आजादी बचाओ आन्दोलन, पृ. 03
29. जोशी, रामशरण, (2006), *वैश्वीकरण के दौर में,* दिल्ली : समयान्तर प्रकाशन, पृ. 37
30. *वाक्,* वर्ष 2007, अंक 2, पृ. 158
31. *संवेद,* जनवरी 2011, अंक 36, पृ. 9
32. दुबे, अभय कुमार, (2003), *भारत का भूमण्डलीकरण,* (सं.), दिल्ली : वाणी प्रकाशन, पृ. 27

33. कुमार, बिजेन्द्र, (2007), *हिन्दी पत्रकारिता और भूमण्डलीकरण*, दिल्ली : नटराज प्रकाशन, पृ. 21
34. कौल, जवाहरलाल, (2010), *हिन्दी पत्रकारिता का बाज़ार भाव*, नयी दिल्ली : प्रभात प्रकाशन, पृ. 35
35. दुबे, अभय कुमार, (2003), *भारत का भूमण्डलीकरण*, (सं.), दिल्ली : वाणी प्रकाशन, पृ. 28
36. वही
37. मिश्र, गिरीश एवं पाण्डेय, ब्रज कुमार, (2008), *भूमण्डलीकरण मिथक या यथार्थ*, मुजफ्फरपुर : अभिधा प्रकाशन, पृ. 10
38. वही, पृ. 21
39. वही, पृ. 29
40. वही
41. दुबे, अभय कुमार, (2003), *भारत का भूमण्डलीकरण*, (सं.), दिल्ली : वाणी प्रकाशन, पृ. 30
42. वही, पृ. 31
43. वही
44. वही, पृ. 32
45. जैन, नीरज, *वैश्वीकरण या पुनः औपनिवेशीकरण*, पृ. 8
46. कुमार, बिजेन्द्र, (2007), *हिन्दी पत्रकारिता और भूमण्डलीकरण*, दिल्ली : नटराज प्रकाशन, पृ. 37
47. वही
48. देवदत्त, (2002), *स्वदेशी स्वराज्य ही क्यों*, दिल्ली : प्रज्ञा संस्थान, पृ. 16
49. दुबे, अभय कुमार, (2003), *भारत का भूमण्डलीकरण*, (सं.), दिल्ली : वाणी प्रकाशन, पृ. 33
50. वही, पृ. 34
51. वही, पृ. 46
52. वही, पृ. 45
53. कुमार, बिजेन्द्र, (2007), *हिन्दी पत्रकारिता और भूमण्डलीकरण*, दिल्ली : नटराज प्रकाशन, पृ. 38
54. रुद्रदत्त, *सेकेंड जेनरेशन इकॉनामिक रिफॉर्म इन इंडिया*, पृ. 314
55. दुबे, अभय कुमार, (2003), *भारत का भूमण्डलीकरण*, (सं.), दिल्ली : वाणी प्रकाशन, पृ. 44
56. राजकिशोर, *नयी अर्थनीति*, (सं.), पृ. 13
57. कुमार, बिजेन्द्र, (2007), *हिन्दी पत्रकारिता और भूमण्डलीकरण*, दिल्ली : नटराज प्रकाशन, पृ. 39
58. वही, पृ. 25

59. दुबे, अभय कुमार, (2003), *राजनीति की किताब,* (सं.), दिल्ली : वाणी प्रकाशन, पृ. 304
60. कुमार, बिजेन्द्र, (2007), *हिन्दी पत्रकारिता और भूमण्डलीकरण,* दिल्ली : नटराज प्रकाशन, पृ. 27
61. *सामयिक वार्ता,* मई 2003, पृ. 17
62. उपाध्याय, रमेश एवं उपाध्याय, संज्ञा, (2010), *उत्पादक श्रम और आवारा पूँजी,* (सं.), पृ. 37
63. कुमार, बिजेन्द्र, (2007), *हिन्दी पत्रकारिता और भूमण्डलीकरण,* दिल्ली : नटराज प्रकाशन, पृ. 28
64. दुबे, अभय कुमार, (2003), *राजनीति की किताब,* (सं.), दिल्ली : वाणी प्रकाशन, पृ. 278
65. पालीवाल, कृष्णदत्त, (2008), *उत्तर आधुनिकतावाद और दलित साहित्य,* दिल्ली : वाणी प्रकाशन, पृ. 131
66. वही, पृ. 132
67. कुमार, बिजेन्द्र, (2007), *हिन्दी पत्रकारिता और भूमण्डलीकरण,* दिल्ली : नटराज प्रकाशन, पृ. 27
68. वही, पृ. 29
69. वही
70. वही, पृ. 31
71. वही, पृ. 32-33
72. *नया ज्ञानोदय,* जनवरी 2010, अंक 83, पृ. 45
73. शीलर, हरबर्ट आई., (अनु. राम कवीन्द्र सिंह), *संचार माध्यम और सांस्कृतिक वर्चस्व,* फ्लैप से उद्धृत।
74. मैक्चेस्नी, राबर्ट डब्ल्यू., वुड, इलेन मिक्सिन्स एवं फॉस्टर, जॉन बेलेमी, (अनु. राजेन्द्र शर्मा), *पूँजीवाद और सूचना का युग,* दिल्ली : ग्रन्थ शिल्पी, पृ. 234
75. कुमार, बिजेन्द्र, (2007), *हिन्दी पत्रकारिता और भूमण्डलीकरण,* दिल्ली : नटराज प्रकाशन, पृ. 34-35
76. वही, पृ. 34
77. वही, पृ. 35-36

भूमण्डलीकरण और बहुराष्ट्रीय कम्पनियाँ

भूमण्डलीकरण के दौर में एक जैसी विकास यात्रा पर चल रहे विमर्श की कड़ी में मानव समाज के लम्बे इतिहास में बहुराष्ट्रीय कम्पनियों का उदय एक ऐसी घटना है जिसने मनुष्य की जीवन शैली और अनुभव से परखे टिकाऊ मूल्यों को झकझोर कर रख दिया है। साथ ही यह क्षणिक मूल्यों को ही जायज़ ठहराती है। राज्य, मनुष्यता, राष्ट्रीयता, धर्म आदि से ऊपर उठकर मुनाफ़ा और आर्थिक साम्राज्य की चाहत ने इन कम्पनियों को सर्वशक्तिमान बना दिया है, जो प्रकृति और मनुष्य दोनों के शोषण पर टिकी है। "जीवन के प्रत्येक क्षेत्र में-रोजमर्रा के उपभोक्ता सामान से लेकर युद्ध के विकराल हथियार बनाने तक में इनकी घुसपैठ है। विश्व के पर्यावरण को, विभिन्न क्षेत्रों में उद्भूत संस्कृतियों को इन कम्पनियों ने रोड रोलर की तरह रौंद डाला है।"[1]

भूमण्डलीकरण के सन्दर्भ में बहुराष्ट्रीय कम्पनियों का इतिहास : बहुराष्ट्रीय कम्पनियाँ मीडिया के माध्यम से अपने व्यापार के उद्देश्य से बाज़ार ढूँढ़ती हैं। ऐतिहासिक परिप्रेक्ष्य में देखें तो हम पाते हैं कि बहुराष्ट्रीय कम्पनियों की जड़ें मध्यकाल में वेनिस, अंग्रेज, डच व फ्रांसीसी व्यापारियों द्वारा दूसरे देशों में जाकर व्यापार करने के उदाहरण मिलते हैं। हालाँकि मेसोपोटामिया की सभ्यता में भी पर-राष्ट्रीय व्यापार करने के प्रमाण को इतिहासकारों ने सिद्ध किया है पर यह व्यापार स्वतन्त्र व्यक्तियों द्वारा किया जाता था। व्यक्ति समूह बनाकर व्यापार के लिए एक देश से दूसरे देश जाते थे। व्यापारिक सम्बन्धों के तौर पर वे अपने देश की वस्तुएँ दूसरे देश में बेचकर अपनी आवश्यकता की वस्तुएँ ख़रीदकर ले आते थे। भारत का रोम, मलाया, बर्मा, चीन आदि के साथ व्यापार होता था। इतिहास गवाह है कि रोमन साम्राज्य के समय भी राष्ट्र-राज्य की सीमा के बाहर व्यापार होता था पर व्यापारियों द्वारा कम्पनियाँ बनाकर व्यापार करने के प्रमाण नहीं मिलते हैं। इस दौरान हुए व्यापार में शोषण की कोई गुंजाइश नहीं थी और न ही मेजबान व मेहमान देशों के बीच इस व्यापार पर कोई शीत युद्ध होता था।

बहुराष्ट्रीय कम्पनियों का इतिहास बताता है कि आधुनिक बहुराष्ट्रीय कम्पनियों में दुनिया की सबसे पहली कम्पनी 'द मस्कोवी कम्पनी' मानी जाती है। जिसकी स्थापना सन् 1553 में हुई थी। इस कम्पनी ने अपनी स्थापना के तीन वर्ष के बाद ही दुनिया के महत्त्वपूर्ण शहरों में अपने व्यापारिक प्रतिष्ठान बना लिए थे। सन् 1553 से 1581 ई. तक इस कम्पनी ने मुनाफ़ा कमाकर अपार सम्पत्ति जमा कर ली और 1581 ई. में ही एक और विशालकाय कम्पनी 'द टर्की कम्पनी' को स्थापित कर लिया। इस कम्पनी ने भी दुनियाभर के तमाम बड़े महानगरों में अपनी शाखाएँ खोल लीं और व्यापार जगत् में अपना आधिपत्य क़ायम कर लिया। बहुराष्ट्रीय कम्पनियों ने अपनी व्यापारिक कोठियाँ स्थापित करने में कोई कसर नहीं छोड़ी। उस समय दक्षिण-पूर्व एशिया में अनेक छोटी-मोटी कम्पनियाँ अपना व्यापार कर रही थीं।

सन् 1600 में ईस्ट इंडिया कम्पनी व्यापार करने के उद्देश्य से भारत आयी। तत्कालीन समय में भारत में कुछ डच कम्पनियों का प्रवेश हो चुका था। ईस्ट इंडिया कम्पनी ने 1612 ई. में 'टर्मिनेबुल ज्वाइंट स्टॉक' के रूप में एक-एक वर्ष के व्यापारिक अधिकार डच कम्पनियों से ख़रीदे थे। 1657 ई. तक ईस्ट इंडिया कम्पनी का स्टाक भारत में स्थापित हो चुका था। इसे स्थापित करने के पूर्व ईस्ट इंडिया कम्पनी ने डच कम्पनियों के साथ अम्बोनिया, इंडोनेशिया में 1623 ई. में एक युद्ध लड़ा था जिसमें कम्पनी ने एक षड्यन्त्र के तहत डच कम्पनी के अधिकारियों की सामूहिक हत्या करा दी और कुछ वर्षों (1667 ई.) के उपरान्त डच कम्पनियों का नामोनिशान मिटा दिया। इसी तरह 1612 ई. में सूरत के बन्दरगाह पर क़ब्ज़ा करने के लिए ईस्ट इंडिया कम्पनी ने स्वाली में युद्ध लड़ा और वहाँ पर क़ब्ज़ा जमाया। धीरे-धीरे वह पूरे देश में अपनी कम्पनी की कोठियाँ स्थापित कर एकाधिकार क़ायम कर लिया। "ब्रिटेन की औद्योगिक क्रान्ति से पूर्व, सन् 1670 में स्थापित 'द हडसन बे कम्पनी', सन् 1672 में स्थापित 'द रायल अफ्रीकन कम्पनी', 1971 में स्थापित 'द साउथ सी कम्पनी' आदि विशालकाय बहुराष्ट्रीय कम्पनियाँ दुनिया के तमाम हिस्सों में व्यापार कर रही थीं।"[2] अठारहवीं शताब्दी में हुए इंग्लैंड की औद्योगिक क्रान्ति से उत्पादन की तकनीक में भारी परिवर्तन आया। कम लागत व अधिक उत्पादन के सिद्धान्त से अंग्रेज़ अकूत पूँजी के मालिक बन गये। बाज़ार की तलाश में अंग्रेज़ों ने भारत की ओर भी रुख़ किया। भारत सहित दक्षिण-पूर्व एशिया के अन्य देशों का शोषण करके अंग्रेज़ी बाज़ार में पैसे का प्रवाह अत्यधिक बढ़ गया।

सन् 1765 से 1785 के मध्य जहाँ कई नये आविष्कार हुए तो वहीं कई बहुराष्ट्रीय कम्पनियों का भी उदय हुआ। मात्र 50,000 पाउंड से भारत में व्यापार शुरू करने वाली ईस्ट इंडिया कम्पनी सन् 1770 तक भारत से 20,00000 पाउंड के बराबर का मुनाफ़ा प्रतिवर्ष कमाती थी। सन् 1860 तक कुछ और विशालकाय बहुराष्ट्रीय कम्पनियाँ, जो मूलतः ब्रिटेन की थी, दुनिया में अपनी पहचान बना चुकी थीं। इसमें ऐन्ड्रयू यूल एंड कम्पनी, मेक्लाइट एंड कम्पनी, बर्न एंड कम्पनी, डंकन एंड ब्रदर्स कम्पनी, आक्टेवियस स्टील एंड कम्पनी आदि गिलान्डर्स अर्बुथनाट एंड कम्पनी, शा वालेस कम्पनी, ऐसी बहुराष्ट्रीय कम्पनियाँ थीं, जिनकी 50 से अधिक कम्पनियाँ दुनिया के विभिन्न हिस्सों में कार्य कर रही थीं। इन ब्रिटिश कम्पनियों के बारे में एक महत्त्वपूर्ण तथ्य यह है कि जिन-जिन देशों में ये कम्पनियाँ व्यापार करने के लिए गयीं, उन देशों में अंग्रेज़ी साम्राज्य का झण्डा लहराया। ब्रिटिश साम्राज्य की सीमाएँ बढ़ाने में सबसे महत्त्वपूर्ण भूमिका वहाँ की कम्पनियों ने निभायी थी।"[3]

यहाँ यह भी एक दिलचस्प पहलू है कि यूरोप ने न सिर्फ़ भारत में अपनी औपनिवेशिक सत्ता क़ायम की अपितु 18वीं शताब्दी के मध्य तक उत्तरी अमेरिका में भी ब्रिटेन की 13 कम्पनियाँ विविध शहरों में स्थापित हो गयीं। जिन शहरों में कम्पनियाँ खोली गयीं, उसे ब्रिटिशों ने अपना उपनिवेश बनाया और उपनिवेशों के नाम पर ही कम्पनियों के नाम रखे गये जो इन क्षेत्रों की मालिक बन बैठी थीं। जैसे मैसाचुसेट्स, वोस्टन, लेक्सिग्रंट्न, वर्जीनिया, मेरीलैंड, जर्सी, पेनसिल्वेनिया आदि जगहों के नाम कम्पनियों के नाम पर रखे गये। कम्पनियों के शोषण के विरोध में अमेरिका में जार्ज वाशिंगटन जैसे नेताओं के नेतृत्व में तीव्र आन्दोलन हुआ। इसमें 'अंग्रेज़ी वस्तुओं का बहिष्कार' की नीति को धार के रूप में इस्तेमाल किया। अमेरिकी सरकार ने कम्पनियों को किसी भी प्रकार से सहयोग देना बन्द कर दिया। 'असहयोग' और 'बहिष्कार' के नारों से अमेरिका को 1783 ई. में ब्रिटिश उपनिवेश से मुक्ति मिली और उन 13 कम्पनियों को अमेरिका से जाना पड़ा। यहाँ यह कहना समीचीन होगा कि ब्रिटिश कम्पनियों द्वारा जो बीज अमेरिकी धरती पर बोये गये थे, वे अब पौधे बनने लगे थे और कई छोटी-बड़ी बहुराष्ट्रीय कम्पनियाँ अस्तित्व में आने लगी थीं। सन् 1865 में अमेरिका में सिविल वार की समाप्ति के उपरान्त वह भी ब्रिटिशों के नक़्शे-क़दम पर चल पड़ा। "अमेरिका की सबसे पहली बहुराष्ट्रीय कम्पनी 'सिंगर' थी, जो 1867 ई. में स्थापित हुई थी।

इस कम्पनी ने देश के बाहर अपनी पहली उत्पादन इकाई 1867 ई. में ही ग्लासगो (स्कॉटलैंड) में स्थापित की। सन् 1867 में 'बायर' ने अपनी पहली उत्पादन इकाई कोलोन (फ्रांस) में स्थापित की थी जिसमें रासायनिक पदार्थ एनीलीन तैयार किया जाता था। इस कम्पनी के जनक प्रख्यात वैज्ञानिक फ्रेडरिक बायर थे, जो जर्मनी के थे। सन् 1866 में विश्वविख्यात भौतिक शास्त्री अल्फ्रेड नोबल के डायनामाइट के उत्पादन के लिए 'नोबल इंडस्ट्रीज' नामक कम्पनी की स्थापना हेम्बर्ग में की। ये तीनों कम्पनियाँ बहुराष्ट्रीय थीं जो आज अपनी 450 से अधिक कम्पनियों के साथ आर्थिक जगत् की बुलन्दियों पर हैं। ज्ञात रहे कि दुनिया का प्रतिष्ठित नोबल पुरस्कार, डायनामाइट व अन्य विस्फोटक पदार्थों का उत्पादन करने वाली कम्पनी नोबल इंडस्ट्रीज द्वारा ही दिया जाता है।"[4]

बहुराष्ट्रीय कम्पनियों के विकास क्रम में सन् 1890 तक अमेरिका में 5000 कम्पनियाँ स्थापित हो चुकी थीं। इन कम्पनियों ने आपसी समझौता करके 300 विशालकाय कम्पनियाँ बनायीं और यूरोपीय देशों में घुसपैठ की। खुले बाज़ार की अर्थव्यवस्था का नारा देकर उन देशों में वर्षों से चल रहे रोज़गार धन्धों को नेस्तनाबूत कर दिया। प्रथम विश्व युद्ध तक अमेरिका यूरोप को मात देने लगा था। ब्रिटेन में काम करने वाली सबसे बड़ी कम्पनी 'बेस्टिंग हाउस' व 'स्टैंडर्ड आयल कम्पनी' अमेरिका की थी। पूरे यूरोप में 1914 ई. तक इस सन्दर्भ में एफ.ए. मैकेंजी ने 1902 ई. में अपनी पुस्तक 'द अमेरिकन इन्वेडर्स' में लिखा कि "अमेरिका ने यूरोप को रौंद दिया है, अपनी फ़ौजों से नहीं बल्कि कम्पनियों द्वारा तैयार उत्पादों से। इन कम्पनियों के कप्तान आज यूरोप के भाग्य विधाता बन बैठे हैं। जिन्होंने मैड्रिड से लेकर सेंट्पीटरबर्ग तक लोगों के दैनिक जीवन को अपनी गिरफ़्त में ले लिया है। इन आततायी कम्पनियों के सामने अब कुछ भी सुरक्षित नहीं रह गया है। यूरोपीय नौकरशाह, अमेरिकी महिलाओं से शादी रचा रहे हैं। हमारे ड्राइवर अमेरिकी गाड़ियों की गोद में बैठने को बेताब हैं। हमारे बच्चे अब अमेरिकी भोजन पर पल रहे हैं और हमारे बुजुर्ग भी अब अमेरिकी ताबूतों में दफनाये जा रहे हैं।"[5] आशय है कि अमेरिकी कम्पनियों द्वारा बने सामान की बाढ़ में यूरोप डूब गया। दैनन्दिनी छोटी-मोटी ज़रूरतों के सामान के साथ-साथ बड़ी-बड़ी मोटर गाड़ियाँ व बच्चों के खिलौने से लेकर ताबूत भी अमेरिकी कम्पनियों द्वारा बनाये जाने लगे और कम्पनियों के मालिकान इस जुगत में रहते हैं कि कैसे दुनिया के तमाम मुल्क के लोग मरने के बाद भी हमारे ही ताबूत में

दफनाये जाये। प्रथम विश्व युद्ध तक कोयला, रेलवे, इस्पात, इंजीनियरिंग, कार, रसायन, कपड़ा आदि क्षेत्रों में अमेरिकी कम्पनियों का प्रभुत्व स्थापित हो चुका था। ''सन् 1914 तक अमेरिका व यूरोप की तरल परिसम्पत्ति का 90 प्रतिशत बहुराष्ट्रीय कम्पनियों में लगा हुआ था।''[6]

बहुराष्ट्रीय कम्पनियों द्वारा विकास का सच तो यह भी है कि ये कम्पनियाँ हथियारों की बिक्री हेतु योजना बनाती हैं। हम जानते हैं कि प्रथम महायुद्ध में दुनिया झुलस चुकी थी। फलस्वरूप शान्ति व विकास के लिए कई संगठन बने। महायुद्ध की विभीषिका या युद्ध होने के कारणों को खंगालें तो हम पाते हैं कि कोई भी युद्ध किसी भी देश के विकास करने के लिए नहीं किया जाता है। युद्ध तो राजनीतिक कारणों से नहीं अपितु आर्थिक वर्चस्व स्थापित करने के लिए किया जाता है। प्रथम विश्व युद्ध में अमेरिका ने दख़ल तभी दिया जब उसे लगा कि अमेरिकी कम्पनियों के आर्थिक हित ख़तरे में है। ''सन् 1914 तक अमेरिकी कम्पनियों का यूरोपीय देशों के साथ कुल व्यापार 16.9 करोड़ डॉलर (वर्तमान समय में लगभग 3.42 अरब रुपये के बराबर) का था, जो 1916 तक आते-आते मात्र 11.59 लाख डॉलर (वर्तमान समय में लगभग 2.08 करोड़ रुपये) रह गया था। यूरोपीय देशों के साथ व्यापार में आयी गिरावट से अमेरिकी कम्पनियों को बहुत अधिक घाटा हुआ। अब अमेरिकी कम्पनियों ने इस घाटे को पूरा करने के लिए अन्य मित्र देशों में सेंध लगाना शुरू किया और इसमें वे काफी सफल भी रहे। 1914 ई. तक यूरोपीय देशों के बाहर दुनिया के अन्य देशों में अमेरिकी कम्पनियों का प्रतिवर्ष का कारोबार 82.4 करोड़ डॉलर था, जो 1916 में बढ़कर 321.4 करोड़ डॉलर हो गया था।''[7] इस व्यापार में एक बड़ा हिस्सा हथियारों की बिक्री का शामिल था क्योंकि युद्ध शुरू हो चुका थ। यही कारण है कि अमेरिकी कम्पनियों ने अब हथियारों का उत्पादन करना शुरू कर दिया था। युद्ध में हथियारों की बिक्री बहुत बढ़ चुकी थी। कम्पनियों ने पुराने उत्पादों के उत्पादन को बनाना बन्द करके हथियारों का उत्पादन करना शुरू कर दिया। अब अमेरिका की हर बड़ी कम्पनी हथियार के उत्पादन में लग गयी और हथियारों को बेचकर अकूत सम्पत्ति जमा कर ली। "पूरे युद्ध के दौरान 375 अरब डॉलर के हथियार कम्पनियों द्वारा विभिन्न देशों को बेचे गये।"[8] यहाँ यह कहना समीचीन होगा कि कम्पनियों ने आर्थिक हितों को ध्यान में रखते हुए 'कार्टेल' (कई कम्पनियों को मिलाकर एक समूह) बनाया। प्रथम विश्व युद्ध से द्वितीय विश्व युद्ध के बीच का समय बहुराष्ट्रीय कम्पनियों के इतिहास में 'कार्टेलाइजेशन' के नाम से प्रसिद्ध है।

पूँजी का संकेन्द्रण होता गया और तकनीक पर कुछ कम्पनियों का एकाधिकार स्थापित हो गया। हथियार बनाने वाली कम्पनियों ने 'कार्टेल' बनाया था, जो हैं—"जनरल मोटर्स (General Motors), फोर्ड (Ford), स्टैंडर्ड ऑयल (Standard Oil), ड्यूपॉट (Dupont), आई.सी.आई. (I.C.I.), एलाइड केमिकल्स (Allied Chemicals), रेमिंगटन (Remington), कैटर पिलर ट्रैक्टर (Cater Pillar Tractor), क्राइसलर कॉर्पोरेशन (Cryeslar Corporation), फायर स्टोन (Fire Stone), जनरल इलेक्ट्रीकल कार्पोरेशन (General Electricals Corporation), इंटरनेशनल हार्वेस्टर (International Harvester), कोल्ट (Colt), कोका-कोला (Coca-Cola), आई.बी.एम. (I.B.M.) आदि।"[9] द्वितीय विश्व युद्ध के उपरान्त अमेरिका की 23 बड़ी कम्पनियों ने नाभिकीय हथियार बनाना शुरू किया और एशिया व अफ्रीका के ग़रीब मुल्कों को ऐसे हथियारों का परीक्षण स्थल बनाया गया। अब यह हथियारों का व्यवसाय कम्पनियों के फलने-फूलने का आधार बना जो आगे चलकर वियतनाम युद्ध, कोरिया युद्ध, ईरान-ईराक युद्ध व कई अन्य छोटे युद्धों में और अधिक तेजी से फैलता गया। न्यूयार्क टाइम्स में प्रकाशित एक सम्पादकीय लेख के अनुसार "हथियारों का उत्पादन करने और क़ानूनी तौर पर उनका निर्यात करने में अमेरिका की एक हज़ार से ज़्यादा कम्पनियाँ लगी हुई हैं। उनमें वे प्रमुख औद्योगिक प्रतिष्ठान भी शामिल हैं जो दैनिक उपभोक्ता वस्तुओं का उत्पादन करने के लिए जाने जाते हैं। युद्ध सामग्री के निर्माण में एक्सोन (तेल), जनरल मोटर्स (मोटर), आई.बी.एम. (कम्प्यूटर), आर.सी.ए. (टी.वी. सैट), गुडईयर (टायर), ड्यूपांट (रसायन), सिंगर (सिलाई की मशीनें), वेस्टिंग हाउस (बिजली का सामान), गल्फ आयल जैसी कम्पनियाँ भी शामिल हैं। इन निगमों की कारगुजारियों के कारण स्थायी शान्ति नहीं रह पाती। बल्कि सच तो यह है कि ये निगमें लगातार दुनिया को युद्ध के कगार पर खड़ा करने की कोशिश में लगी रहती हैं।"[10] वियतनाम पर अमेरिकी आक्रमण के उपरान्त हम देखें तो पाते हैं कि बहुराष्ट्रीय निगमों को हथियारों से 75 प्रतिशत आय हुई थी। यही कारण है कि अमेरिकी सेना को शस्त्रों की आपूर्ति करने वालों की सूची काफी कुछ कहती है- "बोईंग-1800 करोड़ डॉलर, जनरल डायनामिक्स-1400 करोड़ डॉलर, यूनाइटेड एयर क्रॉफ्ट-1160 करोड़ डॉलर, जनरल मोटर्स-1050 करोड़ डॉलर, डगलस-850 करोड़ डॉलर, आई.टी.टी.-710 करोड़ डॉलर, मार्टिन मारिये-660 करोड़ डॉलर, ह्यूग्स-470 करोड़ डॉलर, मैकडॉनेल्ड्स-570 करोड़ डॉलर, ग्रूमेन-420 करोड़ डॉलर, बेनडिक्स-410 करोड़ डॉलर, वेस्टिंग हाउस-390 करोड़ डॉलर, कर्टिस

राइट-380 करोड़, रेथियोन-330 करोड़ डॉलर, आई.बी.एम.-320 करोड़ डॉलर। इन निगमों को युद्ध सामग्री के ऑर्डर का एक बड़ा हिस्सा कांग्रेस सदस्यों और सीनेटरों की मदद से मिला।"[11]

द्वितीय विश्व युद्ध की समाप्ति के उपरान्त सन् 1948 से 1952 के मध्य अमेरिका में बनी मार्शल योजना के तहत यूरोपीय देशों को अपने बाज़ार विकसित करने के लिए 17 अरब डॉलर की अतिरिक्त अमेरिकी सहायता दी गयी। मार्शल योजना के द्वारा यूरोपीय बाज़ार में अमेरिका की वस्तुओं की माँग और अधिक बढ़ गयी। अमीर मुल्क ग़रीब राष्ट्रों को नये तरीक़े से जनकल्याण के नाम पर आर्थिक सहायता भी देने लगे थे। "विकसित देशों द्वारा दी जाने वाली आर्थिक सहायता ग़रीब देशों में बाज़ार पैदा करने के काम आती है, न कि देशों का विकास करने में। यूरोपीय अर्थशास्त्री रेमंड वर्नोन ने योजना पर टिप्पणी : अमेरिका के लिए मार्शल योजना एक ऐसा राजनीतिक हथियार है, जिससे वह अपने देश की कम्पनियों को यूरोप में चल रहे आर्थिक युद्ध में सम्पूर्ण विजय की ओर ले जा रहा है और दुनिया में अमेरिका आर्थिक-आधिपत्य की जड़ों को मज़बूत कर रहा है। इस मार्शल योजना के दूरगामी परिणाम होंगे। दुनिया के अन्य ग़रीब देश भी अमेरिकी मदद पाने के लिए एक-दूसरे से होड़ करेंगे जिसकी वजह से उनका सही विकास अवरुद्ध होगा और वे एक ऐसे विकास के रास्ते पर धकेल दिये जायेंगे जहाँ से वापस लौटना उन ग़रीब देशों के लिए फिर असम्भव होगा।"[12] रेमंड वर्नोन की भविष्यवाणी सच साबित हुई। 1960 ई. तक में एशिया व अफ्रीका के देशों में विदेशी मदद के बहाने अमेरिकी व अन्य यूरोपीय बहुराष्ट्रीय कम्पनियों की घुसपैठ बढ़ने लगी।

बहुराष्ट्रीय कम्पनियाँ बाज़ार पर क़ब्ज़ा करना जानती है। यही कारण है कि वे प्रतियोगिता के सिद्धान्त को नकारते हुए एक कम्पनी दूसरे को अपने में मिला लेती है। यदि कुछ बहुराष्ट्रीय कम्पनियों को लगता है कि आपसी प्रतिद्वन्द्विता में उनके मुनाफ़े में कमी आ रही है और बाज़ार में उसका एकाधिकार समाप्त हो रहा है, तो वे कम्पनियाँ निज़ी स्वार्थों के लिए आपस में मिलकर किसी एक विशालकाय कम्पनी को जन्म देती है। जैसे—ब्रिटिश लीलैंड मोटर कार्पोरेशन में ब्रिटिश मोटर्स, लीलैंड मोटर्स, जगुआर कार लि., गुई मोटर कॉर्पोरेशन, डेमलर मोटर कम्पनी, स्टैंडर्ड ट्रिम्फ कम्पनी, एसोसिएटेड कम्पनी, रोवर कार लि., एवलिंग बारफोर्ड कम्पनी का विलय हो गया, इसी तरह से ब्रिटिश टेबुलेटिंग कम्पनी, पावर्स सेम एकाउंटिंग कम्पनी, जनरल इलेक्ट्रिक कम्पनी, ई.एम.आर. इलेक्ट्रॉनिक

लिमिटेड, फेरेन्टी लिमिटेड, इंग्लिश इलेक्ट्रिक कम्पनी, लियो कम्पनी लि., इलियट ऑटोमेशन, इंगलिश इलेक्ट्रिक लियो कम्प्यूटर्स लि., इंगलिश इलेक्ट्रिक मारकोनी लि., इंग्लिश इलेक्ट्रिक कम्प्यूटर्स लि. आदि के विलय से इंटरनेशनल कम्प्यूटर लिमिटेड बना। ये तो उदाहरण मात्र हैं। दरअसल, उस समय कम्पनियों में आपसी विलय की बहार चल पड़ी थी।

भारत में बहुराष्ट्रीय कम्पनियाँ

दुनिया के तमाम मुल्कों में बहुराष्ट्रीय कम्पनियाँ अपने बाज़ार विस्तार के उद्देश्य से घुसपैठ करने लगी थी। भारत में विदेशी कम्पनियाँ तीन तरीक़े से अपने व्यापार करती हैं—1. सीधे तौर पर अपनी शाखाएँ खोल कर, 2. अपनी सहायक कम्पनियों के द्वारा और 3. देश की अन्य कम्पनियों के साथ साझीदार कम्पनी के रूप में। भारत में 1990 ई. के बाद लागू नयी आर्थिक नीति के तहत विकास के नाम पर बहुराष्ट्रीय कम्पनियों को न्योता देकर बुलाया जाने लगा। जून, 1995 तक 3500 से अधिक विदेशी बहुराष्ट्रीय कम्पनियाँ, अपनी शाखाओं या सहायक कम्पनियों के रूप में व्यापार करने लगी थीं। "20,000 से अधिक समझौते देश में चल रहे हैं। औसतन 1000 से अधिक नये विदेशी समझौते प्रतिवर्ष देश में होते हैं।"[13]

आज़ादी के पूर्व जहाँ भारत में 1940 ई. में मात्र 55 विदेशी कम्पनियाँ व्यापार कर रही थीं वहीं 1952 ई. तक ब्रिटेन की 8 विशालकाय कम्पनियों (एन्ड्रयूल एंड कम्पनी, मेक्लाइड एंड कम्पनी, शा वालेस एंड कम्पनी, डंकन ब्रदर्स एंड कम्पनी, बर्न एंड कम्पनी, आक्टेवियस स्टील एंड कम्पनी, गिलैंडर अर्बुदनाट एंड कम्पनी, मार्टिन एंड कम्पनी) के सीधे नियन्त्रण में 701 कम्पनियाँ भारत के बाज़ारों में उतर चुकी थीं। सन् 1972 तक देश में कुल 740 विदेशी कम्पनियाँ थीं। जिनमें से 538 अपनी शाखाएँ खोलकर व 202 अपनी सहायक कम्पनियों के रूप में काम कर रही थीं। इनमें सबसे अधिक कम्पनियाँ ब्रिटेन की थी लेकिन आज सबसे अधिक कम्पनियाँ अमेरिका की हैं। समझौते के अन्तर्गत काम करने वाली सबसे अधिक कम्पनियाँ जर्मनी की हैं। विदेशी कम्पनियाँ यहीं के कच्चे मालों से हमारे देश में हरेक प्रकार की उत्पादन करती हैं। दैनिक उपयोग के सामानों से लेकर खेती के उपकरणों का उत्पादन करके इन विदेशी कम्पनियों ने हमारी आत्मनिर्भर खेती को भी अपना गुलाम बना लिया है। उद्योगों के क्षेत्र में घटिया तकनीकी का इस्तेमाल करके वातावरण को विषाक्त कर दिया है।

किन-किन क्षेत्रों में बहुराष्ट्रीय कम्पनियाँ घुसी हुई हैं? इसका हम गहराई से पड़ताल करें तो हम पाते हैं कि ये दैनिक उपभोग की सामग्री के क्षेत्र में, रासायनिक पदार्थों के उत्पादन में, दवा उद्योग के क्षेत्र में, खाद, कीटनाशक, खेती उपकरणों के क्षेत्र में, इलेक्ट्रॉनिकी व इलेक्ट्रिकल सामानों के उत्पादन के क्षेत्र में, भारी इंजीनियरिंग के उत्पादन के क्षेत्र में, मोटरगाड़ियों के उपकरणों के उत्पादन के क्षेत्र में, वैज्ञानिक रक्षा-अनुसन्धान में, फूड प्रोसेसिंग व प्लांटेशन (चाय, कॉफी, डिब्बा बन्द खाद्य पदार्थ, चॉकलेट आदि में) के क्षेत्र में, सैनिक रक्षा सामग्री के क्षेत्र में, तेल शोधन व उत्पादन के क्षेत्र में, रेडीमेड कपड़ों के उत्पादन के क्षेत्र में, रबर इंडस्ट्रीज के क्षेत्र में, बच्चों के खिलौने व अन्य प्लास्टिक सामग्री के उत्पादन में, जूते व खेल के सामान में, धातुओं के खनन तथा निष्कर्षण के क्षेत्र में, निर्माण उद्योग के क्षेत्र में अपना व्यापार कर रही हैं।

बहुराष्ट्रीय कम्पनियों का झूठ : बहुराष्ट्रीय कम्पनियाँ किसी भी देश में उच्च तकनीक व बढ़िया माल की आपूर्ति करने के नाम पर व्यापार को बढ़ावा देती हैं। भारत में आने वाली सभी बहुराष्ट्रीय कम्पनियों ने विदेशी उच्च तकनीक देने के समझौते पर हस्ताक्षर कर रखे हैं, जबकि वास्तव में अधिकांश बहुराष्ट्रीय कम्पनियाँ ऐसे क्षेत्रों में लगी हैं जहाँ कि विदेशी तकनीक की विशेष ज़रूरत नहीं है। 80 के दशक में सरकार ने एक नीति बनाकर 850 वस्तुओं के उत्पाद हेतु लघु उद्योग के अन्तर्गत रखने की बात कही थी। लेकिन विशालकाय बहुराष्ट्रीय कम्पनियाँ ऐसे उत्पादों के क्षेत्र में लगी हुई हैं जहाँ कि उच्च तकनीक की ज़रूरत न के बराबर है। देश में व्यापार कर रही कुछ बहुराष्ट्रीय कम्पनियों के बारे में नीचे तालिका दी जा रही है कि ये कम्पनियाँ 'जीरो तकनीक' के क्षेत्र में व्यापार कर रही हैं अर्थात् ऐसे सामान बना-बेच रही हैं जिनमें विदेशी तकनीक की कोई ज़रूरत नहीं है। जैसे

कम्पनी का नाम	**क्या सामान बना/बेच रही है?**
बाटा इंडिया	जूते, मोजे, रेडीमेड कपड़े, चमड़े के थैले आदि।
बर्जर पेंट्स	पेंट्स, तरह-तरह के रंग आदि।
ब्रुक बांड इंडिया लि.	चाय, कॉफी, रसोई घर के मसाले आदि।
कैडबरी इंडिया लि.	चॉकलेट, बिस्कुट, आइसक्रीम आदि।
कोलफैक्स लेबोरेटरी इंडिया	शेविंग क्रीम, ऑफ्टर शेविंग लोशन आदि।
कोलगेट पामोलिव	टूथ पेस्ट, टूथ पाउडर, टूथ ब्रश, साबुन, शेविंग क्रीम।

कार्न प्रोडक्ट्स इंडिया	दही पाउडर, जैली, मक्के के दाने पैक करके बेचना आदि।
क्रांपटन ग्रीव्ज	पंखे, बल्ब, ट्यूब लाइट आदि।
ड्यूफार-इंटरफैन	सौन्दर्य प्रसाधन के सामान, साबुन आदि।
एस.के.एफ.लि.	दर्द निवारक मलहम, स्प्रे आदि।
फिस्कर्स इंडिया	कैंची, चाकू आदि।
फनस्कूल इंडिया	बच्चों के खिलौने।
जनरल इलेक्ट्रिक कम्पनी	पंखे, बल्ब, ट्यूब लाइट, बिजली मोटर आदि।
ज्यौफ्री मैनर्स	टूथ पेस्ट, टूथ ब्रश, साबुन आदि।
ग्लैक्सो इंडिया	बेबी फूड, ग्लूकोज के पैक दवाएँ आदि।
गाडफ्रे फिलिप्स	सिगरेट, चाय आदि।
गुडलस नेरोलेक	तरह-तरह के पेन्ट।
ग्रामोफोन इंडिया	रिकॉर्ड, कैसेट आदि।
गेस्टकीन विलियम	सेफ्टी पिन, बटन, नट बोल्ट आदि।
हिन्दुस्तान लीवर	साबुन, टूथ पेस्ट, शैंपू, डिटर्जेंट आदि।
सीबा-गायगी	टूथ पेस्ट, टूथ पाउडर, क्रीम, टूथ ब्रश दवाएँ।
एच.एम.एम. लि.	दूध पाउडर, बालों के क्रीम, बिस्कुट, टॉफी आदि।
आई.सी.आई.	पेंट, रासायनिक रंग आदि।
इंडिया फोटोग्राफिक कम्पनी	कैमरा, कैमरा-रील आदि।
इंडियन स्वीइंग मशीन कम्पनी	सिलाई मशीन, बर्तन आदि।
इंडो-मत्सुशिता कम्पनी	प्रेशर कुकर, घरेलू बर्तन आदि।
इंडो नेशनल लिमिटेड	ड्राई सेल।
ऑयन एक्सचेंज इंडिया	वाटर फिल्टर्स।
आई.टी.सी.	सिगरेट, होटल व्यवसाय, वनस्पति तेल आदि।
जे.एल. मॉरीशन	टूथ पेस्ट, दूध की बोतल, फेस क्रीम।
जे.के. हेलन क्रटिस	सौन्दर्य प्रसाधन के सामान।
जॉनसन एंड जॉनसन	साबुन, टेल्कम पाउडर, सेनेटरी नेपकिंस, बड्स।

किसान प्रॉडक्ट लि.	जैम, स्क्वैश, बिस्कुट, चटनी आदि।
कोठारी जनरल फूड्स	कॉफी, सॉफ़्ट ड्रिंक, पान मसाला आदि।
बास्किन राबिंस	आइसक्रीम
नेस्ले इंडिया	कॉफी, चाय, बेबी फूड, चटनी, दूध पाउडर आदि।
पेप्सी कोला	सॉफ़्ट ड्रिंक, आलू के चिप्स।
पांड्स इंडिया	साबुन, टेल्कम पाउडर, कोल्ड क्रीम।
प्रोक्टर एंड गैम्बिल	बाम, टॉफी, साबुन, चॉकलेट आदि।
रेकिट एंड कोलमैन	बूट पालिश, साबुन, डिटर्जेंट, लोशन आदि।
विमको लिमिटेड	माचिस (दियासलाई), नमक आदि।
कोका कोला	सॉफ़्ट ड्रिंक
लोटस चॉकलेट	बच्चों के चॉकलेट, बिस्कुट आदि।
रिगले	चॉकलेट, टॉफी आदि।
रफेम इंडिया	चॉकलेट, टॉफी, लेमनचूस।
यार्डली	सौन्दर्य प्रसाधन और साबुन।
बाकरोज परफ्यूम्स	सेंट, साबुन, सौन्दर्य प्रसाधन।
लेबोरेटरीज गार्नियर	साबुन, सौन्दर्य प्रसाधन के सामान।
रीबुक इंडिया	जूते, चप्पल आदि।
जिलेट इंडिया	सेफ्टी रेजर, ब्लेड आदि।
विल्टेक इंडिया	सेफ्टी रेजर, ब्लेड आदि।
स्टीफेन केमिकल्स	डिटर्जेंट पाउडर, साबुन आदि।[14]

आखिर कहाँ से आयी हैं ये टेक्नोलॉजी?

टेक्नोलॉजी	**कहाँ से आयी?**
नमक	स्विट्जरलैड
बच्चों के कपड़े	नीदरलैंड
केले की चटनी	डेनमार्क
चॉकलेट-टॉफी	ब्रिटेन

सॉफ़्ट ड्रिंक	अमेरिका
चीनी-मिट्टी के बर्तन	जापान, इटली, स्वीडेन
काँच के सामान	अमेरिका, बेल्जियम
बाल प्वाइंट पेन व रिफिल	स्विट्जरलैड, जर्मनी, जापान, अमेरिका, फ्रांस
छाता	ब्रिटेन
प्लास्टिक के बर्तन	ब्रिटेन
स्कूल बैग	ब्रिटेन
मोटरकार की सीट	जापान
गहने-जेवरात	कनाडा
सुई	स्विट्जरलैंड
प्लास्टिक की बोतलें	ब्रिटेन, अमेरिका
खिलौने बनाने के लिए सामान	अमेरिका, जापान, इटली, कोरिया, हाँगकाँग
स्पोर्ट्स कैप	कनाडा
च्यूइंगम और बबलगम	दक्षिण कोरिया, ब्रिटेन
आलू चिप्स	अमेरिका
टमाटर की चटनी	बुल्गारिया, अमेरिका
घरेलू चाकू	नीदरलैंड
प्लास्टिक के फूल	अमेरिका
सौन्दर्य प्रसाधन	अमेरिका, फ्रांस
गैस लाइटर	स्पेन
कैंची	फिनलैंड
फास्ट फूड	नीदरलैंड, अमेरिका, स्विट्जरलैंड
तकिया	फ्रांस
हैंड बैग	अमेरिका
लिपिस्टिक	अमेरिका

बालों के शैंपू एवं ऑफ्टर शेव लोशन फ्रांस, अमेरिका, ब्रिटेन, नीदरलैंड।

हम इस गफलत में रहते हैं कि विदेशी कम्पनियों के उत्पाद उच्च गुणवत्तायुक्त होते हैं। यही कारण है कि बहुराष्ट्रीय कम्पनियों की मुहर देखकर ही हम उन्हें मुँहमाँगी क़ीमत देने को तैयार हो जाते हैं। यहाँ हमें यह जान लेना पड़ेगा कि

कोई भी विदेशी कम्पनी बहुत कम पैसे लेकर यहाँ आती है और यहीं के कच्चे माल से उत्पाद बनाती है और उसे अपनी मुहर लगाकर बाज़ार में बेचती है।

सामान का नाम	**भारतीय उत्पादक**	**बेचने वाली बहुराष्ट्रीय कम्पनी**
जूते	आगरा, कानपुर, कोलकाता और अन्य स्थानों से मोचियों द्वारा ठेके पर	बाटा (इंडिया) लि.
कोलगेट टूथ पाउडर	क्रिस्टल कॉस्मेटिक्स, हैदराबाद	कोलगेट-पामोलिव इंडिया
चार्मिस लोशन	एम.जी.साहनी एंड कम्पनी, दिल्ली	कोलगेट-पामोलिव इंडिया
हेलो शैंपू	एम.जी.साहनी एंड कम्पनी, दिल्ली	कोलगेट-पामोलिव इंडिया
पामोलिव शैंपू	एम.जी.साहनी एंड कम्पनी, दिल्ली	कोलगेट-पामोलिव इंडिया
कोलगेट टूथ पेस्ट	सन शाइन कॉस्मेटिक्स	कोलगेट-पामोलिव इंडिया
कोलगेट ब्रश	अडवानी इंडस्ट्रीज, महाराष्ट्र	कोलगेट-पामोलिव इंडिया
आयोडेक्स (बर्न स्प्रे)	अक्रा पैक इंडिया	एस्केफ इंडिया लि.
सिबाका टूथ पाउडर	कैन्ट लैब्स, बम्बई	हिन्दुस्तान सीबा-गायगी लि.
सिग्रल टूथ पेस्ट	इंटरनेशनल हेल्थ केयर प्रॉडक्ट्स	हिन्दुस्तान लीवर लि.
लिरिल फ्रेशनेश टेल्कम	इंटरनेशनल हेल्थ केयर प्रॉडक्ट्स	हिन्दुस्तान लीवर लि.
क्लीनिक शैंपू	इंटरनेशनल हेल्थ केयर प्रॉडक्ट्स	हिन्दुस्तान लीवर लि.
सनसिल्क शैम्पू	इंटरनेशनल हेल्थ केयर प्रॉडक्ट्स	हिन्दुस्तान लीवर लि.
फेयर एंड लवली क्रीम	इंटरनेशनल हेल्थ केयर प्रॉडक्ट्स	हिन्दुस्तान लीवर लि.
टियारा शैम्पू	फियोरा कॉस्मेटिक्स	जे.के. हेलन करटिस लि.

निविया ऑफ्टरशेव लोशन	कास्मोपैक सिल्वासा	जे.एल. मॉरीशन एंड जांस लि.
निविया टेल्कम	केवन कॉस्मेटिक्स	जे.एल. मॉरीशन एंड जांस लि.
निविया क्रीम	केवन कॉस्मेटिक्स	जे.एल. मॉरीशन एंड जांस लि.
क्यूटीकुरा टेल्कम	नीनन प्रॉडक्ट्स	म्यूलर इंडिया लि.
पामेड वैसलीन	जे.बी. आडवानी एंड कं.	पांड्स इंडिया लि.
पांड्स संडल टेल्कम	इंटरनेशनल हेल्थ केयर प्रॉडक्ट	पांड्स इंडिया लि.

उपर्युक्त तथ्य यह प्रदर्शित करता है कि फास्ट मूविंग कंज्यूमर गुड्स (एफ.एम.सी.जी.) सहित अन्य सामान को हमारे ही देश में भारतीय मज़दूरों के श्रम से तैयार किया जाता है और उसमें विदेशी कम्पनी का रैपर लगाकर अधिक क़ीमत पर बेचा जाता है। यह कहना कि भूमण्डलीकरण से विकास होगा, यह एक जुमला साबित होता है क्योंकि तकनीकी क्रान्ति से तो उत्पादों में बेशुमार वृद्धि होती है पर यहाँ रोज़गार के अवसर भी कम होते जाते हैं। जब बनी बनायी तकनीक का आयात होता है तो भारतीय इंजीनियरों का कार्य सिर्फ़ तन्त्र को चालू रखने का होता है। जाहिर सी बात है कि तकनीकी रख-रखाव के लिए किसी बड़ी प्रतिभा की ज़रूरत नहीं होती है। प्रतिभा का सदुपयोग तो तकनीक के उत्पाद करने में होती है। विकसित देशों में जब हमारे यहाँ से प्रतिभा का पलायन हो जाता है तो ऐसे में वह उस देश के लिए तकनीक व प्रौद्योगिकी के क्षेत्र में नयी पारी की शुरुआत करता है, यहाँ यह कहना समीचीन होगा कि वह प्रतिभावान विद्यार्थी उस देश की अर्थव्यवस्था में गुणात्मक ढंग से बढ़ोतरी करता है। प्रौद्योगिकी, विज्ञान तथा कुछ अन्य महत्त्वपूर्ण विषयों में शिक्षा पाकर जो लोग देश को उसका कुछ भी लाभ दिये बगैर ब्रिटेन, अमेरिका, जर्मनी आदि देशों में चले जाते हैं, वे उन देशों को न सिर्फ़ आर्थिक व बौद्धिक लाभ पहुँचाते हैं बल्कि ऐतिहासिक लाभ भी। "सेंटर फॉर प्लानिंग रिसर्च एंड एक्शन (नयी दिल्ली) के अध्ययन के मुताबिक प्रतिभा पलायन के कारण भारत को अब तक 13 अरब डॉलर (247 अरब रुपये लगभग) का नुक़सान हो चुका है और अगर यह नहीं रुका तो शताब्दी के अन्त तक 5 लाख से ज़्यादा कुशल और प्रशिक्षित

भारतीय विदेशों में काम रह रहे होंगे। फिलहाल 4 लाख 10 हज़ार भारतीय विदेशों में काम कर रहे हैं। अध्ययन के अनुसार भारतीय इंजीनियर विदेशों में 32 प्रतिशत, डॉक्टर 28 प्रतिशत और वैज्ञानिक 5 प्रतिशत हैं।"[15] ये आँकड़े कुछ वर्ष पहले के हैं। यदि हम प्रतिभा पलायन के बारे में सोचें तो यह आँकड़ा कई गुणा बढ़ गया होगा। अगर हमारी सरकार उन प्रतिभाशाली युवाओं को उचित अवसर व संसाधन उपलब्ध करा दे तो वे यहाँ के सामाजिक, आर्थिक विकास में अपनी महती भूमिका अदा कर सकते हैं। गौरतलब है कि जब एक डॉक्टर भारत छोड़ कर अमेरिका जाता है तो देश को 3.5 करोड़ का नुक़सान होता है लेकिन वह अमेरिका में 60 करोड़ यानी 20 गुणा धन कमाकर उस देश की समृद्धि में भागीदार होता है। साथ ही हमें यह सोचना पड़ेगा कि भारत एक विकासशील देश है जहाँ डॉक्टरों का अभाव है, यहाँ शहरों में 5 हज़ार लोगों पर तथा गाँव में 45 हज़ार लोगों पर एक डॉक्टर है।

लघु उद्योग को देश की धुरी के रूप में जाना जाता है लेकिन इसमें सबसे कम पूँजी का निवेश किया जाता है। यहाँ रोचक तथ्य यह भी है कि देश में जितने भी रोज़गार हैं उनमें से 80 प्रतिशत इन असंगठित लघु उद्योगों में हैं। फिर भी बहुराष्ट्रीय कम्पनियाँ लघु उद्योगों को रोड रोलर की भाँति कुचल रही हैं क्योंकि इन विदेशी कम्पनियों ने लघु उद्योग में बनने वाले हर सामान को बनाने के क्षेत्र में घुसपैठ कर रखी है, यही कारण है कि तक़रीबन 10 लाख, 30 हज़ार अन्य छोटी इकाईयाँ इनके सामने प्रतिस्पर्धा में कछुआ गति से चल रही हैं। प्रत्येक वर्ष देश में लघु उद्योगों की खस्ताहालत से लाखों लोग बेरोज़गार होते जा रहे हैं। "सरकारी आँकड़ों के अनुसार देश में प्रतिवर्ष 1 करोड़ 84 लाख नये बेरोज़गार पैदा हो जाते हैं। इनमें से अधिकांश छोटी इकाइयों के बन्द हो जाने की वजह से बेरोज़गार हो जाते हैं।"[16] दूसरी ओर इन विदेशी कम्पनियों ने हमारे देशी कारोबार, हुनर पर यन्त्रनुमा बुलडोजर चलवा दिया। संचार क्रान्ति से उपजे आधुनिकीकरण की सबसे ज़्यादा मार कारीगरों, दस्तकारों व कुटीर उद्योग से जुड़े मज़दूरों पर पड़ी है। यहाँ सोचनीय सवाल है कि आखिर आज का आधुनिक विकास है किसके लिए और क्यों? अगर जूता बनाने के कुटीर उद्योग में बड़े पैमाने पर टेक्नोलॉजी का इस्तेमाल होने लगेगा तो मारा कौन जायेगा? हमारे समाज के ही मोची। कपड़ा उद्योग का रेडीमेडीकरण होगा तो कौन नष्ट होगा? दर्जी, बुनकर आदि। कपड़े उद्योग में एडीडास, ड्यूक, नाइक, वेन हुसैन जैसी विदेशी कम्पनियों के घुस जाने से देशभर के लाखों दर्जियों की आजीविका छिन गयी है।

एडीडास, प्यूमा, रिबॉक जैसी कम्पनियाँ कपड़े उद्योग के अलावा खेल सामान उत्पादन करने में लग जाने से जालन्धर में खेल सामग्री बनाने वाले लघु उद्योगों का बंटाधार हो गया है। कुल्हड़ की जगह प्लास्टिक के कप बाज़ार में आने लगे तो इससे कुम्हार प्रभावित हो रहे हैं। मिठाई बनाने के क्षेत्र में जब विदेशी कम्पनियाँ घुसेंगी तो कौन प्रभावित होगा? हलवाई। विदेशी कम्पनियाँ फलों के रस बेचने, पानी बेचने, फल बेचने में लगी हुई हैं तो फिर स्थानीय स्तर पर जीविकोपार्जन करने वालों का क्या होगा? अब यहाँ यह कहा जा सकता है कि क्या इनमें लगे लोगों को ऐसे ही छोड़ दिया जाये? यहाँ यह कहना समीचीन होगा कि आज आम मेहनतकश मज़दूरों के बारे में नहीं सोचा जा रहा है।

जीवनदायिनी दवा के उत्पाद में भी बहुराष्ट्रीय कम्पनियाँ जुटी हैं। "भारतीय दवा उद्योग के 90 फ़ीसदी हिस्से पर विदेशी बहुराष्ट्रीय कम्पनियों का क़ब्ज़ा है। दवा उद्योग से तक़रीबन 60,000 दवाएँ बाज़ार में उपलब्ध हैं जिनमें से मात्र 250 दवाएँ हमारे काम की शेष 59,750 दवाएँ एकदम बेकार हैं। इन बेकार दवाओं को बेचकर ये विदेशी कम्पनियाँ 100 प्रतिशत या 200 प्रतिशत का मुनाफ़ा कमा रही हैं। एक-एक दवा बाज़ार में 40 से अधिक नामों से बिक रही है। कम्पनी का मुनाफ़ा उतने ही गुणा बढ़ता चला जा रहा है। 90 प्रतिशत ऐसे टॉनिक बनाकर बेचे जा रहे हैं जिनकी हमारे जीवन में कोई उपयोगिता नहीं है उल्टे वे हमारे शरीर पर बुरा प्रभाव डाल रहे हैं।"[17] हेल्थ टॉनिक को बेचने के लिए किसी सुपरस्टार या किसी खिलाड़ी को हॉलिक्स, बूस्ट या कॉम्प्लान पीते हुए दिखाया जाता है। हम प्रचार माध्यमों को देखकर यह समझने लगते हैं कि बूस्ट पीने से ताक़तवर हो गये, जो कि कोरी मिथ्या है। डॉक्टर फैशन के तौर पर हेल्थ टॉनिक लिखते हैं। बीकोसूल या बीकोजाइम का कैप्सूल खाने के कुछ समय बाद, यह देखा जाता है कि पेशाब का रंग पीला हो गया। जो बीकोसूल या बीकोजाइम खाया गया, उसे आँतों ने पचाया और आवश्यकता नहीं होने के कारण गुर्दे द्वार से पेशाब के रूप में बाहर निकाल दिया गया। इससे अमाशय या लीवर को अधिक काम करना पड़ता है। इतना ही नहीं ये विदेशी कम्पनियाँ हमारे देश में उन दवाओं को बनाकर बेच रही हैं जो इनके अपने देश में विषैले प्रभावों के कारण ज़हर घोषित की जा चुकी हैं। मौत का व्यापार करने वाली विदेशी कम्पनियों ने देखा कि विकसित देश एक-एक करके जानलेवा ज़हरीली दवाइयों को प्रतिबन्धित करते चले जा रहे हैं, तब उनकी निगाह कई ग़रीब व विकासशील देशों की ओर गयी। बहुराष्ट्रीय कम्पनियाँ भारतीय क़ानूनों का खुला उल्लंघन करती हैं।

भारत सरकार 15 जून 1988 को विशेष गजट नोटिफिकेशन एक्स 11018/1/88 डी.एम.एस.पी.एफ.ए. जारी करते हुए यह हिदायत दी थी कि इस्ट्रोजन-प्रोजेस्ट्रॉन और क्लोराम्फेनीकॉल-स्ट्रेप्टोमाइसीन के संयोग से बनने वाली दवाओं को पूर्ण रूप से प्रतिबन्धित किया गया। लेकिन आज भी ये दवाएँ बाज़ार में धड़ल्ले से बिक रही हैं और इन्हें बेचने का काम बहुराष्ट्रीय कम्पनियाँ कर रही हैं। इन घातक दवाओं के प्रयोग से महिलाओं पर बुरे प्रभाव पड़ते हैं। यदि गर्भवती महिला को ये दवा खाने को दी जाये तो बच्चे अपंग पैदा होने का ख़तरा बढ़ जाता है और महिलाओं में मासिक धर्म में भी गड़बड़ी पैदा होती है। ये खतरनाक दवाएँ—ई.पी. फोर्ट, मैस्ट्रोजन फोर्ट ओरसेक्रोन फोर्ट तथा ओगल्यूटिन नामों से बाज़ार में बेची जाती हैं। "26 दिसम्बर, 1990 तथा 1991 में केन्द्र सरकार द्वारा जारी किये गये अध्यादेशों द्वारा 15 जेनेरिक दवाओं को प्रतिबन्धित किया गया लेकिन आज भी ये दवाएँ-ब्यूटा प्रोक्सीवान, कार्ब्यटाइल, बालाजेसिक, वेगानिन, फोर्टजेसिक, मोंटोरिप, डिकेरिस, जेफराल, ल्यूपीहिस्ट, टिक्सीलिक्स कोरेक्स, ट्रब्यूसाइन, ड्रीस्ट्रान आदि नामों से बाज़ार में बेची जा रही है।"[18] होता यह है कि विदेशी कम्पनियाँ सरकार से मिली-भगत कर प्रतिबन्धित दवाओं को दूसरे नामों से भारतीय बाज़ारों में धड़ल्ले से बेचती हैं। इतना ही नहीं ये कम्पनियाँ हमारे कृषि जैसे परम्परागत पेशे में भी घुस चुकी हैं। रासायनिक कीटनाशक दवाओं से हवा, मिट्टी, पानी और खाद्य पदार्थ को विषाक्त बनाया जा रहा है। कीटनाशकों से जुड़ा एक पहलू यह भी है कि "भारत जैसे विकासशील देश में इस्तेमाल होने वाले 70 प्रतिशत कीटनाशक ऐसे हैं जिन पर विकसित देशों में प्रतिबन्ध लगाया जा चुका है। डी.डी.टी. हमारे देश में एक आम कीटनाशक है पर अन्य अनेक देशों में यह प्रतिबन्धित है। विश्व स्वास्थ्य संगठन के अनुसार जमीन, वनस्पति और शरीर पर इसका बहुत लम्बे समय तक घातक असर बना रहता है। मगर अपने देश में कृषि क्षेत्रों में इसकी खपत 3500 टन प्रतिवर्ष तथा मलेरिया उन्मूलन आदि कार्यक्रमों में 4000 टन प्रतिवर्ष है। बी.एच.सी. (बेंजीन हेक्साक्लोराइड), मिथाइल पैराथियान, हैप्टाक्लोर, डाई ब्रोमोक्लोरो प्रोपेन, एजेंट आरेंज, फास्वेल, डेल्ड्रिन, क्लोरेडन, बूटाक्लोर जैसे कीटनाशक जो पश्चिमी देशों सहित दुनिया के कई अन्य देशों में प्रतिबन्धित है, जिसका बेचना उन देशों में गम्भीर अपराध घोषित हो चुका है, उन्हीं कीटनाशकों के घातक असर का अहसास करने के लिए इन 'हरित क्रान्ति' के झण्डाबरदारों को कितनी भोपाल त्रासदियों का इन्तजार है।"[19]

बहुराष्ट्रीय कम्पनियों का सच : 1. मरे हुए लोगों को जलाकर कमाई करने वाली दुनिया की सबसे बड़ी बहुराष्ट्रीय कम्पनी 'इंटरनेशनल सर्विस कॉर्पोरेशन' है इसके पास विश्व-भर में 502 शवदाह गृह हैं। यह कम्पनी शवों को जलाकर या दफनाकर एक वर्ष में औसतन 69 करोड़ 28 लाख 17 हज़ार डॉलर (13 अरब 16 करोड़ 35 लाख 23 हज़ार रुपये) कमाती है। यह कम्पनी अमेरिका की है। 2. युद्ध में काम आने वाली मिसाइलें को बनाने वाली दुनिया की सबसे बड़ी बहुराष्ट्रीय कम्पनी सेस्ना एयर क्रॉफ्ट (Cesna Aircraft) है। अपने स्थापित होने से सन् 1994 तक यह कम्पनी 17 लाख 81 हज़ार मिसाइलें बनाकर दुनिया के विभिन्न देशों को बेच चुकी है। यह कम्पनी सन् 1911 में स्थापित हुई थी। सामान्य रूप से यह कम्पनी प्रतिवर्ष लगभग 2,300 मिसाइलों का उत्पादन करती है। युद्ध के दिनों में कम्पनी का उत्पादन बढ़ जाता है क्योंकि मिसाइलों की खपत बढ़ जाती है। उदाहरण के लिए ईरान-इराक युद्ध के दौरान कम्पनी ने मिसाइलों का उत्पादन प्रतिवर्ष बढ़ा दिया था। यह अमेरिकी कम्पनी है। 3. विश्व भर में जितनी भी बहुराष्ट्रीय कम्पनियाँ हैं उनमें सबसे बड़ी है- हथियारों का उत्पादन करने वाली अमेरिका की बहुराष्ट्रीय कम्पनी 'जनरल मोटर्स' (General Motors) है। इस कम्पनी ने सन् 1994 में 154 अरब डॉलर (4928 अरब रुपये) अपने उत्पादों को बेच कर कमाये। 4. दुनिया में सबसे अधिक विषैली गैसों का उत्पादन करने वाली कम्पनी अमेरिका की है जिसका नाम है—'ड्यूपांट' (Dupont)। दुनिया के सभी विकासशील देशों में उत्पादन के तौर-तरीक़ों के कारण जितनी विषैली गैसें उत्पन्न होती हैं, उस मात्रा से 10 गुना अधिक, विषैली गैसें अकेले ड्यूपांट उत्पादित करती है। ये विषैली गैसें ओजोन परत को लगातार कमज़ोर करने के लिए जिम्मेदार हैं। अन्तरराष्ट्रीय पर्यावरण के विनाश के लिए अगर सबसे अधिक जिम्मेदार कोई है, तो वह है-अमेरिकी बहुराष्ट्रीय कम्पनी ड्यूपॉन्ट। दूसरे स्थान पर आती है ब्रिटेन की 'इम्पीरियल केमिकल इंडस्ट्री' (I.C.I.)। दोनों कम्पनियों के दुनिया भर में स्थित कारख़ाने, 500 टन के बराबर प्रतिदिन जहरीली गैसें छोड़ते हैं। 5. सबसे अधिक लड़ाकू विमानों का उत्पादन करने वाली कम्पनी है- 'बोइंग'। इस कम्पनी ने सन् 1994 में लगभग 21 अरब डॉलर (672 अरब रुपये) के लड़ाकू विमान बनाये। यह अमेरिकी कम्पनी अन्य मालवाहक व यात्री वाहक हवाई जहाज भी बनाती है। 6. दुनिया में सबसे अधिक मुनाफ़ा कमाने वाली कम्पनी 'इंटरनेशनल बिजनेस मशीन' (I.B.M.) अमेरिका की है।

इस कम्पनी का सन् 1994 का विशुद्ध मुनाफ़ा लगभग 58 अरब डॉलर (1856 अरब रुपये) था। यह कम्पनी इलेक्ट्रॉनिक की चीजें बनाने के अलावा हथियार भी बनाती है। 7. दुनिया में सबसे अधिक शराब का उत्पादन करने वाली बहुराष्ट्रीय कम्पनी 'एनह्यूसर-बुश इनकार्पोरेशन (Anheuser-Bush Incorporation) अमेरिका की है। यह कम्पनी विश्व के 54 देशों में बेचने के लिए 92 अरब 13 करोड़ लीटर शराब प्रतिवर्ष बनाती है। 8. दुनिया में सबसे अधिक सिगरेटों का उत्पादन करके बेचने वाली कम्पनी, अमेरिका की 'आर.जे. रेनाल्ड टोबैको कम्पनी' है। यह कम्पनी प्रतिवर्ष 110 बिलियन (110 अरब) सिगरेटों का उत्पादन करती है। 500 सिगरेटों के बनाने में एक बड़ा पेड़ समाप्त हो जाता है। पूरे विश्व में लगातार पेड़ों की संख्या अत्यन्त तेजी से कम होती जा रही है। 9. विश्व की सबसे बड़ी विज्ञापन बनाने वाली कम्पनी 'सात्ची एंडा सात्ची' (Satchi and Satchi) ब्रिटेन की है। कम्पनी ने दुनिया की तमाम बहुराष्ट्रीय कम्पनियों के लिए सन् 1988 में 135 अरब 29 करोड़ डॉलर (257 अरब 5 करोड़ रुपये) के विज्ञापन तैयार किये थे। 10. प्रतिवर्ष विज्ञापन पर सबसे अधिक खर्च करने वाली कम्पनी 'सीयर्स, रोएबक एंड कम्पनी' (Sears, Roebuck and Company) अमेरिका की है। यह कम्पनी रेडीमेड वस्त्र तथा जूतों का उत्पादन करती है। 11. विश्व की 570 ऐसी बहुराष्ट्रीय कम्पनियाँ हैं जिनमें प्रत्येक का वार्षिक कारोबार 20 अरब डॉलर (640 अरब रुपये) से भी अधिक है। इनमें सबसे विशालकाय 100 बहुराष्ट्रीय कम्पनियों का पूरे विश्व की आर्थिक व्यवस्था पर क़ब्ज़ा है। 12. दुनिया में बहुराष्ट्रीय कम्पनियों का सबसे बड़ा समूह 'जैसपर ग्रुप' (Jespar Group) है, जिसके पास अकेले अपनी 451 बहुराष्ट्रीय कम्पनियाँ हैं। 13. जुलाई 1995 तक प्राप्त आँकड़ों के अनुसार पूरे विश्व में 12,32,951 कम्पनियाँ हैं। इनमें 10264 सरकारी तथा बाकी निज़ी कम्पनियाँ हैं। 14. पश्चिमी जर्मनी व यूरोप के कई अन्य देशों में चल रहे 'ग्रीन पीस मूवमेंट' की अक्टूबर, 1994 की रिपोर्ट में बहुराष्ट्रीय कम्पनियों को इस प्रकार परिभाषित किया गया है—'ऐसी कोई भी कम्पनी जो एक साथ दुनिया के एक से अधिक देशों में काम करती हो, बहुराष्ट्रीय कम्पनी मानी जानी चाहिए।[20]

देश की मीडिया और मनोरंजन इंडस्ट्री वर्ष 2022 तक 11.7 फ़ीसदी बढ़कर 52.68 अरब डॉलर (लगभग 3.73 लाख करोड़ रुपये) की हो जायेगी। गौरतलब है कि वर्ष 2017 में यह इंडस्ट्री 30.36 अरब डॉलर की थी। एक रिपोर्ट के अनुसार इस वृद्धि का कारण खर्च करने योग्य आय, आबादी और सभी प्रारूपों में सामग्री (कंटेंट) का उपभोग बढ़ाना होगा। एसोचैम-पीडब्ल्यूसी (प्राइस वाटर हाउस कूपर्स) के संयुक्त अध्ययन वाली रिपोर्ट के अनुसार टीवी एवं सिनेमा जैसे

पारम्परिक मीडिया के अलावा इंटरनेट के माध्यम से मुहैया होने वाली सामग्री (ओटीटी) सेवाओं आदि नयी पीढ़ी के प्लेटफॉर्म इस उद्योग को बढ़ावा देने में अहम भूमिका निभाने जा रहे हैं। रिपोर्ट की मानें तो वैश्विक स्तर पर ओटीटी बाज़ार 2017 से 2022 के बीच साल-दर-साल 10.1 फ़ीसदी बढ़ेगा। इस दौरान देश में इसकी वृद्धि 22.6 फ़ीसदी होगी और इसका आकार 29.7 करोड़ डॉलर (1,931 करोड़ रुपये) से बढ़कर 82.3 करोड़ डॉलर (5,363 करोड़ रुपये) हो जायेगा। साथ ही इस अवधि तक देश का वीडियो ओटीटी बाज़ार दुनिया के शीर्ष-10 बाज़ार में शामिल होगा। रिपोर्ट के अनुसार टीवी, सिनेमा एवं ओटीटी मिलकर 2017 से 2022 की अवधि के लिए भारतीय मनोरंजन एवं मीडिया उद्योग की कुल वृद्धि में 46 फ़ीसदी का योगदान करेंगे। (स्रोत : https://newswing.com/media-and-entertainment-market-of-the-country-will-be-3-73-lakh-crore-by-2022/89995/) गौरतलब है कि टीवी और सिनेमा हॉल जैसे लोकप्रिय साधनों के बजाय अधिकतर लोग इंटरनेट आधारित डिजिटल माध्यमों की ओर बढ़ चुके हैं। केवल 2020 में इंटरनेट स्ट्रीमिंग के जरिये ओवर द टॉप (ओटीटी) प्लेटफॉर्म पर टीवी शो व फ़िल्म देखने का बाज़ार 35 प्रतिशत बढ़ा है। संगीत सुनने वालों ने भी एप का इस्तेमाल बढ़ाया। ऑनलाइन प्लेटफॉर्म पर एमएमओ गेम्स की भी बाढ़ आ चुकी है, जिसमें करोड़ों भारतीय हिस्सा लेने लगे हैं। ओटीटी प्लेटफॉर्म पर ग्राहक तीन करोड़ हो गये और कमाई ढाई गुना बढ़ी। मार्च, 2020 में ओटीटी के देश में 2.20 करोड़ ग्राहक थे, जो जुलाई, 2020 तक 2.90 करोड़ हो गये। जहाँ 2019 में इन प्लेटफॉर्म की आय में सब्सक्रिप्शन ख़रीदने वाले ग्राहकों का योगदान मात्र 10% था, जो 2020 में यह 25% पहुँच गया। प्रमुख प्लेटफॉर्म और सब्सक्राइबर्स पर दृष्टिपात करें तो हम पाते हैं कि

क्र.	**प्लेटफॉर्म**	**सब्सक्राइबर्स**	**2019 में थे**
01	डिज्नी हॉटस्टार	1.86 करोड़	53.6 लाख
02	अमेजन प्राइम	58.3 लाख	43.4 लाख
03	नेटफ्लिक्स	30.8 लाख	20 लाख
04	सोनीलिव	27 लाख	19.9 लाख
05	जी5	18.1 लाख	6.5 लाख

(दिसम्बर 2020 तक, स्रोत विभिन्न इंडस्ट्री रिपोर्ट)

(https://www.amarujala.com/india-news/online-market-of-entertainment-increased-rapidly-in-india?pageId=1)

यहाँ यह कहा जा सकता है कि ऑनलाइन प्लेटफॉर्म पर सब्सक्राइबरों की संख्या दिनोंदिन बढ़ती जा रही है। संचार के परिदृश्य में देखें तो हम पाते हैं कि वर्तमान में टेक्नोलॉजी हस्तक्षेप बढ़ गया है। राज्यसभा के उपसभापति हरिवंश लिखते हैं कि "बड़ी टेक्नोलॉजी कम्पनियाँ स्पर्धा के दौर में हैं। अपरिमित महत्त्वाकांक्षी इन कम्पनियों को 'भविष्य का भय' सता रहा है। टेक्नोलॉजी का इतिहास सामने है कि महाबली कम्पनियाँ, क़ानूनी कारणों से अतीत नहीं बनीं, बल्कि भविष्य का अवसर चूकने से मिट गयीं। भविष्य वर्चुअल वर्ल्ड का है। इस कारण टेक कम्पनियाँ गूगल, अमेजन, एपल, माइक्रोसॉफ़्ट, मेटा नयी-नयी सम्भावनाएँ तलाश रही हैं। इन कम्पनियों ने बीते 3 साल में 110 कम्पनियाँ ख़रीदीं। इनका मुख्य निवेश फ्रंटियर टेक्नोलॉजी में हो रहा है। मसलन स्वचालित वाहन, स्वास्थ्य देखरेख, अन्तरिक्ष, रोबोटिक्स, वित्त सेवाएँ, क्रिप्टो, चिप, मेटा, क्वांटम कम्प्यूटर वगैरह। कुछ मुल्कों में सर्विलांस व युद्ध क्षेत्र में भी पाँच बड़ी टेक कम्पनियों ने 2021 में रिसर्च और डेवलपमेंट पर 149 बिलियन डॉलर खर्च किये। अमेरिकी सरकार या पेंटागन के आरएंडडी से यह शोध खर्च काफी अधिक है।" (दैनिक भास्कर, 4 फरवरी 2022)

हरिवंश कहते हैं कि ''जीवन, विचार और सचेत मन टेक्नोलॉजी के गहरे प्रभाव में है। लोग भले यह अस्वीकारें, पर सचेतन मस्तिष्क का बड़ा हिस्सा इसके क़ब्ज़े में है। उस टेक दुनिया की अन्दरूनी गति से समाज-संसार को अवगत होना ही चाहिए। जहाँ ज़रूरत हो, हस्तक्षेप भी। बारम्बार चर्चा, विश्लेषण व मन्थन से अमृत-विष दोनों सामने आते हैं। संसार व समाज अमृत का सेवन करे, तो टेक्नोलॉजी वरदान होगी। संसार की जो समस्याएँ हल की दृष्टि से असम्भव लगती हैं, उनसे निजात टेक्नोलॉजी दिला सकती है। पर इस संसार के विष से बचने का उपाय भी सामूहिक संकल्प और चेतना पर ही निर्भर है। ऐसे सवाल पश्चिम को भी दशकों से परेशान कर रहे हैं। 1995 में नैतिकतावादी रसवर्थ किड्डर ने चर्चित पुस्तक लिखी, 'हाउ गुड पीपुल मेक टफ चॉइसेस।' इसके लिए उन्होंने तत्कालीन समय के 21 प्रभावी अग्रणी विचारकों से बात की कि 21वीं सदी की सबसे बड़ी चुनौतियाँ क्या होंगी? जो छह निष्कर्ष सामने आये, उनमें से पाँच आश्चर्यजनक नहीं थे। पर एक मुद्दा बार-बार आया, वह था—नैतिकता का ख़त्म या विफल होना। दुनिया के इन विशिष्ट विचारकों-मनीषियों ने माना कि नैतिकता अय्याशी नहीं है, यह दुनिया-इनसान के अस्तित्व से जुड़ा प्रश्न है। भारतीय मनीषा, उपनिषद् ऐसे कठिन चुनावों की स्थिति में अत्यन्त प्रभावी

मार्गदर्शक के रूप में काम करते हैं। कठोपनिषद् में उल्लेख है, “श्रेय और प्रेय इनसान के पास आते हैं।” समाज और संसार के पास भी। पर श्रेयस जो सबके लिए सुखकर-हितकर है, सही रास्ता है। प्रेयस जो इन्द्रियों के लिए सुखकर है, वह किसी के लिए हितकर नहीं। हम व्यक्ति या समूह (कम्पनी) या समाज, देश किस रास्ते चलें? यह तय करने की इससे प्रामाणिक कसौटी दूसरी नहीं? पर क्या यह टेक दुनिया, भारतीय मनीषा के इस पक्ष से वाक़िफ़ है?'' (दैनिक भास्कर, 4 फरवरी 2022) जाहिर सी बात है कि टेक कम्पनियों को मुनाफा दिखता है। मुनाफा चाहे जिस भी रास्ते से आये, नैतिकता, अनैतिकता आदि कोई मायने नहीं रखती है। बहुराष्ट्रीय कम्पनियों के बाज़ारीय प्रवृत्तियों के मध्य भारतीय मीडिया को समाज के नैतिक पक्षों पर ध्यान देने की ज़रूरत है।

सन्दर्भ

1. दीक्षित, राजीव, (2009), *बहुराष्ट्रीय कम्पनियों का मकड़जाल,* वर्धा : आजादी बचाओ आन्दोलन, पृ. 3
2. वही, पृ. 8
3. वही
4. वही, पृ. 10
5. वही, पृ. 11
6. वही
7. वही, पृ. 12
8. वही
9. वही
10. वही, पृ. 15
11. वही
12. वही
13. वही, पृ. 22
14. वही, पृ. 40-42
15. वही, पृ. 45
16. वही
17. वही, पृ. 50
18. वही, पृ. 45
19. वही, पृ. 58
20. वही, पृ. 91-92

भूमण्डलीकरण और मीडिया का अन्तःसम्बन्ध

मीडिया भूमण्डलीकरण के लिए ईंधन की तरह काम करता है। इसलिए भूमण्डलीकरण पर चर्चा करते ही हमें इस ओर ध्यान आकर्षित करना होता है कि मीडिया तो इनके साथ लयबद्ध है। आज साहित्य, कला व संस्कृति के साथ-साथ मीडिया भी एक नयी चुनौती का सामना कर रहा है। इस नयी चुनौती के विस्तार में मीडिया एक औज़ार बन रहा है। यह चुनौती है विज्ञापन के द्वारा बाज़ार पर निरन्तर विस्तृत होती जा रही ताक़त का। इस ताक़त में वैश्विक तौर पर जो विशाल मीडिया फर्में सक्रिय हैं उनमें से ज़्यादातर अमेरिकी या पश्चिमी यूरोप व जापान की कम्पनियाँ हैं। वे चाहे हार्डवेयर का निर्माण करती हैं या सॉफ़्टवेयर का। भूमण्डलीय स्तर की पाँच बड़ी कम्पनियों का मीडिया पर आधिपत्य है। ये कम्पनियाँ हैं—'टाइम वार्नर', 'डिज्ने', 'न्यूज़ कार्पोरेशन', 'वायकाम' और 'टीसीआई'। ये कम्पनियाँ वैश्विक स्तर पर मनोरंजन और मीडिया सॉफ़्टवेयर का निर्माण करती हैं। ये कम्पनियाँ या मीडिया फर्में भारत ही नहीं समस्त तीसरी दुनिया के देशों पर बहुराष्ट्रीय निगमों के द्वारा अपने बाज़ार का विस्तार करना जानती हैं। न्यूज़ कार्पोरेशन के मुखिया रूपर्ट मर्डोक आस्ट्रेलिया के हैं जो मीडिया मुगल्स के रूप में जाने जाते हैं इनका विश्व के 92 देशों में मीडिया पर एकाधिकार है। "न्यूज़ कार्पोरेशन के लिए मर्डोक का लक्ष्य है—कार्यक्रम के हर रूप समाचार, खेल, फ़िल्मों और बच्चों के कार्यक्रम पर मालिकाना हक़ रखना और उन्हें सैटेलाइट अथवा टीवी स्टेशनों के जरिये अमेरिका, यूरोप, एशिया और दक्षिण अमेरिका में लोगों के घरों में प्रसारित करना।"[1]

बहुराष्ट्रीय कम्पनियाँ राजनीतिक प्रक्रिया में अप्रत्यक्ष रूप से सहभागी होकर अपना हित साधती हैं। इसके लिए वह संचार माध्यमों का इस्तेमाल करती हैं। कम्पनियाँ यह जानती हैं कि समाज में मीडिया एक प्रभावकारी भूमिका के रूप में है और यह मानकर चलती हैं कि साँस और संचार का अटूट रिश्ता है, इस रिश्ते को बनाने में मीडिया की भूमिका अहम है। वैश्वीकरण के पूर्व समय काल

के अनुसार मीडिया का आचरण बदलता रहा है, कभी मिशन की भावना से तो कभी बाज़ारीय मूल्य के दबाव में। पहले की मिशनरी पत्रकारिता ने वृत्ति से नहीं अपितु व्रत से देश के भविष्य की दिशा तय करने में अपना अमूल्य योगदान दिया पर आज यह बाज़ारवाद का अंग बन चुका है। बाज़ारवाद में शुद्ध लाभ के गणित को तरजीह दी जाती है। यहाँ हमें यह कहने में गुरेज नहीं है कि पूँजीपति ही देश के भाग्य निर्माता हो गये हैं। संचार माध्यमों से पूँजीपतियों ने उपभोक्तावादी संस्कृति को बढ़ावा दिया है। वास्तव में मीडिया के माध्यम से विज्ञापनों के द्वारा हमारे देश की सामाजिक, आर्थिक व सांस्कृतिक क्षेत्र में लूट शुरू हो चुकी है। ''गूगल के आ जाने के बाद विज्ञापन उद्योग भी दो वर्गों में विभक्त हो गये हैं। पिछड़े वर्ग को बी.डी. एज अर्थात् Big dumb agencies कहा जाता है जबकि दूसरा दल स्वयं को प्रगतिशील सर्जना सम्पन्न कहता है। यह दल एक तरह से 'नरभक्षी' है। इन सभी का कहना है कि उत्पाद बेचना है तो बच्चों को अपना लक्ष्य बनाओ। यह दल बच्चों को कोक और पेप्सी पीने के लिए उत्प्रेरित करता है। ऐसे विज्ञापन बनाता है जिसमें बच्चा पारम्परिक भोजन के स्थान पर 'मैगी' या 'मैकडॉनल्ड्स' का हैमबर्गर माँगता है। दूध की जगह 'कांप्लान' जैसे पेय पीने के लिए विवश किया जाता है या फिर ऐसा कोई अन्य पेय पीने की फरमाइश करता है। वह अबोध होते हुए भी जब ऐसी ग़ैर-पौष्टिक चीज़ों को टेलीविज़न पर देखता है तो इन्हीं सबकी माँग करता है। ऐसे प्रगतिशील विज्ञापन की इबारत लिखने वाले अपनी प्रतिभा का प्रयोग करते हुए 'टेढ़ा है पर मेरा है' जैसी व्यंजनापूर्ण इबारत लिखने में माहिर होते हैं।"[2] हम जानते हैं कि संचार माध्यम सामूहिकता के बजाय एकांगीपन बनाता है। यहाँ यह कहना समीचीन है कि "संचार माध्यम एक पृथक् भावबोध निर्मित करते हैं, जिसके कारण एक नवीन मनुष्य जन्म लेता है। उनके द्वारा विभिन्न संस्कृतियों के आदान-प्रदान के कारण एक नया सामूहिक व्यक्तित्व उभरकर आ गया है, जो पहले के मनुष्य से बिल्कुल भिन्न है।"[3]

लोकतान्त्रिक व्यवस्था में चौथे स्तम्भ के रूप में मीडिया ईंधन के रूप में बहुराष्ट्रीय कम्पनियों को ऊर्जा प्रदान करती है और ये कम्पनियाँ लोक कल्याणकारी जुमले से हमारे बीच पैठ बनाती हैं। आधुनिक पूँजीवादी अर्थव्यवस्था में आर्थिक सांगठनिक ढाँचे की बुनियादी इकाई बहुराष्ट्रीय कम्पनियाँ हैं। पूँजी के इन दैत्याकार समूहों में कुछेक सौ विश्व बाज़ार में माल और सेवा के उत्पादन और वितरण पर अपना आधिपत्य क़ायम रखते हैं। इनमें से अधिकांशतः समूह

अमेरिकी स्वामित्व के अधीन हैं। उत्पादन और वितरण पर यह प्रभुत्व संचार और संस्कृति के उत्पादों तक अपना विस्तार पा लेता है। बहुराष्ट्रीय निगम अपने आर्थिक वर्चस्व को बढ़ाने के लिए मुख्य लक्ष्य के तहत काम करते हैं फिर भी इसका प्रभाव कुछेक बड़े-बड़े मीडिया घरानों, इजारेदारों और सांस्कृतिक समूहों के मुनाफ़ा कमाने के उद्देश्य के दायरे में काफी आगे तक चला जाता है। ये बहुराष्ट्रीय निगम संचार माध्यमों से नत्थी होकर लाभ कमाने की फिराक में हैं। ख़ास करके उनके लिए विज्ञापनदाता का ध्यान आकर्षित करना और विज्ञापनदाता के हितों के फलने-फूलने में सहायक होना सबसे ज़्यादा ज़रूरी होता है। संचार माध्यम के लिए मालिक और विज्ञापनदाता का वर्चस्व सार्वजनिक कार्य क्षेत्र को एक ऐसे दोहरे पूर्वाग्रह से ग्रस्त बना देता है जो सार्वजनिक कार्य क्षेत्र के लिए बड़े ख़तरे को आधार प्रदान करता है। इसलिए ये बहुराष्ट्रीय निगम स्वरूप बाज़ार अपने दर्शक को नागरिक नहीं अपितु उपभोक्ता मानकर चलता है, लिहाजा किसी सार्वजनिक दायरे को लेकर किया जाने वाला कामकाज इसके नज़रिये से पूरी तरह से बाहर हो जाता है। साथ ही मीडिया का वित्तपोषण विज्ञापनदाताओं द्वारा होने के फलस्वरूप ये दर्शकों की सेवा विज्ञापनदाताओं (पूँजीपतियों) की शर्तों के मुताबिक किया करते हैं। पूँजी व मुनाफ़े के खेल में मीडिया को न तो भारतीय संस्कृति से लगाव दिखता है और न ही मानवता से। विवेकपूर्ण विचारों से तो इसका सरोकार घटता जा रहा है। किसी के भाव, दाम या क़ीमत के बारे में यह ताक़त बहुत कुछ जानती है पर मानवीय मूल्यों से इसका सीधा रिश्ता नहीं रह गया है। पूँजीवादी व्यवस्था की अदृश्य ताक़तें जानती हैं कि दो चीज़ों के लिए इन्हें भरपूर ख़रीददार बनाया जा सकता है, एक तो सेक्स और दूसरा धर्म। "एक वर्ष में आठ हज़ार सात सौ साठ घण्टे होते हैं। अधिकांश किशोर-किशोरियाँ यौन सम्बन्धी दिवास्वप्नों में खोये रहते हैं। वयस्कों के एक हज़ार आठ सौ चौबीस घण्टे जीविकोपार्जन में निकल जाते हैं। दो हज़ार सात सौ सैंतीस घण्टे निद्रा में। इसके बाद भी सभी रोज़ चार घण्टे टेलीविज़न देखते हुए गवाँ देते हैं। जबकि अख़बार यानी पत्र-पत्रिकाओं को वे छत्तीस से चालीस मिनट ही देते हैं।"[4] ये आँकड़े पश्चिमी दुनिया के हैं। यह देर नहीं होगी कि भारत में सर्वेक्षण कराने पर यही आँकड़ा निकले।

पूँजीपति मीडिया की मार्फ़त बाज़ार पर क़ब्ज़ा जमाने की होड़ में शामिल हो चुके हैं। लिहाजा चैनलों की बाढ़-सी आ गयी है। प्राइस कूपर फिक्की द्वारा करायी गये अध्ययन के मुताबिक, "टेलीविज़न चैनलों का मौजूदा बाज़ार क़रीब 43,700

करोड़ रुपये का है जिसमें आने वाले कुछ वर्षों में 18 फ़ीसदी का इज़ाफ़ा होने की सम्भावना है और सन् 2011 तक यह 50900 करोड़ तक पहुँच जायेगा।"[5]

सूचना एवं प्रसारण मन्त्रालय के वार्षिक प्रतिवेदन 2020-21 (पृ. 57) के अनुसार, भारत में प्रसारित होने वाले निज़ी चैनलों की संख्या 914 है जिसमें 388 समाचार तथा 526 ग़ैर-समाचार के चैनल हैं। भारत का समाचार पत्र पंजीयन (आरएनआई) के अनुसार 31 मार्च, 2021 तक 20223 समाचार पत्र और एक लाख छब्बीस हज़ार पाँच सौ तेईस पत्रिकाएँ एवं जर्नल्स पंजीकृत हैं।

बाज़ार की प्रतिस्पर्धा में चैनलों के विस्तार ने उस वाणिज्यवाद और विज्ञापनदाता शक्ति को कम करने के बजाय बढ़ा ही दिया है। सार्वजनिक दायरे या यों कहें कि लोकतान्त्रिक मूल्य के लिए वरदान साबित होने जैसा कुछ भी इसमें स्पष्ट रूप से दिखायी नहीं देता है। ये चैनल न सिर्फ़ समृद्ध वर्गों के साथ लयबद्ध हैं बल्कि केबल व सैटेलाइट टेलीविज़न एकाधिकारी मालिकान ऐसे सिंहद्वार हैं जो उनके माल को खपत कराने में अपनी महती भूमिका अदा करते हैं। इनके मालिकान के पास वाणिज्यिक अथवा राजनीतिक आधारों पर किसी चैनल की जनता तक पहुँच को ही ख़त्म कर देने की जबरदस्त ताक़त मौजूद है।

यह तो सच है कि लोकतान्त्रिक मूल्यों के संवहन हेतु मीडिया से जो जन अपेक्षाएँ हैं उस सन्दर्भ में नॉम चोम्स्की की बात आज पूरी तरह से भारत जैसे देश पर भी लागू हो रही है। यहाँ भी निज़ी बहुराष्ट्रीय निगम क्षेत्र सरकार पर यही दबाव डाल रहा है कि वह राष्ट्रीय हितों के साथ समझौता न करें। समझौता न करने से उनका तात्पर्य समाज के कमज़ोर तबकों को मिलनेवाली मामूली सुविधाओं को भी समाप्त कर देना है, जबकि अर्थव्यवस्था का सर्वाधिक दोहन इसी अभिजात वर्ग के हितों में हो रहा है। अभिजात वर्ग वाले विकसित देश विश्व के प्राकृतिक संसाधनों का मुख्य भाग खर्च करते हैं। इन देशों के लोग विश्व जनसंख्या का 20 प्रतिशत हैं लेकिन वे पृथ्वी के प्राकृतिक संसाधनों के 80 प्रतिशत से अधिक भाग का उपभोग करते हैं। उनका नवीनतम प्रौद्योगिकी पर नियन्त्रण व एकाधिकार है। दूसरी व दूसरी दुनिया के देश प्रौद्योगिकी, पूँजी, कौशल तथा हथियारों के लिए प्रथम दुनिया के देशों पर निर्भर हैं।

उत्पादन व निर्यात को बढ़ावा देने के नाम पर वे जनता की कमाई का एक बड़ा हिस्सा हड़पने से ज़रा भी नहीं हिचकते हैं। लेकिन वे ऐसा करते हुए जनता के एक बड़े हिस्से को यह भरमाने में कामयाब रहते हैं कि यह राष्ट्रीय व समाजहित में हो रहा है इसलिए जनता को मिलनेवाली सुविधाओं के बड़े हिस्से

को वह छीनने दें ताकि अर्थव्यवस्था को संकट की घड़ी में उबारा जा सके। जब मुल्क के वित्तमन्त्री यह कहते हैं कि अर्थव्यवस्था को संकट से उबारने के लिए सरकार को कुछ ठोस क़दम उठाने होंगे तो इसका सीधा-सा मतलब यही होता है कि जनता पर और अधिक आर्थिक बोझ लादा जाने वाला है, इसके लिए रोज़गार के रास्ते कम होने वाले हैं। इस प्रकार जनविरोधी नीतियाँ अपनाते हुए भी जनविरोधी सरकारें जनसंचार माध्यमों के मार्फत जनता पर अपना नियन्त्रण बनाये रखती हैं। हालाँकि इस सन्दर्भ में जनसंचार माध्यम यह दावा करते हैं कि वे जनता के मत को अभिव्यक्ति देते हैं। लेकिन क्या वे सचमुच में जनता के मत पेश कर रहे होते हैं? यहाँ साफगोई है कि जहाँ भारतवर्ष में तक़रीबन 30 प्रतिशत आबादी समूल निरक्षर है वहीं जनसंचार माध्यमों द्वारा करवाये गये सर्वे किस हद तक जनता की राय का प्रतिनिधित्व करते हैं। हक़ीकत तो यह है कि वे अपने बाज़ार एजेंडा के तहत जनता के दरबार में आते हैं उनका दिल बटोरने के लिए। जनता दरबार में उनका तार्किक सवाल शुरू होता है। जनता के पास भी कई सवाल होते हैं लेकिन ये जनमाध्यम वाले सवालों के मिले जबाव को बस अपने हितार्थ में जनता की राय बनाकर हम तक पहुँचाते हैं। यह तो सीधा सा जनता के समक्ष जनसंचार माध्यमों द्वारा किया गया भद्दा मज़ाक़ है न! इससे तो लगता है कि मीडिया पूँजीपतियों के पैरोकारी में लगकर उनके माल को विज्ञापन के माध्यम से हम तक बेचने का माध्यम बन चुका है।

भारत में मीडिया एवं भूमण्डलीकरण का दबाव

भूमण्डलीकरण पर बहस करते समय हमें यह सोचना होगा कि कैसे पूँजीपति मीडिया के द्वारा ज्ञान, धन और हिंसा तीनों के बल पर इक्कीसवीं शताब्दी में कोहराम मचा रहा है? एक नया विश्व साम्राज्यवाद विश्व उपनिवेशवाद सामने खड़ा है और यह तीसरी दुनिया के देशों को अपना स्थायी उपनिवेश बनाने की मुहिम में जुटा है। अतएव हमें शक्ति का नया नव्य पूँजीवादी अर्थ 'द न्यू मीनिंग ऑफ़ पॉवर' को समझना पड़ेगा। हालाँकि यह विवशता है कि इससे हम बच भी नहीं सकते। भविष्यवेत्ता आल्विन टॉफ्लर ने अपनी पुस्तकें 'फ्यूचर शॉक', 'दि थर्ड वेब' और 'पॉवर शिफ्ट' में दिखाया कि वर्तमान, नवीन परिवर्तनों के दौर में है। "यह नवीन परिवर्तन इतना आकस्मिक है और इतने अद्‌भुत ढंग से सामने आया है कि आम आदमी, इसे देखकर हक्का-बक्का है। चकाचौंध के सामने मुँह बाए खड़ा है। उनकी समझ में नहीं आ रहा है कि यह परिवर्तन-प्रवाह इतनी ताक़त

से कहाँ से फूट-फट पड़ा है। इसलिए बुद्धिजीवियों, चिन्तकों को चाहिए कि वे 'पॉवर शिफ्ट' के कारणों का गहन विवेचन-विश्लेषण करें ताकि राइज ऑफ़ दि न्यू पॉवर सिस्टम पूरे फोकस से उजागर किया जा सके। मानव अपने औद्योगिक समाज 'पोस्ट इण्डस्ट्रियल सोसायटी' के झलक का झरोखा दर्शन कर सकें। विश्व मंदिर में अमेरिकावाद का नया देवता स्थापित क्यों हुआ है और यह चाहता क्या है?"[6] क्या यह सच नहीं है कि इस असीमित परिवर्तन चक्र को मीडिया नयी ऊर्जा दे रहा है और बाज़ारवाद के नाम पर मीडियातन्त्र के प्रचार माध्यमों से आम लोगों को ठगने का एक अराजक और पागलपन रवैया अख़्तियार कर रहा है। यहाँ यह कहना समीचीन होगा कि "व्यापारतन्त्र को भारत जैसा बहुसंख्यक उपभोक्ता वाला देश माल बेचने का सबसे अच्छा बाज़ार दिखायी देता है इसलिए हमें विश्व बाज़ारवाद की नयी ताक़तों, उनकी योजनाओं और उनके पैटर्नों को समझना ज़रूरी है।"[7] भारत पर पूँजीवादी देशों का खुला हमला है जिसमें गाँधी विचार-दर्शन, स्वदेशी, कुटीर उद्योगों को नष्ट करने का अभियान प्रमुख है। साथ ही यह पश्चिमी उपभोक्ता संस्कृति को पनपाने में आमदा है। पुरानी सभ्यता संस्कृति के मूल्यों को अपर्याप्त घोषित करने के बाद नयी सभ्यता संस्कृति का तन्त्रजाल बिछाया जा रहा है। इस तन्त्रजाल के अगुआ यूरोप, अमेरिका, जापान आदि विकसित देश हैं। इन देशों में नव औद्योगिक समाज-संस्कृति का उभार जोरों पर है। यह पूरा उभार कम्प्यूटर पर आधारित सूचना तन्त्रजाल पर केन्द्रित है जिसमें श्रम को सेवा में बदल कर ठगा जा रहा है। यह तन्त्र पूरा राजनीति और राष्ट्र-राज्य की व्यवस्था को बदल रहा है। समाजशास्त्री भविष्यवेत्ता आल्विन टॉफ्लर ने जब 'थर्ड वेब' पुस्तक लिखकर बाज़ारवादी तन्त्र की पोल खोली तो इस पुस्तक को 'बैड बुक' करार दिया गया लेकिन जिज्ञासुओं ने इसे बाइबिल की तरह पढ़ा और चीन में इस पर विस्तार से चर्चा हुई जबकि भारत में ऐसा कुछ भी नहीं हुआ। क्यों नहीं हुआ? दरअसल, नव औपनिवेशिक गुलामी को स्वीकार करने में भारत को कोई हिचक नहीं है। भारत की राष्ट्रभक्ति में विश्वभक्ति का यह इतिहास अद्भुत है—शर्मनाक और सोचनीय। मॉडर्न के नाम पर दूसरों की गुलामी को तैयार है भारत। पश्चिम ने उत्तर आधुनिकतावाद की आड़ में न्यू थियरी ऑफ़ सोशल चेंज तैयार की है। जिसमें क्रय-विक्रय की रणनीति है। यह रणनीति सेक्स और राजनीति, साहित्य और कलाओं को उजाड़कर सेक्स फैशन के बीज बो रही है। "हमारे टेलीविज़न पर नंगी थिरकती कामुक नारी क्या कह रही है, खाने-पीने की चीज़ों का लुभावना जलवा क्या सन्देश दे रहा है?

माइकल जैक्सन और मेडोना नयी पीढ़ी को क्यों पागल बना रहे हैं? कम्प्यूटर क्रान्ति क्या कह रही है? सुन्दरियों की प्रतियोगिताओं का आयोजन कौन कर रहा है? बहुराष्ट्रीय निगमों के नीचे सत्ता क्यों बिछी हुई है? ग्लोबलाइजेशन के पीछे हाई टेक्नोलॉजी सारे सुपर पॉवर देशों की नीयत क्या है? सब लोग अमेरिकन अम्ब्रेला के नीचे ही शरण क्यों ले रहे हैं।"[8]

यहाँ यह साफगोई है कि हम अमेरिकीवाद के चारणभाट बने हैं। पुराने साम्राज्यवाद का अन्त हो चुका है। पुराने शीत युद्ध का नशा उतर गया है और एक 'नव साम्राज्यवाद' एक नव्य सांस्कृतिक राजनीतिक साम्राज्यवाद के रूप में सामने प्रस्तुत हो चुका है। इसने धर्म, सेक्स, राजनीति, बाज़ार का चेहरा बदल दिया और इन सभी में एक आन्तरिक अन्तर्योजना का दृश्य हम सभी ने पाया। कार, फ्रीज, टेलीविज़न, फ़िल्म, प्रिंट मीडिया, साहित्य भीतर से इतने बदलने लगे कि इस परिवर्तन की कल्पना करना बेहद कठिन है। जीवन के प्रायः सभी क्षेत्र ज्ञान, धन और हिंसाचारी के उपयोग से नवीन शक्तिवाद के साकार नाम बन गये हैं। ज्ञान अब न्यू सिस्टम में ढलकर धन को दिमाग़ से कमा रहा है। आज ज्ञान के नये साधन या यों कहें कि न्यू मीडिया यथा इंटरनेट ने ज्ञान के भूगोल व इतिहास को परिवर्तित किया है। ज्ञान आधारित टेक्नोलॉजी ने समाज को नया बिम्ब बना दिया। "ग्लोबल विलेज द्वारा प्रदत्त तथाकथित सुख-सुविधाएँ यही कर रही हैं। केवल जीवन तथा संसार की विविधता को नष्ट कर उन्हें संगठनात्मक एकरूपता के नाम पर एकरस बना रही हैं। हर जगह कार्पोरेशन, क्लब संस्कृति, एक ही दुकान, एक ही तरह के खाद्य पदार्थ, एक ही नामों के होटल और रेस्टोरेंट : हॉली डे इन, मैकडॉनल्ड्स बर्गर किंग, केएफसी आदि व्याप्त हैं।"[9] ये समानता के दर्शन को साकार करने के नाम पर अपने हित साधते हैं।

यह न्यू इलीट कार्पोरेट चीफ, ब्यूरोक्रेट्स, मीडिया मुगल्स मॉस कम्युनिकेशंस तथा मॉस डेमोक्रेसी ने ग्लोबल पॉवर को बढ़ावा दिया है। मूलरूप से ग्लोबल पावर में नव्य पूँजीवादी, नव्य साम्राज्यवादी, नव्य उपनिवेशवादी, नव्य संरचनावादी, नव्य सांस्कृतिक-साम्राज्यवादी विचारधारा है, जिनमें धन कुबेर बनने की योजना शामिल है। पूँजीपति के बहुराष्ट्रीय निगम, अन्तरराष्ट्रीय मीडिया संगठन, अन्तरराष्ट्रीय संगठन, ग़ैर-सरकारी संगठन आदि वैश्वीकरण के मुख्य इंजन हैं जो हमें वैश्विक गाँव के वासी होने की संकल्पना को साकार करते हैं। मूलरूप से ग्लोबल पावर में नव्य पूँजीवादी, नव्य साम्राज्यवादी, नव्य उपनिवेशवादी, नव्य संरचनावादी, नव्य सांस्कृतिक साम्राज्यवादी विचारधारा (आइडियोलॉजी) है जो अपने समय

की क्रान्तिकारी प्रवृत्ति और एक ऐसा सैद्धान्तिक वाद-विवाद, कला, साहित्य परिसंवाद, वैश्विक स्तर पर वर्तमान का वृत्तान्त, सामाजिक राजनीतिक परिवर्तनवाद का नव दर्शन बहुलतावाद, केन्द्रवाद को नकारते हुए परिधि की ओर बढ़ता है। इतना ही नहीं, इसमें सभी पुरानी विचारधाराओं, वादों-प्रवृत्तियों, संस्थानों का अन्तवाद घोषित है। एक प्रकार से यह आधुनिकतावाद का नया विस्तार है जिसमें 'वाइलेंस, नॉलेज और वेल्थ' का त्रिक् दर्शन है। यह 'माइंड-मनी-मसल' के द्वारा गलाकाट प्रतिस्पर्धा पर उतारू होकर पश्चिमी विचार दर्शन के द्वारा तीसरी दुनिया पर आधिपत्य स्थापित करने की मुहिम में जुटा है। पश्चिम के मिशन का लक्ष्य है—मीडिया के माध्यम से सभी संस्कृतियों को क़ैद करना, यह कार्य वे सांस्कृतिक समानता स्थापित करने के नाम पर करते हैं। ''ज्यों ही संस्कृति अपना मूल्य खो देती है वह सिर्फ़ बदला लेती है, अन्य पर हमले करती है। ऐसा वह अपने राजनीतिक अथवा आर्थिक लक्ष्य के परे जाकर करती है। भूमण्डलीकरण का सारा जोर प्रतिक्रिया के इलाक़ों को वे उपनिवंश बनाने में हैं, इसका दख़ल करके उन्हें घरेलू बन्दी बना लेते हैं। जिससे वह इलाका मानसिक और भौगोलिक तौर पर प्रतिरोध न कर सके।''[10] यहाँ यह साफ़ है कि समाज में आज के नये जनान्दोलन एक योजनाबद्ध और सुनियोजित तरीक़े से कराये जाते हैं, नये आन्दोलनों ने पुराने को ख़ारिज किया है और तर्कों के बजाय कुतर्क को प्रतिष्ठित किया है, सामाजिक विभ्रमों की पुष्टि की है।

भारतीय मीडिया का चरित्र एवं भूमण्डलीकरण

मीडिया का चरित्र देश, काल और समाज के अनुसार निर्धारित होता आया है क्योंकि मूलतः ''संचार का कोई भी माध्यम 'स्वतन्त्र परिघटना' नहीं होती है। यह समकालीन सामाजिक-आर्थिक-राजनीतिक सत्तातन्त्र की 'बाई प्रोडक्ट' होती है।''[11] यद्यपि ऐतिहासिक रूप से मीडिया से यह अपेक्षा रहती आयी है कि वह अपने समय से कुछ आगे चलेगा और समाज व देश को एक सीमा तक दिशा प्रदान करेगा। फिर भी समाज में इस प्रकार की घटनाएँ घटती हैं कि उनका प्रत्यक्ष व परोक्ष प्रभाव भी मीडिया पर पड़ता है और यह प्रभाव मीडिया के चरित्र को निर्धारित करते हैं। औपनिवेशिक काल में स्वतन्त्रता संग्राम की आन्दोलनकारी शक्तियों ने तत्कालीन मीडिया की दशा और दिशा को काफी हद तक निर्धारित किया था। यही कारण था कि उस समय के मीडिया को एक सीमा तक मिशनवादी मीडिया के नाम से जाना जाता था। इस क्रम में हम हिन्दी के योद्धा पत्रकारों के

नामों का उल्लेख कर सकते हैं। उदाहरण के लिए गणेश शंकर विद्यार्थी, मदन मोहन मालवीय, माखनलाल चतुर्वेदी, बाबूराव विष्णु पराडकर, महात्मा गाँधी, जवाहर लाल नेहरू, मौलाना आज़ाद, अम्बिका प्रसाद बाजपेयी, सूर्यकान्त त्रिपाठी 'निराला' आदि अरविन्द घोष ये ऐसे पत्रकार थे जिन्होंने स्वतन्त्रता के लिए लड़ाई लड़ी और भारतीय पत्रकारिता को एक आदर्शवादी चरित्र से समृद्ध भी किया।

परिवर्तन सृष्टि का नियम है, स्थितियाँ बदलती रहती हैं। आज़ादी के बाद भारतीय पत्रकारिता में एक नया आयाम जुड़ा। स्वतन्त्र भारत के तत्कालीन प्रिंट मीडिया के समक्ष दूसरी प्रकार की चुनौतियाँ थीं। पाँचवें दशक से भारतीय राष्ट्र का निर्माण कार्य आरम्भ होता है। इस निर्माण के अभियान में पत्रकारिता का योगदान भी कम नहीं रहा। उस समय की पत्र-पत्रिकाओं पर नज़र डालें तो स्पष्ट होगा कि मुद्रित मीडिया ने एक गरिमापूर्ण चरित्र का परिचय दिया। हम कह सकते हैं कि एक सच्चे प्रकार का 'प्रोफ़ेशनलिज़्म' उस समय की मुद्रण पत्रकारिता में था। हर व्यवसाय के लिए अपना धर्म, आचार संहिता, नैतिक मापदण्ड, कसौटियाँ आदि होते हैं। इस दृष्टि से देश की तत्कालीन पत्र-पत्रिकाओं की भी अपनी व्यावसायिक आचार संहिता रही, जिससे तत्कालीन सम्पादक, पत्रकार आदि जुड़े रहे। यह वह काल भी था, जब सम्पादक संस्था मीडिया प्रतिष्ठान में निर्णायक हुआ करती थी। प्रबन्धन या मैनेजमेंट दोयम दर्जे की भूमिका निभाया करता था। पत्र-पत्रिकाओं का नेतृत्व सम्पादकों के हाथों में हुआ करता था, इससे पत्रकारिता का चरित्र क़रीब सातवें दशक तक लगभग उजला रहा। इस सम्बन्ध में कुछ सम्पादकों को याद करना समीचीन रहेगा। उदाहरण के लिए फ्रेंक मोरेस, मुलगाँवकर, श्यामलाल, सत्यकाम विद्यालंकार, अज्ञेय, धर्मवीर भारती, रघुवीर सहाय, राहुल बारपुते, बाँके बिहारी भटनागर, मनोहर श्याम जोशी, कमलेश्वर, राजेन्द्र माथुर, प्रभाष जोशी, बी.जी. वर्गीज जैसे एक नहीं बल्कि कई सम्पादक थे, जिन्होंने भारतीय पत्रकारिता को राजसत्ता जैसी नहीं बनने दिया और न ही पूँजी सत्ता के समक्ष झुकने दिया लेकिन भूमण्डलीकरण के काल के आरम्भ के साथ मीडिया के चरित्र में व्यापक परिवर्तन दिखायी देता है। इसकी सबसे बड़ी वजह यह है कि भूमण्डलीकरण ने भारत की विकास यात्रा को तीव्र गति से लैस किया। निजीकरण, उदारीकरण और विनिवेशीकरण ऐसी प्रक्रियाओं ने जहाँ राजसत्ता को प्रभावित किया। वहीं उसके चरित्र में कई प्रकार के परिवर्तन पैदा किये। भारतीय मीडिया भी ऐसे परिवर्तनों से अछूता नहीं रह सका। भारतीय मीडिया भी तीव्रगामी और बाज़ारवादी बन गया। फलस्वरूप मीडिया का चरित्र उपभोक्तावादी और बाज़ारवादी बना।

नतीजतन आज हम पत्रकारिता में 'मिशनहीनता', 'प्रतिबद्धहीनता', 'दिशाहीनता', 'सरोकारहीनता', 'कुलीनीकरण', 'प्रोडक्टीकरण', 'बाज़ारवाद' जैसी प्रवृत्तियों का वर्चस्वता का विलाप कर रहे हैं। आज़ादी के बाद ये सबसे बड़ा गुणात्मक परिवर्तन भारतीय मीडिया में दिखायी देता है क्योंकि भारतीय मीडिया की जो राजनीतिक अर्थव्यवस्था (पोलीटिकल इकोनॉमी) है वह भी भूमण्डलीकृत हो गयी। भूमण्डलीकरण के दबावों को ध्यान में रखकर विदेशी पूँजी निवेश की अनुमति प्रदान कर दी गयी। फलस्वरूप भारतीय मीडिया के आन्तरिक संस्थाओं का परोक्ष रूप से भूमण्डलीकरण शुरू हो गया। आज भारतीय मीडिया का चरित्र काफी हद तक वैश्विक बन चुका है। जहाँ इसमें क्षेत्रीय व जिलास्तरीय संस्करणों के माध्यम से स्थानीयता का विस्फोट हुआ है, वहीं सूचना प्रौद्योगिकी क्रान्ति के कारण इसका चरित्र केवल राष्ट्रीय न रहकर अन्तरराष्ट्रीय हो चुका है। यहाँ इस बात को रेखांकित किया जा सकता है कि भारतीय मीडिया ने अपनी यात्रा की शुरुआत एक प्रकार से महाजनी चरित्र के रूप में की थी फिर ये 'औद्योगिकीकरण' के विकास के साथ-साथ इसके चरित्र का राष्ट्रीय पूँजीकरण भी हुआ और आज यह वैश्विक पूँजी तथा सूचना प्रौद्योगिकी संजाल (नेटवर्क) से जुड़ चुका है। यद्यपि यह इस समय भी संक्रमण के दौर से गुजर रहा है क्योंकि मीडिया उपभोक्ताओं का विशाल बाज़ार जन्म ले रहा है। साक्षरता का विस्तार हो रहा है। सूचना की भूख का विस्फोट हो चुका है। इसलिए मीडिया के चरित्र में अभी ठहराव नहीं आया है फिर भी यह विश्वासपूर्वक कहा जा सकता है कि मीडिया का चरित्र अब पूरी तरह से स्वतन्त्रताकालीन चरित्र से अपना सम्बन्ध विच्छेद कर चुका है और अन्तरराष्ट्रीय या विदेशी मीडिया की चुनौतियों का सामना करने के लिए स्वयं को बहुआयामी चरित्र से लैस भी कर रहा है। आज हमारा मीडिया जहाँ बहुआयामी है, वहीं विशिष्टतावादी भी है क्योंकि 21वीं सदी में नयी चुनौतियाँ, नये मुद्दे उभरे हैं। इसलिए मीडिया के विशेषीकरण की आवश्यकता होती है। इस सन्दर्भ में हम देख सकते हैं कि धर्म, अर्थव्यवस्था, मनोरंजन, पर्यावरण, स्त्री समस्या, विज्ञान प्रौद्योगिकी, प्रदूषण आदि पर पत्र-पत्रिकाओं और इलेक्ट्रॉनिक मीडिया का भी विशेषीकरण हुआ है। इंटरनेट जैसे माध्यम के उदय के कारण सम्पूर्ण भारतीय मीडिया का चरित्र तीव्रगामी बन चुका है। यह उल्लेखनीय है कि आज की मीडिया किसी भी अन्तरराष्ट्रीय घटना को कवर करने के लिए तत्पर रहता है। इसमें भारतीय मीडिया के चरित्र को विशिष्टता प्रदान की है।

अब यह कहा जा सकता है कि भारतीय मीडिया का चरित्र उच्च व विकसित पूँजीवादी चरित्र के अधिकांश प्रवृत्तियों से सम्पन्न है।

वैश्विक बिरादरी एवं भारतीय लोकतन्त्र

26 जनवरी, 1950 को भारतीय संविधान अस्तित्व में आया था। संविधान के निर्माता एक मामले में स्पष्ट थे कि वे नये भारत को सामन्तवाद और उपनिवेशवाद की मूल व्यवस्था से पूर्णरूपेण मुक्त रखना चाहते थे। उन्होंने एक ऐसे भारतीय राष्ट्र-राज्य की कल्पना की जो कि अपने नागरिकों को गरिमा, स्वतन्त्रता, समानता और न्यायपूर्ण व्यवस्था से आश्वस्त कर सके। इस सन्दर्भ में यह समझना भी प्रासंगिक रहेगा कि भारत का जन्म दूसरे विश्व युद्ध की विभीषिका की समाप्ति, साम्राज्यवाद व उपनिवेशवाद की पतन यात्रा की शुरुआत और एशिया, अफ्रीका जैसे महाद्वीपों में मुक्ति संघर्षों की शुरुआत की पृष्ठभूमि में हुआ था। यहाँ इस तथ्य को भी याद रखना उचित है कि भारत के स्वतन्त्रता संग्राम के नेता विभिन्न राजनीतिक परिवर्तनों और विचारधाराओं के सम्पर्क में आ चुके थे। उन्हें जहाँ पश्चिम और अमेरिकी पूँजीवाद मालूम था वहीं वे रूस में 1917 में सफल साम्यवादी क्रान्ति की उपलब्धियों से भी पूरी तरह परिचित थे। महात्मा गाँधी, सुभाष चन्द्र बोस, जवाहर लाल नेहरू, भगत सिंह, सरदार पटेल, मौलाना आज़ाद, पं. दीनदयाल उपाध्याय, वीर सावरकर जैसे कई स्वतन्त्रता सेनानी व विचारक थे जिन्होंने ऐतिहासिक परिप्रेक्ष्य में आर्थिक, राजनीतिक परिवर्तनों की प्रक्रियाओं को समझा था। बाबासाहेब भीमराव आम्बेडकर जैसे चिन्तक भी थे जिन्होंने समाज के वंचित वर्गों की पीड़ाओं को आत्मसात् किया था। हम कह सकते हैं कि स्वतन्त्र भारत का जन्म विभिन्न प्रकार के वैचारिक प्रयोगों की पृष्ठभूमि में हुआ और अन्ततः सर्वसम्मति से यह निर्णय लिया गया कि भारत को लोकतान्त्रिक, धर्मनिरपेक्ष, गणतान्त्रिक राष्ट्र-राज्य का रूप दिया जाये। इसकी वजह यह भी थी कि भारत मूलतः ऐतिहासिक दृष्टि से बहुलतावादी समाज रहा है। इसमें विभिन्न जातियाँ, नस्लें, बहुधर्मी लोग, बहुभाषी लोग समाहित होते रहे हैं। इसके अतिरिक्त सबसे बड़ी चुनौती यह भी थी कि एक परम्परागत सामन्ती समाज को आधुनिक लोकतान्त्रिक समाज में किस प्रकार से रूपान्तरित किया जा सकता है? यह स्वाभाविक था कि भारत का संविधान ऐसा रहे जो कि बीसवीं सदी की चुनौतियों का सामना कर सके और नव-स्वतन्त्र राष्ट्र को संगठित व एकीकृत भी रख सके। चूँकि भारतीय समाज सदियों से विभिन्न जातियों में

विभाजित है और कई प्रकार की सामाजिक, सांस्कृतिक और आर्थिक विषमताएँ भी विद्यमान रही हैं। इसलिए इन तमाम चुनौतियों को दृष्टिगत रखते हुए संविधान के निर्माता चाहते थे कि भारत को धर्मनिरपेक्ष के साथ-साथ जनकल्याणकारी राज्य के रूप में स्थापित किया जाये। यही वजह थी कि संविधान में वंचित वर्गों के लिए आरक्षण की व्यवस्था की गयी। मौलिक अधिकारों का प्रावधान रखा गया। पूजा पद्धति की स्वतन्त्रता दी गयी। स्त्री-पुरुषों को मताधिकार दिया गया और दो ध्रुवीय वैश्विक परिवेश में गुटनिरपेक्षता को विदेश नीति का मूलमन्त्र माना गया। यही वजह थी कि भारत रूस और अमेरिका से अर्थात् साम्यवादी शिविर और पूँजीवादी शिविर से विवेकसंगत दूरी बनाये रख सका और वह किसी विशेष शिविर का अनुयायी नहीं बना। इस नीति के कारण भारत की स्थिति मज़बूत हुई और नव स्वतन्त्र राष्ट्रों में इसने नेतृत्व की भूमिका भी निभायी। भारत ने दक्षिण अफ्रीका में चलने वाले आन्दोलन को अपना पूर्ण समर्थन दिया। इसके नेता नेल्सन मंडेला को कूटनीतिक समर्थन दिया। भारत ने अपना तेजी से आधुनिकीकरण भी किया। सामन्ती और औपनिवेशिक विरासत के दबावों को ढोने के बावजूद इसने संसदीय लोकतान्त्रिक राजनीतिक प्रणाली को अपनाया। नियमित चुनाव कराये। प्रतिस्पर्धात्मक चुनाव पद्धति को अपनाया। पंचवर्षीय योजनाएँ लागू कीं। शिक्षा का अधिकार, सूचना का अधिकार जैसे महत्त्वपूर्ण क़दम उठाये गये। भूतपूर्व नरेशों के विशेषाधिकारों को समाप्त किया। ग्रामीण भारत के आधुनिकीकरण व विद्युतीकरण की दिशा में कई उल्लेखनीय क़दम भी उठाये। सड़कों का जाल बिछाया गया। सूचना टेक्नोलॉजी क्रान्ति को प्रोत्साहित किया। संचार क्रान्ति के कारण आज भारत की गणना विश्व में सम्मान के साथ होती है। इन तमाम प्रक्रियाओं का एक ही लक्ष्य था भारत आधुनिक राष्ट्र-राज्य के रूप में विश्व समुदाय से जुड़े। विश्व के विकसित व समृद्ध राष्ट्रों की श्रेणी में यह सम्मिलित हो। विश्व समुदाय से जुड़ने के उपकरण में भारत ने संयुक्त राष्ट्र संघ में भी बहुआयामी सक्रियता निरन्तर प्रदर्शित की है। इतना ही नहीं आज़ादी के तुरन्त बाद भारत ने अपनी महिला प्रतिनिधि डॉ. विजय लक्ष्मी पण्डित को यूनाइटेड नेशन का अध्यक्ष बनाया। सुरक्षा परिषद् में कई दफ़े अस्थायी सदस्य के रूप में अपनी भूमिका निभायी। आज भारत की महत्त्वाकांक्षा इसके स्थायी सदस्य बनने की भी है। यू.एन. की जो विभिन्न संस्थाएँ हैं उनमें भी भारत की उपस्थिति उल्लेखनीय है। इतना ही नहीं, यू.एन. के नेतृत्व में भेजी जानेवाली शान्ति सेना में भारत ने भी समय-समय पर अपनी भागीदारी की है। इससे भारत की प्रतिष्ठा बढ़ी है।

भारत का यह भी प्रयास है कि यू.एन. में हिन्दी को आधिकारिक भाषा के रूप में स्थान मिले। भारत ने गुटनिरपेक्ष आन्दोलन के नेता के रूप में भी लगातार महत्त्वपूर्ण भूमिका निभायी। इस सन्दर्भ में जवाहर लाल नेहरू, इंदिरा गाँधी, अटल बिहारी बाजपेयी जैसे प्रधानमंत्रियों का योगदान विश्व प्रसिद्ध है। भारत का यह सतत् प्रयास रहा है कि वह विश्व मंच पर अपनी उपस्थिति का आभास सम्पूर्ण उत्तरदायित्व और गौरव के साथ करे। यही कारण रहा है कि जब विश्व में वैश्वीकरण/भूमण्डलीकरण की प्रक्रिया की शुरुआत हुई तो भारत उसमें भी पीछे नहीं रहा। भारत में बदलते आर्थिक विश्व का हार्दिक स्वागत किया। 1991 ई. में तत्कालीन प्रधानमन्त्री पी.वी नरसिम्हा राव के नेतृत्व में वैश्वीकरण/ भूमण्डलीकरण का अभिनन्दन किया गया। इस अभिनन्दन के साथ-साथ देश में निजीकरण, विनिवेशीकरण और उदारीकरण की तीन सहजात प्रक्रियाएँ आरम्भ हुई। आज भारत वैश्वीकरण के तीसरे चरण में प्रवेश के लिए तैयार हो चुका है। यहाँ यह भी याद रखना होगा कि भारत ने जहाँ वैश्वीकरण को अपनाया वहीं विश्व व्यापार संगठन का सदस्य भी बना। स्वयं को वैश्विकता से जोड़ने के लक्ष्य की उपलब्धि के लिए भारत आज विश्व के विभिन्न संगठनों यथा : गैट, जीटीओ, आसियान आदि में अपनी सक्रिय उपस्थिति निरन्तर दर्ज कराता रहा है। भारत की इस सक्रियता व बहुआयामी भूमिका का ही परिणाम है कि विश्व के नेता भारत को अब उभरती नयी आर्थिक शक्ति के रूप में देखने लगे हैं। चीन के बाद भारत का नाम सम्मान के साथ लिया जाता है। माना जाता है कि निकट भविष्य में भारत विश्व की आर्थिक महाशक्ति बन सकता है। चूँकि भारत का निरन्तर आधुनिकीकरण हो रहा है और विश्व समुदाय के साथ इसका एकीकरण भी तेजी से बढ़ रहा है इसलिए यह विश्वासपूर्वक कहा जा सकता है कि भारत विश्व समुदाय के लिए एक अपरिहार्य राष्ट्र बन चुका है।

मीडिया की राजनीतिक अर्थव्यवस्था

राजनीतिक अर्थतन्त्र को समझे बगैर मीडिया के वर्तमान स्वरूप को समझना मुश्किल है। इसका मुख्य कारण यह है कि प्रत्येक शासन व्यवस्था में राजनीतिक और अर्थव्यवस्था ऐसे दो घटक होते हैं जो कि तत्कालीन सामाजिक, सांस्कृतिक संचार तथा जीवन के अन्य विभिन्न क्षेत्रों के आकार-प्रकार व दिशा को निर्धारित करते हैं। प्रत्येक काल में इसका महत्त्व रहा है। वर्तमान संचार तन्त्र का जो स्वरूप है वह अकस्मात् ही नहीं बना है। मीडिया के माध्यम से आधुनिक जीवन शैली

जिस प्रकार से प्रभावित हो रही है। इसकी पृष्ठभूमि में समकालीन राजनीतिक व आर्थिक कारण निर्णायक रहे हैं। नेपथ्य में इनकी सक्रियता की पड़ताल इसलिए आवश्यक है, ताकि हम मीडिया की भूमिका को सही परिप्रेक्ष्य में जान सकें।

यदि हम पूर्व औद्योगिक काल के तत्कालीन लोक माध्यमों पर दृष्टिपात करें तो उसकी भी राजनीतिक अर्थव्यवस्था रही है। उदाहरण के लिए सामन्ती शासन व्यवस्था में दो प्रकार के संचार माध्यम प्रमुख थे। प्रथम प्रकार का संचार माध्यम मूलतः लोक माध्यम (Folk Media) था। यह व्यापक कृषि अर्थव्यवस्था से जुड़ा हुआ था। कृषि व महाजनी अर्थव्यवस्था ने लोकमाध्यमों को आवश्यकतानुसार रूप प्रदान किया। इस सन्दर्भ में हम कठपुतली, बाईस्कोप, रामलीला, तमाशा, नौटंकी, श्रीमद्भागवत कथा, सत्संग, हरिकीर्तन, लोक भजन व गीत, साधु, सन्त व फकीरों के प्रवचन व गायन, लोकनृत्य, लोक संगीत व धुन, लोक चित्रकारी, लोक कलाएँ, हस्तकला आदि में देख सकते हैं। इन लोक माध्यमों का अर्थतन्त्र मूलतः कृषक समाज की सांस्कृतिक व आर्थिक अर्थव्यवस्था से सम्बद्ध था। हम यह भी देख सकते हैं कि लोक गाथाओं, कथाओं के माध्यम से कृषियुगीन संस्कृति प्रतिबिम्बित हुआ करती थी। एक संवेदनात्मक सम्बन्ध, लोक माध्यमों व समाज के बीच रहा करता था। एक रागात्मकता थी उस युग में। संचार के माध्यम तब कमोडिटी था प्रोडक्ट नहीं बने थे। बाज़ारवाद का विस्फोट नहीं हुआ था। इस प्रकार सामुदायिकता ने लोगों और लोकमाध्यमों को जोड़े रखा था। हम यह भी कह सकते हैं कि तत्कालीन युग में संचार माध्यम समाज के अविछिन्न अंग थे। दोनों में 'विलगाव' (Alienation) पैदा नहीं हुआ था। वस्तुओं का उत्पादक ही उसका उपयोगकर्ता हुआ करता था। इन लोक मीडिया का सम्पूर्ण अर्थतन्त्र आज की तरह स्वायत्त नहीं था और न ही आक्रामक बल्कि तत्कालीन समाज एक प्रकार से 'संचारात्मक आख्यान' था। समाज की धड़कनें उसके 'रिद्म' इस लोक मीडिया के माध्यम से गुंजित हुआ करती थीं। दूसरे प्रकार की मीडिया तत्कालीन 'प्रभुवर्ग' का प्रतिनिधि था अर्थात् इसका सम्बन्ध शाही तन्त्र से था। तत्कालीन सामन्त वर्ग (जिसे हम शासक वर्ग कह सकते हैं), की संस्कृति, मूल्य, दृष्टि, राजसी संचार माध्यमों द्वारा प्रतिबिम्बित हुआ करती थी। इस सन्दर्भ में हम सम्राटों, नवाबों जैसे वर्गों की प्रशंसाओं में लिखे गये ग्रन्थों को देख सकते हैं। उदाहरण के लिए चन्दबरदाई का पृथ्वीराज रासो, जायसी का पद्मावत, अबुल फ़जल का अकबरनामा आदि को ले सकते हैं। इसके अतिरिक्त शाही संगीत भी 'प्रभुद्ध वर्ग' की देन है। प्रत्येक राजदरबार में संगीतकार, इतिहासकार, चित्रकार, कवि आदि हुआ करते थे।

इस सन्दर्भ में हम तानसेन को याद कर सकते हैं। अधिकांश राजदरबारों व राजघरानों का अपना संगीत राजघराना हुआ करता था जैसे ग्वालियर संगीत राजघराना, पटियाला संगीत राजघराना, बनारस संगीत राजघराना आदि। राजदरबारों के राज नृत्यांगनाएँ (जैसे आम्रपाली, वैशाली की नगरवधू, उमरावजान आदि) हुआ करती थीं। इसके साथ-साथ हम लोग मध्यकाल के चित्रकला में चित्रित हुए सामन्ती पात्रों को देख सकते हैं—राजस्थान के राजघराने, नवाबों के महल (जैसे हैदराबाद नरेश के राजमहल, मैसूर नरेश के राजमहल, अवध के नवाब के राजमहल) आदि। ये सब सामन्ती कला के जीते-जागते नमूने हैं। मध्यकाल की शाही संचार माध्यमों में लोक समाज प्रतिबिम्बित नहीं हुआ है क्योंकि उस समय की राजनीतिक अर्थव्यवस्था मूलतः सामन्तवादी थी, लोकतान्त्रिक नहीं थी। औद्योगिकीकरण नहीं हुआ था। इसके विपरीत जब हम पश्चिम के संचार माध्यमों पर नज़र डालते हैं तो उसमें पूँजीवाद व औद्योगिक समाज झलकता है। फ्रांसीसी क्रान्ति ने तत्कालीन संचार माध्यमों को गहराई तक प्रभावित किया था। चूँकि पन्द्रहवीं सदी में यूरोप में योहानेस गुटेनबर्ग ने मुद्रण मशीन का आविष्कार किया। इसके पहले वहाँ पुनर्जागरण (रेनांसा) की क्रान्ति हो चुकी थी। इसके पश्चात् कई प्रकार के वैज्ञानिक आविष्कार हुए, साम्राज्यवादी अभियान चले। राजनीतिक व आर्थिक परिवर्तन हुए। नये प्रकार के विमर्श (जैसे डार्विनवाद, मुक्त अर्थव्यवस्था, कल्याणकारी राज्य, सर्वहारावाद, समानता, स्वतन्त्रता, न्याय, भ्रातृत्ववाद आदि) अस्तित्व में आये। ज्ञानोदय (Enlightment) का विस्फोट हुआ। कई दार्शनिक (जैसे रूसो, हॉब्स, लॉक, मैकियावेली, माल्थस, डार्विन, कांट, हेगेल, मार्क्स, एडम स्मिथ, वेनकाफ आदि) हुए। इस प्रकार दार्शनिक, कलाकार, लेखक, कवि, चित्रकार आदि का तत्कालीन समाज, संस्कृति, राजनीतिक अर्थव्यवस्था पर गहरा प्रभाव पड़ा। इन प्रभावों ने तत्कालीन मीडिया का चरित्र व दिशा निर्धारित की। कई अख़बारों का जन्म हुआ। अख़बारों के समूह बने, न्यूज़ एजेंसियाँ व विज्ञापन एजेंसियाँ उभरीं। पूँजीवादी क्रान्ति के कारण विशाल बाज़ारों का जन्म हुआ, उपभोक्ता वर्ग अस्तित्व में आया। 19वीं सदी में जहाँ प्रिंट माध्यम उभर चुका था। वहीं दूरसंचार क्रान्ति का आगाज़ भी हो चुका था। इसी युग में टेलीग्राफ, टेलीफोन, रेडियो, सिनेमा जैसे संचार माध्यम भी अस्तित्व में आने लगे थे। इन माध्यमों की अर्थव्यवस्था पूँजीवादी-लोकतान्त्रिक—साम्राज्यवादी-राजनीतिक-आर्थिक नीतियों से जुड़ी हुई थी। यह वही काल था जब यूरोप की साम्राज्यवादी शक्तियाँ एशिया, अफ्रीका, लैटिन अमेरिकी देशों में उपनिवेशों को स्थापित कर रही थीं।

इन्हें ऐसे संचार माध्यम चाहिए थे जो कि इनके राजनीतिक-आर्थिक उद्देश्यों की पूर्ति कर सकें।

भारत के परिदृश्य पर हम नज़र डालें तो यहाँ के मीडिया के राजनीतिक-आर्थिक तन्त्र तीन विविध चरणों से गुजरे हैं। 19वीं सदी से लेकर बीसवीं सदी के मध्य तक इसका राजनीतिक-आर्थिक तन्त्र काफी हद तक मिशनवादी उपनिवेशवादी रहा। एक मिश्रित चरित्र इसका था क्योंकि भारतीय स्वामित्व वाले अधिकांश समाचार-पत्र स्वतन्त्रता आन्दोलन के समर्थक थे। लेकिन इसके विपरीत अंग्रेज़ी स्वामित्व वाले पत्र औपनिवेशिक शासन व्यवस्था के समर्थक थे जिसमें टाइम्स ऑफ़ इंडिया, द स्ट्रेसमैन को गिना जा सकता है। इस काल के मीडिया की अर्थव्यवस्था मूलतः मिश्रित थी अर्थात् निम्न स्वदेशी पूँजी सरकार के विज्ञापनों पर निर्भर थी। अंग्रेज़ी समाचार-पत्र अभिजात्य वर्गीय (जिसे हम 'भद्र लोग' कहते हैं) पाठकों पर निर्भर था। जो भाषायी अख़बार थे, वे मूलतः आज़ादी के समर्थक थे। वे भारतीय संस्कृतिवादी थे लेकिन इसके विपरीत अंग्रेज़ी अख़बारों का पाठक वर्ग भद्र वर्ग था जो कि अंग्रेजपरस्त था। इन दो विपरीत मीडिया का प्रभाव भारतीय समाज पर अलग-अलग प्रकार का था। भाषायी अख़बार स्वदेशी संस्कृति (मूल व्यवस्था) के अधिक समीप थे जबकि अंग्रेज़ी अख़बार या सरकार समर्थक अख़बार उच्चवर्ग व मध्यमवर्ग की आकांक्षाओं व महत्त्वाकांक्षाओं का प्रतिनिधित्व करते थे। इस प्रकार हम देखते हैं कि जब समाज बदलता है, परिवर्तन और क्रान्तियाँ होती हैं तो समकालीन मीडिया का अर्थतन्त्र भी इन सबसे अछूता नहीं रहता है।

आज जब हम भूमण्डलीकरण के परिवेश में साँस ले रहे हैं, तब वर्तमान मीडिया का राजनीतिक-आर्थिक तन्त्र कृषियुगीन लोक संचार माध्यमों से नितान्त भिन्न है। यहाँ तक कि स्वतन्त्रता कालीन मीडिया से भी भिन्न। इतना ही नहीं नेहरू युगीन सामाजिक-आर्थिक तन्त्र से लेकर 1990 ई. तक की यात्रा को तो हम देखते हैं कि मीडिया का एजेंडा लगातार बदलता रहा है, हिन्दी पत्रकारिता की मिशनरी भूमिका का विलोपीकरण हुआ है। "स्वाधीन भारत के राजनीतिक प्रतिष्ठान और आर्थिक सत्ता के विकास के साथ-साथ किस प्रकार पत्रकारिता का रूप बदलता चला गया? वह किस प्रकार मिशनरी व प्रतिबद्ध पत्रकारिता से मुक्ति लेकर व्यावसायिक बनने लगी? हम जब नेहरू-काल में भारत के नये एजेंडे को देखते हैं तब राष्ट्र की प्राथमिकताएँ विकासोन्मुख मिलती हैं।"[12] यद्यपि उस दौरान मुख्यधारा की हिन्दी मीडिया मिशनवादी नहीं रह गयी थी लेकिन उसका 'हैंगओवर'

तब के सम्पादकीय में स्पष्ट रूप से दृष्टिगोचर होता है। तत्कालीन सम्पादकों व पत्रकारों में मिशनवादी संस्कार मरे नहीं थे। उनके सरोकार राष्ट्र-निर्माण से प्रेरित दिखायी देते हैं। ''यह वह काल था जब पंचवर्षीय योजना, विनोबा जी का भूदान एवं ग्राम आन्दोलन, सहकारी आन्दोलन, पंचायती राज, भू-सुधार, सामुदायिक विकास, प्रखण्ड विकास, राज्यों का पुनर्गठन, भाषायी आन्दोलन जैसे मुद्दों की शहरी और ग्रामीण, दोनों प्रकार के भारत में समान रूप से गूँज थी।''[13] स्पष्ट है कि जनकल्याणकारी योजनाओं का स्थान दिया जाता था।

1991 ई. में भूमण्डलीकरण की शुरुआत के पश्चात् मीडिया का एक प्रकार से कायान्तरण ही हो गया। जहाँ प्रिंट मीडिया का अभूतपूर्व विस्तार हुआ। भाषायी समाचार-पत्रों के बेशुमार संस्करण निकले, इलेक्ट्रॉनिक माध्यमों की भी क्रान्ति हुई। इस युग में मीडिया सम्पूर्ण रूप से 'प्रोडक्ट' बन गया। अब उसके 'जन' के साथ पूर्व जैसे संवेदनात्मक और सामुदायिक रिश्ते नहीं रहे बल्कि दोनों के बीच बाज़ार के माध्यम से सबल बने। अब मीडिया का अर्थतन्त्र पूर्णरूपेण स्वायत्त हो गया। विज्ञापन के डायनेमिक्स (गति विज्ञान) बिल्कुल बदल गये। अब मीडिया पाठक और दर्शकों पर निर्भर नहीं रहा है क्योंकि उसके आर्थिक हित विज्ञापनदाताओं से संचालित होते हैं। इस नये मीडिया ने जहाँ सूचना क्रान्ति की है, वहीं संस्कृति और राजनीति को भी बहुत गहरे तक झकझोरा है। आज ये मीडिया मास मीडिया है। मास मीडिया का राजनीतिक-आर्थिक तन्त्र पूर्णरूपेण विशाल पूँजी से जुड़ा होता है। एकाधिकारवादी व बहुराष्ट्रीय पूँजी मीडिया को नियन्त्रित करती है। विश्व के चन्द मीडियापति रूपर्ट मर्डोक जैसे लोग अन्तरमहाद्वीपीय मीडिया तन्त्र संचालित करते हैं। इतना ही नहीं ये स्थानीय देशों की राजनीति भी निर्धारित करते हैं। सम्बन्धित देशों के सांस्कृतिक-राजनीतिक व आर्थिक जीवन में दूरगामी प्रभाव वाले हस्तक्षेप करते हैं जिसका ताजा उदाहरण ब्रिटेन में घटित मर्डोक विवाद है।

भारत का मीडिया आज बहुस्तरीय व बहुरूपीय है। आज मीडिया महानगरों व शहरों तक ही सीमित नहीं है बल्कि ब्लॉक मुख़्यालयों, छोटे गाँव और कस्बों तक पहुँच चुका है। इस विस्तार के माध्यम से बड़ी पूँजी की पकड़ नीचे तक पहुँच गयी है। यदि ऐसा नहीं होता तो भारत में 'पेड न्यूज़' जैसे काण्ड नहीं हुए होते। इतना ही नहीं मीडिया, राजनीति, नौकरशाही और औद्योगिक घरानों के बीच गठजोड़ नहीं होता तो क्या नीरा राडिया परिघटना अस्तित्व में आती? इस एक घटना से मीडिया के माध्यम से लॉबिंग कारोबार का होना उजागर हुआ है। इस तरह की घटनाओं में मीडिया की नयी शक्तियाँ इसकी दिशाबोधक बन जाती है

तब समाज गौण हो जाता है। इस प्रकार का मीडिया सर्वप्रथम व्यक्ति को उपभोक्ता में रूपान्तरित करता है। मीडिया कृत्रिम आवश्यकताओं को जन्म देता है और छद्म विकल्पों का अम्बार लगाता है। अपसंस्कृति गढ़ता है। दिवास्वप्न दिखाता है। इस नयी प्रक्रिया के माध्यम से वह ऐसी राजनीति को जन्म देने की कोशिश करता है जो कि नव उदित उपभोक्ता वर्ग की आकांक्षाओं की पूर्ति करे। यह राज्य पर ऐसे दबाव पैदा करता है जो कि 'परजीवी वर्ग' के हितों का पोषण करे। संक्षेप में इस प्रकार से 'हिंसा' उपभोक्ता संस्कृति को जन्म देती है। यह छोटी पूँजी को समाप्त कर देती है। वैश्विक पूँजी के साथ इसकी एकात्मकता होने लगती है। बड़े-बड़े मीडिया घराने उनके समूह कार्डर कार्पोरेट ये सब अस्तित्व में आने लगते हैं और सारांश यह है कि वैश्विक पूँजीवाद के सफल वाहक बनने के लिए यह अत्यन्त आवश्यक है कि आप सभी प्रकार की नैतिकताओं, आचार संहिताओं, मूल्यों को तिलांजलि दें। आज मीडिया की एकमात्र नैतिकता का दर्शन होता है—बाज़ारवाद में। वर्तमान दौर में मीडिया का यह राजनीतिक-आर्थिक तन्त्र है जो परम्परागत आचार संहिता के लिए तर्कसंगत नहीं है।

सन्दर्भ

1. मैक्चेस्नी, राबर्ट डब्ल्यू., वुड, इलेन मिक्सिन्स, फॉस्टर, जॉन बेलेमी, (2006), *पूँजीवाद और सूचना का युग,* (सं.), दिल्ली : ग्रन्थ शिल्पी प्रकाशन. पृ. 01
2. *नया ज्ञानोदय,* जनवरी 2010, अंक 83, नयी दिल्ली : भारतीय ज्ञानपीठ. पृ. 25
3. वही
4. वही, पृ. 24
5. *मीडिया मीमांसा,* अप्रैल-जून, 2011, भोपाल : माखनलाल चतुर्वेदी राष्ट्रीय पत्रकारिता विश्वविद्यालय, पृ. 11
6. पालीवाल, कृष्णदत्त, (2008), *उत्तर आधुनिकतावाद और दलित साहित्य,* दिल्ली : वाणी प्रकाशन, पृ. 14
7. वही
8. वही, पृ. 15
9. *नया ज्ञानोदय,* जनवरी 2010, अंक 83, नयी दिल्ली : भारतीय ज्ञानपीठ, पृ. 19
10. चतुर्वेदी, जगदीश्वर, *किसान सेज और मीडिया,* ई. संस्करण पुस्तक से उद्धृत।
11. जोशी, रामशरण, *मीडिया : मिशन से बाज़ारीकरण तक,* बीकानेर : वाग्देवी प्रकाशन, पृ. 10.
12. वही, पृ. 17
13. वही

मीडिया और सांस्कृतिक साम्राज्यवाद

I. **मीडिया साम्राज्यवाद** : अक्सर जनसंचार माध्यमों में प्रसारित सन्देश को जनसापेक्ष माना जाता है। साथ ही यह भी भ्रम होता है कि यह तटस्थ एवं स्वतन्त्र है, जबकि इसके पीछे की सच्चाई कुछ और होती है। दरअसल, जनमाध्यमों की बुनियादी प्रकृति वर्चस्ववादी व सम्प्रभुता विरोधी है। इसके द्वारा स्वतन्त्रता की माँग मुनाफ़े और बाज़ार की माँग को हमारे समक्ष रखा जाता है। अभिव्यक्ति की स्वतन्त्रता के नाम पर जनमाध्यम बाज़ार के लक्ष्य की पूर्ति करता है। बेशुमार पूँजी लगने के कारण मीडिया पर पूँजीपतियों का आधिपत्य स्थापित हो जाता है। यही कारण है कि मीडिया संस्थान शेयर बाज़ार और चंचल पूँजी पर टिका हुआ है। "आज दुनिया में 40 हज़ार बहुराष्ट्रीय कम्पनियाँ हैं जिनकी ढाई लाख शाखाएँ हैं। इनका सकल कारोबार 5 ट्रिलियन डॉलर से ज़्यादा है। इसमें सर्वोच्च 100 कम्पनियों की सम्पत्ति विश्व-भर में 3.5 ट्रिलियन डॉलर आँकी गयी। इसमें 1.3 ट्रिलियन डॉलर की सम्पत्ति विदेशों में है। वहीं पर इनका समूचा कारोबार है। बहुराष्ट्रीय कम्पनियों में सबसे ज़्यादा परिसम्पत्तियाँ इलेक्ट्रॉनिक्स क्षेत्र की कम्पनियों की हैं। इसमें 23 बहुराष्ट्रीय कम्पनियाँ विश्व बाज़ार के अस्सी फ़ीसदी कारोबार को नियन्त्रित करती हैं। इलेक्ट्रॉनिक्स क्षेत्र की 100 कम्पनियों में 40 फ़ीसदी कम्पनियाँ सकल कारोबार का 50 फ़ीसदी कारोबार विदेशों में करती हैं। बहुराष्ट्रीय कम्पनियों में अमेरिका सर्वोच्च स्थान पर है। सर्वोच्च 200 कम्पनियों में अमेरिका की 74, जापान की 41, जर्मनी की 23, फ्रांस की 19, ब्रिटेन की 13, स्विट्ज़रलैंड 6, इटली की 5 और नीदरलैंड की 2 हैं। इनमें से छह प्रमुख देशों की 176 कम्पनियाँ 88 फ़ीसदी पर नियन्त्रण रखती हैं। ये देश हैं—अमेरिका, जापान, जर्मनी, फ्रांस, ब्रिटेन और स्विट्ज़रलैंड। सन् 1982 से 1998 के बीच सर्वोच्च 200 कम्पनियों की आय 3 ट्रिलियन डॉलर से बढ़कर 7 ट्रिलियन डॉलर हो गयी। किन्तु यह बढ़ोतरी असमान ढंग से हुई। इस दौर में अमेरिकी बहुराष्ट्रीय

कम्पनियों की संख्या बढ़ी और जापान की बहुराष्ट्रीय कम्पनियों की संख्या घटी। सन् 1982 में अमेरिकी कम्पनियों की संख्या 60 थी जो 1998 में बढ़कर 74 हो गयी, जबकि जापान की कम्पनियों की संख्या 60 से घटकर 41 हो गयी। ये 200 कम्पनियाँ विश्व के सकल घरेलू उत्पाद के 26 फ़ीसदी अंश की मालिक हैं। इसी तरह दुनिया के 200 सबसे ज़्यादा धनी व्यक्तियों के पास एक ट्रिलियन डॉलर की पूँजी है। इनमें सर्वोच्च 12 व्यक्तियों के पास एक तिहाई पूँजी है।"[1]

बिल गेट्स के पास 90 ट्रिलियन डॉलर की सम्पत्ति है। इनकी सम्पत्ति में मात्र चार वर्षों में पाँच गुणा की वृद्धि हुई है। फॉरच्यून पत्रिका के आकलन के अनुसार दुनिया के सर्वाधिक सात धनी अमेरिकी हैं। 'हू ऑन दि मीडिया? कसंट्रेशन ऑफ़ ऑनरशिप इन दि मास कम्युनिकेशन इंडस्ट्री' नामक कृति में बेंजामिन एम. कम्पनी ने 35 हज़ार से 40 हज़ार अमेरिकी मीडिया कम्पनियों का सर्वेक्षण कर बताया कि ज़्यादातर उपभोक्ता उत्पादों के मालिक मीडिया समूह के मालिकान हैं। 11 समाचार समूहों का अख़बार जगत् पर क़ब्ज़ा है। 16 का ब्रॉडकास्टिंग, 16 का पत्रिकाओं, 14 का पुस्तक प्रकाशन, 9 का केबल और 10 का फ़िल्म उद्योग पर आधिपत्य है। कुल 58 कम्पनियों का माध्यम उत्पादों पर क़ब्ज़ा है। इसमें माध्यम और ग़ैर-माध्यम जगत् की कम्पनियों का बोल-बाला है। इसी तरह सन् 1983 में बेन एच. बागदीकिएन ने 'द न्यू मीडिया मोनोपोली' में बताया कि अमेरिकी माध्यमों का अधिकांश हिस्सा चन्द कम्पनियों के स्वामित्व में हैं। इस क्षेत्र में केन्द्रीकरण बढ़ा है। ये सब बहुराष्ट्रीय कम्पनियाँ हैं जिनके इलेक्ट्रॉनिक्स, हथियार निर्माण, परमाणु अस्त्र निर्माण के साथ-साथ मीडिया उद्योग से भी हित जुड़े हैं। इनकी अमेरिका के राष्ट्रीय नीतियों के निर्माण में महत्त्वपूर्ण भूमिका रही है। अपने हितों के विस्तार के लिए ये कम्पनियाँ सम्पादकीय नीतियों में हस्तक्षेप करती हैं। आस्ट्रेलिया के मूल निवासी व अमेरिकी नागरिक रूपर्ट मर्डोक मीडिया मुगल के रूप में जाने जाते हैं। उनका ब्रिटेन सहित दुनिया के कई देशों में मीडिया पर एकाधिकार है। इसी प्रकार कनाडाई मूल के. थॉम्सन और कॉनराड ब्लैक और राबर्ट मैक्सवेल का भी वैश्विक मीडिया में हस्तक्षेप है। "फ्रांस में पिता-पुत्र बोयगुर्सेस, हेर्सट, लागार्दे एवं सेयडॉक्स ब्रदर्स का वर्चस्व है। जर्मनी में बुइर, किर्च, वेत्तिल्समान एवं स्पिंगर परिवार का वर्चस्व है। इटली में एग्नीलि, बेनेदेत्ती, बारलूकोनी एवं गार्दिनी परिवार का वर्चस्व है। ये मीडिया सम्राट मोटे तौर पर अराजनीतिक हैं, किन्तु कुछ ऐसे भी हैं जो अपनी मीडिया शक्ति का राजनीतिक हित साधने के लिए दुरुपयोग करते हैं। कुछ भयानक क़र्ज़

में डूबे हुए हैं; किन्तु कुछ जबर्दस्त मुनाफ़ा कमा रहे हैं। जापान में भी इस तरह की प्रवृत्ति देखने की मिलती है। चन्द बड़ी कम्पनियाँ हैं जो हार्डवेयर तैयार करती हैं। कुछ मीडिया सॉफ़्टवेयर बनाती हैं, किन्तु सच यह है कि अधिकांश माध्यम सॉफ़्टवेयर बनाने वाली कम्पनियाँ अमेरिकी हैं या आईसीडी देशों या जी-7 देशों की हैं। ऐसी बहुत कम कम्पनियाँ हैं जो ग़ैर-पश्चिमी देशों की हों। यही वजह है कि बहुराष्ट्रीय माध्यम सामग्री पर अमेरिकी विश्व दृष्टि छायी रहती है।"[2]

विज्ञापन मीडिया का प्राणतत्त्व है। बहुराष्ट्रीय कम्पनियाँ अपने उत्पादों के विज्ञापन के माध्यम से बाज़ार पर साम्राज्य स्थापित करना चाहती हैं। यही कारण है कि अधिकांश कम्पनियों के बजट का सर्वाधिक व्यय विज्ञापनों पर होता है। विज्ञापनों का लक्ष्य है कि सभी मानते हैं इसलिए तुम भी मानो। इसी तर्ज पर मीडिया कम्पनियाँ मास कल्चर और उपभोक्तावाद को सकारात्मक ढंग से देखती हैं। संचार माध्यमों में प्रसारित होने वाले विज्ञापनों में साधारणतः खाने-पीने, बच्चे पैदा करने, सुन्दर आकर्षक वस्त्र पहनने, अच्छे वाहनों पर सवारी करने पर जोर रहता है। ये मूलरूप से उपभोग की प्रवृत्ति को जायज़ ठहराते हैं। साथ ही उपभोग पर जोर पाशव-अवस्था की ओर ले जाता है। इससे अमानवीय मूल्यों का सृजन होता है। इसलिए तो कार्ल मार्क्स ने लिखा था कि ''जो पाशव है, वह मनुष्य बन जाता है और जो मनुष्य है वह पाशव बन जाता है। निस्सन्देह, खाना-पीना, सन्तानोत्पत्ति आदि भी विशुद्धतः मानव कार्य हैं, लेकिन विमुक्त रूप में, अन्य समस्त मानव क्रिया-कलाप के क्षेत्र से पृथक् रूप में लिए जाने और एकमात्र चरम लक्ष्यों में परिणत कर दिये जाने पर वे पाशव कार्य ही हैं।"[3] बहुराष्ट्रीय कम्पनियों का जोर पदार्थ की गुणवत्ता के बजाय संचार माध्यमों से बाज़ार में पाटने की पुरजोर कोशिश में लगा रहता है। फास्ट मूविंग कंज्यूमर गुड्स (एफएमसीजी) बनाने वाली कम्पनी प्रॉक्टर एंड गैम्बल एवं यूनीलीवर नामक कम्पनी विश्व में सबसे ज़्यादा विज्ञापनों पर खर्च करती हैं। एक अनुमान के मुताबिक विज्ञापन पर आने वाले दिनों में सात गुणा खर्चा बढ़ जायेगा। बहुराष्ट्रीय कम्पनियों का ज़्यादातर ध्यान उन देशों की ओर रहता है जहाँ की अर्थव्यवस्था में गुणात्मक वृद्धि हो रही है। साथ ही जहाँ मध्यवर्ग का उभार हो, क्योंकि मध्यवर्ग उपभोक्ता वर्ग में सबसे ज़्यादा शुमार है।

बेन एच. बागदीकिएन ने 'द न्यू मीडिया मोनोपोली' में लिखा कि "अमेरिकी समाज में मीडिया का बाहुल्य होने के बावजूद 29 मीडिया कम्पनियाँ ऐसी हैं जो आधे से ज़्यादा समाचार-पत्रों की मालिक हैं। ये ही कम्पनियाँ अधिकांश

पत्रिकाओं, ब्रॉडकास्टिंग, पुस्तक प्रकाशन, सिनेमा आदि की बिक्री देखती हैं। ये कम्पनियाँ सूचना और संस्कृति के नये मन्त्रालय को निर्मित करती हैं और राष्ट्रीय एजेंडा तय करती हैं।"[4]

यहाँ यह कहना समीचीन होगा कि अमेरिकी मीडिया कम्पनियों के मालिकों में दो-तिहाई मालिक सटोरिये हैं। अमेरिका में सट्टा बाज़ार और मीडिया कम्पनियों के बीच अटूट रिश्ता है। अमूमन यही स्थिति भारत में भी है। अनेक बड़ी मीडिया कम्पनियों को सटोरिये चला रहे हैं। "संसार की आबादी को लगभग 150 बड़ी-बड़ी समाचार एजेंसियों, 30,000 रेडियो और टेलीविज़न केन्द्रों और 4,400 लाख प्रतियों में मुद्रित 8200 दैनिकों से सूचनाएँ प्राप्त हो रही हैं। इनमें से एशिया, अफ्रीका और लैटिन अमेरिका में टेलीविज़न साधनों का सिर्फ़ 5 प्रतिशत, टेलीविज़न सेटों का 15 प्रतिशत और समाचार-पत्रों का 12.5 प्रतिशत हिस्सा ही आता है। इसी तरह रेडियो, टेलीविज़न, मुद्रण सामग्री, अख़बार आदि के प्रति व्यक्ति आँकड़े देखें तो पायेंगे कि इस क्षेत्र में विषमताएँ और भी बढ़ी हैं। इस विषमता का प्रधान कारण है—अमेरिका की माध्यम नीति।"[5]

"इ. काट्ज और जी. बेबेल ने 'ब्रॉडकास्टिंग इन दि थर्ल्ड वर्ल्ड' 1978 में लिखा है कि तीसरी दुनिया के देशों में आयातित टेलीविज़न कार्यक्रम कुल समय का 30.75 फ़ीसदी हिस्सा घेरते हैं। इन देशों में कुल प्रसारण का औसतन 55 फ़ीसदी हिस्सा बहुराष्ट्रीय कम्पनियों के कार्यक्रमों से घिरा रहता है, जबकि ख़बरों में एशियाई देशों में 87 फ़ीसदी ख़बरें शहरों या राजधानी की होती हैं।"[6] यहाँ यह स्पष्ट है कि पूँजीपति अपना निवेश वहीं करते है जहाँ कि उन्हें मुनाफ़ा दृष्टिगोचर होता है। यही कारण है कि माध्यम साम्राज्यवाद जनहित प्रसारण संस्थाओं को तेजी से व्यावसायिकता की ओर अग्रेषित करता है। वे मनोरंजन केन्द्रित कार्यक्रमों के प्रसारण के लिए दबाव पैदा कर रहे हैं। इसमें भी सिनेमाई नाटकीयता वाले मनोरंजन पर बल दिया जा रहा है। इससे जनमाध्यमों की विकासमूलक भूमिका ख़त्म हो रही है। राष्ट्रीय सम्प्रभुता, स्वायत्तता, जातीय संस्कृतियों, जातीय भाषाओं और देशी जीवन शैली को ख़तरा पैदा हो गया है। "माध्यम साम्राज्यवाद के दबाव के कारण देशी माध्यमों में व्यावसायिकता का रुझान पैदा हुआ है। व्यावसायिकता के कारण अधिकांश कार्यक्रम प्रायोजित होते हैं, जो प्रायोजित नहीं हैं उसके प्रसारण की व्यवस्था नहीं है।

इसके कारण जनमाध्यमों में बड़ी पूँजी का दख़ल बढ़ा है। बड़ी कम्पनियाँ प्रसारण नीति बदलने के लिए दबाव डाल रही हैं, विज्ञापन नीति बदलने के लिए दबाव डाल रही हैं।"[7]

यहाँ तक कि बड़ी कम्पनियाँ जनसंचार माध्यमों के कार्यक्रमों की विषयवस्तु का निर्धारण भी कर रही हैं। यह कहा जा सकता है कि बड़ी कम्पनियों के मालिकान मात्र प्रायोजक नहीं हैं बल्कि नीति निर्धारक हैं, माध्यमों के नियन्ता भी हैं। कार्यक्रमों की आड़ में बड़ी कम्पनियाँ बेशुमार मुनाफ़ा कमा रही हैं और आम जनता को उपभोक्तावाद की अन्धी दौड़ में शामिल होने के लिए मजबूर कर रही हैं। आम आदमी को जिन वस्तुओं की ज़रूरत नहीं है उनकी कृत्रिम माँग पैदा कर रही है, जो व्यक्ति उपभोक्ता वाली वस्तुओं को नहीं ख़रीद पाता वह अपने आपको हीन समझने लगता है। इस प्रक्रिया में मीडिया के माध्यम से वैचारिक तौर पर पूँजीपति वर्ग आम जनता के दिलो-दिमाग़ पर नियन्त्रण स्थापित करने में सफल हो जाता है। आम जनता को पूँजीवादी मूल्यों के अनुकूल ढालने में सफल हो जाता है। यहाँ यह कहा जा सकता है कि पूँजीपति वर्ग सिर्फ़ अतिरिक्त पूँजी का सृजन ही नहीं करता अपितु उसकी रक्षा के लिए अतिरिक्त वैचारिक तत्त्वों, मूल्यों व सामाजिक संस्कृति का निर्माण भी करता है। आज अधिकांश मध्यमवर्गीय व निम्नवर्गीय घरों में टेलीविज़न व उपग्रह टेलीविज़न के कार्यक्रम देखे जा रहे हैं। इससे जो सांस्कृतिक व राजनीतिक बोध पैदा हो रहा है उसका समाज की यथार्थता से कोई सम्बन्ध नहीं रह गया है। इससे जो विश्व दृष्टि बन रही है, उससे अपने समाज को समझ पाना बेहद मुश्किल होगा। टेलीविज़न कार्यक्रम के निर्माण में या यों कहें कि प्रसारण के क्षेत्र में निज़ी पूँजी के निवेश के कारण माध्यमों को ज़्यादा से ज़्यादा दर्शक जुटाने के काम में लगा दिया गया। "मनोरंजन और सूचना का अबाध प्रवाह के साथ प्रक्षेपण किया गया। प्रायोजकों का वर्चस्व बढ़ा। उनकी ज़रूरतों के अनुसार कार्यक्रम बनने लगे। बाज़ार की प्रतिस्पर्धा तेज हुई। माध्यमों की सामाजिक भूमिका का क्षय हुआ। भौतिक वस्तुओं के प्रति आकर्षण बढ़ा। सुख और प्रसन्नता का आधार मानवीय सुख न होकर वस्तुओं का उपयोग हो गया। प्रायोजक नहीं चाहते थे कि प्रोग्राम आलोचनात्मक रवैया पैदा करे, व्यापार को ख़तरा पैदा करे और ग़ैर-परम्परागत विचारों को लेकर उपभोक्ताओं को परेशानी में डाले।"[8] जब पूँजीपति के इशारे पर मीडिया कर्मी ख़बर को साबुन, शैंपू की तरह बेचने लगे तो ऐसे में मीडिया के जनपक्षी

होने का मतलब ही उसके द्वारा आम जनता को ठगना है। यही कारण है कि अब समाचारों में नाटकीय तत्त्वों, व्यक्तित्वों और रोचक ख़बरों पर ज़्यादा ध्यान केन्द्रित किया जाने लगा है। सारवान सामाजिक-आर्थिक-सांस्कृतिक समाचारों की जगह व्यक्तिगत हिंसा, अपराध, अन्धविश्वास, मनोरंजन के समाचारों ने ले ली। सामाजिक ताने-बाने की बुनियाद पर जीवनशैली और फैशन के बारे में ज़्यादा सामग्री परोसी जाने लगी है। इतना ही नहीं घर, संचार तकनीक, कम्प्यूटर, पुरुष व स्त्रियों के वस्त्रों, फिटनेस, डायटिंग, आम बीमारियों की जानकारी, कॅरियर आदि के बारे में ज़्यादा सामग्री बखूबी ढंग से दी जाने लगी है। पिछले बीस वर्षों में यही पद्धति भारतीय पत्र-पत्रिकाओं ने भी अपनायी है। जनमाध्यमों में सेक्स व अपराध के कार्यक्रमों की अधिकता से बुद्धिजीवी विमर्श करने में जुटे हैं कि आखिर ऐसा क्यों हो रहा है? माध्यम विशेषज्ञों का मानना है कि बच्चों के कार्यक्रमों को विज्ञापनों से घेर लिया गया। बच्चों के कार्यक्रमों का स्तर लगातार गिरता चला गया है। बहुराष्ट्रीय कम्पनियों के निशाने पर बच्चे प्रथम क्रमांक पर हैं। एक विज्ञापन एक्जीक्यूटिव के अनुसार अगर आपके टूथपेस्ट का स्वाद किसी बच्चे ने चख लिया और उसे अच्छा लगा तो वह अगले 25 वर्षों तक आपका ग्राहक बन जायेगा। उनका पूरा जोर बच्चों को ग्राहक बनाने पर है न कि उन्हें बेहतर नागरिक बनाने के लिए उनका बौद्धिक विकास करना। बहुराष्ट्रीय कम्पनियों द्वारा लुभावने विज्ञापनों के माध्यम से बच्चों को ख़रीदार बनाने के निमित्त वातावरण निर्मित किया जाता है। बहुराष्ट्रीय कम्पनियों ने वर्चुअल गेम के माध्यम से बच्चों को मोहपाश में बाँधना शुरू किया क्योंकि कम्पनियाँ जानती हैं कि आज जमाना वर्चुअल वर्ल्ड का है। कुछ वर्चुअल वर्ल्ड हैं—द सेंडबॉक्स, डिसेंट्रालैंड, क्रिप्टोवोक्सेल्स, सोमनियम स्पेस, अर्थ-2, निफ्टी आइलैंड, सुपरवर्ल्ड, वाइल्ड वर्ल्ड। हर कोई यूजर को अलग अनुभव कराता है जैसे कि असली लगने वाले ग्राफिक, गेमिंग विकल्प और अलग-अलग यूजर के लिए कम्युनिटी। नॉन फंजिबल टोकंस और वर्चुअल सम्पत्ति से रियल एस्टेट ब्रोकर, 3-डी आर्किटेक्ट, डिजिटल ज़मीन मालिकों का समूचा कुटीर उद्योग खड़ा हो गया है। इस समय प्लेटफॉर्म और डेवलेपर ख़रीदारों और व्यवसायियों से करोड़ों रुपये का निवेश जुटा रहे हैं। सेंडबॉक्स वर्चुअल वर्ल्ड की कम्पनी एनिमोका ब्रांड्स का मूल्य 37 हज़ार करोड़ रुपये हो चुका है। एक रिसर्च पेपर का अनुमान है कि 2025 तक वर्चुअल गेमिंग वर्ल्ड का मूल्य लगभग 30 लाख करोड़ रुपये हो जायेगा।

यहाँ यह कहा जा सकता है कि ग्लोबलाइजेशन का एकमात्र सबसे महत्त्वपूर्ण कार्य-व्यापार है—बाज़ार का भूमण्डलीकरण। सभी क़िस्म की वस्तुओं के बीच में विनिमय को सम्भव बनाना। मुद्रा का निरन्तर प्रवाह बनाये रखना। संस्कृति के क्षेत्र में ग्लोबलाइजेशन अविवेकी प्रतीकों और मूल्यों की बाढ़ पैदा करता है। भूमण्डलीकरण प्रत्येक चीज़ को विनिमय में बदल देता है। इसके कारण हम अन्तहीन दरारें, भेंट, टूट, अन्तर्विरोध, विखण्डन आदि को देख सकते हैं। ग्लोबलाइजेशन ने बिखराव, विस्थापन, विकेन्द्रीकरण की बजाय केन्द्रीकरण को प्रतिष्ठित किया है। सामाजिक वैषम्य, उत्पीड़न, लिंगभेद और वर्णाश्रम व्यवस्था को बनाये रखने में मीडिया की भूमिका महत्त्वपूर्ण है। साम्राज्यवादी नीति के कारण मीडिया स्वभावतः समानता, बन्धुत्व और जनतन्त्र विरोधी दिखता है। क्योंकि हमेशा से अधिनायकवाद का प्रभावशाली औज़ार रहा है। इसका सामाजिक आधार अर्द्ध शिक्षित और शिक्षित वर्ग है। यही सामाजिक वर्ग फासीवादी और अधिनायकवादी ताक़तों का भी सामाजिक आधार है।

अगर हम मीडिया साम्राज्यवाद की बात करें तो हम पाते हैं कि भूमण्डलीकरण जिसे 'नो वाल्स विदिन द वर्ल्ड' कहा जाता है। इसका अगुआ मीडिया है। भूमण्डलीय स्तर पर संचार माध्यमों द्वारा नव उपनिवेश स्थापित करने वाले पूँजीपति तबका पूँजी से ही हमारी जागीर व प्राकृतिक संसाधनों पर क़ब्ज़ा करना चाहते हैं। हालाँकि इनकी नीतियों को देखकर हमें भ्रम होता है कि ये स्वतन्त्र और तटस्थ हैं। दरअसल सच ऐसा नहीं है। इन माध्यमों की आधारभूत प्रकृति वर्चस्ववादी और सम्प्रभुता विरोधी है। इनके द्वारा स्वतन्त्रता की माँग मुनाफ़े और बाज़ार की आज़ादी की माँग है। आमजनों की अभिव्यक्ति की स्वतन्त्रता से उसका कोई सम्बन्ध नहीं है जबकि ये स्वतन्त्रता के नाम पर प्रभुत्व का विस्तार करना चाहते हैं। समानता का निषेध करना इनकी नियति है ताकि लोग इनकी बातों को मान सकें। हालाँकि इसके जवाब में प्रतिक्रिया पैदा होती है, अन्तर्विरोध पैदा होते हैं, एक प्रतिरोधी भाव भी जन्म लेने लगता है। ऐसी स्थिति में माध्यमों पर प्रभुत्व का संघर्ष राजनीतिक संघर्ष का रूप लेता जा रहा है। पूँजीपति अपने पूँजी का विस्तार बाज़ारीय प्रणाली के तहत करते हैं। यह शेयर बाज़ार और चंचल पूँजी के मायालोक को तरजीह देता है। "आज दुनिया में 40 हज़ार बहुराष्ट्रीय कम्पनियाँ हैं जिनकी ढ़ाई लाख शाखाएँ हैं। इनका सकल कारोबार 5 ट्रिलियन डॉलर से ज़्यादा है। इसमें सर्वोच्च 100 कम्पनियों की सम्पत्ति विश्व भर में 3.5 ट्रिलियन डॉलर आँकी गयी है। इसमें 1.3 ट्रिलियन डॉलर की सम्पत्ति विदेशों में है।

वहीं पर इनका समूचा कारोबार है। बहुराष्ट्रीय कम्पनियों में सबसे ज़्यादा परिसम्पत्तियाँ इलेक्ट्रॉनिक्स क्षेत्र की कम्पनियों की हैं। इसमें 23 बहुराष्ट्रीय कम्पनियाँ विश्व बाज़ार के अस्सी फ़ीसदी कारोबार को नियन्त्रित करती हैं। बहुराष्ट्रीय कम्पनियों में अमेरिका सर्वोच्च स्थान पर हैं। सर्वोच्च 200 कम्पनियों में अमेरिका की 74, जापान की 41, जर्मनी की 23, फ्रांस की 19, ब्रिटेन और नीदरलैंड की 2 हैं। इनमें से छह प्रमुख देशों की 176 कम्पनियाँ 88 फ़ीसदी पर नियन्त्रण रखती हैं। ये देश हैं-अमेरिका, जापान, जर्मनी, फ्रांस, ब्रिटेन और स्विट्जरलैंड।"[9] भूमण्डलीय स्तर की पाँच बड़ी कम्पनियाँ न्यूज़ कार्पोरेशन, वायकॉम, टीसीआई, टाइम वार्नर, डिज्नी का मीडिया जगत् में आधिपत्य है। ये सॉफ़्टवेयर व हार्डवेयर का निर्माण कर पूँजी के साथ नत्थी होकर बाज़ार नियन्त्रण में अहम भूमिका निभा रही हैं। न्यूज़ कार्पोरेशन, टाइम वार्नर, डिज्नी तथा वायकॉम के पास फ़िल्म व टेलीविज़न प्रोडक्शन सम्बन्धी बेशुमार सुविधाएँ उपलब्ध हैं।

न्यूज़ कार्पोरेशन के मुखिया रूपर्ट मर्डोक आस्ट्रेलिया के हैं जो मीडिया मुगल्स के रूप में जाने जाते हैं। इनका विश्व के 92 देशों में मीडिया पर एकाधिकार है। ''न्यूज़ कार्पोरेशन के लिए मर्डोक का लक्ष्य है 'कार्यक्रम के हर रूप समाचार, खेल, फ़िल्में और बच्चों के कार्यक्रम पर मालिकाना हक़ रखना और उन्हें सैटेलाइट अथवा टीवी स्टेशनों के जरिये अमेरिका, यूरोप, एशिया और दक्षिण अमेरिका के घर में प्रसारित करना।"[10]

मीडिया मुगल्स दुनिया में मीडिया के माध्यम से अपना परचम फहराना चाहते थे इसलिए "वायकॉम के सीईओ सुम्नर रेडस्टोन मर्डोक के बारे में कहते हैं कि मूलतः वह दुनिया जीतना चाहते हैं और वह ऐसा करते लग भी रहे हैं।"[11]

दुनिया में मीडिया के क्षेत्र में मज़बूत पकड़ बनाने वाले न्यूज़ कार्पोरेशन योजनाबद्ध तरीक़े से उन इलाक़ों में अपना बाज़ार स्थापित करते हैं जहाँ कि वाणिज्यिक जनसंचार माध्यम के द्वारा भौतिकतावादी उत्पाद के लिए बाज़ार की सम्भावनाएँ अधिकतम हैं। "महाद्वीपीय यूरोप, एशिया और लातीनी अमेरिका लगभग 2005 ई. तक मर्डोक को विकसित दुनिया में ख़ासकर यूरोप और जापान में सबसे सुनिश्चित मुनाफ़े हासिल होने की अपेक्षा है। न्यूज़ कार्पोरेशन अपनी ज़्यादातर उम्मीदें टेलीविज़न पर और ख़ासकर डिजिटल सैटेलाइट टेलीविज़न पर ही टिकाए हुए है।"[12] यह योजनाबद्ध तरीक़े से क्षेत्रीय चैनलों में अपना सिक्का जमाना चाहता है। "स्टार टीवी एक सर्व एशियाई अंग्रेज़ी भाषा वाले ढाँचे से

अलग हटकर एक ऐसी रणनीति अपना चुका है, जिसके तहत यह कई चैनलों के जरिये मुख्य क्षेत्रीय भाषाओं में एशियाई भाषा कार्यक्रम मुहैया करा रहा है।"[13] वर्तमान में "यह तिरपन देशों की केबल प्रणालियों और सैटेलाइट टेलीविज़न वाले घरों को कुल तेईस मनोरंजन संगीत और खेल चैनल मुहैया करा रहा है।"[14] स्टार टीवी ने वर्ष 1994 में भारत के सबसे बड़े निज़ी सैटेलाइट प्रसारण जी टेलीफ़िल्म्स के 49.9 प्रतिशत शेयर ख़रीद लिए। स्टार टीवी एशिया के 53 देशों को अपनी सेवाएँ मुहैया कराता है इतना ही नहीं न्यूज़ कार्पोरेशन (टाइम वार्नर) ने नये अधुनातन डिजिटल एनीमेशन स्टूडियो बना रखे हैं। इसने अपनी सर्वाधिक ऊर्जा भूमण्डलीय खेल टीवी पर अपना वर्चस्व क़ायम करने में लगा रखी है। यहाँ लक्ष्य महज इतना नहीं है कि इसके पास इस क्षेत्र में अगुआ चैनलों अथवा सेवाओं में से एक हो, बल्कि यह है कि अन्य जनमाध्यम महाकायों पर हावी कैसे हुआ जाये? इसलिए तो टीसीआई इंटरनेशनल के सीईओ का कहना है कि "भूमण्डलीय अन्तर्वस्तु को बाँधे रखने के ख़्याल से फ़िल्मों की तुलना में खेल कहीं ज़्यादा सार्वभौम गोंद साबित होगा।"[15] खेल जनमाध्यम फर्मों के लिए इतने अनोखे रूप से मूल्यवान क्यों है? इन्हें प्रस्तुत करना बहुत सस्ता और आसान है और सीधे प्रसारण में इन्हें सर्वाधिक अच्छी तरह देखा जा सकता है। ''लिहाज़ा प्रति दृश्य अदायगी के ख़याल से यह कार्यक्रमों की उन थोड़ी सी क़िस्मों में से एक है। जिनके बारे में टेलीविज़न के दर्शक वर्ग ने धन देकर देखने की ओर भी अपनी रज़ामन्दी जाहिर की है।"[16]

न्यूज़ कार्पोरेशन की ज़्यादा महत्त्वपूर्ण जनमाध्यम परिसम्पत्तियाँ निम्न हैं–

- लगभग 132 अख़बार (मुख्यतः आस्ट्रेलिया, ब्रिटेन और संयुक्त राज्य अमेरिका में) हैं, जो इसे संसार के तीन सबसे बड़े आकार समूहों में से एक बनाते हैं।
- ट्वेंटीथ सेंचुरी फॉक्स, एक प्रमुख फ़िल्म, टेलीविज़न और वीडियो निर्माण केन्द्र है, जिसके पास 2000 फ़िल्मों की एक लाइब्रेरी भी मौजूद है और जिसकी क्षमताओं का निरन्तर दोहन किया जा सकता है।
- अमेरिकी फॉक्स प्रसारण संजाल, बाईस अमेरिकी टेलीविज़न केन्द्रों वाला सबसे बड़ा अमेरिकी केन्द्र समूह है, जिसकी पहुँच टीवी वाले अमेरिकी परिवारों के 40 प्रतिशत हिस्से तक है।

- पच्चीस पत्रिकाएँ जिनमें सर्वाधिक महत्त्वपूर्ण हैं—टीवी गाइड, फॉक्स न्यूज़ चैनल, एशियन स्टार टेलीविज़न, सैटेलाइट सेवा और टेलीविज़न चैनल।
- जर्मनी के वॉक्स चैनल में 49.9 प्रतिशत हिस्सा : डिजिटल सैटेलाइट सेवा स्काई लैटिन अमेरिका में 30 प्रतिशत हिस्सा, इकोस्टार और कैसेट के साथ संयुक्त साझीदारी में चलने वाली डिजिटल सेवा यू.एस. स्काई टेलीविज़न में 40 प्रतिशत हिस्सा, भारत के जीटीवी में 49.9 प्रतिशत हिस्सा, यू.के. स्काई रेडियो, हाँगकाँग आधारित फिनिक्स सैटेलाइट टेलीविज़न कम्पनी में 45 प्रतिशत हिस्सा।[17]

1989 ई. में टाइम इनकॉर्पोरेटेड और वार्नर कम्युनिकेशन्स इनकॉर्पोरेटेड के विलय से टाइम वार्नर तैयार हुआ, जो दुनिया का सबसे बड़ा जनमाध्यम निगम है। अपनी विश्व-भर में फैली 200 से ज़्यादा सहायक कम्पनियों के साथ टाइम वार्नर पूरी तरह एक भूमण्डलीय कम्पनी बनने की ओर बढ़ रहा है। "टाइम वार्नर की अपेक्षा यह है कि भूमण्डलीकरण इसके विस्तार के लिए टॉनिक का काम करेगा।"[18] यह जनमाध्यम व्यवहारतः हर माध्यम में और हर महाद्वीप में एक बड़ी ताक़त है। इसकी परिसम्पत्तियों में निम्नलिखित शामिल हैं—

- चौबीस पत्रिकाएँ जिनमें टाइम, पीपुल और स्पोर्ट्स इलेस्ट्रेटेड, संसार का दूसरा सबसे बड़ा पुस्तक प्रकाशन, व्यापार लाइफ टाइम बुक्स (42 प्रतिशत बिक्री अमेरिका से बाहर) और बुक ऑफ़ दि मन्थ क्लब आदि शामिल हैं।
- वार्नर म्यूजिक ग्रुप जो सबसे बड़े भूमण्डलीय संगीत व्यापारिक घरानों में से एक है और जिसकी आय का लगभग 60 प्रतिशत अमेरिका के बाहर से आता है।
- वार्नर ब्रदर्स फ़िल्म स्टूडियो जो टेलीविज़न कार्यक्रमों का भी एक बड़ा निर्माता है।
- डब्ल्यू-बी में बहुमत हिस्सा, जो 1995 में शुरू किया गया। एक ऐसा टीवी नेटवर्क है जो टाइम वार्नर की फ़िल्मों और कार्यक्रमों को एक वितरण मंच मुहैया कराता है। इसे ट्रिब्यून कम्पनी सोलह अमेरिकी टेलीविज़न केन्द्रों से दिखाया जाता है, जिनकी पहुँच अमेरिका के 25 प्रतिशत टीवी वाले परिवारों तक है।
- संसार की सबसे बड़ी मोशन पिक्चर थिएटर कम्पनी जिसके पास अफ्रीका से बाहर 1000 सिनेमा पर्दे मौजूद हैं। इसके अतिरिक्त संसार का सबसे

बड़ा भुगतान केबल चैनल एचबीओ, सिनेमैक्स भुगतान केबल चैनल, जर्मनी स्थित वार्नर ब्रदर्स मूवी वर्ल्ड थीम पार्क शामिल है।

- अमेरिका में दूसरी सबसे बड़ी केबल प्रणाली जिसका नियन्त्रण 100 सबसे बड़े बाज़ारों में से 22 पर है।
- 6000 से ज़्यादा फ़िल्मों और 25,000 से ज़्यादा टेलीविज़न कार्यक्रमों तथा वाणिज्यिक दोहन के लिए उपयुक्त क़िताबों, संगीत और हज़ारों कार्टूनों की लाइब्रेरी।
- कई अमेरिकी और भूमण्डलीय केबल टेलीविज़न चैनल जिनमें सीएनएन, एयरपोर्ट चैनल, टीबीएस, टीएनटी, टर्नर क्लासिक मूवीज, कार्टून नेटवर्क तथा खेल समाचारों का नया चैनल सीएनएन-एसआई (जो सीएनएन और स्पोर्ट्स इलेस्ट्रेटेड के परस्पर उत्पादन और परस्पर उत्थान की सम्भावना का अधिकतम लाभ उठाने की ओर लक्षित है) शामिल हैं।
- पेशेवर खेल टीमों अटलांटा हॉक्स और अटलांटा ब्रेन्स का मालिकाना। टाइम वार्नर के संयुक्त उद्यमों में शेयर भागीदारी, शेयर हित अथवा दीर्घकालिक समग्र रणनीतिक गठबन्धन निम्नलिखित कम्पनियों के साथ हैं यथा :
- पहले दर्जे की जनमाध्यम फर्में—वायकॉम, टीसीआई, सोनी न्यूज़ कार्पोरेशन, बर्टेलसमान, एनबीसी।
- दूसरे दर्जे की जनमाध्यम फर्में—किर्श, ईएमआई, किनेविक, ट्रिब्यून कम्पनी, कॉक्स, हैचेट, यूनाइटेड न्यूज़ एंड जनमाध्यम, पीबीएल कॉमकास्ट।[19]

टाइम वार्नर ने न्यूज़ कार्पोरेशन की तरह ही भूमण्डलीय टेलीविज़न की संवृद्धि के लिए सर्वाधिक लाभप्रद क्षेत्र मानते हुए अपना ध्यान जनमाध्यमों पर ही केन्द्रित किया। समूची सैटेलाइट प्रणालियों के विकास के बजाय स्वयं को टेलीविज़न कार्यक्रमों और चैनलों के निर्माण के प्रति समर्पित किया। "टाइम वार्नर संसार के सबसे बड़े मूवी थिएटर मालिकों में से एक है। अमेरिका से बाहर इसके पास लगभग 1000 सिनेमाई पर्दे मौजूद हैं।"[20]

एचबीओ टाइम वार्नर के संयुक्त उद्यम के रूप में शामिल हैं। इसमें वायकॉम, सोनी और सीग्राम का भी हिस्सा है। एचबीओ इंटरनेशनल पहले ही स्वयं को संसार का सबसे ज़्यादा अदायगी पर लिए जाने वाले टीवी चैनल के रूप में स्थापित कर चुका है। इसके पास अदायगी वाले चैनलों का एक समूचा परिवार है और यह पैंतीस देशों में उपलब्ध है।

1997 ई. में क़रीब 24 अरब डॉलर की बिक्री के साथ डिज्नी संसार की सबसे बड़ी जनमाध्यम फर्म की हैसियत से टाइम वार्नर का सबसे नज़दीकी प्रतिद्वन्द्वी है। "1990 के दशक के प्रारम्भ में डिज्नी ने अपना जोर सफलतापूर्वक थीमपार्कों और आरामगाहों से हटाकर फ़िल्म और टेलीविज़न संकाय की ओर बढ़ा दिया। 1995 ई. में डिज्नी ने संसार के सबसे प्रभावशाली जनमाध्यम सामग्री उत्पादक होने की स्थिति से एक सम्पूर्ण समग्र जनमाध्यम महाकाय होने की ओर क़दम बढ़ा दिया।"[21]

डिज्नी की परिसम्पत्तियों में निम्न चीजें शामिल हैं–

- कई प्रमुख फ़िल्म, वीडियो और टेलीविज़न निर्माण स्टूडियो, जिनमें डिज्नी और ब्यूना विजा शामिल हैं।
- थीम पार्कों और आरामगाहें जिनमें डिज्नीलैंड, डिज्नी खुदरा स्टोर और ऐसे उत्पाद शामिल हैं जो डिज्नी ब्रांडों को बतौर पूँजी इस्तेमाल करते हैं।
- तीन संगीत लेबल, जिनमें रिकॉर्ड्स और वाल्ट डिज्नी रिकॉर्ड्स शामिल हैं।
- अमेरिकी टेलीविज़न केन्द्र और इक्कीस अमेरिकी रेडियो स्टेशन।
- आठ अमेरिकी टेलीविज़न स्टेशनों के मालिक यंग ब्राडकॉस्टिंग में 14 प्रतिशत की हिस्सेदारी।
- अमेरिकी और भूमण्डलीय केबल टेलीविज़न चैनल डिज्नी चैनल ईएसपीएन और ईएसपीएन-2

केबल टीवी चैनलों, लाइफ टाइम (50 प्रतिशत)। आर्ट्स एंड इंटरटेनमेंट (37 प्रतिशत) और हिस्ट्री चैनल में साझेदारी साथ ही अख़बारों और पत्रिकाओं का प्रकाशन, जिनमें सात अमेरिकी दैनिक अख़बार और तीन विशिष्ट पत्रिका प्रकाशन कम्पनियाँ शामिल हैं।[22]

दरअसल, डिज्नी मनोरंजन और एनीमेशन नामक दो क्षेत्रों में मज़बूत रहा है। इनका भूमण्डलीय बाज़ार के साथ तारतम्य बन गया है। इसलिए बच्चों का पसन्दीदा कार्यक्रम प्रस्तुत करने में इन्होंने अपनी महारथ हासिल की। डिज्नी के अन्तरराष्ट्रीय टेलीविज़न प्रभारी अधिकारी का कहना है कि "डिज्नी चैनल को सारी दुनिया में बच्चों के लिए एक मारक सेवा बनना चाहिए।"[23] सचमुच में एबीसी के टेलीविज़न खेल संजाल ई.एस.पी.एन. की ख़रीद के साथ ही डिज्नी के पास एक निर्विवाद भूमण्डलीय नेता का स्वामित्व आ गया है।

न्यूज़ कार्पोरेशन, टाइम वार्नर, डिज्नी के बाद भूमण्डलीय जनमाध्यमों में नम्बर आता है 'वायकॉम' का। ये "अपनी आय का 33 प्रतिशत हिस्सा अपने फ़िल्म स्टूडियोज के जरिये हासिल करते हैं।[33] 35 प्रतिशत संगीत वीडियो किराये और थीम पार्कों के जरिये, 18 प्रतिशत प्रसारण के जरिये और 14 प्रतिशत प्रकाशन के जरिये।"[24]

डिज्नी की परिसम्पत्तियों में निम्न चीजें शामिल हैं—

- 13 अमेरिकी टेलीविज़न केन्द्र।
- पाँच थीम पार्क।
- यूएसए केबल नेटवर्क में 50 प्रतिशत साझेदारी, जो सबसे बड़ा अमेरिकी केबल दर्शक वर्ग मुहैया कराता है और यूएसए नेटवर्क लैटिन अमेरिका टीवी उत्पादन कम्पनी स्पेलिंग इंटरटेनमेंट में 75 प्रतिशत हिस्सेदारी।
- अमेरिकी और भूमण्डलीय केबल टेलीविज़न संजाल जिसमें एमटीवी, एम 2, निकलोडियोन, शो-टाइम टीवी लैण्ड, पैरामाउंट नेटवर्क्स और वीएच 1 शामिल हैं।
- कॉमेडी सेंट्रल चैनल में (टाइम वार्नर के साथ) 50 प्रतिशत की साझेदारी।
- फ़िल्म, वीडियो और टेलीविज़न सामग्री का उत्पादन जिसमें पैरामाउंटस पिक्चर्स शामिल हैं।

टीसीआई पहले दर्जे की अन्य फर्मों की तुलना में छोटा है। 1996 में इसकी आय लगभग 7 अरब डॉलर की थी, लेकिन जनमाध्यम उद्योग में अपनी अनोखी स्थिति के चलते यह भूमण्डलीय जनमाध्यम प्रणाली का एक मुख्य खिलाड़ी बना हुआ है।"[25] इस प्रकार से कहा जा सकता है कि ये पाँचों भूमण्डलीय मीडिया फर्में जनसंचार माध्यमों पर अपना आधिपत्य रखते हैं। ये ही तय करते हैं कि दश्रोपा (दर्शक, श्रोता, पाठक) को क्या दिखाना है? वैश्विक स्तर पर उपग्रह प्रणाली पर भी इन्हीं बड़े मीडिया घरानों का क़ब्ज़ा है। भूमण्डलीय जनमाध्यम बाज़ार पर दस के आसपास उर्ध्वाधर रूप से समेकित जनमाध्यम घरानों का वर्चस्व है। इनमें ज़्यादातर संयुक्त राज्य अमेरिका आधारित हैं। "भूमण्डलीय जनमाध्यम प्रणाली के पहचान चिह्न काफी हद तक इसके विज्ञापन आधारित होने और इसके सार्वभौम वाणिज्यीकरण में भी निहित है। भूमण्डलीय टेलीविज़न प्रणाली का जोर वाणिज्यिक वायदे के कुछ ख़ास इलाक़ों पर है : संगीत, वीडियो, समाचार, खेल, बच्चों के सामान, फ़िल्मी मनोरंजन के कुछ प्रकार और ख़रीदारी।

इन सारे मामलों में इनमें से किसी एक फर्म द्वारा मुहैया करायी गयी सामग्री में शायद ही ऐसी कोई चीज़ होती हो जो इसे शेष वाणिज्यिक जनमाध्यम द्वारा मुहैया करायी जाने वाली सामग्री से अलहदा साबित कर सके।"[26]

यहाँ यह कहना समीचीन होगा कि सोनी इंडिया और जी टीवी के एक साथ आ जाने से अब भारत का सबसे बड़ा मनोरंजन नेटवर्क बन गया है। स्टार टीवी से मुक़ाबला करने के लिए 22 सितम्बर, 2021 को सोनी टीवी ने जी टीवी को विलय कर लिया है। दोनों कम्पनियाँ कुल 75 टीवी चैनल चलाती हैं जिनका वैश्विक फलक पर 173 देशों में प्रसारण होता है। दर्शकों और चैनलों की संख्या के लिहाज़ से मनोरंजन जगत् की सबसे बड़ी खिलाड़ी स्टार और डिज्नी इंडिया की बराबरी कर सकती है। ग़ौरतलब है कि भारत मनोरंजन सेवाओं के लिए एक बहुत बड़ा बाज़ार है जिससे नेटफ्लिक्स, अमेजॉन का प्राइम वीडियो, डिज्नी का हॉटस्टार जैसी अग्रणी अमेरिकी स्ट्रीमिंग कम्पनियाँ आकर्षित हुई हैं। यहाँ यह कहा जा सकता है कि बीते वर्षों में भारत में इंटरनेट पर मनोरंजन देखने वाले दर्शकों की संख्या बढ़ी है और ये कम्पनियाँ इसका लाभ उठाना चाहती हैं। एकाउंटेंसी की वैश्विक कम्पनी ईवाई के मुताबिक भारत का मनोरंजन बाज़ार 24 अरब डॉलर का है। यह अभी से दुनिया के सबसे बड़े बाज़ारों में से है और आने वाले सालों में स्मार्टफोन का इस्तेमाल और बढ़ने का पूर्वानुमान है।

इस प्रकार से कहा जा सकता है कि पूरी दुनिया चन्द धनपतियों के द्वारा नियन्त्रित होती है और इसमें मीडिया तन्त्र साम्राज्यवादी नीति को विस्तारित करने में अपनी अहम भूमिका का निर्वहन कर रहे हैं।

II. सांस्कृतिक साम्राज्यवाद : इंग्लैंड द्वारा भारत को क़ब्ज़ा करने के सन्दर्भ में गाँधी जी की टिप्पणी थी कि अंग्रेज़ों ने भारत को छीना नहीं बल्कि हमने तश्तरी पर भारत को रखकर दिया अर्थात् अंग्रेज़ी शासन के आक्रमण का राष्ट्रीय स्तर पर जितना विरोध होना चाहिए था वह नहीं हो पाया इसलिए सीमित साधनों व मामूली संख्या में सैनिकों के रहते हुए भी अंग्रेज़ भारत को जीतने में सफल हुए। ऐसे ही आज अगर पश्चिम का सांस्कृतिक साम्राज्यवाद एशिया, अफ्रीका में तेजी से हावी हो रहा है तो इसका एक बड़ा कारण यहाँ के लोगों का सांस्कृतिक समर्पण है। यह बहुत स्पष्ट है कि किसी भी समाज में जो विशिष्ट वर्ग होता है उसकी रीति-नीति से शेष समाज प्रभावित होता है और उनके रास्ते को ही अपनाना चाहता है, चूँकि अंग्रेज़ों के जमाने से ही भारत के अभिजन्य इलीट पश्चिम के तौर-तरीक़ों को अपना आदर्श मानना शुरू कर दिया था, वही धारा आज मज़बूत होती जा रही है। इस धारा को महात्मा गाँधी तथा अन्य राष्ट्रीय

नेताओं ने रोकने की कोशिश की थी और सामयिक तौर पर सफलता भी प्राप्त की थी लेकिन जैसे ही उन नेताओं का प्रभाव कमज़ोर हुआ वैसे ही भारत के अभिजन की मूल प्रवृत्तियाँ जाग उठी और मज़बूत होने लगीं। उसी का परिणाम है आज सांस्कृतिक साम्राज्यवाद के व्यापक स्वीकृति के रूप में दिखायी पड़ रहा है। यहाँ यह कहना कि पश्चिमी सभ्यता में बुराई ही बुराई है या भारत की संस्कृति में अच्छाई ही अच्छाई है, अनुचित है। एक सजग और विवेकशील समाज अपने भीतर मौजूद बुराइयों से लड़ता है और अन्य संस्कृतियों में दिखायी देनेवाली अच्छाइयों को अपनाता है। समाज में देखा यह जा रहा है कि अपनी संस्कृति में भी बुराइयाँ हैं : दहेज प्रथा, बाल विवाह, जाति प्रथा, ऊँच-नीच के भेदभाव आदि के सामने हम घुटने टेके हुए हैं और इसके साथ ही पश्चिम के पैकेज को थोक भाव से अपना रहे हैं। लेकिन उनकी अच्छाइयों को छोड़कर। उदाहरण के तौर पर पश्चिम में सामाजिक समानता एक बहुत बड़ी बात है। सांस्कृतिक साम्राज्यवाद थोपा नहीं जा रहा है क्योंकि कोई भी चीज़ इच्छा के विरुद्ध थोपी नहीं जा सकती है। यह भारत के अभिजन द्वारा स्वतः अपनाया जा रहा है और इसका प्रभाव आम जनता पर पड़ रहा है।

सांस्कृतिक साम्राज्यवाद के सन्दर्भ में कहा जा सकता है कि भूमण्डलीकरण के दौर में संस्कृति अब उद्योग का रूप ले चुकी है। उनमें संस्कृति उद्योग को, कलाकारों व कलाओं की परम्परा को बचाने में कोई रुचि नहीं होती। वे तो बस कला रूप को सजावट की वस्तु और बाज़ारू कला के रूप में प्रयोग करते हैं। बुनियादी तौर पर उनका झुकाव कला व कलाकारों से ज़्यादा मुनाफ़ा कमाने में होती है। हम संस्कृति को जितना उद्योग के हवाले करते जाते हैं उतना ही सांस्कृतिक अलगाव के शिकार बनते जाते हैं। आज सांस्कृतिक सीढ़ी पर जो सबसे ऊपर खड़ा है वह आम जनता की संस्कृति से सबसे ज़्यादा अलग-थलग है। असल में कलाएँ जब संस्कृति उद्योग का हिस्सा बन जाती हैं तब उनका मासकल्चर में रूपान्तरण हो जाता है। यह सही है कि कला को तकनीक से जोड़कर बहुसंख्य लोगों तक पहुँचाया जाता है। आज जहाँ स्थानीय कलाओं का लोप हो रहा है, वहीं लोक कलाओं का बाज़ारीकरण भी हो रहा है। बाज़ारीकरण होने का सीधा तात्पर्य है कि आपकी कला एक वस्तु के रूप में बिक जाती है और आप सिर्फ़ विक्रेता होकर बाज़ार में ग्राहकों को मुहैया कराने में एक माध्यम बनते हैं। कलाओं के कॉपीराइट तो नियोजनबद्ध तरीक़े से बहुराष्ट्रीय कम्पनियों के मालिकान के पास चला जाता है। रवीन्द्रनाथ टैगोर के शब्दों में,

"आज हम बाज़ार की भीड़ और शोरगुल में सम्मिलित हो रहे हैं, नीचे उतर आये हैं, ओछे हो गये हैं... बड़े-बड़े अक्षरों के और ऊँचे स्वर के विज्ञापनों से अपने को औरों से बड़ा घोषित करने में संकोच नहीं होता। मज़े की बात यह है कि जो कुछ हम कर रहे हैं, सब नक़ल है। इसमें शान्ति नहीं, संयम नहीं, गाम्भीर्य नहीं, शालीनता नहीं। इस नक़ल युग के आने के पहले हममें एक स्वाभाविक मर्यादा थी। इस मर्यादा से निर्धनता में भी हम सम्पन्न थे। उस समय मोटा खाने से या मोटा पहनने से हमारा गौरव घटता नहीं था।"[27] संचार माध्यमों से प्रभावित होकर हम जीवनशैली में मर्यादा का ख़्याल न रखते हुए घर में विलायती ढंग के सजावट पर बल देने लगे हैं। हमारी भद्रता सस्ते कपड़ों से अपमानित होती है। बैंक क़र्ज़ ने विलासी जीवन जीने की राह दिखायी है। हम यह भूल बैठे हैं कि ऐसी प्रतिष्ठा को सिर पर ढोकर उसका आदर करना वास्तव में अत्यन्त लज्जा का विषय है। जिन बेकार उत्तेजनाओं और उन्माद को हमने सुख मानकर चुना है उनसे हमारे समाज का अन्तःकरण दासता के पाश में जकड़ा जा रहा है। यहाँ यह कहा जा सकता है कि जहाँ जन संस्कृति सामूहिक बोध पैदा करती थी वहीं मास कल्चर ने प्रभेदों को स्थापित किया है। ये प्रभेद मुख्य रूप से असमानता को जन्म देते हैं। मासकल्चर के द्वारा पैदा की गयी समस्याओं का समाधान हम अमेरिका की नक़ल पर कर रहे हैं, इससे समस्या सुलझने के बजाय और भी उलझेगी। आज की संस्कृति तकनीक पर टिकी हुई है। तकनीक में वाणी नहीं होती, वह संकट के क्षण में स्वर नहीं निकाल सकती। उसके पास हृदय की पुकार का उत्तर नहीं है। वह हमारे सवालों के जबाव देने में असमर्थ है। रवीन्द्रनाथ टैगोर के शब्दों में, "मानव जीवन में जहाँ अभाव है वहीं उपकरण जमा हो जाते हैं, जहाँ पूर्णता है वहाँ मनुष्य का अमृत रूप व्यक्त होता है। इस अभाव और उपकरण के पक्ष में ईर्ष्या है, द्वेष है, वहाँ दीवार है, पहरेदार हैं, वहाँ व्यक्ति अपना प्रभाव बढ़ाना चाहता है और दूसरे पर आधात करता है।"[28] टैगोर की स्पष्ट राय थी कि मासकल्चर तकनीक आधारित संस्कृति है, जहाँ शोर और कोलाहल विराजमान है और कोलाहल में संयम व सादगी का होना मुश्किल होता है। इसलिए इसे असंयम की संस्कृति कहना समीचीन होगा। यहाँ यह भी कहा जा सकता है कि भूमण्डलीकरण के दौर में स्थानीय संस्कृति विलोपित हो रही है, उसके स्थान पर एक नयी संस्कृति या तो थोपी जा रही है या फिर हम बड़े आराम से आत्मसात् करते जा रहे हैं। इस आत्मसातीकरण के लिए एक नियोजित

प्रक्रिया अपनायी जाती है ताकि आप अपनी मूल संस्कृति से कट जायें और आयातित संस्कृति को अपना लें। आयातित संस्कृति का जोर स्थानीय संस्कृति को स्थानापन्न करने व गुण के बजाय मात्रा पर होता है। दरअसल, संस्कृति का झुकाव गुणवत्ता के बजाय मात्रा पर है। आज हमारे जीवन में भी गुण के बजाय मात्रा पर ही ज़्यादा जोर दिया जा रहा है। फास्ट फूड इंडस्ट्रीज द्वारा भी गुणवत्ता पर नहीं अपितु मात्रा पर जोर दिया जा रहा है और यही स्थिति शिक्षा में भी प्रचलित होती जा रही है। आजकल विश्वविद्यालयों में गुणवत्तापूर्ण शिक्षण के पाठ्यक्रमों के बजाय ज़्यादा से ज़्यादा नये कोर्स खोलने पर जोर है। आज यह देखा जा रहा है कि शिक्षा संस्थाओं का जोर इस बात पर है कि कितने ज़्यादा विद्यार्थी दाखिला ले रहे हैं, कितने पास हो रहे हैं। उनका छात्रों की गुणवत्ता पर जोर नहीं है। फास्ट फूड संस्कृति का फास्ट नॉलेज की शिक्षा के साथ गहरा सम्बन्ध है। आज संचार के साथ गहरा सम्बन्ध है। "नयी संस्कृति में महत्त्वपूर्ण हैं—'एसेम्बलिंग', 'एडीटिंग', 'प्रोससिंग', 'रिसीविंग', 'सेंडिंग' और 'वर्किंग ऑन', ये पदबन्ध हैं जिनका सूचना और डाटा स्थानान्तरण के लिए इस्तेमाल होता है, ये डाटा को ज्ञान में रूपान्तरित करते हैं।"[29] इस क्षेत्र की सारी गतिविधियाँ पूँजीवाद के घेरे में घूमती रहती हैं। आज मीडिया संस्थानों के माध्यम से ऐसी छवि निर्मित की जा रही है कि आप पूँजीवादी गतिविधियों के केन्द्र में रहें। यही कारण है कि टीवी के कार्यक्रमों के कथ्य में उपभोक्तावाद को बढ़ाने का सन्देश प्रमुखता से परोसा जाता है। जीजेक के अनुसार "ग्लोबल पूँजी का बुनियादी सूत्र है—जो लागू किया जा सके उसे अपनाओ।"[30] उनका मानना है कि 'आइडिया दैट वर्क', जो विचार काम का हो, उसे लागू करो। चाहे किसी का भी, यही इस युग का नारा है। यदि आप शिक्षा और स्वास्थ्य पर ज़्यादा धन खर्च करना चाहते हैं तो वह विचार काम नहीं कर सकता; क्योंकि पूँजीवादी व्यवस्था की मुनाफ़ाखोरी पर इससे हमला होगा। इसलिए पूँजीवादी विचारधारा से प्रेरित विचारक 'आर्ट ऑफ़ पॉसीबिलिटी' (सम्भावना की कला) का नारा देते हैं। वह भौतिकतावादी बनाने के लिए हरसम्भव प्रयास में जुटा है कि कैसे आप उसके उपभोक्ता बन सकें। एरिक फ्रॉम ने लिखा है कि "मनुष्य की परिस्थितियाँ कुछ इस तरह की हैं कि उसे भाषणबाज की बातें सुननी पड़ती हैं। भाषणबाज हमारा ध्यान विध्वंस से हटाता है। वह अपनी वक्तृत्व कला के जरिये मुग्ध किये रहता है, यथार्थ से ध्यान हटाता है। यह काम कोई भी ज्ञानी कर सकता है, पण्डित भी कर सकता है,

कथावाचक भी कर सकता है, नेता भी कर सकता है। ऐसे भाषणबाज अपनी कला के जरिये लोगों के दिमाग़ और हृदय को बाधित करते हैं।"[31] एरिक फ्रॉम का स्पष्ट कहना है कि व्यक्ति ने मध्यकालीन रूढ़ियों से मुक्ति हासिल करके नयी स्वतन्त्र अनुभूतियों को जन्म दिया है। यहाँ सोचने को विवश होते हैं कि क्या हम लगातार पूँजीवादी व्याख्याकारों के बदले हुए तर्क व धारणाओं में तेजी से परिवर्तन नहीं देख रहे हैं? क्या यह सच नहीं है कि द्वितीय महायुद्ध के बाद तेजी से सामाजिक व्याख्याओं के केन्द्र बिन्दु को बदले बिना तर्कों, धारणाओं, आन्दोलनों के नाम पर विश्वव्यापी भ्रम पैदा नहीं किया गया है? लगातार नये आन्दोलनों ने पुराने को ख़ारिज किया है और तर्क की बजाय कुतर्क को पुष्ट कर सामाजिक विभ्रमों की सृष्टि की है। पूँजीवाद की अदृश्य शक्तियाँ संचार माध्यमों के द्वारा हमें इस कद्र उलझाती जा रही हैं कि मानो दुनिया में मानवीयता से अलग-थलग अकेलेपन का शिकार बना दिया हो। आप प्राइवेट में सन्तुष्ट होते हैं। यह सन्तुष्टि सुख ऐसी है जो आपके पड़ोसी को परेशान नहीं करती और आप उसकी चिन्ता भी नहीं करते। आप अपने में व्यस्त और मस्त रहते हैं। अपार्टमेंट कल्चर में व्यक्ति को पास के फ्लैट में क्या हुआ है, इसकी जानकारी लेने की फुरसत नहीं है। लोग मीडिया के नये साधनों से चिपके हुए हैं। दरअसल हम नयी तकनीकी मोबाइल इंटरनेट के एडिक्ट हो गये हैं। यहाँ हमें यह जान लेना चाहिए कि "इंटरनेट का वर्चुअल समाज वास्तविक समाज नहीं है। वीडियो गेम अथवा पोर्न वास्तव नहीं है बल्कि वर्चुअल है। वर्चुअल संस्कृति प्राणरहित संस्कृति है। यह ऐसी संस्कृति है जिसमें कोई भी जीव नहीं है, पशु नहीं है, आदमी नहीं है, यह प्राणीरहित और प्राणरहित संस्कृति है। यहाँ तो बस सिग्नल है। यहाँ सिर्फ़ स्क्रीन है और स्क्रीन के परे कुछ भी नहीं है।"[32] वर्चुअल में हम मूलतः प्रतीकों में प्राइवेट तौर पर आनन्द पाते हैं। नये मीडिया ने हमें कुछ पाने के लिए नहीं अपितु रोकने के लिए सक्रिय किया है। यही कारण है कि आज हम अपनी दैनन्दिनी जिन्दगी में छद्म गतिविधियों में बन्द होकर रह गये हैं। बाज़ारवाद की अदृश्य ताक़तें बच्चों में अविवेकपूर्ण तरीक़े के ब्रेन निर्मित करने में जुटी हैं। बच्चे इस तरह के स्वचालित खिलौने में सक्रिय नहीं अपितु एक्टिव हैं। उसने नये क़िस्म के अपरिहार्य समर्पण और इरेशनल (अविवेकपूर्ण) गतिविधियों के सामने समर्पण किया है। उसका अपने स्थान और समुदाय से अलगाव उसमें असुरक्षा और भय पैदा कर रहा है।

आज मनुष्य का स्वयं से और प्रकृति से अलगाव हो गया है, उसने अपने को वस्तु में रूपान्तरित कर लिया है, उसके जिन्दगी के अनुभव दबाव पैदा करते हैं कि वह बाज़ार की मौजूदा परिस्थितियों में निवेश के जरिये ज़्यादा से ज़्यादा मुनाफ़ा कमाये और वह उपभोक्ता संस्कृति के मानकों का अनुपालन कर सके। पूँजीवादी शक्तियों के षड्यन्त्र में हम जो कुछ भी देखते, सुनते और पढ़ते हैं, उसमें छद्म अथवा निर्मित यथार्थ के अभ्यस्त बना दिये गये हैं। मिथ से लेकर यथार्थ तक का सारा कारोबार निर्मित यथार्थ से घिर गया है। जीजेक ने कहा है कि आज हम संस्कृति के बारे में पुराने ढंग से नहीं सोच सकते। पहले हम संस्कृति और इकोनॉमी में विरोध देखते थे। भारतीय समाज में लक्ष्मी और सरस्वती का विरोध देखते रहे हैं। जीजेक का कहना है कि आज संस्कृति के व्यावसायीकरण और इकोनॉमी के संस्कृतीकरण की ज़रूरत है। फलतः आम लोग सुरक्षा की तलाश में अधिनायकवादी सामाजिक व्यवस्था की ओर जा रहे हैं।

भूमण्डलीकरण का प्रभाव : भूमण्डलीकरण प्रत्येक देश को भिन्न-भिन्न ढंग से प्रभावित करता है। इसका प्रभाव एक देश से दूसरे देश में भी बदल जाता है। भूमण्डलीकरण का विकसित देशों पर प्रभाव विकासशील देशों से बिल्कुल अलग होगा। विकसित देशों में भूमण्डलीकरण से नौकरियाँ कम हुई हैं क्योंकि कई कम्पनियाँ उत्पादन खर्च को कम करने के लिए उत्पादन इकाइयों को विकासशील देश में ले जाती हैं। यूरोप के कई देशों में बेरोज़गारी एक सामान्य-सी बात हो गयी है। विकासशील देशों में भूमण्डलीकरण खाद्यानों एवं अन्य कई निर्मित वस्तुओं के उत्पादकों को प्रभावित करता है। भूमण्डलीकरण ने कई विकासशील देशों के लिए दूसरे देशों से कुछ मात्रा में वस्तुएँ ख़रीदना अनिवार्य बना दिया है, भले ही उन वस्तुओं का उनके अपने देश में ही उत्पादन क्यों न हो रहा हो। बाहर के देशों की निर्मित वस्तुओं के प्रवेश से स्थानीय उद्योगों को ख़तरा बढ़ जाता है।

विकासशील देशों की दृष्टि से भूमण्डलीकरण के कुछ अन्य प्रभाव निम्नलिखित हैं–

क. आर्थिक प्रभाव : भूमण्डलीकरण के प्रभावों की ओर दृष्टिपात करने पर सबसे पहले हमारा ध्यान आर्थिक प्रभाव की ओर ही जाता है। भूमण्डलीकरण के कारण अन्य देशों से पूँजी, नवीनतम प्रौद्योगिकी व मशीनों का आगमन होता है, जैसे भारत का सूचना प्रौद्योगिकी उद्योग विकसित देशों में प्रयोग किये जाने वाले कम्प्यूटरों व दूरसंचार यन्त्रों को प्रयोग करता है। भारत के प्रौद्योगिकी

संस्थानों के स्नातक इंजीनियरों की न केवल अमेरिका व यूरोप में माँग है बल्कि हर विकसित मुल्क में यहाँ के प्रतिभावान अपना परचम लहरा रहे हैं। कई देशों में सरकारों के पास प्राकृतिक संसाधनों का स्वामित्व होता है और वे पूरी दक्षता से जनहित में उनका उपयोग करते हैं और लोगों को विभिन्न सेवाएँ उपलब्ध कराते हैं। भूमण्डलीकरण सरकारों को संसाधनों का निजीकरण करने के लिए प्रोत्साहित करता है जिससे लाभ कमाने की दृष्टि से संसाधनों का शोषण होता है और कुछ लोगों के हाथों में सम्पत्ति जमा हो जाती हैं। वैश्वीकरण के नाम से उपजा निजीकरण उन लोगों को वंचित रखता है जो इन संसाधनों का उपभोग करने के लिए खर्च करने की क्षमता नहीं रखते।

ख. सामाजिक और सांस्कृतिक प्रभाव : वर्तमान में भूमण्डलीकरण की लहर से पारिवारिक संरचना में भी बदलाव आ रहा है। समाज की रीढ़ समझा जाने वाला संयुक्त परिवार अतीत बनता जा रहा है। अब संयुक्त परिवार का स्थान एकाकी परिवार ने ले लिया है। हमारी खान-पान की आदतें, रीति-रिवाज, त्योहार एवं समारोह भी काफी बदल गये हैं। बर्थ डे, फादर्स डे, वेलेनटाइन डे, वीमेंस डे, लेबर डे आदि समारोह में फास्ट फूड रेस्तराओं की बढ़ती संख्या और कई अन्तरराष्ट्रीय समारोह में दिये जाने वाले गिफ्ट पैक संस्कृति भूमण्डलीकरण की बाज़ार व्यवस्था के प्रतीक हैं। इसका प्रत्यक्ष प्रभाव पहनावे में भी देखा जा सकता है। समुदायों के अपने संस्कार, परम्पराएँ और मूल्य भी परिवर्तित हो रहे हैं। पश्चिमी संस्कृति में कई तरह की बुराइयाँ हैं। बहरहाल, इसके प्रभाव से एक गुंजाइश तो बन सकेगी कि जाति आधारित समाज संरचना और रूढ़िवादी जीवन मूल्य का ध्वंस हो। यहाँ यह कहना समीचीन है कि पहले स्थितियों के बदलने की प्रक्रिया इतनी तेज नहीं थी। इसलिए छोटे-मोटे रद्दोबदल से ही काम चल जाता था लेकिन भूमण्डलीकरण और त्वरित संचार प्रौद्योगिकी ने जो स्थितियाँ पैदा की हैं वे एकदम नयी और अभूतपूर्व हैं। अब केवल पुराने औज़ारों को धार देने से काम नहीं चलेगा। इनकी समझ और परख के लिए एकदम नये औज़ारों की ज़रूरत पड़ेगी। नये सांस्कृतिक संक्रमण की ख़ासियत है कि यह आकस्मिक और तीव्र होने के साथ-साथ नयी संचार प्रौद्योगिकी के पंखों पर सवार होकर सम्मोहक प्रभाव छोड़ता है। यह प्रभाव इतना निर्णायक और सघन होता है कि इसमें आत्मविस्मरण स्वाभाविक है। नयी संस्कृति के बाज़ारवाद और उपभोक्तावाद ने उसके रहन-सहन, खान-पान और जीवन मूल्यों को बहुत हद

तक बदल दिया है। वह उन लक्षित 70 करोड़ मध्यमवर्गीय भारतीयों में शामिल है जिन्हें लुभाने-रिझाने के लिए विश्व की सभी बड़ी कम्पनियाँ एड़ी-चोटी का जोर लगा रही हैं। उसके लिए इन सबसे अपने को अलग-थलग और अछूता रखना अब नामुमकिन लगता है। वह भी आम मध्यवर्गीय उपभोक्ता की तरह येन-केन-प्रकारेण जल्दी से कुछ पाने की अन्तहीन और अन्धी दौड़ में शामिल हो गया है। यह दौड़ ऐसी है जिसमें आत्मा को सचेत रखना सम्भव नहीं है।

दरअसल, संस्कृति एक मानसिक अवधारणा है जो किसी समाज के जीवनचर्या सम्बन्धी विश्वासों के समूह से बनता है। समाज इन विश्वासों, आस्थाओं को धीरे-धीरे अभ्यास और अनुभव से अर्जित करता है। इनके संस्कार परिष्कार की प्रक्रिया भी समाज में नामालूम ढंग से निरन्तर चलती रहती है। समाज की वर्गीय संरचना भी अक्सर संस्कृति को प्रभावित करती है। उच्चवर्गीय समाजों की संस्कृति के बरअक्स निम्नवर्गीय किसान-मज़दूर समाजों की अपनी पृथक् संस्कृति का भी विकास होता है। अलबत्ता, वर्चस्व की स्थिति में होने के कारण उच्च वर्गीय समाज अपनी संस्कृति को ही तमाम समाज की संस्कृति की तरह प्रचारित करते हैं। संस्कृति स्थिर और एकरूप कभी नहीं रहती इसमें परिवर्तन और संवर्धन की प्रक्रियाएँ हमेशा जारी रहती हैं। एक समाज जब दूसरे समाज के सम्पर्क में आता है तो दोनों की ही संस्कृतियों में बहुत कुछ जुड़ता-घटता है। किसी समाज के अपने भीतर होने वाले नवाचार भी संस्कृति को निरन्तर गतिशील और जीवन्त बनाये रखते हैं। हम जानते हैं कि संस्कृति का उदय स्वयं के गर्भ से होता है। वह अन्य के गर्भ से पैदा नहीं होती अपितु वह अन्य से प्रभाव ग्रहण करती हैं। अन्य के तत्त्वों को आत्मसात् करती हैं। बृहत्तर आर्थिक, राजनीतिक आदि कारणों से उसकी छवि बनती है। यही कारण है कि वह किसी भी क़िस्म के केन्द्रीयतावाद को स्वीकार नहीं करती बल्कि केन्द्रीयतावाद के तमाम तत्त्वों की भूमिका को भी अस्वीकार करती है।

क्या यह सच नहीं है कि भूमण्डलीकरण के कारण संचार प्रौद्योगिकी से नित नये प्रकार की सांस्कृतिक संक्रमण आकस्मिक और तीव्र गति से बढ़ रहे हैं। पारम्परिक संस्कृति पर सम्मोहक रूप से प्रभाव डाला जा रहा है। नयी क़िस्म के आईटी, मीडिया टेक्नोलॉजी, दूरसंचार, सूचना और सेवा आधारित ज्ञान मीमांसा ने सेवा, ज्ञान, श्रम और पूँजी का तेज गति से स्थानान्तरण किया है। भूमण्डलीय मीडिया के जरिये यूरो-अमेरिकन उपभोक्ता संस्कृति हावी होती जा रही है। इरिक स्क्लोसर ने 'फास्ट-फूड नेशन' 2000 में लिखा कि "सन् 1970 के दशक में

जब सारे अमेरिका का मैकडॉनल्डाइजेशन या मैक संस्कृतीकरण हो रहा था, उस समय उसके कुछ सौ बर्गर आधारित फास्ट फूड रेस्टोरेंट थे। आज स्थिति यह है कि मैकडॉनल्ड्स के पास सारी दुनिया में खुदरा व्यापार में सबसे ज़्यादा सम्पत्ति है। आज उसके पास तीस हज़ार से ज़्यादा रेस्टोरेंट हैं। उसके प्रति वर्ष दो हज़ार रेस्टोरेंट खुल रहे हैं। लाखों लोग काम कर रहे हैं। आज मैकडॉनल्ड्स सिर्फ़ खाने के क्षेत्र में ही नहीं बल्कि बच्चों के चर्चित ब्राण्ड मैककिड भी है। इसी तरह बड़े पैमाने पर बच्चों के खिलौने का वितरक भी मैकडॉनल्ड्स ही है।"[33]

यहाँ यह कहा जा सकता है कि मैकडॉनल्ड्स ने फास्ट फूड, खिलौने, वस्त्र, फिटनेस, टेक्स्ट, क़िताब, वजन कम करने, कार संप्रसारण आदि के क्षेत्र में अपना व्यापार फैला रखा है। इस पर आलोचना करते हुए रिट्ज़र ने लिखा भी है कि "मैक संस्कृति ने ग्लोबल स्तर पर सांस्कृतिक साम्राज्यवाद का विस्तार किया है। इससे स्थानीय संस्कृति को ख़तरा पैदा हुआ है।"[34]

राजनीतिक प्रभाव : भूमण्डलीकरण की सभी प्रकार की गतिविधियों को नियमित करने की शक्ति सरकार के स्थान पर अन्तरराष्ट्रीय संस्थानों को देता है, जो अप्रत्यक्ष रूप से पूँजीपतियों या बहुराष्ट्रीय कम्पनियों द्वारा नियन्त्रित होते हैं। जब एक देश किसी अन्य देश की व्यापारिक गतिविधियों से जुड़ा होता है तो उस देश की सरकार उन देशों के सरकारी नियामक को मानने के लिए अलग-अलग समझौते करती है। जैसे यूनाइटेड नेशन के विश्व व्यापार संगठन सभी देशों के लिए नियमावली तैयार करती है और सभी राष्ट्रों के शासनाध्यक्षों को ये नियम अपने-अपने देश में लागू करने होते हैं। इसके साथ ही भूमण्डलीकरण कई सरकारों को निज़ी क्षेत्र की सुविधा प्रदान करने हेतु कई विधायी क़ानूनों और संविधान बदलने के लिए विवश करता है। यही कारण है कि सरकारें अन्तरराष्ट्रीय नीति नियमों को मनवाने के लिए दबाव बनाती हैं। प्रायः सरकारें कामगारों के अधिकारों की सुरक्षा करने वाले और पर्यावरण सम्बन्धी कुछ नियमों को हटाने पर विवश हो जाती हैं।

राजनीतिक व्यवस्था में लोकतान्त्रिक प्रणाली को जायज़ ठहराया जाता है। इसके पीछे तर्क दिया जाता है कि इस प्रणाली के तहत जनता की सत्ता सर्वोपरि है। जनता जानती है कि उसका हित किस प्रकार से हो सकता है। यही कारण है कि वह अपनी सरकार, जनता के हित को ध्यान में रखने वाले को प्रतिनिधि के रूप में चुनती है। परन्तु अक्सर यह देखा जाता है कि जनता अपने हितों को चिह्नित नहीं कर पाती है। जैसे बच्चे फास्ट फूड खाने से होने वाले नुक़सान से

अनभिज्ञ होते हैं और वे इसे खाकर अपना स्वास्थ्य खराब कर लेते हैं। उसी प्रकार आम जनता राजनीतिक पार्टी को अपना सर्व हितैषी मान बैठती है। मतदाता की दृष्टि व्यापक जनहित पर न होकर तात्कालिक लाभ व निज़ी स्वार्थों पर होती है। यही कारण है कि राजनीतिक पार्टियाँ अपने क्षेत्र में विकास करने (यथा : सड़क, बिजली, पानी, शिक्षा, स्वास्थ्य जैसी मूलभूत आवश्यकताओं की पूर्ति) के बजाय चुनाव के समय में साड़ियाँ व कम्बल बाँट कर अपना वोट मज़बूत करती हैं। यहाँ यह साफगोई है कि मतदाता की बौद्धिक शक्ति नहीं होती है कि वह समझ सके कि आज एक साड़ी लेने से गाँव में सड़कें नहीं आयेगी और वह लम्बे समय तक ग़रीब बना रहेगा। जनता की सोच उन नेताओं द्वारा निर्धारित होती है जिनमें जनता विश्वास करती है, नेता उनकी चेतना को संचालित करते हैं। अमेरिकी मनोवैज्ञानिक एडवर्ड बर्नेज़ कहते हैं कि "नेताओं द्वारा सप्लाई किये गये फार्मूलों से जनता की सोच निर्धारित होती है। सोच थी कि साक्षरता से लोगों की बुद्धि का विकास होगा और वे सत्ता सम्बन्धी निर्णय स्वयं ले सकेंगे। परन्तु साक्षरता ने विकसित बुद्धि के स्थान पर समाज को रबड़ की मुहर प्रदान की है। विज्ञापन, सम्पादकीय, प्रकाशित वैज्ञानिक आँकड़ों और चयनित इतिहास के उदाहरणों के माध्यम से इस रबड़ की मुहर का निर्माण किया जाता है। लाखों लोगों को एक ही प्रकार की सूचना दिये जाने से उनकी बुद्धि एक प्रकार की हो जाती है।"[35]

जनता को अपने पक्ष में करने के लिए राजनीतिक पार्टियाँ मीडिया का सहारा लेती हैं। मीडिया के माध्यम से वे अपनी छवि साफ-सुथरी प्रस्तुत करते हैं। वे यह मानकर चलते हैं कि जनता की बुद्धि को घुमाने का रास्ता यह है कि विशेष प्रकार की सूचना बड़े ही प्रभावी ढंग से परोसी जाये जो कि उसके अवचेतन में बैठ जाये जैसे इराक द्वारा कुवैत पर किये गये आक्रमण के चित्र बार-बार दिखाकर अमेरिकी नागरिकों को आक्रमण करने के पक्ष में बना लिया गया। अमेरिका ने प्राकृतिक संसाधनों जैसे कच्चे तेल पर क़ब्ज़ा जमाने के उद्देश्य से इराक़ पर हमला करने के लिए मीडिया के माध्यम से यह सन्देश सम्प्रेषित किया कि सद्दाम हुसैन के पास जनसंहारक हथियार हैं। इससे दुनिया को ख़तरा है, इसी बात पर अमेरिका ने इराक पर हमला किया और सद्दाम को मारा, जबकि वे बार-बार इससे इनकार करते रहे कि उनके पास जनसंहारक हथियार नहीं हैं। इराक युद्ध की भूमिका तैयार करने में अमेरिकी प्रेस ने ग़लत भूमिका का निर्वाह किया था। चूँकि मीडिया पर साम्राज्यवादी ताक़त के रूप में अमेरिका ने इराकी सरकार की सूचना को दबा दिया और अपनी बातों को दुनिया भर में सम्प्रेषित करते रहे।

अधिकांश मीडिया हाउस किसी न किसी राजनीतिक पार्टी से जुड़े होते हैं। भर्त्सना करने पर सरकार द्वारा उनका उत्पीड़न किया जाता है जैसे इंडियन एक्सप्रेस द्वारा विरोध करने पर सरकार ने तमाम मामलों में रामनाथ गोयनका को उलझा दिया था। चूँकि राजनीतिक पार्टियाँ बहुराष्ट्रीय कम्पनियों के मालिकान से लयबद्ध रहती हैं। वे चुनाव के लिए एडवरटाइजिंग एजेंसियों की मदद लेती हैं, इसका सीधा-सा मतलब है कि पूँजीपतियों को बढ़ावा देना। कांग्रेस ने क्रयोंस एडवरटाइजिंग को एक करोड़ का ठेका दिया, जबकि उसके प्रतिद्वन्द्वी भाजपा ने यूटोपिया कंसलटिंग को ठेका दिया। यूटोपिया कंसलटिंग ने कांग्रेस की 'जय हो' की उपलब्धियों का बखान करने वाले विज्ञापन के विरुद्ध 'भय हो' लाकर भाजपा का विज्ञापन तैयार किया। इस विज्ञापन के द्वारा यह बताया गया कि चारों ओर भय, असुरक्षा, भूख, झूठे वायदे, मन्दी और महँगाई का बोलबाला है जिस पर वर्तमान सरकार 'जय हो' नारा लगाकर लोगों के जख्मों पर नमक छिड़क रही है। बीजेपी के विज्ञापन 'मज़बूत नेता, निर्णायक सरकार' में आडवाणी को लौह पुरुष की संज्ञा से नवाजा गया। इतना ही नहीं बाद में भाजपा द्वारा सबका साथ सबका विकास के नारे को बुलन्द किया गया। इलेक्ट्रॉनिक व प्रिंट मीडिया द्वारा वोट डालने के लिए बड़े जोर-शोर से मतदाताओं को प्रेरित करने का विज्ञापन दिया गया। वोट न डालने वाले को पप्पू कहा गया। वही पप्पू जिसे किसी दूसरे विज्ञापन में एक ही कक्षा में बार-बार फेल हो जाने के बाद पास होते दिखाया जा रहा था।

विज्ञापनों के माध्यम से कहा जाता है कि सबसे बड़े लोकतान्त्रिक देश के महापर्व में शामिल होइए और बहुमत से उम्मीदवार को जिताइए। प्रत्याशी कुल मतदाताओं का 10 प्रतिशत वोट पा जाता है और वह सांसद या विधायक बन जाता है। जो भी सरकार बनती है वे बहुमत का नहीं अपितु अल्पमत का प्रतिनिधित्व करते हैं, इसी को हमारे महान लोकतन्त्र में बहुमत का नाम दिया जाता है। अल्पमत से चुनी गयी सरकार को बहुसंख्यक जनता के सरोकारों से क्या लेना-देना होता है? सांसदों की जनता के प्रति कितनी चिन्ता है? इसका पता इस बात से चलता है कि ग्रामीण रोज़गार गारंटी योजना पर बहस के समय 543 सांसदों में से 16 सांसद मौजूद थे जबकि 05 मई, 2007 को भूख की समस्या से कैसे निपटा जाये? जैसे संवेदनशील मुद्दों पर बहस के समय संसद में सिर्फ़ 06 सांसद ही मौजूद थे। 10 सांसदों को रुपये लेकर सवाल पूछने पर एक सांसद बाबूभाई कटारा को 'कबूतरबाजी' मानव तस्करी के लिए बर्खास्त किया गया जबकि चार सांसदों को एमपीएलएडी सांसद स्थानीय क्षेत्र विकास योजना की

राशि में घोटाले के लिए सन्देहास्पद स्थिति में रखा था। सत्ताधारी पार्टियाँ जिन वर्गों का प्रतिनिधित्व करती हैं उनके स्वार्थ नव साम्राज्यवादी शक्तियों के इरादों के साथ मेल खाती है। सभी आर्थिक मुद्दों पर इन दो पार्टियों के बीच एकरूपता देखने को मिलती है कि एक सत्ताधारी पार्टी होती है दूसरा विपक्षी पार्टी। भूमण्डलीकरण और मुक्त विश्व व्यापार व्यवस्था का मुख्य लक्ष्य दुनिया भर के आर्थिक अधिशेष इकोनॉमिक सरप्लस पर क़ब्ज़ा जमाना और इसके लिए संचार क्रान्ति के माध्यमों यथा समाचार-पत्र, पत्रिकाएँ, टेलीविज़न चैनल, न्यू मीडिया, इंटरनेट आदि का उपयोग करते हुए उपभोक्ता संस्कृति को बढ़ावा देना तथा विश्व व्यापार संगठन, विश्व बैंक और अन्तरराष्ट्रीय मुद्रा कोष के माध्यम से निर्बाध बाज़ार की सुविधाएँ हासिल करना है। यह मुख्य वर्चस्वकारी राजनीतिक पार्टी कांग्रेस व भारतीय जनता पार्टी के समर्पण का परिणाम है कि भारत ने नव साम्राज्यवादी शक्तियों के इस महत्त्वाकांक्षी मकसद के समक्ष स्वैच्छिक समर्पण कर दिया है। यही कारण है कि भूमण्डलीकरण और नयी आर्थिक नीतियों के चलते किसानों, मज़दूरों और हाशिये के अन्य वर्गों के सरोकार से किसी पार्टी का रिश्ता पनप नहीं पाता और न ही वे उनका प्रतिनिधित्व करते हैं। जिस वर्ग का ये राजनीतिक पार्टियाँ वास्तव में प्रतिनिधित्व करती हैं। उस वर्ग ने नयी आर्थिक व्यवस्था के अन्तर्गत बहुराष्ट्रीय कम्पनियों के एजेंट की भूमिका स्वीकार कर ली है और वह नवदीक्षितों के स्वाभाविक उत्साह के साथ भूमण्डलीकरण और विश्व व्यापार की खूबियों की वकालत कर रहा है। दरअसल, राजनीतिक पार्टियाँ विदेशी पूँजी से विकास के रास्ते खोजने और देश की अर्थव्यवस्था को भूमण्डलीकृत करने के नाम पर बहुराष्ट्रीय कम्पनियों से साँठ-गाँठ करती हैं। विदेशी उत्पादकों को बहुसंख्य उपभोक्ता वाला बाज़ार चाहिए और उपभोक्ता सामग्री का बाज़ार-जीवनयापन के लिए ज़रूरी सामग्री से इतर उत्पादों का बाज़ार तब बनता है, जब उसके बारे में लोगों को बताया जाये, उसके प्रति आवश्यकता महसूस हो और यह ललक पैदा करने का काम मीडिया करता है। हालाँकि ऐसा करने के लिए वह जनपक्षी चरित्र का भाव रखता है लेकिन अन्ततः काम बाज़ार की वृद्धि के लिए ही करता है। संचार माध्यमों में आने वाली चकमक विज्ञापन सामग्री से पूँजीपति बाज़ार को पाट देना चाहता है। धन्नासेठ अख़बारों में विज्ञापनों के माध्यम से दबाव बनाते हैं। हाल में कुछ बड़े समाचार-पत्रों ने तो बाकायदा यह घोषणा कर दी कि वे पैसे लेकर ख़बरें छापेंगे, कई संवाददाता राजनेताओं से पैसे लेकर उनके पक्ष में मत बनाने में जुटे रहे। मीडिया को अनुकूलित करने हेतु सत्ता का एक बड़ा तन्त्र काम करता है।

क्या यह सच नहीं है कि हम नवउदारवाद के आगे दण्डवत हैं? सभी 'ख़रीदो-ख़रीदो' के जुमले को अपनाने लगे हैं। मीडिया मालिकान माल बेचने की जुगत में लगे रहते हैं और वे अभिव्यक्ति की आज़ादी की दुहाई देते हैं। लेकिन सवाल अभिव्यक्ति की स्वतन्त्रता का उतना नहीं है। किसी भी समाज व्यवस्था और शासन-व्यवस्था में कभी भी बिना शर्त और निरपेक्ष स्वतन्त्रता नहीं रहती। वह शर्तों के अधीन रहती है। शर्तें और स्वतन्त्रता की सीमा शासक व सत्ता तन्त्र तय करता है। यहाँ एक सवाल अनुत्तरित है कि एक अन्तर्विरोधी चरित्र के साथ मीडिया कैसे जीवित रह सकता है क्योंकि वह एक तरफ़ तो जनपक्षधर दिखना चाहता है वहीं दूसरी ओर बाज़ार के एजेंडे को भी कामयाबी तक पहुँचाना चाहता है। बहुराष्ट्रीय कम्पनियों के मालिकानों से राजनीतिक पार्टियों की साँठ-गाँठ रहती है। ऐसे में कहा जा सकता है कि "इसके कपड़े और मुखौटे ज़रूर राजनीतिक दलों के हैं किन्तु इसकी आत्मा ठेठ अमेरिकी है, ग्लोबल है। कहने को इसका शरीर भारतीय है किन्तु मन-मिजाज, स्वभाव, भाव-भंगिमा, बयान, चाल-ढाल, संगठन शैली सब अमेरिकी है। यह नयी विश्वव्यापी जनतन्त्र स्थापना की अमेरिकी मुहिम के सभी लक्षणों से युक्त हैं। नया अमेरिकी जनतन्त्र जबरिया थोपा जनतन्त्र है, लाठी का जनतन्त्र है। इसमें सत्ता जैसा चाहेगा, वैसा ही विपक्ष भी होगा।"[36]

भूमण्डलीकरण का सकारात्मक प्रभाव : मार्क्स ने जिस अर्थ में 'वर्ग संघर्ष की बात की थी, यह सही है कि भारत में विशुद्ध रूप से वैसे किसी वर्ग संघर्ष की स्थिति अब तक नहीं बन पायी। लेकिन बीसवीं शताब्दी के दौरान भारतीय समाज में कई स्तरों पर जो व्यापक परिवर्तन हुए, उनका किसी-न-किसी रूप में वर्ग-संघर्ष से अन्तर्सम्बन्ध ज़रूर रहा है। दरअसल, भारत की विशिष्ट सामाजिक परिस्थितियों ने वर्ग-संघर्ष के स्वरूप को गहरे रूप में प्रभावित किया है। किन्तु बीसवीं शताब्दी के अन्तिम दशक में इतिहास की दिशा-धारा ने जो मोड़ लिया, उसको देखते हुए अब यह मुमकिन लगने लगा है कि इक्कीसवीं सदी के पूर्वार्द्ध में उस वास्तविक अर्थ में भी वर्ग-संघर्ष की नौबत आ सकती है। इस सम्भावना के कुछ स्पष्ट संकेत तो मिलने भी लगे हैं। यह सही है कि भूमण्डलीकरण तमाम विसंगतियों के बावजूद जाति प्रथा को दूर करने में अपनी महती भूमिका निभा रही है। हम देख सकते हैं कि बीसवीं शताब्दी भारत में व्यापक सामाजिक-आर्थिक-राजनीतिक परिवर्तनों की शताब्दी रही। जाति प्रथा, जो अस्पृश्यता की अमानवीयता से ग्रसित थी, का बन्धन काफी हद तक शिथिल हो गया। दक्षिण भारत सहित देश के विभिन्न भागों में कथित निम्न समुदायों के लोगों को देखना तक छूत माना जाता था।

ऊँची जाति के लोगों का निम्न जातियों के साथ दुर्व्यवहार करना आम बात नहीं रही है। मीडिया के माध्यम से दलित व कमज़ोर तबके भी अपनी व्यथा को समाज के समक्ष बयाँ करते हैं। सामन्तों, जमींदारों और महाराजाओं का वर्ग समाप्त हो गया है। गाँवों-देहातों में दलितों, पिछड़ी जातियों और ग़रीबों को सताया जाना अब उतना आसान नहीं रह गया है। श्रमिक वर्ग आज पहले से थोड़ी बेहतर स्थिति में है और जो अब तक सिर्फ़ दूसरों की मेहनत के बल पर गुलछर्रे उड़ाया करते थे, उस शख़्सियत को भी सोचना पड़ रहा है। स्वास्थ्य और शिक्षा सुविधाओं का लाभ वंचितों को भी मुहैया कराने का प्रयास किया जा रहा है। सरकारी तन्त्र का कहना है कि ग़रीबी का प्रतिशत घटा है और अकाल से अब मौतें कम होती हैं। हालाँकि इन सब के बावजूद शोषण बदस्तूर जारी है। आज केवल शोषण-तन्त्र का स्वरूप बदल गया है, शोषकों के चेहरे बदल गये हैं और उन्होंने नये मुखौटे लगा लिए हैं। आर्थिक विषमता बढ़ रही है और जो लोग आर्थिक रूप से कमज़ोर हैं, वे शोषण के मुख्य शिकार हो रहे हैं। यहाँ यह कहा जा सकता है कि शोषण का आधार अब सामाजिक उतना नहीं रह गया है, जितना कि आर्थिक; और यह सब पुनः औपनिवेशीकरण के सुनियोजित और दीर्घकालीन षड्यन्त्र के तहत हुआ। आज नव मध्यवर्ग ने लोकतान्त्रिक मूल्यों को ताक पर रखते हुए इन नव-साम्राज्यवादी शक्तियों के साथ हाथ मिला लिया। यदि तीसरी दुनिया के सत्ताधारी उच्च मध्यवर्ग ने आम जनता के हितों और व्यापक लोकतान्त्रिक आदर्शों के साथ गद्दारी नहीं की होती तो भूमण्डलीकरण की आँधी को इतनी व्यापक सफलता नहीं मिल सकती थी।

भूमण्डलीकरण का नकारात्मक प्रभाव : भूमण्डलीकरण के कारण रोज़गार के अवसर कम प्राप्त हो रहे हैं ख़ासकर हस्तकरघा, लघु उद्योगों की हालत खस्ता हो गयी है। अभी कृषि, जो भारत की रीढ़ की हड्डी है, विकास के नाम पर इस क्षेत्र में भूमण्डलीकरण का कोई ख़ास असर पड़ता दिखायी नहीं दे रहा है, बल्कि इसे लील लेने को तैयार है यह भूमण्डलीकरण। परिवार नाम की संस्था चरमरा रही है। भारत की पहचान सांस्कृतिक विविधताओं के कारण से विशिष्ट है, बाज़ारीय शक्तियों ने हमारी परम्पराओं को बहुत गहरे तक प्रभावित किया है। बर्थ डे, फादर्स डे, वेलेनटाइन डे, वीमेन्स डे, लेबर डे समारोह में फास्ट फूड रेस्तराओं की बढ़ती संख्या और गिफ्ट पैक संस्कृति को बढ़ावा दिया है। बाज़ार के एजेंडे के तहत ही हम शॉपिंग मॉल, प्लास्टिक मनी, मनोरंजन के लुभावने तरीक़े से जुड़ते जा रहे हैं।

भूमण्डलीकरण के दौर में ख़ास करके नयी आर्थिक नीति के दुष्परिणाम दृष्टिगोचर होने लगे हैं और ज्यों-ज्यों लोग इसके दंश को महसूस करेंगे, उनकी पीड़ा मुखर होने लगेगी। ऋण में डूब चुके किसानों की आत्महत्याएँ, बन्द हो रहे लघु एवं कुटीर उद्योगों के बेरोज़गार मज़दूरों की जीवन हताशा, श्रम क़ानूनों के दायरे से बाहर काम करने वाले कॉल सेंटरों में रात-दिन शोषण का शिकार हो रहे सायबर कुलियों की भूमिका निभाने वाले युवा वर्ग की कुण्ठा आने वाले वर्षों में इतना घातक और विकराल रूप लेगी कि उसको नियन्त्रित कर पाना बहुत मुश्किल होगा।

'द प्रिंट' के एडिटर इन चीफ शेखर गुप्ता लिखते हैं कि "राष्ट्रों और सभ्यताओं की तकदीरें इससे तय नहीं होतीं कि एक-दो चुनाव कौन जीतता है। वे इससे तय होती हैं कि उसके लोग, ख़ासकर उसके युवा क्या सोचते हैं। वे भविष्य के लिए उम्मीदें पालते हैं या बीती बातों पर विलाप करते रहते हैं? देश के कस्बों, गाँवों, महानगरों की ग़रीब बस्तियों के बीच से गुजरिये, आपको चाय-सिगरेट-पान की दुकानों पर जमा या सड़क के किनारे इक्का-दुक्का मोटरसाइकिलों पर बैठे समय काटते युवा दिखेंगे। उनके लिए करने को कुछ नहीं है। ज़्यादातर मोबाइल से चिपके नज़र आयेंगे और डाटा का उपभोग करते मिलेंगे।" (दैनिक भास्कर, 1 फरवरी, 2022)

यहाँ यह कहना समीचीन होगा कि विकास के नाम पर जिस दावे की बात आज की जा रही है। सट्टेबाजी पर आधारित शेयर मुद्रा बाज़ार और अस्थिर अल्पावधि वाली विदेशी पूँजी निवेश के बलबूते किसी मज़बूत अर्थव्यवस्था की बात करना बेमानी होगा। यह तो तय है कि विदेशी ऋण के अम्बार और बढ़ते व्यापार घाटे को देखते हुए स्थिति में सुधार आने की सम्भावना अत्यन्त क्षीण है। पेटेंट क़ानून में परिवर्तन और विश्व व्यापार संगठन के प्रावधानों के दायरे में कृषि क्षेत्र और श्रम मानकों से सम्बन्धित मुद्दे जुड़ जाने के कारण नयी आर्थिक नीति को आगे बढ़ाना आत्मघाती क़दम साबित हो रहा है। सरकार द्वारा किये गये दावे कि "हम खाद्यान्न में आत्मनिर्भर हो गये हैं।" खाद्य मामलों में हमारी आत्मनिर्भरता ख़तरे में पड़ चुकी है। बेतहाशा मूल्य वृद्धि और आवश्यक वस्तुओं की उपलब्धता में कमी ने आम जनों को जीना दूभर कर दिया है। हालाँकि आँकड़ों की बाजीगरी में भाड़ेनुमा अर्थशास्त्री किसी मदारी की तरह डुगडुगी बजाकर खेल दिखाते हुए भ्रम खड़ा करने की पूरी कोशिश करते रहते हैं लेकिन देश के आम

आदमी की हालत बद से बदतर होती जा रही है। जाहिर है कि इसकी प्रतिक्रिया में आने वाले वर्षों में तीव्र प्रतिरोध अवश्य उभरेगा और वह इतना स्वतः स्फूर्त एवं चतुर्दिक होगा कि सत्ताधारी (जो कि बहुराष्ट्रीय कम्पनियों से साँठ-गाँठ करके अपने हित साधने में जुटे हैं), की नींद हराम हो जायेगी।

यह भी दिलचस्प पहलू है कि पूँजीपति तबका आमजनों के लिए कल्याणकारी योजनाओं की मार्फत घुसते हैं। इस देश में लोकतान्त्रिक संस्थाओं के विकास और मीडिया की बढ़ती सक्रियता के फलस्वरूप देश में जनचेतना और जनअपेक्षाओं में काफी वृद्धि हुई है। यही कारण है कि पिछले कुछ वर्षों में लोकतान्त्रिक संस्थाओं को कमज़ोर करने और अभिव्यक्ति की स्वतन्त्रता पर अंकुश लगाने की सुनियोजित कोशिशें हो रही हैं। दरअसल, भूमण्डलीकरण के चलते सबसे बड़ा ख़तरा लोकतन्त्र पर मँडरा रहा है। फिर भी यहाँ यह कहने में गुरेज नहीं है कि ''सबसे अधिक खतरनाक है प्रेस और मीडिया के बड़े वर्ग का नवउपनिवेशवादी बाज़ारवादी शक्तियों के साँठ-गाँठ कर लेना, जो आम जनता को उनके हित से जुड़े मूलभूत मुद्दों शोषण व अन्याय की हक़ीकत से दूर करके निष्क्रिय मनोरंजन व उपभोक्तावादी फैशन के मोहजाल में फँसाकर प्रतिरोध और क्रान्ति की चिंगारी को कुंद कर देने की कुटिल कोशिश में जुट गया है।''[37] मनोरंजन के नाम पर तमाम मीडिया संस्थान सांस्कृतिक क्षरण की परवाह नहीं करते, ख़ासकर डिजिटल क्रान्ति के उपरान्त पूँजीपतियों ने नये क़िस्म की भूख ईजाद की है। उद्योगपति ये बखूबी जानते हैं कि भारत में ब्रेड की भूख नहीं अपितु सेक्स की भूख है। डिजिटल तकनीकी और उपग्रह प्रसारणों के गर्भ से पोर्न पहले से ज़्यादा आक्रामक होकर सामने आया है। "इंटरनेट और टीवी चैनलों में जिस तरह का संचार हो रहा है वह वर्चुअल संसार है। डिजिटल संचार है। कोड में किया गया संचार है। कोड में सम्प्रेषण की बुनियादी मुश्किल यह है कि इससे आप सामाजिक परिवर्तन पैदा नहीं कर सकते। कोड को बदलना सम्भव नहीं है। कोड को आप पढ़ सकते हैं, खोल सकते हैं किन्तु बदल नहीं सकते। संघर्ष का कोड में रूपान्तरण इस युग की सबसे बड़ी मीडिया त्रासदी है। कोड और बँटे हुए रूपों में प्रसारित किसान संघर्ष के वाहक ज़्यादातर वे संगठन हैं जिन्हें हम स्वयंसेवी संगठनों के नाम से जानते हैं। ये संख्या में हज़ारों हैं किन्तु इनके पीछे गोलबन्द जनता की तादाद सीमित है। नये मीडिया की वर्चुअल दुनिया में किसान अथवा मनुष्य सिर्फ़ सन्दर्भ मात्र हैं। स्वायत्त सन्दर्भ है। किन्तु इस किसान अथवा मनुष्य को ठोस ब्योरे और विवरणों के साथ मीडिया कभी पेश नहीं करता।

कभी यह भी नहीं बताता कि आखिर मनुष्य के शत्रु कौन हैं और दोस्त कौन हैं? अब यही कहा जा रहा है कि मानवता के शत्रु स्वयं मानवता के अन्दर हैं।"[38] शोषण के सबसे प्रभावी अस्त्र के रूप में आज भी सेक्स बाज़ार दुनिया का सबसे ताक़तवर बाज़ार है। उत्तर औद्योगिक काल में जहाँ सेक्स बाज़ार का हिस्सा था किन्तु आज वह सेक्स उद्योग है। पहले सेक्स शरीर था, बाज़ार बना और अब उद्योग बन गया। कुछ वर्षों पूर्व तक जहाँ सेक्स वर्कर कोठे पर देख पाते थे या कभी-कभार बाज़ार या जलसों में भी देखा जा सकता था पर पोर्न साहित्य व टीवी पर आ रहे कामोद्दीपक कार्यक्रमों ने शारीरिक क्रियाओं और शारीरिक अंगों के दृश्यों की बाढ़ पैदा कर दी। पोर्न फ़िल्मों ने कामुकता के कलात्मक और राजनीतिक नज़रिये की विदाई कर दी और इंटरनेट व डिजिटल प्रौद्योगिकी पोर्न एवं सेक्स को उद्योग का रूप दे दिया।

"प्रावदा (05 दिसम्बर, 2005) अख़बार लिखता है कि आज सारी दुनिया में अनुमानतः 12.3 मिलियन औरतें हैं जो गुलामी में जी रही हैं, सेक्स उद्योग में हैं। निज़ी कम्पनियों में 9.8 मिलियन कर्मचारी हैं। 2.5 मिलियन से ज़्यादा लोग ऐसे हैं जो किसी न किसी दबाव के कारण गुलामी में जी रहे हैं। इसके जरिये विश्व स्तर पर सालाना आमदनी 30 बिलियन डॉलर का आँकड़ा पार कर गयी है। इसके बावजूद दोषी लोगों को अभी तक दण्डित नहीं किया गया है। आईएलओ की रिपोर्ट के आधार पर प्रावदा लिखता है कि इन गुलामों में से बीस फ़ीसदी के क़रीब लोगों का राज्य और सैन्यबल इस्तेमाल करते हैं। 11 फ़ीसदी आधुनिक गुलामों का वेश्यावृत्ति और अन्य सेक्स उद्योग में इस्तेमाल किया जाता है। 64 फ़ीसदी गुलाम परम्परागत और वैध उद्योगों के विभिन्न क्षेत्रों में काम कर रहे हैं।"[39] भूमण्डलीकरण के फलस्वरूप जल्दी अमीर बनने की ललक में अपराधी गिरोहों द्वारा औरतों को ज़्यादा पैसा दिलाने के लालच में उनका निर्यात विदेशों में किया जा रहा है। पर्यटन उद्योग में औरतों का देह-व्यापार के क्षेत्र में इस्तेमाल हो रहा है। युवा लड़कियों और तरुणियों की ज़्यादा माँग है क्योंकि उनमें समर्पण भाव ज़्यादा होता है। थाईलैंड में पड़ोसी देशों की युवतियाँ देह-व्यापार के धन्धे में ज़्यादा हैं। जहाँ बर्मा, कम्बोडिया, लाओस की लड़कियाँ वेश्यावृत्ति के पेशे में धकेली गयी हैं वहीं भारत में देह व्यापार में सक्रिय लड़कियों में सबसे बड़ी तादाद बांग्लादेश और नेपाल से आयी लड़कियों की है। कहने का आशय यह है कि देह-व्यापार का धन्धा माइग्रेशन पर टिका है। ग़रीबी, स्थानीय स्तर पर आजीविका का अभाव, कम परिश्रम से ज़्यादा धन कमाने की लालसा, जबरिया श्रम

और विकास के नाम पर हो रहा विस्थापन आदि ही माइग्रेशन के प्रमुख कारण हैं। पूँजीपति तबके द्वारा व्यावसायिकता और बाज़ारीकरण पर जोर दिया जा रहा है। आज अधिकांश बेरोज़गार युवा-युवतियाँ निरन्तर शोषण, ग़रीबी, हताशा, डिप्रेशन के शिकार हो रहे हैं। इस स्थिति से ध्यान हटाने के लिए समूचा मनोरंजन उद्योग, इच्छा उद्योग और सेक्स उद्योग सक्रिय है। "वह असल मुद्दों या समस्या से ध्यान हटाने या ग़लत दिशा देने का काम कर रहा है। वह सामान्य लोगों को यह बताने में व्यस्त है कि नव्य विश्व व्यवस्था लोगों को सन्तुष्ट करने की कोशिश कर रही है। वह व्यक्ति के उपभोग, व्यक्तिगत चयन एवं व्यक्तिगत स्वतन्त्रता की अभिव्यक्ति है। यह धारणा प्रसारित की जा रही है कि माल और व्यक्ति का विनिमय हो सकता है। निज़ी उद्योग का लक्ष्य सार्वजनिक भलाई करना है। कार्पोरेट सक्षमता विकसित करने के लिए वस्तुकरण ज़रूरी है। तीसरी दुनिया के देशों में श्रम का नव औपनिवेशीकरण हो रहा है। नस्लवाद और सेक्सवाद को सहज, स्वाभाविक और सहनीय बनाया जा रहा है। नस्लवाद, सेक्सवाद, नव्य उपनिवेशवाद मूलतः नयी विश्व व्यवस्था के एजेण्ट हैं। सामाजिक मुक्ति के नाम पर बहुराष्ट्रीय मीडिया एवं सूचना कम्पनियों ने इच्छाओं और सहजात वृत्तियों पर हमला बोला है। इच्छाओं के आधार पर राष्ट्रीय सुरक्षा, आर्थिक लाभ, कामुक शान्ति, वेश्यावृत्ति, जिस्मफरोशी तार्किक परिणति के रूप में सामने आयी है।"[40] हालाँकि यह तर्क दिया जा सकता है कि क्या भूमण्डलीकरण के कारण ही ज़िस्मफरोशी का धन्धा हो रहा है? सामन्ती प्रथा के तहत कामुक सम्पत्ति के रूप में स्त्री के विनिमय या उपहार स्वरूप देने की प्रथा ने स्त्री के शोषण को एक आकर्षक वैध व्यवस्था बनाया। सन् 1800 के बाद से आधुनिक तकनीकी विकास, प्रिंटिंग प्रेस, टीवी, फ़िल्म, इंटरनेट व मोबाइल के विकास के साथ-साथ जनतन्त्र और व्यक्तिगत स्वतन्त्रता के उदय ने पोर्न को एक सामाजिक समस्या बना दिया। इतना ही नहीं आधुनिक मीडिया ने पोर्न और सेक्स को टेबू नहीं रहने दिया है। आज पोर्न सहज ही उपलब्ध है। सामान्य जीवन में पोर्न को लोकप्रिय बनाने में संचार माध्यमों द्वारा प्रसारित विज्ञापनों की बड़ी भूमिका है। विज्ञापनों के माध्यम से दर्शक की कामुक मानसिकता बनी है। कल तक जो विज्ञापन की शक्ति थी आज पोर्न की शक्ति बन चुकी है। आज पोर्न संगीत वीडियो से लेकर फैशन परेड तक में भरपूर ढंग से परोसी जा रही है।

पितृसत्तात्मक समाज में पुरुषों के समान अधिकार न मिलने से स्त्रियाँ आर्थिक क्षेत्र में हस्तक्षेप नहीं कर सकीं। फलतः सामाजिक स्थिति में स्त्रियों

को सिर्फ़ उपभोग की वस्तु के रूप में पेश किया जाने लगा। यहाँ यह कहना समीचीन होगा कि पूँजीवादी समाज में वेश्यावृत्ति के फलने-फूलने का प्रधान कारण है—सामाजिक तौर पर स्त्री का वस्तुकरण, विनिमय के रूप में उसका इस्तेमाल और स्त्री विरोधी भेदभावपूर्ण सामाजिक परिवेश। वेश्यावृत्ति सिर्फ़ स्त्री हिंसा या पितृसत्ता के कारण पैदा नहीं हो रही है अपितु उपनिवेशवाद, सैन्यवाद, भूमण्डलीय संरचनाएँ वेश्यावृत्ति के प्रमुख कारक हैं। वेश्यावृत्ति में वे औरतें ज़्यादा हैं जो वंचित हैं, हाशिये पर हैं, विस्थापित हैं, श्रम क्षेत्र से निकाल दी गयी हैं। यहाँ यह कहा जा सकता है कि दुनियाभर में सेक्स उद्योग के फलने-फूलने के दो प्रमुख कारण हैं पहला है - युद्ध और दूसरा है - सूचना एवं संचार तकनीक। संचार माध्यमों ने वेश्यावृत्ति व पोर्न का बड़ा कारोबार विकसित किया है। एक अनुमान के मुताबिक वेश्यावृत्ति के धन्धे में प्रतिवर्ष 40 लाख नयी लड़कियाँ और दस लाख बच्चे आ रहे हैं। शारीरिक और कामुक शोषण व वित्तीय लाभ ही वेश्यावृत्ति का प्रमुख लक्ष्य है। यहाँ एक सवाल सोचनीय है कि अक्सर हमें मानसिक रूप से वेश्यावृत्ति में लड़कियों के बारे में जिक्र मिलता है तो क्या पुरुष सेक्स के प्रति ऐसा कुछ करते ही नहीं हैं? जबकि सेक्स वर्कर के रूप में जो काम लड़कियाँ करती हैं आज वही काम पुरुष भी करते हैं जिन्हें नाम दिया जाता है-जिगोलो। नयी विश्व व्यवस्था ने सेक्स और पोर्न उद्योग के फलने-फूलने के लिए क़ानूनों को उदार बनाया, इसके कारण सेक्स और पोर्न सम्बन्धी क़ानूनों में भी बदलाव आया है। पोर्न एवं सेक्स उद्योग की वैधता के कारण स्त्री और बच्चों का शारीरिक शोषण और भी बढ़ा है। हमारे समाज में जो लोग भूमण्डलीकरण के अमानवीय चरित्र की उपेक्षा करके उसकी अंधी हिमायत में लगे हैं उन्हें फिलीपींस के अनुभवों से सबक लेना चाहिए। फिलीपींस में अन्तरराष्ट्रीय मुद्रा कोष, विश्व बैंक आदि के इशारों पर स्त्री मुक्ति का जो रास्ता अख़्तियार किया गया वह स्त्री को आत्मनिर्भर नागरिक नहीं बनाता, बल्कि सेक्स बाज़ार में धकेलता है। "लेबर एक्सपोर्ट के नाम पर साठ और सत्तर के दशक में बड़े पैमाने पर फिलीपीनी औरतों का निर्यात किया गया। सत्तर के दशक में मध्य-पूर्व में निर्माण उद्योग के लिए मर्दों का निर्यात किया गया। वियतनाम युद्ध के बाद वेश्यावृत्ति का विश्वबाज़ार तेजी से विकसित होता है। अमेरिका, ब्रिटेन, फ्रांस आदि देशों की सेनाओं ने जिन देशों में हस्तक्षेप किया, जिन इलाक़ों में अपने सैनिक अड्डे बनाये उनके आसपास के देशों में वेश्यावृत्ति तेजी से फैली।

यही स्थिति संयुक्त राष्ट्र के नेतृत्व में चलने वाले शान्ति मिशन अभियानों की है। शान्ति मिशन अभियानों में शामिल सैनिकों को औरतों और बच्चों की तस्करी करते रंगे हाथों पकड़ा गया है। सोमालिया, मोगादिसु, साइप्रस, कम्बोडिया, सर्बिया, बोसनिया, कोसोवो आदि इलाक़ों में शान्ति सैनिक औरतों की तस्करी करते पकड़े गये हैं। कम्बोडिया में 1992-93 के शान्ति मिशन के समय कम्बोडिया में वेश्यावृत्ति कई गुणा बढ़ गयी। 25 फ़ीसदी से ज़्यादा सैनिक एचआईवी पॉजीटिव होकर लौटे। सोमालिया में फ्रेंच सैनिकों ने वेश्यावृत्ति में कई गुणा इजाफा कर दिया। सन् 2002 में संयुक्त राष्ट्र संघ द्वारा इटली के शहर तूरिन में 'प्रोस्ट्यूशन, सेक्स ट्रेफिकिंग एंड पीसकीपिंग' विषय पर आयोजित सेमिनार में यह उभर कर आया कि शान्ति मिशन के कार्य जब चरम पर होते हैं तब ही वेश्यावृत्ति और अन्य देशों के लिए औरतों की बिक्री बढ़ जाती है। यह स्थिति निकोशिया, फामुगुस्ता, बुडापेस्ट, कोसोवो, डिली-डारविन, नोमपेन्ह-बैंकाक, होंडुरास, अल सल्वाडोर, ग्वाटेमाला, सोमालिया आदि देशों में देखी गयी है।"[41]

यही स्थिति भारत में भी है। संचार क्रान्ति के बाद सेक्स ट्रेफिकिंग के विवरण ज़्यादा देखने को मिले। ग्राहक मनोरंजन के लिए औरतों का शोषण कर रहे हैं, दलाल मुनाफ़े के लिए औरतों को वेश्यावृत्ति के लिए प्रेरित करते हैं। इसके लिए वे न्यू मीडिया का बखूबी इस्तेमाल कर रहे हैं। "सारी दुनिया में पोर्न का करोबार 56 बिलियन डॉलर से ज़्यादा का है। इसमें वयस्क वीडियो 20 बिलियन डॉलर, सेक्स क्लब 5 बिलियन डॉलर, मैगजीन साढ़े सात बिलियन डॉलर, फोन सेक्स साढ़े चार बिलियन डॉलर, इंटरनेट (बिक्री और सदस्यता) डेढ़ बिलियन डॉलर तथा अन्य रूपों में पोर्न का कारोबार तीन बिलियन डॉलर से ज़्यादा का आँका गया है। जेनेट एम लारोइ ने 'दि पोर्न रिंग एराउंड दि कार्पोरेट ह्वाइट कालर्स : गेटिंग फिल्थी रिच' नामक निबन्ध में लिखा है कि पोर्न से मोटा मुनाफ़ा कमाने वालों में दुनिया के सबसे कार्पोरेट घरानों में प्रमुख हैं - एटी एंड टी, एमसीआई, टाइम वार्नर, कॉमकास्ट, इकोस्टार, कम्युनिकेशन जनरल मोटर का डायरेक्ट टीवी, हिल्टन, मारीओत, शेरेटॉन, रेडीसन, वीसा मास्टर कार्ड, अमेरिकन एक्सप्रेस आदि।"[42]

सैटेलाइट केबल और भुगतान टीवी के माध्यम से पोर्न उद्योग की आमदनी हॉलीवुड फ़िल्मों की आमदनी से दोगुनी है। जीएम कम्पनी का डायरेक्ट टीवी पोर्न नेटवर्क का सालाना मुनाफ़ा 200 मिलियन डॉलर से ज़्यादा आँका गया है।

डायरेक्ट टीवी में विस्तृत कामुक दृश्यों की भरमार होती है। फ़ोर्ब्स पत्रिका के सन् 2000 के अंक में प्रकाशित एक लेख के अनुसार अमेरिकी सैटेलाइट और केबल उद्योग ने पोर्न के प्रसारण के माध्यम से 310 मिलियन डॉलर का कारोबार किया है। 'इकोस्टार' सैटेलाइट कम्पनी पोर्न से सबसे ज़्यादा मुनाफ़ा कमाने वाली कम्पनी है। इस कम्पनी ने सन 2001 में 269.8 मिलियन डॉलर का कारोबार किया। इसके अलावा पोर्न से मुनाफ़ा कमाने वालों में अग्रणी कतार में टाइम वार्नर का नाम आता है। यह कम्पनी प्लेबॉय, स्पाइसी और विविड इंटरटेनमेंट के जरिये अपना पोर्न कारोबार करती है। इनमें से अकेले विविड इंटरटेनमेंट ने ही 70 मिलियन डॉलर का कारोबार किया है। वयस्क फ़िल्मों की सबसे बड़ी वितरक निर्माता कम्पनी न्यू फ्रंटियर मीडिया के सीईओ मार्क क्रेलांफि ने कहा कि अमेरिका में प्रति घर औसतन तीन पोर्न फ़िल्मों की ख़रीद होती है। ये फ़िल्में 7.85 से 10.95 डॉलर प्रति फ़िल्म की दर से बिकती हैं। नयी संचार क्रान्ति से पोर्न का कारोबार बूमिंग पर है। वेबसाइट सेक्स कामना का एक अच्छा स्रोत है जहाँ कि आप आनन्दित होते हैं। "एक अनुमान के मुताबिक क़रीब 30 से 60 हज़ार पोर्न वेबसाइट हैं। ओसीएलसी का मानना है कि सत्तर हज़ार व्यावसायिक साइट हैं। इसके अलावा दो लाख साइट शिक्षा की आड़ में चलायी जा रही हैं। कुछ लोग यह मानते हैं कि वयस्क सामग्री अरबों, खरबों पन्नों में है। सन् 2003 में 'डोमेनसरफर' द्वारा किये गये एक सर्वे से पता चला कि एक लाख सड़सठ हज़ार इकहत्तर वेबसाइट ऐसी हैं जिसमें सेक्स पदबन्ध शामिल हैं। चार सौ सात में स्तन, तिरपन हज़ार चौरानवे में पोर्न, उनचालीस हज़ार चार सौ पंचानवे में एक्सएक्सएक्स पदबन्ध शामिल हैं। अलविस्टा के अनुसार पोर्न के तीस लाख पन्ने हैं। असल संख्या से यह आँकड़ा काफी कम है। अकेले गूगल के 'हिटलर' सर्च में 1.7 मिलियन पन्ने हैं, जबकि 'कित्तिन' में 1.2 मिलियन पन्ने हैं। 'डाग' में 17 मिलियन पन्ने हैं। 'सेक्स' में 132 मिलियन पन्ने हैं। सन् 2003 में गूगल में 126 मिलियन पोर्न पन्ने थे।"[43] वयस्क उद्योग में कितने लोग काम करते हैं। इसका सही आँकड़ा प्राप्त करना मुश्किल है। अब सेक्स कारोबार वैश्विक है। हमारे समाज में वेश्यावृत्ति का धन्धा स्थानीय है पर सेक्स उद्योग ग्लोबल हो गया है। क्योंकि विश्व बाज़ार में सेक्स सेवा का आयात-निर्यात ग्लोबल रूप में हो रहा है। सेक्स उद्योग में मूलरूप से बहुराष्ट्रीय कार्पोरेट हाउस व संगठित माफिया गिरोह सक्रिय हैं। वस्तुतः वेश्यावृत्ति, कामुकता, पोर्न या अवैध सम्बन्धों

की ओर रुझान को वैधता प्रदान करने में मीडिया की कार्यक्रम प्रस्तुतियों की भूमिका महत्त्वपूर्ण होती है। मीडिया अध्ययन बताते हैं कि 66 फ़ीसदी प्राइम टाइम कार्यक्रमों में कामुकता एक महत्त्वपूर्ण अन्तर्वस्तु है। सन् 1999 और 2000 के साल में टेलीविज़न के दो-तिहाई कार्यक्रमों में कामुकता पर जोर था। समग्रता में टेलीविज़न में सन् 1999 में 56 फ़ीसदी सेक्स कंटेंट था। जो सन् 2000 में बढ़कर 84 फ़ीसदी हो गया है। सन् 2001 में केशर फेमिली फाउंडेशन ने बताया कि अमेरिकी सॉप ओपेरा की अस्सी फ़ीसदी अन्तर्वस्तु कामुक थी। ग्रीनवर्ग एवं वुड ने बताया कि औसतन प्रति घण्टे सॉप ओपेरा में 6.6 काम क्रियाएँ दिखायी गयीं। यह भी पाया गया कि तरुणों में कामुक अन्तर्वस्तु के कार्यक्रम बेहद लोकप्रिय हैं। 23 फ़ीसदी टीवी कार्यक्रमों में विभिन्न चरित्रों के बीच में काम-क्रीड़ा के दृश्य 18 से 24 साल के लोगों पर फ़िल्माये गये। जबकि 9 फ़ीसदी चरित्र 18 साल से कम उम्र के थे। ज़्यादातर काम-क्रीड़ा के दृश्य अविवाहित युगलों के बीच में दर्शाए जाते हैं। अविवाहित चरित्रों में ही कामुक भाषा का प्रयोग मिलता है। एक शोध में पाया गया कि 24 चरित्रों में सिर्फ़ एक ही विवाहित युगल सॉप ओपेरा में काम-क्रीड़ा करते नज़र आया बाकी चरित्र अविवाहित थे।"[44] यहाँ आशय स्पष्ट है कि बहुराष्ट्रीय कम्पनियाँ यह जानती हैं कि हम धर्म के नाम पर या फिर सेक्स के नाम पर ही इन्हें मानसिक रूप से गुलाम बना सकते हैं। यही कारण है कि संचार माध्यमों में सेक्स जनित कार्यक्रमों को प्रधानता दी जाने लगी है।

आज भूमण्डलीकरण द्वारा अक्सर विकास की चर्चा की जाती है तो हम यह सोचने को विवश हो जाते हैं कि तथाकथित आर्थिक विकास से किसका भला हो रहा है? चन्द धनपतियों या फिर बहुसंख्यक आम जनता का? "विश्व के कुल उपभोग का 56 प्रतिशत अमीर मुल्कों की 15 प्रतिशत अमीर आबादी करती है। जबकि ग़रीब मुल्कों की 40 प्रतिशत आबादी मात्र 11 प्रतिशत हिस्से का उपभोग कर पाती है। विश्व के दस प्रतिशत अमीरों की जितनी आमदनी है उसका 1.6 ही सर्वाधिक निर्धन 10 प्रतिशत आबादी की आय है। इसके विपरीत विश्व के एक प्रतिशत अमीर जो कमाते हैं, सबसे ग़रीब दस प्रतिशत आबादी की कमाई का 57 प्रतिशत के बराबर है।"[45] नब्बे के दशक में क़रीब चालीस देशों की सालाना प्रति व्यक्ति आय तीन प्रतिशत की दर से बढ़ी है जबकि अस्सी से अधिक देश ऐसे रहे जिनकी प्रतिव्यक्ति आय वृद्धि दर अस्सी के दशक से भी कम हो गयी है। आज विकसित देशों में प्रति व्यक्ति ऊर्जा उपभोग विकासशील देशों के क़रीब दस गुणा अधिक है।

प्रत्यक्ष विदेशी निवेश की दृष्टि से भी भूमण्डलीकरण के दौर में असमानता में वृद्धि हुई है। प्रत्यक्ष विदेशी निवेश सन् 1991 के 36 अरब डॉलर से बढ़कर 2000 में 178 अरब डॉलर का अधिकतम 80 प्रतिशत हिस्सा दस विकासशील देशों के खाते में गया। अविकसित देशों में कम निवेश हुआ। दूसरी ओर विकासशील देशों पर क़र्ज़ का बोझ सन् 1991 के 1300 अरब डॉलर से बढ़कर सन् 2000 में 2200 अरब डॉलर हो गया है। पिछले दस वर्षों के दौरान दक्षिण एशियाई देशों में ग़रीबी तेजी से बढ़ी है। "उदारीकरण से सबसे ज़्यादा दक्षिण एशिया के देश ही प्रभावित हुए हैं। इस दौरान सबसे अहम बात यह रही कि जहाँ बड़े शहरों में लोगों के जीवन स्तर में सुधार आया वहीं गाँव के जीवन स्तर में जबरदस्त गिरावट दर्ज की गयी। आँकड़े बतलाते हैं कि दुनिया के बीस प्रतिशत अमीर लोगों की आमदनी सन् 1960 में बीस प्रतिशत ग़रीब लोगों की आमदनी से तीस गुना अधिक थी। आज यह सत्तर गुना अधिक हो गयी है।"[46]

फ़ोर्ब्स पत्रिका ने हाल में वर्ष 2022 में दुनिया के सर्वाधिक अमीर व्यक्तियों की सूची जारी की। इसमें टेस्ला के प्रमुख एलन मस्क पहले तथा अमेजन के संस्थापक जेफ बेजोस दूसरे स्थान पर हैं। मस्क की सम्पत्ति 16.59 लाख करोड़ रुपये है जबकि जेफ बेजोस की सम्पत्ति 12.95 लाख करोड़ है। रिलायंस इंडस्ट्रीज के अध्यक्ष और प्रबन्ध निदेशक मुकेश अम्बानी 6.87 लाख करोड़ की सम्पत्ति के साथ सबसे अमीर भारतीय के रूप में शीर्ष पर बने हुए हैं। मुकेश अम्बानी दसवें और गौतम अदाणी ग्यारहवें स्थान पर हैं। फ़ोर्ब्स के अनुसार गौतम अदाणी की कुल सम्पत्ति 6.50 लाख करोड़ है। रिपोर्ट के अनुसार भारतीय अरबपतियों की संख्या में रिकॉर्ड बढ़ोतरी हुई है। पिछले वर्ष यह संख्या 140 थी, जो बढ़कर 166 हो गयी है और इन लोगों की कुल सम्पत्ति 57.58 लाख करोड़ रुपये है। एक तथ्य यह भी है कि जहाँ भारत में अरबपतियों की संख्या में बढ़ोतरी हो रही है, वहीं ग़रीबी का ग्राफ भी ऊपर बढ़ता जा रहा है। ग़रीबी का आलम यह है कि वे आधारभूत संसाधनों के लिए जद्दोजहद कर रहे हैं।

सन्दर्भ

1. चतुर्वेदी, जगदीश्वर एवं सिंह, सुधा, *भूमण्डलीकरण और ग्लोबल मीडिया*, ई. संस्करण, नयी दिल्ली : अनामिका पब्लिशर्स एंड डिस्ट्रीब्यूटर्स।
2. वही
3. वही

4. वही
5. वही
6. वही
7. वही
8. वही
9. चतुर्वेदी, जगदीश्वर, *बहुराष्ट्रीय निगम और ग्लोबल संस्कृति*, नयी दिल्ली : अनामिका पब्लिशर्स एंड डिस्ट्रीब्यूटर्स।
10. जेराल्डीन, फैब्रिकेंट, *मर्डोक बेट्स हैविली ऑन ए ग्लोबल मीडिया विजन*, न्यूयार्क टाइम्स, 29 जुलाई 1996, पृ. 01
11. केन ऑलेटा द्वारा न्यू यार्कर के लेख *दि पायरेट* में उद्धृत, 13 नवम्बर, 1995, पृ. 80
12. एडवर्ड, एस. हरमन एवं मैक्चेस्नी, राबर्ट डब्ल्यू. (अनु. चन्द्रभूषण), *भूमण्डलीय जनमाध्यम*, दिल्ली : ग्रन्थ शिल्पी प्रकाशन, पृ. 118
13. साइमन, होल्बर्टन, (अक्टूबर 1995), 'न्यूज़ कार्पोरेजेज स्टेक इन स्टार टेलीविजन गैंबल', *फाइनेंशियल टाइम्स*, पृ. 17
14. एडवर्ड एस. हरमन एवं मैक्चेस्नी, राबर्ट डब्ल्यू. (अनु. चन्द्रभूषण), *भूमण्डलीय जनमाध्यम*, दिल्ली : ग्रन्थ शिल्पी प्रकाशन, पृ. 119
15. डाइने मेरमिगास, (13 मई, 1996), 'लिबर्टी सीज स्पोर्टस ऐज टू ग्लोबल किंगडम', *इलेक्ट्रॉनिक मीडिया*, पृ. 10
16. रेमंड स्नॉडी और साइमन कूपर, (29-30 जुलाई, 1995), 'मनी इज दि नेम ऑफ दि गेम', *फाइनेंशियल टाइम्स*, पृ. 10
17. एडवर्ड एस. हरमन एवं मैक्चेस्नी, राबर्ट डब्ल्यू. (अनु. चन्द्रभूषण), *भूमण्डलीय जनमाध्यम*, दिल्ली : ग्रन्थ शिल्पी प्रकाशन, पृ. 116-117
18. वही, पृ. 125
19. एडवर्ड एस. हरमन एवं मैक्चेस्नी, राबर्ट डब्ल्यू. (अनु. चन्द्रभूषण), *भूमण्डलीय जनमाध्यम*, दिल्ली : ग्रन्थ शिल्पी, पृ. 127-129
20. हेलन बंटिंग ग्लोबल मीडिया कम्पनीज़ : ग्रन्थ 2 रेस्ट ऑफ़ वर्ल्ड लन्दन पीयरसन प्रोफेशनल, 1995, पृ. 215। एलिस रॉस्थार्न, 'टाइम वार्नर टु इन वेस्ट 220 मिलियन डॉलर्स इन सिनेमाज', *फाइनेंशियल टाइम्स*, 15 अगस्त, 1995. पृ. 07
21. एडवर्ड एस. हरमन एवं मैक्चेस्नी, राबर्ट डब्ल्यू. (अनु. चन्द्रभूषण), *भूमण्डलीय जनमाध्यम*, दिल्ली : ग्रन्थ शिल्पी, पृ. 129
22. वही, पृ. 130
23. जॉन लफायत, (जुलाई, 1996), *न्यू डिज्नी/एबीसी ग्लोबल यूनिट लुक्स अहेड : इलेक्ट्रॉनिक मीडिया*, पृ. 04
24. 'मर्डोक वर्ल्ड फ्रॉम ए टु जेड', *न्यूयार्क टाइम्स*, 29 जुलाई, 1996, पृ. 7
25. डायनेमेरमिगास, टीसीआई कवरिंग ऑल दि बेसेज, *इलेक्ट्रॉनिक मीडिया*, 29 अप्रैल, 1996. पृ. 21

26. एडवर्ड एस. हरमन एवं मैक्चेस्नी, राबर्ट डब्ल्यू. (अनु. चन्द्रभूषण), *भूमण्डलीय जनमाध्यम*, दिल्ली : ग्रन्थ शिल्पी प्रकाशन, पृ. 160
27. चतुर्वेदी, जगदीश्वर एवं सिंह, सुधा, *भूमण्डलीकरण और ग्लोबल मीडिया*, ई. संस्करण, नयी दिल्ली : अनामिका पब्लिशर्स एंड डिस्ट्रीब्यूटर्स।
28. वही
29. वही
30. वही
31. वही
32. वही
33. वही
34. वही
35. *लोकमत समाचार*, नागपुर संस्करण, 26 जुलाई, 2011, भरत झुनझुनवाला के आलेख से उद्धृत।
36. चतुर्वेदी, जगदीश्वर, एवं सिंह, सुधा, *भूमण्डलीकरण और ग्लोबल मीडिया*, ई. संस्करण, नयी दिल्ली : अनामिका पब्लिशर्स एंड डिस्ट्रीब्यूटर्स।
37. अनूप शुक्ला का आलेख, ई. संस्करण।
38. चतुर्वेदी, जगदीश्वर एवं सिंह, सुधा, *भूमण्डलीकरण और ग्लोबल मीडिया*, ई. संस्करण, नयी दिल्ली : अनामिका पब्लिशर्स एंड डिस्ट्रीब्यूटर्स।
39. वही
40. वही
41. वही
42. वही
43. वही
44. वही
45. कुमार, बिजेन्द्र, (2007), *हिन्दी पत्रकारिता और भूमण्डलीकरण*, दिल्ली : श्री नटराज प्रकाशन, पृ. 43
46. वही

ग्लोबल विलेज और मार्शल मैकलुहान

'ग्लोबल विलेज' दुनिया भर में मीडिया प्रौद्योगिकियों के प्रसार के परिणामस्वरूप पूरी दुनिया के अधिक परस्पर जुड़े होने का परिचायक है। 'ग्लोबल विलेज' शब्द कनाडा के मीडिया सिद्धान्तकार और टोरंटो स्कूल के प्रो. मार्शल मैकलुहान ने 1960 में यह बताया था कि हमारा समाज तकनीक और जानकारी साझा करने के तरीक़े से प्रभावित होगा। मैकलुहान के अनुसार मानव इतिहास चार प्रमुख संचार काल में बँटा हुआ था–शाब्दिक युग (मौखिक परम्परा), साहित्यिक युग (जिसकी शुरुआत लिखने से हुई), प्रिंट युग (जिसकी शुरुआत प्रिंटिंग प्रेस से हुई) और इलेक्ट्रॉनिक युग (कम्प्यूटर के जरिये सूचना का प्रसार)। उन्होंने अपनी क़िताबों–'द गुटेनबर्ग गैलेक्सी : द मेकिंग ऑफ़ टाइपोग्राफिक मैन' (1962) और 'अंडरस्टेंडिंग मीडिया' (1964) में उन्होंने बताया कि किस तरह इलेक्ट्रॉनिक तकनीक के कारण दुनिया एक गाँव के समान आपस में जुड़ी होगी। अब शहर-गाँव, देश-विदेश सभी साथ कार्य करते हैं। सभी वर्ग के जन देश-विदेश की राजनीतिक व सामाजिक समस्याओं से सम्बन्धित दृष्टिकोण व आँकड़े प्राप्त करते हैं। साहित्यिक विद्वान सू-इम ली वर्णन करते हैं कि कैसे वैश्विक गाँव शब्द अन्तरराष्ट्रीय वाणिज्य, प्रवास और संस्कृति द्वारा परिवर्तित वैश्विक सह-अस्तित्व को व्यक्त करने के लिए प्रयोग किया गया। आर्थिक पत्रकार थॉमस फ्रीडमैन ने वैश्विक गाँव को एक विश्व के रूप में परिभाषित करते हुए 'एक वैश्विक बाज़ार और गाँव में एक साथ बँधे' को रूपायित किया है।

मैकलुहान ने सिद्धान्त प्रतिपादित कर इस बात को पुष्ट किया कि 'माध्यम ही सन्देश है' (Medium is the Message)। किसी भी क़िस्म के सामाजिक-सांस्कृतिक परिवर्तन की समझ मीडिया के वातावरण की समझ के बिना असम्भव है क्योंकि मीडिया एक तरह से वातावरण की तरह काम करता है। मैकलुहान के नज़रिये का बुनियादी आधार है - तकनीकी और बायोलॉजी का अन्तर्सम्बन्ध।

मैकलुहान ने स्पष्ट लिखा कि 'मीडिया प्रकृति है।' उन्होंने तकनीकी को मनुष्य के शरीर, संवेदनाओं, सामाजिक और मनोवैज्ञानिक विस्तार के रूप में विश्लेषित किया। मैकलुहान का कहना है कि "सभी मीडिया मानवीय फैकल्टी के मानसिक अथवा शारीरिक रूप का विस्तार है। मीडिया हमारे वातावरण को जब बदलता है, उलटता है तो हमारी देखने की अनुभूतियों में आनुपातिक परिवर्तन आता है। किसी भी क़िस्म की अनुभूति का विस्तार हमारे सोचने और व्यवहार के रवैये को भी परिवर्तित करता है। दुनिया को देखने का हमारा नज़रिया उसी अनुपात में बदलता है जिस अनुपात में हमारी अनुभूति बदलती है। मनुष्य बदलता है।"[1]

मैकलुहान ने 'ग्लोबल विलेज' की अवधारणा को प्रतिपादित करते हुए कहा कि यह ग्लोबल सम्पर्क, ग्लोबल संवाद, ग्लोबल संस्कृति पर आधारित है। ग्लोबल होने का आशय यह नहीं है कि स्थानीय वैशिष्ट्य का लोप हो जाये बल्कि स्थानीय वैशिष्ट्य के लिए भी ग्लोबल आधार उपलब्ध हो यानी स्थानीय भी ग्लोबल हो सकें। इस मायने में ग्लोबल का अर्थ लोकल के लोप से नहीं है अपितु ग्लोबल लोकल के बिना आधार ही नहीं बनाता। ग्लोबल लोकल के लिए नयी सम्भावनाओं का द्वार खोलता है। लोकल के ग्लोबल होने की पहली शर्त यही है कि सभी क़िस्म के राष्ट्रीय बन्धनों, सीमाओं और क़ानून में ग्लोबल आर्थिक या वित्तीय संस्थानों के अनुकूल बुनियादी परिवर्तन। ग्लोबल विलेज के रूपक का मूलाधार है–ग्लोबल सम्पर्क की संरचनाएँ, ग्लोबल वित्तीय संरचनाएँ, ग्लोबल संचार प्रणाली आदि। सैटेलाइट, टीवी, इंटरनेट आदि के जरिये सम्पर्क, सम्बन्ध और संवाद करना ही ग्लोबल विलेज का मूलाधार है। इसका लक्ष्य है–वर्चुअल समाज, वर्चुअल संस्कृति, वर्चुअल आनन्द, वर्चुअल इतिहास के जरिये सारी दुनिया के बीच नये सम्बन्ध, सम्पर्क और संवाद का वातावरण निर्मित करना। ग्लोबल हमें सीमाबद्धता, स्थानीयता, स्थानीयबोध और कूपमंडूकता से मुक्त करता है। इस अर्थ में यह सकारात्मक धारणा है। इसका यह अर्थ नहीं है कि जो ग्लोबल नहीं है वह कूपमण्डूक है और जो ग्लोबल है वह बुद्धिमान है। यह भी सम्भव है कि खान-पान में ग्लोबल हों, ज्ञान में लोकल हों। ज्ञान में ग्लोबल हों, जीवनशैली में लोकल हों।

दरअसल, संचार की गति और लोगों के बारे में पढ़ने की क्षमता में वृद्धि, प्रसार और वैश्विक सूचनाओं पर शीघ्रता से प्रतिक्रिया करता है, व्यक्तियों को दुनिया भर के विभिन्न सामाजिक समूहों और देशों के अन्य लोगों के साथ अधिक शामिल होने और हमारी वैश्विक जिम्मेदारियों के बारे में अधिक जागरूक होने

में सक्षम बनाता है। वर्ल्ड वाइड वेब से जुड़े लोग स्थानीयता की सीमा को पार कर अपनी ज़रूरत के अनुसार विचारों को साझा करते हैं। लोग एक डिजिटल समुदाय में फिट होने के लिए प्रौद्योगिकी का उपयोग करते हैं जिससे वे शारीरिक रूप से नहीं बल्कि मानसिक रूप से जुड़े हुए हैं। प्रत्येक सोशल मीडिया प्लेटफॉर्म व्यक्तियों के लिए एक डिजिटल होम के रूप में कार्य करता है, जिससे लोग वैश्विक गाँव के माध्यम से खुद को अभिव्यक्त कर सकते हैं।

मैकलुहान ने अपने जमाने में तकनीक के बदले हुए रूपों के बारे में तेजी से रोशनी डाली। साथ ही यह भी बताने की कोशिश की कि तकनीक हमारे मन को ही नहीं हमारे हृदय को भी प्रभावित करती है, बदलती है। इस क्रम में मीडिया के हृदय और मन में कंट्रास्ट दिखाने की कोशिश की है। इसी कंट्रास्ट के आधार पर पहले वाचिक परम्परा, बाद में श्रव्य परम्परा, इसके बाद मीडिया के हृदय को खोला। मैकलुहान के नज़रिये से प्रिंट ने व्यक्तिवादिता को पैदा किया, मौखिक शब्दों ने सामाजिकता, बहुलता, खिलदण्ड भाव, पीढ़ियों की पक्षधरता पैदा की, जबकि प्रिंट ने विशेषज्ञता, वर्गीकृत सूचना, ध्वन्यात्मक अनुभव में जीने वाले मनुष्य के समानान्तर अनुभव संसार को पैदा किया। यह ऐसा मनुष्य है जो क्रमशः महसूस नहीं करता था, उस समय प्रतिस्पर्धा नहीं थी, एक ही फ्रेम में सोचने वालों में प्रतिस्पर्धा नहीं थी। प्रिंट ने कम्युनिकेशन को स्पेस में ठेल दिया और इसके कारण ही राष्ट्र और साम्राज्य का विकास हुआ।

मैकलुहान ने जनसंचार माध्यमों को दो भागों में बाँटा है–एक गरम माध्यम (Hot Medium) और दूसरा, ठण्डा माध्यम (Cold Medium)। गर्म माध्यम वह है जिसमें सूचनाओं को श्रोता तक एक इन्द्रियों से ज्ञान प्रदान करते हैं। ठण्डा माध्यम वह है जिन्हें श्रोता एक से अधिक इन्द्रियों के माध्यम से (सूचना) ग्रहण करे। दूसरे शब्दों में ठंडे माध्यम से उनका तात्पर्य ऐसे माध्यम से है जो मनुष्य की इन्द्रियों को उच्चावस्था में न ले जा सकें जो माध्यम ऐसा कर पाने में सक्षम हो वह गर्म माध्यम है। "मैकलुहान ने मीडिया का 'हॉट' और 'कूल' के रूप में वर्गीकरण किया है। सघन और असम्बन्धित अनुकरण, ऑडिएंस की कम से कम शिरकत, जिसे प्रेस ने वर्गीकृत किया, रेडियो ने कायारहित विस्तार दिया; यही वजह है कि वह 'हॉट' है, क्योंकि उसकी तकनीक की एक केन्द्रित मानसिकता (सिंगल माइंडनेस) है, जबकि भाषण और टेलीविज़न 'कूल' हैं, तकनीकी के अर्थ में। मैकलुहान कहता है कि टीवी दर्शक को अवचेतन में टीवी की डॉट या बिन्दुओं से अपने को जोड़ना पड़ता है जिससे वह पिक्चर को पूरा देख सके।

फलतः वह ज़्यादा शिरकत करता है। टीवी मनुष्य की बहुआयामी संवेदनाओं को सम्बोधित करता है। वह ज़्यादा शिरकत कराता है। इसी तरह भाषण की बहुआयामी छाप ऑडिएंस की शिरकत को बढ़ा देती है। भाषण में हाव-भाव, मंशा, शारीरिक मुद्राएँ आदि के कारण श्रोता की शिरकत बढ़ जाती है। टीवी का आना एक तरह से वाचिक परम्परा की संस्कृति का पुनरागमन है। इसी अर्थ में रेडियो 'हॉट' मीडियम है, जबकि टीवी 'कूल' मीडियम है।"[2] टीवी एक कूल मीडियम होने के कारण न केवल दर्शक को बाँधे रखता है अपितु उसकी शिरकत को बढ़ाता भी है। दर्शक के नाते वह अन्तर्वस्तु का निष्क्रिय ग्रहणकर्ता होता है। टीवी की अन्तर्वस्तु दर्शक को प्रभावित करती है न कि टीवी। उन्होंने रेडियो को आदिवासी नगाड़े (ट्राइवल ड्रम) तथा छायाचित्र को दीवारहीन वेश्यालय (प्राथल विदाउट वाल्स) और टेलीविज़न को कायर मुनाफ़ाखोर (टिमिड जाइंट) कहा है। मैकलुहान 'हॉट' और 'कूल' मीडिया में अन्तर को स्पष्ट करते हैं कि उसमें यूजर की कितनी शिरकत ज़रूरी है। कूल मीडियम, मसलन कार्टून से हमें बहुत कम सूचना मिलती है। वह दर्शक को खाली छोड़ देता है, दर्शक को कुछ भी नहीं होता, जबकि आपको हिस्सेदारी के लिए अन्तर्वस्तु की ज़रूरत होती है जिसके आधार पर आप शिरकत करते हैं।

मैकलुहान ने इलेक्ट्रॉनिक मीडिया टीवी के दृश्य युग को अभूतपूर्व क्रान्तिकारी क़दम माना। वे कहते हैं कि जब हमारा समाज इलेक्ट्रॉनिक मीडिया के युग में प्रवेश किया तो उसने हमारी बहुआयामी संवेदनशीलता को जन्म दिया और साथ ही बहुआयामी शिरकत को भी। तकनीक हमारी संवेदना और व्यक्तित्व को बड़ी गहराई के साथ प्रभावित करती है। व्यक्तित्व के जरिये नव सामाजिक सम्बन्ध निर्मित होते हैं। हमारे समाज, समुदाय, राष्ट्र, भूमण्डल आदि में क्या हो रहा है? उसके बारे में ज़्यादा बेहतर ढंग से जानने लगे। स्वयं के बारे में भी समझ बनायी, स्वयं के बारे में जागरूकता पैदा की। अन्य लोगों के बारे में भी जागरूकता पैदा की। यही वह बिन्दु है जहाँ पर मैकलुहान 'ग्लोबल विलेज' की धारणा लेकर आते हैं। इसी सन्दर्भ में मैकलुहान ने प्रिंट कल्चर के निहित स्वार्थीपन के कंट्रास्ट में इलेक्ट्रॉनिक कल्चर के जनजातीय बोध को पेश किया है। वे कहते हैं कि कैसे विज्ञापनों के जरिये प्रतीकात्मक संसार रचा जा रहा है और नयी संस्कृति पैदा हो रही है। टीवी ने प्रिंट युग की विदाई कर दी है। यही वह बिन्दु था जिसके आधार पर खड़े होकर मैकलुहान सारी दुनिया में चर्चित हो उठा।

इलेक्ट्रॉनिक माध्यम दृश्य संस्कृति का परिचायक है। दृश्य संस्कृति आत्म का विकास सामूहिकता की क़ीमत पर करती है। इसी तरह 'अन्तर्वस्तु' के बारे में मैकलुहान स्पष्ट रूप से कहते हैं कि प्रत्येक माध्यम अन्य माध्यम के लिए अन्तर्वस्तु प्रदान करता है यानी सिनेमा की अन्तर्वस्तु उपन्यास से आयी, फोनोग्राफ रिकॉर्ड को रेडियो ने अन्तर्वस्तु प्रदान की, टीवी को अन्तर्वस्तु फ़िल्म ने दी। इस तरह से देखें तो प्रत्येक मीडिया अपने सौन्दर्य का विस्तार करता गया। ''मैकलुहान ने टीवी के आधार पर ग्लोबल विलेज की धारणा दी। यही वह प्रस्थान बिन्दु है जहां से राष्ट्र राज्य का क्षय आरम्भ होता है।''[3] मैकलुहान ने कहा कि ''लोग एक बार फिर सारी दुनिया के ज्ञाता बन सकेंगे। टीवी देखने के कारण ही लोगों में बहुस्तरीय परिप्रेक्ष्य भी पैदा हुआ। इसने विश्व समुदाय की भावना पैदा की। विश्व समुदाय की भावना, बहुआयामी और बहुस्तरीय परिप्रेक्ष्य का टीवी के समानान्तर देखने की प्रक्रिया के साथ गहरा सम्बन्ध है। इसके कारण बहुआयामी अनुभूतियों और संवेदनाओं का भी निर्माण हुआ। इससे मनुष्य और भी ज़्यादा शक्तिशाली बना। यही ग्लोबल विलेज का आधार है।''[4] मैकलुहान जहां विकसित पश्चिमी देशों को गरम माध्यम समाज मानते हैं, वहीं भारत जैसे विकासशील देशों को ठण्डे माध्यम वाले समाज मानते हैं।

सन्दर्भ

1. मेतलार्द, अर्मांड, बोर्दिओ, पीयरे, मैकलुहान, मार्शल एवं जीजेक, स्लोवोज, (अनु. चतुर्वेदी, जगदीश्वर एवं सिंह, सुधा), (2008), *भूमण्डलीकरण और ग्लोबल मीडिया*, नयी दिल्ली : अनामिका पब्लिशर्स एंड डिस्ट्रीब्यूटर्स, पृ. 296
2. वही, पृ. 302
3. वही
4. वही, पृ. 304

पत्रकारिता

पत्रकारिता जीवन और जगत् से जुड़ा ऐसा कार्य है, जो सामाजिक निर्माण में अपनी महत्त्वपूर्ण भूमिका अदा करता है। इसे 'सेवा-कार्य' या 'रचना-कर्म' कहा जाये तो कोई अतिशयोक्ति नहीं होगी। पूर्व राष्ट्रपति डॉ. शंकर दयाल शर्मा पत्रकारिता को 'जनता की सेवा का माध्यम' बताते हुए कहते हैं कि ''पत्रकारिता एक पेशा नहीं है, बल्कि यह तो जनता की सेवा का माध्यम है। पत्रकारों को केवल घटनाओं का विवरण ही पेश नहीं करना चाहिए, आम जनता के सामने उसका विश्लेषण भी पेश करना चाहिए। पत्रकारों पर लोकतान्त्रिक परम्पराओं की रक्षा करने और शान्ति एवं भाईचारा बढ़ाने की जिम्मेदारी भी आती है।" दरअसल, पत्रकारिता अंग्रेज़ी शब्द (Journalism) का हिन्दी रूपान्तर है। जर्नलिज़्म शब्द 'जर्नल' से बना है, अर्थात् जिसमें दैनिक कार्यों व सरकारी बैठकों का विवरण शामिल हो। लेकिन आज 'जर्नल' शब्द मैग्जीन का पर्याय है यानी ''दैनिक समाचार-पत्र या दूसरे प्रकाशन, कोई सावधिक प्रकाशन जिसमें किसी विशिष्ट क्षेत्र से समाचार हों।" Our Daily diurnal, A daily newspaper or other publication, Any periodical publication containg news in any particular sphere (Shorter Oxford dictionary), जबकि न्यू वेबस्टर्स डिक्शनरी में 'पत्रकारिता' को इस प्रकार परिभाषित किया गया है : Journalism : The occupation of conducting a news medium including publishing, editing, writing or broadcasting.

पत्रकारिता के सन्दर्भ में कहा जा सकता है कि पवित्र भाव से त्रस्त मानव के हित हेतु किया गया कार्य ही जीवन की रिक्तता को भरकर सामाजिक समरसता में तारतम्यता लाता है। पत्रकारिता का अर्थ-पर्याय यही है, परन्तु आज की पत्रकारिता का सन्दर्भ इससे विलग हो गया है। आज पत्रकारिता केवल पत्र के लिए शब्द-साधना ही नहीं है, सम्प्रेषण के विभिन्न माध्यमों के विकास के साथ अब जर्नलिज़्म जर्नी नहीं मीडिया हो गयी है। बिना सफ़र (ज़र्नी) किये अर्थात् बिना श्रम-साधना किये सब कुछ पा लेने की होड़ में पत्रकारिता 'मीडिया' हो गयी है।

आज इस व्यवसाय से जुड़ा हर कर्मी पत्रकारिता नहीं 'मीडिया' कहना ज़्यादा पसन्द करता है, 'पत्रकारिता' तो अब पुरानी शब्दावली हो गयी। ध्यातव्य है, मीडिया के विभिन्न आयाम और बदलते आयाम ने इस पेशे को एक बहुत बड़ा बाज़ार दिया है। यह बाज़ार ही आज के मीडिया का प्राण हो गया है। बाज़ार के अनुसार व्यवसाय का बनना या बनाना व्यवसाय की सफलता होती है, इसलिए वह सब कुछ परोसा जा रहा है जो बाज़ार की माँग है, आवाम की पसन्द है।

प्रसिद्ध मार्क्सवादी माध्यम विशेषज्ञ अर्माण्ड मेतलार्द ने 'कम्युनिकेशन एंड क्लास स्ट्रगल सीरीज के प्रथम खण्ड 'कैपीटलिज़्म इम्पीरियलिज़्म' में लिखा है कि मास मीडिया, मास कल्चर और मींस ऑफ़ कम्युनिकेशन' ये तीनों पदबन्ध एक-दूसरे के पर्यायवाची नहीं हैं। 'मींस ऑफ़ कम्युनिकेशन' में साधारणतः 'मास' को जोड़ लिया जाता है। इससे भ्रम पैदा होता है। बुर्जुआ समाजशास्त्री इसका यदा-कदा प्रयोग करते हैं। वे 'कम्युनिकेशन मीडिया', 'मास कम्युनिकेशन मीडिया' या 'मास मीडिया' पदबन्ध का प्रयोग करते हैं। वे यह दर्शाने का प्रयास करते हैं कि ये पदबन्ध राजनीतिक और आर्थिक तौर पर तटस्थ हैं। इस तरह वे 'मींस ऑफ़ कम्युनिकेशन' में निहित भौतिकता को छिपाने की कोशिश करते हैं तथा उनका ज़्यादा जोर ग़ैर-भौतिक पहलुओं पर होता है। माध्यम उत्पाद को संचार उत्पादन की प्रक्रिया के रूप में पेश करते हैं।

मनुष्य के पूर्वजों ने जब से समूह में रहना सीखा, तभी से संचार का इस्तेमाल हो रहा है, तब ख़तरों की चेतावनी देने के लिए सन्देश के आदान-प्रदान की बड़े पैमाने पर ज़रूरत महसूस की गयी। लिखित इतिहास में सबसे पहले भाषा का औज़ार विकसित हुआ, फिर अक्षरों का जन्म हुआ। नगाड़ों और अन्य संकेतों की गूँज पहले पहल हवा में प्रसारित हुई। तराशे गये पत्थरों के संकलन से पहली लाइब्रेरी बनी। जैसे ही पहली पुस्तक और दस्तावेज़ छापाख़ानों से छपकर बाहर निकली, तो वे सत्ताधारियों का हथियार बन गये, क्रान्ति के अस्त्र भी बने। अख़बार का पन्ना व्यापार व्यवसाय का प्रभावी माध्यम साबित हुआ। मुद्रित क़िताबों से शिक्षा व ज्ञान का अकूत भण्डार मिल गया।

16वीं, 17वीं शताब्दी आते-आते पत्रिकाएँ और पोस्टर-पर्चे राजनीति के प्रमुख औज़ार बन गये। यदि जनसंचार के साधन न होते तो क्या ब्रिटिश, अमेरिकी और फ्रांसीसी क्रान्तियाँ सम्भव हो पाती? 15वीं शताब्दी की बड़ी घटना क्या है?, एक ऐसी मशीन का विकास हुआ जिससे हस्तलिपि की 100 प्रतिलिपियाँ शीघ्रता से तैयार हो सके। इसी तरह 19वीं शताब्दी में बेल, मार्कोनी जैसे वैज्ञानिकों व

अन्य प्रयोगशालाओं ने ऐसी मशीनों का विकास किया जो काफी दूर बैठे लोगों के लिए देखने व सुनने के लिए सम्भव हुआ। 20वीं शताब्दी में अन्तरिक्ष में जगह-जगह लटके उपग्रहों ने पूरी दुनिया को एक गाँव में बदल दिया।

अब हम संचार व मीडिया के विकास पर दृष्टिपात करें तो हम पाते हैं कि संचार का अंग्रेज़ी पर्याय कम्युनिकेशन (Communication) है जो लैटिन भाषा के शब्द कम्युनिश (Communis) से बना है। जिसका अर्थ होता है विचार, सूचना, सन्देश को संचारित या सम्प्रेषित करना। संचार संस्कृत की मूल धातु 'चर' से निकला है जिसका अर्थ होता है–चलना, बढ़ाना या फैलाना।

संचार का स्वरूप ही मानव संच.र का आधार है और बिना मानव आधार के संचार सम्भव नहीं है। संचार एक मानसिक प्रक्रिया है जिसमें पहला व्यक्ति अपनी बात दूसरे को समझाने की व्यवस्था करता है और दूसरा व्यक्ति उसे समझने के लिए प्रश्न भी करता है और उसे अपने ढंग से समझने का प्रयास करता है।

संचार एक प्रक्रिया है, जिसमें दो या दो से अधिक व्यक्ति एक ऐसे रूप में विचारों, तथ्यों, अनुभवों अथवा प्रभावों का विनिमय करते हैं जिससे प्रत्येक व्यक्ति सन्देशे का सामान्य ज्ञान प्राप्त कर लेता है। वास्तव में यह सम्प्रेषण और संग्राहक के बीच किसी सन्देश अथवा सन्देशों की शृंखला को प्राप्त करने के लिए की गयी सम्मिलित प्रक्रिया है–जे. पाल लीगंस।

संचार के कार्य

संचार प्रक्रिया निम्नलिखित कार्यों को सम्पन्न करती है : 1. सूचना या जानकारी देना, 2. संचार से जुड़े व्यक्तियों को प्रेरित और प्रभावित करना, 3. संचार व्यक्तियों समाजों और देशों के बीच सम्बन्ध स्थापित करता है, 4. संचार विभिन्न तथ्यों विचारों मसलों पर व्यापक विचार-विमर्श करने में सहायक होता है, 5. मनुष्यों का मनोरंजन करना संचार का एक महत्त्वपूर्ण कार्य है और 6. संचार राष्ट्र की आर्थिक व औद्योगिक उन्नति में सहायक होता है।

संचार का महत्त्व एवं कार्य : 1. सूचना, 2. समाजीकरण, 3. प्रेरणा, 4. वाद-विवाद, 5. शिक्षा, 6. सांस्कृतिक प्रसार, 7. मनोरंजन, 8. एकीकरण, 9. सामूहिक सत्ता की अपेक्षा, 10. परिवर्तन, 11. नियन्त्रण और 12. निगरानी।

संचार के चार कार्य

1. सूचनात्मक (To Inform), 2. प्रेरणात्मक (To Motivate,) 3. शिक्षात्मक (To Educate) और 4. मनोरंजनात्मक (To Entertainment)।

संचार के तत्त्व

जे. पाल लीगंस ने संचार प्रक्रिया के निम्नलिखित तत्त्वों का उल्लेख किया है–

1. सम्प्रेषक या संचारक या स्रोत (Communicator or Source)
2. सन्देश (Message or Content)
3. संचार माध्यम या संचार सरणि (Communication Channel)
4. संकेतीकरण (Encoding)
5. संकेतवाचन (Decoding)
6. संचार बाधा (Communication Noise)
7. संग्राहक/प्रापक अथवा प्राप्तकर्ता (Receiver) और
8. प्रतिक्रिया (Feedback)

संचार के प्रकार : संचार के प्रकारों पर हम दृष्टिपात करें तो हम पाते हैं कि यह चार प्रकार के होते हैं - 1. अन्तःवैयक्तिक संचार (Intrapersonal Communication), 2. अन्तर वैयक्तिक संचार (Inter Personal Communication), 3. समूह संचार (Group Communication) और 4. जनसंचार (Mass Communication)।

1. अन्तःवैयक्तिक संचार (Intrapersonal Communication) : यह संचार मनुष्य के अन्तर्मन में सक्रिय रहता है। आत्म विवेचन, आत्म विश्लेषण, तर्क-वितर्क, अन्तर्द्वन्द्व आदि इस श्रेणी के संचार हैं। वस्तुतः यह एक मनोवैज्ञानिक प्रक्रिया है जो व्यक्ति के मन के दायरे में ही सम्पन्न होती है। अपने निज़ी अनुभवों, विचारों, स्मृतियों के आधार पर यह मन ही मन व्यक्तियों, घटनाओं, प्रभावों के परिणामों का आकलन करता है। स्वचिन्तन, ईश्वर या अलौकिक शक्तियों की आराधना अन्तःवैयक्तिक संचार का सर्वोत्तम उदाहरण है।

2. अन्तर वैयक्तिक संचार (Inter Personal Communication) : ऐसा संचार दो या दो से अधिक व्यक्तियों के छोटे से समूह के भीतर घटित होता है। इसमें प्रतिपुष्टि तुरन्त ही सम्पन्न हो सकती है। अन्तर वैयक्तिक संचार की प्रक्रिया में सन्देशों का प्रेषण मौखिक भी हो सकता है अथवा स्पर्श या चेहरे के हाव-भाव या शरीर की मुद्राओं से सम्भव हो सकता है। दूरभाष द्वारा संचार भी अन्तर वैयक्तिक संचार का ही अंग है, जबकि दोनों व्यक्ति आमने-सामने भी उपस्थित नहीं होते हैं।

3. समूह संचार (Group Communication) : समूह संचार में श्रोता एक व्यक्ति न होकर एकत्रित व्यक्ति समूह होता है। स्रोत द्वारा प्रेषित सूचना या सन्देश इसी

समूह श्रोता के लिए प्रेषित किया जाता है, जिसका हित या उद्देश्य समान होता है और जो सन्देश प्राप्ति के लिए ही एक स्थान पर एकत्रित होता है। सभा, गोष्ठी, सम्मेलन, नाटक, वाद-विवाद, संगीत-नृत्य, समूह संचार के ही रूप हैं।

4. जनसंचार (Mass Communication) : जनसंचार का सम्बन्ध आधुनिक युग से है। पूँजीवाद के उदय के उपरान्त विस्तृत बाज़ारों का उदय हुआ। अपना माल ज़्यादा से ज़्यादा लोगों तक पहुँचाने और उन्हें ख़रीदने के लिए यातायात और संचार के साधन पर्याप्त नहीं हो रहे थे। दुनिया के कई देशों में लोकतान्त्रिक शासन व्यवस्था क़ायम होने से लोगों के विचारों को अपने पक्ष में मोड़ने की ज़रूरत के अनुसार ही जनसंचार के माध्यमों का विकास अति तीव्र गति से हुआ। मीडिया के माध्यमों से द्रुत गति में अपने सन्देश को यथाशीघ्र भेजने की व्यवस्था क़ायम हुई।

जनसंचार का अर्थ वह बृहत् जनसमुदाय है जिसे सन्देश प्रेषित किया जाता है। यह जनसमुदाय समूह के रूप में कहीं एकत्र न होकर बिखरा होता है।

जनसंचार को परिभाषित करते हुए जोसेफ डिविटो ने कहा था, "Mass communication is the process of transmitting informations, ideas and attitudes of many People casually through a machine." एडविन एमरी के शब्दों में, जनसंचार एक व्यक्ति से दूसरे को सूचनाओं, विचारों और दृष्टिकोणों को सम्प्रेषित करने की एक कला है।

जनसंचार के माध्यम–जनसंचार के माध्यम : यथा समाचार-पत्र-पत्रिकाएँ, रेडियो, टेलीविज़न न्यू मीडिया आदि का मूल उद्देश्य जनता को जानकारियाँ देना, उन्हें शिक्षित बनाना और जनता का मनोरंजन करना है। वर्तमान सन्दर्भों में भारत में दो प्रकार के जनसंचार माध्यम हैं–एक आधुनिक माध्यम और दूसरा लोक माध्यम। इनका विभाजन निम्न प्रकार से किया जा सकता है–

1. मुद्रित माध्यम – समाचार-पत्र, पत्रिकाएँ, पुस्तक व विज्ञापन आदि।
2. घोषित शब्द – आकाशवाणी।
3. दृश्य श्रव्य माध्यम – दूरदर्शन, वीडियो और फ़िल्म।
4. लोक माध्यम – लोकगीत, लोकनृत्य, नौटंकी, कठपुतली, सामूहिक गान आदि।
5. मौखिक – व्यक्तिगत सम्पर्क, सार्वजनिक सभाएँ आदि।
6. क्षेत्रीय प्रसार – फ़िल्म, सिनेमा, स्लाइड, नियॉन साइन, मुद्रित माध्यम आदि।

हिन्दी पत्रकारिता की विकास यात्रा

जनसंचार माध्यमों का विकास मानव विकास के इतिहास में एक नवीन परिघटना है। छापेख़ाने का आविष्कार योहानेस गुटेनबर्ग (Johannes Gutenberg) द्वारा 1450 ई. में किया गया जिसने जनसंचार माध्यमों के विकास के मार्ग को प्रशस्त किया। इस छापेख़ाने के आविष्कार ने एक अभूतपूर्व क्रान्ति का सूत्रपात किया जिसे औद्योगिक क्रान्ति ने काफी तीव्र गति से बढ़ाया। औद्योगिक क्रान्ति से उत्पन्न पूँजीवादी व्यवस्था में इस तकनीक का व्यावसायिक इस्तेमाल उस समय की माँग बन गयी। जे.बी. प्रिमरोज के अनुसार भारत में प्रथम छापेख़ाने की स्थापना गोवा के 'सन्त पॉल कॉलेज' में नवम्बर, 1556 ई. में की गयी थी। यह अविसीनियन प्रोजेक्ट का एक हिस्सा था। यहीं से भारत में मुद्रण का प्रारम्भ माना जा सकता है। सन् 1557 में गोवा में स्थापित छापाख़ाने में पहली पुस्तक के रूप में सेंट फ्रांसिस सैक्वीयर लिखित 'ईसाई धर्म की पुस्तकें' मलयालम भाषा में छपीं। भारत में जनसंचार के माध्यमों को प्रारम्भ करने में अंग्रेज़ों एवं पुर्तगालियों का बहुत बड़ा योगदान है। यूरोपियनों द्वारा छापेख़ाने की स्थापना का प्रारम्भिक उद्देश्य ईसाई धर्म का प्रचार-प्रसार करना था, लेकिन जैसे-जैसे वे व्यापारी से शासक के रूप में तब्दील होने लगे, उनके कार्य क्षेत्र में विस्तार होता गया। दूसरा प्रेस सन् 1578 में तमिलनाडु के तिनेवेली जिले के पौरीकील नामक स्थान पर लगा। तीसरा प्रेस मालाबार के विपिकोटा में पादरियों ने सन् 1602 में स्थापित किया। सन् 1616 में जब अंग्रेज़ भारत में आये तो पुर्तगालियों ने मुम्बई में प्रेस लगाये। ईसाई पादरियों से उत्साहित और प्रेरित होकर कुछ भारतीयों ने अपने धर्म ग्रन्थ मुद्रित और प्रकाशित करने का साहस किया। काठियावाड़ के 'भीमजी पारख' ने सन् 1662 में मुम्बई में छापाख़ाना स्थापित किया।

"कम्पनी द्वारा 1674 ई. में ही मुम्बई में प्रिंटिंग प्रेस की स्थापना हो गयी थी और उसे काफी मात्रा में टाइप और क़ाग़ज की आपूर्ति की जाती थी। एक दूसरा प्रेस मद्रास में 1772 ई. में स्थापित किया गया और एक सरकारी प्रिंटिंग प्रेस की स्थापना 1779 ई. में कलकत्ता में की गयी।"[1] कम्पनी के पास प्रिंटिंग प्रेस तो था लेकिन वह समाचार-पत्र निकालने की पहल नहीं कर रही थी। "इस सन्दर्भ में यह बात महत्त्वपूर्ण है कि समाचार-पत्र शुरू करने का पहला प्रयास कलकत्ता में ही 1776 ई. में विलियम बोल्ट द्वारा किया गया, जिसने उसी वर्ष कुछ समय पहले कम्पनी के प्राधिकार के तहत निज़ी व्यापार करने पर कोर्ट ऑफ़

डायरेक्टर्स द्वारा प्रतिबन्ध लगा दिये जाने के बाद कम्पनी की सेवा से त्यागपत्र दे दिया था।"[2] लेकिन उसके इरादों को जानकर कम्पनी ने उसे ऐसा करने से रोक दिया और उसे वापस यूरोप भेज दिया गया।

इसके बाद जेम्स आगस्टस हिक्की (जो अपने आपको कम्पनी का पूर्व मुलाजिम घोषित करता था), ने 30 जनवरी, 1780 को 'बंगाल गजट ऑफ़ कैलकटा जनरल एडवरटाइजर' नाम के समाचार-पत्र का प्रकाशन शुरू किया। 'हिक्की गजट' नाम से जाना जाने वाला यह समाचार-पत्र मूलतः कम्पनी के कर्मचारियों के निज़ी जीवन को सार्वजनिक करने का कार्य करता था। "उसकी बौद्धिक उपलब्धि सम्बन्धी कोई महत्त्वाकांक्षा नहीं थी और उसके दो पन्नों के अख़बार में ख़ुद गवर्नर जनरल वारेन हेस्टिंग्स सहित कम्पनी के कर्मचारियों के निज़ी जीवन पर फूहड़ और उपहासजनक टिप्पणियों को ख़ासा स्थान दिया जाता था।"[3] उसके द्वारा किये जा रहे इन कार्यों के कारण उसकी थोड़े दिनों अर्थात् सन् 1782 में छापाख़ाना एवं सम्पत्ति ज़ब्त कर ली गयी और जनरल पोस्ट ऑफिस से समाचार-पत्र को वितरित करने की सुविधा से भी वंचित कर दिया गया। उसे एक मामले में जून, 1781 में एक वर्ष की सज़ा एवं रुपये 5000 का जुर्माना भी लगाया गया था, लेकिन इसके बावजूद वह विचलित नहीं हुआ। हिक्की को गिरफ़्तार किया गया परन्तु वे जेल से पत्र का सम्पादन करते रहे। हिक्की का यह वक्तव्य कि "अपने मन और आत्मा की स्वतन्त्रता के लिए अपने शरीर को बन्धन में डालने में मुझे आनन्द आता है।" पत्रकारों के लिए आज भी प्रेरणाप्रद है। अपने पत्र की नीति के बारे में उसने लिखा था कि "यह राजनीतिक और व्यापारिक पत्र खुला तो सबके लिए है, पर प्रभावित किसी से नहीं। भारत में समाचार-पत्र को जन्म देने का श्रेय हिक्की को ही है। सरकार द्वारा लगातार असहयोग के कारण "धीरे-धीरे वह ग़रीबी से परेशान होता गया, जिसने आखिरकर उसे तोड़कर रख दिया।"[4]

हिक्की के इस प्रयास से सबक लेते हुए हेस्टिंग्स समर्थित समाचार-पत्र 18 नवम्बर, 1780 को मेसर्स बी. मेसनिक और पीटर रीड ने 'इंडिया गजट' नाम से निकाला। "उन्होंने पहले गवर्नर जनरल की सहमति प्राप्त कर ली और उसके बाद लिखित रूप से यह आश्वासन देते हुए कि वे उनके द्वारा निर्धारित किसी भी नियम का अनुपालन करेंगे, डाक सम्बन्धी छूट प्रदान करने और कलकत्ता में कम्पनी का मुद्रक नियुक्त किये जाने की कृपा करने का अनुरोध किया।"[5] इसमें मुख्य रूप से कम्पनी की व्यापारिक गतिविधियों से सम्बन्धित समाचारों को स्थान दिया जाता था।

1784 में 'कलकत्ता गजट' का प्रकाशन सीधे सरकार के संरक्षण में शुरू हुआ। 1785 में 'बंगाल जर्नल' और मासिक पत्र 'ओरिएंटल मैगजीन ऑफ़ कलकत्ता एम्यूजमेंट' प्रकाशित हुए। "हिक्की की तरह 'बंगाल जनरल' के सम्पादक विलियम डुएन ने कम्पनी की कारगुजारियों के विरुद्ध अभियान चलाने का प्रयास किया लेकिन कम्पनी की ताक़त भारी पड़ी और उसे अपनी सम्पत्ति छोड़ कर भारत से जाना पड़ा।"[6] इसी दौरान मद्रास में सबसे पहला समाचार-पत्र 1785 ई. में 'मद्रास कूरियर' नाम से निकला, 1791 में 'हरकारू' प्रकाशित हुआ। इसका प्रकाशक रिचर्ड जॉनसन एक सरकारी मुद्रक था। मुम्बई से 1789 में 'मुम्बई हेराल्ड' का प्रकाशन शुरू हुआ। ''मुम्बई और मद्रास के समाचार-पत्रों का स्वर सरकार की कृपा प्राप्त करने का था, जबकि बंगाल के समाचार-पत्र सरकार विरोधी थे।"[7]

सेंसरशिप लागू करने की शुरुआत 1795 ई. में मद्रास से हुई। 'मद्रास गजट' को सरकार के सारे आम आदेश प्रकाशन से पूर्व सेना सचिव के समक्ष जाँच के लिए प्रस्तुत करना अनिवार्य कर दिया गया। सन् 1798 में चार्ल्स मैक्लीन ने 'बंगाल हरकारू' नामक पत्र का प्रकाशन शुरू किया। लेकिन उसे सरकार से कई विरोधों का सामना करना पड़ा। ''बाद में मैक्लीन द्वारा सम्पादित 'टेलीग्राफ' में एक हस्ताक्षरित पत्र छापने पर सरकार के साथ भी उसका टकराव हुआ। यह पत्र घाजीपोर के मजिस्ट्रेट के आचरण पर लिखा गया था। टेलीग्राफ के सम्पादक ने खेद व्यक्त किया, लेकिन मैक्लीन ने ऐसा करने से इनकार कर दिया। उसे तुरन्त भारत से निर्वासित कर दिया गया। इंग्लैंड वापस लौटकर उसने वेलेजली के ख़िलाफ़ अभियान में बढ़-चढ़कर हिस्सा लिया, जिसकी वजह से गवर्नर-जनरल को 1805 ई. में इस्तीफ़ा देना पड़ा।"[8]

इस प्रकार हम देखते हैं कि अठारहवीं शताब्दी तक भारत में प्रेस का कोई नियम क़ानून तो नहीं था लेकिन जैसे ही कोई व्यक्ति समाचार-पत्र निकालने की कोशिश करता था, वह सरकार की नज़रों में चुभने लगता था और सरकार उसे कई तरह से प्रताड़ित एवं दण्डित करने में जुट जाती थी। इस दौर में सरकार डाक सेवा की सुविधा बन्द कर, सेंसरशिप लागू कर या सम्पादक को वापस यूरोप भेजकर अपने अनुसार कार्य करने के लिए मजबूर किया करती थी। शुरुआती दौर में सभी समाचार-पत्र कम्पनी के पूर्व कर्मचारियों द्वारा ही निकाले जाते रहे, ये वे कर्मचारी थे जो किसी न किसी कारणवश कम्पनी से निकाले गये थे और इनके पास कम्पनी के ख़िलाफ़ अनेक सबूत मौजूद होते थे। ये सभी समाचार-पत्र अंग्रेज़ी भाषा के ही थे। इस कारण से भी सरकार इनसे ज़्यादा डरती थी और

छोटे से छोटे आरोप पर ही इन पर बड़ी कार्रवाई कर दी जाती थी, ताकि अन्य लोगों को इससे सबक मिले। इस दौर के समाचार-पत्रों की एक विशेषता यह भी थी कि इनकी प्रसार संख्या सौ या दो सौ से कभी भी ज़्यादा नहीं थी इसलिए यह सम्भावना नहीं के बराबर थी कि वह आम जनता को प्रभावित करे।

उन्नीसवीं सदी में भारतीय समाचार-पत्र : अभी तक जो भी समाचार-पत्र निकाले जा रहे थे, उन पर सरकारी रवैया क्या होना चाहिए? इस पर भारत और लन्दन के शीर्ष स्तर पर मतभेद था। लॉर्ड वेलेजली (जो 1799 में भारत का गवर्नर-जनरल था) ने 'एशियाटिक मिरर' के सम्पादक द्वारा कलकत्ता में रह रहे यूरोपीय और स्थानीय आबादी द्वारा कुछ अनुमानित आँकड़े प्रकाशित किये जाने के बाद वह भड़क गया और इसके बाद उसने प्रेस विनियमन लागू कर दिया। "इसके तहत समाचार-पत्र में मुद्रक, सम्पादक और स्वामी के नाम मुद्रित किया जाना, उन्हें अपने आपको सरकार के सचिव के समक्ष शपथपूर्वक घोषित करना और सभी प्रकाशित सामग्री को उसके समक्ष पूर्व-जाँच के लिए प्रस्तुत करना ज़रूरी कर दिया गया। रविवार को प्रकाशन प्रतिबन्धित था। इन नियमों के उल्लंघन का निर्धारित दण्ड था--तत्काल देश निकाला। सरकार को सेंसर की शक्ति भी दी गयी।"[9]

भारतीय भाषायी समाचार-पत्रों का दौर सन् 1816 से प्रारम्भ हुआ। इससे पूर्व जो भी समाचार-पत्र प्रकाशित हुए उनके सम्पादक और प्रकाशक यूरोपीय ही थे। इस वर्ष पहला भारतीय समाचार-पत्र 'बंगाल गजट' के नाम से अस्तित्व में आया। इसे 'गंगाधर भट्टाचार्य' ने प्रगतिवादी हिन्दुत्व धर्म के प्रतिपादन के लिए निकालना शुरू किया था। लेकिन यह एक वर्ष में ही बन्द हो गया। दरअसल, इस समय देश में ऐसे शिक्षित वर्ग का उदय होने लगा था जो देश की बदहाली, सामाजिक पिछड़ेपन और सांस्कृतिक हीनताबोध के मूलभूत कारणों को समझने लगे थे और इन्हें दूर करने के लिए प्रयासरत भी थे। इसी बीच सेरामपुर के ईसाई मिशनरियों ने अपने धार्मिक विश्वासों के प्रचार के लिए तीन पत्रिकाओं का प्रकाशन शुरू किया : 'दिग्दर्शन' नाम से बांग्ला भाषा की मासिक पत्रिका, 'समाचार दर्पण' नाम से बांग्ला साप्ताहिक समाचार-पत्र और 'फ्रेंड ऑफ़ इंडिया' नाम से अंग्रेज़ी मासिक् पत्रिका।

इसी दौरान भारतीय समाचार-पत्र जगत् में दो विशिष्ट व्यक्तियों का पदार्पण हुआ–जेम्स सिल्क बकिंघम और राजा राममोहन राय। इन दोनों ने प्रेस की स्वतन्त्रता के लिए चले संघर्ष में महत्त्वपूर्ण भूमिका निभायी।

जेम्स सिल्क बकिंघम ने आठ पृष्ठों का सप्ताह में दो बार प्रकाशित होने वाला 'कलकत्ता जर्नल' शुरू किया। उसने बताया कि सम्पादक का काम ''गवर्नरों को उनके व्यक्तित्व की याद दिलाना, उनके द्वारा की जाने वाली ग़लतियों के लिए उनकी भर्त्सना करना और असहमतिजनक सत्य भी बोलना है।" उसके द्वारा किया गया सबसे महत्त्वपूर्ण कार्य था कि उसने अपने अख़बार के कुछ कॉलम आम लोगों के लिए खोल दिये। जिन्हें किसी भी प्रकार की परेशानी या कष्ट हो, वे अपनी समस्याओं को सार्वजनिक कर सकते थे। इन सब बातों से कलकत्ता में पहले से मौजूद समाचार-पत्रों में खलबली मच गयी। 1823 ई. में देश से निर्वासित किये जाने तक सम्पादकों ने निर्भयतापूर्वक सम्पादन करना जारी रखा।

दूसरी ओर राजा राममोहन राय (जो कि प्रखर सामाजिक और धार्मिक सुधारक थे) ने भारतीय भाषायी पत्रकारिता की नींव रखी। उन्होंने बांग्ला में 'संवाद कौमुदी', फ़ारसी में 'मिरात-उल-अख़बार' तथा अंग्रेज़ी में 'दि ब्राह्मणिकल मैगजीन' का प्रकाशन किया। इनके प्रकाशन का उद्देश्य सत्य का प्रचार एवं लोक-संवाद के आलोक में परीक्षण करने का माध्यम था। श्रीमती बर्न्स ने अपनी पुस्तक 'दि इंडियन प्रेस' में लिखा है कि 'संवाद कौमुदी' समाचार-पत्र की स्थापना दिसम्बर 1820 ई. में भगवतीचरण बनर्जी ने की और बाद में इसे राजा राममोहन राय ने ले लिया। इसके माध्यम से उन्होंने सती-प्रथा पर रोक लगाने के लिए सामाजिक वातावरण का निर्माण किया। "राजा राममोहन राय पर यूरोप की लोकतान्त्रिक चेतना का गहरा प्रभाव था। आधुनिक भारत के सामाजिक विकास का परिप्रेक्ष्य तैयार करने में उनकी महान भूमिका थी।"[10]

राजा राममोहन राय ने भारतीय पत्रकारिता की नींव ऐसे समय में रखी जब ईस्ट इंडिया कम्पनी अपनी तानाशाही को सामाजिक, आर्थिक, सांस्कृतिक क्षेत्र में मूर्त रूप प्रदान कर रही थी। भारतीय समाज का ताना-बाना नष्ट होने लगा था। पारम्परिक स्वावलम्बी कृषि व्यवस्था और वस्त्र व्यापार को ख़त्म करने के प्रयास हो रहे थे और नयी शोषक, साम्राज्यवाद का पोषण करने वाली व्यवस्था लाद दी गयी थी। ऐसे में राजा राममोहन राय ने सांस्कृतिक हमले के विरुद्ध संघर्ष की नींव रखी। उन्होंने पत्रकारिता के माध्यम से समाज में व्याप्त समस्याओं के समाधान करने का प्रयास किया और वे कुछ हद तक इसमें सफल भी हुए। उन्होंने सती-प्रथा का अन्त करने के लिए अभियान चलाया जिसके परिणामस्वरूप लॉर्ड विलियम बेंटिक ने 14 जनवरी, 1830 को इसे समाप्त करने के लिए विधेयक

पारित किया। इसके विपरीत पुरातनपंथी समाचार-पत्र 'समाचार चंद्रिका' समाज सुधार के प्रत्येक क़दम का विरोध करता था। यहाँ पर राजा राममोहन राय कमज़ोर पड़ने लगते हैं। ''फिर भी इस बात से इनकार नहीं किया जा सकता है कि सेरामपुर के ईसाई मिशनरियों द्वारा किये जा रहे तेज आक्रमण से हिन्दूवाद की रक्षा राममोहन राय के कारण ही सम्भव हुई।"[11]

हिन्दी पत्रकारिता का काल विभाजन : हिन्दी पत्रकारिता के इतिहास पर दृष्टिपात करें तो हम पाते हैं कि हिन्दी पत्रकारिता का काल निम्न पाँच चरणों में किया जा सकता है - 1. प्रारम्भिक युग (1826 ई. से 1867 ई. तक), 2. भारतेन्दु युग (1867 ई. से 1900 ई. तक), 3. द्विवेदी युग (1900 ई. से 1920 ई. तक), 4. गाँधी युग (1920 ई. से 1947 ई.) और 5. स्वातन्त्रयोत्तर युग (1947 ई. से आज तक)

1. प्रारम्भिक युग (1826 ई. से 1867 ई. तक) : इस समय देश में हिन्दी पत्रकारिता की नींव रखी जा रही थी। "पण्डित जुगलकिशोर शुक्ल' ने 'उदन्त मार्त्तण्ड' का घोषणापत्र 9 फरवरी, 1826 को कलकत्ता में सरकार के समक्ष प्रस्तुत किया। 30 मई, 1826 को 'उदन्त मार्त्तण्ड' पहली बार प्रकाशित हुआ। यह हिन्दी का प्रथम समाचार-पत्र था। पण्डित जुगलकिशोर शुक्ल कानपुर के मूल निवासी थे और कलकत्ता में सदर दीवानी अदालत में क्लर्क थे। श्री शुक्ल अंग्रेज़ी, फ़ारसी, संस्कृत, ब्रजभाषा और खड़ी बोली के निष्णात विद्वान थे। 'उदन्त मार्त्तण्ड' भाषा और समाचार दोनों प्रकार से सुसम्पादित पत्र था। इसकी रिपोर्ट देश-विदेश के समाचार, अग्रलेख आदि को पाठक ख़ूब पसन्द करते थे।" इस पत्र को निकालने के पीछे उनका उद्देश्य भारतीयों का हित एवं हिन्दी प्रेम भी था। अपनी भाषा में अपने भावों को अभिव्यक्ति मिले और अपनी भाषा में समाचार ज्ञात हो, यही उनका मुख्य उद्देश्य था। 'उदन्त मार्त्तण्ड' निर्भीक नीति अपनाने के साथ-साथ सरकारी सहायता का याचक भी बना। इसके बाद भी बंगाल में हिन्दी का प्रचार न होने, विज्ञापन न मिलने एवं अन्य आर्थिक कठिनाइयों के कारण यह पत्र मात्र 19 महीने ही प्रकाशित हो सका। इसके मात्र 79 अंक ही निकल सके। दिसम्बर, 1827 के अन्तिम अंक में 'उदन्त मार्त्तण्ड' की यात्रा की पीड़ा इन शब्दों में रेखांकित की गयी है–

> "आज दिवस लौं उग चुक्यौ, मार्त्तण्ड उदन्त।
> अस्ताचल को जात है दिनकर दिन अब अन्त।।"[12]

हिन्दी के पहले समाचार-पत्र से हिन्दी पत्रकारिता को सत्य, संकल्प एवं सही दिशा मिली। इसके बाद राजा राममोहन राय ने अपने विचारों के व्यापक प्रचार-प्रसार के लिए 10 मई, 1829 को हिन्दी में 'बंगदूत' निकाला। इसके प्रथम सम्पादक नीलरतन हालदार थे। सन् 1845 में साप्ताहिक 'बनारस अख़बार' को काशी से राजा शिवप्रसाद सितारे हिन्द ने निकाला। इसके सम्पादक पं. गोविन्द रघुनाथ थत्ते थे। इसमें अरबी-फ़ारसी शब्दों की भरमार रहती थी। 1846 ई. में कोलकाता से 'इंडियन सन' पाँच भाषाओं में निकला, जिसमें हिन्दी भी शामिल थी।

1850 ई. के बाद हिन्दी पत्रकारिता का तीव्र गति से विकास हुआ। 1854 ई. में श्यामसुन्दर सेन के सम्पादकत्व में कोलकाता से प्रकाशित 'समाचार सुधावर्षण' हिन्दी का पहला दैनिक पत्र था। सन् 1857 के प्रथम स्वाधीनता संग्राम में इसका महत्त्वपूर्ण योगदान रहा। फरवरी, 1857 में दिल्ली से प्रकाशित 'पयामे आज़ादी' हिन्दी पत्रकारिता में अपना विशिष्ट स्थान रखता है। इस पत्र के प्रवर्तक 'अजीमुल्ला ख़ाँ' स्वयं स्वतन्त्रता सेनानी थे। अब लोगों में विभिन्न प्रदेशों के समाचारों को जानने की इच्छा पैदा हो चुकी थी, ताकि वे समकालीन स्थितियों को समझ सकें। इस संग्राम के बाद सत्ता तो ईस्ट इंडिया कम्पनी के हाथों से निकलकर सीधे ब्रिटिश सत्ता संरचना के आधीन आ गयी। लेकिन सत्ता के मूल चरित्र में कोई बदलाव नहीं आया। "सरकार की व्यावहारिक नीति पूर्ववत् बनी रही। पहले जैसी ही लूट और शोषण जारी रहा।"[13] यूरोप में हुई औद्योगिक क्रान्ति के उपरान्त माल का उत्पादन सम्भव हो गया था। लेकिन इसके लिए कच्चे माल एवं बिक्री के लिए बाज़ार की आवश्यकता थी। भारत इन दोनों के लिए उपयुक्त था। ब्रिटिशों ने अपने व्यापार विस्तार के लिए यहाँ की अर्थव्यवस्था के सन्तुलन को समाप्त कर दिया। इन औपनिवेशिक नीतियों का दुष्परिणाम यह हुआ कि यहाँ के लोग अकाल, भुखमरी और बेरोज़गारी के शिकार होने लगे।

2. भारतेन्दु युग (1867 से 1900 तक) : 1857 ई. के बाद प्रकाशित होने वाले हिन्दी समाचार-पत्रों में देश की बदहाली को बार-बार रेखांकित किया गया। "सन् 1854 में कलकत्ता से प्रकाशित प्रथम हिन्दी दैनिक 'समाचार सुधावर्षण' को अपनी निर्भीकता और प्रगतिशीलता के कारण ब्रिटिश सरकार का कोपभाजन बनना पड़ा।"[14] लेकिन यही समय हिन्दी पत्रकारिता के विकास और विस्तार का भी है। "हिन्दी में पत्र-पत्रिकाओं की कोई जीवित परम्परा न थी, परन्तु एकाएक उत्तर भारत में न जाने कितने नगरों से पत्रों की एक बाढ़ सी आ गयी। इसमें से बहुत-से कुछ महीने या कुछ वर्ष चलकर ठप हो गये; कुछ दीर्घकाल तक हिन्दी

की सेवा करते रहे। लाहौर, मुम्बई और कलकत्ता को यदि तीन सीधी रेखाओं में मिला दिया दिया जाये तो जो त्रिकोण बनेगा, उसके भीतर देश का वह भाग आ जायेगा, जहाँ से इस प्रकार के पत्र निकले थे।"[15] 19वीं शताब्दी के उत्तरार्द्ध में हिन्दी पत्रकारिता ने अपना विस्तार बंगाल, बिहार, उत्तर प्रदेश, मध्य प्रदेश और पंजाब तक किया, जहाँ से अनेक पत्र-पत्रिकाएँ प्रकाशित होने लगीं। सन् 1874 में कलकत्ता से 'बिहार बन्धु' अलीगढ़ से 'भारत बन्धु', मेरठ से 'नागरी प्रकाश', जबलपुर से 'जबलपुर समाचार' और दिल्ली से 'सदादर्श' एवं 'पयामे आज़ादी' का प्रकाशन शुरू हुआ।

सन् 1857 के बाद के भारतेन्दु हरिश्चन्द्र ने हिन्दी पत्रकारिता और साहित्य को नयी दिशा प्रदान की, जिसके कारण इसे भारतेन्दु युग भी कहा जाता है। उन्होंने साहित्यकारों और पत्रकारों के एक ऐसे नये वर्ग को उभारा जिन्होंने साहित्य एवं पत्रकारिता के क्षेत्र में नयी पहचान बनायी। भारतेन्दु हरिश्चन्द्र ने 15 अगस्त, 1867 को 'कवि वचन सुधा' का प्रकाशन किया। उन्होंने 'हरिश्चन्द्र मैगजीन', 'हरिश्चन्द्र चन्द्रिका' तथा 'बालाबोधिनी' का सम्पादन व प्रकाशन भी किया। भारतेन्दु जी का हिन्दी पत्रकारिता में वही स्थान है जो बांग्ला पत्रकारिता में राजा राममोहन राय का है। इस काल के दौरान पं. बालकृष्ण भट्ट ने सितम्बर, 1877 में प्रयाग से 'हिन्दी प्रदीप' मासिक पत्रिका निकाली। इस युग में पं. दुर्गाप्रसाद मिश्र के सम्पादकत्व में कलकत्ता से प्रकाशित होने वाले तीन प्रमुख पत्र थे– 'भारत मित्र' (1878), 'सार सुधानिधि' (1879) और 'उचित वक्ता'(1880)। 'उचित वक्ता' ने वर्नाक्यूलर प्रेस एक्ट का खुलकर विरोध किया। सन् 1885 में कालाकांकर (प्रतापगढ़) से राजा रामपालसिंह द्वारा प्रकाशित 'हिन्दोस्थान' हिन्दी क्षेत्र से प्रकाशित होने वाला सम्पूर्ण हिन्दी दैनिक पत्र था। पं. मदन मोहन मालवीय इसके सम्पादक थे। बालमुकुन्द गुप्त, महामना मदन मोहन मालवीय तथा प्रतापनारायण मिश्र जैसे प्रतिभाशाली लेखकों के सम्पादन में इसकी भूमिका मर्यादित, राष्ट्रवादी, जागरूक प्रहरी और सांस्कृतिक संरक्षण की रही। "'हिन्दोस्थान' हिन्दी भाषा और उदार विचारों का समर्थक था।"[16] हिन्दी दैनिकों का प्रारम्भ भारतेन्दु युग में होने लगा था।

भारतेन्दु-युग की हिन्दी पत्रकारिता में देशभक्ति के साथ-साथ राजभक्ति भी थी क्योंकि अपने अस्तित्व को बनाये रखने के लिए यह आवश्यक था। "उस समय के अनेक पत्रों की यह विशेषता थी कि वे अपने पाठकों को सभी विषयों से थोड़ा-बहुत परिचित कराना चाहते थे।"[17] इस काल में पत्रकारिता के कर्म को

समाज सुधार का अंग माना जाता था। इसके द्वारा समाज की अनेक कुरीतियों को समाप्त करने का प्रयास किया गया, साथ ही राजनीतिक उदारवाद की वकालत भी की। ''भारतेन्दु-युग के सम्पादक उच्च आदर्शों से युक्त थे। विपरीत परिस्थितियाँ भी उन्हें अपने लक्ष्य से च्युत नहीं कर सकीं। उन्होंने देश-दशा के यथार्थ चित्र खींचे और ब्रिटिश सरकार की कारगुजारियों की ओर जनता का ध्यान खींचा।"[18] इसी समय दूसरी भाषाओं में महादेव गोविन्द रानाडे, बाल गंगाधर तिलक तथा गोपाल कृष्ण गोखले ने समाज सुधार पर ज़्यादा जोर दिया। तिलक ने अपने द्वारा सम्पादित 'केसरी' और 'मराठा' अख़बारों के द्वारा समाज सुधार के कार्यों को बढ़ावा दिया। उनका जनता में अटूट विश्वास था। ''वह जनता को जाग्रत कर एक शक्ति के रूप पर परिवर्तित करना चाहते थे, ताकि राष्ट्रीय आन्दोलन सशक्त बन सके।"[19] इस युग में अकाल, महामारी और किसानों की बदहाली एवं स्वदेशी इन समाचार-पत्रों के महत्त्वपूर्ण विषय थे। साम्राज्यवादी शोषण के भयावह चेहरे को भी इस युग के पत्रकारों ने उजागर किया। इस युग में पत्रकारिता और समाज सुधार को एक दूसरे का पूरक माना जाता था। ''पत्रकारिता ने ही देश प्रेम, समाज सुधार और जनजागरण को मध्यवर्ग की चेतना और चिन्ता का अनिवार्य हिस्सा बना दिया।"[20] सन् 1857 की असफल क्रान्ति ने लोगों में एक जागरूकता का संचार किया, जिसके कारण वे देश और दुनिया का हाल जानने के लिए उत्सुक हुए। वे जानना चाहते थे कि देश की इतनी बुरी अवस्था के लिए जिम्मेदार कौन है? साम्राज्यवादी शोषण के कारण किसान, मज़दूर और शिल्पकारों की अवस्था धीरे-धीरे खराब होने लगी। अकाल, भुखमरी और महामारी ने आम जन जीवन की समस्याओं को और बढ़ा दिया था। इनके कारण देश में एक ऐसा बुद्धिजीवी वर्ग उत्पन्न हो गया था जो इन परिस्थितियों से अत्यन्त खिन्न था। धार्मिक अन्ध विश्वासों और सामाजिक रूढ़ियों ने उसकी चिन्ता को और बढ़ा दिया था। इस बुद्धिजीवी वर्ग ने राजनीतिक शोषण, सामाजिक-राजनीतिक रूढ़ियों के विरोध में जनता को जागरूक करने का कार्य किया। हिन्दी अख़बारों ने इस पुनर्जागरण में महत्त्वपूर्ण योगदान किया। वे इसके लिए ऐसी ख़बरों को प्रकाशित करने लगे जो शोषण और उत्पीड़न से सम्बन्धित थे। 'कविवचन सुधा' से भारतेन्दु ने स्वदेशी की नींव रख दी थी। ''साम्राज्यवाद की लूट के कारण कैसे देशी पूँजी बाहर चली जाती है, कैसे देशी पूँजी और जीवन की रक्षा के लिए स्वदेशी का होना अनिवार्य है, इस सार को भारतेन्दु और उसके समकालीनों ने अच्छी तरह समझ लिया था।"[21]

3. द्विवेदी युग (1900 से 1920 तक) : हिन्दी पत्रकारिता की दृष्टि से बीसवीं शताब्दी का श्रीगणेश गौरवपूर्ण ढंग से हुआ। 20वीं सदी का शुरुआती दशक पत्रकारिता और राजनीति में अनेक परिवर्तनों एवं हलचलों से भरा था। इस युग में एक ओर 'भारत मित्र' कोलकाता से प्रकाशित होकर सम्पूर्ण जगत् को आलोकित कर रहा था तो दूसरी ओर प्रयाग से पं. महावीर प्रसाद द्विवेदी के सम्पादन में 'सरस्वती' का उदय हुआ। द्विवेदी जी 1903 में जब 'सरस्वती' के सम्पादक बने तब उन्होंने 'सरस्वती' को हिन्दी पत्रकारिता का 'सरस्वती युग' बना दिया। 'सरस्वती' के उद्देश्यों की चर्चा करते हुए डॉ. हरप्रकाश गौड़ ने लिखा है : ''सरस्वती' का उद्देश्य हिन्दी-भाषी क्षेत्र में सांस्कृतिक जागरण उत्पन्न करना था, राष्ट्रीय जागरण तो उसका अंग था।"[22] इस युग में कोलकाता से 'नृसिंह' (1907), 'देवगर' (1907), 'कलकत्ता समाचार' (1914), 'विश्वमित्र' (1916), 'स्वतन्त्र' (1920) आदि पत्र प्रकाशित हुए। यहाँ यह कहना समीचीन होगा कि 1885 ई. में कांग्रेस की स्थापना के बाद देश की राजनीतिक गतिविधियाँ जोर पकड़ने लगी थीं। देश में एक नया राजनीतिक नेतृत्व उभर रहा था जो कांग्रेस के नरमपन्थी नेताओं से अलग विचार रखता था। वह राजभक्ति का चोला नहीं ओढ़ना चाहता था बल्कि नरमपन्थियों से अलग उग्र तेवर अपनाने की हिमायती था। आर्थिक दृष्टि से साम्राज्यवाद ने भारत को आयात की मण्डी बना दिया था। भारत में ब्रिटिश राज्य की स्थापना के महत्त्वपूर्ण परिणामों में से एक था, भारतीय कस्बों की हस्तकलाओं और ग्रामों के हस्तशिल्प उद्योगों के क्रमशः बढ़ते क्षय और विध्वंस के फलस्वरूप कृषि और उद्योग व्यवसायों के सदियों के ऐक्य का छिन्न-भिन्न होना। यातायात व संचार सुविधाएँ आर्थिक शोषण को व्यवस्थित और मज़बूत बनाने के लिए देश भर में फैला दी गयी थी। देशी पूँजीपति वर्ग के लिए उद्योग और व्यापार की सम्भावनाएँ अत्यन्त सिकुड़ गयी थीं। फिर भी इस समय देशी पूँजीपति वर्ग इस सीमित दायरे में ही निरन्तर ताक़त बटोर रहा था और देशी राजनीति को अपने हित पोषण हेतु आर्थिक सहायता प्रदान करने लगा था। स्वतन्त्रता संघर्ष को दिशा प्रदान करने में इस वर्ग की महत्त्वपूर्ण भूमिका रही। हिन्दी पत्रकारिता के विकास में इसके महत्त्व को अनदेखा नहीं किया जा सकता है। सन् 1905 तक आते-आते भारतीय मध्यवर्ग ने अपनी पूँजी और उत्पादन की ताक़त से अंग्रेज़ों के ख़िलाफ़ भारतीय जनता को प्रेरित करना शुरू किया। इसी समय अंग्रेज़ों द्वारा बंगाल के विभाजन का निर्णय लोगों में एक क्रान्ति की लहर पैदा कर गयी। अब ब्रिटिश साम्राज्यवादी व्यवस्था के प्रति लोगों

का मोह भंग होने लगा था। "बंगाल के विभाजन की घोषणा सम्बन्धी सरकार की जुलाई, 1905 ई. की अधिसूचना से, जो उसी वर्ष 14 अक्टूबर को प्रभावी हुई, व्यापक पैमाने पर अशान्ति फैल गयी थी। पंजाब में उपनिवेश विधेयक तथा राजकीय गोपनीयता अधिनियम, प्रेस नियन्त्रण अधिनियम एवं सम्पूर्ण देश के लिए विश्वविद्यालय अधिनियम पारित करने जैसे अन्य उपाय किये गये थे।"[23] इस समय देश में पत्रकारिता की दो धाराएँ चल रही थीं। एक धारा साम्राज्यवादी व्यवस्था की पक्षधर थी या पूरी तरह से तटस्थ। जबकि दूसरी धारा राष्ट्रीय विचारधारा से प्रेरित एवं संचालित हो रही थी। ''महावीर प्रसाद द्विवेदी इस युग की पत्रकारिता के केन्द्र बिन्दु थे। उन्होंने आगे आने वाली पत्रकारिता के दो मूलभूत तत्त्वों का खुलासा कर दिया था। एक विचार प्रधानता, ताकि लोगों में जनजागरण हो, उनमें बौद्धिक ऊर्जा पनपे तथा दूसरा जन रुचि को जानना।"[24]

इस समय देश में विरोध के स्वर मुखर होने लगे थे। इससे निपटने के लिए लॉर्ड मिंटो ने वायसराय का पद ग्रहण करने के बाद राजकीय गोपनीयता अधिनियम, सार्वजनिक सभा अधिनियम, प्रेस अधिनियम, राजद्रोह क़ानून, विस्फोटक सामग्री अधिनियम और राजद्रोहात्मक सभा अधिनियम के क्षेत्र में विस्तार किया। साथ ही अनेक अध्यादेश जारी किये गये, ताकि भाषण देने के अधिकार एवं स्वतन्त्र आलोचना करने के अधिकार पर नियन्त्रण लगाया जा सके। लेकिन इन नियन्त्रणों के बावजूद देश की राजनीति में उबाल आता गया और इस दौरान अनेक बम काण्ड हुए जिनके निशाने पर अंग्रेज़ अधिकारी थे। "इस तरह के उग्र तेवर की राजनीति के कारण लोगों में इसे जानने की उत्सुकता पैदा हुई और इसके लिए वे समाचार-पत्रों से जुड़ने लगे। इस कारण समाचार-पत्रों का व्यापक विस्तार हुआ। पत्रकारिता अब देश सेवा और स्वाधीनता संग्राम का पर्याय बन गयी थी।"[25] इस समय की पत्रकारिता मिशनरी भावना से ओत-प्रोत थी और सम्पादकों पर किसी प्रकार का दबाव नहीं काम करता था।

"सन् 1905 से 1918 तक आते-आते हिन्दी पत्रकारिता घुटनों पर चलने लगी थी। वित्तीय पूँजीवाद के इस दौर में भारत पर शोषण का शिकंजा और कस गया था। प्रथम विश्व युद्ध का भारतीय अर्थव्यवस्था पर गहरा प्रभाव पड़ा। जिसने देश के आर्थिक आधार की नींव हिला दी। हिन्दी पत्र-पत्रिकाओं ने उपनिवेशवादी शासन के इस दोहरे चरित्र को बखूबी उजागर किया कि साम्राज्यवादी हितों की रक्षा के लिए भारतीय संसाधनों का इस महायुद्ध में ब्रिटिश शासन ने कितना दुरुपयोग किया।"[26] इस काल की हिन्दी पत्रकारिता की मूल विषय-वस्तु

सामाजिक या धार्मिक ही थी। इस समय के पत्र-पत्रिकाओं में 'सरस्वती' (1900), 'देवनागर' (1907), 'नृसिंह' (1907), 'कलकत्ता समाचार' (1914), 'विश्वमित्र' (1916) आदि प्रमुख थे। 'सरस्वती' जिसके सम्पादक महावीर प्रसाद द्विवेदी थे, ने भाषा, साहित्य और सांस्कृतिक विकास की दृष्टि से महत्त्वपूर्ण कार्य किया। राजनीतिक अख़बारों में 'हिन्दी प्रदीप' सबसे पुराना अख़बार था। "इस श्रृंखला के अन्य अख़बार थे–'हिन्दी केसरी'(1907), जो तिलक के मराठी अख़बार का हिन्दी रूपान्तर था, अरविन्द घोष के 'कर्मयोगीन' से प्रभावित 'कर्मयोगी'(1910), मदन मोहन मालवीय द्वारा संचालित 'अभ्युदय'(1907), 'प्रताप'(1913) और 'ज्ञान शक्ति'(1916)।"[27] इन समाचार-पत्रों ने स्वाधीनता आन्दोलन के लिए एक पृष्ठभूमि निर्मित की।

4. गाँधी युग (1920 से 1947 तक) : महात्मा गाँधी का भारतीय राजनीति में प्रवेश 1920 ई. में हुआ। उनके प्रभाव के कारण भारतीय राजनीति में व्यापक बदलाव आया। अब स्वतन्त्रता आन्दोलन के केन्द्र में महात्मा गाँधी थे। उन्होंने उग्र तेवर अपनाने के बदले रचनात्मक तेवर अपनाये और ब्रिटिश सत्ता से विरोध दर्ज कराने के लिए सत्याग्रह, असहयोग आन्दोलन एवं सविनय अवज्ञा आन्दोलनों का सहारा लिया और इन आन्दोलनों में उन्होंने पत्रकारिता को एक हथियार बनाया। उन्होंने गुजराती 'नवजीवन' का हिन्दी रूपान्तर 'हिन्दी नवजीवन' 1921 ई. में और 1933 ई. में 'हरिजन सेवक' हिन्दी में निकाला। अपनी बातों को जनता तक पहुँचाने के लिए गाँधी जी ने 'यंग इंडिया' के सम्पादन का कार्य 8 अक्टूबर, 1919 ई. से प्रारम्भ किया। ''इसके साथ-साथ उन्होंने 'नवजीवन' का सम्पादन कार्य भी शुरू कर दिया, जिसे उन्होंने गुजराती मासिक पत्र से एक साप्ताहिक पत्र में परिवर्तित कर दिया था।"[28] बाद में गाँधी जी ने महादेव देसाई के सम्पादन में 'हरिजन' का प्रकाशन भी शुरू किया जिसके ज़्यादातर लेख गाँधी जी ही लिखा करते थे। बाद में 1933 ई. में उन्होंने 'हरिजन सेवक' हिन्दी में निकाला। गाँधी जी अपनी आत्मकथा में पत्रकारिता के उद्देश्यों को निम्नलिखित शब्दों में परिभाषित करते हैं–"किसी समाचार-पत्र का पहला उद्देश्य सार्वजनिक संवेदना को समझना तथा उसे अभिव्यक्ति प्रदान करना, दूसरा उद्देश्य लोगों में वांछनीय भावनाएँ जाग्रत करना तथा तीसरा उद्देश्य सार्वजनिक दोषों का निडर होकर पर्दाफ़ाश करना होता है।"[29]

गाँधी जी के प्रभाव में आकर हिन्दी पत्रकारिता में भी एक नयी ऊर्जा का प्रवाह हुआ। "उनके रचनात्मक कार्यक्रम और असहयोग आन्दोलन के प्रचार के लिए देश में अनेक दैनिक, साप्ताहिक और मासिक पत्रों का प्रकाशन हिन्दी में हुआ।"[30] "गाँधी जी राजनीति को जनता के क़रीब ले जाना चाहते थे। अतः वे अंग्रेज़ी के बजाय मातृभाषा में काम करने की वकालत करते थे, क्योंकि एक प्रतिशत से भी कम लोग अंग्रेज़ी जानते थे। इसके अलावा अंग्रेज़ी का विरोध साम्राज्यवाद की जंजीरों को तोड़ने का भी प्रतीक था। गाँधी जी ने सम्पर्क भाषा के रूप में अंग्रेज़ी के स्थान पर 'हिन्दुस्तानी' को आगे बढ़ाया। यह उत्तर भारत की आमजन की भाषा थी जिसमें विविध भाषाओं और क्षेत्रों के शब्द भी शामिल थे।"[31] इस प्रकार के विचारों के कारण हिन्दी के समाचार-पत्रों के विकास में प्रेरक के रूप में कार्य किया। इन समाचार-पत्रों ने आज़ादी के आन्दोलन को जन-जन तक पहुँचाने में अपना महत्त्वपूर्ण योगदान दिया। इसके कारण इन्हें अनेक दमनात्मक कार्यवाहियों का सामना करना पड़ा। "समय-समय पर प्रकाशित सरकारी रिपोर्टों से ज्ञात होता है कि अनायास ही सम्पादकों को चेतावनी देना, पत्रों को ज़ब्त कर लेना या प्रेस को तहस-नहस कर देना उच्च अधिकारियों की हावी थी। फिर भी हिन्दी पत्रकारिता के कर्णधार हार स्वीकारने को तैयार नहीं थे।"[32] इन स्थितियों में भी सम्पादकों-पत्रकारों ने अपने कर्म के प्रति निष्ठा का पालन किया और अनेक आर्थिक एवं प्रशासनिक कठिनाइयों के बावजूद उन्होंने अख़बार निकाले। 1925 ई. में वृन्दावन साहित्य सम्मेलन के अन्तर्गत आयोजित प्रथम सम्मेलन में प्रख्यात सम्पादक पराडकर जी ने कहा था कि "हमारे समाचार-पत्रों की वर्तमान अवस्था अभी सन्तोषजनक नहीं है, पर भविष्य उज्ज्वल है।... पहले पत्रों के प्रसार अधिक न होने के कारणों पर विचार करना आवश्यक है। मेरी अल्पमति के अनुसार प्रधानतः तीन कारण हैं–1. पत्रों का समाज के प्रतिबिम्ब न होना, 2. धनाभाव और जनता में विशेषकर हिन्दी भाषियों में साक्षरता का अल्प प्रसार। अस्तु कहने का तात्पर्य यह है कि पत्रों की उन्नति के साथ-साथ पत्रों पर धनियों का प्रभाव अधिकाधिक परिमाण में अवश्य पड़ेगा। अभी तो धनी अपने अप्रत्यक्ष स्वार्थ से अथवा क्वचित् शुद्ध देशभक्ति से प्रेरित होकर इस काम में धन लगाते हैं।... अंग्रेज़ी के बड़े-बड़े समाचार-पत्र क्या भारत में, क्या भारत के बाहर, लागत से कम दाम में ग्राहक को दिये जाते हैं। हिन्दी पत्र भी लागत की चरम सीमा तक पहुँच गये हैं। अब यह आवश्यक हो गया है कि मूल्य लागत से कम किया जाये अर्थात् पत्र के व्यय और लाभ के लिए विज्ञापन की आय पर

हमें अधिकाधिक निर्भर रहना पड़ेगा। यह निर्भरता जितनी बढ़ेगी उतनी ही लेखन पर सम्पादक की स्वतन्त्रता घटेगी और कार्यकुशल व्यवस्थापक की बढ़ेगी।"[33] इस बदलते दौर में भी सम्पादकों की स्वतन्त्रता ज़्यादा बाधित नहीं हुई थी।

1920 ई. में पं. अम्बिका प्रसाद वाजपेयी द्वारा 'स्वतन्त्र' नामक अख़बार निकाला गया जो गाँधी जी के असहयोग आन्दोलन को समर्थन देने एवं 1930 ई. में सरकार द्वारा जमानत-राशि के रूप में जमा करने के निर्देश के बाद बहुत जल्द ही लोकप्रिय हो गया। 1920 ई. में ही बनारस से 'आज' का प्रकाशन प्रारम्भ हुआ, जो आज भी प्रकाशित हो रहा हिन्दी का एक महत्त्वपूर्ण अख़बार है। इसके प्रथम सम्पादक श्रीप्रकाश थे और बाबूराव विष्णु पराडकर उनके सहायक थे। 1923 ई. में पराडकर जी स्वयं सम्पादक बन गये और लगातार 30 वर्षों तक इसका सम्पादन कार्य (बीच के चार वर्ष को छोड़ कर) किया एवं इस अख़बार को पत्रकारिता जगत् में नयी ऊँचाइयों तक पहुँचाया। "सन् 1923 ई. में घनश्याम दास बिड़ला ने दिल्ली से 'अर्जुन' नामक अख़बार का प्रकाशन शुरू किया। लेकिन कुछ ही समय बाद सम्पादक को जेल हो गयी और कुछ महीनों बाद प्रेस अधिनियम के तहत अख़बार को 10,000 रुपये जमानत-राशि के रूप में देने को कहा गया। इसके बाद अख़बार निकलना बन्द हो गया और फिर जमानत-राशि घटकर 4,000 रुपये किये जाने के बाद ही यह निकल पाया।"[34]

बीसवीं शताब्दी के तीसरे और चौथे दशक में जैसे-जैसे भारतीय स्वतन्त्रता आन्दोलन तेज हुआ, हिन्दी में अनेक अख़बार निकले और उन्होंने इसमें अपना महत्त्वपूर्ण योगदान दिया। उग्र राष्ट्रीय विचारों के लिए ही मालवीय जी ने 1907 ई. में 'अभ्युदय', गणेशशंकर विद्यार्थी ने 1913 में 'प्रताप', शिव प्रसाद गुप्त और बाबूराव विष्णु पराडकर जी ने 1920 में 'आज', आचार्य नरेन्द्र देव ने 1937 में 'संघर्ष', कमलापति त्रिपाठी ने 1944 में 'संसार', कृष्णदत्त पालीवाल ने 1925 में 'सैनिक' जैसे महत्त्वपूर्ण पत्रों का प्रकाशन किया। आचार्य नरेन्द्रदेव व बाबूराव विष्णु पराडकर ने 'रणभेरी' नामक भूमिगत पत्र के द्वारा स्वाधीनता आन्दोलन की अलख को जलाये रखा। इसी प्रकार मध्य प्रदेश से भी अनेक पत्र निकले। माधवराव सप्रे का 'छत्तीसगढ़ मित्र' (1900), माखनलाल चतुर्वेदी का 'कर्मवीर' (1920), सिद्धनाथ माधव आगरकर का 'स्वराज्य', पं. द्वारिकाप्रसाद मिश्र के 'लोकमत' (8 फरवरी, 1930) और 'सारथी' (1942) आदि की स्वतन्त्रता आन्दोलन में महती भूमिका रही। आज़ादी आन्दोलन के दौरान जो अख़बार ज़्यादा महत्त्वपूर्ण रहे, वे क्रमिक रूप से निम्न हैं–"सैनिक (आगरा, 1925),

शक्ति (लाहौर, 1937), प्रताप (कानपुर), नवयुग (दिल्ली), नवराष्ट्र (मुम्बई), भारत (इलाहाबाद, 1928), लोकमत (नागपुर, 1930), लोकमान्य (कोलकाता, 1930), वर्तमान (कानपुर, 1920), विश्वमित्र (कोलकाता, 1917, मुम्बई, 1941, नयी दिल्ली, 1942), नवभारत (नागपुर, 1938), अधिकार (लखनऊ, 1938), अग्रगामी (काशी, 1938), उजाला (आगरा, 1940), आर्यावर्त (पटना, 1941), इन्दौर समाचार (इन्दौर, 1946), राष्ट्रवाणी (पटना, 1941), संसार (काशी, 1943), नया हिन्दुस्तान (दिल्ली, 1944), जयहिन्द (जबलपुर, 1946) और सन्मार्ग (काशी व कलकत्ता, 1946)। सामान्य रूप से महत्त्वपूर्ण अन्य पत्र थे–अर्जुन (1923), वीर अर्जुन (दिल्ली, 1934), हिन्दुस्तान (दिल्ली, 1936), मज़दूर समाचार (1934), कांग्रेस (दिल्ली, 1940), हिन्दी मिलाप (लाहौर, 1929), हिन्दी स्वराज (मध्य प्रान्त 1931) और हिन्दू संसार (दिल्ली)।"[35] इस समय की हिन्दी पत्रिकाओं-'माधुरी' (1922), 'चाँद' (1922), 'हंस' (1930), 'कल्याण' (1926), 'त्यागभूमि' (1927), 'मतवाला' (1923), 'सेनापति' (1926), 'सरोज' (1928), 'वाणी' (1930), 'नालन्दा' (1935) आदि ने भी साहित्यिक जगत् में अपने को स्थापित किया एवं साथ ही साथ स्वाधीनता आन्दोलन को आगे बढ़ाने में भी योगदान दिया। 1938 ई. में गाँधी जी के विचारों का समर्थन करते हुए रामगोपाल माहेश्वरी ने 'नवभारत' का प्रकाशन शुरू किया। इस युग में पत्रकारिता वृत्ति से नहीं व्रत की भावना से की जाती थी। इस युग में व्यावसायिकता तो थी ज़रूर पर नैतिकता का आवरण भी निहित था। फलस्वरूप पत्रकार समाज के विकास को अपनी जिम्मेदारी मानते थे।

इस दौर की हिन्दी पत्रकारिता अपने राजनीति एवं सामाजिक उत्तरदायित्वों को समझती थी एवं इसे लोगों तक सही रूप में पहुँचा पा रही थी। वह आन्दोलनों को हवा दे रही थी और साम्राज्यवादी लूट और शोषण के विरुद्ध आवाज़ भी उठा रही थी। द्वितीय विश्व युद्ध के प्रभाव में आकर छोटी पूँजी के समाचार-पत्र बड़ी पूँजी में बदलने लगे। "बड़ी पूँजी और उन्नत तकनीक पत्रकारिता के क्षेत्र में आने से अख़बार अब घरेलू कुटीर उद्योग नहीं रह गये बल्कि अच्छी तरह से संयोजित होकर छपने लगे।"[36]

5. स्वातन्त्र्योत्तर युग (1947 से आजतक) : देश की स्वतन्त्रता के बाद हिन्दी समाचार-पत्रों में उत्साह की एक नयी लहर आयी और बड़ी पूँजी के निवेश के साथ ही अनेक नये अख़बार भी निकलने लगे। इस दौर में हिन्दी पत्रों ने तमाम क्षेत्रों में अपनी प्राथमिकताओं के एजेंडे का पुनर्निर्धारण किया। यह सम्पादकों का स्वर्णिम काल भी था, जहाँ अब वे अंग्रेज़ों की गुलामी से मुक्त थे,

वहीं आर्थिक रूप से भी ज़्यादा सबल थे। अब इसका लक्ष्य आर्थिक हितों का साधन भी बनने लगा था। बड़ी पूँजी के निवेशकर्ताओं ने इसके आर्थिक सफलता का आकलन पहले ही कर लिया था। आज़ादी के बाद जो प्रमुख हिन्दी समाचार-पत्र निकले उनमें 'नवभारत टाइम्स' (दिल्ली, 1947), 'प्रदीप' (पटना, 1947), 'नयी दुनिया' (इन्दौर, 1947), 'स्वतन्त्र भारत' (लखनऊ, 1947), 'जागरण' (कानपुर, 1947), 'नवजीवन' (लखनऊ, 1947), 'सन्मार्ग' (कलकत्ता, 1948), 'नवप्रभात' (ग्वालियर, 1948), 'अमर उजाला' (आगरा, 1948), 'जागरण' (1950), 'युगधर्म' (नागपुर, 1951), 'वीर प्रताप' (जालंधर), 'राजदूत' (जयपुर, 1951), 'वीर अर्जुन' (दिल्ली, 1954), 'नवयुग दैनिक' (जयपुर), 'राजस्थान पत्रिका' (जयपुर, 1956), 'देशबन्धु' (भोपाल, रायपुर 1956), 'पंजाब केसरी' (जालन्धर, 1964) आदि प्रमुख हैं, जिन्होंने अपने को स्थापित किया। इन समाचार पत्रों ने पत्रकारिता को वृत्ति से नहीं अपितु व्रत की भावना से समाज को एक दिशा देने का कार्य किया है।

देश की आज़ादी के बाद भारतीय मीडिया को सही दिशा प्रदान करने एवं इसका लोकतान्त्रिक व्यवस्था में बेहतर योगदान के लिए 1952 ई. में जी.एस. राजाध्यक्ष की अध्यक्षता में प्रथम प्रेस आयोग का गठन किया गया। इसने अपनी रिपोर्ट 1954 ई. में सौंपी। आयोग ने कहा कि देश में अंग्रेज़ी और भारतीय भाषाओं के दैनिक समाचार-पत्रों की संख्या और प्रसार संख्या में तेजी से वृद्धि हुई है। इसी आयोग की सिफ़ारिश पर समाचार-पत्रों के पंजीयक (आर.एन.आई.) का गठन 1956 ई. में किया गया। आर.एन.आई. के आँकड़ों के अनुसार 1956 ई. में दैनिक समाचार-पत्रों की 29.08 लाख प्रतियाँ छपने लगी थीं, जो क्रमशः बढ़ते हुए 1966 ई. में 63.20 लाख, 1976 में 94.61 लाख, 1986 में 218.49 लाख, 1993 ई. में 588.04 लाख हो गयी। ऑडिट ब्यूरो ऑफ़ सर्कुलेशन के अनुसार जून-दिसम्बर, 2019 में जारी रिपोर्ट के अनुसार सर्वाधिक प्रसार वाली समाचार पत्र दैनिक भास्कर है, जिसकी प्रसार संख्या 45,79,051 थी, जबकि 36,14,162 प्रसार संख्या के साथ दैनिक जागरण दूसरे स्थान था। 28,80,144 प्रसार संख्या के साथ टाइम्स ऑफ़ इंडिया तीसरे स्थान पर और 23,08,612 प्रसार संख्या के साथ मलयालम मनोरमा चौथे स्थान पर था। ये आँकड़े इस बात की पुष्टि करते हैं कि दैनिक समाचार-पत्रों ने प्रसार में तीव्र वृद्धि दर्ज की है।

साठ के दशक में देश में विकास की एक नयी लहर दौड़ रही थी जिसमें नेहरू की सरकार ने पंचवर्षीय योजनाओं को अपनाकर देश का विकास करना सुनिश्चित किया। ऐसे में हिन्दी समाचार-पत्रों की महत्ता और भी बढ़ गयी कि वह

सरकार की योजनाओं को लोगों तक सही रूप में पहुँचाए। लेकिन व्यावसायिक हितों को साधने के प्रयास में हिन्दी समाचार-पत्रों को दोतरफा तनाव झेलना पड़ रहा था। ''फिर भी हिन्दी पत्रकारिता ने आज़ादी के बाद स्थानीय समस्याओं को उभारने, उनकी ओर प्रशासन का ध्यान आकृष्ट करने तथा उनका समाधान करने का प्रयास किया।''[37] साथ ही कमज़ोर विपक्ष की पूर्ति इसने अपनी सशक्त भूमिका से की। इसे हिन्दी पत्रकारिता में विकास पत्रकारिता का दौर कहा जा सकता है, लेकिन इसके साथ-साथ एक बदलाव और आया कि पत्रकारिता और राजनीति के सम्बन्ध मज़बूत होने लगे। आज़ादी के पहले के जो सम्बन्ध परस्पर सहयोगी और देश की आज़ादी के लिए थे, वे अब राजनीति का पत्रकारिता पर हावी होने वाले हो गये। दो दशकों में ही पंचवर्षीय योजनाओं से लोगों का मोहभंग होने लगा। भारतीय समाचार-पत्रों में यह बदलाव मिशनरी भूमिका के बदले व्यावसायिक और वाणिज्यिक प्रभाव में वृद्धि के रूप में सामने आया।

हिन्दी पत्रकारिता पर राजनीति के साथ-साथ धीरे-धीरे व्यावसायिकता ने भी अपना प्रभाव बढ़ाना शुरू किया। जिसका परिणाम यह हुआ कि राजनीतिक ख़बरों की प्रधानता के साथ ही सनसनीखेज ख़बरों के चयन का प्रचलन बढ़ने लगा और यह बड़े शहरों तक ही सीमित होने लगा। ''इस काल की पत्रकारिता के आर्थिक चरित्र में झाँकना भी उपयोगी रहेगा। नयी दिल्ली से प्रकाशित प्रमुख दैनिक 'नवभारत टाइम्स' और दैनिक 'हिन्दुस्तान' मूलतः एकाधिकारवादी पूँजी 'मोनोपॉली कैपिटल' के ही हिस्से थे। नवभारत टाइम्स का सम्बन्ध टाइम्स ग्रुप यानी डालमिया एवं शान्तिप्रसाद जैन के घराने से था, जबकि देश के प्रमुख उद्योगपति बिड़ला परिवार द्वारा नियन्त्रित हिन्दुस्तान टाइम्स का प्रकाशन दैनिक हिन्दुस्तान था। यद्यपि ये दोनों हिन्दी दैनिक बड़ी पूँजी का प्रतिनिधित्व करते थे, लेकिन मैं इन्हें अंग्रेज़ी दैनिकों का 'उपांग' (एपेंडेज) के रूप में ही देखता हूँ।''[38] ग्रामीण क्षेत्रों की ख़बरें धीरे-धीरे कम होने लगीं। ''गाँव में जो सामाजिक परिवर्तन आ रहे हैं, दलित चेतना उत्पन्न हो रही है या जातीय संघर्ष चल रहा है, उसके बारे में ठीक से ख़बरें नहीं छपतीं। ये सब हिन्दी पत्रकारिता में बड़ी पूँजी के प्रवेश का परिणाम था कि अख़बार उसी तरह की ख़बरें देने लगे जो उनके पाठक समुदाय से जुड़ी थीं। चूँकि गाँव या दूरदराज के क्षेत्रों में अभी वह पाठक वर्ग नहीं बना था और न ही अभी उस क्षेत्र में बाज़ार बनने की सम्भावना थी, ताकि वहाँ से विज्ञापन समाचार-पत्र उद्योग को मिल सके। साक्षरता का अभाव होने के कारण अख़बारों के पाठक व प्रसार संख्या अभी शहरों व कस्बों तक सीमित थी और वहीं की ख़बरें भी उनमें स्थान पाती थीं।''[39]

1962 ई. के भारत-चीन युद्ध ने नेहरू की राजनीतिक असफलता को उजागर किया और जनता में एक नये प्रकार की उत्तेजना एवं राष्ट्रवाद की लहर दौड़ा दी। "इस जागृति के कारण हमारे अख़बारों और पत्रकारों में एक नयी यथार्थ चेतना, एक नयी ताजगी और नया संकल्प प्रकट हुआ और हिन्दी में सार्थक और यथार्थवादी पत्रकारिता सामने आयी।"[40] युद्ध ने लोगों के मन में जानने की नयी ललक पैदा कर दी। इसके कारण अनेक नये पाठक अख़बारों से जुड़े। "सन् 1964 में नेहरू जी की मृत्यु के पश्चात् लालबहादुर शास्त्री के रूप में हिन्दी पत्रकारिता को एक ऐसा नायक मिला जो कि पगडण्डी से उठकर प्रधानमन्त्री बना था। हिन्दी पत्रकारिता ने नये प्रधानमन्त्री को औसत भारतीय के रूप में देखा और सन् 1965 की भारत पाक जंग के बाद शास्त्री जी को 'भारत का नया हीरो' के रूप में चित्रित किया।"[41] इसके कारण समाचार-पत्रों की प्रसार संख्या में अभूतपूर्व वृद्धि दर्ज की गयी। इसका फ़ायदा उठाने के लिए अनेक नये समाचार-पत्र प्रकाशित होने लगे एवं साथ ही साथ नये संस्करण भी सामने आये।

सातवें दशक में हिन्दी पत्रकारिता ने भारतीय राजनीति में आये बदलाव, जिसमें ग़ैर-कांग्रेसी सरकारों का राज्यों में बनना एवं अनेक क्षेत्रीय पार्टियों का उभार के साथ-साथ प्रशासनिक भ्रष्टाचार की शुरुआत के कारण समाचार-पत्रों ने अपने को व्यावसायिक रूप से सफल बनाने के प्रयास में अपने में बदलाव लाया। "वस्तुतः यह दशक क्षेत्रीय और राष्ट्रीय हिन्दी पत्रकारिता के नये उभार का दौर है। सन् 1967 में 'नयी दुनिया' ने अपना मुद्रण ऑफ़सेट रोटरी मशीन पर प्रारम्भ किया। इस प्रकार की मशीन भारत में पहली बार 'नयी दुनिया' के पास आयी। यही नहीं 'नयी दुनिया' को इस बात का भी श्रेय है कि सम्पूर्ण मध्य प्रदेश में टेलीप्रिटिंग स्थापित करके उसने वैज्ञानिक व तकनीकी पत्रकारिता की शुरुआत की।"[42] इसके कारण राष्ट्रीय और क्षेत्रीय पत्रकारिता में एक बेहतर सन्तुलन की स्थिति बन रही थी। मैकलुहान के अनुसार मुद्रण प्रौद्योगिकी व्यक्ति को अलग-थलग करती है पर देसी राष्ट्रवाद की मार्फत लोगों को लामबन्द करती है, की स्पष्ट तस्वीर भारत में देखने को मिल रही थी। एंडरसन ने प्रौद्योगिकी के इस विकास को मुद्रण-पूँजीवाद के रूप में दर्शाया है। उनका कहना है कि मुद्रण-पूँजीवाद के फलस्वरूप लोग ज़्यादा से ज़्यादा अपने बारे में सोचने लगे और कई कारगर तरीक़ों से दूसरों के साथ जुड़ने लगे।

बीसवीं सदी के आठवें दशक में हिन्दी समाचार-पत्रों ने देश में राजनीतिक, आर्थिक, सामाजिक एवं सांस्कृतिक क्षेत्रों में हो रहे व्यापक बदलाव को प्रस्तुत

किया एवं विनियोजित विकास की कमियों यथा भ्रष्टाचार, लालफीताशाही, शक्ति का केन्द्रीकरण जैसी समस्याओं का समाधान तलाशने पर अपना ध्यान केन्द्रित किया। "नक्सलबाड़ी आन्दोलन' इस दौर का ऐतिहासिक विस्फोट था, जिसने भारतीय राजसत्ता को सीधे हिंसात्मक तेवरों से ललकारा था और बदलाव के नये विकल्प जनता के समक्ष रखे थे। पश्चिम बंगाल और आन्ध्र प्रदेश के पश्चात् लगभग समूचा हिन्दी क्षेत्र कम-ज़्यादा इससे प्रभावित था।"[43] इसी दौरान देश में आपातकाल लागू किया गया जो भारतीय लोकतन्त्र के लिए सबसे कठिन दौर था। इस दौरान समाचार-पत्रों पर अनेक प्रकार की पाबन्दियाँ भी लगायी गयीं और प्रेस की स्वतन्त्रता को पहली बार ख़तरे में महसूस किया गया। "प्रेस पर चारों ओर से दबाव डालकर कमज़ोर करने का प्रयास किया गया।"[44] यह आज़ादी के पहले के दिनों को फिर से जीवन्त करने के जैसा था। "आपातकाल ने तो पत्रकारिता को सरासर बेनकाब कर दिया और दिखा दिया कि महावीर प्रसाद द्विवेदी, गणेशशंकर विद्यार्थी, मदनमोहन मालवीय, सूर्यकान्त त्रिपाठी 'निराला', माखनलाल चतुर्वेदी, बाबूराव विष्णु पराडकर, अम्बिकाप्रसाद वाजपेयी जैसे योद्धा पत्रकारों के उत्तराधिकारियों की रीढ़ किस कद्र तोड़ी है।"[45] लेकिन इस दौर में भी अनेक सम्पादकों एवं पत्रकारों ने पत्रकारिता की गरिमा के अनुरूप कार्य किया और विरोध के स्वर को जिन्दा रखा। इनमें राजेन्द्र माथुर, प्रभाष जोशी, गिरधर राठी, कमलेश शुक्ल आदि को शामिल किया जाता है। आपातकाल के बाद बनी जनता पार्टी सरकार के समय कुछ पत्रकारों ने सरकार का साथ दिया और बदले में अनेक प्रकार के लाभ उठाये। आपातकाल के दौरान हिन्दी की क्षेत्रीय पत्रकारिता का तीव्र गति से विस्तार हुआ और इनके प्रसार की व्यापक सम्भावना थी। इसी दौरान हिन्दी में राजनीतिक विश्लेषणों की प्रधानता वाले साप्ताहिकों का भी तेजी से प्रसार बढ़ा। 'रविवार' इसका सबसे बड़ा उदाहरण है।

1980 ई. के बाद हिन्दी समाचार-पत्रों को सरकारी विज्ञापनों के साथ-साथ निज़ी कम्पनियों से भी विज्ञापन मिलने लगे क्योंकि सरकार ने अर्थव्यवस्था को निज़ी क्षेत्र के लिए खोलना प्रारम्भ कर दिया था। बाज़ार के विस्तार की इस सम्भावना को व्यावसायिक अवसर के रूप में देखते हुए हिन्दी सभाचार-पत्रों का व्यापक विस्तार होने के साथ ही इसकी व्यवस्था में प्रबन्धन का महत्त्व बढ़ने लगा और मशीनों का तेजी से आधुनिकीकरण किया जाने लगा, ताकि प्रसार संख्या के अनुरूप उत्पादन किया जा सके। हिन्दी अख़बारों के नये संस्करण भी प्रकाशित होने लगे। "पत्रकारिता के विस्तार के लिए पूँजी और संसाधनों की ज़रूरत ने

पूँजीपति और सरकार के बीच के सम्बन्धों का स्वरूप बदल दिया। दोनों वर्गों ने एक-दूसरे को उपकृत करने की ठान ली। राजीव गाँधी के शासनकाल में मालिकों ने व्यावसायिकता के नाम पर सरकार से छूट लेने की हर सम्भव कोशिश की। इसके लिए वे सरकारी तन्त्र पर अधिकाधिक निर्भर होते चले गये। इसके साथ पत्रकारों के फिसलन की शुरुआत भी होती है।"[46] राजीव गाँधी की सरकार द्वारा नीतियों में किये जाने वाले बदलावों के कारण देश की अर्थव्यवस्था विश्व की अर्थव्यवस्था से जुड़ने लगी। हालाँकि यह जुड़ाव सीमित क्षेत्रों से ही प्रारम्भ हुआ था। हिन्दी समाचार-पत्रों ने भी अपने को इस स्थिति के अनुरूप तैयार किया और राजनीति में क्षेत्रीयता का प्रभाव बढ़ने के कारण इसने अंग्रेज़ी के समाचार-पत्रों को पीछे छोड़ दिया। यह दरअसल एक ऐसा बदलाव था, जिसने हिन्दी पत्रकारिता की भविष्य को स्पष्ट कर दिया। यहाँ से हिन्दी समाचार-पत्रों ने तो आज-तक यह बढ़त बनाये रखी है। हिन्दी अख़बारों ने खुले व्यापार की सम्भावनाओं को देखकर आये बहुराष्ट्रीय निगमों और बड़ी कम्पनियों की आवश्यकताओं के अनुरूप जिसमें वे शहरों के अतिरिक्त कस्बों में भी अपना बाज़ार विस्तार करना चाहते थे, के लिए अख़बारों को कस्बों और गाँवों तक पहुँचाना शुरू किया। इस समय भारत के कस्बों और गाँवों में एक ऐसा शिक्षित वर्ग उभर रहा था जो न केवल शिक्षित था बल्कि सम्पन्न भी था और उपभोक्ता बनने की चाहत भी रखता था। विदेशी वस्तुओं और सेवाओं के प्रति इस वर्ग में विशेष लालसा थी। भूमण्डलीकरण ने उन्हें यह अवसर दिया और समाचार-पत्रों ने उन्हें जानकारियाँ दीं। यह वर्ग बड़ी कम्पनियों के उत्पाद एवं अख़बारों के विस्तार के लिए भी अनुकूल था। क्षेत्रीय दैनिक जिनकी प्रसार संख्या पहले सीमित थी एवं जो आवश्यक वस्तुओं के विज्ञापन ही देते थे, का स्थान उपभोक्ता वस्तुओं के विज्ञापनों ने ले लिया और अब टीवी, फ्रीज, मोटरसाइकिल आदि के विज्ञापन राष्ट्रीय अख़बारों के साथ-साथ क्षेत्रीय अख़बारों में भी आने लगे। हिन्दी के अख़बारों ने इन विज्ञापनों को घरों तक पहुँचाने का कार्य किया और इससे उसने अपनी प्रसार संख्या बढ़ाने के साथ ही लाभ को भी बढ़ाया। विज्ञापनों की आवश्यकताओं के अनुरूप समाचार-पत्रों ने अपने को आधुनिक बनाया, ताकि रंगीन विज्ञापन प्रकाशित किये जा सकें जो अधिक आकर्षक एवं अधिक प्रभावी था।

जुलाई, 1991 ई. के बाद भारत ने मुक्त व्यापार को बढ़ावा देने के लिए उदारीकरण तथा निजीकरण को पूर्णतः अपना लिया। मुक्त व्यापार को बढ़ावा देने के लिए आर्थिक नीतियों को लाल फीताशाही व्यवस्था से मुक्त करने का

हरसम्भव प्रयास किया गया। उद्योग-धन्धों को सरकार अपने हाथों से मुक्त कर निज़ी क्षेत्र को देने लगी। अब सरकार की सोच यह बनी कि सरकार का कार्य व्यापार करना नहीं बल्कि प्रशासन और सुरक्षा जैसे मुद्दे पर ध्यान केन्द्रित करना है। यह पूर्णतः बाज़ारवादी व्यवस्था के अनुकूल थी। इन नीतियों को अपनाने के पीछे का तर्क आर्थिक संकट से निपटना बताया गया।

श्रव्य माध्यम–आकाशवाणी (रेडियो) की विकास यात्रा

आकाशवाणी शब्द से हमारे ज़हन में श्रव्य माध्यम के रूप में रेडियो का नाम याद आता है। आकाशवाणी का दुनिया में नियमित प्रसारण अमेरिका के पीट्सबर्ग में सन् 1920 में शुरू हुआ था जबकि इंग्लैंड में मार्कोनी की कम्पनी चेम्सफोर्ड ने 23 फरवरी, 1920 को पहली बार सफल प्रसारण किया था। यही कारण है कि ब्रिटिश ब्रॉडकास्टिंग कम्पनी ने नवम्बर, 1922 में काम करना शुरू किया। इसी दौरान भारत में "अगस्त, 1921 में 'द टाइम्स ऑफ़ इंडिया' ने डाक एवं टेलीग्राफ विभाग के साथ अपने मुम्बई स्थित कार्यालय से पहला रेडियो प्रसारण किया।"[47] नवम्बर, 1923 में कलकत्ता स्थित रेडियो क्लब ऑफ़ बंगाल को अस्थायी तौर पर रेडियो प्रसारण की अनुमति दे दी गयी। अगले वर्ष जून, 1924 में बॉम्बे रेडियो क्लब ने भी अपना प्रसारण शुरू किया। इसके चन्द दिनों बाद मद्रास में 31 जुलाई को रेडियो प्रसारण की औपचारिक शुरुआत हुई। 20 मार्च, 1925 को उद्योग एवं श्रम विभाग द्वारा शिमला के मैटकेफ हाउस में आयोजित बैठक में हुए निर्णय के बाद समिति द्वारा 'ब्राडकास्टिंग इन ब्रिटिश इंडिया' नाम से एक नोट जारी कर सिफ़ारिश की गयी कि रेडियो प्रसारण के लिए कम्पनी को दस साल के लिए लाइसेंस दिया जाये। रेडियो प्रसारण के दौरान सरकार को किसी भी रेडियो स्टेशन पर सेंसरशिप, प्री सेंसरशिप या अन्य प्रकार की रोक लगाने की छूट होनी चाहिए। इसके अलावा लाइसेंसधारी कम्पनी को सरकार सम्बन्धी सभी सूचनाएँ यथा : सरकारी आदेश, मौसम समाचार, शैक्षणिक प्रचार निःशुल्क करना पड़ेगा। 31 मार्च, 1926 को रेडियो प्रसारण के लिए एक अलग कम्पनी (इंडियन ब्रॉडकास्टिंग कम्पनी) अधिनियम के तहत पंजीकरण कराया गया। इसी वर्ष 13 सितम्बर को रेडियो प्रसारण के समझौते पर कम्पनी ने सरकार के साथ हस्ताक्षर किये। 23 जुलाई, 1927 को संध्या 6 बजे लॉर्ड इरविन ने मुम्बई स्टेशन का उद्घाटन करते हुए कहा था कि "प्रसारण की भारत में असीम सम्भावनाएँ हैं। इसकी लम्बी दूरियाँ और विशाल क्षेत्रफल इसे प्रसारण के लिए सम्भावनाओं

से भरा बनाता है। भारत के दूर-दराज के गाँवों में ऐसे लोग हैं जो काम से थकने के बाद सुस्ताना चाहते हैं। इसी प्रकार काम के लिए अपने घरों से दूर जाने वाले अनेक लोग भी अपने परिजनों की कमी महसूस करते हैं। भारत में अनेक घर ऐसे हैं, जिनकी परम्पराएँ उन्हें मनोरंजन के लिए घरों से बाहर जाने की अनुमति नहीं देतीं। इन सब के लिए प्रसारण किसी शानदार उपहार से कम नहीं है। चाहे मनोरंजन की बात हो या फिर शिक्षा की, रेडियो प्रसारण में असीम सम्भावनाएँ छिपी हैं, इतनी कि हम अभी तक उसका ठीक से अनुमान भी नहीं लगा पाये हैं। भारत में प्रसारण अभी अपनी बाल्यावस्था से गुज़र रहा है; किन्तु मुझे यकीन है कि कुछ ही सालों में रेडियो के श्रोताओं की संख्या कई गुना बढ़ जायेगी और विज्ञापन के इस नये प्रयोग को पसन्द करने वाले भारत के हर कोने में मौजूद होंगे।"[48] रेडियो यहाँ के लोगों के दिलों पर राज करने लगा था। जगह-जगह रेडियो स्टेशन खोले जा रहे थे। 1 अप्रैल, 1930 को इंडियन ब्रॉडकास्टिंग कम्पनी का नाम बदलकर 'इंडियन स्टेट्स ब्रॉडकास्टिंग सर्विस (आई.एस.बी.एस.) कर दिया गया। यह वही दौर था जब हम आर्थिक मन्दी से झुलस रहे थे। क़रीब एक वर्ष बाद सरकार ने निरन्तर हो रहे घाटे से ऊबकर रेडियो प्रसारण बन्द करने की घोषणा कर दी। हालाँकि इसका तीव्र विरोध हुआ, ख़ासकर बंगाल में। "विरोध को देखते हुए सरकार ने अस्थायी तौर पर रेडियो प्रसारण को जारी रखने का फ़ैसला किया और सारी अटकलों को विराम देते हुए अन्ततः मई, 1932 में सरकार ने इंडियन स्टेट्स ब्राडकास्टिंग सर्विस को सरकारी प्रबन्धन के तहत चलाने का निर्णय लिया।"[49]

30 अगस्त, 1935 को बी.बी.सी. से आये लियोनल फिल्डन ने देश के पहले प्रसारण नियन्त्रक का पदभार सँभाला। वे अपनी रचनात्मकता से ऑल इंडिया रेडियो के स्वरूप को बदलते रहे। उनकी प्रशासनिक क्षमता को देखते हुए सरकार ने इंडियन स्टेट्स ब्रॉडकास्टिंग सर्विस के विकास के लिए 20 लाख रुपये की ग्रांट दी। फिल्डन भारत में रेडियो सेवा के नाम 'इंडियन स्टेट्स ब्रॉडकास्टिंग' को नापसन्द करते थे। उन्होंने इंडियन स्टेट्स ब्रॉडकास्टिंग सर्विस का नाम बदलकर 'ऑल इंडिया रेडियो' कराया। दरअसल, "उनका तर्क था कि एक तो 'इंडियन स्टेट्स' बोलना बड़ा अटपटा-सा लगता है; दूसरा 'ब्रॉडकास्टिंग' भारतीयों के लिए उच्चारण में दिक्कत पैदा करता है। फिल्डन ऐसा नाम चाहते थे जो आम लोगों की ज़ुबान पर चढ़ जाये। फिल्डन भारतीय संस्कृति के हिमायती थे।"[50] फिल्डन बीमार हो गये थे तो उनकी अनुपस्थिति में प्रो. अहमद शाह बुखारी ने पदभार

सँभाला। आज़ादी आन्दोलन के दौरान सरकार रेडियो पर शिकंजा कसना चाहती थी पर राष्ट्रीय नेताओं ने रेडियो के विकास के लिए अभूतपूर्व योगदान दिया। "सन् 1938 के महासम्मेलन में नेशनल प्लानिंग कमेटी का गठन किया गया था। स्वयं जवाहर लाल नेहरू इस समिति के अध्यक्ष थे। इस समिति ने देश के विकास से जुड़े हर मसले पर उप-समितियों का भी गठन किया। इस समिति ने ऑल इंडिया रेडियो के प्रबन्धन और उपयोग के सम्बन्ध में अपने सुझाव सरकार के पास भेजे। समिति की सिफ़ारिशों के आधार पर प्लानिंग कमेटी ने प्रस्ताव पास किया कि संचार और प्रसारण जन-उपयोग की सेवाएँ हैं और आम लोगों के जीवन को प्रभावित करती हैं।"[51] वर्तमान में इन पर सरकार का नियन्त्रण है। ये सेवाएँ जनता के नियन्त्रण में होनी चाहिए और व्यावसायिक रूप में चलायी जानी चाहिए, ताकि इनका पूरा विस्तार हो सके। लेकिन इस दौरान यह ध्यान रखा जाये कि ये ऐसी जनसेवाएँ हैं जिनका उपयोग राष्ट्र-निर्माण के एक औज़ार के रूप में किया जाना है।

स्वतन्त्रता प्राप्ति के उपरान्त सरदार पटेल देश के पहले सूचना एवं प्रसारण मन्त्री बने। सरकार ने आकाशवाणी के चहुँमुखी विकास की बृहत् योजना बनायी। "इसे 'पायलट प्रोजेक्ट' के नाम से जाना जाता है। देश के सभी हिस्सों में रेडियो स्टेशन और स्टूडियो स्थापित करने की योजना बनायी गयी। सबसे पहले जालन्धर में 1 नवम्बर, 1947 को रेडियो स्टेशन खोला गया; क्योंकि पंजाब में बड़ी संख्या में शरणार्थियों का आना जारी था और उनकी व्यवस्था के लिए रेडियो सही सूचनाओं को प्रसारित करने में महत्त्वपूर्ण भूमिका निभा सकता था। एक महीने बाद ही 1 दिसम्बर, 1947 को जम्मू में रेडियो स्टेशन ने काम करना आरम्भ कर दिया। अगले साल पटना, कटक, गुवाहाटी, नागपुर, विजयवाड़ा, श्रीनगर में एक के बाद एक नये रेडियो स्टेशन खोले गये। सन् 1949 में इलाहाबाद और अहमदाबाद में रेडियो स्टेशनों ने काम करना प्रारम्भ कर दिया तो 1950 में धारवाड़ और कोझीकोड में रेडियो स्टेशन खोले गये।"[52] रेडियो जनमानस के लिए मनोरंजन का एक प्रमुख जरिया बन चुका था। रेडियो सीलोन की लोकप्रियता का मुक़ाबला करने के लिए 3 अक्टूबर, 1957 को आकाशवाणी ने अपनी 'विविध भारती' सेवा प्रारम्भ की। सन् 1956 में यूनेस्को ने भारत को अपने रेडियो रूरल फोरम्स प्रोजेक्ट के लिए चुना। इस प्रोजेक्ट के तहत पूना के 144 गाँवों को चुनकर रेडियो रूरल फोरम बनाये गये और आकाशवाणी द्वारा कार्यक्रम प्रसारित करने के बाद वहाँ ग्रामीणों के साथ वार्तालाप किया गया। "इस परियोजना का नारा था—

सुनो, चर्चा करो और उसके बाद उसे लागू करो।"[53] रेडियो के विकास के लिए 4 दिसम्बर, 1964 को गठित चन्दा कमेटी ने 18 अप्रैल, 1966 को अपनी रिपोर्ट देते हुए कहा कि अगर आकाशवाणी का विकास अधिक व्यावसायिक ढंग से करना है तो इसे एक स्वायत्त निगम के हवाले कर देना चाहिए। आकाशवाणी और दूरदर्शन को अलग-अलग कर दिया जाये। विज्ञान और कृषि से जुड़े कार्यक्रमों को प्राथमिकता दी जाये। चौथी पंचवर्षीय योजना (1969-74) के दौरान 1967 ई. में आकाशवाणी ने व्यावसायिक सेवा आरम्भ की। अब विविध भारती सेवा के प्रसारण में विज्ञापन प्रसारित किये जाने लगे। "सन् 1967 में स्थानीय केन्द्रों के लिए नौ बिन्दुओं की एक प्रसारण आचार संहिता उस समय बनायी गयी जब कलकत्ता के आकाशवाणी केन्द्र पर वामपन्थी साझा सरकार के श्रममन्त्री सुबोध बनर्जी के प्रसारित किये जाने वाले एक भाषण पर केन्द्र निदेशक पी.सी. चटर्जी ने आपत्ति उठायी। इस विवाद के बाद संसद में स्थानीय केन्द्रों के लिए एक आचार संहिता बनायी गयी।"[54]

आपातकाल के दौरान सरकारी माध्यमों की स्वायत्तता का मुद्दा जोर-शोर से उठा। आपातकाल के हटते ही जनता पार्टी की सरकार ने 17 अगस्त, 1977 को हिन्दुस्तान टाइम्स के पूर्व सम्पादक बी.जी. वर्गीज की अध्यक्षता में एक समिति का गठन किया। समिति ने 24 फरवरी, 1978 को अपनी रिपोर्ट में 'आकाश भारती' राष्ट्रीय प्रसारण न्यास बनाना, शैक्षणिक चैनल खोलने के लिए निज़ी कम्पनियों को आमन्त्रित करने आदि का सुझाव दिया। सरकार ने 1976 में चन्दा कमेटी की रिपोर्ट को स्वीकार करते हुए आकाशवाणी से दूरदर्शन को अलग कर दिया। सन् 1977 में देश में पहला एफ.एम. प्रसारण मद्रास से आरम्भ हुआ। 15 अगस्त, 1993 से दिल्ली और मुम्बई में निज़ी रेडियो चैनल खोले। 1994 ई. में आकाशवाणी की उपग्रह सेवा स्काई रेडियो आरम्भ की गयी तथा 1995 ई. में रेडियो पेजिंग की शुरुआत हुई। 1996 ई. में आकाशवाणी के कार्यक्रम इंटरनेट पर उपलब्ध होने लगे। 23 नवम्बर, 1997 को प्रसार भारती अधिनियम लागू होने के बाद आकाशवाणी को प्रसार भारती निगम के अन्तर्गत लाया गया। "अप्रैल, 1998 में आकाशवाणी द्वारा निज़ी निर्माताओं से कार्यक्रम बनवाने पर रोक लगा दी गयी। इसके बाद एक बार फिर सारे कार्यक्रम आकाशवाणी केन्द्रों द्वारा ही बनाये जाने लगे। लेकिन इस बार निज़ी एफ.एम. चैनलों को अनुमति देने पर सरकार ने गम्भीरता से विचार किया और सन् 1999 में अन्ततः केन्द्र सरकार ने नीतिगत निर्णय लेते हुए एफ.एम. तरंगों को निज़ी कम्पनियों के लिए

खोल दिया, क्योंकि सर्वोच्च न्यायालय ने सन् 1995 में अपने एक महत्त्वपूर्ण निर्णय में रेडियो तरंगों को सार्वजनिक सम्पत्ति घोषित किया था। सूचना एवं प्रसारण मन्त्रालय बनाम क्रिकेट एसोसिएशन ऑफ़ बंगाल मामले में फ़ैसला देते हुए न्यायालय ने रेडियो तरंगों पर सरकार के एकाधिकार को सही नहीं बताया था। न्यायालय ने कहा कि सरकार को यह सुनिश्चत करना चाहिए कि रेडियो तरंगों का जनहित में व्यापक इस्तेमाल किया जाये ताकि देश में अभिव्यक्ति की स्वतन्त्रता का सही उपयोग हो सके।"[55] सन् 2003 में आकाशवाणी ने दिल्ली के एफ.एम.-1 को एफ.एम. 'गोल्ड' और एफ.एम.-2 को एफ.एम. 'रेनबो' नाम दे दिया। अब गोल्ड पर पुराने फ़िल्मी गीत तथा रेनबो पर नये और अंग्रेज़ी गाने भी प्रसारित होने लगे। रेडियो के सन्दर्भ में कहा जा सकता है कि जहाँ सामुदायिक रेडियो से समाज के विकास की संकल्पना को साकार होते हम देख पा रहे हैं, वहीं नये, पुराने गीत, रेडियो जॉकी तथा घण्टे-घण्टे समाचार से यह आम दिलों पर राज कर रहा है।

दृश्य-श्रव्य माध्यम (टेलीविज़न) का विकास

टेलीविज़न की महत्ता से हम सब परिचित हैं। दूर-दर्शन (Television) आज हमारे जीवन का महत्त्वपूर्ण हिस्सा बन चुका है। जब हम 'दूर-दर्शन' लिखते हैं तो हमारा आशय 'Television' या TV से होता है; लेकिन जब हम 'दूरदर्शन' लिखते हैं तो इसका अर्थ है-भारत का सरकारी टेलीविज़न केन्द्र और चैनल, जिसे अंग्रेज़ी में 'Doordarshan' के रूप में जाना जाता है। टेलीविज़न ग्रीक एवं लैटिन भाषा से लिया गया एक संयुक्त शब्द है। टेली ग्रीक भाषा का शब्द है, जिसका अर्थ है—दूरी और विज़न लैटिन शब्द है जिसका अर्थ है—देखना। टेलीविज़न दर्शकों को सुदूरवर्ती स्थानों पर घटने वाली घटनाओं का प्रत्यक्षदर्शी गवाह बनने में मदद करता है। सन् 1925 में जे.एल. बेयर्ड ने ब्रिटेन में टेलीविज़न का पहला सार्वजनिक प्रदर्शन किया था। यूनेस्को ने टेलीविज़न प्रसारण आरम्भ करने के लिए भारत के सामने मदद का प्रस्ताव दिया। सरकार दूरदर्शन केन्द्र लगाने में आर्थिक स्थिति के कारण पेसोपेश में थी। इसी दौरान 1957 ई. में दिल्ली के प्रगति मैदान में औद्योगिक व्यापार मेला लगा। इधर, फिलिप्स कम्पनी ने औद्योगिक व्यापार मेले में अपने साथ लाये टेलीविज़न उपकरण को बेचने का प्रस्ताव सरकार को दिया। "टेलीविज़न ट्रांसमीटर आदि ख़रीदने के लिए 40 लाख रुपये का प्रावधान कर दिया गया।"[56] आकाशवाणी भवन में अप्रैल, 1958

में प्रयोग के रूप में टेलीविज़न ट्रांसमीटर लगाये गये और रिसर्च लेबोरेटरी में 16 व 33 मीटर की फ़िल्में दिखाने की व्यवस्था की गयी।

टेलीविज़न का आरम्भिक काल (1959 ई. से 1974 ई. तक) : 15 सितम्बर, 1959 को राजधानी दिल्ली की पार्लियामेंट स्ट्रीट पर आकाशवाणी भवन से देश का पहला टेलीविज़न ट्रांसमीटर काम करना शुरू किया। दूरदर्शन नामक इस टेलीविज़न सेवा का उद्घाटन तत्कालीन राष्ट्रपति डॉ. राजेन्द्र प्रसाद ने किया। क़रीब 25 किमी की रेंज के इस ट्रांसमीटर से सप्ताह में दो दिन मंगलवार और शुक्रवार को कुल 60 मिनट के कार्यक्रम प्रसारित किये जाते थे। जिसमें 40 मिनट सूचनात्मक तथा 20 मिनट मनोरंजनात्मक कार्यक्रम होते थे। 'सोशल एजुकेशन प्रोजेक्ट' के तहत प्रायोगिक प्रसारण के रूप में ये कार्यक्रम आस-पास के क्षेत्र के 21 सामुदायिक टेलीविज़न सेटों पर देखे जाते थे। ''सन् 1961 में दूरदर्शन की प्रायोगिक सेवा को नियमित करके पी.वी. कृष्णामूर्ति को इसका पहला निदेशक बनाया गया। इसी दौरान जनवरी से मार्च 1960 के दौरान प्रायोगिक रूप में टेलीविज़न पर शाम को 3 से 4 बजे तक स्कूली बच्चों के लिए कार्यक्रम प्रसारित किये गये। बच्चे नियमित टेलीविज़न देख पाएँ, इसके लिए दिल्ली सरकार ने स्कूलों से बच्चों को टेली-क्लबों तक लाने की व्यवस्था कर दी।''[57] इसके विस्तार स्वरूप 23 अक्टूबर, 1961 को आकाशवाणी ने अमेरिका के फोर्ड फाउंडेशन के साथ एक सहमति-पत्र पर हस्ताक्षर किये, जिसके अन्तर्गत चार साल तक दिल्ली के स्कूलों में शैक्षणिक प्रसारण किया जाना था। समझौते के अनुसार अमेरिका के विशेषज्ञ भारत आये और दिल्ली के माध्यमिक स्कूलों में 600 टेलीविज़न सेट स्थापित किये गये। बाद में ट्रांसमीटर की प्रसारण क्षमता को भी बढ़ाकर 5 किलोवाट कर दिया गया। 15 अगस्त, 1965 को भारतीय टेलीविज़न पर रोज़ाना समाचार बुलेटिन की शुरुआत हुई। उस समय टेलीविज़न प्रसारण आकाशवाणी का एक अंग था। जाहिर है कि टेलीविज़न समाचार भी आकाशवाणी की समाचार इकाई पर पूरी तरह निर्भर था। समाचारों में स्थिर चित्रों को दिखाया जाता था। 1960 ई. का दशक भारत में हरित क्रान्ति का दौर था। हरित क्रान्ति के जनक डॉ. एम.एस. स्वामीनाथन और सुविख्यात वैज्ञानिक डॉ. विक्रम साराभाई की पहल पर 26 जनवरी, 1967 से 'कृषि दर्शन' का प्रसारण शुरू किया गया। हर बुधवार और शुक्रवार को 20 मिनट के कार्यक्रम में किसानों को नये खाद, बीज और उत्तम खेती के बारे में जानकारी दी जाने लगी।

प्रयोग के वर्ष (1975-1981) - सन् 1975 भारतीय टेलीविज़न के इतिहास में मील का पत्थर साबित हुआ क्योंकि इसी साल भारतीय वैज्ञानिकों ने पहली बार उपग्रह प्रसारण शुरू किया। सैटेलाइट इंस्ट्रक्शनल टेलीविज़न एक्सपेरीमेंट (SITE) नामक इस परियोजना के तहत अमेरिकी सैटेलाइट ATS-6 को एक साल के लिए किराये पर लिया गया। प्रायोगिक तौर पर देश के छह राज्यों (बिहार, उड़ीसा, आन्ध्र प्रदेश, राजस्थान और कर्नाटक) के 2400 सबसे पिछड़े गाँवों में उपग्रह के जरिये एक साल (1 अगस्त, 1975 से 31 जुलाई, 1976) का प्रसारण किया गया। इस कार्यक्रम के तहत स्वास्थ्य, कृषि, परिवार नियोजन, राष्ट्रीय एकता, संस्कृति की जानकारियाँ दी जाने लगीं। ये कार्यक्रम हिन्दी, उड़िया, तेलुगु और कन्नड़ भाषा में प्रसारित किये जाते थे। रोज़ाना चार घण्टे के कार्यक्रम में सुबह 90 मिनट शैक्षणिक और शाम को 150 मिनट अन्य विषयों का प्रसारण होता था। साइट के कार्यक्रम समाज को दिशा देने में महती भूमिका अदा करने लगी।

1 जनवरी, 1976 को दूरदर्शन पर पहली बार विज्ञापनों का प्रसारण शुरू हुआ। इसी वर्ष 1 अप्रैल को दूरदर्शन को आकाशवाणी से अलग कर दिया गया। ‘‘इस दिन को विशिष्ट बनाने के लिए प्रधानमन्त्री इन्दिरा गाँधी ने देश के नाम सन्देश भी दिया। यह विशेष प्रसारण साइट परियोजना के अन्तर्गत 2400 गाँवों में भी उपग्रह के जरिये प्रसारित किया गया। अलग होने के बाद दूरदर्शन के पहले महानिदेशक पी.वी. कृष्णमूर्ति बनाये गये और दिल्ली के मण्डी हाउस में दूरदर्शन का मुख्य कार्यालय बनाया गया। दूरदर्शन का अपना मोनोग्राम और संकेत धुन भी बनायी गयी।’’[58]

1980 के दशक में दूरदर्शन के विकास में चार चाँद लगे। 10 अप्रैल, 1982 को अमेरिका के केप कैनेडी से देश का पहला संचार सैटेलाइट इनसेट 1-ए छोड़ा गया। लेकिन यह उपग्रह अधिक दिनों तक काम नहीं कर पाया लेकिन इसी वर्ष 30 अगस्त को एक और उपग्रह इनसेट-1 बी छोड़ा गया, तदुपरान्त देशभर के टेलीविज़न केन्द्रों को उपग्रह से जोड़ दिया गया। सन् 1982 में 19 नवम्बर से 4 दिसम्बर को हुए एशियाई खेलों का आनन्द दूरदर्शन के माध्यम से भारत सहित अन्य देशों के दर्शकों ने उठाया। स्वतन्त्रता दिवस 15 अगस्त, 1982 को लाल किले पर ध्वजारोहण के सीधे प्रसारण के साथ दूरदर्शन ने अपने रंगीन प्रसारण की शुरुआत की। संचार माध्यमों द्वारा विकसित राष्ट्रों के कार्यक्रमों को अधिकाधिक दिखाने के कारण पिछड़े देशों में सांस्कृतिक पहचान का संकट पैदा होने लगा था तो इसी दौरान वैश्विक मीडिया परिदृश्य में बनाये गये मैकब्राइड

कमीशन की तर्ज पर भारत में मार्च, 1983 में पी.सी. जोशी की अध्यक्षता में एक समिति का गठन किया। समिति ने 2 अप्रैल, 1984 को अपनी रिपोर्ट (An Indian Personality for Television Report of the Working Group on Software for Doordarshan) में दूरदर्शन के कार्यक्रमों में सुधार लाने के लिए विस्तृत सुझाव दिया गया। जोशी कमेटी के नाम से इस समिति ने भारतीय आवश्यकताओं के अनुरूप देशज कार्यक्रम बनाने पर बल दिया। ख़ास देशज संस्कृति पर केन्द्रित कार्यक्रम बनने लगे। 15 जुलाई, 1984 को देश का पहला प्रायोजित धारावाहिक 'हमलोग' शुरू किया गया। कुल 156 कड़ियों के इस धारावाहिक को नेस्ले मैगी नूडल्स ने प्रायोजित किया था। हमलोग की सफलता के बाद तमस, बुनियाद, खानदान, कक्का जी कहिन, भारत एक खोज जैसे धारावाहिकों के प्रसारण से दूरदर्शन की लोकप्रियता बढ़ी। राजीव गाँधी ने प्रधानमन्त्री बनते ही समाज के विकास के लिए दूरदर्शन को अनिवार्य अंग माना। यही कारण है कि सन् 1987 में रामानन्द सागर द्वारा निर्मित रामायण, 1988 में बी. आर. चोपड़ा द्वारा बनाये गये महाभारत और श्याम बेनेगल द्वारा बनायी गयी भारत एक खोज, जैसे बड़े धारावाहिकों को राजीव गाँधी की निज़ी रुचि के फलस्वरूप हम देख पाये। सन् 1984 में डीडी-2 नाम से दूरदर्शन का दूसरा चैनल शुरू किया गया। इसी वर्ष शैक्षणिक प्रसार के लिए विश्वविद्यालय अनुदान आयोग ने कंट्रीवाइड क्लास रूम का प्रसारण शुरू किया। 1987 ई. में रामायण धारावाहिक को दूरदर्शन पर दिखाये जाने पर इसने अपनी लोकप्रियता के सारे रिकॉर्ड तोड़ दिये। इसके बाद महाभारत के प्रसारण को भी लोगों ने ख़ूब सराहा। कहा जाता है कि रामायण और महाभारत जैसे धारावाहिकों ने टीवी को घर-घर पहुँचा दिया।

1990 के दशक में ख़ासकर जब भूमण्डलीकरण का दौर शुरू हो रहा था। बहुराष्ट्रीय कम्पनियाँ अपने उत्पादों को ग्राहकों तक पहुँचाने के लिए टीवी विज्ञापनों को एक अच्छा माध्यम समझने लगी तो ऐसे ही दौर में सन् 1992 में देश का पहला निज़ी टेलीविज़न चैनल जीटीवी को हरियाणा के उद्योगपति सुभाषचन्द्र ने शुरू किया। अब चौबीसों घण्टे समाचार, मनोरंजन के चैनलों की भरमार हो गयी है।

सोशल मीडिया : सूचना प्रौद्योगिकी के क्षेत्र में जिस नवीनतम माध्यम ने क्रान्ति उपस्थित की है, वह है—'इंटरनेट'। आज इंटरनेट ग्लोबल है, इसके सभी विधा रूप ग्लोबल हैं। इसकी तेज गति इसे अन्य माध्यमों से गुणात्मक तौर पर अलग करती है। यह दुनिया को वैश्विक ग्राम का वासी होने का अवसर मुहैया कराता है।

कोई भी इंटरनेट प्रयोगकर्ता यह कह सकता है कि अब तक जितने माध्यम विकसित हुए हैं उनमें इंटरनेट सबसे ज़्यादा ताक़तवर है। दरअसल, यह हाई-टेक का पर्याय है और सूचना क्रान्ति का संवाहक भी। अब तक ईजाद हुए माध्यमों में यह एक माध्यम नहीं है, बल्कि माध्यमों का पितामह है। यह अपने आप में स्वतन्त्र कोई आविष्कार नहीं है, बल्कि यह कम्प्यूटर और टेलीफोन से मिलाकर किये गये एक अभिनव प्रयोग के तौर पर सूचनाओं को बड़ी तेजी से एक स्थान से दूसरे स्थान पर भेजे जाने की युक्ति है। "इसे कुछ लोग वर्ल्ड वाइड वेब यानी विश्व व्यापी तरंग कहते हैं, किन्तु इंटरनेट विशेषज्ञ इस नाम से सहमत नहीं हैं। वे इसके कई और भी नाम देते हैं जैसे-साइबर स्पेस, सुपर हाइवे, इनफोर्मेशन सुपर हाइवे, द नेट या ऑनलाइन आदि।"[59]

1990 के दशक में इंटरनेट की तेजी से प्रगति हुई। इसके विकास पर नज़र डालें तो हम पाते हैं कि अमेरिका के पेंटागन एडवांस्ड रिसर्च प्रोजेक्ट एजेंसी (ए.आर.पी.ए.) ने 1969 में एआरपीएनेट के रूप में इसकी शुरुआत की थी। इसका मूल उद्देश्य देश के विभिन्न भागों में फैली सैनिक छावनियों के बीच आपसी सम्पर्क स्थापित करना था। आपसी संवाद के लिए एआरपीएनेट कम्प्यूटरों को आपस में जोड़ने और डाटा भेजने हेतु विकसित की गयी प्रक्रिया को ट्रांसमिशन कंट्रोल प्रोटोकोल/इंटरनेट प्रोटोकोल (टीपीसी/आईपी) कहा गया। "अमेरिका में सैनिक मुख़्यालयों में कार्यरत वैज्ञानिक और इंजीनियरों ने इस एआरपीएनेट का उपयोग रक्षा सम्बन्धी सूचनाओं के आदान-प्रदान करने के लिए भी करना शुरू किया। इसके अगले कथन के रूप में उन्होंने इलेक्ट्रॉनिक मेल का तरीक़ा भी विकसित किया जिसे 'ई-मेल' की संज्ञा दी गयी।"[60] इंटरनेट की उपयोगिता को देखते हुए क़रीब दस वर्षों के उपरान्त 1979 ई. में एक शैक्षणिक नेटवर्क 'यूजनेट न्यूज़' के रूप में इसका पहला सार्वजनिक विस्तार हुआ। इंटरनेट की लोकप्रियता के कारण यह अब सरकारी नियन्त्रण से बाहर आकर आम जनता के लिए सुलभ हो गया है। भारत में इसकी शुरुआत सर्वप्रथम सैनिक अनुसन्धान नेटवर्क (ईआर नेट) ने रक्षा और अनुसन्धान क्षेत्रों के लिए उसका उपयोग शुरू किया। यह ईआरनेट भारत सरकार के इलेक्ट्रॉनिक विभाग तथा यूनाइटेड नेशंस डेवलपमेंट प्रोग्राम का एक संयुक्त उपक्रम था। इसके उपरान्त संचार के माध्यम के रूप में एक बूम आया और लोग इसको पसन्द करने लगे। इंटरनेट के उपयोग के मुख्य क्षेत्र हैं यथा : ई-मेल, बातचीत (चैटिंग), ई-बैंकिंग, ई-कॉमर्स, ई-प्रशासन, मनोरंजन आदि। आज इंटरनेट पर अभिव्यक्ति का सशक्त माध्यम बना है—ब्लॉग।

जहाँ कि कोई सम्पादकीय कैंची नहीं चलती, अपने मन की अभिव्यक्ति कर सकते हैं। इंटरनेट स्वभावतः सामाजिक है। यह प्रत्येक को समान अवसर देता है। इसका साझा क्षेत्र है सार्वजनिक स्थान। अन्ना आन्दोलन हो या मिस्र में हुए जनान्दोलन में इंटरनेट के सोशल मीडिया नेटवर्कों की अहम भूमिका रही है। इंटरनेट ने प्रिंट समर्थित एकाधिकार को समाप्त कर दिया। ऐसे में कहा जा सकता है कि मौजूदा दौर मीडिया का नहीं बल्कि साइबर मीडिया का है।

आज भूमण्डलीकरण के बाद के दो दशकों में भारत के सामाजिक, आर्थिक, सांस्कृतिक एवं राजनीतिक क्षेत्रों में व्यापक बदलाव आ चुका है। भारतीय मीडिया तो इससे व्यापक स्तर पर प्रभावित है। यह प्रभाव उसके ढाँचागत स्तर से लेकर समाचारों के चयन, प्रस्तुतीकरण तक में देखने को मिल रहा है। इलेक्ट्रॉनिक मीडिया के बढ़ते प्रभाव के बावजूद समाचार-पत्रों का महत्त्व बढ़ा है। अब हिन्दी के अख़बार पूँजी, तकनीक, प्रस्तुतीकरण, प्रसार और कलेवर की दृष्टि से ज़्यादा सम्पन्न हुए हैं। व्यावसायिकता के बढ़ते प्रभाव ने इसे पूर्णतः व्यवसाय में तब्दील कर दिया है। सरकार भी इसे व्यवसाय ही मानने लगी है और इसमें पूँजी लगाने वाले भी इसे तीव्र गति से विकसित होने वाला एवं बेहद लाभकारी व्यवसाय मानने लगे हैं। कॉर्पोरेटाइजेशन का हावी होना इसे एक शुद्ध उत्पाद के रूप में बदल चुका है, लेकिन इस उत्पाद की सबसे बड़ी ख़ासियत यह है कि यह अपने लागत मूल्य से कम पर बिकता है। लागत और कम मूल्य के इस अन्तर को विज्ञापनों द्वारा पूरा किया जाता है। विज्ञापनों पर समाचार-पत्रों की निर्भरता इस हद तक है कि बिना विज्ञापन के अख़बार निकालना लगभग असम्भव माना जाता है। ये विज्ञापन भूमण्डलीकरण के विस्तार में मीडिया के महत्त्व को स्थापित करता है क्योंकि ये विज्ञापन ही बाज़ारवादी व्यवस्था के वाहक का कार्य करते हैं। समाचार-पत्रों के प्रकाशन लागत में वृद्धि ने विज्ञापनों की महत्ता और बढ़ा दी है। इस प्रतिस्पर्धी वातावरण में हिन्दी अख़बारों ने अपने को मज़बूती के साथ स्थापित किया है। "व्यापार और उद्योग का प्रबन्धन व व्यावसायिक कौशल हिन्दी पत्रकारिता में बखूबी लागू किया जा रहा है। जाहिर है कि वैश्वीकरण में पुरानी पद्धति अपनाकर होड़ में पीछे रहने का ख़तरा कोई नहीं उठाना चाहता। निस्सन्देह आज हिन्दी अख़बार प्रतिस्पर्धी हुए हैं। वे विज्ञापन और विक्रय के गणित से चलने लगे हैं। वे किसी एक विचार की ओर बहुत देर झुकने की जगह फ्री मार्केट में अपने पाठक बनाने के लिए इनामी योजनाएँ तक चलाने लगे हैं। जितने पाठक, उतने उपभोक्ता, उतने विज्ञापन, जितने विज्ञापन, उतनी आमदनी।

बाज़ार का ये नियम हिन्दी अख़बारों और चैनलों ने भी अपना लिया है। बाज़ारवादी व्यवस्था का नियम है कि कोई भी उत्पाद लम्बे समय तक बाज़ार में तभी टिक सकता है, जब तक उसमें मुनाफ़े की सम्भावना बनी रहती है। मुनाफ़ा ख़त्म होने पर उत्पाद बाज़ार से बाहर हो जाता है।"[61] इस सिद्धान्त को अपनाने के बाद अब हिन्दी अख़बारों की प्रसार संख्या को किसी भी भाषा का अख़बार टक्कर देने की स्थिति में नहीं है।

भूमण्डलीकरण के इस दौर में बाज़ार के नियमों के अनुसार ही समाचार-पत्रों को ढलना पड़ा है। अब सम्पादक की महत्ता कम हो गयी है और प्रबन्ध सम्पादक जो कि सीधे प्रबन्धन की पढ़ाई करके आता है और जिसका पत्रकारिता या सामाजिक सरोकारों से कोई लेना-देना नहीं होता है, अख़बार का नियन्ता बन चुका है। ये मुख्यतः अमेरिकी-यूरोपीय व्यावसायिकता से प्रभावित होते हैं और उसी के अनुरूप भारतीय अख़बारों को भी बनाने के लिए आतुर दिखते हैं। यह पीढ़ी पत्रकारिता को व्यवसाय और अख़बार को उत्पाद मानकर चलती है। इसे अधिकाधिक मात्रा में बेचने और उससे लाभ हासिल करने में किसी भी प्रकार के हथकण्डे अपनाने से कोई गुरेज़ नहीं है। अब प्रिंट मीडिया में बड़ी पूँजी का बोलबाला है अतएव इनका रुख़ बाज़ारीय घटकों की ओर हो गया है। ऐसे में पत्रकारिता के नैतिक मूल्यों पर सवाल उठने शुरू हो गये हैं।

सन्दर्भ

1. नटराजन, जे., (2002), *भारतीय पत्रकारिता का इतिहास*, नयी दिल्ली : प्रकाशन विभाग, भारत सरकार, पृ. 06
2. वही
3. वही
4. वही, पृ. 07
5. वही, पृ. 08
6. जैन, रमेश, *हिन्दी पत्रकारिता का आलोचनात्मक इतिहास*. पृ. 17
7. कुमार, बिजेन्द्र, (2007), *हिन्दी पत्रकारिता और भूमण्डलीकरण*, दिल्ली : नटराज प्रकाशन, पृ. 52
8. नटराजन, जे, (2002), *भारतीय पत्रकारिता का इतिहास*, नयी दिल्ली : प्रकाशन विभाग, भारत सरकार, पृ. 11
9. वही, पृ. 13
10. जैन, रमेश, *हिन्दी पत्रकारिता का आलोचनात्मक इतिहास*, पृ. 82
11. नटराजन, जे. (2002), *भारतीय पत्रकारिता का इतिहास*, नयी दिल्ली : प्रकाशन विभाग, भारत सरकार, पृ. 20

12. पीतलिया, रामशरण, *हिन्दी की कीर्तिशेा पत्र-पत्रिकाएँ*, पृ. 1
13. जैन, रमेश, *हिन्दी पत्रकारिता का आलोचनात्मक इतिहास*, पृ. 81
14. कुमार, बिजेन्द्र, (2007), *हिन्दी पत्रकारिता और भूमण्डलीकरण*, दिल्ली : नटराज प्रकाशन, पृ. 54
15. शर्मा, रामविलास, (2006), *भारतेन्दु-युग और हिन्दी भाषा की विकास-परम्परा*, नयी दिल्ली : राजकमल प्रकाशन, पृ. 23
16. वही, पृ. 26
17. वही, पृ. 24
18. कुमार, बिजेन्द्र, (2007), *हिन्दी पत्रकारिता और भूमण्डलीकरण*, दिल्ली : नटराज प्रकाशन, पृ. 56
19. नटराजन, जे., *भारतीय पत्रकारिता का इतिहास*, नयी दिल्ली : प्रकाशन विभाग, भारत सरकार, पृ. 178
20. शर्मा, क्षमा, *पत्रकारिता और साहित्य*, पृ. 21
21. वही, पृ. 26
22. कुमार, बिजेन्द्र, (2007), *हिन्दी पत्रकारिता और भूमण्डलीकरण*, दिल्ली : नटराज प्रकाशन, पृ. 71
23. नटराजन, जे., *भारतीय पत्रकारिता का इतिहास*, नयी दिल्ली : प्रकाशन विभाग, भारत सरकार, पृ. 168
24. कुमार, बिजेन्द्र, (2007), *हिन्दी पत्रकारिता और भूमण्डलीकरण*, दिल्ली : नटराज प्रकाशन, पृ. 58
25. शर्मा, क्षमा, *पत्रकारिता और साहित्य*, पृ. 47
26. कुमार, बिजेन्द्र, (2007), *हिन्दी पत्रकारिता और भूमण्डलीकरण*, दिल्ली : नटराज प्रकाशन, पृ. 58
27. नटराजन, जे., *भारतीय पत्रकारिता का इतिहास*, नयी दिल्ली : प्रकाशन विभाग, भारत सरकार, पृ. 249
28. वही, पृ. 206
29. वही, पृ. 207
30. जैन, रमेश, *हिन्दी पत्रकारिता का आलोचनात्मक इतिहास*, पृ. 51
31. जेफ्री, रॉबिन, *भारत की समाचार-पत्र क्रान्ति*, नयी दिल्ली : भारतीय जनसंचार संस्थान, पृ. 23
32. कुमार, बिजेन्द्र, (2007), *हिन्दी पत्रकारिता और भूमण्डलीकरण*, दिल्ली : नटराज प्रकाशन, पृ. 59
33. व्यास, लक्ष्मी शंकर, (सं.), *सम्पादक पराडकर*, पृ. 119
34. नटराजन, जे., *भारतीय पत्रकारिता का इतिहास*, नयी दिल्ली : प्रकाशन विभाग, भारत सरकार, पृ. 251
35. वही, पृ. 251

36. शर्मा, क्षमा, *पत्रकारिता और साहित्य*, पृ. 50
37. भारती, जयप्रकाश, (सं.), *हिन्दी पत्रकारिता दशा और दिशा*, पृ. 66
38. जोशी, रामशरण, (2008), *मीडिया : मिशन से बाज़ारीकरण तक*, बीकानेर : वाग्देवी प्रकाशन. पृ. 18
39. कुमार, बिजेन्द्र, (2007), *हिन्दी पत्रकारिता और भूमण्डलीकरण*, दिल्ली : नटराज प्रकाशन, पृ. 63
40. जैन, रमेश, *भारत में हिन्दी पत्रकारिता*, पृ. 53
41. जोशी, रामशरण, (2008), *मीडिया : मिशन से बाज़ारीकरण तक*, बीकानेर : वाग्देवी प्रकाशन, पृ. 20
42. कुमार, बिजेन्द्र, (2007), *हिन्दी पत्रकारिता और भूमण्डलीकरण*, दिल्ली : नटराज प्रकाशन, पृ. 64
43. जोशी, रामशरण, (2008), *मीडिया : मिशन से बाज़ारीकरण तक*, बीकानेर : वाग्देवी प्रकाशन, पृ. 21,
44. कुमार, बिजेन्द्र, (2007), *हिन्दी पत्रकारिता और भूमण्डलीकरण*, दिल्ली : नटराज प्रकाशन, पृ. 66
45. जोशी, रामशरण, (2008), *मीडिया : मिशन से बाज़ारीकरण तक*, बीकानेर : वाग्देवी प्रकाशन, पृ. 11
46. कुमार, बिजेन्द्र, (2007), *हिन्दी पत्रकारिता और भूमण्डलीकरण*, दिल्ली : नटराज प्रकाशन, पृ. 67
47. सिंह, देवव्रत, (2007), *भारतीय इलेक्ट्रॉनिक मीडिया*, पृ. 21
48. वही, पृ. 25
49. वही, पृ. 29
50. Luthra, H.R., (1986), Indian Broadcasting, pp. 148-49
51. सिंह, देवव्रत, (2007), *भारतीय इलेक्ट्रॉनिक मीडिया*, पृ. 36
52. वही. पृ. 39
53. Luthra, H.R., (1986), Indian Broadcasting, p. 150
54. वही
55. जस्टिस पी.बी. सावंत और एस. मोहन. ए.आई.आर. 1995, सर्वोच्च न्यायालय, 1236
56. Ministry of Information & Broadcast, 1958-59
57. सिंह, देवव्रत, (2007), *भारतीय इलेक्ट्रॉनिक मीडिया*, पृ. 151
58. वही, पृ. 158
59. मोहन, सुमित, (2005), *मीडिया लेखन*, पृ. 99
60. कोटा खुला विश्वविद्यालय, कोटा, *जनसंचार के सिद्धान्त 4*, पृ. 6
61. कुमार, बिजेन्द्र, (2007), *हिन्दी पत्रकारिता और भूमण्डलीकरण*, दिल्ली : नटराज प्रकाशन, पृ. 71

मीडिया क़ानून

भारतीय संविधान में मीडिया : इक्कीसवीं सदी के दौर में हम मीडिया काल में जी रहे हैं। जीवन के प्रत्येक क्षेत्र में मीडिया ने अपना प्रभुत्व स्थापित कर लिया है। ब्रिटानी हुकूमत के दौरान, आज़ादी की जंग में प्रेस ने अपनी अहम भूमिका अदा की थी। यही कारण है कि मीडिया के महत्त्व को ध्यान में रखते हुए संविधान निर्माताओं ने इसका ख़याल रखा। भारतीय संविधान सभा का गठन कैबिनेट मिशन योजना के प्रावधानों के अनुरूप, अप्रत्यक्ष रूप से राज्यों की विधानसभाओं द्वारा नवम्बर, 1946 में किया गया। 26 नवम्बर, 1949 को संविधान अंगीकार किया गया और 26 जनवरी, 1950 को यह लागू हुआ। संविधान के लागू होते ही भारत एक सार्वभौम पूर्णसत्ता सम्पन्न गणराज्य बन गया। श्रेष्ठतम भावनाओं पर आधारित भारतीय संविधान ने सभी नागरिकों को स्वतन्त्रता, समानता, बन्धुत्व और न्याय का लिखित आश्वासन दिया और इसी के साथ आम जनता को मिला 'अभिव्यक्ति की स्वतन्त्रता का अधिकार'।

भारतीय संविधान में प्रेस की स्वतन्त्रता का अलग से जिक्र नहीं किया गया है परन्तु रमेश थापड़ बनाम मद्रास राज्य और ब्रजभूषण बनाम दिल्ली राज्य के मामले में यह निर्धारित कर दिया गया कि संविधान के अनुच्छेद 19(1) क. में उल्लेखित अभिव्यक्ति की स्वतन्त्रता में प्रेस की स्वतन्त्रता भी शामिल है। न्यायालय ने स्पष्ट किया कि जहाँ अमेरिका के संविधान में वाक् और प्रेस की स्वतन्त्रता का उल्लेख किया गया है वहीं भारतीय संविधान में वाक् और अभिव्यक्ति की स्वतन्त्रता का उल्लेख है। दरअसल, 26 जनवरी, 1950 को लागू भारतीय संविधान के भाग 3 अनुच्छेद 12 से 35 में छह मूल अधिकारों की चर्चा की गयी है जिसमें 18 से 22 तक में स्वतन्त्रता के अधिकारों का उल्लेख है। इस मूल अधिकार में बोलने व विचार करने की स्वतन्त्रता को सर्वोच्च स्थान दिया गया है। 19वें अनुच्छेद में छह प्रकार के अधिकारों का वर्णन है—यथा : अनुच्छेद 19—क अभिव्यक्ति की

स्वतन्त्रता (Freedom of Speech and Expression), संगठन बनाने की स्वतन्त्रता (Freedom to form Association), हथियारों के बिना शान्तिपूर्वक एकत्रित होने की स्वतन्त्रता (Freedom of assembly peaceably and without arms), देश के भीतर निर्बाध कहीं भी आने-जाने की स्वतन्त्रता (Freedom to move), देश के भीतर कहीं भी निवास करने की स्वतन्त्रता (Freedom to reside and settle in any part of country), कोई भी व्यवसाय करने की स्वतन्त्रता (Freedom to practice any profession)।

भारतीय संविधान के अनुच्छेद 19(क) में वाक् एवं अभिव्यक्ति की स्वतन्त्रता का जिक्र है। भारतीय संविधान में विधायिका, कार्यपालिका एवं न्यायपालिका के सम्बन्ध में विस्तृत व्यवस्था है परन्तु लोकतन्त्र के चौथे स्तम्भ प्रेस के सम्बन्ध में कोई प्रावधान नहीं किया गया है।

लोकतान्त्रिक शासन-व्यवस्था में मीडिया की स्वतन्त्रता की अपनी विशिष्ट भूमिका होती है। भारत में प्रेस की आवश्यकता पर बल देते हुए तत्कालीन प्रधानमन्त्री पण्डित नेहरू ने कहा था, "व्यापक अर्थ में समाचार-पत्रों की स्वतन्त्रता केवल एक नारा नहीं किन्तु जनतान्त्रिक प्रक्रिया की एक आवश्यक विशेषता है। मैं दबे हुए या नियन्त्रित समाचार-पत्रों के बजाय स्वतन्त्रता के दुरुपयोग के सभी ख़तरों से युक्त पूर्णतः स्वतन्त्र समाचार-पत्र अधिक पसन्द करूँगा।" सर्वप्रथम लोक कल्याणकारी राज्य की स्थापना के उद्देश्य से 19वें अनुच्छेद में वाक् एवं अभिव्यक्ति की स्वतन्त्रता का प्रावधान है अर्थात् प्रत्येक नागरिक को बोलने व अभिव्यक्ति करने की आज़ादी है।

वाक् एवं अभिव्यक्ति की स्वतन्त्रता का अर्थ है—शब्दों, लेखों, मुद्रणों या चिह्नों या किसी अन्य प्रकार से अपने विचारों को व्यक्त करना। अभिव्यक्ति की स्वतन्त्रता में किसी व्यक्ति के विचारों को किसी ऐसे माध्यम से अभिव्यक्त करना शामिल है, जिससे वह दूसरों तक उन्हें सम्प्रेषित कर सके। इस प्रकार इसमें संकेतों, चिह्नों, अंकों तथा ऐसी ही अन्य क्रियाओं द्वारा किसी व्यक्ति के विचारों की अभिव्यक्ति सम्मिलित है। यहाँ अभिव्यक्ति शब्द इसके क्षेत्र को बहुत विस्तृत कर देता है। विचारों को व्यक्त करने के जितने भी माध्यम हैं, इस शब्द के अन्तर्गत आते हैं, यह भाषण द्वारा अथवा समाचार-पत्र, रेडियो, टीवी द्वारा सम्भव हैं। इस प्रकार वाक् एवं अभिव्यक्ति की स्वतन्त्रता का क़ानूनी अभिप्राय इस प्रकार है—समाचारों और विचारों का मुद्रण एवं प्रकाशन, मुद्रित सामग्री

का जनता में प्रसारण, सार्वजनिक विषयों पर खुली बहस, सरकार लोकसेवकों और सार्वजनिक प्राधिकरणों के कार्यों की समीक्षा और आलोचना, सरकार के एकाधिकरण व नियन्त्रण से मुक्त होकर विभिन्न और परस्पर सूत्रों से तथा स्पर्धा के आधार पर सूचनाएँ एकत्रित करना, सरकारी निर्देश से मुक्त होकर प्रकाशन सामग्री का चयन, पत्र का प्रसार, मूल्य निर्धारण आदि करना, पत्रकारों व प्रेस में सम्बद्ध अन्य कर्मचारियों का किसी बाहरी निर्देशन या नियन्त्रण के बिना चयन करना, प्रेस की स्वतन्त्रता में पुस्तिकाएँ, पत्रक और सूचना तथा विचारों के संवाहक हर प्रकार के प्रकाशन शामिल हैं।

प्रेस लोकतन्त्र का चौथा स्तम्भ है। विचारों की अभिव्यक्ति का यह सशक्त माध्यम है। प्रेस जनता एवं शासन के बीच कड़ी का कार्य करता है। सुप्रीम कोर्ट ने लोकतन्त्र की सफलता के लिए प्रेस को अपरिहार्य बताते हुए कहा कि प्रेस की स्वतन्त्रता को अभिव्यक्ति की स्वतन्त्रता में शामिल किया है। हालाँकि सत्ता एवं मीडिया के संघर्ष की कहानी का इतिहास गवाह है। मीडिया जहाँ किसी प्रकार के बाह्य बन्धन में रहकर कार्य करने का इच्छुक नहीं होता, वहीं सरकार राष्ट्रीय और सामाजिक हितों एवं दायित्वों की आड़ में अपने स्वार्थों के लिए मीडिया पर येन-केन-प्रकारेण नियन्त्रण रखना चाहती है। ब्रिटिश सरकार की छत्रछाया में जन्मे भारतीय मीडिया के आरम्भिक संघर्ष की कहानी अत्यन्त रोचक है। विरोध, दमन एवं नियन्त्रण के दुश्चक्र से निकलकर स्वतन्त्र भारत में मीडिया ने राष्ट्रीय एवं सामाजिक नव-निर्माण की दिशा में महत्त्वपूर्ण भूमिका अदा की है। इसलिए वाक् एवं अभिव्यक्ति की स्वतन्त्रता को प्रेस की स्वतन्त्रता कहें तो अक्षरशः सत्य होगा।

यहाँ यह उल्लेख करना उचित होगा कि वाक् और अभिव्यक्ति की स्वतन्त्रता जिसमें प्रेस की स्वतन्त्रता शामिल है, एक मौलिक अधिकार के रूप में केवल भारतीय नागरिकों को प्राप्त है, विदेशियों को नहीं। इस प्रकार वाक् एवं अन्य अभिव्यक्ति की स्वतन्त्रता की अन्तर्गत किसी विषय पर व्यक्त करने, मत बनाते समय बिना सरकारी हस्तक्षेप के सूचना या समाचार प्राप्त करने और प्रकाशित करने की स्वतन्त्रता शामिल है।

युक्तियुक्तता–अभिव्यक्ति की स्वतन्त्रता के नाम पर हम कोई अनुचित कार्य न करने लगे, इसलिए भारतीय संविधान के अनुच्छेद 19(2) में युक्तियुक्तता (Restriction) का उल्लेख है अर्थात् नागरिकों की वाक् और अभिव्यक्ति की स्वतन्त्रता पर रोक लगायी जा सकती है यथा : 1. राज्य की सुरक्षा, 2. विदेशी

राज्यों के साथ मैत्रीपूर्ण सम्बन्धों के हित में, 3. लोक व्यवस्था, 4. न्यायालय अवमानना, 5. शिष्टाचार या सदाचार के हित में अश्लीलता, 6. मानहानि, 7. अपराधों के उद्दीपन के मामले में, 8. भारत की प्रभुता एवं अखण्डता।

1. राज्य की सुरक्षा–देश की सुरक्षा सर्वोपरि है। यदि कोई व्यक्ति अपने वाक् से अगर देश को ख़तरा उत्पन्न करता है तो उस व्यक्ति की वाक् एवं अभिव्यक्ति की स्वतन्त्रता पर प्रतिबन्ध लगाया जा सकता है। यदि कोई रेडियो, टी.वी., अख़बार में कोई लेख, वक्तव्य या चित्र प्रकाशित करता है जिससे हमारे देश पर ख़तरा हो तो प्रेस की स्वतन्त्रता पर प्रतिबन्ध लगाकर स्वतन्त्रता को हटाया जा सकता है।

2. विदेशी राज्यों के साथ मैत्रीपूर्ण सम्बन्धों के हित में–मित्र देशों के साथ भारतीय सम्बन्धों को आघात पहुँचाने वाले और दुश्मन देशों को सहायता पहुँचाने वाली किसी भी गतिविधि को युक्तियुक्त प्रतिबन्धों के दायरे में लाया जा सकता है। अगर मित्र देश में ख़ूनी क्रान्ति, साम्प्रदायिक दंगा हो जाये, तख़्ता पलट हो जाये तो ऐसी बातों को लिखने की स्वतन्त्रता का प्रतिबन्ध हो जाता है।

3. लोक व्यवस्था–लोक व्यवस्था का सम्बन्ध हमारी आन्तरिक व्यवस्था से है। अगर कोई व्यक्ति किसी सार्वजनिक स्थल पर कहता है कि आपको पानी, बिजली बिल नहीं देना है और तोड़-फोड़ करता है जिससे लोक व्यवस्था ख़तरे में पड़ जाये, इसी तरह कोई पत्रकार अपने अख़बार में इस तरह की ख़बर प्रकाशित करता है तो उसे प्रतिबन्धित किया जा सकता है। कहने का आशय यह है कि सार्वजनिक जीवन, सार्वजनिक व्यवस्था और सार्वजनिक सेवाओं में बाधा डालना, लोक सेवकों को उत्तरदायित्वों की पूर्ति करने से रोकना और सार्वजनिक जीवन में अनुशासन भंग करने की गतिविधियाँ भी युक्तियुक्त प्रतिबन्धों के द्वारा सीमित की जा सकती हैं।

4. न्यायालय अवमानना–हमारी न्यायिक व्यवस्था की पवित्रता, विश्वनीयता, निष्पक्षता और गरिमा को क़ायम रखने की दृष्टि से न्यायालय अवमानना को दण्डित अपराध माना गया है। न्यायालय अवमानना दो प्रकार की हो सकती है दीवानी तथा फ़ौजदारी। दीवानी अवमानना से तात्पर्य जानबूझकर अदालत के निर्णय, डिक्री, निर्देश, आदेश रिट अथवा अदालती प्रक्रिया की अवज्ञा या अदालत में दी गयी शपथ का उल्लंघन किया जाये। फ़ौजदारी अवमानना से तात्पर्य ऐसे प्रकाशन से है जो न्याय प्रशासन में बाधा पहुँचाता हो या उसकी बाधा पहुँचाने

की प्रवृत्ति हो जिससे न्यायालय की गरिमा और प्रतिष्ठा पर प्रतिकूल प्रभाव पड़ता हो। न्यायालय अवमानना का दोषी पाये जाने पर 6 माह की कैद या दो हज़ार रुपये जुर्माना अथवा दोनों सजाएँ दी जा सकती हैं।

5. शिष्टाचार या सदाचार के हित में अश्लीलता–अश्लीलता देश और काल के साथ बदलती रहती है। समाज के मान्य नियमों को पार कर युवा पीढ़ी को दिग्भ्रमित करती हो, उसे अश्लीलता कहा जाता है। अगर कोई पत्रकार समाज में अश्लीलता फैलाने वाली सामग्री छापता है तो उसे युक्तियुक्त प्रतिबन्धों के द्वारा अभिव्यक्ति की स्वतन्त्रता को सीमित किया जा सकता है।

6. मानहानि–भारतीय दण्ड संहिता 1860 की धारा 499 के अनुसार राष्ट्र के प्रत्येक नागरिक को अपनी ईमानदारी, यश, प्रसिद्धि, मान-सम्मान को सुरक्षित रखने का पूरा अधिकार दिया गया है। इस क़ानून के अनुसार मानहानि का तात्पर्य यह है–बोले गये या पढ़े जाने के लिए आशायित शब्दों द्वारा या संकेतों द्वारा या दृश्य निरूपणों द्वारा किसी व्यक्ति के बारे में कोई लांछन इस आशय से लगाता है या प्रकाशित करता है कि ऐसे लांछन से व्यक्ति की ख्याति की अपहानि की जाये या यह पहले जानते हुए लगता है या प्रकाशित करता है, ऐसे लांछन से व्यक्ति की ख्याति की अपहानि होगी। इसके बारे में कहा जाता है कि वह उस व्यक्ति की मानहानि करता है। मानहानिकारक ख़बरों को युक्तियुक्त प्रतिबन्धित किया गया है।

7. अपराधों के उद्दीपन के मामले में–संविधान ने प्रत्येक नागरिक को बोलने और अभिव्यक्त करने की तो आज़ादी है लेकिन इस आज़ादी के तहत मीडिया कोई अन्य संस्था किसी व्यक्ति को अपराध करने के लिए नहीं भड़का सकती है। यदि मीडिया किसी व्यक्ति को अपराध करने के लिए उकसाता है तो राज्य ऐसे कृत्य को प्रतिबन्धित करने के लिए क़ानून बना सकता है।

8. भारत की प्रभुता एवं अखण्डता–भारत की एकता ज़रूरी है। भारत का कोई हिस्सा/राज्य अलग होने के लिए कोई अख़बार, उसका नक्शा, लेख, सम्पादकीय को नहीं छाप सकता है नहीं तो क़ानून उसे दण्डित करेगा और युक्तियुक्त प्रतिबन्धित किया जा सकता है।

मुक्त प्रेस की अवधारणा

महान दार्शनिक रूसो ने मुक्त प्रेस के सन्दर्भ में कहा था कि 'अभिव्यक्ति की स्वतन्त्रता मानवता की पहचान है।' भारतीय संविधान में स्वतन्त्रता, समानता और

बन्धुत्व (Liberty, Equality & Fraternity) की अवधारणा फ्रांस की राज्यक्रान्ति की देन है। इस अवधारणा के तहत ही भारत में संविधान के अनुच्छेद 19(1) क. में निहित अभिव्यक्ति की स्वतन्त्रता के तहत मुक्त प्रेस के यथार्थ रूप में हम पाते हैं कि पत्रकारिता लोकतन्त्र का चौथा स्तम्भ है। सन् 1644 ई. में जॉन मिल्टन ने अभिव्यक्ति की आज़ादी को स्पष्ट करते हुए कहा कि "Give me the liberty to know, to utter and argue freely, according to coincidence above all other liberties." अब्राहम लिंकन ने समाचार-पत्रों के मुक्त प्रवाह के सम्बन्ध में बताया है कि "You can fool all the people some of the time and some of the people all the time, but you cannot fool all the people all of the time." इसलिए तो जेम्स ऑगस्टस हिक्की को हिक्की गजट निकालने के उपरान्त जब उन्हें जेल का रास्ता दिखाया गया तब भी उन्होंने अख़बार निकालना बन्द नहीं किया अपितु जेल से ही समाचार-पत्र का सम्पादन करते रहे। उनका कहना था कि "अपने मन और आत्मा की स्वतन्त्रता के लिए अपने शरीर को बन्धन में डालने में मुझे आनन्द आता है।"

प्रेस की मुक्त अवधारणा पर फ्रेंकलिन रूजवेल्ट कहते हैं कि "हम सब इसलिए सुरक्षित हैं कि हमारा समाचार-पत्र जगत् स्वतन्त्र है।" विंस्टन चर्चिल ने कहा है कि "समाचार-पत्र, अत्याचारी शासक वर्ग का सबसे बड़ा दुश्मन है।" इसी प्रकार से अमेरिकी संवाददाता जैक एंडरसन ने अपनी पुस्तक एण्डर्सन पेपर्स में कहा है कि "समाचार-पत्रों की स्वतन्त्रता एक पहरेदार कुत्ते की तरह है जो कभी-कभी भयंकर रूप धारण कर सकती है और उसकी घ्राण शक्ति हमें उन छिपी आलमारियों तक ले जाती है जिनमें सरकारों, बड़े-बड़े औद्योगिक संस्थानों तथा बड़े-बड़े नेताओं ने कंकाल छिपा रखे हैं। चूँकि प्रेस समाज का पहरुआ होता है, वह सत्ता सहित औद्योगिक घरानों द्वारा किये गये भ्रष्टाचार को उजागर करता है, इतना ही नहीं समाज को सचेत भी करता है इसलिए सत्ता संस्थान नहीं चाहते हैं कि मीडिया की स्वतन्त्रता बनी रहे। विश्व पंचायत के रूप में संयुक्त राष्ट्र के यूनेस्को की रपट को देखें तो हम पाते हैं कि "मीडिया पूर्णतया उन राष्ट्रों में भी स्वतन्त्र नहीं है। 1948 ई. की मानवाधिकार की घोषणा के प्रति वचनबद्ध है। इस घोषणा के माध्यम से यह अभिव्यक्त किया गया है कि सभी को अपने विचारों को प्रकट करने की स्वतन्त्रता है और अधिकार में यह स्वतन्त्रता भी शामिल है कि हर कोई बिना किसी प्रकार के समाचार की खोज

कर सकता है, उसे बेच सकता है और संचार के माध्यम से दूसरों तक पहुँचा जा सकता है।" इसी तरह से अन्तरराष्ट्रीय प्रेस संस्थान की ताजा रपट के अनुसार– अनेक विकासमान देशों में मीडिया की स्वतन्त्रता ख़तरे में है और संस्थान के एक निदेशक के अनुसार मलेशिया के अख़बार एक घरेलू कुत्ते की तरह है जो हिंसक नहीं हो सकते हैं और फिलीपींस के पत्र एक ऐसे कुत्ते के समान है जो भौंक सकता लेकिन काट नहीं सकता है। बांग्लादेश, श्रीलंका, पाकिस्तान, दक्षिण अफ्रीका में मीडिया की आज़ादी नाममात्र की है।

मीडिया क़ानून और आचार संहिता

भूमण्डलीकरण के दौर में पत्रकारिता या मीडिया भी उपभोक्ता बाज़ार की वस्तु बन गयी है। पूँजी व मुनाफ़ा के खेल में सामाजिक नैतिकता हाशिये की चीज़ हो गयी। यही कारण है कि सेक्स, हत्या, डकैती, सम्पृक्त भय, आतंक, सनसनी बेचना उसकी बाध्यता बन चुकी है। अराजकता, मूल्यहीनता और भौतिकता की आँधी ने सामाजिक दायित्वबोध को निगल लिया है। पत्रकार भी पूँजीवादी व्यूह के उपभोक्तावादी मोह में पड़ने से नैतिकता को कुचलता जा रहा है। ऐसे में मीडिया क़ानून पर विमर्श किया जाना लाज़िमी होगा। मीडिया व्यवसाय पर शुरू से ही क़ानून की पहरेदारी रही है।

पत्रकारिता के इतिहास पर नज़र डालें तो हम पाते हैं कि आधुनिक जन-जीवन में साहित्य और पत्रकारिता का विशिष्ट स्थान है। मीडिया का उद्देश्य जीवन के विविध पहलुओं पर एक स्वस्थ जनमानस का निर्माण करना है। पण्डित अम्बिका प्रसाद वाजपेयी ने लिखा है कि 'प्रेस और पत्र का चोली-दामन का सम्बन्ध है।' अंग्रेज़ों के आगमन के पूर्व पुर्तगालियों ने भारत में सबसे पहला प्रेस सन् 1557 ई. में गोवा में लगाया। भारत में पहला समाचार-पत्र निकालने का प्रयत्न ईस्ट इंडिया कम्पनी के एक असन्तुष्ट अधिकारी विलियम बोल्ट ने किया। उन्होंने पत्र निकालने की घोषणा की। फलस्वरूप उन्हें अंग्रेज़ों के कोपभाजन बनना पड़ा, उसे देश निकाला की सज़ा दी गयी। उस समय समाचार-पत्र या पत्रिका निकालने वाले जिससे कि राष्ट्रीय चेतना जाग्रत होती हो, सरकार के कट्टर दुश्मन माने जाते थे। स्वतन्त्रता के समय समाचार-पत्रों में सामग्री को मिशन के तौर पर परोसकर राष्ट्रीय चेतना का बिगुल फूँका जा रहा था पर आज मीडिया की क्या स्थिति है? यह किसी से छिपी नहीं है। कहने के लिए तो विधायिका, कार्यपालिका,

न्यायपालिका उसके बाद ख़बरपालिका अर्थात् लोकतन्त्र के चौथे आधार स्तम्भ के रूप में है यह पत्रकारिता। पत्रकारिता ने जन चेतना को जगाया, लोगों में राष्ट्रप्रेम का भाव आया।

ईस्ट इंडिया कम्पनी नहीं चाहती थी कि यहाँ की जनता सुशिक्षित हो और जन चेतना फैलाने वाला कोई समाचार-पत्र निकले। ब्रिटिश हुकूमत की कारगुजारियों को हिक्की ने जब 30 जनवरी 1780 को बंगाल जनरल एडवरटाइजर के माध्यम से जनता को बताना शुरू किया, तो अंग्रेज़ चौंक पड़े और प्रेस पर प्रतिबन्ध लगाना शुरू किया। हिक्की को कारावास सहित आर्थिक जुर्माने से दण्डित किया गया। ईस्ट इंडिया कम्पनी सरकार ने अप्रैल, 1785 में 'जनरल ऑडर्स के शीर्षक से एक आम आदेश जारी करके परिषद् के आदेशों और प्रस्तावों के प्रकाशन पर प्रतिबन्ध' लगा दिया। इस आदेश के साथ ही भारत में प्रेस पर रोक का सिलसिला प्रारम्भ हो गया। जनरल आर्डर 1785 के तहत 1795 में पहली बार मद्रास में 'मद्रास गजट' नामक पत्र पर सेंसरशिप लगी।

सेंसरशिप अधिनियम 1799—लॉर्ड वेलेजली ने भारत में प्रेस से सम्बन्धित पहला संवैधानिक विनियम 13 मई, 1799 को जारी किया। इस विनियम से पत्रों पर प्रकाशन पूर्व सेंसरशिप लगा दी थी। इसके अनुसार—1. समाचार-पत्र को सम्पादक, मुद्रक और स्वामी का नाम स्पष्ट रूप से छापना पड़ता था। 2. सम्पादक और संचालक के निवास स्थान का पूरा पता सरकार के सेक्रेटरी को लिखकर भेजना पड़ता था। 3. रविवार को कोई पत्र प्रकाशित न हो। 4. जब तक सरकार का सचिव निरीक्षण न कर ले, तब तक कोई पत्र प्रकाशित न किया जाये। 5. जो उपर्युक्त नियमों की अवहेलना करेगा उसे तत्काल देश से निष्कासित कर दिया जायेगा।

इस प्रकार से लॉर्ड वेलेजली के समय में सबसे पहले समाचार-पत्रों की स्वतन्त्रता पर प्रतिबन्ध लगाया गया। सन् 1813 में लॉर्ड हेस्टिंग्स की नियुक्ति गर्वनर जनरल के रूप में हुई। वह अपने पूर्ववर्ती गर्वनर जनरलों की अपेक्षा प्रेस के प्रति अधिक उदार और सहृदय थे।

प्रथम प्रेस अधिनियम व जॉन एडम—सन् 1823 में जॉन एडम स्थानापन्न गर्वनर जनरल बने। इससे पूर्व वे सरकार के मुख्य सेंसर अधिकारी भी रह चुके थे। "भारत में प्रथम प्रेस अधिनियम जारी करने का श्रेय जॉन एडम को ही है। वे प्रेस की स्वतन्त्रता को कम्पनी के शासन के लिए ख़तरा मानते थे।"[1]

उन्होंने 1823 में प्रेस अध्यादेश जारी करके अख़बारों पर लाइसेंस प्रणाली लागू कर दी। इसके अनुसार—क. मुद्रक तथा प्रकाशक को मुद्रणालय स्थापित करने के लिए लाइसेंस लेना होगा, ख. लाइसेंस के बिना किसी भी साहित्य को मुद्रित अथवा प्रकाशित करने पर 400 रुपये जुर्माना अथवा उसके बदले कारावास का दण्ड होगा और मजिस्ट्रेटों को अनुमति थी कि बिना लाइसेंस के मुद्रणालय भी ज़ब्त कर लें। ग. गवर्नर जनरल को यह अधिकार था कि वह किसी लाइसेंस को रद्द कर दे अथवा नया प्रार्थनापत्र माँग ले। घ. प्रकाशन सम्बन्धी सरकारी लाइसेंस के लिए प्रार्थना पत्र देते समय एक हलफनामा देना भी आवश्यक कर दिया गया जिसमें पत्रिका, समाचार-पत्र या पुस्तिका के प्रकाशक का नाम तथा पूरा पता दिया गया हो। मालिकों की संख्या यदि दो से अधिक हो तो उसमें बड़े हिस्सेदार का पूरा ब्योरा देना ज़रूरी कर दिया। साथ ही यह भी कहा गया कि जिस मकान में समाचार-पत्र अथवा अन्य प्रकाशन होता हो उसका विस्तृत विवरण और स्वरूप अंकित किया जाये।

इस क़ानून का विरोध राजा राममोहन राय ने सुप्रीम कोर्ट में याचिका प्रस्तुत कर किया। सर्वोच्च न्यायालय के समक्ष राजा राममोहन राय, द्वारकानाथ ठाकुर और तीन अन्य व्यक्तियों ने इन क़ानूनों के विरुद्ध आपत्ति प्रकट करते हुए एक याचिका प्रस्तुत की। "कुमार सोफिया कालेट ने इस याचिका को 'भारतीय पत्रकारिता की एरियोपेगीटिका' कहा है।"[2] ब्रिटिश सरकार ने इससे क्षुब्ध होकर 04 अप्रैल, 1823 को 'मिरात-उल-अख़बार' को बन्द कर दिया।

जेम्स बंकिंघम का 'कैलकटा जनरल'—जेम्स बंकिंघम ने प्रेस के प्रति उदार नीति अपनाते हुए 'कैलकटा जनरल' नामक पत्र निकाला। सप्ताह में दो बार प्रकाशित होने वाले आठ पृष्ठों के पत्र की नीति के बारे में जेम्स बंकिंघम का मत था कि ''सम्पादक के कार्य सरकार को उसकी भूलें बताकर कर्तव्य की ओर प्रेरित करना है और इस आशय से कुछ अरुचिकर सत्य कहना अनिवार्य है। कोई भी अपने विचार सम्पादक के पास लिखकर भेज सकता है, जिसे 'सम्पादक के नाम पत्र' शीर्षक के अन्तर्गत प्रकाशित किया जायेगा।"[3] यही कारण है कि पत्र में स्वस्थ आलोचना को भी स्थान दिया जाने लगा। लॉर्ड हेस्टिंग्स की उदार नीति ने बंकिंघम के पत्र का विकास अवरुद्ध नहीं हुआ। हेस्टिंग्स ने तो एक नया समाचार-पत्र 'वुल इन द ईस्ट' निकाला। जॉन हेस्टिंग्स के भारत से चले जाने के बाद जॉन एडम कार्यवाहक गर्वनर बने। वे प्रेस की स्वतन्त्रता के कट्टर विरोधी थे

और जेम्स बंकिंघम को वह प्रेस की स्वतन्त्रता के प्रतीक मानते थे। 1823 ई. में बंकिंघम को देश निकाला की सज़ा दी गयी और इस प्रकार से प्रेस की इज्जत करने वाले यहाँ से चले गये। हालाँकि वे इंग्लैंड जाकर 'ओरियेंटल हेराल्ड' नामक पत्र निकाला, जिसमें वह भारतीयों पर अंग्रेज़ों द्वारा किये जा रहे जुल्म और कम्पनी के हाथों में भारत का शासन बनाये रखने के विरुद्ध लगातार अभियान की तरह प्रमुखता से प्रकाशित करते रहे। संक्षेप में कहा जाये तो भारत में प्रेस की स्वतन्त्रता के लिए किये जाने वाले संघर्षों में जेम्स बंकिंघम का नाम सर्वोच्च है।

लॉर्ड विलियम बैंटिक–लॉर्ड विलियम बैंटिक ने गर्वनर जनरल का पदभार सँभालते ही यहाँ सामाजिक विकास के लिए अपना भरपूर योगदान देते हुए प्रेस से उदारता की नीति अपनायी। उनका कहना था कि "मैं समाचार-पत्रों को अपना मित्र मानता हूँ और सुशासन में सहायक समझता हूँ।"[4] उनके उदार नीति का ही परिणाम था कि "राजा राममोहन राय ने पहले अंग्रेज़ी में 'बंगाल हेराल्ड' के साथ ही देशी भाषाओं का एक पत्र 'बंगदूत' भी प्रकाशित किया, जो बांग्ला, हिन्दी और फ़ारसी तीन भाषाओं में निकलता था। उनकी शासन के दौरान ही सन् 1831 में ईश्वरचन्द्र गुप्त ने 'संवाद प्रभाकर' निकाला, जो 1836 में द्विदैनिक तथा 1839 में दैनिक हो गया। यह बांग्ला का प्रथम दैनिक था। सन् 1830 में केवल बंगाल में भारतीय भाषाओं के 16 तथा अंग्रेज़ी के 33 समाचार-पत्र तथा पत्रिकाएँ प्रकाशित हो रही थीं। 1831 ई. से 1833 ई. के मध्य भारतीय भाषाओं के तथा अंग्रेज़ी के 19 नये समाचार-पत्र प्रकाशित होने प्रारम्भ हुए।"[5]

भारतीय प्रेस के मुक्तिदाता—मेटकॉफ : लॉर्ड विलियम बैंटिक के बाद मेटकॉफ गवर्नर जनरल बने और उन्होंने प्रेस की स्वतन्त्रता पर विशेष ध्यान दिया। 15 सितम्बर, 1835 को उसने समाचार-पत्र की लाइसेंस प्रणाली को समाप्त कर समाचार-पत्रों के स्वतन्त्र विकास एवं प्रचार-प्रसार में महत्त्वपूर्ण योगदान दिया। इस नये क़ानून से अनुमति पत्र लेने की प्रथा समाप्त हो गयी। प्रेस की स्वतन्त्रता के लिए वे मील के पत्थर माने जाते थे। इस सन्दर्भ में डॉ. रामरतन भटनागर ने लिखा है–"भारतीय पत्रकारिता के पूरे इतिहास में पत्रों की स्वतन्त्रता के लिए अथक परिश्रम करने वाला मेटकॉफ के समान ईमानदार कोई अंग्रेज़ नहीं मिलेगा। उन्होंने बैंटिक के विरुद्ध मत प्रकट किया और पत्रों सम्बन्धी उसकी नीति का बड़े ही जोश से विरोध किया।"[6] "सर चार्ल्स मेटकॉफ ने अख़बारों पर

से पाबन्दियाँ हटा लीं। फिर लॉर्ड लिट्टन के वायसराय होने तक अख़बार ऐसे ही आज़ादी में रहे सिर्फ़ 1857 के गदर के जमाने को छोड़ कर।"[7]

मेटकॉफ ने प्रेस सम्बन्धी क़ानून बनाने का आग्रह किया। उन्होंने क़ानून के प्रस्ताव पर विचार करते हुए यह माना था कि 'समाचार-पत्र स्वतन्त्र होने चाहिए जब तक कि शासन को उनसे ख़तरा न हो और मैं समझता हूँ कि शासन को स्वतन्त्र प्रेस से ख़तरा नहीं हो सकता। यदि आवश्यकता पड़े तो भी परिषद् के पास पर्याप्त शक्ति है।'

दूसरी बात मेटकॉफ ने यह कहा कि व्यवहार में प्रेस स्वतन्त्र है और हमारी इच्छा अंकुश का प्रयोग करने की नहीं है, इसलिए यह भ्राँति बनाये रखना कि एडम क़ानूनों के कारण प्रेस स्वतन्त्र नहीं है, असंगत है। अंकुश का उपयोग तब ही है जबकि उसका प्रयोग किया जाये।

तीसरी बात एडम क़ानूनों के अधीन अंकुश का प्रयोग बहुत अंशों तक सरकार की इच्छा पर निर्भर करता है। इसलिए विभिन्न प्रान्तों में समाचार-पत्रों के प्रति एक सी नीति नहीं है। कार्यकारिणी में मैकाले के क़ानून पर बहस होते समय प्रिंसेप और मौरिसन ने इसका विरोध किया और अंकुश बनाये रखने की नीति का समर्थन किया। परन्तु मेटकॉफ ने बड़ी दृढ़ता से यह बात दोहरायी कि कोई भी क़ानून यूरोपियन और भारतीयों में भेदभाव की नीति पर आधारित नहीं होना चाहिए। प्रस्तुत क़ानून सरकार के प्रति विश्वास, सहनशीलता और उसकी प्रतिष्ठा बढ़ायेगा और इसके परिणाम अच्छे होंगे, इसमें सन्देह नहीं। हमें भारतीयों को यह अनुभव नहीं होने देना चाहिए कि हम उनके विचार प्रकट करने की स्वतन्त्रता से डरते हैं अथवा उनकी राजभक्ति पर सन्देह करते हैं। भारतीय पत्रों ने अपनी स्वतन्त्रता का दुरुपयोग नहीं किया। असन्तोष एवं विद्रोह दूसरे कारणों से भड़क सकता है, स्वतन्त्र समाचार-पत्रों से नहीं। इसलिए भारतीय पत्रों पर भी अंकुश उससे अधिक नहीं होना चाहिए जितना यूरोपीय पत्रों पर। अन्त में मेटकॉफ ने कहा कि कोई भी शासन जनमत और विचार-विनिमय के साधनों पर अंकुश रखकर अधिक समय तक नहीं टिक सकता, क्योंकि इस प्रकार स्थायित्व सड़ा-गला होगा और ऐसे प्रयत्न कभी सफल नहीं हो सकते।"[8] उनके शासनकाल के दौरान उर्दू का सबसे पहला अख़बार 'सैयद-उल-अख़बार' दिल्ली से 1837 में, मराठी का पहला पत्र 1840 में 'मुम्बई समाचार', 'जवदत्त-उल-अख़बार' (1833), 'सदर-उल-अख़बार' (1846), 'जामे-जमशेद' आदि का प्रकाशन हुआ।

गलाघोट प्रेस अधिनियम 1857—लॉर्ड केनिंग ने 13 जून, 1857 को एक नया प्रेस अधिनियम लागू किया। 1857 ई. के विद्रोह से उत्पन्न हुई आपातकालीन स्थिति से निपटने के लिए लाइसेंस व्यवस्था पुनः लागू कर दी गयी। लॉर्ड केनिंग का प्रेस एक्ट, 1857 गलाघोट क़ानून के नाम से प्रसिद्ध है। इस एक्ट के माध्यम से सरकार किसी भी समाचार-पत्र, पुस्तक या अन्य मुद्रित सामग्री के प्रकाशन या प्रसार को प्रतिबन्धित कर सकती थी। सरकार को यह अधिकार था कि वह अपने विवेक से लाइसेंस जारी व रद्द करे। लॉर्ड केनिंग ने प्रेस का समर्थन जुटाने और अपनी बात जनता तक पहुँचाने के लिए 'पत्रकार कक्ष' (Editor's Room) की स्थापना की। 1857 ई. से 1867 ई. के मध्य में कुछ प्रमुख समाचार-पत्रों की शुरुआत हुई यथा : मुम्बई से प्रकाशित होने वाले 'टाइम्स ऑफ़ इंडिया' का प्रकाशन सन् 1861 में, 1865 में इलाहाबाद से 'पायोनियर', शिशिर कुमार घोष और मोतीलाल घोष के प्रयासों से बांग्ला भाषा में सन् 1868 में साप्ताहिक पत्र 'अमृत बाज़ार पत्रिका' का प्रकाशन हुआ। कलकत्ता से प्रसिद्ध समाचार-पत्र 'स्टेट्समैन' का प्रकाशन 1875 ई. में हुआ, जबकि 1853 ई. में गिरीशचन्द्र घोष ने 'हिन्दू पेट्रिऑट', ईश्वरचन्द्र विद्यासागर ने सोमप्रकाश, नील दर्पण, इंडियन मिरर, सुलभ समाचार निकाला और 1877 में ट्रिब्यून जैसे पत्रों का प्रकाशन हुआ।

वर्नाक्यूलर प्रेस एक्ट 1878—भारत के वायसराय लॉर्ड लिट्टन ने 1 मार्च, 1878 ई. को वर्नाक्यूलर प्रेस एक्ट लागू किया। इस एक्ट ने भारतीय भाषाओं में प्रकाशित होने वाले सभी समाचार पत्रों पर नियन्त्रण लगा दिया, किन्तु यह एक्ट अंग्रेज़ी में प्रकाशित होने वाले समाचार पत्रों पर लागू नहीं किया गया। इसके फलस्वरूप भारतीयों ने इस एक्ट का बड़े ज़ोर से विरोध किया। इस अधिनियम के अनुसार सरकार को उन समाचार-पत्रों पर कठोर नियन्त्रण एवं दण्डित करने का अधिकार प्राप्त हो गया जो ब्रिटिश सरकार के प्रति राजद्रोह एवं भड़काने वाले लेख लिखा करते थे। इस क़ानून के अनुसार जिलाधीशों और पुलिस कमिश्नरों को यह अधिकार दिया गया कि वे अपने क्षेत्रों से प्रकाशित होने वाले समाचार-पत्रों के प्रकाशकों, सम्पादकों या मुद्रकों से यह माँग कर सकते थे कि वे एक अनुबन्ध पत्र पर हस्ताक्षर कर यह आश्वासन दें कि वे ऐसा कोई समाचार प्रकाशित नहीं करेंगे जिससे सरकार के प्रति असन्तोष की भावना पैदा होती हो।

लॉर्ड लिट्टन ने सरकार की नीति समाचार-पत्रों को बताने के लिए 'प्रेस ब्यूरो' की स्थापना की और राबर्ट बकलैंड को सबसे पहला प्रेस कमिश्नर नियुक्त किया।

इस अधिनियम के अन्तर्गत सबसे पहले द्वारकानाथ भूषण के 'सोम प्रकाश' के विरुद्ध 1879 ई. में कार्रवाई की गयी। बांग्ला भाषा की अमृत बाज़ार पत्रिका इस अधिनियम से बचने के लिए रातोंरात अंग्रेज़ी भाषा में प्रकाशित होने लगी। इस एक्ट का दूसरा नाम 'देशी भाषा समाचार-पत्र अधिनियम 1878' है। इस अधिनियम के तहत नारा दिया गया कि 'नो अपील, नो वकील, नो दलील'। अर्थात् आप न तो अपील कर सकते हैं, अपना पक्ष रखने के लिए न ही कोई वकील और न ही कोई दलील दे सकते हैं।

1880 ई. में लॉर्ड रिपन भारत के वायसराय बनने। उन्होंने 7 दिसम्बर, 1881 को वर्नाक्यूलर प्रेस एक्ट को समाप्त कर दिया। इसके पश्चात् 18 दिसम्बर, 1885 को कांग्रेस की स्थापना हुई। इसमें अधिकांशतः समाचार-पत्रों के सम्पादक थे। रास्त गोफ्तार के दादाभाई नौरोजी, इन्दु प्रकाश के महादेव गोविन्द रानाडे, इंडियन मिरर के नरेन्द्र सेन, हिन्दू के जी सुब्रमण्यम अय्यर व कई अन्य सम्पादकों ने सरकार का जमकर विरोध किया। "भारतीय कांग्रेस की स्थापना के उपरान्त इलबर्ट बिल के अलावा एक विवादास्पद मुद्दा था, 'एज ऑफ़ कंसंट बिल' (1891) का। इस बिल के अनुसार 12 वर्ष से कम उम्र की पत्नी के साथ सहवास को प्रतिबन्धित कर दिया। 'केसरी' ने इस बिल को हिन्दुओं की धार्मिक परम्पराओं में हस्तक्षेप बताया। 'अमृत बाज़ार पत्रिका' ने भी इस बिल का विरोध किया, जबकि 'इंडियन मिरर' आदि कुछ समाचार-पत्रों ने इसका समर्थन किया।"[9]

1896-97 ई. के अकाल में सरकार विरोधी बातें 'केसरी' में छापने के कारण तिलक को डेढ़ वर्ष कारावास की सज़ा दी गयी। लॉर्ड एलगिन ने समाचार-पत्रों से तथा बढ़ती हुई हिंसा से निपटने के लिए भारतीय दण्ड संहिता में नयी धाराएँ जोड़ीं। "ब्रिटिश सरकार ने 1898 में भारतीय दण्ड संहिता के अनुभाग 124अ में संशोधन किया और इसमें अनुभाग 153अ को जोड़ दिया। इसी के तहत भारतीय दण्ड संहिता का अनुभाग 505 संशोधित किया गया, जिसके द्वारा सरकार को यह शक्ति प्राप्त हो गयी कि अगर कोई समाचार-पत्र या लेख या भाषण प्रकाशित करता है जिससे भारतीय सेना में अशान्ति फैले या लोग सरकार के विरुद्ध कोई हिंसात्मक कार्रवाई करें तो ऐसे समाचार-पत्रों के सम्पादकों को दण्डित या उन पर जुर्माना लगा सकते थे। इन धाराओं की गिरफ़्त में आने वाले पत्रों में 'मराठा' व 'केसरी' प्रमुख थे।"[10] के.सी. राय ने 1905 ई. में भारत में एसोसिएटेड प्रेस की स्थापना कर पत्रकारिता को एक नयी दिशा दी।

1908 का समाचार-पत्र अधिनियम—जून 1908 ई. में लॉर्ड मिंटो ने समाचार-पत्र अधिनियम अपराधों को भड़काने वाला (Newspaper Incitement to offence Act) पारित किया। जिससे सम्पादकों को सीधे जेल में ठूँसने का प्रावधान किया गया। जिसके कारण युगान्तर, सन्ध्या, वन्दे मातरम् आदि का प्रकाशन बन्द करना पड़ा था।

भारतीय मुद्रणालय अधिनियम 1910—1910 ई. के भारतीय मुद्रणालय अधिनियम (The Indian Press Act 1910) ने प्रेस की स्वतन्त्रता को समाप्त कर दिया। इस अधिनियम के तहत मजिस्ट्रेट को यह अधिकार दिया गया कि वह कम से कम एक हज़ार रुपये की जमानत समाचार-पत्रों के मुद्रणालयों के मुद्रकों तथा प्रकाशकों से घोषणापत्र भरते समय ले। उन्हें यह भी अधिकार दिया गया कि वह किसी जमानत के जमा करने के सम्बन्ध में उचित कार्रवाई कर सके अथवा इस सम्बन्ध में पूर्व प्रकाशित किसी आदेश को किन्हीं विशेष कारणों से रद्द तथा परिवर्तित कर सके। इस अधिनियम का प्रभाव अमृत बाज़ार पत्रिका, बाम्बे क्रॉनिकल, हिन्दू, ट्रिब्यून, पंजाबी, हिन्द वासी आदि पर पड़ा। बाल गंगाधर तिलक पर 'केसरी' में प्रकाशित एक लेख के आधार पर मुक़दमा चलाया गया और उन्हें छह वर्ष के कारावास की सज़ा हुई। तेज बहादुर सप्रू की अध्यक्षता में गठित समिति की रिपोर्ट के आधार पर सन् 1922 में भारतीय मुद्रणालय अधिनियम-1910 को समाप्त कर दिया गया।

प्रिंस प्रोटेक्शन बिल 1922—1910 ई. के भारतीय मुद्रणालय बिल को समाप्त कर 1922 ई. में प्रिंस प्रोटेक्शन बिल पारित किया गया। इसमें पुस्तकों, समाचार-पत्रों तथा अन्य दस्तावेज़ों को छापने की अनुमति प्राप्त हुई। सितम्बर, 1931 में भारतीय समाचार-पत्र संकटकालीन अधिकार (The Indian Press Emergency Power Act) अधिनियम स्वीकृत हुआ। इसमें जुर्माना और सजा को कठोर कर दिया गया।

प्रथम प्रेस आयोग—भारतीय श्रमजीवी पत्रकार संघ ने 12-13 अप्रैल, 1952 को कोलकाता अधिवेशन में प्रेस आयोग की माँग की। स्वतन्त्र भारत के प्रथम प्रधानमन्त्री पण्डित जवाहर लाल नेहरू लोकतान्त्रिक प्रक्रिया के लिए प्रेस को एक महत्त्वपूर्ण अंग मानते थे। यही कारण है कि प्रेस आयोग के गठन हेतु स्वीकृति प्रदान करते हुए वे इसे ब्रिटेन के रायल कमीशन की भाँति बनाना चाहते थे। हालाँकि पण्डित नेहरू प्रथम संविधान संशोधन विधेयक, 1951 पर संसद में बहस के दौरान प्रेस की स्थिति पर विचार करने के लिए एक समिति या आयोग के गठन की इच्छा व्यक्त की थी। 16 मई, 1952 को प्रथम राष्ट्रपति डॉ. राजेन्द्र

प्रसाद ने प्रेस की समस्याओं पर विचार करने के लिए शीघ्र ही बैठक बुलाकर इस पर सहमति जतायी। 23 सितम्बर, 1952 को सूचना एवं प्रसारण मन्त्रालय ने प्रेस आयोग की नियुक्ति के लिए विज्ञप्ति जारी की, 03 अक्टूबर, 1952 को सरकारी राजपत्र में प्रकाशित होने के बाद प्रेस आयोग के गठन की विधिवत् घोषणा हुई।

23 सितम्बर, 1952 को भारत सरकार ने जी.एस. राजाध्यक्ष को प्रेस आयोग का अध्यक्ष नियुक्त किया। इस आयोग में निम्न सदस्य नियुक्त किये गये– 1. जी.एस. राजाध्यक्ष (अध्यक्ष) व सदस्य के रूप में 2. डॉ. सी.पी. रामास्वामी, 3. आचार्य नरेन्द्र देव, 4. जाकिर हुसैन, 5. डॉ. वी.के.आर.वी. राव, 6. पी.एच. पटवर्धन, 7. त्रिभुवन नारायण सिंह, 8. जयपाल सिंह, 9. जे. नटराजन, 10. ए.आर. भट्ट, 11. एम. चलपति राव।

(नोट–ए.डी. मणि को सदस्य बनाना था पर विदेश में होने के कारण जे. नटराजन को सदस्य बनाया गया। मुरारी लाल चावला प्रेस आयोग के प्रथम सचिव थे। 19 फरवरी को चावला का निधन होने से एस. गोपालन को सचिव नियुक्त किया गया।)

प्रेस आयोग की रिपोर्ट–प्रेस आयोग की पहली बैठक 11-12 अक्टूबर, 1952 को नयी दिल्ली में हुई। 150 दिनों में 13 बैठकें हुईं जिसमें 1200 लोगों से प्रेस के कामकाज हेतु लिखित प्रस्ताव माँगा गया लेकिन 739 लोगों ने ही उत्तर दिये। 14 जुलाई, 1954 को मुम्बई में सम्पन्न बैठक में प्रेस आयोग के मसौदे को सार्वजनिक किया गया। 1294 पृष्ठों के प्रतिवेदन तीन खण्डों में थे। ये खण्ड निम्न हैं–क. प्रेस जगत् की जाँच और सुझाव, ख. भारतीय पत्रकारिता का इतिहास, ग. प्रश्नावलियाँ, परिशिष्ट, ज्ञापन तथा सर्वेक्षण।

प्रेस आयोग की स्वीकृत सिफ़ारिशें–1. समाचार-पत्रों के रजिस्ट्रार की स्थापना जुलाई, 1956 ई. में हुई। इसी के माध्यम से 1957 ई. से अख़बारी क़ाग़ज आबंटित होने लगे। 2. 1966 ई. में भारतीय प्रेस परिषद् गठित की गयी। 3. श्रमजीवी पत्रकार क़ानून 20 जनवरी, 1955 ई. को लागू किया गया, इसमें पत्रकारों के कार्य के घण्टे, वेतन और सेवाशर्तों का प्रावधान है। 4. पृष्ठानुसार मूल्य निगम 1956 में लागू हुआ किन्तु न्यायालय ने 25 सितम्बर, 1961 ई. को अमान्य ठहरा दिया। 5. प्रेस सलाहकार समिति का गठन 1962 ई. में किया गया जो 1964 ई. में समाप्त हो गया। 6. छोटे समाचार-पत्रों के विकास तथा उनकी जाँच के लिए सरकार ने आर.आर. दिवाकर की अध्यक्षता में एक जाँच समिति गठित की गयी।

द्वितीय प्रेस आयोग

द्वितीय प्रेस आयोग की स्थापना 29 मई, 1978 को एक अधिसूचना जारी कर भारत सरकार ने श्री पी.के. गोस्वामी की अध्यक्षता में की किन्तु केन्द्र में सत्ता परिवर्तन के कारण ही गोस्वामी और आयोग के अन्य 11 सदस्यों ने 14 जनवरी, 1980 को त्यागपत्र दे दिया। उसके बाद 21 अप्रैल, 1980 को न्यायमूर्ति के.के. मैथ्यू की अध्यक्षता में आयोग का पुनर्गठन किया गया। इसमें भी एक अध्यक्ष तथा 10 सदस्य थे—1. श्री के.के. मैथ्यू, 2. न्यायमूर्ति शिशिर कुमार, 3. श्रीमती अमृता प्रीतम, 4. श्री इसरात अली सिद्दीकी, 5. श्री राजेन्द्र माथुर, 6. श्री पी.वी. गाडगिल, 7. श्री गिरिलाल जैन, 8. श्री मदन भाटिया, 9. श्री रणवीर सिंह, 10. श्री के.आर. गणेश, 11. प्रो. एच.के. परांजपे।

आयोग की सिफ़ारिशें : प्रेस की भूमिका : साम्प्रदायिक सद्भाव क़ायम करने, राष्ट्रीय जीवनधारा में विभिन्न वर्गों के सहयोग से निर्माण की ओर आगे बढ़ने तथा सामाजिक-धार्मिक चेतना के स्वस्थ विकास के सन्दर्भ में आयोग ने कई सुझाव दिये।

1. विदेश सम्बन्ध एवं सुरक्षा से जुड़े संवेदनशील मामलों पर आयोग ने प्रेस से पूर्ण उत्तदायित्व एवं नियन्त्रण की अपेक्षा की है। 2. आयोग ने विकासात्मक रिपोर्टिंग पर विचार किया। इसके साथ ही सामाजिक, आर्थिक समस्योन्मुखी अनुसन्धानपरक रिपोर्टिंग को भी सराहा। 3. संविधान एवं क़ानून में संशोधन का भी सुझाव आयोग ने दिया कि क. सरकारी गोपनीयता अधिनियम में इस प्रकार संशोधन हो कि पत्रों को राज्य के कार्यों की जानकारी प्राप्त करने का अधिकार मिले। ख. संसदीय विशेषाधिकार को संहिताबद्ध किया जाये। ग. रजिस्ट्रार ऑफ़ न्यूज़पेपर फॉर इंडिया के स्थान पर प्रेस रजिस्ट्रार शब्द को आयोग ने उपयुक्त माना। घ. सामान्य परिस्थितियों में पत्रकार को अपने सूचना के स्रोत का उल्लेख नहीं करना चाहिए। 4. आयोग ने प्रेस परिषद् की उपयोगिता को स्वीकार करते हुए उसे दण्डात्मक शक्ति प्रदान करने की सिफ़ारिश की। 5. आयोग ने विज्ञापनों में महिलाओं की छवि के दुरुपयोग को रोकने हेतु सरकार से विज्ञापन नीति तय करने का सुझाव दिया। 6. आयोग ने पत्रकारों को दी जानेवाली सरकारी आवास सुविधा की व्यवस्था समाप्त करने की सिफ़ारिश की।

न्यायालय अवमानना अधिनियम (1971) और प्रेस : किसी न्यायालय या न्यायधीश द्वारा दिये गये निर्णय की अवहेलना करना या निरादर करना न्यायालय की

अवमानना (Contempt of court) कहलाता है। भारतीय संविधान के अनुच्छेद 129 में उच्चतम न्यायालय को तथा अनुच्छेद 215 में उच्च न्यायालयों को अभिलेख न्यायालय घोषित करके उन्हें उनका अपमान करने वालों को दण्डित करने का अधिकार दिया गया है। न्यायालय अवमानना दो प्रकार से हो सकती है—क. दीवानी न्यायालय अवमानना—दीवानी न्यायालय अवमानना का तात्पर्य है—जानबूझकर अदालत के निर्णय, डिक्री, निर्देश, आदेश, रिट या अन्य अदालती प्रक्रिया की अवज्ञा या अदालत में दी गयी शपथ का उल्लंघन किया जाये (धारा 2 ख)। ख. फ़ौजदारी न्यायालय अवमानना—न्यायालय अवमानना अधिनियम 1971 की धारा 2 (ग) के अन्तर्गत फ़ौजदारी अवमानना से तात्पर्य ऐसे प्रकाशन (जो शब्दों द्वारा बोले गये या लिखे गये या संकेतों द्वारा दृश्य निरूपणों द्वारा या अन्य किसी प्रकार से है जो 1. अदालत की विश्वनीयता पर आघात पहुँचाये या आघात पहुँचाने की प्रवृत्ति हो, 2. न्यायिक प्रक्रिया के प्रति पूर्वाग्रह उत्पन्न करे, हस्तक्षेप करने की प्रवृत्ति हो अथवा 3. न्यायालय प्रशासन में बाधा पहुँचाते हों या बाधा पहुँचाने की प्रवृत्ति हो, जिससे न्यायालय की प्रतिष्ठा और गरिमा पर प्रतिकूल प्रभाव पड़े तो धारा 12 के अन्तर्गत दण्डित करने का प्रावधान है। अवमानना का दोषी पाये जाने पर छह माह की साधारण क़ैद अथवा दो हज़ार रुपये का जुर्माना अथवा दोनों सजाएँ दी जा सकती हैं। यदि न्यायालय सन्तुष्ट हो जाये तो अभियुक्त द्वारा माफी माँगे जाने पर उसे क्षमा किया जा सकता है अथवा दण्ड में कुछ छूट भी दी जा सकती है।

केरल के मुख्यमन्त्री नंबूदरीपाद ने प्रेस कॉन्फ्रेंस में न्यायपालिका को अत्याचार का उपकरण बताया और कहा कि जज, वर्ग स्वार्थ, वर्ग पूर्वाग्रह, वर्ग घृणा से प्रेरित होते हैं, इस वक्तव्य पर उच्च न्यायालय ने नम्बूदरीपाद पर एक हज़ार रुपये का जुर्माना किया। जुर्माना न देने पर एक माह की सज़ा हुई थी। 05 मार्च, 2002 को सुप्रसिद्ध लेखिका अरुन्धति राय पर न्यायालय अवमानना करने का दोषी पाये जाने पर न्यायालय ने एक दिन का कारावास व दो हज़ार रुपये का जुर्माना लगाया।

मानहानि : किसी व्यक्ति, सरकार, व्यापार, उत्पाद, समूह, धर्म या राष्ट्र के प्रतिष्ठा को हानि पहुँचाने वाला असत्य कथन मानहानि (Defamation) कहलाता है। भारतीय दण्ड संहिता 1860 की धारा 499 से 502 में मानहानि का जिक्र है। धारा 499 में निहित है कि जो कोई बोले गये या पढ़े जाने के लिए आशायित शब्दों द्वारा या संकेतों द्वारा या दृश्य रूपणों द्वारा किसी व्यक्ति के बारे में कोई

लांछन इस आशय से लगाता या प्रकाशित करता है कि ऐसे लांछन से ऐसे व्यक्ति की मानहानि होगी तो इसे मानहानि करना कहा जायेगा। मानहानि के तौर पर दीवानी या फ़ौजदारी मुक़दमे चलाये जा सकते हैं—दोषी पाये जाने पर दो वर्ष की साधारण क़ैद अथवा जुर्माना या दोनों सजाएँ दी जा सकती हैं।

स्पष्टीकरण—1. किसी मृत व्यक्ति पर कोई लांछन लगाना मानहानि की श्रेणी में आ सकता है। यदि वह व्यक्ति उस व्यक्ति के जीवित होने पर उसकी ख्याति में अपहानि करता है। 2. किसी संस्था या कम्पनी या व्यक्ति समूह के सम्बन्ध में ऐसा आरोप लगाना जो उनका अपयश करता हो, मानहानि की कोटि में आयेगा। 3. व्यंग्योक्ति के रूप में आरोप लगाना भी मानहानि की कोटि में आ सकता है, यदि उस व्यंग्योक्ति से व्यक्ति की वास्तविक मानहानि होती हो। 4. कोई लांछन किसी व्यक्ति की ख्याति की अपहानि करने वाला नहीं कहा जाता, जब तक कि वह लांछन दूसरों की दृष्टि में प्रत्यक्षतः या अप्रत्यक्षतः उस व्यक्ति के सदाचारिक या बौद्धिक स्वरूप को हेय न करे या उस व्यक्ति की जाति के या उसकी आजीविका के सम्बन्ध में उसके शील को हेय न करे या उस व्यक्ति की साख को नीचे न गिराये या वह विश्वास न कराये कि उस व्यक्ति का शरीर घृणोत्पादक दशा में है या ऐसी दशा में है जो साधारण रूप से निकृष्ट समझी जाती है।

मानहानि के रूप—क. लिखित रूप में अपलेख—यदि किसी व्यक्ति के विरुद्ध लिखित या प्रकाशित रूप में मिथ्या आरोप लगाया जाता है तथा उसका अपमान किया जाता है तो यह अपलेख होता है। यह व्यक्ति के सम्मान व प्रतिष्ठा पर स्थायी प्रहार हो सकता है।

ख. मौखिक रूप में अपवचन—जब किसी व्यक्ति के विरुद्ध कोई अपमानजनक कथन या भाषण किया जाता है जिसे लोगों के मन में व्यक्ति विशेष के प्रति घृणा या अपमान का भाव उत्पन्न हो तो यह अपवचन कहलाता है।

अपवाद—क. सत्य बात का लांछन, जिसका लगाया जाना या प्रकाशित किया जाना लोककल्याण के लिए अपेक्षित है। सत्य समाचार लोककल्याण के लिए छापना मानहानि नहीं होती है। **ख.** लोकसेवकों का लोकाचरण (Public conduct of Public servent) **ग.** न्यायालयों की कार्यवाहियों की रिपोर्टों का प्रकाशन बिना तोड़-मरोड़ कर प्रस्तुत करना, मानहानि नहीं होगी (ज्यों का त्यों छापना जो कि कोर्ट में कहा गया है)। **घ.** शिक्षक का विद्यार्थियों को डाँटना, पिता द्वारा अपने

बेटों को भरे बाज़ार में डाँटना, अफसरों के द्वारा अधीनस्थ कर्मचारियों पर डाँट फटकार, ऐसी परनिन्दा मानहानि के अन्तर्गत नहीं आता है।

धारा 500 के तहत सज़ा का प्रावधान है, जो कोई व्यक्ति किसी अन्य व्यक्ति की मानहानि करेगा, वह सादा कारावास से जिसकी अवधि दो वर्ष तक की हो सकेगी या जुर्माने से या दोनों से दण्डित किया जायेगा।

धारा 501–(मानहानिकारक जानी हुई बात को मुद्रित या उत्कीर्ण करना) जो कोई किसी बात को यह जानते हुए या विश्वास करने का अच्छा कारण रखते हुए कि ऐसी बात किसी व्यक्ति के लिए मानहानिकारक है, मुद्रित करेगा या उत्कीर्ण करेगा, वह सादा कारावास से, जिसकी अवधि दो वर्ष तक की हो सकेगी या जुर्माने से या दोनों से दण्डित किया जायेगा।

धारा 502–मानहानिकारक विषय रखने वाले मुद्रित या उत्कीर्ण पदार्थ को बेचने पर दण्डित किया जा सकेगा।

अश्लीलता : 'अश्लील' को शरीर के निजी अंगों के माध्यम से घृणा फैलाने के रूप में परिभाषित किया जा सकता है। इसमें नैतिकता या सदाचार के प्रति घिनौनी हरकत या अपने निजी अंगों द्वारा सार्वजनिक रूप से काम वासना को उत्सुक करने की कोशिश करने को अश्लीलता कहा गया है। अश्लीलता कामुकता के प्रति निमन्त्रण है। इसके अन्तर्गत मानवीय स्वभाव का कामज पक्ष चित्ताकर्षित किया जाता है। काम के प्रति ऐसा निमन्त्रण अश्लीलता तथा शालीनता के प्रति अपराध है। जैसे–1. कामोद्दीपक, 2. कामुक रुचियों और विचारों को उभारने वाली तथा 3. अश्लील वस्तुओं को पढ़ने, देखने, सुनने वाले व्यक्तियों को हीन एवं भ्रष्ट करने की प्रवृत्ति वाली। रंजीत उदेशी बनाम महाराष्ट्र राज्य (1964) भारत में अश्लीलता क़ानून से निपटने वाला एक महत्त्वपूर्ण मामला था।

भारतीय दण्ड संहिता की धारा 292 अश्लील लेखन की बिक्री को अपराध बताता है। इसके प्रावधानों के उल्लंघन के अपराधी को प्रथम बार दोष सिद्ध होने पर दो वर्ष तक का कारावास और दो हज़ार रुपये तक का जुर्माना तथा पुनः दोष सिद्ध होने पर पाँच वर्ष का कारावास और पाँच हज़ार रुपये तक जुर्माना हो सकता है।

धारा 292 उपधारा 1–किसी पुस्तक, पुस्तिका, काग़ज़, लेख, रेखाचित्र, रंगचित्र, रूपण, आकृति या अन्य वस्तुओं को अश्लील समझा जायेगा यदि वह कामोद्दीपक है या कामुक व्यक्तियों के लिए रुचिकर है या उसके प्रभाव समग्र

रूप से विचार करने पर, ऐसा है जो उन व्यक्तियों को दुराचारी तथा भ्रष्ट बनाये जिनके द्वारा उसमें अन्तर्विष्ट या सन्निविष्ट विषय को पढ़ा जाना।

धारा 292 उपधारा 2 क : किसी अश्लील पुस्तक, पुस्तिका, काग़ज़, रेखाचित्र, रंगचित्र रूपणों या आकृति या किसी भी अन्य अश्लील वस्तु को चाहे वह कुछ भी हो, बेचेगा, भाड़े पर देगा, वितरित करेगा, लोक प्रदर्शित करेगा या उनको किसी भी प्रकार से परिचालित करेगा या उसे विक्रय भाड़े, वितरण, लोक प्रदर्शन या परिचालन के प्रयोजनों के लिए रखेगा, उत्पादित करेगा या अपने क़ब्ज़े में रखेगा।
ख. अश्लील सामग्री के क्रय में लिप्त–अपवाद कोई ऐसी पुस्तक, पुस्तिका, काग़ज़, लेख, रेखाचित्र, रंगचित्र, रूपण या आकृति;

–जो सद्‌भावपूर्वक धार्मिक प्रयोजनों के लिए रखी या उपयोग में लायी जाती है।

–जिसका प्रकाशन लोकहित में होने के कारण इस आधार पर न्यायोचित साबित हो गया है कि ऐसी पुस्तक, पुस्तिका, काग़ज़, लेख, रेखाचित्र, रंगचित्र, रूपण या आकृति विज्ञान, साहित्य या कला या विचार या वर्जन सम्बन्धी अन्य उद्देश्य के हित में है।

–कोई ऐसा रूपण–प्राचीन संस्मारक तथा पुरातत्त्वीय स्थल और अवशेष अधिनियम 1958 के अर्थ में प्राचीन संस्मारक पर या उसमें अथवा किसी मन्दिर में या उसमें या मूर्तियों के प्रवहण के उपयोग में लाये जाने वाले या किसी धार्मिक प्रयोजन के लिखे या उपयोग में लाये जाने वाले किसी अन्य उत्कीर्ण रंगचित्रित या अन्यथा रूपित हो।

–अपराधी को बिना वारंट के गिरफ़्तार नहीं किया जा सकता है।

तरुण व्यक्ति (जो कोई बीस वर्ष से कम आयु के किसी व्यक्ति) को अश्लील वस्तु बेचेगा, भाड़े पर देगा, वितरित करेगा, प्रदर्शित करेगा, दोषसिद्धि होने पर कारावास, जिसकी अवधि तीन वर्ष से सात वर्ष तक की हो सकेगी और जुर्माने से भी, जो पाँच हज़ार रुपये तक का हो सकेगा, दण्डित किया जायेगा।

अश्लील फोटो अपलोड और कमेंट करने पर सूचना प्रौद्योगिकी अधिनियम 2000 के तहत पहली दोष सिद्धि पर पाँच साल के कारावास तथा एक लाख रुपये का जुर्माना और पश्चातवर्ती दोष सिद्धि पर दो वर्ष का कारावास व दो लाख रुपये के जुर्माने से दण्डित किया जा सकेगा।

शासकीय गुप्त बात अधिनियम, 1923 : राष्ट्र की आन्तरिक सुरक्षा और प्रतिरक्षा के मामले में प्रजातान्त्रिक सरकार को भी पर्याप्त गोपनीयता बरतने का अधिकार है, क्योंकि राष्ट्र सर्वोपरि है। वह किसी भी प्रकार की अभिव्यक्ति की आज़ादी, मीडिया की स्वतन्त्रता और मानवाधिकार से ऊपर है। इस अधिनियम के तहत–1. किसी दुश्मन देश द्वारा अपने देश में की जाने वाली आशंकित गुप्तचरी के सम्बन्ध में आवश्यक दिशा-निर्देश और प्रावधान है। 2. ऐसे शासकीय तथ्य, जिन्हें जनहित में सरकार गुप्त और गोपनीय रखना चाहती है।

प्रावधान–1. राष्ट्रीय हित और सुरक्षा की दृष्टि से निषिद्ध स्थलों पर पूर्वानुमति के बिना प्रवेश करना और उनके सन्दर्भ में प्रत्यक्ष या परोक्ष रूप से किसी भी प्रकार की जानकारी, किसी भी माध्यम द्वारा शत्रु पक्ष को देना, इस क़ानून की अवहेलना माना जायेगा। 2. निषिद्ध स्थल पर जाकर वहाँ के रेखाचित्र, योजना प्रारूप या चित्र बिना पूर्वानुमति के न तो लिए जा सकते हैं और न ही उन्हें प्रकाशित/प्रसारित किया जा सकता है।

क. भारतीय गणतन्त्र की सम्प्रभुता, अखण्डता तथा सार्वभौमिकता को प्रत्यक्ष अथवा अप्रत्यक्ष रूप से प्रभावित करने का प्रयास, इस अधिनियम के तहत अपराध है।

ख. विदेशी एजेंटों से सम्पर्क का प्रयास करना अवैध माना गया है।

ग. सरकारी मुहरों, चित्रों और गुप्त योजनाओं को किसी अनधिकृत व्यक्ति को सौंपना या प्रकाशित/प्रसारित करना अपराध है।

घ. राजकीय चिह्नों व मुहरों का ग़ैर-क़ानूनी निर्माण तथा उनके विक्रय का प्रयास दण्डनीय है।

इस क़ानून का उल्लंघन करने वाले व्यक्ति को तीन वर्ष का कारावास या जुर्माना अथवा दोनों सजाएँ दी जा सकती हैं।

राजद्रोह : भारतीय दण्ड संहिता 1860 की धारा 124ए के तहत राजद्रोह एक ग़ैर-जमानती अपराध है। धारा 124ए में, जो कोई बोले गये या लिखे गये शब्दों के द्वारा या दृश्य रूपणों द्वारा अन्यथा भारत में विधि द्वारा स्थापित सरकार के प्रति घृणा या अवमान पैदा करेगा या पैदा करने का प्रयत्न करेगा, वह आजीवन कारावास से जिसमें जुर्माना जोड़ा जा सकेगा या तीन वर्ष तक के कारावास से जिसमें जुर्माना जोड़ा जा सकेगा या जुर्माने से दण्डित किया जायेगा। इस क़ानून के तहत आरोपित व्यक्ति को सरकारी नौकरी करने से रोका जा सकता है।

राजद्रोह के सन्दर्भ में दो बातें निम्न हैं–1. भारत में विधि द्वारा स्थापित सरकार के प्रति घृणा या अवमान पैदा करना या पैदा करने का प्रयत्न करना या अप्रीति करने का प्रयत्न करना। दरअसल, राजद्रोह अपराध का मूल तत्त्व हिंसा उकसाना है। 2. ऐसे कार्य अथवा प्रयत्न जो (क) बोले गये या लिखे गये शब्दों द्वारा या (ख) संकेतों द्वारा (ग) दृश्य रूपणों द्वारा हो। दरअसल, सम्पादक, मुद्रक व प्रकाशक अपने पत्र में प्रकाशित हर सामग्री के लिए उत्तरदायी होते हैं।
प्रसार भारती (भारतीय प्रसारण निगम) अधिनियम, 1990–प्रसार भारती बिल 1989 ई. में संसद में पेश किया गया। इसे प्रस्तुत करते हुए तत्कालीन सूचना एवं प्रसारण मन्त्री पी. उपेन्द्र ने कहा कि इसके माध्यम से इलेक्ट्रॉनिक मीडिया सरकारी नियन्त्रण से मुक्त हो जायेगा तथा सही अर्थों में भारत के लोगों का प्रतिनिधि स्वर बनेगा। 1989 ई. में लाया गया प्रसार भारती बिल मुख्यतः 1978 ई. की वर्गीज कमेटी पर ही आधारित था। हालाँकि दोनों में कई अन्तर भी थे। आकाश भारती प्रसारण की स्वायत्तता के लिए वैधानिक प्रावधान की बात करता है। वहीं प्रसार भारती बिल संसद की स्वीकृति की बात करता है। वर्गीज रिपोर्ट में जोर इस बात पर था कि व्यवस्था ऐसी होनी चाहिए जिससे भविष्य में संचार माध्यमों का दुरुपयोग न हो सके।

प्रसार भारती बिल के आधार पर बने निगम को वैसी वैधानिक शक्तियाँ प्राप्त नहीं है। प्रसार भारती बिल के अनुसार निगम के लिए बताये गये उद्देश्य वर्गीज रिपोर्ट की तरह है परन्तु वर्गीज समिति की रिपोर्ट में मन्त्रालय को प्रसारण के उत्तरदायित्वों में मुक्त कर दिया गया था। प्रसार भारती बिल के आधार पर बने निगम ने सूचना और प्रसारण मन्त्रालय का एक प्रतिनिधि निगम का सदस्य होगा।

वर्गीज समिति की रिपोर्ट में विकेन्द्रीकरण पर जोर दिया गया था तथा क्षेत्रीय और स्थानीय स्तर पर कुछ अधिकारों एवं शक्तियों को हस्तान्तरित करने की बात कही गयी थी। वर्गीज समिति द्वारा चयन प्रक्रिया के बारे में की गयी अनुशंसा में भी परिवर्तन किया गया।

प्रसार भारती (भारतीय प्रसारण निगम), अधिनियम 1990 ई. में पारित किया गया लेकिन इसे लागू करने से पूर्व ही सरकार गिर गयी। इसके लम्बे अन्तराल के बाद 1997 ई. में प्रसार भारती क़ानून लागू हुआ। प्रसार भारती अधिनियम के अनुसार बोर्ड में निम्न सदस्य होंगे–एक अध्यक्ष, एक कार्यपालक बोर्ड सदस्य, एक बोर्ड सदस्य (वित्त), एक बोर्ड सदस्य (कार्मिक), छह अंशकालिक बोर्ड सदस्य, महानिदेशक (आकाशवाणी) पदेन, महानिदेशक (दूरदर्शन) पदेन,

संघ के सूचना और प्रसारण मन्त्रालय का एक प्रतिनिधि जिसका नाम-निर्देशन उस मन्त्रालय द्वारा किया जायेगा; और निगम के कर्मचारियों के दो प्रतिनिधि जिनमें से एक इंजीनियरिंग कर्मचारीवृन्द द्वारा अपने में से और एक अन्य कर्मचारियों द्वारा अपने में से निर्वाचित किया जायेगा।

नियुक्ति–सदस्यों की नियुक्ति राज्यसभा, भारतीय प्रेस परिषद् का अध्यक्ष व भारत के राष्ट्रपति द्वारा नामित व्यक्ति करता है। प्रसार भारती के अनुसार राज्यसभा के सभापति इस समिति के अध्यक्ष होंगे।

कार्यकाल–अध्यक्ष तथा अंशकालिक सदस्यों का कार्यकाल 6 वर्षों का होगा किन्तु एक तिहाई सदस्य प्रति दूसरे वर्ष सेवानिवृत्त हो जायेंगे।

प्रसार भारती की त्रिस्तरीय व्यवस्था–प्रसार भारती बोर्ड, ब्राडकास्टिंग काउंसिल, संसदीय समिति।

अध्यक्ष का चुनाव–भारत के राष्ट्रपति के द्वारा एक समिति की सिफ़ारिश पर अध्यक्ष तथा सदस्यों की नियुक्ति की जायेगी। समिति में निम्न होंगे–राज्यसभा का सभापति, भारतीय प्रेस परिषद् का अध्यक्ष, भारत के राष्ट्रपति द्वारा नामित एक व्यक्ति।

सिनेमेटोग्राफ अधिनियम 1952 : भारत में 03 मई, 1913 ई. को प्रथम फ़िल्म राजा हरिश्चन्द्र का प्रदर्शन मुम्बई में किया गया। सन् 1918 में इंडियन सिनेमेटोग्राफी अधिनियम लागू हुआ। इससे भारत में फ़िल्म सेंसरशिप की शुरुआत हुई। 1920 ई. में मुम्बई, कोलकाता और मद्रास में फ़िल्म सेंसर बोर्ड की स्थापना हुई। भारतीय सिनेमेटोग्राफी अधिनियम 1918 ई. के प्रावधानों पर मूल्यांकन करने भारतीय फ़िल्म क्षेत्र की अन्य समस्याओं के सम्बन्ध में विचार करने हेतु अक्टूबर 1927 ई. में एक समिति का गठन किया गया जिसे इंडियन सिनेमेटोग्राफी कमेटी कहा गया। इस समिति के अध्यक्ष दीवान बहादुर टी. रंगाचारी थे। इसलिए बाद में इंडियन सिनेमेटोग्राफी कमेटी को रंगाचारी समिति कहा गया। समिति ने सेंसर बोर्ड के लिए पूर्णकालिक अध्यक्ष के लिए सहमति जतायी।

केन्द्रीय फ़िल्म प्रमाणन बोर्ड या भारतीय सेंसर बोर्ड भारत में फ़िल्मों, टीवी धारावाहिकों, टीवी विज्ञापनों और विभिन्न दृश्य सामग्री की समीक्षा करने सम्बन्धी विनियामक निकाय है। यह भारत सरकार के सूचना एवं प्रसारण मन्त्रालय के अधीन है। इसे उपरोक्त वर्णित सभी को विभिन्न श्रेणी प्रदान करने का और स्वीकार या अस्वीकार करने का अधिकार है। केंद्रीय फ़िल्म प्रमाणन बोर्ड की स्थापना सिनेमेटोग्राफ एक्ट 1952 के तहत की गयी है। पूर्व में सेंसर बोर्ड के

नाम से प्रसिद्ध यह संगठन भारत में प्रदर्शित होने वाली विभिन्न श्रेणी की फ़िल्मों के लिए प्रमाण पत्र जारी करता है। बोर्ड की अनुमति के बिना भारत में कोई भी देसी अथवा विदेशी फ़िल्मों का सार्वजनिक प्रदर्शन नहीं किया जा सकता। इस बोर्ड में अध्यक्ष के अतिरिक्त 25 अन्य ग़ैर-सरकारी सदस्य होते हैं। बोर्ड का मुख़्यालय मुम्बई में है। इसके 9 क्षेत्रीय कार्यालय बेंगलुरु, कोलकाता, चेन्नई, कटक, गुवाहाटी, हैदराबाद, मुम्बई, नयी दिल्ली और तिरुवनन्तपुरम में है।

भारतीय संसद ने सन् 1952 में सिनेमेटोग्राफी अधिनियम पारित किया। अधिनियम में चार भाग हैं—क.ख.ग.घ.। ये चारों भाग सम्पूर्ण भारत में लागू होते हैं, जबकि ग. में दिये गये प्रावधान केन्द्र शासित प्रदेशों पर ही लागू होते हैं। वर्तमान में केन्द्रीय फ़िल्म सेंसर बोर्ड को सेन्ट्रल बोर्ड ऑफ़ फ़िल्म सर्टिफिकेशन भी कहा जाता है। इसके तहत फ़िल्मों का विभाजन चार प्रकार से किया गया। U सार्वजनिक, A वयस्क, U/A जिसे बारह वर्ष से अधिक आयु के सभी व्यक्ति देख सकते हैं, ऐसी फ़िल्में सार्वजनिक भी होती हैं और वयस्कों के लिए भी, S ऐसी फ़िल्मों को दिखाया जाता है जिसे विशिष्ट वर्ग को ही देखने योग्य समझी जाती है। ‘‘नये दिशा-निर्देशों के अनुसार, सभी कार्यक्रमों को यूनिवर्सल (यू) के रूप में प्रमाणीकृत करना होगा, जो किसी भी समय दिखाये जा सकते हैं। यूनिवर्सल वयस्क (यू/ए) कार्यक्रम केवल रात 8.00 बजे से प्रातः 4.00 बजे तक ही दिखाये जा सकते हैं और वयस्क (ए) कार्यक्रम रात्रि 11.00 बजे से प्रातः 4.00 बजे के बीच ही दिखाये जा सकते हैं। डॉक्टरों और इंजीनियरों जैसे विशेषज्ञों के लिए विशेष कार्यक्रम ‘एस’ (विशेष) श्रेणी में रखे जायेंगे और केन्द्रीय फ़िल्म प्रमाणीकरण बोर्ड द्वारा प्रमाणीकरण करने पर ही दिखाये जायेंगे। सेंसर बोर्ड विदेशी फ़िल्मों, म्यूजिक वीडियो और टेलीविज़न पर दिखायी जाने वाली फ़िल्म प्रोमोस सहित फ़िल्मों को प्रमाणित भी करेगा।”[11]

फ़िल्म प्रमाणीकरण बोर्ड–

1. असामाजिक गतिविधियों जैसे हिंसा को महिमामण्डित तो नहीं कर रहा है।
2. अपराध को प्रेरित करने वाले किसी दृश्य या अपराधियों की कार्य प्रणाली को चित्रित तो नहीं कर रहा है।
3. हिंसा, क्रूरता एवं भय के निरर्थक या अपरिहार्य दृश्य तो नहीं दर्शाये गये हैं।

4. मद्यपान को महिमामण्डित तो नहीं कर रहा है।
5. भोड़ेपन, अश्लीलता एवं चरित्रहीनता द्वारा मानवीय संवेदनाओं का हनन किया जा रहा है।
6. पुरुष नारी को नीचा न दिखाये।
7. किसी जाति, धर्म या अन्य समुदायों के लिए आपत्तिजनक हो।
8. भारत की सम्प्रभुता एवं अखण्डता पर प्रश्नचिह्न न लगाया हो।

श्रमजीवी पत्रकार क़ानून 1955 : प्रथम प्रेस आयोग की संस्तुति पर 1955 ई. में भारतीय संसद ने श्रमजीवी पत्रकार तथा अन्य समाचार-पत्र कर्मी (सेवा की शर्तें एवं प्रकीर्ण उपबन्ध) अधिनियम पारित किया। यह अधिनियम समाचार-पत्र समूहों में नियोजित पत्रकारों तथा अन्य कर्मियों की कतिपय सेवा की शर्तों को विनियमित करने के लिए लाया गया। इस अधिनियम में पत्रकारों की नौकरी, काम के घण्टे, ग्रेच्युटी भुगतान से सम्बन्धित प्रावधान हैं। पत्रकारों के हितों की रक्षा के लिए इस अधिनियम में स्पष्ट रूप से बताया गया है कि सेवानिवृत्ति के बाद किसी पत्रकार को दी जानेवाली पेंशन का आधार क्या होगा और सेवा के दौरान यदि पत्रकार की मृत्यु हो जाती है तो उसे ग्रेच्युटी किस आधार पर मिलेगी। इस प्रकार हम कह सकते हैं कि पत्रकारों के भविष्य को सुरक्षित करने में इस अधिनियम ने महत्त्वपूर्ण भूमिका अदा की है।

इस अधिनियम में मुख्य रूप से श्रमजीवी पत्रकार की श्रेणी में कौन आ सकता है? उन्हें कितना काम करना होगा? अगर सम्पादक या मालिक हटाता है तो उसे कैसे हटा सकता है? किस प्रकार ग्रेच्युटी मिलेगी आदि, बातों का स्पष्ट उल्लेख सन्दर्भित है।

श्रमजीवी पत्रकार–श्रमजीवी पत्रकार ऐसा व्यक्ति, जिसका मुख्य व्यवसाय पत्रकारिता है और वह एक या अधिक समाचार-पत्रों में या उसके सम्बन्ध में पूर्णकालिक अथवा अंशकालिक रूप से नियोजित है। यथा : सम्पादक, लीड राइटर, समाचार सम्पादक, उपसम्पादक, फीचर लेख, प्रकाशन विवेचक, रिपोर्टर, संवाददाता, व्यंग्य चित्रकार, समाचार फोटोग्राफर और प्रूफ रीडर; किन्तु ऐसा व्यक्ति जो प्रबन्धकीय या प्रशासनिक कृत्य करता है, वह श्रमजीवी पत्रकार नहीं है।

छँटनी–अगर प्रबन्धक या मालिक सम्पादक से सन्तुष्ट नहीं है तो उसे हटाने के लिए छह माह पूर्व सूचित करना पड़ता है। सम्पादक के अलावे जितने भी श्रमजीवी पत्रकार हैं उन्हें हटाने के लिए 3 माह पूर्व नोटिस देना होगा।

श्रमजीवी पत्रकार के अलावे अन्य कर्मचारी को हटाता है तो उसे 1 माह पूर्व सूचना दी जाती है।

काम के घण्टे और अवकाश–धारा 6 में श्रमजीवी पत्रकारों के काम के घण्टे तय कर दिये गये हैं। उससे यह अपेक्षा नहीं की जाती है कि वह लगातार चार सप्ताह की किसी कालावधि में 144 घण्टे से अधिक समय तक काम करे। सप्ताह में किसी भी कालावधि के दौरान लगातार 24 घण्टे के लिए विश्राम दिया जायेगा। काम के इन घण्टों का प्रावधान सम्पादक के पद पर कार्य कर रहे पत्रकार पर लागू नहीं होगा। प्रावधानों के मुताबिक किसी पत्रकार से दिन की पारी में छह घण्टे और रात की पारी में साढ़े पाँच घण्टे से अधिक काम नहीं लिया जा सकता। इसके अलावा प्रत्येक श्रमजीवी पत्रकार को लगातार 24 घण्टे से अन्यून कालावधि के लिए विश्राम दिया जायेगा, जिसमें रात के 10 बजे और सवेरे के 6 बजे के बीच की कालावधि भी सम्मिलित है। धारा 7 में आकस्मिक और अन्य छुट्टियों के अलावा श्रमजीवी पत्रकार को कार्यावधि का ग्यारहवाँ भाग पूरी मज़दूरी पर उपार्जित छुट्टी पाने का हक़ होगा। इसके अलावा चिकित्सक का प्रमाण पत्र देने से वह सेवाकाल के अट्ठारवें के बराबर अवधि के आधे वेतन पर छुट्टी ले सकता है।

ग्रेच्युटी–अधिनियम की धारा 5 में श्रमजीवी पत्रकारों के लिए विशेष रूप से ग्रेच्युटी की व्यवस्था की गयी है क्योंकि औद्योगिक कर्मचारियों के लिए ग्रेच्युटी अधिनियम बहुत बाद में बना। इसकी मुख्य बातें निम्न हैं–क. तीन वर्ष की लगातार सेवा के बाद अगर किसी श्रमजीवी पत्रकार को अनुशासनात्मक कार्रवाई के तौर पर सेवामुक्त करने के अलावा किसी भी कारण से निकाला जाता है तो वह ग्रेच्युटी का हक़दार होगा। ख. 10 वर्ष की सेवा के बाद श्रमजीवी पत्रकार यदि किसी भी कारण या स्वेच्छा से त्यागपत्र देता है तो वह ग्रेच्युटी का हकदार है। ग. अगर श्रमजीवी पत्रकार अन्तःकरण के आधार पर त्यागपत्र देता है और तीन वर्ष की सेवा पूरी हो चुकी है तो उसे ग्रेच्युटी मिलेगी। घ. कार्यरत पत्रकार की मृत्यु होने पर उनके वारिसों को ग्रेच्युटी मिलेगी लेकिन श्रमजीवी पत्रकारों को अधिक से अधिक 12 माह के औसत वेतन से अधिक ग्रेच्युटी नहीं दी जायेगी। जिस स्थान पर 6 से कम श्रमजीवी पत्रकार हों उनके लिए कम ग्रेच्युटी का प्रावधान किया गया है।

वेतन मज़दूरी बोर्ड का गठन–धारा 8 में कालानुपाती व मात्रानुपाती काम के तौर पर मज़दूरी का निर्धारण किया गया है तथा धारा 9 में श्रमजीवी पत्रकारों

के वेतन की दरों का नियत या पुनरीक्षित करने के लिए प्रयोजन के लिए केन्द्र सरकार एक मज़दूरी बोर्ड गठित करेगी।

प्रतिलिप्याधिकार अधिनियम 1957 : कृति पर सृजनकर्ता का अधिकार ही कॉपीराइट कहलाता है। सबसे पहले 1710 ई. में इंग्लैंड में यह क़ानून बना कि कोई भी रचना आपकी है, उसे आपकी अनुमति के बगैर कोई प्रकाशित नहीं कर सकता है। अगर रचनाकार जीवित है तो 14 वर्ष के अलावा और 14 वर्ष बढ़ा सकता है। कॉपीराइट की अवधि 60 वर्ष तक निर्धारित की गयी है। कोई व्यक्ति किसी दूसरे के परिश्रम निर्णायक बुद्धि या कौशल का प्रतिफल न हड़पे या यों कहें कि बौद्धिक उत्पादन को सांविधिक दर्जा प्रदान करने के उद्देश्य से भारत में 4 जून, 1957 को संसद में कॉपीराइट एक्ट (प्रतिलिप्याधिकार अधिनियम) पारित हुआ और यह क़ानून 21 जून, 1958 को लागू हुआ। इस अधिनियम के तहत जो किसी साहित्यिक कृति अर्थात् रचना, लेख, आलेख, कृति, चलचित्र आदि को नक़ल से रोकता है। यह क़ानून केवल भारतीय संघ क्षेत्र में प्रभावी है लेकिन इसकी धारा 40 के अनुसार केन्द्र सरकार को अधिकार है कि वह भारत से बाहर किसी भारतीय या विदेशी नागरिक द्वारा प्रकाशित सामग्री भी इस क़ानून के दायरे में ला सकते हैं। धारा 63 में कॉपीराइट एक्ट के अतिल्लंघन के लिए एक वर्ष का कारावास या जुर्माने से अथवा दोनों से दण्डित किया जा सकता है।

केबल टेलीविज़न नेटवर्क अधिनियम 2002 : द केबल टेलीविज़न नेटवर्कस (रेग्यूलेशन) एक्ट, 1995 को संशोधित करके केबल टेलीविज़न नेटवर्क अधिनियभ, 2002 बनाया गया। इस अधिनियम के अन्तर्गत विभिन्न चैनलों और केबल ऑपरेटर द्वारा उपभोक्ताओं के शोषण को रोकना है। इस क़ानून से उपभोक्ताओं/ग्राहकों को अपनी पसन्द का टीवी चैनल का चयन करने और उनका ही शुल्क अदा करने का अधिकार प्राप्त हो गया है। 09 सितम्बर, 2002 को संसद द्वारा पारित अधिनियम के तहत टीवी चैनल कम्पनियों को दो प्रकार से चैनल संचालित करने की अनुमति दी गयी—1. सबके लिए मुक्त चैनल फ्री-टू-एयर या एफटीए, 2. शुल्क आधारित चैनल (पे-चैनल)। अब उपभोक्ता अपनी इच्छानुसार अपनी पसन्द का कोई भी टीवी चैनल चुन सकते हैं। इसके लिए प्रावधान निम्नवत् हैं—

—उपभोक्ता केवल अपनी पसन्द के टीवी चैनलों के लिए ही शुल्क भुगतान कर सकेंगे।

—समस्त चैनल कम्पनियाँ केबल ऑपरेटरों को अपने उपभोक्ताओं (दर्शकों) की कुल संख्या की जानकारी तथा उनसे वसूल की गयी राजस्व की जानकारी सरकार को उपलब्ध करायेंगी।

—चैनल कम्पनियाँ मुक्त चैनल (फ्री-टू-एयर चैनल) और शुल्क आधारित (पे-चैनल) संचालित कर सकती हैं।

—चैनल कम्पनियों को पे-चैनल की शुल्क सूची प्रदर्शित करना अनिवार्य है, ताकि उपभोक्ता अपने बजट एवं ज़रूरत के आधार पर विभिन्न टीवी चैनलों का चयन कर सकें।

—सरकार द्वारा मुक्त चैनल के लिए बुनियादी शुल्क निर्धारित किया जायेगा। पे-चैनल के लिए अपना शुल्क चैनल कम्पनियाँ स्वयं तय करेगी।

—इस क़ानून के प्रावधान निजी चैनलों के साथ-साथ दूरदर्शन पर भी लागू होंगे।

प्रेस से सम्बन्धित क़ानून

1. अनुच्छेद 21 व्यक्ति का भारत के नागरिकों को प्रत्याभूत जीवन और स्वतन्त्रता के मौलिक अधिकार से निर्गमित एकान्तता का अधिकार।
2. अनुच्छेद 105 और 104 संसद और विधान मण्डलीय विशेषाधिकार।
3. अनुच्छेद 361 क संसद और राज्य विधानमण्डल की कार्यवाही के प्रकाशन का संरक्षण।
4. भारतीय दण्ड संहिता, 1860 के तत्सम्बन्धी उपबन्ध—

क. धारा 124—किसी विधि सम्मत शक्ति का प्रयोग करने के लिए बाध्य करने या रोकने के उद्देश्य से राष्ट्रपति, राज्यपाल पर हमला करना।

ख. धारा 153 क—धर्म, जाति, जन्म स्थान, आवास, भाषा आदि के आधार पर विभिन्न समूहों के बीच शत्रुता पैदा करना और सद्भाव बनाये रखने पर प्रतिकूल प्रभाव डालने वाले कृत्य करना।

ग. धारा 153 ख—राष्ट्रीय अखण्डता पर प्रतिकूल प्रभाव डालने वाले अभ्यारोपण तथा प्रख्यान।

घ. धारा 171 छ—किसी चुनाव के सम्बन्ध में झूठा बयान।

च. धारा 228—न्यायिक कार्रवाई में रत सरकारी कर्मचारी का जान-बूझकर अपमान करना या बाधा डालना। 228 क धारा 376, 376 क, 376 ख, 376 ग या 376 घ के अन्तर्गत अपराधों के पीड़ित की पहचाने को प्रकट करना।

छ. धारा 292—अश्लील पुस्तकों आदि की बिक्री।

ज. धारा 293—तरुण व्यक्ति को अश्लील वस्तुओं की बिक्री आदि।

झ. धारा 294 क—लॉटरी कार्यालय रखना।

ट. धारा 295 क–किसी धर्म या धार्मिक मान्यताओं का अपमान कर के किसी वर्ग की धार्मिक भावनाओं को ठेस पहुँचाने के उद्देश्य से जान-बूझकर किये गये दुर्भावपूर्ण कृत्य।

ठ. धारा 299–आपराधिक मानव वध

ड. धारा 499–मानहानि

ढ. धारा 500–मानहानि के लिए दण्ड

ण. धारा 501–ऐसी सामग्री का मुद्रण या उत्कीर्णन जिसके मानहानिकारक होने का पता हो।

त. धारा 502–मानहानिकारक तत्त्व वाले मुद्रित या उत्कीर्ण पदार्थ की बिक्री।

थ. धारा 505–1. सार्वजनिक अनिष्ट के लिए प्रेरक वक्तव्य।

2. वर्गों के बीच शत्रुता, घृणा या दुर्भावना पैदा करने वाले या फैलाने वाले वक्तव्य।

3. पूजा स्थल पर उप-धारा 2 के अन्तर्गत किया गया अपराध।

द. भा.दं.सं. की धारा 52 सद्‌भावना से सम्बद्ध तथ्यों और कार्यों के सम्बन्ध में।

ध. दण्ड प्रक्रिया संहिता, 1973, 1974 का अधिनियम सं. 2 के तत्सम्बन्धी उपबन्ध।

5.1. धारा 91–पेश होने के लिए बन्ध पत्र लेने का अधिकार।

2. धारा 92–पत्रों व तारों के विषय में जैसे मनीआर्डर बॉक्स में कोई ग़लत वस्तु भेजी जाती है, तो जानकारी मिलने पर पोस्ट ऑफ़िस कैसे उसे ज़ब्त करेगा।

3. धारा 93–सम्मन तथा गिरफ़्तारी के वारंट।

4. धारा 94–उस स्थान की तलाशी जिसमें चुरायी गयी सम्पत्ति False Document दस्तावेज़ आदि होने का सन्देह है।

5. धारा 95–पत्रों तथा तारों के बारे में प्रक्रिया। कुछ प्रकाशनों के समहृत (जब्त करने की चीज़) होने की घोषणा और तलाशी वारंट जारी करने की शक्ति दी गयी है।

6. धारा 96–तलाशी वारंट कब जारी किये जायें।

7. धारा 108–राजद्रोहात्मक बातों का प्रसार करने वाले व्यक्तियों से अच्छे व्यवहार के लिए जमानत। इस धारा के तहत राजद्रोहात्मक बातों को फैलाने वाले व्यक्तियों से सदाचार के लिए प्रतिपूर्ति के सन्दर्भ में–क. अगर किसी एसडीएम को यह पता चले कि मेरे क्षेत्र में कोई व्यक्ति राजद्रोहात्मक बातें फैला रहा है, तो वह उस व्यक्ति के नाम नोटिस भेजेगा, जिसमें वह उल्लेख करेगा कि आपके

विरुद्ध इस तरह की बातें आयी हैं, आप अदालत में हाजिर हों और जमानत लें। सबूत के अभाव में गिरफ़्तार नहीं किया जाता बल्कि सिर्फ़ चेतावनी दी जाती है। ख. प्रकाशक, स्वामी, सम्पादक के विरुद्ध कार्रवाई करने के पहले सरकार से अनुमति आवश्यक है।

8. धारा 144–उपद्रव या आशंकित ख़तरे के अनिवार्य मामलों में तत्काल अबाधित आदेश जारी करने का अधिकार।

9. धारा 177 से 187–पूछताछ या मुक़दमे का स्थान।

10. धारा 195–कर्मचारियों के विधिसम्मत प्राधिकार के अवमान के लिए मुक़दमा चलाना।

11. धारा 196–राज्य के विरुद्ध अपराधों के लिए और ऐसे अपराध करने के लिए आपराधिक षड्यन्त्र करने के लिए अभियोजन का प्रावधान किया गया है।

12. धारा 199–व्यभिचार या किसी विवाहित महिला को फुसलाने के लिए मुक़दमा चलाना।

13. धारा 327–जूरी-सदस्यों का एक अन्य सेट बुलाने का अधिकार। धारा 327 कहती है कि कोर्ट सबके लिए खुला हुआ है। कोई भी व्यक्ति न्यायालय में जाकर न्याय की माँग कर सकता है।

14. धारा 340–जिस व्यक्ति के विरुद्ध कार्रवाई चल रही हो उसे बचाव का अधिकार और साक्षी बनने के लिए उसकी क्षमता।

15. धारा 345–अपराधों का शमन करना।

16. धारा 349–यदि मजिस्ट्रेट पर्याप्त कठोर दण्ड न दे सके तो प्रक्रिया।

17. धारा 350–अंशतः एक मजिस्ट्रेट तथा अंशतः दूसरे मजिस्ट्रेट द्वारा रिकॉर्ड किये गये साक्ष्य पर दोषसिद्धि या सुपुर्दगी।

18. धारा 351–अदालत में पेश हो रहे अपराधियों का निरोध।

19. धारा 376–बलात्कार के मामले की सुनवाई के सन्दर्भ में है। इसकी उपधारा a,b,c,d में निहित है कि बलात्कार मामले का विचार बन्द कमरे में होगा, इसे in camera कहा जाता है।

प्रेस क़ानून/अधिनियम

1. स्त्री व अशिष्ट रूपण प्रतिषेध अधिनियम, 1986
2. पंजाब विशेष शक्तियाँ प्रेस अधिनियम, 1956
3. प्रेस और पुस्तक रजिस्ट्रीकरण अधिनियम, 1867

4. नाट्य प्रदर्शन अधिनियम, 1876
5. भारतीय तार अधिनियम, 1898
6. भारतीय डाकघर अधिनियम, 1898
7. पुलिस द्रोह-उद्दीपन अधिनियम, 1922
8. शासकीय गुप्त बात अधिनियम, 1923
9. सम्प्रतीक और नाम अनुचित प्रयोग निवारण अधिनियम, 1950
10. लोक प्रतिनिधित्व अधिनियम, 1951
11. पुस्तक और समाचार-पत्र परिदान सार्वजनिक पुस्तकालय अधिनियम, 1954
12. औषधि और चमत्कारिक उपचार आक्षेपनीय विज्ञापन अधिनियम, 1954 (1954 का 21)
13. श्रमजीवी पत्रकार और अन्य समाचार-पत्र कर्मचारी सेवा की शर्तें और प्रकीर्ण उपबन्ध अधिनियम, 1955
14. पुरस्कार प्रतियोगिता अधिनियम, 1955 1955 का अधिनियम सं. 42
15. हिन्दू विवाह अधिनियम, 1955
16. अल्पवय व्यक्ति अपहानिकारक प्रकाशन अधिनियम, 1956
17. प्रतिलिप्याधिकार अधिनियम, 1957
18. बालक अधिनियम, 1960
19. दण्ड विधि संशोधन अधिनियम, 1961, 1990 में संशोधित
20. परमाणु ऊर्जा अधिनियम, 1962
21. सीमा शुल्क अधिनियम, 1962
22. विधि विरुद्ध क्रियाकलाप निवारण अधिनियम, 1967
23. नागरिक सुरक्षा अधिनियम, 1968
24. न्यायालय अवमान अधिनियम, 1971
25. प्रेस परिषद् अधिनियम, 1978
26. इनामी चिट और धन परिचालन स्कीम पाबन्दी अधिनियम, 1978
27. राष्ट्रीय सुरक्षा अधिनियम, 1980
28. भारतीय साक्ष्य अधिनियम, 1972
29. मानहानि अधिनियम, 1952
30. लोक आदेश अधिनियम, 1972 की धारा 33ख
31. सूचना का अधिकार अधिनियम, 2005

सन्दर्भ

1. जैन, प्रो. रमेश, (2003), *जनसंचार एवं पत्रकारिता.* पृ. 43
2. वही
3. वही, पृ. 45
4. वही, पृ. 46
5. चलपतिराव, *समाचार-पत्र,* पृ. 49
6. भटनागर, रामरतन, *दि राइज एंड ग्रोथ ऑफ़ हिन्दी जर्नलिज़्म।*
7. सीतारमैया, डॉ. पट्टाभि, *कांग्रेस का इतिहास,* भाग 9।
8. नटराजन, जे., *भारतीय पत्रकारिता का इतिहास,* नयी दिल्ली : प्रकाशन विभाग, भारत सरकार।
9. जैन, प्रो. रमेश, (2003), *जनसंचार एवं पत्रकारिता,* पृ. 53
10. वही
11. 29वाँ वार्षिक प्रतिवेदन, नयी दिल्ली : भारतीय प्रेस परिषद्, पृ. 35

मीडिया की आचार संहिता

आज बाज़ारवादी प्रतिस्पर्धा में मीडिया की आचार संहिता पर लगातार विमर्श किये जा रहे हैं। इसके लिए हमें यह जानना आवश्यक होगा कि आचार संहिता क्या है और इसका सम्बन्ध नैतिकता से कैसा है? दरअसल, नैतिकता और आचार संहिता दोनों एक ही सिक्के के दो पहलू हैं। नीति शब्द से निःसृत लोक व्यवहार हेतु नियत दायरे में किया जाने वाला आचरण आचार की परिपाटी या प्रथा या रीति-रिवाज से सम्बन्धित है। नैतिकता का दार्शनिक पक्ष जब लौकिक कर्म में विचार भाव से सांसारिक कार्य व्यापार करने लगता है, वही आचार के साथ एक नियमबद्धता प्रतिबद्ध हो जाती है। नियमबद्धता ही संहिता है, जिसे क़ानून की भाषा में कोड भी कह सकते हैं अर्थात् आचार संहिता नैतिकता का क्रियापद है। केवल नैतिकता एक मनोभाव के रूप में सिद्धान्त बनकर रह जाती है, जब तक कि उसका व्यावहारिक जीवन में आचरण का प्रतिरूप न हो। इसलिए आचार-व्यवहार की क्रिया प्रणाली में संहिता नैतिकता को सम्बद्ध करके मर्यादित करती है। दोनों ही विशेष्य पदों में संहिता का समन्वय लोक व्यवहार को पुष्ट करता है। इस अर्थ में नैतिकता का पूर्णतः पालन नियमबद्धता से प्रेरित है।

संसार का प्रत्येक प्राणी नैतिक होना चाहता है, नैतिक रहना चाहता है और अपने आसपास के पर्यावरण में नैतिकता का होना पसन्द करता है। यह प्राणी जगत् का स्वाभाविक पक्ष है जो उसके भाव से निःसृत क्रिया की माँग करती है परन्तु क्रिया नियमबद्धता की कोटि से ही सफल और पूर्ण होती है। ऐसी स्थिति में नैतिकता जैसे स्वभाव पक्ष पर अनुशासन की कठोरता सहज रूप से स्वीकार्य नहीं होती, इसलिए इस आचार-विचार के कार्य पक्ष में लाकर उसे व्यवहार की क्रिया में परिणत करते हुए लोक मर्यादा में बाँधने का प्रयास किया जाता है। विदित हो कि लोक मर्यादा का सिद्धान्ततः पालन नहीं होता जब तक उसके व्यवहार में अंकुश नहीं लगाया जाये। शब्दों की परिणति और अर्थ सन्दर्भ में जब

क्रिया की अन्विति होने लगती है तो वहाँ शब्द के व्यावहारिक आचरण पर ध्यान देना आवश्यक हो जाता है। वहीं पर नैतिकता जैसे भाव पक्ष का क्रियान्वयन आचार संहिता से होता है। संहिता मर्यादित रूप से किसी भी पक्ष को समन्वय कराने की विधायिक प्रक्रिया है। यहाँ यह बात साफ़ हो जाती है कि नैतिकता और आचार संहिता के बीच हृदय पक्ष और बुद्धिपक्ष का मेल है। यहाँ आचार संहिता को प्रमाणित करना केवल एक सैद्धान्तिक पक्ष हो सकता है। आज के सन्दर्भ में मीडिया जैसे शब्द के लिए आचार संहिता का कोई मानक तय करना एक भूल-भुलैया ही है, क्योंकि मीडिया से पूर्व पत्रकारिता का इतिहास खँगालने पर यह पता चलता है कि पत्रकारिता त्रस्त मानव की पीड़ा को दिशा देने और उसके अस्तित्व को जागृत करने का एक माध्यम भी है।

पत्रकारिता के इतिहास के विश्लेषण से यह पता चलता है कि वह लोकहित के लिए कार्य करती थी, लोक जागरण के लिए जागृत होती थी और लोक के साथ संगत भी करती थी। इस संगत में लोक की मर्यादा भी थी। यही मर्यादा पत्रकारिता की नैतिकता थी जिसे गाँधी जैसे नैतिक आदमी ने भी जब पत्र निकालना शुरू किया तो उसके सामने लोक जागरण के सिवाय कुछ नहीं था। उसने अपनी पत्रकारिता के माध्यम से मनुष्यता का नैतिक जागरण पैदा किया। "गाँधी के विचारानुसार पत्रकार को व्यक्तित्व में आत्मानुशासन, आत्म-नियन्त्रण एवं अपनी लेखनी पर अंकुश रखना चाहिए। वे अभिव्यक्ति की स्वतन्त्रता के नाम पर पत्रकार को निरंकुश अपरिमित शक्ति देने के पक्ष में नहीं हैं। उन्होंने पत्रकार की निरंकुशता पर अंकुश रखने की अनिवार्यता 'इंडियन ओपिनियन' से ही समझ ली थी और उसका निष्कर्ष था कि पत्रकार की क़लम की निरंकुशता नाशवान होती है, अतः इसे बाहर की शक्तियाँ नियन्त्रित करें उससे बेहतर है कि पत्रकार उस पर स्वयं ही अंकुश लगाये।"[1] अनीति के ख़िलाफ़ आज का मीडिया जगत् प्रतिरोध करना नहीं जानता वह केवल विरोध करना जानता है। प्रतिरोध की संस्कृति छोड़ कर विरोध की संस्कृति हमेशा से नीतिहीन, आचारहीन और हिंसक रही है। प्रतिरोध की संस्कृति अपनी नैतिक मर्यादाओं में रहते हुए अपनी आचार संहिता का पालन करने में विश्वास करती है। यह प्रतिरोध की संस्कृति आज के मीडिया से लुप्त हो गयी है। नतीजतन, वर्तमान सन्दर्भ में मीडिया के लिए कोई आचार संहिता नहीं है, चाहे लाख रूप में भारतीय प्रेस परिषद् मीडिया की आचार संहिता बनाकर अपने दायित्व से छुटकारा पा जाये, परन्तु आज के

हिंसक बाज़ार में मीडिया के लिए यह आचार संहिता केवल उसके माथे पर थोपना भर है। वह अपनी लाभ संस्कृति में संहिता के साथ मेल करना उचित नहीं समझता। उसका कारण भी है कि वर्तमान जनसंचार का जो माध्यम है जिसके लिए प्रचलित शब्द मीडिया है। वह पूँजी और सत्ता के गठजोड़ से खड़ा हुआ है। ऐसी स्थिति में आचार संहिता की चुनौतियाँ उसके लिए बाज़ार का एक परचम भर हो सकता है, बाज़ार का व्यवहार नहीं हो सकता है।

समर्थतः बाज़ार मीडिया से उत्पादित है या मीडिया बाज़ार से, यह विचारने की बात है। बाज़ार कभी भी हानि के लिए, नीति के लिए खड़ा नहीं होता। गलाकाट प्रतिस्पर्धा ही वहाँ की मर्यादा होती है। ऐसे समय में पत्रकारिता से जब मीडिया अलग होती है वहाँ मर्यादा और आचार संहिता की बात करना दोनों ही अप्रासंगिक है। फिर भी ग़ौरतलब है कि मीडिया विशेषज्ञ या भारतीय पत्रकार संघ या भारतीय प्रेस परिषद् या प्रसार भारती को नैतिक होने की बेचैनी सालती रहती है, क्योंकि इन सारे संगठनों को संचालित करने वाला मनुष्य ही है। ऐसे परिप्रेक्ष्य में पत्रकारिता के इतिहास को जब मनुष्य खंगालने लगता है और इतिहास पथ पर जहाँ-जहाँ उसे नैतिक पथ दिखायी देता है, वहाँ रुकता है, उन सन्दर्भों को लेता है और वर्तमान के माध्यमों पर लागू करने का प्रयास करता है परन्तु सत्ता और पूँजी के बीच वह ऐसे पिसता है कि वह अपने नैतिक अस्तित्व को खड़ा करने में तिलमिला जाता है उसे सहारा देने के लिए और अपने को मज़बूत करने के लिए फिर किसी ऐतिहासिक सन्दर्भ में जाता है तो वहाँ इन जनमाध्यमों की आरम्भिक दुनिया के बाद की पीढ़ी में सबसे सख़्त और नैतिक व्यक्ति के रूप में गाँधी दिखायी देते हैं और वह पुनः मीडिया की आचार संहिता को गाँधी के उद्धरणों से पुष्ट करने की पुरजोर कोशिश करता है। "गाँधी एक पत्रकार के रूप में पत्रकार एवं पत्रकारिता के लिए एक आचार संहिता ही तैयार करते हैं जो उसके जीवन के प्रसंगों तथा अनुभवों से ही रची जाती है। वे पत्रकार-संघों तथा पत्रकारिता की शिक्षण संस्थाओं के समान पत्रकारों को कार्य करने के नियमों, कर्तव्यों तथा सीमाओं का उपदेश नहीं देते बल्कि समय-समय पर अपने अनुभव-सत्यों को प्रकट करके पत्रकार को उन पर चलने का आग्रह करते हैं।"[2]

मीडिया के क्षेत्र में तीव्र प्रतिस्पर्धा के कारण ब्रेकिंग न्यूज़ की अवधारणा के तहत सबसे पहले जोर दिया जाता है। यही कारण है कि पत्रकार तथ्यों की सत्यता को जाँचे परखे बगैर ही जनता के सामने परोस देते हैं। गाँधी लिखते हैं कि "पत्रकारों का कर्तव्य हो जाता है कि वे पाठकों को सिर्फ़ शुद्ध तथ्य ही दें।"[3]

प्रामाणिक तथ्यों के सन्दर्भ में उनकी स्पष्ट राय थी कि ''मैंने पत्रकारिता के क्षेत्र में भी यह अनुभव किया कि शुद्ध प्रामाणिकता और सच्चा व्यवहार सर्वोत्तम नीति है।"[4] गाँधी इस नीति के कारण 'हिन्दुस्तान टाइम्स' के उद्घाटन कार्यक्रम में कहते हैं कि ''सच्चाई, नीति कुशलता और निर्भयता के साथ चलेगी तथा असत्य कथन एवं सत्य पर पर्दा डालने का प्रयत्न नहीं करेगा।'[5] गाँधी जीवन के समान पत्रकारिता में भी 'नैतिकता' और 'शुद्धता' चाहते हैं। उनके लिए साध्य और साधन दोनों की पवित्रता आवश्यक है। वे मानते हैं कि पत्रकार का साध्य देशहित है, स्वराज्य है, मातृभूमि की सेवा है तो उसका साधन भी इतना ही पवित्र और नैतिक होना ज़रूरी है। वे अन्य पत्रकारों तथा समाचार-पत्रों से भिन्न अपनी नैतिकता पर चलते हैं जिसमें गोपनीय पत्र-व्यवहार, भेंट एवं गोपनीय वार्ता, दस्तावेज़ तथा झूठी, मनगढ़न्त अफ़वाहें फैलाना आदि सभी अनैतिक तथा वर्जित हैं। गाँधी जिन्ना से हुए अपने गोपनीय पत्र-व्यवहार के उद्घाटन पर उसे अनैतिक मानते हुए 27 सितम्बर, 1944 को मुम्बई में कहते हैं, "प्रत्येक धन्धे की तरह पत्रकारिता के भी कुछ नैतिक नियम होते हैं। मैं यहाँ उन अख़बारों (जिन्होंने गोपनीय पत्र-व्यवहार छापा) के बारे में कोई फ़ैसला नहीं देना चाहता। मैं तो इतना ही कह सकता हूँ कि पत्रकारिता के क्षेत्र में भी मैंने शायद एक भिन्न नैतिक नियम का पालन किया है।"[6] 'दि क्रिटिक' के उपसम्पादक मि. पोलक ने गाँधी को जॉन रस्किन की पुस्तक 'अंटू दिस लास्ट' दिया। इस पुस्तक को पढ़कर गाँधी के मन में पत्रकारिता के प्रति रुझान बढ़ा और 04 जून, 1903 को उन्होंने 'इंडियन ओपिनियन' के प्रथम अंक में लिखा कि ''भारतीय लोंगों पर हुए अत्याचार को प्रदर्शित करना तथा विचारों का प्रसार करना इसका पहला उद्देश्य है, जिससे लोगों में सत्यनिष्ठा जाग्रत हो सके।"[7] ग़ौरतलब है कि गाँधी प्रेस की स्वतन्त्रता के प्रबल समर्थक थे और उन्हें प्रेस के दायित्वों का भी पूरा आभास था। वे लिखते हैं कि "पत्रकारिता का एकमात्र उद्देश्य सेवा होना चाहिए।... आधुनिक पत्रकारिता में सतहीपन, एकतरफ़ापन, अशुद्धियों और बल्कि बेईमानी के घुस जाने के कारण ईमानदार व्यक्ति भी, जो सिर्फ़ न्याय होता देखना चाहते हैं, लगातार पथभ्रष्ट हो रहे हैं।"[8] आज की पत्रकारिता के परिदृश्य को देखकर ऐसा लगता है कि मीडिया ईमानदार लोगों को ग़लत रास्ते पर ले जाने वाली है। गाँधी ने लिखा कि ''मेरे सामने पत्र-पत्रिकाओं के ऐसे उदाहरण हैं जिनमें वीभत्स बातें दी गयी हैं। उनमें साम्प्रदायिकता भड़काने, घोर मिथ्या कथन और राजनीतिक हिंसा भड़काने की हत्या के समान गम्भीर बातें हैं।

सरकार के लिए ऐसी पत्र-पत्रिकाओं पर मुक़दमें चलाना या दमनकारी अध्यादेश जारी करना मुश्किल बात नहीं है, लेकिन इससे कोई मतलब हल नहीं होता और यदि कोई प्रभाव होता भी है, तो वह बड़ा ही अस्थायी होता है। किसी भी हालत में, इनसे लेखकों के रवैये में कोई परिवर्तन नहीं आता जो प्रेस के खुले मंच से वंचित होने पर प्रायः गोपनीय प्रचार में प्रवृत्त हो जाते हैं।"[9] हालाँकि यह अलग बात है कि उस दौर की पत्रकारिता में मिशनरी भावना थी पर आज यह घोर व्यावसायिकता की ओर अग्रसर है। ऐसे में नैतिकता और आचार संहिता की बात करना लाज़िमी नहीं होगा क्योंकि हम जानते हैं कि अगर विज्ञापनदाता द्वारा फ्रन्ट पेज में नंगी तस्वीर छापने को कहा जाता है तो प्रबन्धन विभाग इसे खुशीपूर्वक सहमति जताते हैं, जबकि प्रतिबद्ध पत्रकारों को न चाहते हुए भी उसे प्रकाशित करना पड़ता है। आज विज्ञापनदाता ही नीति निर्धारक हो गये हैं, कहाँ हमारा विज्ञापन छपेगा, इतना ही नहीं, वे यह भी निर्धारित करते हैं कि कौन-सी ख़बर छपे ताकि उनका हित सध सके। शायद यही कारण था कि गाँधी जी ने अपने पत्र में विज्ञापन का बहिष्कार कर दिया था। "गाँधी की पत्रकारिता में व्यावसायिक विज्ञापनों के बहिष्कार की नीति का बहुत महत्त्व है, क्योंकि इसके मूल में उनका मौलिक चिन्तन तो था ही, साथ ही पत्रकारिता के संसार को अपने नैतिक तथा लोकोपयोगी विचारों के अनुरूप ढालने का दुस्साहसपूर्ण प्रयास था। समाचार-पत्रों में विज्ञापनों के बहिष्कार का सिद्धान्त न तो गाँधी के युग में व्यावहारिक था और न आज इक्कीसवीं सदी में उसके लिए कोई सटीक रह गया है। समाचार-पत्रों के लिए विज्ञापनों से प्राप्त आय उस नदी के प्रवहमान जल के समान है जो संजीवनी बनकर उन्हें जीवित रखती है, परन्तु गाँधी ने पत्रकारिता के इस आर्थिक प्रलोभनों से भरी दुनिया को ही चुनौती दी और व्यावहारिक रूप से यह प्रमाणित करके दिखाया कि कोई भी लोकसेवी तथा लोकप्रिय समाचार-पत्र विज्ञापनों के बिना भी सुचारु रूप से चलाया जा सकता है। गाँधी के इस चिन्तन की विशेषता यह थी कि वह उनके पत्रकारिता के आरम्भिक अनुभवों से उत्पन्न हुआ था। उसके आरम्भिक अनुभवों ने उन्हें सिखाया कि विज्ञापनों से आय तो होती है परन्तु वह मूल उद्देश्य से भटकाता है तथा पाठकों को भी भ्रम में रखता है। गाँधी की पत्रकारिता में आगमन चूँकि आजीविका तथा धन कमाने के लिए नहीं हुआ था, अतः विज्ञापनों से होने वाली आय के लालच में उनके फँसने का कोई प्रश्न ही नहीं था।"[10] जबकि आज ऐसा सोचना असम्भव-सा लगता है क्योंकि मीडिया में बड़ी पूँजी लगी हुई है। ऐसे में जो कोई भी पूँजी

लगायेगा, वह लाभ चाहता है न कि नैतिकता। वह मानवीय व सामाजिक मूल्य की चिन्ता नहीं करता, वह तो लाभ के गणित को तरजीह देता है, इसलिए नंगी कामुक नर-नारियों के विज्ञापन को प्रकाशित करने में ज़रा भी गुरेज नहीं। ऐसे में प्रतिबद्ध पत्रकारों को अपनी नौकरी बचाने की जुगत में विज्ञापन की आचार संहिता की दुहाई देकर प्रबन्धन विभाग से निवेदन करता है कि वे ऐसा न करें जिससे कि पाठक वर्ग यह कह बैठे कि यह अख़बार तो अश्लील है।

गाँधी द्वारा प्रतिपादित पत्रकारिता के आदर्श[11]

गाँधी के अनुसार, मीडिया की एक महत्त्वपूर्ण भूमिका है—सही जानकारी के सम्प्रेषण द्वारा जनता को अँधेरे से उजाले में लाने की। मीडिया की यह जिम्मेदारी है कि वह समाज के जीर्ण-शीर्ण मूल्यों और जड़ मान्यताओं पर प्रहार करे और नये मूल्यों का सृजन कर समाज को सही दिशा प्रदान करे। जनता को सही दिशा में मार्गदर्शन देने का भी एक दायित्व बनता है। मूक जनता पर होने वाले अत्याचार, अन्याय और शोषण की घटनाओं को उजागर कर उसे वाणी देना संवेदनशील मीडिया का दायित्व है। गाँधी के अनुसार पत्रकारिता के निम्न आदर्श हैं—

1. **निष्पक्षता :** मीडिया का पहला आदर्श विचारों का मन्थन और घटनाओं का सही परिप्रेक्ष्य में निष्पक्ष विश्लेषण है। लेकिन आज मीडिया अपने इस सामाजिक दायित्व से विमुख लगने लगा है।

2. **स्वतन्त्रता :** मीडिया का दूसरा आदर्श विज्ञापनों के मोहजाल और अन्य दबावों में न फँस कर क़लम को आज़ाद रखने की है लेकिन आज मीडिया पर विज्ञापन का घोर दबाव है और विज्ञापनदाताओं के द्वारा मीडिया की नीतियों को निर्धारण होता है।

3. **सत्यन्वेषिता :** बिना सत्य की खोज किये निष्कर्षों पर नहीं पहुँचा जा सकता, लेकिन, आज मीडिया सत्य को तोड़-मरोड़ कर पेश करने में लगा रहता है।

4. **गुण-सम्पादन :** मीडिया का चौथा आदर्श है—गुण-सम्पादन। प्रेस की विश्वसनीयता के लिए यह आवश्यक है कि वह दूध को दूध और पानी को पानी बता सके।

5. **विश्वबन्धुता :** मीडिया का पाँचवाँ आदर्श दुनिया के देशों को एक-दूसरे के नज़दीक लाने की होनी चाहिए। इसके लिए अपने देश की राष्ट्रीयता का अहंभाव छोड़ना होगा और दुनिया में विश्वबन्धुत्व की भावना बढ़ानी होगी।

6. आत्मनियन्त्रण : मीडिया का छठा आदर्श आत्मनियन्त्रण एवं आत्मावलोकन है। दुनिया को वह अपनी नज़र से तो देखता है, लेकिन कभी प्रयास अपनी ओर भी करके देखे। उस उजाले में उसे अपनी कमियाँ भी साफ़ दृष्टिगोचर होंगी।

गाँधी जी ने देश के यथार्थ जीवन, जीवन के मर्म, उसकी संस्कृति, आवश्यकता और स्वभाव को पहचाना। उन्होंने अपनी विचारधारा से स्वदेशी जीवन प्रणाली को गति दी। गाँधी ने मूल्यपरक, पारदर्शी प्रजातन्त्र की अवधारणा दी थी, उन्होंने सामाजिक-मानवीय आँख दी थी तथा सत्ता को त्याग करना सिखाया। इस तरह महात्मा गाँधी की पत्रकारिता वस्तुतः विश्व की पत्रकारिता का आलोक स्तम्भ है, जिसका अध्ययन-अध्यापन जीवन को अभ्युदय और कल्याणकारी मार्ग पर ले चलने वाला है।

जाहिर है कि पत्रकारिता की सही भूमिका का निर्वहन तो गाँधी-मार्ग अर्थात् गाँधी की पत्रकारिता में ही सम्भव है। इसलिए पत्रकारिता के सन्दर्भ में गाँधी-चिन्तन एवं विचार को समाज के सामने लाने की ज़रूरत है। इतनी विकृत होने पर भी एक आशा की किरण दिख रही है। वह आशा की किरण 'गाँधी-मार्ग' में निहित है। इसलिए गाँधी की पत्रकारिता का अध्ययन आज की आवश्यकता है।

गाँधी की पत्रकारीय आचार संहिता[12]

गाँधी ने पत्रकारिता के क्षेत्र में सब प्रकार से संयम पर बल दिया। उनके अनुसार पत्रकारिता की प्रमुख आचार संहिताएँ निम्न हैं–

1. आत्म नियन्त्रण : गाँधी यह मानते थे कि जिस प्रकार निरंकुश पानी का प्रवाह विनाश लाता है, उसी प्रकार निरंकुश पत्रकारिता भी विनाशकारी है। इसलिए पत्रकारिता में आत्म नियन्त्रण का समावेश होना चाहिए। लेकिन यदि यह अंकुश से बाहर आता है तो निरंकुशता से भी अधिक विषैला सिद्ध होता है।

2. सेवा : गाँधी के अनुसार, पत्रकारिता का एकमात्र उद्देश्य सेवा होना चाहिए। लेकिन मीडिया में जिस तरह सतहीपन, पक्षपात, अवास्तविकता, बेईमानी, कदाचार की प्रवृत्ति प्रविष्ट है, वह ईमानदार लोगों को ग़लत रास्ते पर ले जाने वाली है। अतः प्रचार संहिता का तकाजा है कि हम अपने दामन में दाग न लगने दें और सेवाभाव बनाये रखें।

3. प्रेम : मीडिया को समाज में प्रेम एवं सद्भाव को बढ़ावा देना चाहिए। उसे हिंसा भड़काने से बचाना चाहिए।

4. सत्यवादिता : गाँधी के अनुसार अख़बारों का बड़ा जबरदस्त असर होता है। सम्पादकों का यह कर्तव्य है कि वे यह सुनिश्चित करें कि उनके अख़बारों में कोई झूठी रिपोर्ट प्रकाशित न हो और न कोई ऐसी रिपोर्ट हो जिससे जनता के भड़कने की आशंका हो। सम्पादकों और उनके सहायकों को ख़बरों और उनके देने के ढंग के बारे में विशेष रूप से सावधान रहना चाहिए।

5. नैतिकता : गाँधी के अनुसार मीडियाकर्मियों को स्वयं नैतिकता का पालन करना चाहिए और समाज में भी नैतिक मूल्यों का प्रचार-प्रसार करना चाहिए।

विज्ञापन की आचार संहिता : हम विज्ञापन की आचार संहिता पर नज़र दौड़ाएँ तो हम पाते हैं कि भारतीय प्रेस परिषद् (एडवरटाइजिंग काउंसिल ऑफ़ इंडिया) द्वारा निर्धारित आचार संहिता में विस्तृत नियमावली इस प्रकार है–"1. विज्ञापन के अन्तर्गत उसका डिजाइन और योजना इस प्रकार बनायी जाये कि वह देश के क़ानूनी प्रावधानों के अनुकूल हो तथा साथ-ही-साथ वह नैतिक, धार्मिक और सौन्दर्यपरक संवेदनाओं के भी अनुरूप हो। 2. विज्ञापन से किसी भी धार्मिक, सामाजिक तथा नैतिक भावनाओं को चोट नहीं पहुँचनी चाहिए। 3. ऐसे विज्ञापन को प्रकाशन अथवा प्रसारण की अनुमति नहीं दी जानी चाहिए, जिसमें किसी के प्रति अवमानना या अनादर का भाव प्रकट होता हो। 4. विज्ञापन द्वारा किसी अन्धविश्वास या आम जनता की निर्दोषता का ग़लत फ़ायदा नहीं उठाया जाना चाहिए। 5. तिलिस्म, जादू-टोने या किसी फोटो के आधार पर निजी गुण बताने आदि जैसे अन्य कोई तथ्य या विज्ञापन, जिससे जनता में अन्धविश्वास को बढ़ावा मिले, भ्रम की स्थिति पैदा हो, प्रस्तुत नहीं किये जाने चाहिए। 6. विज्ञापन सत्य पर आधारित होना चाहिए तथा इसमें तथ्यों को तोड़-मरोड़कर ग़लत ढंग से प्रस्तुत नहीं किया जाना चाहिए। जान-बूझकर अथवा अनजाने में भी (परोक्ष या अपरोक्ष) जनता को ग़लत व असत्य वक्तव्यों के द्वारा छला नहीं जाना चाहिए। निम्नलिखित सन्दर्भों में झूठ एवं भ्रामक वक्तव्यों का प्रयोग नहीं करना चाहिए क. ख़रीदी जाने वाली वस्तु या उत्पाद की विशेषता, जैसे उसकी उपयोगिता आदि के सन्दर्भ में, ख. उत्पाद या वस्तु की क़ीमत तथा ख़रीद की शर्तों के बारे में, ग. उत्पाद या वस्तु का विवरण उपलब्ध कराये जाने सम्बन्धी ये सुविधाओं अथवा बदलने, ठीक करने, वापस करने एवं रख-रखाव सम्बन्धी सुविधाओं के विवरण के सन्दर्भ में, घ. ऐसे प्रमाण-पत्र जो मनगढ़न्त, नक़ली या जालसाजी और धोखाधड़ी वाले हों या फिर विज्ञापनों की सत्यता प्रस्तुत न हो, उसे विज्ञापन में अथवा विज्ञापन द्वारा प्रस्तुत नहीं किया जाना चाहिए।

च. दूसरी कम्पनी के प्रतिस्पर्धी उत्पाद की योग्यता, विशिष्टता, क़ीमत अथवा विश्वसनीयता के सन्दर्भ में झूठे, धोखेबाजी से भरे हुए तथा भ्रामक तथ्य विज्ञापन में प्रस्तुत नहीं किये जाने चाहिए। 7. विज्ञापन में उत्पाद के सम्बन्ध में दावों अथवा घोषणाओं को बढ़ा-चढ़ाकर वर्णित नहीं करना चाहिए। चिकित्सा व औषधियों से सम्बन्धित विज्ञापनों के सन्दर्भ में भारतीय विज्ञापन परिषद् द्वारा निर्धारित (दवाओं के लिए) मानक स्तर की ईमानदारी एवं गम्भीरतापूर्वक पालन करना चाहिए। 8. यदि कोई विज्ञापन जनता को लॉटरी या उपहार जैसी योजनाओं के लिए आमन्त्रित करता है तो इसके लिए क़ानून की अनुमति लेना आवश्यक है। ऐसे विज्ञापन में लॉटरी, उपहार वितरण की समस्त शर्तें स्पष्ट तौर पर अंकित होनी चाहिए। 9. रोज़गार सूचना के विज्ञापन के प्रकाशन में आवेदन फॉर्म की फीस जमा करने वाली सुरक्षा निधि आदि की सूचनाएँ प्रकाशित करने की अनुमति नहीं दी जानी चाहिए। 10. विज्ञापन की सन्देश रचना, चित्र तथा दृश्यात्मक प्रस्तुति में अश्लीलता, उत्तेजकता तथा द्विअर्थी संवादों का प्रयोग नहीं किया जाना चाहिए। 11. विज्ञापन में अथवा ट्रेड मार्क आदि में रा'ष्ट्रीय चिह्न या राष्ट्रीय ध्वज का उपयोग किसी भी परिस्थिति में नहीं किया जाना चाहिए। केवल सरकारी विज्ञापन एजेसियों को इसके इस्तेमाल की अनुमति है। 12. बिना अनुमति लिए राष्ट्रपति, उपराष्ट्रपति तथा प्रधानमन्त्री के चित्रों का उपयोग विज्ञापन में नहीं किया जा सकता है। 13. विज्ञापन का समूचा ढाँचा ऐसा होना चाहिए, जिसमें प्रतियोगी उत्पाद की अवमानना नहीं होनी चाहिए। प्रतियोगी वस्तुओं या सेवाओं की प्रत्येक तुलना विज्ञापन में नहीं होनी चाहिए। 14. विज्ञापन की संरचना में किसी-किसी प्रतियोगी उत्पाद के विज्ञापन की विशिष्ट शैली, लहजे, सन्देश रचना, साज-सज्जा आदि की हू-ब-हू नक़ल नहीं करनी चाहिए। 15. विज्ञापन में भुगतान की गयी धनराशि को लौटाने सम्बन्धी सन्देश प्रसारित नहीं किये जाने चाहिए। 16. जाति-धर्म और वर्ण से सम्बन्धित विज्ञापन प्रकाशित अथवा प्रसारित नहीं किये जाने चाहिए।"[13]

भारतीय प्रेस परिषद्

लोकतन्त्र और मीडिया बेहतर समाज व प्रगतिशील राष्ट्र के निर्माण में एक-दूसरे के पूरक हैं। प्रेस की स्वतन्त्रता की रक्षा, पत्रकारों, सामान्य पाठकों व पत्र मालिकों के हितों की सुरक्षा के मूल उद्देश्यों के लिए भारतीय प्रेस परिषद् का गठन प्रथम प्रेस आयोग की सिफ़ारिशों पर भारतीय प्रेस अधिनियम 1965 के अधीन 16 नवम्बर, 1966 ई. को किया गया था। इसके दो उद्देश्य थे–प्रेस की स्वतन्त्रता

को सुरक्षित रखना और भारत में समाचार-पत्रों और समाचार एजेंसियों के स्तर को सुधारना और उसे बनाये रखना। हालाँकि 1965 के अधिनियम को 1975 ई. में निरस्त कर दिया गया और आपातकाल के दौरान प्रेस परिषद् का उन्मूलन कर दिया गया। एक नया अधिनियम 1978 में बनाया गया जो न्यूनाधिक 1965 के अधिनियम की शर्तों के समान था और उसके अधीन 1979 में प्रेस परिषद् को पुनः स्थापित किया गया। दरअसल, "भारतीय प्रेस परिषद् नैतिक मूल्यों तथा मानकों के उच्चतर क्षेत्र में कार्य करती है। चूँकि प्रारम्भ से ही यह समाचार-पत्रों, समाचार एजेंसियों तथा पत्रकारों के उच्च व्यावसायिक मानकों के अनुसार एक आचार संहिता का निर्माण करती है। इसका उद्देश्य प्रेस पर केवल निगरानी रखना ही नहीं है बल्कि पत्रकारों में एक नवीन परिदृश्य व दृष्टिकोण भी उत्पन्न करना है। यह अनैतिक लेखों की गन्दगी से प्रेस को स्वच्छ रखने का प्रयास करती है। परिषद् आचार व नीतिशास्त्र को लागू करती है, विधि को नहीं। नीतिशास्त्र, विधिशास्त्र से ऊपर होता है। परिषद् अपने नैतिक बल का प्रयोग करती है।"[14] स्वीडन पहला देश था जहाँ 1916 में प्रेस परिषद् जैसे एक स्वैच्छिक निकाय की स्थापना की गयी, जिसे समाचार-पत्र उद्योग से आर्थिक सहायता दी जाती थी।

संक्षेप में कहा जा सकता है कि समकालीनता में यह प्रेस परिषद् अधिनियम 1978 के अन्तर्गत सांविधिक अर्द्ध न्यायिक इकाई के रूप में प्रेस के हित प्रहरी के तौर पर कार्य करती है। यह क्रमशः प्रेस की स्वतन्त्रता के उल्लंघन व नीति के उल्लंघन पर प्रेस द्वारा और प्रेस के विरुद्ध शिकायतों पर निर्णय देती है।

भारतीय प्रेस परिषद् में एक अध्यक्ष (जो कि भारत के उच्चतम न्यायालय के सेवानिवृत्त न्यायाधीश होते हैं) व 28 अन्य सदस्य होते हैं। 28 सदस्यों में से 13 व्यक्ति श्रमजीवी पत्रकारों का प्रतिनिधित्व करते हैं, इनमें से 6 समाचार-पत्रों के सम्पादक होते हैं और शेष 7 व्यक्ति सम्पादकों के अलावा श्रमजीवी पत्रकार होते हैं। 6 सदस्य बड़े, मध्यम, लघु समाचार-पत्र प्रबन्धन का व्यवसाय चलाने वाले या मालिक होते हैं। 1 सदस्य समाचार समिति से होता है। समाचार-पत्र जगत् से जुड़े व्यक्तियों के अलावा 3 सदस्य साहित्य, कला, शिक्षा, न्याय जगत् से जुड़े होते हैं, इनमें 1 सदस्य विश्वविद्यालय अनुदान आयोग, 1 सदस्य साहित्य अकादमी और 1 सदस्य को बार काउंसिल द्वारा नामित किया जाता है। 5 संसद सदस्य होते हैं, इनमें 2 राज्यसभा के सभापति द्वारा तथा 3 लोक सभा के अध्यक्ष द्वारा नामित होते हैं, जो जनमत का प्रतिनिधित्व करते हैं। अध्यक्ष तथा सदस्यों का कार्यकाल तीन वर्षों का होता है।

प्रेस परिषद् की कार्यप्रणाली–प्रेस परिषद् को मिली शिकायतों की सुनवायी के लिए प्रेस परिषद् 14-14 सदस्यों की दो जाँच समितियाँ गठित करती हैं। अध्यक्ष और सचिव सुनवायी के दौरान दोनों समितियों में बैठते हैं। जाँच समिति के सामने लाने से पूर्व सभी शिकायतों को परिषद् के अध्यक्ष देखते हैं। वे उन शिकायतों को नामंजूर कर देते हैं जिन्हें वे सुनवाई के योग्य नहीं समझते हैं। शेष शिकायतों की अलग-अलग फाइलें बनायी जाती हैं। अंग्रेज़ी के अलावा अन्य भाषाओं में मिली शिकायतों का अंग्रेज़ी में अनुवाद किया जाता है फिर शिकायतों पर प्रतिवादियों का लिखित उत्तर मँगाया जाता है। प्रतिवादी के लिखित उत्तर पर वादी का जवाब मँगाया जाता है फिर सभी शिकायतों का संक्षिप्त विवरण तैयार किया जाता है। सुनवायी की तारीख़ तय हो जाने पर शिकायत से सम्बद्ध सभी पक्षों को जाँच समिति के समक्ष उपस्थित होने की सूचना दी जाती है। ये सभी कार्य प्रेस परिषद् का सचिवालय सम्पन्न करता है।

निर्धारित तिथि पर प्रेस परिषद् की जाँच समिति शिकायतों की मौखिक सुनवायी करती है, अपनी अनुशंसाएँ प्रेस परिषद् के समक्ष प्रस्तुत करती है फिर प्रेस परिषद् की पूर्व बैठक में उन पर निर्णय किया जाता है और तब उस निर्णय की सूचना वादी और प्रतिवादी दोनों को दी जाती है। प्रेस परिषद् का निर्णय अन्तिम होता है और उसे किसी अदालत में चुनौती नहीं दी जा सकती है।

भारतीय प्रेस परिषद् की शक्तियाँ व अधिकार–भारतीय प्रेस परिषद् किसी भी समाचार-पत्र, पत्रकार अथवा मुक़दमे से सम्बन्धित किसी भी अन्य व्यक्ति को दण्ड नहीं दे सकती है क्योंकि दण्ड देने का अधिकार इसे प्राप्त नहीं है इसलिए इसे बिना क़ानून का शेर कहा जाता है। यह परिषद् पत्रकारिता सम्बन्धी सदाचार का उल्लंघन अथवा जनरुचि के स्तर का उल्लंघन करने वाले सम्पादकों अथवा श्रमजीवी पत्रकारों को चेतावनी दे सकती है, उनकी परिनिन्दा कर सकती है। अगर परिषद् लोकहित में आवश्यक समझे तो वह किसी पत्र से कह सकती है कि वह समाचार-पत्र अथवा संवाद समिति अथवा उसमें कार्यरत सम्पादक या श्रमजीवी पत्रकार के विरुद्ध निर्णय को जिसमें उसका नाम भी हो तो उस रीति से प्रकाशित करे जिस रीति से परिषद् ठीक समझे। परिषद् के इस निर्णय को न्यायालय में चुनौती नहीं दी जा सकती है।

भारतीय प्रेस परिषद् अपने निर्णय में सरकार अथवा ऐसे किसी भी प्राधिकरण को जो प्रेस की स्वतन्त्रता को प्रभावित करते हैं, के विरुद्ध भी प्रतिकूल टिप्पणी

कर सकती है। संक्षिप्त रूप में हम कह सकते हैं कि प्रेस परिषद् की शक्तियाँ निम्न हैं—1. मुक़दमा से सम्बन्धित व्यक्तियों को सम्मन जारी कर सकती है। अपने समक्ष हाज़िर कर सकती है और उनकी शपथ पर परीक्षा करा सकती है। 2. दस्तावेज़ों का प्रकटीकरण कराकर उसका निरीक्षण कर सकती है। 3. शपथ पत्र पर साक्ष्य ले सकती है। 4. किसी न्यायालय का कार्यालय से किसी सार्वजनिक अभिलेख या उसकी प्रतिलिपियाँ भी मँगा सकती है। 5. साक्षियों या दस्तावेज़ों की परीक्षा के लिए समिति गठित कर सकती है। 6. कोई अन्य विषय जो विहित हो कार्रवाई कर सकती है। परिषद् द्वारा की गयी प्रत्येक जाँच भारतीय दण्ड प्रक्रिया की धारा 193 और 228 के अर्थ में न्यायिक कार्रवाई होती है। यदि परिषद् अपने उद्देश्यों को क्रियान्वित करने के प्रयोजन के लिए अधिनियम के अधीन अपने कृत्यों का पालन करने के लिए आवश्यक समझती है तो वह अपने किसी विनिश्चय या रिपोर्ट में किसी प्राधिकरण के लिए जिसके अन्तर्गत सरकार भी है। आचरण के सम्बन्ध में ऐसा मत प्रकट कर सकेगी जो वह ठीक समझेगी।

परिनिन्दा करने की शक्ति—भारतीय प्रेस परिषद् की 'धारा 14, उपधारा (1)' में जहाँ परिषद् को उससे किये गये परिवाद के प्राप्त होने पर या अन्यथा यह विश्वास करने का कारण हो कि किसी समाचार-पत्र या समाचार एजेंसी ने पत्रकारिक सदाचार या लोक-रुचि के स्तर का अतिल्लंघन किया है या किसी सम्पादक या श्रमजीवी पत्रकार ने कोई वृत्तिक अवचार किया है, वहाँ परिषद् सम्बद्ध समाचार-पत्र या समाचार एजेंसी, सम्पादक या पत्रकार को सुनवायी का अवसर देने के पश्चात् उस रीति से जाँच कर सकेगी जो इस अधिनियम के अधीन बनाये गये विनियमों द्वारा उपबन्धित हो और यदि उसका समाधान हो जाता है कि ऐसा करना आवश्यक है तो वह ऐसे कारणों से जो लेखबद्ध किये जायेंगे, यथास्थिति उस समाचार-पत्र, समाचार एजेंसी, सम्पादक या पत्रकार को चेतावनी दे सकेगी, उनकी भर्त्सना कर सकेगी या उसकी परिनिन्दा कर सकेगी या उन सम्पादक या पत्रकार के आचरण का अनअनुमोदन कर सकेगी;

परन्तु यदि अध्यक्ष की राय में जाँच करने के लिए कोई पर्याप्त आधार नहीं है तो परिषद् किसी परिवाद का संज्ञान नहीं कर सकेगी।

परिषद् की धारा 14 उपधारा (2) में यदि परिषद् की यह राय है कि लोकहित में ऐसा करना आवश्यक या समीचीन है तो वह किसी समाचार-पत्र से यह अपेक्षा कर सकेगी कि वह समाचार-पत्र या समाचार एजेंसी, सम्पादक या उसमें कार्य करने वाले पत्रकार के विरुद्ध इस धारा के अधीन किसी जाँच

से सम्बन्धित किन्हीं विशिष्टियों को, जिनके अन्तर्गत उन समाचार-पत्र, समाचार एजेंसी, सम्पादक या पत्रकार का नाम भी है उसमें ऐसी रीति से जैसी परिषद् ठीक समझे प्रकाशित करे।

परिषद् की धारा (3) उपधारा (1) की किसी भी बात से यह नहीं समझा जायेगा कि वह परिषद् को किसी ऐसे मामले में जाँच करने की शक्ति प्रदान करती है जिसके बारे में कोई कार्रवाई किसी न्यायालय में विचाराधीन हो।

परिषद् की धारा (4) यथास्थिति, उपधारा (1) या उपधारा (2) के अधीन परिषद् का विनिश्चय अन्तिम होगा और उसे किसी भी न्यायालय में प्रश्नगत नहीं किया जायेगा।"[15]

14 (2) (क) जब कोई समाचार-पत्र या कोई समाचार एजेंसी या समाचार देने वाली कोई अन्य संस्था या यथास्थिति, कोई सम्पादक या कोई पत्रकार परिषद् द्वारा दिये गये किसी अनुमोदन, चेतावनी, भर्त्सना अथवा परिनिन्दा पर ध्यान न दे या परिषद् द्वारा जारी किये गये निर्देशों का पालन न करे और उसे नोटिस दिये जाने के बाद, ऐसा न करने के लिए कोई सन्तोषजनक स्पष्टीकरण न दे। उनकी उपेक्षा कर दे तो परिषद् यदि उचित समझे, तो परिषद् द्वारा लगाये गये आक्षेपों पर ध्यान न देने के लिए या यथास्थिति परिषद् के निर्देशों का पालन न करने के लिए उस समाचार-पत्र या समाचार एजेंसी या सम्पादक या पत्रकार को परिनिन्दा या यथास्थिति दूसरी परिनिन्दा का दण्ड दे सकती है। "14 (2) (ख) (i) उपर्युक्त धारा 14 (2) (क) के अन्तर्गत एक वर्ष के भीतर इस प्रकार दो बार परिनिन्दा करने के बाद परिषद् यदि चाहे, तो सम्बन्धित समाचार-पत्र या समाचार एजेंसी या सम्पादक या पत्रकार को यह स्पष्ट करने के लिए कारण बताओ नोटिस जारी कर सकती है कि परिषद् समाचार-पत्र या समाचार एजेंसी के मामले में पंजीयन प्राधिकारी को उस समाचार-पत्र या समाचार एजेंसी या समाचार देने वाली किसी अन्य संस्था का पंजीयन रद्द करने की सिफ़ारिश क्यों न करे या समाचार-पत्र के मामले में डी.ए.वी.पी. और या राज्य सूचना विभाग को उस समाचार-पत्र का नाम विज्ञापन व अन्य सुविधाएँ देने के लिए सूची से निकाल देने की सिफ़ारिश क्यों न करे और सम्पादक या पत्रकार के मामले में यथास्थिति, उस सम्पादक या पत्रकार की मान्यता रद्द कर देने की सिफ़ारिश क्यों न करे। (ii) यदि समाचार-पत्र या समाचार एजेंसी या कोई अन्य संस्था या यथास्थिति, सम्पादक अथवा पत्रकार उसे जारी किये गये कारण बताओ नोटिस के उत्तर में सशक्त आधार के साथ सन्तोषजनक स्पष्टीकरण न दे पाये तो

उसके बाद परिषद् समाचार एजेंसी के मामले में सम्बन्धित पंजीयन प्राधिकारी को उस मान्यता प्राप्त समाचार एजेंसी का पंजीयन रद्द करने की सिफ़ारिश कर सकती है और डी.ए.वी.पी. या राज्य सूचना विभाग को उस समाचार-पत्र का नाम सरकारी विज्ञापन व अन्य सुविधाएँ देने के लिए सूची से निकाल देने की सिफ़ारिश कर सकती है और सम्पादक या पत्रकार के मामले में यथास्थिति, उस सम्पादक या पत्रकार की मान्यता रद्द करने की सिफ़ारिश कर सकती है और वे निर्देश सम्बन्धी प्राधिकारी के लिए बाध्यकारी होंगे।"[16]

प्रेस परिषद् की समितियाँ–प्रेस परिषद् के कार्यों को सुचारु रूप में संचालित करने के उद्देश्य से सामान्यतः चार स्थायी समितियाँ होती हैं–

क. जाँच समिति–यह परिषद् की सबसे महत्त्वपूर्ण समिति होती है। यह समिति अर्द्ध न्यायिक विधि से शिकायतों एवं वादो की सुनवायी करती है। इसकी सिफ़ारिशों पर परिषद् की बैठकों में विचार किया जाता है। सामान्यतः परिषद् की बैठकों में इसकी सिफ़ारिशों को स्वीकार कर लिया जाता है किन्तु जहाँ परिषद् चाहती है वहाँ इनकी सिफ़ारिशों के परिवर्तन एवं संशोधन कर देती है अथवा जाँच समिति के पास पुनः विचारार्थ भेज देती है।

ख. चयन समिति–यह समिति परिषद् के कर्मचारियों के चयन में सहायता करती है। इस समिति की सिफ़ारिशों के आधार पर ही नयी नियुक्तियाँ की जाती हैं अथवा कर्मचारियों को पदोन्नति दी जाती है।

ग. वित्त समिति–यह समिति परिषद् की वित्तीय स्थिति की समीक्षा करती है। यह आय-व्यय, कर्मचारियों के वेतन भत्ते आदि विषयों में निर्णय लेने में परिषद् की सहायता करती है।

घ. सर्वोद्दृश्य समिति–यह समिति प्रेस सम्बन्धी नियमों, सरकार अन्य निर्णयों से प्राप्त सन्दर्भों और प्रेस सम्बद्ध विविध प्रश्नों पर विचार कर अपनी सिफ़ारिशें परिषद् को भेजती है।

इस प्रकार से यह कहा जा सकता है कि भारतीय प्रेस परिषद् प्रेस जगत् से जुड़े पत्रकारों के उच्च व्यावसायिक मानकों के अनुसार आचार संहिता का निर्माण करती है और उस आचार संहिता को तोड़ने पर दण्डित भी करती है। (भारतीय प्रेस द्वारा निर्मित आचार संहिता की विस्तृत जानकारी को परिशिष्ट में शामिल किया गया है।) हालाँकि यह अलग बात है कि सीमित न्यायिक अधिकार होने के कारण यह हाथी के दाँत के समान परिलक्षित होता है।

भारत में प्रेस आचार संहिता की आलोचनात्मक पक्ष-विपक्ष सहित अध्ययन : ब्रिटिश हुकूमत के समय में समाचार-पत्र (जिनसे कि राष्ट्रीय भावना जाग्रत होती हो) निकालने वाले सरकार के कट्टर दुश्मन माने जाते थे। स्वयं अंग्रेज़ पत्रकार विलियम बोल्ट व हिक्की को पत्र निकालने के एवज में सरकार के कोपभाजन का शिकार होना पड़ा। स्वतन्त्रता के समय समाचार-पत्रों में सामग्री मिशन के तौर पर परोस कर राष्ट्रीय चेतना का बिगुल फूँका जा रहा था पर आज लोकतन्त्र के चौथे स्तम्भ के रूप में मीडिया, मिशन की भावना को त्यागकर व्यावसायिकता की ओर अभिमुख है। हालाँकि यह बहस काफी पुरानी हो चुकी है कि पत्रकारिता मिशन है या व्यवसाय। इसमें कोई शक नहीं है कि आज पत्रकारिता एक व्यवसाय है लेकिन यह भी सच है कि यह एक कर्तव्य भी है। कर्तव्य राष्ट्र के प्रति और कर्तव्य अपने पाठकों/श्रोताओं के प्रति।

वस्तुतः पत्रकारिता में वह शक्ति निहित है जिससे वह समाज को सशक्त नेतृत्व देती हुई निराश और थके-माँदे जीवन में उत्साह तथा विश्वास का सम्बल प्रदान कर सकती है। समाज के रचनात्मक विचार को प्रोत्साहन देते हुए विभिन्न धर्मों, जातियों एवं संस्कृतियों की विकास यात्रा को अंकित करते हुए सामाजिक-सांस्कृतिक एकता की दिशा में वर्तमान पत्रकारिता विशेष प्रभावी हो सकती है।

पत्रकार क़लम का धनी होने के कारण यदि एक तरफ़ समाज निर्माण में सहयोगी होता है तो वहीं दूसरी तरफ़ विद्रोह की अग्नि भी प्रज्वलित करने में सहायक हो सकता है। वह समाज को विकास के पथ पर ले जा सकता है तो उसे विनाश के गर्त में भी डाल सकता है। यदि वह राष्ट्रीय चरित्र निर्माण में योग दे सकता है तो वहीं दूसरी तरफ़ सनसनीपूर्ण पत्रकारिता में लिप्त होकर नैतिक मूल्यों पर प्रश्न चिह्न भी लगा सकता है।

भारतीय संविधान में 19.1 (क) के अन्तर्गत पत्रकारों के लिए एक सामान्य नागरिक से अलग वाक् और अभिव्यक्ति की स्वतन्त्रता के बारे में उल्लेख नहीं किया गया है। उसे वाक् और अभिव्यक्ति की आज़ादी का वही अधिकार मिला है जो एक सामान्य नागरिक को प्राप्त है। अतः इस दृष्टि से पत्रकारों के लिए वही आचार संहिता उपयुक्त हो सकती है जो एक साधारण नागरिक के लिए उपयुक्त है। पत्रकारिता व्यवसाय से जुड़े लोगों के पास एक विशेष प्रकार की शक्ति होती है। पत्रकार ही लोगों को दुनिया में कहाँ क्या हो रहा है? इसकी जानकारी देता है। इस शक्ति के विकास से न केवल पत्रकारिता का विकास होता है वरन् इसी

में लोकहित भी निहित है। तात्कालिक लाभ, ख्याति की लालसा में आज का पत्रकार व्यर्थ का स्कैंडल बनाकर उन्हें प्रस्तुत करने लगा है। वह पत्रकारिता के आदर्शों एवं मूल्यों को ताक पर रखकर अपने व्यवसाय को लाभ की तरफ़ ले जा रहा है। व्यक्तिगत सुख-दुःख को पत्रकार बन्धु बहुत ज़्यादा महत्त्व देने लगे हैं। यहाँ जॉन मिल्टन की उक्ति का उल्लेखित करना उचित होगा कि मुझे जानने की और अपनी आत्मा के अनुसार बोलने की तथा स्वाधीनतापूर्वक बहस करने की स्वाधीनता दीजिए। यह सब स्वाधीनताओं से ऊपर है। मिल्टन के इस कथन में लेखक की आदर्श परम्परा व मूल्य सन्निहित थे किन्तु जब आज का पत्रकार इस स्वाधीनता को गिरवी रखकर बोलने के दायित्व का निर्वहन करने लगे हैं तो पत्रकारिता की आचार संहिता की बात सहज में ही सामने आने लगती है। जब पत्रकार जगत् सरकार के सामने आत्मसमर्पण कर व्यक्तिगत लाभ प्राप्त करने के लिए मुँह बाँधे रहता है तो पत्रकारिता की आचार संहिता का महत्त्व भी समझ में आने लगता है।

पत्रकारिता के आचार संहिता की आवश्यकता के सम्बन्ध में हमें महात्मा गाँधी का यह विचार सहज ही याद आता है "समाचार-पत्र एक प्रचण्ड शक्ति है परन्तु जिस प्रकार निरंकुश जल का प्रवाह गाँव को डुबो देता है और सारी फसल को नष्ट कर देता है उसी प्रकार निरंकुश लेखनी का प्रवाह भी सर्वनाश कर देता है। लेखनी पर यह अंकुश जब भीतर से लगाया जाता है तभी वह लाभदायी हो सकता है।"[17] आज पूरे विश्व में जनमाध्यम, जनमानस को दिशा देने के लिए सशक्त साधन के रूप में उभर रहा है। इलेक्ट्रॉनिक मीडिया के प्राइवेट चैनलों की संख्या में लगातार बढ़ोतरी होती जा रही है। सूचना को एक बहुत बड़ी शक्ति के रूप में स्वीकार किया जाने लगा है। बीबीसी के समाचार बुलेटिन पर हिन्दुस्तान के न जाने कितने शहरों में नरसंहार देखने को मिला, ऐसे में सूचना के प्रस्तुतीकरण के लिए आचार संहिता बहुत ही आवश्यक हो गयी है।

जिस प्रकार अन्य व्यावसायिक समूहों के लिए कुछ नियम-क़ायदे-कुछ मर्यादाएँ स्थापित की गयी हैं ठीक उसी प्रकार से पत्रकारों के लिए कुछ मर्यादाएँ स्थापित की गयी हैं। कुछ मानक निर्धारित किये गये हैं और प्रत्येक पत्रकार को चाहे वह किसी भी माध्यम से जुड़ा हो। इन मर्यादाओं का पालन करना चाहिए। इन निर्धारित मानकों का पालन करने पर ही पत्रकार अपने व्यवसाय से न्याय कर पायेगा।

व्यावसायिकता को तलाशती मीडिया ने ही समाज को घिनौने रूप में समेट दिया है। आज टीवी पत्रकारों से लेकर अख़बार पत्रकारों का यही हश्र है कि वे अपनी टीआरपी रेटिंग बढ़ाने के लिए किसी हद तक जा सकते हैं। मसलन पत्रकार किसी को फँसाने की साज़िश करता है तो किसी के बेडरूम में कॉलगर्ल को भेजकर कैमरे में क़ैद करके फिरौती वसूलता है वह अपनी नैतिकता को हाशिये पर लेकर चलता है।

जब हम पत्रकारों की नैतिकता के बारे में बात करते हैं तो ऐसे में किसी भी पत्रकार को समाजहित को ध्यान में रखते हुए ख़बर प्रस्तुत करना चाहिए। इस सम्बन्ध में हम पत्रकारों के दायित्वों की संक्षिप्त चर्चा करना आवश्यक समझते हैं। पत्रकारिता के हर पत्र कर्मी का दायित्व सर्वप्रथम यह है कि उसके मन में जो विचार आते हैं, उसे प्रकट करे। दूसरा दायित्व तब आता है जब उसके पास एक उपकरण होता है जिसमें विचार प्रकट किये जाते हैं अर्थात् उसके पास विचारों को प्रकट करने के लिए एक माध्यम होता है जो इलेक्ट्रॉनिक मीडिया भी हो सकता है। पत्रकारों को अपना विचार प्रकट करने का अधिकार समाज की ओर से स्वतः प्राप्त हो जाता है। अतः समाज के प्रति उसका यह कर्तव्य भी हो जाता है कि अन्य विचारों को वह समाज के सामने प्रकट होने दे जिससे समाज यह स्वतन्त्रतापूर्वक निर्णय कर सके कि वह किस विचार को ग्रहण करे और किसे अस्वीकृत।

व्यावसायिकता के बोझ तले मीडिया अपना टीआरपी बढ़ाने के लिए कुछ भी कर गुजरने की सोचता है तो ऐसे में पत्रकारिता को क़ानूनी दायरे में न लाते हुए एक लक्ष्मण रेखा ज़रूर खींची जानी चाहिए।

देश में ऐसे क़ानून हैं जो प्रत्येक मीडिया संस्थान पर लागू होते हैं और जिनका पालन प्रत्येक पत्रकार को आवश्यक रूप से करना पड़ता है लेकिन इसी क़ानूनी प्रावधानों के अलावा कुछ नियम ऐसे हैं जिनका पालन करने की प्रत्येक पत्रकार से की जाती है और पत्रकारिता के क्षेत्र में पदार्पण करने वाले नवागन्तुक पत्रकार इनसे पथ-प्रदर्शन प्राप्त करते हैं। पत्रकारों व मीडिया के विभिन्न संगठन समय-समय पर आचार संहिताएँ बनाते रहे हैं और इनके नियमों को आत्मसात करने के लिए वे पत्रकारों को प्रेरित भी करते रहे हैं। इसके अलावा विभिन्न समाचार-पत्रों में कार्यरत पत्रकारों की यूनियन भी आचार संहिताएँ लागू करती रही हैं। विभिन्न संस्थाओं द्वारा इस सन्दर्भ में दिये गये निर्देशों और उनके द्वारा बनायी गयी आचार संहिताओं का यहाँ जिक्र करना उचित होगा।

विविध संगठनों द्वारा जारी आचार संहिता

प्रेस काउंसिल एक्ट के उद्देश्यों में समाचार-पत्रों, संवाद समितियों तथा पत्रकारों के उच्च स्तर के अनुरूप एक आचार संहिता के निर्माण की बात कही गयी है यद्यपि इस दिशा में प्रेस परिषद् ने कोई बहुत महत्त्वपूर्ण क़दम नहीं उठाया है। परिषद् का यह मानना है कि प्रेस परिषद् द्वारा समय-समय पर दिये गये निर्णयों से आचार संहिता का निर्माण हो जायेगा। प्रेस परिषद् द्वारा जारी पत्रकारिता के आचरण को विस्तृत रूप से परिशिष्ट में शामिल किया गया है। प्रेस परिषद् ने खोजी पत्रकारों के मार्गदर्शन हेतु कुछ आचरण सम्बन्धी सुझाव दिये हैं। पत्रकारिता के लिए विविध संगठनों ने भी आचार संहिता बनाई है, जिसका वर्णन निम्नानुसार है–

अखिल भारतीय समाचार-पत्र सम्पादक सम्मेलन की आचार संहिता : अखिल भारतीय समाचार-पत्र सम्पादक मण्डल की स्थायी समिति ने 25 सितम्बर 1953 को पत्रकारों के लिए पन्द्रह सूत्री आचार संहिता तैयार की जो निम्न प्रकार है–

1. समाचार-पत्र लोकमत निर्माण के प्रमुख साधन हैं। पत्रकारों को एक न्यास के समान मानना चाहिए तथा मानव शान्ति एवं लोकहित के रक्षार्थ एवं सेवार्थ सदैव तत्पर रहना चाहिए। 2. पत्रकारों द्वारा मूल मानवीय तथा सामाजिक अधिकारों को उचित सम्मान दिया जाना चाहिए। अपनी वृत्ति या पेशे को पुनीत कर्तव्य मानकर समाचार लेखन के समय संवाददाता को हमेशा निष्ठावान एवं न्यायनिष्ठ होना चाहिए। 3. जातीय धार्मिक तथा आर्थिक भेदों से उत्पन्न सामाजिक तनावों के समाचार देते समय उन पर नियन्त्रण रखना चाहिए। 4. पत्रकारों को यह ध्यान रखना चाहिए कि जो कुछ प्रकाशित हो रहा है उसमें तथ्य की एक भी त्रुटि न हो, कोई भी तथ्य तोड़ा-मरोड़ा न जाये और न कोई आवश्यक तथ्य छिपाया जाये। 5. जो भी समाचार या विचार प्रकाशित हो उसका उत्तरदायित्व स्वीकार किया जाये। यदि जिम्मेदारी न लेनी हो तो उसका पूर्व उल्लेख किया जाये। 6. विश्वास का सदैव सम्मान किया जाये। व्यावसायिक गोपनीयता को अवश्य संरक्षण दिया जाना चाहिए। 7. ग़लत बातों या समाचारों को शीघ्र स्वेच्छा से खण्डन करना चाहिए। 8. पत्रकार को अपने पद एवं प्रतिष्ठा का ग़ैर-पत्रकारिक प्रयोजनों के लिए उपयोग नहीं करना चाहिए। 9. ऐसे उद्देश्यों के लिए जिनका सम्बन्ध पत्रकारिता से नहीं है, इस व्यवसाय की सहायता लेना पत्रकारिता का दुरुपयोग है। 10. किसी बात को प्रकाशित करने या न करने के लिए रिश्वत

माँगने या रिश्वत स्वीकार करने से बढ़कर पत्रकार के लिए और कोई बुरी बात नहीं। समाचारों तथा तथ्यों के संकलन और प्रकाशन की स्वतन्त्रता तथा उचित टीका-टिप्पणी करने का अधिकार ऐसे सिद्धान्त हैं जिनकी रक्षा करने के लिए हर पत्रकार को हमेशा तत्पर रहना चाहिए। 11. पत्रकार अनुचित तरीक़ों से अपने सहयोगियों का कैरियर ख़राब करने का प्रयत्न न करें और न ही अपनी वृत्तिक स्थिति का किसी काम के लिए दुरुपयोग करें। 12. अपने सहयोगी पत्रकारों और सार्वजनिक कार्यकर्ताओं का पत्रकारों को सदैव विशेष सम्मान करना चाहिए। 13. समाचार-पत्रों में व्यक्तिगत वाद-विवाद जारी रखना वृत्ति की प्रतिष्ठा के प्रतिकूल मानना चाहिए। 14. किसी के व्यक्तिगत जीवन के सम्बन्ध में निराधार बातें तथा अफ़वाहें प्रकाशित करना कर्तव्य के प्रतिकूल है, जनहित में यदि आवश्यक हो तभी निजी मामलों का प्रकाशन प्रामाणिक रूप से किया जाना चाहिए। 15. दुष्कर्म और अपराध को प्रोत्साहन देने वाले समाचारों को प्रकाशित नहीं करना चाहिए।

सम्पादकों का चार्टर : आचार संहिता के सन्दर्भ में भारतीय समाचार-पत्र सम्पादक सम्मेलन के चार्टर में कहा गया है कि 1. सम्पादकीय नीति लागू करने, स्टाफ तथा पत्र संचालन में सम्पादक को पूर्ण स्वतन्त्रता होगी। 2. समाचार-पत्र का प्रबन्ध बोर्ड सम्पादक के साथ विचार-विमर्श कर वार्षिक बजट तैयार करेगा। 3. सम्पादकीय स्टाफ तथा पत्र की विषयवस्तु के सम्बन्ध में सम्पादक का निर्णय अन्तिम होगा। 4. सम्पादकीय विभाग से सम्बन्धित सभी मामलों में सम्पादक बोर्ड अथवा स्वत्वाधिकारी से सीधा सम्बन्ध रखेगा। 5. सम्पादक को किसी कर्मचारी की विशेष योग्यता को ध्यान में रखते हुए उसे विशेष वेतन वृद्धि देने का अधिकार होगा। 6. सम्पादक पत्र की नीति का संचालन करेगा। वह पत्रकारिता के उच्च मानदण्डों को बनाये रखेगा, सभी प्रकार के दबावों का प्रतिरोध करेगा, सम्पादकीय विभाग के सदस्यों में सामुदायिक भावना विकसित करेगा तथा सामाजिक हितों को निष्पक्षता से रखेगा। 7. सम्पादक को सरकार तथा मालिकों से उनके आपसी सम्बन्धों में समाचार-पत्रों को सम्पादकीय नीति के सन्दर्भ में अपने कार्यों के निर्वहन में स्वतन्त्रता दी जानी चाहिए। 8. प्रबन्ध मण्डल तथा सम्पादकों के आपसी मतभेदों में सम्पादक त्यागपत्र दे अथवा उसे हटा दिया जाये तो उसके जो अवकाश शेष थे, उनके बदले में वह छह माह की ग्रेच्युटी तथा वेतन का हकदार होगा।

आचार संहिता हेतु प्रथम प्रेस आयोग के सुझाव–सन् 1952 में गठित प्रथम प्रेस आयोग ने पत्रकारों के लिए आचार संहिता की संस्तुति की थी। उसने यह दायित्व

प्रेस परिषद् को सौंपा। पत्रकार जगत् से जुड़े विभिन्न समाचार-पत्र संगठनों द्वारा तैयार की गयी आचार संहिता का अध्ययन करने के पश्चात् आयोग ने निम्नलिखित सुझाव दिये–1. प्रेस जनमत करने का प्राथमिक साधन है अतः वे अपने व्यवसाय को ट्रस्ट समझे तथा जनहित की रक्षा एवं सेवा के लिए सदैव तत्पर रहें। 2. अपने कार्यों के सम्पादन में पत्रकार मानवीय तथा सामाजिक मूल अधिकारों को ध्यान में रखते हुए समाचारों तथा टिप्पणियों में निष्पक्ष भाव की रक्षा को व्यावसायिक आवश्यकता के रूप में मानेंगे। 3. पत्रकार समाचारों व तथ्यों के ईमानदारी से संकलन और प्रकाशन की स्वतन्त्रता तथा उचित टिप्पणी तथा आलोचना की रक्षा करेंगे। 4. पत्रकार अपनी रिपोर्टों तथा टिप्पणियों में इस बात का ध्यान रखेंगे कि कहीं उनसे तनाव अथवा हिंसा को प्रोत्साहन नहीं मिले। 5. तथ्यों की सत्यता और प्रामाणिकता का ध्यान रखा जाये। किसी भी तथ्य को न तो तोड़ा-मरोड़ा जाये और न ही उसे दबाया जाये। ऐसी कोई सूचना प्रकाशित नहीं की जाये जिसके बारे में यह ज्ञात हो कि यह ग़लत है अथवा जिसकी सत्यता पर विश्वास न हो। 6. सभी प्रकाशित सूचनाओं तथा टिप्पणियों की ज़िम्मेदारी पत्रकार की है। यदि ज़िम्मेदारी का वहन नहीं किया जाये तो उसे पहले ही स्पष्ट कर दिया जाना चाहिए। 7. विश्वास का सम्मान करना चाहिए एवं वृत्तिक गोपनीयता की रक्षा होनी चाहिए। प्रेस परिषद् अथवा न्यायालय में यदि समाचार के स्रोत को प्रकट करना पड़े तो उसे आचार संहिता का उल्लंघन न माना जाये। 8. अपुष्ट समाचारों के प्रकाशन के साथ अपुष्ट का उल्लेख कर दिया जाना चाहिए। 9. व्यक्तिगत हितों को घोषित न किया जाये। 10. यदि किसी भी रिपोर्ट के ग़लत होने की अथवा ग़लत रिपोर्टों पर आधारित टिप्पणी हो तो उसे स्वयं ही सुधार कर उचित रूप से प्रकाशित करना चाहिए। 11. प्रत्येक पत्रकार जो समाचार संकलन तथा सम्प्रेषण में सक्रिय हैं अपने व्यवसाय की गरिमा को बनाये रखते हुए जनविश्वास को क़ायम रखेगा। वह ऐसे ही कार्य स्वीकार करेगा जो उसे अपने व्यवसाय के प्रति आस्थावान बनाये रखे तथा वह इस बात का ध्यान रखेगा कि उसके पद का कोई अनुचित लाभ उठाने की चेष्टा तो नहीं करता। 12. समाचार अथवा टिप्पणी देने अथवा न देने के लिए किसी प्रकार की रिश्वत स्वीकार करना अथवा माँग करना निकृष्टतम बात है। ऐसे व्यक्तिगत वाद-विवाद जारी रखना जिनसे सार्वजनिक प्रश्न निहित नहीं है, पत्रकारिता की मर्यादा के प्रतिकूल है। 14. किसी व्यक्ति के जीवन को प्रभावित करने वाले अफ़वाहों या गप्पों को पत्र में स्थान देना अनुचित है। जनहित की आवश्यकता को दृष्टिगत रखते हुए ही व्यक्तिगत बातों को प्रकाशित किया जाये।

15. आधारहीन आरोप लगाना गम्भीर व्यावसायिक अपराध है। 16. समाचार-पत्र, रिपोर्ट और प्रेस फोटोग्राफ प्राप्त करने के लिए ऐसा कार्य नहीं किया जाये जिससे निर्दोष, सन्तप्त तथा पीड़ित लोगों को कष्ट होता हो। 17. पत्रकारिता में साहित्यिक चोरी भी गम्भीर अपराध है।

इसके अलावा अखिल भारतीय सम्पादक सम्मेलन में तीन और सिद्धान्तों का प्रतिपादन किया गया जिनमें पत्रकार को अपने प्रभाव का दुरुपयोग न करने, अपने सहयोगियों के प्रति अपने दायित्व की सजगता और बुराई एवं अपराध को प्रोत्साहन देने वाली ख़बरों को प्रकाशित न करना सम्मिलित है।

आपातकाल की आचार संहिता

आपातकाल (1975-77) के दौरान जारी की गयी 14 सूत्री आचार संहिता इस प्रकार थी–1. पत्रकार अपनी सामाजिक ज़िम्मेदारी का निर्वाह करेंगे और अपने व्यावसायिक उत्तरदायित्व को ईमानदारी से निभायेंगे। 2. जातीय, धार्मिक और आर्थिक भेदों से उत्पन्न तनावों के समाचार या उन पर टिप्पणी देते समय संयम से काम लेंगे। 3. तथ्यों को तोड़ने-मरोड़ने से बचेंगे और ऐसे किसी समाचार को प्रकाशित नहीं करेंगे जिसकी सच्चाई पर सन्देह हो। 4. दुर्भावनावश और सनसनी फैलाने के इरादे से किसी समाचार को प्रकाशित नहीं किया जायेगा। 5. वृत्तिक गोपनीयता की रक्षा पत्रकारों का कर्तव्य है और उनकी प्रतिष्ठा इसी पर निर्भर है। विश्वासघाती पत्रकार न केवल अपनी निजी साख खो बैठता है, बल्कि अपने समाचार पत्र सम्वाद समिति को भी नुक़सान पहुँचाता है। 6. पत्रकारिता का व्यक्तिगत हितों की साधना के लिए दुरुपयोग नहीं होना चाहिए। 7. ग़लत समाचारों का तुरन्त और स्वेच्छापूर्वक खण्डन किया जाये और यदि माँग की जाये तो ग़लत बातों का प्रतिवाद प्रकाशित होना ही चाहिए। 8. किसी बात को प्रकाशित करने या न करने के लिए घूस माँगना या स्वीकार करना पत्रकार के लिए सबसे बड़ा कलंक है। 9. व्यक्तिगत विवादों में नहीं उलझेंगे और ऐसे व्यक्तिगत विषय को नहीं उठायेंगे जिसमें आम जनता की कोई दिलचस्पी न हो। 10. राष्ट्रीय एकता, निष्ठा, ईमानदारी, आर्थिक तथा सामाजिक प्रगति को बढ़ावा देंगे। 11. लोकतन्त्र, समाजवाद और धर्मनिरपेक्षता के राष्ट्रीय लक्ष्यों को पूरा करने में सहायक होंगे। 12. देश की अखंडता, प्रभुसत्ता, सार्वभौमिकता, एकता और सुरक्षा को ख़तरा पैदा करने वाली ख़बरों को प्रकाशित नहीं किया जायेगा। 13. अश्लील, अपराध, अवैध गतिविधियों आदि के समाचार प्रकाशित नहीं किये जायेंगे।

14. हिंसा, साम्प्रदायिक दंगों, भाषायी झगड़ों आदि के अतिरिक्त समाचारों को प्रकाशित नहीं किया जायेगा और इस सम्बन्ध में सिर्फ़ अधिकृत समाचार प्रकाशित किये जायेंगे। (*डॉ. हरबंस दीक्षित की पुस्तक 'प्रेस विधि एवं अभिव्यक्ति स्वातन्त्र्य' से लिया गया है।)

सोलह सम्पादकों की समिति द्वारा तैयार आचार संहिता : सन् 1975 में आपातकाल के दौरान समाचार-पत्रों पर अनेक प्रकार के प्रतिबन्ध लगाये गये। इस स्थिति में समाचार-पत्रों के सम्पादकों का एक सम्मेलन हुआ। इस सम्मेलन में 17 सम्पादकों की एक समिति का गठन किया गया और उस समिति को पत्र तथा पत्रकारों के लिए आचार संहिता तैयार करने का दायित्व सौंपा गया। समिति ने एक आचार संहिता तैयार भी की, जिसकी प्रमुख बातें निम्नलिखित हैं–1. अपने कर्तव्य के निवर्हन में पत्रकार मूलभूत/मानवीय एवं सामाजिक अधिकारों की ओर पूरा ध्यान रखेंगे और समाचार के प्रस्तुतीकरण एवं विचारों के प्रतिपादन में सद्भावना तथा न्याय परायणता को अपना व्यावहारिक उत्तरदायित्व मानेंगे। 2. पत्रकारों और समाचार-पत्रों को सरकार और जनता की गतिविधियों को प्रमुखता देनी होगी। राष्ट्रीय एकता एवं अखण्डता तथा सामाजिक एवं आर्थिक प्रगति को प्रोत्साहन देना होगा। 3. पत्रकार और समाचार-पत्र उन समाचारों और टिप्पणियों को प्रकाशित नहीं करेंगे जिनसे नागरिक उथल-पुथल, विद्रोह और बगावत की आशंका हो। हिंसा की खुले शब्दों में निन्दा करनी चाहिए। 4. पत्रकार या समाचार-पत्र को तथ्यात्मक समाचार प्रकाशित करना चाहिए। किसी भी तथ्य को तोड़ा-मरोड़ा नहीं जाना चाहिए। असत्य एवं अविश्वसीय समाचारों का प्रकाशन भी नहीं करना चाहिए। 6. विश्वास का सदैव सम्मान करना होगा एवं व्यावसायिक गोपनीयता की रक्षा करनी होगी। 7. पत्रकार अपने पद एवं प्रतिष्ठा का उपयोग ग़ैर-पत्रकारीय प्रयोजनों के लिए एवं ग़ैर उद्देश्यों से सूचना एकत्रित करने के लिए नहीं करेंगे और न ही अपने व्यावसायिक आचरणों को व्यक्तिगत स्वार्थ से प्रभावित होने देंगे। 8. पत्रकार किसी भी समाचार या टिप्पणी का प्रकाशन करने के लिए किसी प्रकार का प्रलोभन या रिश्वत स्वीकार नहीं करेंगे। 9. पत्रकार और समाचार-पत्र अफ़वाह या गप्प व व्यक्तियों के जीवन से सम्बन्धित संदिग्ध समाचारों का प्रकाशन नहीं करेंगे। 10. पत्रकार और समाचार-पत्र लोकहित के अतिरिक्त अन्य किसी भी वाद-विवाद में नहीं पड़ेंगे। 11. ऐसे काल्पनिक समाचार जो उत्तेजनात्मक हो या अर्थ का अनर्थ करते हों, प्रकाशित किये नहीं जायेंगे। ग़लत समाचारों एवं टिप्पणियों का संशोधन प्रमुखता से किया जायेगा। 12. समाचार-पत्र ऐसी सामग्री विज्ञापन सहित प्रकाशित नहीं करेंगे जो अश्लील हो या जिनसे दुष्कर्म

या अपराध या ग़ैर-क़ानूनी गतिविधियों को प्रोत्साहन मिलता हो। 13. पत्रकार और समाचार-पत्र लोकतन्त्र, धर्मनिरपेक्षता और समाजवाद के राष्ट्रीय उद्देश्यों को बढ़ावा देंगे और उनको प्रतिबिम्बित करेंगे। 14. पत्रकार और समाचार-पत्र ऐसे दंगों के समाचार या विस्तृत विवरण प्रकाशित नहीं करेंगे जो किसी जाति समुदाय, वर्ग, धर्म, क्षेत्रीय या भाषायी दृष्टि से बिना सम्मिलित गुटों की संख्या पहचान का विवरण प्रकाशित नहीं करेंगे। 15. पत्रकार और समाचार-पत्र ऐसी सूचना या टिप्पणी नहीं प्रकाशित करेंगे जिनसे भारत की प्रभुसत्ता और अखण्डता देश की सुरक्षा अथवा विदेशों से मैत्री सम्बन्धों को आघात पहुँचता हो।

भारत में आपातकाल के दौरान 1977 ई. में ऑल इंडिया एडीटर्स कॉन्फ्रेंस ने भी पत्रकारों के लिए एक आचार संहिता बनायी जिसे लागू करने के उद्देश्य से जनता पार्टी की तत्कालीन सरकार ने मार्च 1978 में निगरानी समिति बनायी परन्तु नया प्रेस काउंसिल एक्ट के आ जाने से उक्त आचार संहिता व्यवहार में न आ सकी।

राष्ट्रीय पत्रकार संघ का घोषणा पत्र : राष्ट्रीय पत्रकार संघ द्वारा पत्रकारों के लिए एक आचार संहिता तैयार की गयी, जिसके घोषणा पत्र में पत्रकारों से निम्नलिखित अपेक्षाएँ की गयीं—हम भारत के श्रमजीवी पत्रकार, जो अपने व्यवसाय को ट्रस्ट समझते हुए स्वतन्त्र एवं निष्पक्ष ढंग से समाचारों तथा टिप्पणियों को प्रकाशित कर जनहितों की सेवा में विश्वास रखते हैं, यह मत व्यक्त करते हैं कि प्रेस की स्वतन्त्रता तथा जानने का अधिकार अहरणीय है। प्रेस तथा समाज तभी विकास कर सकते हैं जब प्रत्येक व्यक्ति स्वतन्त्र रूप से भौतिक मानवीय अधिकारों का समर्थन एवं रक्षा करते हैं तथा ये मानते हैं कि पत्रकार का यह दायित्व है कि वह व्यक्तिगत एवं वृत्तिक एवं गरिमा तथा अखण्डता के मापदण्डों को बनाये रखे तथा सिर्फ़ यही महसूस न करे कि वह भय या पक्षपात रहित वरन् उसे व्यावहारिक रूप में प्रकट करें। पत्रकार को उचित जीवनयापन तथा सेवा शर्तें मिले यह प्रतिज्ञा करते हैं तथा घोषित करते हैं कि-1. हम किसी भी क़ीमत पर तथ्यों को संकलित करने तथा प्रकाशित करने तथा निष्पक्ष टिप्पणी और आलोचना के अधिकार की रक्षा करेंगे। 2. हम समाचारों की रिपोर्टों तथा उनका विश्लेषण करते समय ईमानदारी का पालन करने का प्रयास करेंगे तथा सभी प्रकार के दबावों के होते हुए भी आवश्यक तथ्यों को नहीं दबायेंगे तथा सही ढंग से कार्य करने के नियमों की रक्षा व अनुपालन करेंगे। 3. हम किसी भी अधिकारी के द्वारा किसी भी रूप में लागू की गयी सेंसरशिप को स्वीकृत अथवा न्यायपूर्ण नहीं बतायेंगे तथा हम

स्वयं किसी अन्य पर सेंसरशिप लगाने का प्रयास नहीं करेंगे। 4. मानवीय मौलिक अधिकारों तथा जनहित की रक्षा का हम पूर्णतया प्रयत्न करेंगे। 5. व्यक्तिगत स्वार्थों के लिए हम अपने पद के द्वारा न तो किसी का शोषण करेंगे और न ही स्वयं का शोषण होने देंगे। व्यावसायिक आचरण को व्यक्तिगत मामलों में प्रभावित नहीं होने देंगे। पत्रकारिता के व्यवसाय की प्रतिष्ठा व अखण्डता के प्रति जनविश्वास बनाये रखेंगे। केवल उन्हीं कार्यों को करेंगे जो पत्रकारिता की गरिमा और अखण्डता के अनुकूल हों। 6. हम जानबूझकर किसी व्यक्ति के व्यक्तिगत अधिकारों तथा भावनाओं का अतिक्रमण नहीं करेंगे किन्तु हम रिपोर्टिंग तथा सार्वजनिक प्रभावशाली व्यक्तियों का जनहित में पर्दाफ़ाश करने के अधिकार पर समझौता नहीं करेंगे, क्योंकि सार्वजनिक मामले सार्वजनिक रूप से ही हल किये जाने चाहिए। 7. किसी समाचार को प्रकाशित करने या न करने के लिए रिश्वत लेने को हम गम्भीर वृत्तिक अपराध मानेंगे। 8. व्यावसायिक दायित्वों का निर्वाह करते समय पत्रकार अथवा प्रेस पर किसी भी क्षेत्र से किसी भी रूप में पड़ने वाले दबावों का हम व्यक्तिगत स्तर पर विरोध करेंगे। 9. हम विश्वास का सम्मान करेंगे तथा वृत्तिक गोपनीयता की रक्षा करेंगे। 10. व्यावसायिक स्तर के उन्नयन तथा कार्य की गुणात्मक वृद्धि के लिए हम सतत् प्रयत्न करते रहेंगे। 11. साम्प्रदायिक उन्माद तथा सामाजिक तनाव की घटनाओं के समय जनता के जानने के अधिकार के प्रति किसी प्रकार का पूर्वाग्रह न रखते हुए हम आत्म नियन्त्रण तथा विवेक से काम लेंगे। 12. अपने कार्य दायित्व तथा स्थिति को देखते हुए हम सामूहिक रूप से अच्छा वेतन बेहतर सेवा शर्तें प्राप्त करने का सतत् प्रयत्न करते रहेंगे। हम अपने साथी पत्रकार के आर्थिक अथवा व्यावसायिक हितों को ग़लत तरीक़ों से हानि नहीं पहुँचायेंगे।

पत्रकारों के लिए एडीटर्स गिल्ड ऑफ़ इंडिया की आचार संहिता*

एडीटर्स गिल्ड ऑफ़ इंडिया ने ब्रिटेन की सोसायटी ऑफ़ एडीटर्स की संहिता के आधार पर भारतीय अनुभवों के प्रकाश में पत्रकार आचार संहिता का निर्धारण किया है। 19 दिसम्बर, 2002 को इंडिया इंटरनेशनल सेंटर में आयोजित कार्यक्रम में राष्ट्रपति डॉ. ए.पी.जे. अब्दुल कलाम ने यह आचार संहिता जारी की। 22 सूत्री संहिता इस प्रकार है : 1. संवाददाताओं द्वारा भेजी जाने वाली रपटों के तथ्यों की जाँच हो और ग़लतियों को सन्दर्भ पुस्तकालय की मदद से सुधारा जाये। हर प्रकाशन इस तरह के सन्दर्भ पुस्तकालय की अवश्य व्यवस्था करें।

अनुमानों को तथ्यों के छद्मावरण में पेश करने की अनुमति नहीं होनी चाहिए। 2. तथ्यों को प्रत्यक्ष या उपलक्षित बयानों से अलग करें और तथ्यों को उनकी निर्धारित जगह पर ही रखें। बयानों को बयानों के निर्धारित स्थान पर रखें और अगर उन्हें तथ्यों के साथ जगह देनी है तो यह सुनिश्चित करें कि बयान बयान ही रहे। 3. प्रकाशन के अधिकार को सर्वोच्चता देने से पहले इसे सार्थक जनहित के साथ जाँचे। 4. ऐसे निराधार आरोपों या वक्रोक्तियों को हटा दें जो ख़बर के लिए ज़रूरी नहीं हैं या फिर उन्हें तभी ख़बर में रहने दें जब इसके मानहानि सम्बन्धी पक्ष को पूरी तरह से जाँच लिया गया हो। 5. पर्याप्त समय सीमा के तहत पीड़ित पक्ष को अपना जवाब देने या ख़बर के खण्डन का पूरा मौका दें। 6. जहाँ माफी माँगना ज़रूरी हो, सहर्ष स्पष्टतः और पूरी मर्यादा के साथ इसे प्रस्तुत करें। 7. अगर मानहानि की कार्रवाई शुरू होती है तो पूरी निष्पक्षता और क़ानून को पूरा सम्मान देते हुए इसकी ख़बर छापें। 8. अगर आम लोगों के हितों को स्पष्टतः कोई ख़तरा न हो तो किसी व्यक्ति के निजी मामलों को अनावश्यक प्रचार देने से बचें। पर अगर ऐसा है, तो इस मामले को पूरी तन्मयता से बिना किसी डर के अंजाम दें। लेकिन ऐसा शालीनतापूर्वक एवं अच्छे भाव से किया जाये। स्रोतों को परेशान करने या डराने-धमकाने से बचें। 9. किसी ख़बर में लोगों की दिलचस्पी बढ़ाने के लिए उसमें अतिशयोक्ति से बचें। एक सीमा से आगे अतिशयोक्ति तथ्यों को विकृत कर देती है। वास्तविकता पर आधारित ख़बरें सनसनीखेज ख़बरों की तुलना में ज़्यादा टिकाऊ होती हैं। 10. सरकारी कर्मचारियों के ख़िलाफ़ कर्तव्यों की कोताही सम्बन्धी आरोप लगाने से पहले इसे दुबारा जाँचना-परखना चाहिए, क्योंकि उनके सेवा सम्बन्धी नियम उन्हें जवाब का अधिकार नहीं देते और सिर्फ़ सरकारी दस्तावेज़ ही उनकी मदद के लिए रहता है। पर अगर इन ख़बरों के आधार पुख्ता शेखी बघारने वाला या बचकाना। 11. दबाव में आकर तथ्यों को दबाना कर्तव्य से चूकना है। 12. ऐसे बयान या तथ्य जो नाम न बताये जाने की शर्त पर प्राप्त हुए हैं, उनमें नाम कतई नहीं दिया जाना चाहिए। 13. अपने स्रोत को क़ानून की अन्तिम हद तक बचाने के अधिकार का प्रयास करते हुए गुमनामी को झूठ या निन्दा परोसने के लिए लबादे के रूप में प्रयोग की अनुमति नहीं दी जाये। पत्रकारों को ऐसे स्रोतों के बारे में एक-दूसरे को सावधान करना चाहिए जो गुमनाम रहकर भ्रम फैलाते हैं। 14. निजी दुःख वाले दृश्यों से सम्बन्धित ख़बरों का सम्पादन नाजुक होता है, लेकिन मानवीय हितों के नाम पर इन्हें आँख मूँदकर नहीं परोसा जाये।

मानवाधिकार भी उतने ही महत्त्वपूर्ण हैं और इनके साथ-साथ निजी भावनाओं की गोपनीयता का भी इनमें उतना ही महत्त्व है। 15. पत्रकारों को सूचना के अधिकार का प्रयोग निजी लाभ प्राप्त करने के शक्तिशाली साधन के रूप में हो सकता है। पर ऐसा कभी नहीं होना चाहिए। 16. धार्मिक विवादों पर लिखते समय सभी सम्प्रदायों व समुदायों को समान आदर दिया जाना चाहिए। इस तरह के व अन्य विवादों में सभी पक्षों के बारे में समान रूप से निष्पक्ष रिपोर्टिंग हो। 17. आपराधिक मामले की रिपोर्टिंग में विशेषकर सेक्स और उससे भी अधिक बच्चों से सम्बन्धित मामलों की रिपोर्टिंग में यह ध्यान देना ज़रूरी है कि रिपोर्ट अपने आप में ही सज़ा न बन जाये जो किसी के जीवन को अनावश्यक ही बर्बाद कर दे। कथित अपराधी, पीड़ित और गवाहों की पहचान अवश्य ही बहुत सावधानीपूर्वक की जानी चाहिए और इसमें लोगों के वर्ण या उनकी जाति पर कोई लांछन नहीं हो। जनहित के सर्वाधिक मज़बूत आधार पर ही इन बातों को कमतर किया जाये। 18. 'चेकबुक जर्नलिज़्म' या पैसे देकर सूचना लेना पाप की कमाई की तरह है। ऐसा 'जनहित' में आवश्यक सूचना प्राप्त करने के लिए कोई विकल्प नहीं बचने की स्थिति में ही किया जाये। अगर ऐसा करना पड़ता है तो भुगतान की जानकारी किसी भी वैध रूप में दी जाये एवं यह भुगतान उन लोगों को कतई नहीं किया जाये जो इससे सम्बन्धित क़ानूनी मामले से जुड़े हुए हैं। वित्तीय पत्रकारिता को बाज़ार के साथ खिलवाड़ से मिश्रित नहीं किया जाये। 19. चोरी-छिपे सुनकर (और फोटो लेकर), किसी यन्त्र का सहारा लेकर, किसी के निजी टेलीफोन पर बातचीत को पकड़कर अपनी पहचान छिपाकर या चालबाजी से सूचनाएँ नहीं प्राप्त की जाये। सिर्फ़ जनहित के मामले में ही, जब ऐसा करना उचित हो और जब किसी और तरीक़े से सूचनाएँ प्राप्त नहीं की जा सकें, ऐसा किया जाये। 20. पत्रकारों को ऐसे लोगों या संस्थानों से किसी भी तरह का लाभ अपने या अपने परिवार वालों के लिए प्राप्त नहीं करना चाहिए जिसकी गतिविधियों के बारे में वह रपट लिख रहे हैं। 21. पत्रकारों को बारी से पहले कम क़ीमत पर आवास सुविधा या भूमि या इसी तरह की सुविधाएँ प्राप्त नहीं करनी चाहिए। 22. अगर किसी पत्रकार के पेशेगत कारणों से उसके ख़िलाफ़ उनके काम करने के स्थान से दूर कोई मामला दायर किया गया है तो प्रबन्धन को उस पत्रकार को क़ानूनी संरक्षण देना चाहिए ताकि मीडिया को शक्तिशाली लोगों के घृणित कार्यों का पर्दाफ़ाश करने से रोकने के लिए डराने-धमकाने में इसका प्रयोग न हो सके। (*विजयदत्त श्रीधर की पुस्तक 'ख़बरपालिका की आचार संहिता' से लिया गया है।)

अखिल भारतीय समाचार-पत्र सम्पादक सम्मेलन (AINEC) की आचार संहिता* : 1. मूल मानवीय और सामाजिक अधिकारों का पत्रकार को उचित आदर करना चाहिए। अपनी वृत्ति या पेशे को पुनीत कर्तव्य मानकर समाचार देते समय पत्रकार को हमेशा निष्ठावान और कर्तव्यनिष्ठ होना चाहिए। 2. जातीय, धार्मिक और आर्थिक भेदों से उत्पन्न तनावों के समाचार देते समय या उन पर टिप्पणी करते समय पत्रकारों को ख़ास तौर से अपने ऊपर नियन्त्रण रखना चाहिए। 3. पत्रकार यह देखें कि जो कुछ छप रहा है, उसमें तथ्य की ग़लती न हो, कोई हक़ीकत न तो तोड़ी-मरोड़ी जाये और न ही कोई आवश्यक तथ्य छुपाया जाये। जो कुछ छपे उसकी सारी जिम्मेदारी पत्रकार स्वीकार करें। यदि किसी लेख की जिम्मेवारी अपने ऊपर लेने में असमर्थ हों, तो इसका उल्लेख स्पष्ट कर दिया जाये। 4. अफ़वाह और अपुष्ट समाचारों को अफ़वाह और अपुष्ट समाचार ही लिखा और माना जाये। 5. वृत्तिक गोपनीयता की रक्षा पत्रकारों का कर्तव्य है और उनकी प्रतिष्ठा इस पर निर्भर है। 6. पत्रकारिता का व्यक्तिगत हितों की साधना के लिए दुरुपयोग नहीं होना चाहिए। 7. ग़लत समाचारों का तुरन्त और स्वेच्छापूर्वक खण्डन किया जाये और यदि ऐसे खण्डन की माँग कहीं से की जाये तो ग़लत बातों का प्रतिवाद प्रकाशित होना ही चाहिए। 8. ऐसे उद्देश्यों के लिए जिनका सम्बन्ध पत्रकारिता से नहीं है, इस वृत्तिय व्यवसाय की सहायता लेना उचित नहीं। 9. किसी चीज़ को प्रकाशित करने या न करने के लिए घूस माँगने या घूस स्वीकारने से बढ़कर पत्रकार के लिए और कोई बुरी बात नहीं है। समाचारों और तथ्य के संकलन और प्रकाशन की स्वतन्त्रता तथा उचित टिप्पणी करने का अधिकार ऐसे सिद्धान्त हैं, जिनकी रक्षा के लिए पत्रकार को हमेशा तत्पर रहना चाहिए। 10. पत्रकार अनुचित उपायों से अपने सहयोगियों की वृत्ति खराब करने का प्रयत्न न करें और न ही अपनी वृत्तिय स्थिति का किसी काम के लिए दुरुपयोग करें। 11. पत्रकारों को अपने सहयोगी पत्रकारों और सार्वजनिक कार्यकर्ताओं का सम्मान करना चाहिए। 12. व्यक्तिगत वाद-विवाद समाचार पत्रों में जारी रखना अपनी वृत्ति की प्रतिष्ठा के लिए हानिकारक मानना चाहिए। 13. किसी के व्यक्तिगत जीवन के सम्बन्ध में अफ़वाहें या निराधार चर्चा प्रकाशित करना पत्रकारिता की मर्यादाओं के प्रतिकूल है। जन-हित में किसी के निजी जीवन की बातें प्रकाशित करना ज़रूरी हो तो भी वे तथ्यपरक और संतुलित होना चाहिए। (*विजयदत्त श्रीधर की पुस्तक 'ख़बरपालिका की आचार संहिता' से लिया गया है।)

टाइम्स ऑफ़ इंडिया पत्र समूह की आचार संहिता* : टाइम्स ऑफ़ इंडिया प्रकाशन समूह ने अपने प्रकाशनों में कार्यरत सभी पत्रकारों के लिए एक आचार संहिता बनायी है, जो इस प्रकार है–1. हमारे पत्रकारों को प्रोफेशनल कारणों से सम्पर्क में आने वाली कॉर्पोरेट बॉडीज या संस्थानों से उपहार, लाभ, ऋण, डिस्काउंट, प्रोफेंशियल शेयर जैसी रियायती सुविधाएँ लेने से बचना चाहिए। परन्तु मिठाई का डिब्बा, सस्ते पेन, डायरी और कैलेंडर जैसी वस्तुओं के सम्बन्ध में व्यावहारिक दृष्टिकोण अपनाया जा सकता है। 2. मुफ्त टिकट, प्रायोजित यात्राएँ और विदेश प्रवास के आमन्त्रण सम्पादक द्वारा अधिकृत होने चाहिए। किसी भी कार्यक्रम या यात्रा के आमन्त्रण सीधे सम्पादक को प्राप्त होने चाहिए। कोई भी पत्रकार ऐसे आमन्त्रणों को किसी भी हालत में सीधे व्यक्तिगत तौर पर स्वीकार नहीं करेगा। सम्बन्धित रपट या लेख के अन्त में यह स्पष्ट करने के अतिरिक्त कि कार्यक्रम प्रायोजित था, सम्बद्ध होटल या आमन्त्रित करने वाली संस्था के नाम का साफ़-साफ़ उल्लेख करना चाहिए। राजनीतिक पत्रकारिता की संवेदनशीलता को देखते हुए किसी भी राजनीतिक व्यक्ति या दल का आतिथ्य स्वीकार नहीं करना चाहिए। अपनी आज़ादी को बनाये रखने के लिए हम नहीं चाहेंगे कि हमारे पत्रकार भारत में किसी सरकारी या ग़ैर-सरकारी संस्था की मेजबानी स्वीकार करें। अगर समाचार कवर करने की सुविधा के लिए किसी सरकारी या प्राइवेट कम्पनी या किसी संस्था द्वारा दिये गये ट्रांसपोर्ट का उपयोग करने की ज़रूरत पत्रकार को पड़ती है तो कम्पनी ट्रांसपोर्ट व्यय का सामान्य दरों पर भुगतान करेगी। 3. प्रत्येक पत्रकार को यह सुनिश्चित करना चाहिए कि उनकी पेशेवर निष्पक्षता व्यक्तिगत पसन्द-नापसन्द, मैत्री या विचारधारा से प्रभावित नहीं हो। पत्रकारों को राजनीतिक संगठनों का सदस्य बनने से परहेज करना चाहिए। किसी भी राजनीतिक गतिविधि, सामुदायिक कार्यक्रम, प्रदर्शन अथवा सामाजिक उद्देश्य में हिस्सा लेने से यदि अपने पेशेवर कर्तव्यों को निभाने में रुकावट पैदा होती हो तो ऐसी हिस्सेदारी से बचना चाहिए। अगर कभी पेशेवर दायित्व निभाने में कोई बहुत ही गहरी बाधा पैदा हो रही हो (मसलन ऐसे किसी क्लब या संस्था की ख़बर करना, जिसका वह पत्रकार सदस्य है) तो पत्रकार को चाहिए कि वह सम्पादक का ध्यान इस ओर आकृष्ट करे। 4. किसी व्यक्ति या संस्था को हानि पहुँचाने वाली कोई भी रपट प्रकाशित करने से पूर्व प्रभावित पार्टी से सम्पर्क करने और उसका पक्ष जानने की हरसम्भव कोशिश की जानी चाहिए

यदि रिपोर्ट तत्काल छपनी आवश्यक न हो तो प्रभावित पार्टी से सम्पर्क होने तक प्रतीक्षा करना उचित होगा। फिर भी यदि सम्बन्धित व्यक्ति अपना पक्ष देने के लिए उपलब्ध न हो तो उसका उल्लेख रपट में करना चाहिए। 5. आचार परम्परा के अनुसार पत्रकार अपने स्रोत की गोपनीयता की रक्षा कर सकता है। लेकिन इसकी आड़ में अर्द्धसत्य या सनसनीखेज रपटें नहीं छापना चाहिए। स्रोत की जानकारी दिये बिना भी सम्बद्ध पत्रकार के पास किसी भी शंका या प्रश्न की स्थिति में अपने विभाग प्रमुख अथवा सम्पादक को रपट की प्रामाणिकता के बारे में सन्तुष्ट करने के लिए समुचित सूचना और तर्क होने चाहिए। पत्रकारों को अपनी रपट की निष्पक्षता और सच्चाई को सुनिश्चित करने की पूरी कोशिश करनी चाहिए। परन्तु कोई भी ग़लती होने पर उसे स्वीकार करने और भूल सुधार करने में संकोच नहीं होना चाहिए। 6. जिस कम्पनी के शेयर पत्रकार के पास हों, उसकी कोई भी स्टोरी करने से पहले विभाग प्रमुख या सम्पादक को सूचित किया जाना चाहिए। किसी भी पत्रकार द्वारा पहले से ही प्राप्त सूचना के आधार पर की जाने वाली इनसाइडर ट्रेडिंग इस व्यावसायिक (प्रोफेशनल) संहिता का स्पष्ट उल्लंघन है। 7. किसी भी पत्रकार को सरकारी कोटे के आधार पर रियायती दरों पर फ्लैट या मकान या ज़मीन नहीं लेनी चाहिए, जिन्होंने पहले से ही सरकारी कोटा के अन्तर्गत फ्लैट या मकान या जमीन ले रखी है, उसको उसकी क़ीमत के साथ पूरा ब्योरा देना चाहिए। जिन मान्यता प्राप्त पत्रकारों को किराये पर सरकारी आवास मिले हुए हैं, उनको प्रेस काउंसिल ऑफ़ इंडिया द्वारा हाल में घोषित निर्देशों का पालन करना चाहिए। मसलन कर्मचारी को अपने वेतन में कितना हाउस रेंट अलाउंस मिल रहा है, वह सरकार को हर महीने कितनी अलाउंस फीस दे रहा है, हर साल 31 मार्च को अपनी आय और सम्पत्ति सम्बन्धी विवरण, आवंटन की अवधि पूरी होने पर आवास खाली करने आदि सभी पहलुओं पर उसे सम्पादक को जानकारी देनी चाहिए। 8. किसी भी पत्रकार के विरुद्ध इस तरह की शिकायतों की जाँच के लिए सम्पादक द्वारा कुछ वरिष्ठ पत्रकारों की एक सलाहकार समिति गठित की जायेगी। समिति ज़रूरत पड़ने पर किसी भी पत्रकार से उसके सम्पत्ति और निवेश सम्बन्धी या अन्य कोई ज़रूरी कागज़ात माँग सकती है। किसी भी अन्तिम निर्णय तक पहुँचने से पूर्व सम्पादक इस रिपोर्ट पर ध्यान से विचार करेगा। (*विजयदत्त श्रीधर की पुस्तक 'ख़बरपालिका की आचार संहिता' से लिया गया है।)

ब्रिटिश सोसायटी ऑफ़ एडीटर्स की आचार संहिता*

1. सच्चाई–(1) अख़बारों और पत्रिकाओं को फोटो समेत ग़लत, भ्रामक या तोड़-मरोड़ कर पेश की गयी सामग्री का प्रकाशन नहीं करने की सावधानी बरतनी चाहिए। (2) पत्र-पत्रिकाओं को जैसे ही पता चले कि एक ग़लत ख़बर या भ्रामक बयान या तोड़-मरोड़कर पेश की गयी रिपोर्ट का प्रकाशन हुआ है तो उन्हें तत्काल अपनी भूल सुधारनी चाहिए और भूल सुधार को प्रमुखता के साथ प्रकाशित करना चाहिए। (3) पत्र-पत्रिकाओं को आवश्यकता पड़ने पर अपनी भूल के लिए माफी माँगने से भी संकोच नहीं करना चाहिए। (4) पत्र-पत्रिकाएँ हालाँकि अपना तेवर निर्धारित करने के लिए स्वतन्त्र हैं, लेकिन उन्हें टिप्पणी, अटकलबाजी और तथ्य के बीच स्पष्ट अन्तर प्रदर्शित करना चाहिए। (5) पत्र-पत्रिकाओं को मानहानि के उन मामलों के फैसलों को निष्पक्षता के साथ सही-सही प्रकाशित करना चाहिए जिनमें वे स्वयं एक पक्ष हैं।

2. जवाब का अवसर–पत्र-पत्रिकाओं को आवश्यकता पड़ने पर किसी व्यक्ति, व्यक्तियों के समूह या संगठन को ग़लत तथ्य प्रकाशित होने पर इसका जवाब देने का पर्याप्त अवसर देना चाहिए।

3. गोपनीयता–(1) प्रत्येक व्यक्ति को अपने निजी एवं पारिवारिक जीवन, घर, स्वास्थ्य और पत्राचार के सम्मान का हक़ है। इसलिए पत्र-पत्रिकाओं से उम्मीद की जाती है कि उनके पास बिना इज़ाजत के किसी व्यक्ति के निजी जीवन में झाँकने की कार्रवाई को उचित ठहराने का सही आधार हो। (2) बिना इज़ाजत के अत्याधुनिक कैमरों से किसी व्यक्ति के जीवन में झाँकने और निजी स्थलों पर उसकी तस्वीर खींचने की कार्रवाई को सही नहीं ठहराया जा सकता। (नोट–ऐसी सार्वजनिक या निजी जगहों को निजी स्थल का दर्जा दिया जा सकता है जहाँ किसी व्यक्ति के निजी जीवन की गोपनीयता बहाल रहने की उम्मीद हो।)

4. उत्पीड़न–(1) पत्रकारों और छायाकारों को डरा-धमकाकर, उत्पीड़न कर या लगातार दबाव डालकर न तो कोई सूचना प्राप्त करनी चाहिए या फोटो खींचना चाहिए और न ही इसका प्रयास करना चाहिए। (2) छायाकारों को प्रावधान-3 के नोट में परिभाषित निजी स्थलों पर बिना इज़ाजत के किसी व्यक्ति की तस्वीर नहीं उतारनी चाहिए। कोई व्यक्ति यदि छायाकारों को किसी कार्रवाई से बाज़ आने को कहता है तो इस स्थिति में छायाकारों को तस्वीर लेने के लिए उस व्यक्ति को बार-बार फोन नहीं करना चाहिए और उस व्यक्ति के पीछे नहीं पड़ना चाहिए।

कोई व्यक्ति यदि पत्रकारों-छायाकारों को अपने कार्यालय से बाहर निकलने को कहता है तो उन्हें उस व्यक्ति के कार्यालय में नहीं रहना चाहिए और तत्काल निकल जाना चाहिए। पत्रकारों-छायाकारों को उस व्यक्ति का पीछा भी नहीं करना चाहिए। (3) सम्पादकों को यह सुनिश्चित करना चाहिए कि उनके लिए काम करने वाले पत्रकार—छायाकार यदि इन मानकों का पालन नहीं करते हैं तो उनकी ख़बरें और फोटो प्रकाशित नहीं हों। सम्पादकों को यह भी सुनिश्चित करना चाहिए कि इन मानकों का पालन किये बगैर अन्य स्रोतों की रिपोर्ट भी प्रकाशित नहीं हो।

5. शोक या सदमे में खलल—शोक या सदमे से जुड़े मामलों में पत्रकारों को सहानुभूतिपूर्वक जानकारी इकट्ठी करनी चाहिए तथा शोक या सदमे में डूबे लोगों के साथ बातचीत में सावधानी बरतनी चाहिए। पत्र-पत्रिकाओं को इस तरह के मौक़ों पर संवेदनशील नज़रिया अपनाना चाहिए। लेकिन इसका यह मतलब नहीं है कि पत्र-पत्रिकाओं को न्यायिक कार्रवाई से जुड़ी रिपोर्ट प्रकाशित करने का सीमित अधिकार है।

6. बच्चे—(1) बच्चों को अनावश्यक हस्तक्षेप के बिना स्कूल में अपना पूरा समय बिताने की आज़ादी दी जानी चाहिए। (2) पत्रकारों और छायाकारों का अभिभावकों या बच्चों के लिए ज़िम्मेदार लोगों की ग़ैर-मौजूदगी या बिना इज़ाजत के बच्चों के कल्याण या इस तरह के मामलों में 16 वर्ष से कम उम्र के बच्चों का न तो साक्षात्कार लेना चाहिए और न ही उनका फोटो खींचना चाहिए। (3) पत्रकारों और छायाकारों को स्कूल प्रशासन की इज़ाजत के बिना स्कूल परिसर में छात्र-छात्राओं का न तो साक्षात्कार लेना चाहिए और न ही उनकी तस्वीर उतारनी चाहिए। (4) पत्र-पत्रिकाओं को बच्चों के कल्याण से जुड़े प्रश्न पूछने के लिए धन का भुगतान तब तक नहीं करना चाहिए जब तक कि यह उनके हित में नहीं हो। इसी तरह ऐसे मामलों में बच्चों के अभिभावकों को भी धन का भुगतान नहीं किया जाना चाहिए। (5) पत्र-पत्रिका यदि ख्याति कुख्याति या अभिभावकों के ओहदे के आधार के अलावा अन्य कारणों से किसी बच्चे की निजी जिन्दगी पर रिपोर्ट प्रकाशित करती हैं तो उनके पास इसका उचित कारण होना चाहिए।

7. सेक्स से जुड़े मामलों में बच्चे—(1) प्रेस को पीड़ित या प्रत्यक्षदर्शी के रूप में सेक्स अपराधों से जुड़े 16 वर्ष से कम उम्र के बच्चे की पहचान उजागर नहीं करनी चाहिए। प्रेस को उस स्थिति में भी यह सावधानी बरतनी चाहिए, जिनमें बच्चे की पहचान सार्वजनिक करने पर पाबन्दी लागू न हो।

(2) बच्चों के ख़िलाफ़ सेक्स अपराधों से जुड़े मामलों की किसी भी रिपोर्ट में–(i) बच्चे की पहचान सार्वजनिक नहीं की जानी चाहिए। (ii) वयस्कों की पहचान सार्वजनिक की जा सकती है। (iii) जिन मामलों में पीड़ित बच्चे की पहचान सार्वजनिक हो गयी हो, उन मामलों में भी ग़लत शब्दों का इस्तेमाल नहीं किया जाना चाहिए। (iv) पत्र-पत्रिकाओं को इस बात की सावधानी बरतनी चाहिए कि इस तरह के मामलों की रिपोर्टों में आरोपी और बच्चे के बीच सम्बन्ध उजागर न हो।

8. गुप्त टेपिंग–पत्रकारों को गुप्त रूप से टेप रिकार्डर के इस्तेमाल या फोन पर होने वाली निजी बातचीत टेप करने का न तो प्रयास करना चाहिए और न ही इस तरह से प्राप्त सामग्री का प्रकाशन करना चाहिए।

9. अस्पताल–(1) पत्रकारों और छायाकारों को अस्पताल या इसके जैसे अन्य संस्थानों में किसी तरह की जानकारी प्राप्त करने से पहले सम्बन्धित एवं जिम्मेदार अधिकारियों के समक्ष अपनी पहचान का खुलासा करना चाहिए और ग़ैर-सार्वजनिक जगहों में प्रवेश से पहले इजाजत लेनी चाहिए। (2) अस्पतालों या इसके जैसे अन्य संस्थानों में रह रहे लोगो के निजी जीवन में झाँकने से परहेज किया जाना चाहिए।

10. अपराध की रिपोर्टिंग–प्रेस को किसी अपराध में दोषी या आरोपी करार दिये गये व्यक्ति के रिश्तेदारों और मित्रों की अनुमति के बिना उनकी पहचान सार्वजनिक करने से बचना चाहिए। प्रेस को किसी अपराध के प्रत्यक्षदर्शी या पीड़ित बच्चे की संवेदनशील स्थिति पर भी गौर करना चाहिए। लेकिन इसका अर्थ यह नहीं है कि प्रेस को न्यायिक कार्रवाई से जुड़ी रिपोर्ट प्रकाशित करने का सीमित अधिकार है।

11. ग़लत तथ्यों का प्रकाशन–(1) पत्रकारों और छायाकारों को ग़लत तथ्यों के आधार पर ग़लत एवं निराधार ख़बर लिखने का प्रयास नहीं करना चाहिए। (2) सिर्फ़ मालिक की सहमति से ही दस्तावेज़ों या फोटो को हटाया जाना चाहिए। (3) सिर्फ़ जनहित के मामलों में इस तरह की कार्रवाई को उचित ठहराया जा सकता है। इसके अलावा इसे उन मामलों में भी उचित ठहराया जा सकता है जिनमें अन्य किसी तरीक़े से प्रकाशन सामग्री एकत्रित करना सम्भव न हो।

12. सेक्स हमले से पीड़ित–प्रेस को तब तक सेक्स हमले के पीड़ितों की पहचान सार्वजनिक नहीं करनी चाहिए और न ही पीड़ित की पहचान में सहायक होने वाली सामग्री प्रकाशित करनी चाहिए, जब तक यह पूरी तरह उचित न हो और क़ानून भी इसकी इज़ाजत देता हो।

13. भेदभाव–(1) प्रेस को किसी व्यक्ति की नस्ल, रंग, धर्म, सेक्स या किसी शारीरिक या मानसिक बीमारी या विकलांगता पर भेदभावपूर्ण या निन्दात्मक टिप्पणी से बचना चाहिए। (2) प्रेस को किसी व्यक्ति की नस्ल, रंग, धर्म, सेक्स शारीरिक एवं मानसिक विकलांगता का ब्योरा प्रकाशित करने से तब तक बचना चाहिए जब तक कि यह रिपोर्ट के लिए बिल्कुल आवश्यक एवं प्रासंगिक न हो।

14. आर्थिक पत्रकारिता–(1) जहाँ क़ानूनी रूप से पाबन्दी नहीं भी हो, वहाँ भी आर्थिक पत्रकारों को अपनी रिपोर्ट के प्रकाशन से पहले प्राप्त वित्तीय सूचनाओं का इस्तेमाल अपने लाभ के लिए नहीं करना चाहिए। आर्थिक पत्रकारों को किसी और के समक्ष भी प्रकाशन से पहले इन सूचनाओं का पर्दाफ़ाश नहीं करना चाहिए। (2) आर्थिक पत्रकारों को उन शेयरों और प्रतिभूतियों पर रिपोर्ट नहीं लिखनी चाहिए जिनसे उनका या उनके परिवार के सदस्यों का आर्थिक हित जुड़ा है। आर्थिक पत्रकारों को अपने सम्पादकों के समक्ष निजी हितों का पर्दाफ़ाश करने के बाद ही इस तरह की रिपोर्ट लिखनी चाहिए। (3) आर्थिक पत्रकारों को प्रत्यक्ष या अप्रत्यक्ष तरीक़े से उन शेयरों या प्रतिभूतियों की ख़रीद-फ़रोख़्त नहीं करनी चाहिए जिन पर उन्होंने हाल में रिपोर्ट लिखी है या जिन पर वे निकट भविष्य में रिपोर्ट लिखने की योजना बना रहे हैं।

15. विश्वस्त सूत्र–अपने विश्वस्त सूत्रों की रक्षा करना पत्रकारों की नैतिक जिम्मेदारी है।

16. लेखों के लिए भुगतान–(1) आपराधिक मामलों में प्रत्यक्षदर्शियों या सम्भावित प्रत्यक्षदर्शियों को प्रत्यक्ष या एजेंट के माध्यम से रिपोर्ट या सूचनाओं के लिए भुगतान या भुगतान की पेशकश नहीं की जानी चाहिए। इस तरह के मामलों में भुगतान या भुगतान की पेशकश सिर्फ़ तभी करनी चाहिए जब जनहित में रिपोर्ट या सूचनाओं के प्रकाशन की सम्भावना हो या भुगतान करना या भुगतान का वादा करना बेहद आवश्यक हो। पत्रकारों को यह सुनिश्चित करने के लिए हरसम्भव क़दम उठाना चाहिए कि किसी तरह की सौदेबाजी से प्रत्यक्षदर्शियों द्वारा उपलब्ध कराया जाने वाला सबूत प्रभावित नहीं होगा। अपने पत्रकारों को इस तरह के भुगतान की इज़ाजत देने वाले सम्पादकों को यह सुनिश्चित करना चाहिए कि सम्बन्धित मामले से जनहित दाँव पर लगा है तथा जनता को इस तरह की सूचना प्राप्त करने का अधिकार है। पत्र-पत्रिकाओं को इस मामले की अदालती कार्रवाई के दौरान सरकारी और बचाव पक्ष के वकीलों को यह जानकारी देनी चाहिए कि प्रत्यक्षदर्शी को भुगतान किया जायेगा।

(2) पत्र-पत्रिकाओं को प्रत्यक्ष या एजेंट के माध्यम से सजायाफ़्ता या अपना अपराध स्वीकार करने वाले अपराधी या सहयोगी को किसी रिपोर्ट, फोटो या सूचना के लिए भुगतान या भुगतान की पेशकश नहीं करनी चाहिए। अपराधी के सहयोगियों में उनके परिवार के सदस्य या मित्र शामिल हो सकते हैं। इस तरह के मामलों में भुगतान या इसकी पेशकश सिर्फ़ तभी की जानी चाहिए जब जनहित में इनका प्रकाशन आवश्यक हो।

17. जनहित–जनहित से जुड़े मामलों के प्रावधानों में कुछ अपवाद हो सकते हैं। (1) जनहित में निम्नलिखित मामले शामिल हैं–(i) गम्भीर अपराध का पता लगाना और पर्दाफ़ाश करना। (ii) स्वास्थ्य एवं सुरक्षा की रक्षा। (iii) किसी एक संगठन द्वारा कुछ बयानों और कार्रवाइयों से आम जनता को बरगलाने से रोकना। (2) प्रेस शिकायत आयोग जनहित के किसी भी मामले में पत्र-पत्रिकाओं के सम्पादकों से विस्तृत स्पष्टीकरण माँग सकता है। सम्पादक को सफाई देनी पड़ेगी कि सम्बन्धित मामले जनहित की रक्षा किस तरह हुई। (3) अभिव्यक्ति की आज़ादी से भी जनहित जुड़ा है, इसलिए आयोग पत्र-पत्रिकाओं द्वारा प्रकाशित सामग्री पर गौर कर सकता है। (4) बच्चों का हित सर्वोच्च है। इसलिए सम्पादकों को बच्चों से जुड़े मामलों में उनके हितों की अनदेखी के लिए असाधारण जनहित प्रदर्शित करना चाहिए। (*डॉ. हरबंस दीक्षित की पुस्तक 'प्रेस विधि एवं अभिव्यक्ति स्वातन्त्र्य' से लिया गया है।)

पत्रकारों के दस धर्म*

1. अपने पत्र के सुनाम पर गर्व कीजिए। जोश के साथ अपना उत्साह दिखाइए, पर व्यर्थ घमण्ड मत कीजिए। 2. पत्रकारों में जड़ता मृत्युक्त है। एक ही लकीर को पीटते रहना बौद्धिक मृत्यु के सिवाय और कुछ नहीं। 3. अवसर मत खोइए अपना ज्ञान जितना भी बढ़ा सकें, बढ़ाइए। नवीनता प्रदर्शन से मत चूकिए। 4. व्यक्ति से बड़ा समाज है। सरकार से बड़ा देश है। मनुष्य का सिद्धान्त अमर हैं। मनुष्य नश्वर है। संस्था और सिद्धान्त अमर हैं। 5. आर्थिक और साहित्यिक दोनों क्षेत्रों में आक्रमण का सामना आक्रमण से करिए। शान्ति से रहना हो तो अपनी रक्षा के लिए हमेशा तैयार रहिए। तलवार और पैसा दोनों क़लम के दुश्मन हैं। आवश्यकता पड़े तो सम्मान की रक्षा के लिए जीवन और धन दोनों की बलि दीजिए। 6. दृढ़ रहिए, पर हठी नहीं। परिवर्तनशील बनिए, पर कमज़ोर नहीं। उदार बनें पर हाथ बिल्कुल ढीला नहीं छोड़िए। 7. स्पष्टवादी, सगर्व और चुस्त रहिए, तभी आपका सम्मान होगा। कमज़ोरी परलोक के लिए अच्छी है,

अन्यथा वह पाखण्ड ही है। 8. जो कुछ छपा हो उस सबकी जिम्मेदारी लीजिए। व्यर्थ दोषारोपण पाप है। प्रतिष्ठा की हानि करने वाली चीज़ न छापिए। घूस लेना पाप है। 9. किसी का विज्ञापन लेख की तरह छापना पाप है। साथी पत्रकार की जगह लेने की इच्छा रखना, कम वेतन पर काम करके साथी पत्रकार को निकालना भी पाप है। रहस्य जतन से रखिए। पत्र स्वातन्त्र्य या पत्र की शक्ति का व्यक्तिगत उपयोग कभी न कीजिए। 10. अधिक से अधिक मित्र बनाइए। मित्र ऐसे हों जो आपके आदर के पात्र हों या जिनकी मित्रता से आपका सम्मान बढ़े। (*डॉ. हरबंस दीक्षित की पुस्तक 'प्रेस विधि एवं अभिव्यक्ति स्वातन्त्र्य' से लिया गया है।)

नीति संहिता और प्रसारण मानक : न्यूज़ ब्रॉडकास्टर्स एसोसिएशन (एनबीए) द्वारा घोषित–1. भारतीय संविधान सुनिश्चित करता है कि देश के सभी नागरिकों को अभिव्यक्ति की पूरी स्वतन्त्रता प्राप्त हो और उच्चतम न्यायालय भी इस बात का पूरा ख़याल रखता है कि नागरिक इस अधिकार का समुचित इस्तेमाल कर सकें। सर्वोच्च न्यायालय न केवल इस बात का ध्यान रखता है कि प्रेस की स्वतन्त्रता बनी रहे, बल्कि यह भी सुनिश्चित करता है कि नागरिकों को उनसे जुड़े सभी मामलों से यथोचित अवगत कराया जाये। 2. किसी भी लोकतन्त्र की सफलता का आधार यही है कि इसमें शामिल सभी संगठन और निकाय राजनीतिक सम्प्रभु-जनता के प्रति वफ़ादार और जवाबदेह बनें। यह पूरी तरह स्पष्ट है कि लोकतन्त्र का आधार बरकरार रखने और उसे फलने-फूलने का अवसर देने के लिए यह बेहद ज़रूरी है कि प्रत्येक नागरिक अपने दिल में स्वतन्त्रता की भावना महसूस करे और देश में जो भी नियम क़ानून बनाये गये हैं, उनके किसी भी प्रकार के उल्लंघन को नाकाम करने के लिए वह पूरी तरह जागरूक भी रहे। महज सत्ता पलट जैसी घटनाओं की वजह से ही लोकतन्त्र कमज़ोर होकर अराजकता में बदल जाता है, बल्कि इसके पीछे बहुत बड़ी वजह गहराई तक जम चुका भ्रष्टाचार और अधिकारों का दुरुपयोग भी होता है। लोकतन्त्र में ही व्याप्त ख़तरों को उजागर करना इस समय समाचार माध्यम ख़ास तौर पर इलेक्ट्रॉनिक मीडिया की सबसे अहम भूमिकाओं में शुमार होता जा रहा है। इलेक्ट्रॉनिक मीडिया की पहुँच और प्रभाव लोकतन्त्र को उन लोगों में जीवन्त वास्तविकता बनाने में पूरी तरह सक्षम है, जो निरक्षर होने के कारण या किसी अन्य कारण से प्रिंट माध्यम का इस्तेमाल नहीं कर सकते। इससे उन लोगों में शासन की प्रक्रिया का हिस्सा बनने की भावना भी पैदा होती है। 3. भारत दुनिया का सबसे बड़ा लोकतन्त्र है और विभिन्न धर्म, जातियों और भाषाओं की वजह से इसकी एक अलग पहचान है।

इतनी अधिक विविधता होने के कारण देश में कुछ ऐसी समस्याएँ भी व्याप्त हैं, जो केवल यहीं पर हैं। लेकिन इसके साथ ही हमारे देश के लोकतन्त्र में कुछ ऐसी विशेषताएँ भी मौजूद हैं, जो जीवन्त लोकतन्त्र वाले अन्य देशों से मेल खाती हैं और इनमें से एक है—प्रेस की आज़ादी। हालाँकि आज़ादी देने के साथ ही इन लोकतन्त्रों में प्रेस की आज़ादी का सन्तुलन बनाये रखने के लिए निगरानी का प्रावधान भी किया गया है, ताकि प्रेस के भीतर जिम्मेदारी का अहसास आये और वह इस आज़ादी का ग़लत इस्तेमाल न करे। लेकिन इसमें यह भी ध्यान रखा गया है कि प्रेस की पत्रकारिता सम्बन्धी आज़ादी किसी भी हालत में ख़तरे में नहीं पड़ने पाये। 4. मीडिया का यह दायित्व है कि वह लोगों को शासन की स्थिति से अच्छी तरह अवगत कराये और अक्सर मीडिया सरकार या व्यवस्था के ख़िलाफ़ ही बोलता है। ऐसा माध्यम जो सरकार और सार्वजनिक जीवन में मौजूद खामियों को उजागर करने के लिए बनाया गया, उस पर सरकार की ओर से नियन्त्रण तो लाज़िमी तौर पर नहीं हो सकता, अन्यथा उसकी साख और विश्वनीयता पर सवाल खड़ा हो जायेगा। अभिव्यक्ति की स्वतन्त्रता का यह मौलिक सिद्धान्त है कि कंटेंट यानी विषय वस्तु के मामले में मीडिया को सरकारी नियन्त्रण से पूरी तरह मुक्त होना चाहिए क्योंकि सेंसरशिप यानी नियन्त्रण और स्वतन्त्र अभिव्यक्ति एक-दूसरे के जन्मजात दुश्मन हैं। ऐसे में ख़ास तौर पर इलेक्ट्रॉनिक मीडिया के लिए निगरानी के संस्थागत तरीक़े और सावधानियाँ ईजाद करने का जिम्मा पूरी तरह से पत्रकारिता के पेशे का ही है। ये तरीक़े ऐसे होने चाहिए, जिनसे वह रास्ता परिभाषित हो सके, जिस पर चलकर संयम और पत्रकारीय नीतियों के उच्चतम मानकों की रचना हो सके और अपने पवित्र संवैधानिक कर्तव्य का निर्वाह करने में जो मीडिया का मार्गदर्शन कर सके। 5. भारत में मीडिया का विकास होने से काफी पहले कई अन्य देशों में प्रिंट मीडिया और इलेक्ट्रॉनिक मीडिया का विकास हो चुका था, उन देशों में स्वशासन के कई मॉडल मौजूद हैं। इन सभी मॉडलों की जो अनूठी विशेषता है, वह अपने ही बीच के लोगों यानी पत्रकारिता के कार्य क्षेत्र से ही जुड़े व्यक्तियों की निर्णायक मण्डली के जरिये निगरानी और स्वशासन है। 6. स्वशासन का ऐसा कोई भी मॉडल, जो खुद पर नियन्त्रण रखने के लिए तैयार किया जाता है, उसमें स्वाभाविक तौर पर कुछ कमियाँ और ख़ामियाँ होती ही हैं क्योंकि इस मॉडल का पालन करना पूरी तरह स्वेच्छा पर निर्भर करता है। लेकिन इसका यह मतलब कतई नहीं समझा जाना चाहिए कि इस तरह के

मॉडलों का असर नहीं होता या वे कारगर साबित नहीं होते। उनका असर या उनका प्रभाव इसी तथ्य से आता है, जिसके मुताबिक किसी भी समाचार चैनल की बुनियादी ताक़त उसकी उस साख या विश्वसनीयता में निहित होती है, जहाँ से जनमानस को प्रभावित करने की उसकी क्षमता आती है। इसी के कार्य क्षेत्र से जुड़े लोगों की निर्णायक मण्डल अगर इस पर नियन्त्रण करती है, तो किसी भी चैनल की विश्वसनीयता पर निश्चित रूप से असर पड़ेगा। इसके अलावा इस प्रक्रिया के साथ कुछ क़ानूनी प्रावधान भी जुड़े होते हैं। मानहानि के मामलों में नागरिक और आपराधिक यानी फ़ौजदारी कार्रवाई से बचने के लिए एक बेहद महत्त्वपूर्ण तथ्य यह है कि सत्य को सामने लाने के निष्पक्ष प्रयास के तहत यह काम किया गया और यह टिप्पणी पूरी तरह से पक्षपातरहित है। सत्य नहीं होने और झूठा होने में जो अन्तर है, वह कई बार आपके उद्देश्य में ही निहित होता है। निर्धारित और प्रचलित दिशा-निर्देशों का उल्लंघन करने या उनके ख़िलाफ़ काम करने वाला चैनल अपने उद्देश्य की रक्षा के लिए बमुश्किल कोई तर्क दे सकता है या शायद ही वह यह कह सकता है कि उसका काम निष्पक्ष था, बशर्ते उसी के कार्य क्षेत्र से जुड़े लोगों की कोई निर्णायक मण्डल उस पर निगरानी कर रही हो। 7. यदि मीडिया किसी भी कामकाज में जान-बूझकर और किसी उद्देश्य के तहत हस्तक्षेप करती है, तो उससे स्वतन्त्र पत्रकारिता की इस प्रणाली का ही दमन नहीं होगा बल्कि खोज-बीन या जाँच-पड़ताल की पूरी प्रक्रिया बेमानी हो जायेगी। इसलिए यह अपरिहार्य हो जाता है कि समाचार चैनल दिशा-निर्देश तैयार करें, प्रक्रियागत सावधानियाँ या सतर्कता तय करें और एक ऐसी संस्था या संगठन गठित करें, जो निगरानी करने वाले निकाय के तौर पर काम करे और जो शिकायतों का निवारण करने वाला मंच भी हो।

खण्ड 1–मौलिक या बुनियादी सिद्धान्त : 1. इलेक्ट्रॉनिक मीडिया से जुड़े पेशेवर पत्रकारों को यह स्वीकार करना चाहिए और समझना चाहिए कि वे जनता के विश्वास के पहरुए यानी पहरेदार हैं और इसीलिए उन्हें सत्य की खोज करने और उसे सम्पूर्ण रूप में पूरी आज़ादी के साथ और निष्पक्षता के साथ लोगों के सामने पेश करना चाहिए। पेशेवर पत्रकारों को अपने द्वारा किये गये कामों के सम्बन्ध में पूरी तरह जवाबदेह भी होना चाहिए। 2. इस संहिता का उद्देश्य ऐसे व्यापक प्रचलनों के दस्तावेज़ की शक्ल देनी है, जिन्हें न्यूज़ ब्राडकास्टर्स एसोसिएशन (एनबीए) के सभी सदस्य प्रचलन और प्रक्रिया के रूप में स्वीकार करते हैं। इससे इलेक्ट्रॉनिक मीडिया के पत्रकारों को जनसेवा और एकरूपता के उच्चतम

सम्भव मानकों को अपनाने और उन पर चलने में मदद मिलेगी। 3. समाचार चैनल यह मानते हैं कि पत्रकारिता के उच्च मानकों के साथ जुड़े रहने के मामले में उनपर ख़ास क़िस्म की ज़िम्मेदारी है क्योंकि जनमत को सबसे ज़्यादा प्रभावित करने की ताक़त भी उनके ही पास है। मोटे तौर पर समाचार चैनलों को जिन सिद्धान्तों पर चलना चाहिए, उनका उल्लेख यहाँ पर किया गया है। 4. ख़ास तौर पर प्रसारणकर्ताओं को यह पूरी तरह सुनिश्चित करना चाहिए कि वे किसी भी विवादित सार्वजनिक मामले में दोनों में से किसी पक्ष को नुक़सान या फ़ायदा पहुँचाने की दृष्टि से समाचार का चुनाव नहीं करते। समाचार सामग्री का चयन अथवा उनकी रचना किसी भी विशेष आस्था, विचार अथवा किसी वर्ग विशेष की इच्छा पूरी करने या उसे बढ़ावा देने के लिए नहीं होना चाहिए। 5. लोकतन्त्र में ख़बरों के प्रसारण का बुनियादी उद्देश्य है, लोगों को शिक्षित करना और उन्हें यह बताना कि देश में क्या हो रहा है, ताकि देश की जनता महत्त्वपूर्ण घटनाओं को भली-भाँति समझ सके और उनके बारे में अपने मुताबिक निष्कर्ष निकाल सके। 6. सभी प्रसारणकर्ताओं को यह सुनिश्चित करना चाहिए कि किसी भी समाचार को सम्पूर्ण और निष्पक्ष रूप से प्रस्तुत किया जाये क्योंकि प्रत्येक समाचार चैनल की बुनियादी जिम्मेदारी एक जैसी ही होती है। लोकतन्त्र में सभी प्रकार के दृष्टिकोणों को प्रस्तुत करने की अहमियत को महसूस करते हुए प्रसारणकर्ताओं को यह सुनिश्चित करने की जिम्मेदारी अपने ऊपर लेनी चाहिए कि विवादित विषयों को बिना किसी पक्षपात के पेश किया जायेगा और उसमें प्रत्येक दृष्टिकोण के लिए पर्याप्त समय दिया जाये। इसके अलावा समाचार सामग्री के चयन के समय भी जनहित को सबसे ऊपर रखा जाये और किसी भी लोकतन्त्र में उन समाचार सामग्रियों के महत्त्व के आधार पर उन्हें चुना जाये।

आत्म नियन्त्रण का सिद्धान्त–खुद पर नियन्त्रण बनाये रखने के लिए न्यूज़ ब्राडकास्टर्स एसोसिएशन (एनबीए) ने साझा रूप से स्वीकार की गयी सामग्री सम्बन्धी दिशा-निर्देश तैयार किये हैं। इसका उद्देश्य सम्पादकीय सिद्धान्तों को परिभाषित करना है, जो भारत के संविधान में उल्लिखित अभिव्यक्ति की स्वतन्त्रता के सिद्धान्त और तत्त्वों से पूरी तरह मेल खाते हैं। इसके अलावा इन दिशा-निर्देशों में नियामक ढाँचा तैयार किया गया है, जो टेलीविज़न दर्शकों की भावनाओं को ध्यान में रखकर बनाया गया है। आत्म नियन्त्रण के लिए बनाये गये इन दिशा-निर्देशों का उद्देश्य उन बुनियादी मूल्यों और लक्ष्यों को समझाते हुए उनकी उद्घोषणा करना और उनका भली-भाँति पालन करना है जिन्हें समाचार

चैनल अंगीकार करते हैं। इनका उद्देश्य यह सुनिश्चित करना है कि ये सिद्धान्त कार्य में भी दिखायी दें, महज शब्दों में ही नहीं।

आत्म नियन्त्रण के सभी सिद्धान्तों को एक साथ रखने का उद्देश्य प्रसारित होने वाली किसी भी ऐसी सामग्री के माध्यम से टेलीविज़न समाचार की शुचिता के साथ समझौता होने से रोकना है जो कि पक्षपात पूर्ण, विपरीतगामी, जान-बूझकर ग़लत नुक़सान पहुँचाने वाली और भ्रामक है तथा हितों के टकराव को छिपाने के लिए जान-बूझकर प्रसारित की जा रही है।

आत्म नियन्त्रण के इन सिद्धान्तों का उद्देश्य टेलीविज़न पत्रकारिता के पेशे को मज़बूत करना और उसके लिए मूल्यों की ऐसी संहिता तैयार करना है, जो लम्बे समय तक क़ायम रहेगी और यह सुनिश्चित करेगी कि भारत के लोकतन्त्र को मज़बूत करने के लिए सन्तुलित और समग्र पत्रकारिता फलती-फूलती रहे।

यहाँ कुछ ऐसे क्षेत्रों के बारे में विस्तार से बताया गया है, जहाँ प्रसारणकर्ताओं को आत्म नियन्त्रण की सबसे ज़्यादा ज़रूरत पड़ती है।

1. रिपोर्टिंग पक्षपात रहित हो और उसमें वस्तुनिष्ठता हो : समाचार चैनलों के काम में सबसे महत्त्वपूर्ण पहलू सच्चाई एवं सटीकता है अर्थात् वे जो कुछ दिखाएँ वह पूरी तरह सच हो। 24 घण्टे के समाचार चैनल देखने वाले दर्शक रफ़्तार यानी फटाफट ख़बरें पेश होने की अपेक्षा करते हैं, लेकिन रफ़्तार से भी ज़्यादा सटीकता और सन्तुलन बनाये रखना और उन्हें फटाफट ख़बरों से ज़्यादा तरजीह देना टेलीविज़न समाचार चैनलों की जिम्मेदारी होती है। इसके बावजूद यदि उनसे गलती होती है, तो चैनलों को उन ग़लतियों के बारे में पूरी तरह पारदर्शिता बरतनी चाहिए। ग़लतियों को तुरन्त और स्पष्ट रूप से सही करना चाहिए, चाहे वह गलती चित्रों के इस्तेमाल में हुई है, किसी समाचार रिपोर्ट में हुई है, कैप्शन में हुई है या ग्राफिक में हुई है या फिर स्क्रिप्ट में ही गलती हो गयी है। चैनलों को यह सुनिश्चित करना चाहिए कि ऐसे किसी तरह के मुकदमे का कारण बनने वाले सभी प्रकार के मामलों में सत्य ही हिफ़ाज़त का माध्यम बनेगा, जहाँ व्यापक जनहित जुड़ा हुआ होता है और उन मामलों में भी सभी सम्बन्धित पक्षों को अपने विचार और दृष्टिकोण रखने का पूरा और समान मौका दिया जायेगा। यह सिद्धान्त उन मामलों में भी लागू होगा, जहाँ टेलीविज़न चैनल उन लोगों के बारे में कोई समाचार प्रसारित करते हैं, जो किसी सार्वजनिक पद पर आसीन हैं, हालाँकि महज सार्वजनिक पद पर होने का तर्क देकर ही कोई व्यक्ति समाचार चैनलों की जाँच-पड़ताल, खोज-बीन या आलोचना से बरी नहीं हो सकता।

2. निष्पक्षता सुनिश्चित की जाये : किसी प्रकार के विवाद अथवा झगड़े आदि में सभी प्रभावित पक्षों, खिलाड़ियों और अभिनेताओं को उनके विचार और दृष्टिकोण प्रस्तुत करने का समान अवसर देकर टेलीविज़न समाचार चैनलों को पूरी तरह निष्पक्षता बरतनी चाहिए। हालाँकि निष्पक्षता का मतलब हमेशा सभी पक्षों को बराबर का अवसर देना नहीं होता (समाचार चैनलों को मुख्य पक्षों के मुख्य विचारों और दृष्टिकोणों को प्रस्तुत करने का प्रयास तो करना ही चाहिए) समाचार चैनलों को यह सुनिश्चित करना चाहिए कि किसी भी प्रकार के आरोप को सत्य के रूप में पेश नहीं किया जाना चाहिए और इसी प्रकार आरोपों को कभी अपराध की शक्ल देकर पर्दे पर नहीं उतारना चाहिए।

3. अपराध के बारे में रिपोर्टिंग करते समय और अपराध एवं हिंसा सुनिश्चित करने वाली गतिविधियों के बारे में बताते समय उनका महिमामण्डन न किया जाये : समाचार चैनलों की पहुँच बहुत ज़्यादा होती है और मीडिया के अन्य रूपों के मुक़ाबले उसका असर भी बहुत तेज और तुरन्त होता है और ये दोनों पहलू इस बात की ज़रूरत और बढ़ा देते हैं कि चैनलों को यह सुनिश्चित करने के लिए समुचित संयम बरतना चाहिए कि किसी भी प्रकार के समाचार अथवा दृश्य प्रसारण से हिंसा को बढ़ावा न मिले, उसका महिमामंडन न हो, वह भड़क न जाये या उसे सकारात्मक नज़रिये से न देखा जाये। ऐसा ही हिंसा करने वालों के साथ भी होना चाहिए चाहे वे किसी भी विचारधारा के हों और उनका सन्दर्भ कुछ भी हो। ऐसे दृश्यों का प्रसारण नहीं होना चाहिए और उसके लिए विशेष सावधानी भी बरतनी चाहिए, जो किसी के बारे में पूर्वग्रह बनाते हों या भड़काऊ हों। इसी प्रकार हिंसा (चाहे वह सामूहिक हो या व्यक्तिगत) की रिपोर्टिंग करते समय इस बात का ध्यान रखना चाहिए कि हिंसा का किसी भी प्रकार से महिमामण्डन न हो जाये क्योंकि इससे दर्शकों पर भ्रामक या संवेदनहीन कर देने वाला प्रभाव पड़ सकता है। समाचार चैनल यह सुनिश्चित करेंगे कि इन घटनाओं का नाटकीय रूपान्तरण करते समय किसी भी तरह जनहित और संवेदनशीलता की सीमाओं का उल्लंघन न होने पाये। इसमें पीड़ा, भय इत्यादि के दृश्य दिखाते समय पर्याप्त सावधानी बरतने का प्रावधान भी शामिल होना चाहिए। इसके अलावा आत्महत्या अथवा खुद को नुक़सान पहुँचाने की किसी भी घटना या तरीक़े का ब्योरे देने या दृश्य दिखाने से बचना चाहिए और इसमें भी शालीनता की सीमाएँ किसी भी हालत में नहीं लाँघी जानी चाहिए।

4. महिलाओं और बच्चों के ख़िलाफ़ हिंसा और भयभीत किये जाने का चित्रण : बिन्दु 3 की व्याख्या के तौर पर, समाचार चैनल यह सुनिश्चित करेंगे कि कोई भी महिला अथवा बच्चा, जो यौन हिंसा, प्रताड़ना, सदमे का शिकार हुआ हो अथवा इस प्रकार की किसी भी गतिविधि का गवाह बना हो, उसका परिचय छिपाने का समुचित प्रयास किये बिना टेलीविज़न पर न दिखाया जाये। यौन हिंसा के सभी मामलों अथवा ऐसे मामले, जो किसी महिला के व्यक्तिगत चरित्र अथवा निजता से सम्बन्धित होते हैं, उनमें महिलाओं के नाम, उनके चित्र और अन्य ब्योरे और जानकारी को प्रसारित अथवा प्रचारित नहीं किया जायेगा। इसी प्रकार बाल शोषण और बाल अपराधों के मामले में पीड़ितों के परिचय का भी पर्दाफ़ाश नहीं किया जायेगा और उनका परिचय छिपाने के लिए उनके चित्रों को छिपाते हुए प्रसारित किया जायेगा अथवा उनकी मॉर्फिंग कर दी जायेगी।

5. सेक्स एवं नग्नता : समाचार चैनल यह सुनिश्चित करेंगे कि वे पुरुष अथवा महिला की नग्नता को मॉर्फिंग के बगैर किसी भी रूप में प्रदर्शित अथवा प्रसारित नहीं करेंगे। चैनल यौन क्रियाकलापों अथवा यौन विकार अथवा बलात्कार या छेड़छाड़ जैसे यौन हिंसा के ज्यों के त्यों चित्र आदि भी प्रदर्शित नहीं करेंगे और न कहीं नग्नता अथवा पोर्नोग्राफी, यौन संकेत करने वाली, के इस्तेमाल को प्रदर्शित एवं प्रसारित करेंगे। (हालाँकि चैनलों से यह अपेक्षा कभी नहीं की जाती है कि वे नैतिकतावादी अथवा विनयपूर्ण आचरण करने वाले बनें और इस आत्म नियन्त्रण का उद्देश्य नैतिकता की ठेकेदारी करना नहीं है, बल्कि इसका उद्देश्य यह सुनिश्चित करना है कि बेहद आपत्तिजनक और खेदजनक सामग्री और दृश्य किसी भी प्रकार से प्रसारित नहीं होने पायें।)

6. निजता : एक नियम के तौर पर चैनल किसी भी सूरत में किसी व्यक्ति के निजी जीवन अथवा व्यक्तिगत मामलों में दख़ल नहीं दे सकते, जब तक कि इस प्रकार के प्रसारण में व्यापक और स्पष्ट सार्वजनिक हित होने की बात साफ़ तौर पर पता नहीं लग जाती है। इस सम्बन्ध में जिस सिद्धान्त का पालन समाचार चैनलों को करना होता है, उसके मुताबिक किसी निजी स्थान, दस्तावेज़, लिखित सामग्री, टेलीफोन पर हुई बातचीत और किसी अन्य प्रकार की सामग्री अपने हित के लिए इस्तेमाल नहीं की जा सकती। उसका इस्तेमाल तभी किया जा सकता है, जब वह जनहित में हो। हालाँकि इस बात को अच्छी तरह से समझा जाता है कि पहले से अनुमति लेने के सिद्धान्त का पालन करने पर सत्यपरक समाचार दिखाना सम्भव नहीं होता, इसलिए घर तक जाने वाले

व्यक्तियों अथवा अधिकारियों का इस्तेमाल समाचार संकलन के लिए किया जा सकता है, लेकिन उसमें भी व्यापक जनहित का पहलू शामिल होना चाहिए। इसके अलावा अवयस्कों यानी नाबालिगों के मामले में ऐसे किसी भी प्रसारण से पहले, जिसमें उनकी निजता का हनन होता हो, चैनलों को यथासम्भव नाबालिगों के माता-पिता अथवा स्थानीय अभिभावक की अनुमति प्राप्त करनी चाहिए। लेकिन निजता की रक्षा के पहलू को प्रवेश की अनुमति न देने का अधिकार नहीं समझ लेना चाहिए और यह बात सार्वजनिक नज़र में रहने वाले व्यक्तियों और सार्वजनिक व्यक्तियों समेत सभी व्यक्तियों पर लागू होती है। ऊपर दिये गये प्रावधानों का पालन करते हुए यह बात उन सभी व्यक्तियों के नाबालिग बच्चों और सम्बन्धियों पर लागू होती है।

7. राष्ट्रीय सुरक्षा को ख़तरा : ऐसी किसी भी शब्दावली और मानचित्रों, जिनमें भारत और भारत के सामरिक हितों का चित्रण किया गया हो, का इस्तेमाल करते समय सभी समाचार चैनल विधि और भारत सरकार के क़ानूनों के मुताबिक मंजूरी प्राप्त विशिष्ट शब्दावली और मानचित्रों का ही इस्तेमाल करेंगे (भारत का मानचित्र दिखाते समय उसमें उन आधिकारिक दिशा-निर्देशों का पालन किया जायेगा, जो सरकारी दस्तावेज़ों में दिये गये हैं) समाचार चैनल इस प्रकार के किसी प्रसारण की भी अनुमति नहीं देंगे जिसमें अलगाववादी संगठन और उनके हितों को बढ़ावा मिलता हो अथवा ऐसी सूचना का पर्दाफ़ाश हो जाता हो, जिसमें जनजीवन और राष्ट्रीय सुरक्षा को ख़तरा हो जाये, लेकिन राष्ट्रीय सुरक्षा के उल्लंघन की घटनाओं और राष्ट्रीय सुरक्षा में मौजूद खामियों का प्रसारण करना जनहित में है और इनके बारे में समाचार दिखाने और राष्ट्रीय सुरक्षा पर ख़तरा आ जाना नहीं समझा जाना चाहिए।

8. अन्धविश्वास और गोपनीय सम्प्रदायों को बढ़ावा देने या उनकी वकालत करने से बचा जाये : समाचार चैनल ऐसी किसी भी सामग्री का प्रसारण नहीं करेंगे, जिससे अन्धविश्वास अथवा किसी गोपनीय सम्प्रदाय का किसी भी रूप में महिमामण्डन किया जाता हो। इस प्रकार के किसी भी वर्ग के बारे में समाचार का प्रसारण करते समय चैनलों को सार्वजनिक सूचना उद्घोषणा (डिसक्लेमर) भी जारी करना होगा, जिससे यह सुनिश्चित हो सके कि दर्शक इस प्रकार गतिविधियों में विश्वास नहीं करेंगे और उनकी नक़ल भी नहीं करेंगे। इसलिए समाचार चैनल किसी भी 'अलौकिक गतिविधि', भूत और आत्मा, व्यक्तिगत अथवा सामाजिक प्रथा अथवा समाज से हटकर व्यवहार के बारे में मिथ्या धारणाओं को 'तथ्य' के

रूप में प्रसारित नहीं करेंगे और न ही उनका नाटकीय रूपान्तरण करेंगे। जहाँ भी ऐसे मामलों का जिक्र किया जायेगा, समाचार चैनल एयर राइडर/डिसक्लेमर/चेतावनी दिखाकर यह सुनिश्चित करेंगे कि इस प्रकार की आस्थाओं और घटनाओं को दर्शक 'तथ्य' न समझ लें क्योंकि यह किसी व्यक्ति की तार्किक संवेदनाओं को चोट पहुँचा सकती है।

9. स्टिंग ऑपरेशन : निर्देशक सिद्धान्त के तौर पर स्टिंग और छिपे हुए अभियान अथवा ऑपरेशन किसी समाचार कथा के बारे में दर्शकों को समग्र जानकारी देने के लिए किसी समाचार चैनल की ओर से अन्तिम तरीक़ा होना चाहिए। समाचार चैनल स्टिंग ऑपरेशन करने के लिए किसी भी सूरत में सेक्स और गन्दे तरीक़ों का सहारा नहीं लेंगे और किसी भी स्टिंग ऑपरेशन की रिकॉर्डिंग के लिए उचित तरीक़े के रूप में नशीले पदार्थों और निश्चेतक पदार्थों अथवा हिंसा, भयभीत करने और भेदभाव के किसी भी कार्य को नहीं करेंगे। स्टिंग ऑपरेशन पहले बताए गये आत्म नियन्त्रण के सिद्धान्तों से भी बँधे रहेंगे और समाचार चैनल यह सुनिश्चित करेंगे कि ऊपर बताए गये दिशा-निर्देशों के मुताबिक ही स्टिंग ऑपरेशन स्पष्ट और व्यापक जनहित में किये जायेंगे। समाचार चैनल एक बुनियादी नियम के तौर पर यह सुनिश्चित करेंगे कि स्टिंग ऑपरेशनों का इस्तेमाल किसी प्रकार के अनुचित कार्य अथवा आपराधिक सत्य के स्पष्ट प्रमाण पाने के लिए माध्यम के तौर पर ही किया जायेगा और मौलिक फुटेज में दिये गये दृश्यों में इस प्रकार से जान-बूझकर कोई भी फेरबदल, सम्पादन आदि नहीं किया जायेगा, जिससे इनमें बदलाव आ जाये अथवा सत्य ग़लत तरीक़े से सामने आये और सत्य का केवल एक हिस्सा ही प्रदर्शित हो सके।

10. संशोधन : सभी समाचार चैनल सटीकता और पक्षपात-हीनता के सिद्धान्तों के मुताबिक ही काम करेंगे और सुनिश्चित करेंगे कि किसी भी प्रकार के प्रसारण में हुई महत्त्वपूर्ण गलती के बारे में जानकारी दी जाये और उसे तुरन्त ही प्रसारण के जरिये सही किया जाये। संशोधन इस प्रकार से प्रसारित किये जाने चाहिए कि वे दर्शकों का पर्याप्त ध्यान आकर्षित कर सकें और उन्हें छिपे हुए रूप में नहीं प्रसारित करना चाहिए। अन्य सिद्धान्तों की ही तरह इस सिद्धान्त को भी इसके सम्पूर्ण रूप में देखा जाना चाहिए महज शब्दों में नहीं ताकि भारत में समाचार प्रसारण उद्योग की प्रतिष्ठा के साथ किसी भी तरह का समझौता नहीं होने पाये।

11. दर्शकों की प्रतिक्रिया (फीडबैक) : सभी समाचार चैनल अपनी वेबसाइट पर उपभोक्ताओं अथवा दर्शकों की प्रतिक्रिया यानी फीडबैक प्राप्त करने का प्रावधान भी करेंगे। इसके अलावा दर्शकों की विशेष प्रकार की किसी भी शिकायत का उत्तर भी दिया जायेगा। यदि किसी समाचार चैनल को कोई विशेष शिकायत मिलती है और वह सत्य भी पायी जाती है, तो वह अपने प्रसारण के दौरान अर्थात् पर्दे पर ही उसे स्वीकार करेगा और दर्शक को सम्पूर्ण रूप से और निष्पक्ष तरीक़े से उसका जवाब भी देगा। यदि कोई दर्शक/निकाय किसी समाचार चैनल पर प्रसारित हुए किसी विशेष समाचार से परेशान होता है, तो चैनल दर्शक को सम्पूर्ण रूप से और बिना किसी पक्षपात के उस शिकायत का जवाब देगा।[18]

अन्तरराष्ट्रीय आचार संहिता—श्रमजीवी पत्रकारों के अन्तरराष्ट्रीय तथा क्षेत्रीय संगठनों द्वारा यूनेस्को के तत्त्वावधान में प्राग और पेरिस में सन् 1983 में हुई चौथी सलाहकार समिति की बैठक में निम्नलिखित सिद्धान्तों के आधार पर पत्रकारिता की अन्तरराष्ट्रीय स्तर पर व्यावसायिक आचार संहिता का निर्माण किया गया। जिसका मुख्य स्वरूप निम्नलिखित है : 1. सत्य सूचना जानने का जनता का अधिकार—जनसंचार के किसी भी माध्यम से पूर्ण तथा तथ्यात्मक जानकारी प्राप्त करने का जनता का अधिकार है। उद्देश्यात्मक वास्तविकता के प्रति पत्रकार का समर्पण-सत्य तथा प्रामाणिक सूचना प्रेषण के अधिकार का पत्रकार पूर्ण ईमानदारी तथा उद्देश्यात्मक वास्तविकता के साथ निर्वाह करें। 2. जहाँ तक सम्भव हो सके वहाँ तक तथ्यों को बिना तोड़े-मरोड़े सजगता के साथ इस तरह प्रस्तुत किया जाये जिससे वे स्पष्ट रूप से समझ में आ सके। 3. सामाजिक दायित्व में सूचना एक सामाजिक शुभ है वस्तु नहीं, जिसका अर्थ है कि पत्रकार सूचना सम्प्रेषित करने के उस दायित्व का वहन करता है जिसके लिए वह अन्ततः जनता के प्रति उत्तरदायी है न कि संचार माध्यमों के नियन्त्रकों के प्रति। पत्रकार का सामाजिक दायित्व यह माँग करता है कि वह परिस्थितियों के अनुरूप वैयक्तिक नैतिक चेतना से प्रेरित होकर कार्य करे। 4. पत्रकार की व्यावसायिक निष्ठा-पत्रकार की सामाजिक भूमिका उससे व्यावसायिक निष्ठा के उच्च स्तर को बनाये रखने की अपेक्षा करती है। पत्रकार की व्यावसायिक निष्ठा उसे किसी भी प्रकार की रिश्वत लेने तथा जनकल्याण के प्रतिकूल निजी स्वार्थों को प्रोत्साहित करने की अनुमति नहीं देती है। 5. जनता तक पहुँच तथा सहभागिता—पत्रकारिता व्यवसाय की यह माँग है कि पत्रकार सूचना तक जनता

की पहुँच तथा संचार माध्यमों में उसकी सहभागिता को संशोधन के अधिकार सहित बढ़ावा दे। 6. गोपनीयता तथा मानवीय प्रतिष्ठा के प्रति सम्मान—पत्रकार व्यक्तिगत गोपनीयता तथा मानवीय प्रतिष्ठा के प्रति राष्ट्रीय एवं अन्तरराष्ट्रीय क़ानूनों के प्रावधानों के अन्तर्गत प्रदत्त अधिकारों को दृष्टिगत रखते हुए तथा अपवचन, मिथ्यावाद, अपलेख और मानहानि से बचते हुए सम्मान भाव रखता है।

पेड न्यूज़

पेड न्यूज़ के सन्दर्भ में जो मूलभूत अवधारणा है, वह यह है कि चूँकि कोई भी समाचार-पत्र अपने संसाधनों से या पाठकों द्वारा किये गये भुगतान से नहीं चलता है बल्कि लगभग पूरी तरह विज्ञापनों पर निर्भर है। आवश्यक मात्रा में अगर विज्ञापन नहीं मिलते हैं तो कोई भी अख़बार या टीवी चैनल बन्द हो जाता है तो इस अर्थ में हम कह सकते हैं कि मीडिया में जो कुछ भी दिखाया जाता है वह है—पेड न्यूज़। जब विज्ञापनदाता उद्योगपति, व्यापारी कुछ हद तक सरकार भी मीडिया का वित्तपोषण करते हैं यानी इनकी अर्थव्यवस्था पर मीडिया निर्भर है। ऐसे में मीडिया पर इनका उचित या अनुचित असर तो रहेगा। इसलिए सारे कथ्य को 'पेड न्यूज़' कहा जाता है। आज जिस अर्थ में 'पेड न्यूज़' का इस्तेमाल हो रहा है। उसकी बारीक धारा शुरू से ही मौजूद रही है। 1977 ई. के आसपास अख़बारों में थोड़ी चेतना आयी और वह समाज व राजनीति के विभिन्न पक्षों की आवाज़ प्रस्तुत करने लगे। उसके पहले कांग्रेस का प्रभाव मीडिया पर दिखायी पड़ता था। समाचार-पत्र, पत्रिकाओं में कांग्रेस के मन्त्रियों व नेताओं के लम्बे-लम्बे बयान प्रकाशित किये जाते थे। कम्युनिस्ट व समाजवादी पार्टी के नेताओं के वक्तव्यों को कम या न के बराबर जगह मिलती थी। इसी वजह से ए.के. गोपालन, नम्बूदरीपाद जैसे विपक्षी नेताओं की बातों को अनदेखा कर दिया जाता था जबकि नेहरू या कांग्रेस समर्थित नेताओं के छोटे-छोटे बयानों को भी प्रकाशित किया जाता था। इसका भुगतान रुपये में नहीं अपितु सांसद व विधायक बनने में, विदेश यात्राओं में, न्यूज़ अख़बारी क़ाग़ज के कोटे में अख़बार निकालने हेतु प्रेस लगाने के लिए जमीन हासिल करने में, विभिन्न समितियों की सदस्यता प्राप्त करने में, सामाजिक कार्यक्रमों में उपस्थित रहने में, यानी विभिन्न प्रकार से फ़ायदा लेने में किया जाता रहा है। यहाँ यह कहना समीचीन होगा कि अख़बारों का पूर्ण व्यापारीकरण नहीं हुआ था इसलिए लाभ व्यापारिक न होकर राजनीतिक या सत्ता से जुड़े हुए थे। पिछले कुछ वर्षों में अख़बारों व मीडिया के चरित्र में पहले वाली कुछ बुराइयाँ तो दिखायी पड़ती हैं लेकिन आज जैसे तैसे

पैसे कमाने का भाव प्रबल होता दिखायी दे रहा है। रुपये कमाने के लिए कोई एक आचार संहिता देश में नहीं है। इसलिए अख़बारों द्वारा अपनी आमदनी बढ़ाने के तरीक़ों पर भी कोई आचार संहिता लागू नहीं हो पायी है। पेड न्यूज़ इसी का सीधा दुष्परिणाम है।

पत्रकारिता में व्यावसायिकता इस कदर शामिल है कि जो अख़बार सत्ता का समर्थक माना जाता है यदि उसे विपक्ष के किसी नेता से पर्याप्त पैसे मिलते हैं तो वह उसका प्रचार करने अर्थात् उसके बारे में झूठी-सही बातें लिखकर उसकी छवि बनाने में लग जाता है। इसका अर्थ यह है कि जनसंचार माध्यमों को अपनी प्रतिष्ठा की कोई चिन्ता नहीं रह गयी है। जैसे देश के उद्योगपति नैतिकता व सार्वजनिक हित को ताक पर रखकर मुनाफ़ा कमाते हैं, वैसे ही अख़बार के मालिक भी अपनी आमदनी बढ़ाने के लिए इन्हीं उपायों का सहारा लेते हैं। अख़बारों के मालिक यह सोचते हैं कि पैसा ही प्रतिष्ठा दिलाता है लेकिन उन्हें पता नहीं है कि बुद्धिजीवी वर्ग, लेखक, पत्रकार आदि का सम्मान उनकी दौलत से नहीं उनके नैतिक आचरण से होता है। यही वजह है कि आज पत्रकारों का ग्लैमर बढ़ा है लेकिन उनकी इज्जत कम हुई है।

स्टिंग पत्रकारिता

भूमण्डलीकरण के इस दौर में पत्रकारिता पूर्व की भाँति नहीं रह गयी। इसके तेवर व कलेवर में बदलाव आया है। आज खेल, वाणिज्य, अपराध, ज्योतिष की तरह ही स्टिंग पत्रकारिता (स्टिंग जर्नलिज़्म) एक विधा के रूप में सामने है। स्टिंग शब्द की उत्पत्ति अमेरिका से हुई है। इसे वहाँ की पुलिस अपराधियों को पकड़ने के लिए गुप्त योजना के अर्थ में प्रयोग करती थी। दूसरे शब्दों में इसे खोजी और गुप्त पत्रकारिता भी कह सकते हैं। स्टिंग ऑपरेशन असल में सूचना एकत्र करने का एक ऐसा तरीक़ा है जिसमें उस सूचना को प्राप्त किया जाता है जिसे हासिल करना दूसरी तरह से बहुत ही कठिन हो।

अंग्रेज़ी शब्दकोश के अनुसार स्टिंग का अर्थ है—डंक, दंश या टीस यानी दर्द। स्टिंग पत्रकारिता का आशय है—डंक मारने वाली अर्थात् डंक मार पत्रकारिता, दंश पत्रकारिता और टीस (दर्द) पैदा करने वाली पत्रकारिता। स्टिंग पत्रकारिता के व्यावहारिक अर्थ के रूप में कहा जा सकता है कि जिसमें गुप्त तरीक़े से किसी कथित तौर पर होने वाले अनैतिक या बुराई जैसे मामले को कवरेज करके सामाजिक मूल्य को बनाये रखने हेतु समाज के समक्ष प्रस्तुत किया जाये।

स्टिंग ऑपरेशन से सीधा अभिप्राय है–''जिसमें किसी स्कैंडल को रिपोर्टर अपना परिचय दिये बगैर कैमरे में हू-ब-हू क़ैद कर ले और उसका प्रसारण होने से पूर्व सम्बन्धित व्यक्ति या जनसामान्य को उसकी भनक भी न लगे और जिस मुद्दे को वह उठाना चाहता है, उसकी सत्यता सिद्ध करने के लिए वीडियो कवरेजों में पर्याप्त सबूत भी हो।"[19] स्टिंग पत्रकारिता के विशेषज्ञ सतीश शर्मा के शब्दों में कहें तो "किसी व्यक्ति या रिपोर्टर द्वारा स्वयं का सही परिचय दिये बगैर किसी अनैतिक या सामाजिक बुराई के मामले को अपनी खोजी वृत्ति और दक्षता के बल पर कवरेज करके अचानक उसका प्रसारण कर रहस्योद्‌घाटन करने का कार्य स्टिंग पत्रकारिता कहलाता है।" अतएव इस सन्दर्भ में यह कहा जा सकता है कि जो संवाददाता जान जोख़िम में डालकर समाजहित के लिए छिपे कैमरे से भ्रष्टाचार या अमानवीय कृत्य को उजागर करता है उसे स्टिंग ऑपरेशन कहा जाता है। तरुण तेजपाल द्वारा वर्ष 2001 में तहलका डॉट कॉम के माध्यम से रक्षा सौदों में दलाली का भण्डाफोड़, वर्ष 2005 में अनिरुद्ध बहल द्वारा ऑपरेशन दुर्योधन के माध्यम से सांसदों से रिश्वत लेकर प्रश्न करने सम्बन्धी मामलों को समाज के समक्ष लाना स्टिंग पत्रकारिता की एक अच्छी मिसाल क़ायम की गयी है। दुर्भाग्य से स्टिंग ऑपरेशन आज टीआरपी व आय का जरिया बनता जा रहा है। छिपे कैमरे से निजी जिन्दगी में जबरन घुसपैठ करना स्टिंग पत्रकारिता की नियति बन गयी है। स्टिंग पत्रकारिता को राष्ट्र व जनहित में बताया जाता है मगर इसका फैसला कौन करेगा कि क्या जनहित में हैं और क्या चैनल टीआरपी के हक़ में? क्या सही है और क्या गलत? क्या नैतिक है और क्या अनैतिक? क्या स्टिंग है और क्या जासूसी? इस प्रकार के तथ्यों के निमित्त अनिवार्य शर्तों को बनाना ज़रूरी है। परन्तु इनके तय किये जाने का कार्य मीडिया परिषद् के माध्यम से सरकार के ही निर्देशन में होना चाहिए।

स्टिंग ऑपरेशनों पर भारतीय प्रेस परिषद् द्वारा जारी दिशा-निर्देश : 1. किसी स्टिंग ऑपरेशन पर रिपोर्ट करने का इच्छुक समाचार-पत्र उसे रिकॉर्ड या प्रस्तुत करने वाले व्यक्ति से इस आशय का प्रमाण-पत्र लेगा कि ऑपरेशन वास्तविक और सदाशयी है। 2. स्टिंग ऑपरेशन के विभिन्न चरणों का एक लिखित समवर्ती रिकॉर्ड अवश्य हो। 3. स्टिंग ऑपरेशन को रिपोर्ट करने का निर्णय सम्पादक द्वारा अपनी तसल्ली करने के बाद लिया जायेगा कि मामला जनहित का है और रिपोर्ट सभी क़ानूनी अपेक्षाओं का अनुपालन करती है। 4. प्रिंट मीडिया में प्रकाशित स्टिंग

ऑपरेशन भावी पाठक के बोध को ध्यान में रख कर बनाया जाये। पाठक को आघात या ठेस से बचाने के लिए पूरी सावधानी और संवेदनशीलता बरती जाये।

प्रेस परिषद् द्वारा खोजी पत्रकारिता के लिए तैयार की गयी आचार संहिता प्रेस परिषद् ने खोजी पत्रकारों के कर्तव्य निर्वहन हेतु निम्नलिखित आचार संहिताएँ तैयार की हैं—1. संवाददाता तथ्यों का संकलन यथासम्भव खुद करे, दूसरे माध्यमों से प्राप्त तथा बिना खोजबीन के पाये गये ब्योरों से बचें। 2. कुछ तथ्य पारदर्शी होते हैं पर कुछ की गोपनीयता की रक्षा ज़रूरी होती है। संवाददाता इनसे टकराने की स्थिति यथासम्भव न आने दें, जब तक कि जनहित में वे तोड़ने को बाध्य न हो जायें। 3. बिना तथ्यों की समुचित पड़ताल के ख़बर को शीघ्र छापने की होड़ से बचना चाहिए। 4. अनुमानित तथ्य या चोरी छिपे प्राप्त किये गये तथ्य जहाँ तक हो रपट में न आयें। अन्तिम क्षण तक सभी प्राप्त तथ्यों की सत्यपरकता की बार-बार पड़ताल की जाये। 5. हर अख़बार अपने संवाददाताओं के लिए तथ्यों की सच्चाई और न्यायसंगत प्रस्तुति के कड़े मानक बनायें। 6. संवाददाता किसी भी ब्योरे की ऐसी प्रस्तुति से बचें, मानो वे आरोपकर्ता के पक्ष के वकील हों। उनकी दृष्टि न्यायपरक, सन्तुलित और सही हो। साथ ही रपट की भाषा भी भद्र और संयत होनी चाहिए। अनावश्यक आहत करने वाले शब्दों का प्रयोग नहीं होना चाहिए। विशेषतया तब जबकि रपट में अभियोगी पत्र का बयान प्रस्तुत किया जा रहा है। ध्यान रहे पत्रकार न्यायाधीश नहीं है। 7. किसी भी खोजी रपट के आकलन और प्रस्तुति से सम्बद्ध संवाददाता तथा अख़बार को न्याय का बुनियादी उसूल स्मरण रखना चाहिए कि अभियोग प्रमाणित होने से पहले किसी को अपराधी नहीं कहा जा सकता। 8. जब तक कि किसी व्यक्ति द्वारा अपने निजी जीवन तथा उसूल का दुरुपयोग जनहित के ख़िलाफ़ करने का पक्का मामला न बनता हो। किसी के व्यक्तिगत जीवन पर टिप्पणी या आक्षेप नहीं करना चाहिए। 9. सार्वजनिक रूप से ख्यात किसी भी सरकारी अधिकारी या व्यक्ति की खोजबीन करते समय संवाददाता को उन बुनियादी संवैधानिक तथा क़ानूनी प्रावधानों को मद्देनज़र रखना चाहिए जो जनसेवकों को छिछले और विद्वेषी क़िस्म के उत्पीड़न से बचाने के लिए बनाये गये हैं।

आचार संहिता और न्यू मीडिया

प्रेस परिषद् की इलेक्ट्रॉनिक मीडिया पर अधिकारिता : हम शुरू से जानते व समझते आये हैं कि भारतीय प्रेस परिषद् जो प्रिंट मीडिया की पत्रकारिता के आचरण के

सम्बन्ध में आचार संहिता हेतु दिशा-निर्देश देती रही है। सर्वोच्च न्यायालय ने 9 फरवरी, 1995 को एक निर्णय* में मत व्यक्त किया कि इलेक्ट्रॉनिक मीडिया तरंगे तथा आवृत्तियाँ सार्वजनिक सम्पत्ति है। (*सेक्रेटरी, मिनिस्ट्री ऑफ़ इन्फॉर्मेशन एंड ब्राडकॉस्टिंग, भारत सरकार बनाम क्रिकेट एसोसिएशन ऑफ़ बंगाल, ए.आई.आर. 1995, एस.सी. 1236) क्रिकेट एसोसिएशन ऑफ़ बंगाल के निर्णय के उपरान्त भारत में ब्राडकॉस्टिंग के क्षेत्र में एक नियामक संस्था के रूप में विधेयक गठन किया गया। "प्रस्तावित विधेयक के प्रारूप की धारा 24 में कहा गया है कि कोई भी प्राधिकृत अधिकारी यदि विश्वास करने का आधार रखता है कि धारा 3, 4, 5, 6, 7 या लाइसेंस की अन्य शर्तों का उल्लंघन हुआ है तो वह स्वयं या सरकार या ब्राडकॉस्टिंग रेगुलेटिंग अथॉरिटी के निर्देश पर किसी चैनल, कंटेंट प्रोवाइडर, केबल सर्विस प्रदाता या डाइरेक्ट टू होम सेवा प्रदाता के परिक्षेत्र में प्रवेश कर सकता है, उसकी तलाशी ले सकता है तथा उपकरणों एवं दस्तावेज़ों को अपने क़ब्ज़े में ले सकता है। अधिकृत प्राधिकारी की परिभाषा में उस इलाके के जिला मजिस्ट्रेट, पुलिस कमिश्नर, उप जिला मजिस्ट्रेट तथा वे सभी अधिकारी शामिल हैं जिन्हें केन्द्र सरकार, राज्य सरकार या ब्राडकॉस्टिंग नियामक प्राधिकरण द्वारा इस हेतु अधिकृत किया गया हो।"[20] ग़ैरतलब है कि "विधेयक के प्रारूप में अन्य बातों के अलावा यह अधिकार भी दिया गया है कि युद्ध आपात् या प्राकृतिक आपदा के समय यदि वह ऐसा करना उचित समझे तो किसी चैनल के लाइसेंस को स्थगित कर सकती है तथा उसका प्रबन्धन अपने हाथ में ले सकती है। मीडिया जगत् के विरोध को देखते हुए सरकार ने इस उपखण्ड को वापस लेने का आश्वासन दिया है। विधेयक में सज़ा के उपबन्ध बहुत कठोर थे। उपबन्धों का उल्लंघन करने वाले लोगों को तीन साल से पाँच साल तक का कारावास तथा 50 लाख रुपये तक के अर्थदण्ड की व्यवस्था थी। इसका विरोध करने पर अर्थदण्ड की अधिकतम सीमा को घटाकर 25 लाख करने का आश्वासन दिया गया है।"[21] इलेक्ट्रॉनिक मीडिया की पहुँच को देखते हुए "परिषद् के एक सदस्य श्री गीतार्थ पाठक ने दिनांक 19.02.2004 के पत्र में देश में इलेक्ट्रॉनिक मीडिया द्वारा प्रसारण की असंयमित और ग़ैर-जिम्मेदाराना शैली के सम्बन्ध में वर्तमान तथा विगत प्रेस परिषद् के सदस्यों की चिन्ता के प्रति परिषद् का ध्यान आकृष्ट किया। श्री पाठक ने विवेचित किया कि केन्द्रीय सरकार इस आधुनिक इलेक्ट्रॉनिक मीडिया को उपयोगी बनाने के लिए चिन्तन करती रही थी, परन्तु बिना किसी

ठोस समाधान के एकं मत यह था कि प्रेस परिषद् और संचार आयोग के स्थान पर मीडिया काउंसिल का गठन किया जाना चाहिए।

परिषद् ने 17 मार्च, 2004 की बैठक में मामले पर चर्चा की और गौर किया कि प्रेस परिषद् को मीडिया परिषद् में बदलने का प्रस्ताव पहले से ही सरकार के पास है। अतः परिषद् ने पहले 22.11.2000 को सूचना एवं प्रसारण मन्त्रालय को भेजी गयी सिफ़ारिशों को दोहराने का निर्णय किया जिसमें मीडिया की सभी शाखाओं के निरीक्षण हेतु मीडिया काउंसिल स्थापित करने के लिए कहा गया था तथा इस मीडिया काउंसिल की छत्रछाया में, प्रिंट तथा इलेक्ट्रॉनिक मीडिया को कवर करने के लिए क्रमशः दो अलग-अलग शाखाएँ बनायी जा सकती थीं।"[22]

अभिव्यक्ति की आज़ादी और न्यू मीडिया (ब्लॉगिंग) की आचार संहिता : राष्ट्र-राज्य की सीमा को लाँघते हुए इंटरनेट दुनिया को वैश्विक गाँव का वासी होने में अपनी अहम भूमिका निभा रहा है। नयी तकनीक से उपजे वैश्विक गाँव की अवधारणा से भारत अपने को कहाँ तक समाहित कर पा रहा है? यह एक अलग विचारणीय प्रश्न है। इंटरनेट के माध्यम से नयी तकनीक आधारित सोशल मीडिया यथा : फेसबुक, व्हाट्सएप, ट्विटर, ब्लॉग आदि अभिव्यक्ति का सशक्त माध्यम बन गया है। वर्तमान सन्दर्भ में ब्लॉग एक जनमाध्यम है, सबका माध्यम है। यह हमें वर्चुअल विवेकवादी बनाता है। साथ ही अविवेकवादी परम्पराओं का भी इस्तेमाल कराता है क्योंकि अविवेकवादी परम्पराएँ सहज स्वीकार्य होती हैं, जो सहज स्वीकार है, वह ब्लॉग का अंग बन सकता है। जटिल और विवेकपूर्ण विचार सहज स्वीकार्य नहीं होता है। इसीलिए आज हम ब्लॉग पर अविवेकी बातों को भी पाते हैं। संचार, सूचना, यातायात, गवर्नेंस, सुरक्षा, उद्योग-कारोबार आदि भले ही एक-दूसरे से कितने ही भिन्न हों, कम्प्यूटर नेटवर्क और इंटरनेट उन सबके बीच समानता का एक तत्त्व है और हमारी अभिव्यक्ति की स्वतन्त्रता का एक अभिन्न अंग भी।

भारतीय संविधान के भाग 3 अनुच्छेद 19(1) में वाक् एवं अभिव्यक्ति की स्वतन्त्रता का जिक्र किया गया है। साथ ही राज्य की सुरक्षा, विदेशी राज्यों से मैत्रीपूर्ण सम्बन्ध, मानहानि, अपराध के लिए उकसाना, न्यायालय की अवमानना, लोक व्यवस्था, अश्लीलता एवं भारत की एकता एवं अखण्डता पर किसी प्रकार की बाधा उत्पन्न होने पर अनुच्छेद 19(2) के तहत प्रेस की स्वतन्त्रता पर प्रतिबन्ध लगाने का भी प्रावधान है।

चूँकि जिस चीज़ की अहमियत को समाज स्वीकार कर लेता है वह पॉपुलर कल्चर के रूप में स्थापित हो जाता है। ब्लॉग को स्वीकार करने का सबसे बड़ा मकसद है–अपनी आत्मा से बातें कह देना। मन की स्वतन्त्रता के लिए ही पत्रकारिता की शुरुआत हुई। जेम्स ऑगस्टस हिक्की मन और आत्मा की शान्ति के लिए जेल से भी हिक्की गजट निकालते रहे। अभिव्यक्ति की आज़ादी के लिए पत्रकारिता से सफ़र शुरू कर आज हम ब्लॉग तक आ पहुँचे हैं।

अभिव्यक्ति के नया माध्यम के रूप में ब्लॉग हिन्दी में अभी अपने शैशव काल में है। अंग्रेज़ी में जहाँ ब्लॉगिंग 1997 ई. से शुरू हो गयी थी। वहीं हिन्दी में पहला ब्लॉग 02 मार्च, 2003 को लिखा गया। अंग्रेज़ी और हिन्दी ब्लॉग के शुरू होने का अन्तराल भले ही मात्र 6 वर्षों का है पर ब्लॉगों की संख्या से दोनों के बीच कई प्रकाश-वर्ष का अन्तर है। अंगेजी में जहाँ तक़रीबन साढ़े तीन करोड़ ब्लॉग हैं, वहीं हिन्दी में कई हजार। लेकिन यहाँ यह कहना समीचीन है कि नित दिन हिन्दी में ब्लॉगों की संख्या में गुणात्मक बढ़ोतरी हो रही है। हिन्दी का रोमणीकरण कर लोग अपनी अभिव्यक्ति कर रहे हैं। ब्लॉगिंग के सम्बन्ध में आखिर क्या ज़रूरत आ पड़ी कि आज हम इसके लिए आचार संहिता बनाने के बारे में सोच रहे हैं। ऐसी चिन्ता सताने लगी कि क्या इस पर अंकुश लगाने के लिए आचार संहिता बनायी जानी चाहिए?

दरअसल, देश के विकास हेतु आज़ादी के नाम पर जिस प्रकार कुछ नेता अफसर भ्रष्टाचार में लिप्त हैं उसी प्रकार कुछ ब्लॉगर भी सांस्कृतिक अस्मिता को छिन्न-भिन्न करने पर तुले हैं। स्वतन्त्रता के नाम पर सारी नैतिकता व आचार संहिता को लाँघते हुए असंसदीय शब्दों का प्रयोग ब्लॉग में होने लगा है।

ब्लॉग की दुनिया असीमित है, अभी इस क्षेत्र में नये-नये चमत्कार होने की सम्भावना है। यह सही है कि मनुष्य अपनी सीमाओं से और आगे जाना चाहता है। इसीलिए तो महादेवी वर्मा ने पहले ही कह दिया था कि–तोड़ दो यह क्षितिज, मैं भी देख लूँ उस पार क्या है? उस पार की कवायद में हम यह न भूलें कि अगर हम स्वयं पर अंकुश नहीं लगायेंगे तो इस पर भी राज्य का नियन्त्रण होगा और हम यह जान रहे हैं कि राज्य का चेहरा कितना क्रूर होता है। आज जिस प्रकार टीआरपी के चक्कर में मीडिया वाले नीति-नियमों को ताक पर रखकर बाज़ार की व्यवस्था के दुश्चक्र का एक हिस्सा बन कर रह गये हैं। क्या ब्लॉग भी इन्हीं बाज़ारीय व्यवस्था के नीचे नतमस्तक हो जायेगा। अगर हाँ तो प्रेस काउंसिल की तरह ही ब्लॉग को एक वैधानिक संस्थान के नीचे लाने

की ज़रूरत होगी। दरअसल गत चार दशक पहले भारतीय प्रेस परिषद् का गठन हुआ था तो उस समय इलेक्ट्रॉनिक मीडिया का अस्तित्व न के बराबर था, रेडियो सरकारी नियन्त्रण में था। इसलिए टेलीविज़न इस कार्य क्षेत्र में नहीं आते थे। उन पर अंकुश नहीं चलता था। अब चूँकि ब्लॉग अभिव्यक्ति का एक सशक्त जरिया बन चुका है तो ऐसे में न्यू मीडिया के रूप में ब्लॉग तथा इलेक्ट्रॉनिक मीडिया को एक साथ लाना चाहिए और इसकी निगरानी के लिए प्रेस परिषद् की जगह भारतीय मीडिया परिषद् गठित कर इसे वैधानिक शक्ति प्रदान किया जाये। साथ ही इस पर अंकुश लगाने के लिए संविधान में संशोधन कर इसे धारा 19(2) के तहत लाया जाये।

पश्चिमी देशों के मुक़ाबले में हमारे देश में भी न्यू मीडिया का विस्तार बहुत तेजी से हो रहा है। ऐसे में हमें यह सुनिश्चित करने की जिम्मेदारी है कि विकास के सोपान तय करते हुए वे विरासत से मिले उन मूल्यों का संरक्षण करें, जिन्होंने हमारे देश को दुनिया में अलग स्थान दिलाया हुआ है। हम अपने दायित्व से हट जायेंगे तो संकट और भी गहरा हो जायेगा। विकासशील विश्व में मीडिया साम्राज्यवाद के आर्थिक मायाजाल को हम जाँचें और यह परखें कि कहीं हम मानसिक गुलामी के साथ-साथ सांस्कृतिक गुलामी के वाहक तो नहीं बनते जा रहे हैं और यह गुलामी मानव को दानव की प्रवृत्ति की ओर ले जाने में कहीं कोई कसर नहीं छोड़ेगी। मैथिलीशरण गुप्त के शब्दों में कहें, तो “आओ विचारें आज मिलकर समस्याएँ सभी।” हमें चाहिए कि अभिव्यक्ति की जो आज़ादी मिली है, उसका दुरुपयोग न हो। अपने अधिकार और उत्तरदायित्व के साथ सोशल मीडिया के लिए ‘स्व’ पर नियन्त्रण रखकर अपनी अभिव्यक्ति करेंगे तो निश्चित रूप से हम मानव समाज बनाने की ओर अग्रसर हो सकेंगे।

अभिव्यक्ति की स्वतन्त्रता बनाम सोशल मीडिया

आज अभिव्यक्ति की स्वतन्त्रता का असली स्वरूप नव मीडिया अर्थात् वेब मीडिया (सोशल मीडिया) के रूप में प्रस्तुत है। आधुनिक प्रौद्योगिकीयुक्त नव सोशल मीडिया सूचना क्रान्ति का संवाहक बनकर उभरा है। मसलन व्हाट्सएप, फेसबुक, मेटा, ट्विटर, गूगल प्लस, लिंक्डइन, माय स्पेस, पिंटररेस्ट, ऑरकुट सहित तमाम सोशल नेटवर्किंग साइट्स दुनिया को एक सूत्र में बाँध रहे हैं, ग्लोबल रूप से जोड़ रहे हैं। तो क्या हम इससे सचमुच में ‘मानव समाज’ की निर्मित्ति में पूर्व से अधिक जागरूक हुए हैं?

जन जागरण से लेकर राजनीतिक आन्दोलनों तक में सोशल मीडिया ने अल्प समय में ही महती भूमिका का निर्वाह कर अपना अलग और विशिष्ट स्थान बना लिया है। लोकतान्त्रिक व्यवस्था में विरोध प्रकट करने के लिए धरना, प्रदर्शन और प्रतिवेदन देने सम्बन्धी अभिव्यक्ति का मौलिक अधिकार अधिक कारगर नहीं होने पर जब जनता ने सोशल साइट का सहारा लेना शुरू किया तो पुलिस ने सूचना प्रौद्योगिकी क़ानून की धारा 66-ए का इस्तेमाल करके सबक सिखाने की कवायद शुरू की यानी सोशल मीडिया पर अभिव्यक्ति की आज़ादी पर अंकुश लगाने का जरिया बनी–आईटी अधिनियम की धारा 66-ए। इस धारा का स्वरूप ही अभिव्यक्ति की आज़ादी के ख़िलाफ़ था।

संविधान के अनुच्छेद 19(1) के तहत हर नागरिक को अभिव्यक्ति का अधिकार प्राप्त है। सही है कि यह अधिकार असीमित नहीं है। संविधान ने धारा 19(2) के तहत कुछ मर्यादाएँ तय की हुई हैं। मसलन, राष्ट्रीय सम्प्रभुता पर आँच आने, क़ानून-व्यवस्था के लिए ख़तरा उत्पन्न होने, भिन्न समुदायों के बीच वैमनस्यता पैदा करने की स्थितियों में सम्बन्धित सामग्री को लेकर दंडात्मक कार्रवाई की जा सकती है। ये मर्यादाएँ ज्यों की त्यों लागू रहेंगी। इसी तरह मानहानि से सम्बन्धित क़ानून पहले की ही तरह प्रभावी रहेगा। अगर किसी वेबसाइट को लेकर धारा 19(2) के तहत तय की गयी मर्यादाओं के उल्लंघन की शिकायत हो, तो उसे बन्द करने का रास्ता भी सरकार के लिए खुला है, लेकिन सर्वोच्च न्यायालय ने असहमति और आलोचना को साइबर अपराध का रंग देकर नागरिकों के ख़िलाफ़ पुलिस-कार्रवाई की गुंजाइश समाप्त कर दी है यानी असहमति की आवाज़ को बर्दाश्त करने की क्षमता और उसको अधिकार दिलाने के लिए संघर्ष लोकतन्त्र का सबसे बड़ा अधिकार है। पर इस अधिकार का इस्तेमाल असंवैधानिक तरीक़े से न किया जाये। अभिव्यक्ति की आज़ादी का अर्थ यह नहीं है कि आप अपने रोष और क्रोध को प्रकट करने के लिए किसी को अपमानित करें, व्यथित करें और अपने अधिकारों को मनमाने ढंग से इस्तेमाल करें। दरअसल, आईटी एक्ट की धारा 66-ए के साथ सबसे गड़बड़ बात यह थी कि उसमें किसी टिप्पणी के हानिकारक, मानहानिकारक धार्मिक विद्वेष फैलाने में सहायक या प्रताड़ित करने वाले पर मामला दर्ज करने का प्रावधान था। जिसमें इस शब्दावली की मनमानी व्याख्या सम्भव थी। यह मनमानी व्याख्या की सुविधा ही वह आकर्षण था, जिसकी वजह से सरकारें इस क़ानून को हटाना नहीं चाहती थीं। कई नेताओं ने बहुत सामान्य सी टिप्पणियों पर आपत्ति जताई

और उनके इशारे पर ही पुलिस ने प्राथमिकी दर्ज कर ली। नेताओं के इशारे पर अभिव्यक्ति की स्वतन्त्रता का गला घोंटा जा रहा था। ऐसे कई मामले सामने आये जब इस क़ानून के तहत गिरफ्तारी की गयी। वर्ष 2012 में क़ानून की छात्रा श्रेया सिंघल ने सर्वोच्च न्यायालय में जनहित याचिका दाखिल कर माँग की थी कि सूचना प्रौद्योगिकी अधिनियम (आईटी एक्ट), 2000 की धारा 66-ए अभिव्यक्ति की आज़ादी पर हमला है और इसमें संशोधन किया जाये। दरअसल इसमें यह प्रावधान था कि जो सूचना सरासर आक्रामक या चरित्र हनन करने वाली हो और व्यक्ति जानता हो कि उसके द्वारा भेजी गयी सूचना ग़लत है, लेकिन वह दूसरे व्यक्ति को खिजाने, परेशान करने, ख़तरे में डालने, अपमानित करने, दुश्मनी, बुरे इरादे के साथ कम्प्यूटर या किसी अन्य संचार उपकरण के जरिये ऐसी सूचना भेजता है।

सर्वोच्च न्यायालय के न्यायमूर्ति जे. चेलमेश्वर और आर.एफ. नरीमन की पीठ ने 24 मार्च, 2015 को जनहित याचिका पर सुनवाई कर अभिव्यक्ति की स्वतन्त्रता को आधारभूत मूल्य घोषित करते हुए 52 पृष्ठ के जजमेंट कॉपी में सूचना तकनीक क़ानून की धारा 66-ए (IT Act Section 66-A) को ख़त्म करने का निर्देश दिया। इस मामले की सुनवाई करते हुए सर्वोच्च न्यायालय ने जाँच के आदेश देते हुए दिशा-निर्देश जारी किया कि ऐसे मामलों में एसपी रैंक के अधिकारी ही गिरफ्तारी का आदेश दे सकते हैं। हालाँकि आईटी एक्ट की अन्य धाराओं 69-ए और धारा-79 को निरस्त नहीं किया है और ये कुछ पाबन्दियों के साथ लागू रह सकती हैं। धारा 69-ए किसी कम्प्यूटर संसाधन के जरिये किसी सूचना तक सार्वजनिक पहुँच को रोकने के लिए निर्देश जारी करने की शक्ति देती है और धारा-79 में कुछ मामलों में मध्यवर्ती की जवाबदेही से छूट का प्रावधान करती है। सुप्रीम कोर्ट की दलील है कि स्वतन्त्रता और स्वच्छन्दता के बीच सन्तुलन क़ायम करना सरकार की जिम्मेदारी है। सरकारें खुद तय करें कि यह काम कैसे किया जाये लेकिन क़ानून का भय दिखाकर बोलने की आज़ादी पर प्रतिबन्ध लगाना संविधान के अनुच्छेद 19(1) के तहत प्रदत्त वैचारिक अभिव्यक्ति की आज़ादी का हनन है। इसमें कोई दो मत नहीं है कि अदालत का फैसला अभिव्यक्ति की आज़ादी के पैरोकारों की दलीलों के लिहाज़ से मील का पत्थर साबित होगा, लेकिन सरहद और समाज की सुरक्षा एवं सामाजिक सरोकारों की रक्षा करने की जिम्मेदारी सरकार की है और इसके बोझ तले दबी सरकारों के लिए यह फैसला बेशक चुनौती को बढ़ाने वाला साबित होगा।

इस ऐतिहासिक फैसले के नकारात्मक और सकारात्मक पहलुओं की हकीकत से इनकार नहीं किया जा सकता है। इस फैसले के परिप्रेक्ष्य में साइबर स्पेस की स्वच्छन्दता को काबू में करने की चुनौती सरकार के लिए एक तरफ़ परेशानी का सबब बन रही है, तो दूसरी तरफ सोशल मीडिया पर सक्रिय लोगों के लिए ख़ुद को काबू में करने की चुनौती भी कम आसान नहीं है। असली दुनिया की ही तरह वर्चुअल दुनिया भी क़ानून से वंचित दुनिया नहीं है। इस सच्चाई से मुँह नहीं मोड़ा जा सकता है कि साइबर स्पेस में अधिकतर युवा सक्रिय हैं। अपनी भावनाओं के ज्वार में बहकर मर्यादा की हदों को लाँघने के नैसर्गिक ख़तरे से जूझते रहे हैं। कई मामलों में देखा गया है कि युवा सोशल साइट्स पर असंसदीय और अमर्यादित होकर अभिव्यक्ति कर रहे हैं। युवाओं को सोशल मीडिया पर विचार अभिव्यक्त करते समय क़ानून और मर्यादा का ध्यान रखना होगा। सर्वोच्च न्यायालय द्वारा इस फैसले का सकारात्मक पहलू यह है कि सूचना क्रान्ति के दौर में जानने, समझने और अपने विचारों को व्यापक आयाम देने की आज़ादी मिली है। आज़ादी का यह स्वाद तभी सार्थक कहा जा सकता है जब सोशल मीडिया या साइबर जगत् में अपनी मौजूदगी दर्ज करा चुके लोग इस माध्यम की संवेदनशीलता को समझें। धारा 66-ए का अब तक का इस्तेमाल यह बताता है कि पुलिस प्रशासन ने सोशल मीडिया पर कार्रवाई सक्रिय युवाओं की सियासी जमात के ख़िलाफ़ उभरती आवाज़ को दबाने के लिए ही की है। धारा 66-ए हटाये जाने से बोलने और अभिव्यक्ति की आज़ादी के अधिकार को बल मिला है। सोशल मीडिया को पुलिस के अनावश्यक भय से मुक्ति मिली है। इस धारा के ख़त्म होने से फेसबुक, ट्विटर सहित सोशल मीडिया पर की जाने वाली किसी भी कथित आपत्तिजनक टिप्पणी के लिए पुलिस आरोपी को तुरन्त गिरफ्तार नहीं कर सकती, जबकि धारा 66-ए में तुरन्त गिरफ्तारी का प्रावधान था। इस धारा के तहत किसी व्यक्ति को सोशल मीडिया के मंचों पर आपत्तिजनक संदेश प्रेषित करने पर तीन साल की क़ैद का प्रावधान था। हालाँकि आपत्तिजनक टिप्पणी के लिए आईपीसी की अन्य धाराओं के तहत कार्रवाई हो सकती है, लेकिन इस धारा के तहत अब मामला नहीं चलाया जा सकेगा। यहाँ यह कहा जा सकता है कि अब किसी के पोस्ट पर किसी को आपत्ति होगी तो न्यायालय फ़ैसला करेगा कि ये ग़लत है या सही। हालाँकि यह भी सम्भव है कि राष्ट्र और सामाजिक विरोधी तबका इसकी आड़ में कुछ भी आपत्तिजनक बातें पोस्ट करे या फिर अलगाववादी संगठन द्वारा कुछ ऐसी सामग्री पोस्ट की जा

सकती है जो उनके विचार में सही हो, लेकिन देश की एकता और अखण्डता के लिए नुक़सानदेह हो। अभिव्यक्ति की आज़ादी के नाम पर इंटरनेट पर साझा होने वाली अपमानजनक सामग्री को रोकने के लिए क़ानून प्रवर्तन एजेंसियों को भिन्न क़ानूनों का सहारा लेना पड़ेगा।

सोशल मीडिया पर अभिव्यक्ति की आज़ादी को लेकर सवाल उठते रहे हैं अर्थात् असहमति की आवाज़ को बर्दाश्त करने की क्षमता और उसको अधिकार दिलाने के लिए संघर्ष लोकतन्त्र का सबसे बड़ा अधिकार है। पर इस अधिकार का इस्तेमाल असंवैधानिक तरीक़े से न किया जाये। राज्य की सम्प्रभुता, उसकी प्रतिष्ठा और राजनेताओं के निजी सम्मान में फर्क करना आवश्यक है। समाज में तकनीकी और शिक्षा के विकास के कारण साइबर स्पेस के साथ खुली आज़ादी पश्चिमी देशों की भाँति लाज़िमी है। हमें अभिव्यक्ति की इच्छा का सम्मान करते हुए अपनी सम्प्रभुता, सामाजिक-सांस्कृतिक विरासत और विभिन्न समुदायों की गरिमा की रक्षा भी करनी है। हमें साइबर दुनिया को नियन्त्रित करने की नियत से नहीं, बल्कि उसे अराजक होने से रोकने के लिए सिस्टम तैयार करना होगा। इस फैसले ने पुलिस को मिली अतिरिक्त शक्ति छीनी है। इन्हीं प्रावधानों में से एक है–आई.पी.सी. की धारा 295-ए, जिसमें स्पष्ट है कि लिखने, बोलने और दृश्य प्रचार या अन्य तरीक़े से कोई किसी की धार्मिक भावनाओं या विश्वास को अपमानित करता है तो उसे गिरफ़्तार किया जा सकता है। यह धारा इस सत्य को अपराधी बताती है।

साइबर अपराध

संचार के परिदृश्य में सोशल नेटवर्किंग वेबसाइट का अप्रतिम योगदान है। यही कारण है कि वैश्विक स्तर पर कई देशों द्वारा अपने लोगों को कार्यक्षेत्र विस्तारित करने के निमित्त सोशल नेटवर्किंग वेबसाइट का उपयोग किया जाता है। विभिन्न सोशल नेटवर्किंग वेबसाइट यथा : लिंक्डइन, फेसबुक, ट्विटर, व्हाट्सएप, इंस्टाग्राम आदि के सकारात्मक पहलू हैं, हालाँकि इससे इनकार नहीं किया जा सकता है कि इसके माध्यम से असामाजिक तत्त्वों द्वारा अपराध को अंजाम दिये जाते हैं, जिसे साइबर अपराध कहा जाता है। दरअसल, साइबर अपराध ऐसे ग़ैर-क़ानूनी कार्य हैं, जिसमें व्यक्ति कम्प्यूटर एवं इंटरनेट नेटवर्क का प्रयोग करते हुए इलेक्ट्रॉनिक मनी लॉन्ड्रिंग यानी ऑटोमेटिक टेलर मशीन (एटीएम) कार्ड, खातों का कपटपूर्ण उपयोग, ई-बैंकिंग, ई-कॉमर्स से सम्बन्धित धोखाधड़ी,

इलेक्ट्रॉनिक डाटा-इंटरचेंज, संचार सेवाओं की चोरी, औद्योगिक जासूसी, साइबर-स्पेस में अश्लील और आपत्तिजनक सामग्री का प्रसार, कर चोरी, टेली-मार्केटिंग, धोखाधड़ी, आतंकवाद, जबरन वसूली आदि गतिविधियाँ संचालित करते हैं। ऐसे अपराधों में साइबर पोर्नोग्राफी, सॉफ़्टवेयर पायरेसी, ऑनलाइन जुआ, कॉपीराइट उल्लंघन, ट्रेडमार्क उल्लंघन, हैकिंग, चाइल्ड पॉर्नोग्राफी, साइबर स्टॉकिंग, सॉफ़्टवेयर पाइरेसी, क्रेडिट कार्ड फ्रॉड, फिशिंग आदि को शामिल किया जाता है। अली खान ने अपने लेख में उल्लेखित किया है कि ''आज साइबर अटैक से देश को बहुत नुक़सान उठाना पड़ रहा है। कम्प्यूटर इमरजेंसी रिस्पॉन्स टीम के मुताबिक भारत में वर्ष 2021 में 11.5 लाख साइबर हमलों के मामले दर्ज किये गये। रेंसमवेयर अटैक 120 फ़ीसदी बढ़ गये। 2019 में भारत को साइबर हमलों की वजह से एक लाख 25 हज़ार करोड़ रुपये का नुक़सान हुआ था और भारत में 24 फ़ीसदी वित्तीय संस्थान, स्वास्थ्य से जुड़ी 15 फ़ीसदी कम्पनियाँ, सार्वजनिक क्षेत्र से जुड़ी 12 फ़ीसदी और 15 फ़ीसदी रिटेल कम्पनियाँ हर साल साइबर हमलों का शिकार होती हैं। यही नहीं जुलाई, 2016 में यूनियन बैंक ऑफ़ इंडिया का पूरा सिस्टम हैक कर लिया गया था और बैंक खातों से लगभग 17 करोड़ डॉलर चुराने की कोशिश हुई थी। इस बीच भारत ने साइबर सिक्योरिटी में सुधार किया है। 2020 में ग्लोबल साइबर सिक्योरिटी इंडेक्स में भारत 37 पायदान ऊपर गया है। लेकिन चिन्ता बनी हुई है।" (दैनिक भास्कर, 12 अप्रैल, 2022)

साइबर अपराधियों पर नियन्त्रण करने के लिए भारतीय साइबर अधिनियम अर्थात् सूचना प्रौद्योगिकी अधिनियम, 2000 और सूचना प्रौद्योगिकी (संशोधन) अधिनियम, 2008 और इसके बाद के विभिन्न नियम इस सम्बन्ध में क़ानूनी सहायता प्रदान करते हैं या ऐसे साइबर अपराधों में जाँच अधिकारियों की सहायता करते हैं। इसके अलावा, भारतीय साक्ष्य अधिनियम, आपराधिक प्रक्रिया संहिता और भारतीय दण्ड संहिता भी इस सम्बन्ध में मदद करते हैं। सूचना प्रौद्योगिकी (संशोधन) अधिनियम, 2008 के तहत धारा 43(B), 66(E), 67(C) IPC की धारा 379, 405, 420 के सन्दर्भ में अपराध सिद्ध होने पर 3 साल जेल या 2 लाख रुपये तक जुर्माना और धारा 43(।), 66, आईपीसी की धारा 379 और 406 के तहत 3 साल जेल या 5 लाख रुपये तक जुर्माने का प्रावधान है।

भारत सरकार ने इन सोशल नेटवर्किंग वेबसाइटों के संचालन को विनियमित करने के लिए नियम बनाये हैं यथा : सूचना प्रौद्योगिकी (प्रक्रिया और सार्वजनिक लोगों द्वारा सूचना के उपयोग के लिए अवरोधक हेतु सुरक्षा उपाय)

नियम, 2009 [Information Technology (Procedure and Safeguards for Blocking for Access of Information by Public) Rules, 2009]; सूचना प्रौद्योगिकी (बिचौलिये दिशा-निर्देश) नियम, 2011 [Information Technology (Intermediaries guidelines) Rules), 2011]; सरकारी संगठनों के लिए सोशल मीडिया के उपयोग के लिए रूपरेखा और दिशा-निर्देश [Framework and Guidelines for use of Social Media for Government Organisations]; सूचना प्रौद्योगिकी (उचित सुरक्षा प्रथाओं और प्रक्रियाओं और संवेदनशील व्यक्तिगत डेटा या जानकारी) नियम, 2011 [Information Technology (Reasonable security practices and procedures and sensitive personal data or information) Rules 2011] आदि।

साइबर अपराधों से निपटने की दिशा में भारत के प्रयास

भारत दुनिया में इंटरनेट उपयोग करने वाला तीसरा सबसे बड़ा देश है और हाल के वर्षों में साइबर अपराध कई गुना बढ़ गये हैं। साइबर सुरक्षा उपलब्ध कराने के लिए सरकार की ओर से कई क़दम उठाये गये हैं। भारत में 'सूचना प्रौद्योगिकी अधिनियम, 2000' पारित किया गया, जिसके प्रावधानों के साथ-साथ भारतीय दण्ड संहिता के प्रावधान सम्मिलित रूप से साइबर अपराधों से निपटने के लिए कारगर हैं। गौरतलब है कि सूचना प्रौद्योगिकी अधिनियम, 2000 की धाराएँ 43, 43ए, 66, 66बी, 66सी, 66डी, 66ई, 66एफ, 67, 67ए, 67बी, 70, 72, 72ए और 74 हैकिंग और साइबर अपराधों से सम्बन्धित हैं। सरकार ने साइबर सुरक्षा से सम्बन्धित फ्रेमवर्क का अनुमोदन किया है और इसके लिए राष्ट्रीय सुरक्षा परिषद् सचिवालय को नोडल एजेंसी बनाया है। राष्ट्रीय विशिष्ट अवसंरचना और विशिष्ट क्षेत्रों में साइबर सुरक्षा के लिए राष्ट्रीय प्रौद्योगिकी अनुसन्धान संगठन को नोडल एजेंसी बनाया गया है। इसके अन्तर्गत दो वर्ष से लेकर उम्रकैद तथा दण्ड अथवा जुर्माने का भी प्रावधान है। ''सरकार द्वारा 'राष्ट्रीय साइबर सुरक्षा नीति, 2013' जारी की गयी, जिसके तहत सरकार ने अति-संवेदनशील सूचनाओं के संरक्षण के लिए 'राष्ट्रीय अतिसंवेदनशील सूचना अवसंरचना संरक्षण केन्द्र (National Critical Information Infrastructure Protection Centre-NCIIPC) का गठन किया है। सरकार द्वारा 'कम्प्यूटर इमरजेंसी रिस्पॉन्स टीम (CERT-In)' की स्थापना की गयी जो कम्प्यूटर सुरक्षा के लिए राष्ट्रीय स्तर की एजेंसी है। विभिन्न स्तरों पर सूचना सुरक्षा के क्षेत्र में मानव संसाधन विकसित करने के उद्देश्य से सरकार ने 'सूचना सुरक्षा शिक्षा

और जागरूकता' (Information Security, Education and Awareness : ISEA) परियोजना प्रारम्भ की है। भारत सूचना साझा करने और साइबर सुरक्षा के सन्दर्भ में सर्वोत्तम कार्य प्रणाली अपनाने के लिए अमेरिका, ब्रिटेन और चीन जैसे देशों के साथ समन्वय कर रहा है। अन्तर-एजेंसी समन्वय के लिए 'भारतीय साइबर अपराध समन्वय केन्द्र' (Indian Cyber Crime Coordination Centre-I4C) की स्थापना की गयी है। देश में साइबर अपराधों से समन्वित और प्रभावी तरीक़े से निपटने के लिए 'साइबर स्वच्छता केन्द्र' भी स्थापित किया गया है जो इलेक्ट्रॉनिक्स एवं सूचना प्रौद्योगिकी मन्त्रालय (Ministry of Electronics and Information Technology-MeitY) के तहत भारत सरकार की डिजिटल इंडिया मुहिम का एक महत्त्वपूर्ण हिस्सा है।" (https://www.soolegal.com/roar/-how-to-prevent-cyber-crime-in-hindi-what-is-the-cyber-law-in-india-in-hindi)

सोशल नेटवर्किंग वेबसाइट और क़ानून : फेसबुक, ट्विटर, ब्लॉगिंग आदि त्वरित विचारों के त्वरित प्रस्तुतीकरण की विधा है। आपका अपना ब्लॉग है, जहाँ कि आप बेखौफ विचारों, अभिव्यक्तियों और नीतियों का तथ्याधारित एवं मर्यादित आलोचना कर सकते हैं। सोशल नेटवर्किंग साइट के माध्यम से महँगाई, भ्रष्टाचार, आतंकवाद राजनीतिक पार्टियों द्वारा किये गये ग़लत फैसलों के बारे में जनान्दोलन के लिए आधारभूमि बनाते थे। लेकिन अब सूचना प्रौद्योगिकी क़ानून, 2008 के जरिये सरकार आपकी ऑनलाइन ज़ुबान खींचने की कोशिश कर रही है। ''सूचना प्रौद्योगिकी (संशोधित) क़ानून 2008 में प्रावधान था कि अनुच्छेद 69-ए के तहत सरकार आपत्तिजनक सामग्री प्रसारित एवं सम्प्रेषित करने पर किसी भी वेबसाइट, सर्च इंजन और सोशल नेटवर्किंग साइट को ब्लॉक कर सकती है। 11 अप्रैल, 2011 को भारत सरकार के सूचना एवं प्रौद्योगिकी विभाग ने गुप चुप तरीक़े से इस क़ानून की नियमावली में कठोर नियम डाल दिया, जो क़ानून की नियमावली से सम्बन्धित हैं।"[21] इस क़ानून में ऐसे नियम जोड़ दिये गये, जिनके बाद देश में इलेक्ट्रॉनिक, मोबाइल और इंटरनेट सहित सभी न्यू मीडिया (संचार साधनों) पर निगरानी रखी जायेगी। नियम 43-ए व 79 के तहत सरकार किसी भी निजी कम्पनी (इंटरमिडियरी) के पास एकत्रित किसी भी व्यक्ति का इलेक्ट्रॉनिक डेटा कभी भी हासिल कर सकती है। इसके लिए उसे किसी की इजाजत की ज़रूरत नहीं होगी। यह तो तय है कि आपकी गोपनीय सूचनाओं को भी सरकार सुन सकती है, पढ़ सकती है और इन गतिविधियों में से किसी को भी आधार बनाकर आपके ख़िलाफ़ कार्रवाई कर सकती है।

इंटरनेट ने राष्ट्रों की बन्दिशों को तोड़ा है। इससे अभिव्यक्ति की स्वतन्त्रता का जो उत्तर आधुनिक विस्फोट हुआ है, वह इंटरनेट से ही सम्भव हो सका है। अपनी अभिव्यक्ति की स्वतन्त्रता में कहीं हम यह तो नहीं भूल रहे हैं कि हम सारी सीमाएँ तोड़ रहे हैं और दूसरों की भावनाओं को ठेस पहुँचा रहे हैं। तथ्यों को तोड़-मरोड़ कर प्रस्तुत करना और निहित स्वार्थ की सिद्धि के लिए ब्लॉग के माध्यम का दुरुपयोग करना कहीं उचित नहीं है। एक सभ्य समाज के लिए यह ज़रूरी है कि उसके नागरिक अपनी लक्ष्मणरेखा स्वयं खींचें ताकि ऐसी स्थिति न आये कि राज्य को सेंसर लगाने की दिशा में सोचना पड़े। दरअसल भारत में एक क़ानून है—इन्फॉर्मेशन टेक्नोलॉजी एक्ट 2000, मुख्य रूप से इस क़ानून को बनाया गया था—भारत में इलेक्ट्रॉनिक्स कॉमर्स को बढ़ावा देने के लिए। लेकिन जैसे-जैसे समय गुजरा, इस क़ानून में परिवर्तन हुए तथा 2008 में संशोधन भी किया गया, जिसे अक्टूबर, 2009 से लागू किया गया है। अब इस क़ानून ने काफी हद तक न्यू मीडिया को नियन्त्रित कर लिया है। पहले लोगों के दिमाग़ में है कि आप न्यू मीडिया के साथ जुड़े हैं जो कुछ करना चाहें, कर लें, कोई क़ानूनी अंकुश नहीं होगा, पर यह धारणा ग़लत होगी। आज न्यू मीडिया (सोशल मीडिया) इंटरनेट आदि पूरी तरह से आईटी एक्ट 2000 के अन्तर्गत आ चुका है। अगर आप कुछ भी अनावश्यक चीजें लिखते हैं, उसका इस्तेमाल करते हैं या दुरुपयोग करते हैं, किसी व्यक्ति विशेष पर आक्रमण करने के लिए या उसकी प्रतिष्ठा पर नकारात्मक प्रभाव डालने के लिए या किसी की मानहानि करते हैं, इन तमाम गतिविधियों को दण्डनीय अपराध घोषित किया गया है। साइबर अपराधों के सिद्ध होने पर सज़ा के रूप में 3 वर्ष की क़ैद तथा 5 लाख रुपये जुर्माने का प्रावधान है जबकि इस तरह की गतिविधियों में संलग्न रहते हैं तो आप पर 5 करोड़ रुपये तक का हर्ज़ाना भी लगाया जा सकता है। नोर्शन इंटरनेट सिक्योरिटी रिपोर्ट 2010 के अनुसार 73 प्रतिशत इंटरनेट प्रयोक्ता साइबर क्राइम के शिकार होते हैं, मात्र 27 प्रतिशत ही बच पाते हैं। भारत में साइबर क्राइम की अंडररिपोर्टिंग हो रही है। ऐसे अपराध को रिपोर्ट किया भी जाता है तो पुलिस प्राथमिकी (एफआईआर) दर्ज नहीं करते हैं। एक सर्वे के अनुसार साइबर क्राइम के 500 मामलों में से केवल 50 मामलों की ही रिपोर्ट दर्ज हो पाती है तथा जाँचोपरान्त उनमें से मात्र एक मामले में एफआईआर हो पाती है।

साइबर क़ानून के विशेषज्ञ पवन दुग्गल कहते हैं कि "व्यावसायिक तौर पर 15 अगस्त, 1995 से इंटरनेट की शुरुआत हुई। पिछले 15 वर्षों में सिर्फ़ तीन दिल्ली के एक आर्थिक मामले में तथा चेन्नई के दो अश्लील मामले में साइबर क्राइम के तहत सज़ा हो पायी है। साइबर क्राइम के बारे में पुलिस को बहुत ही कम जानकारी है। वर्ष 2004 में दिल्ली की डिफेंस कॉलोनी में ज़ब्त की गयी 17 अश्लील फ्लॉपी को पुलिस ने छेद कर रस्सी से बाँधकर अदालत में प्रस्तुत किया। इतना ही नहीं वर्ष 2006 में मुम्बई के शेयर दलाल के पास से भी पुलिस ने कम्प्यूटर के मॉनीटर तो ज़ब्त किये, पर सीपीयू को छोड़ दिया।"

न्यू मीडिया, ट्विटर, फेसबुक आदि के आने से पत्रकारिता की शक्ल बदल गयी है। भारत में भी ब्लॉगिंग अभिव्यक्ति का एक सशक्त जरिया बन चुका है। भारत में ब्लॉगिंग के कुछ प्रारम्भिक अध्याय पढ़ रहे हैं, जैसे-जैसे समय गुजरेगा ब्लॉगर्स के बहुमत की मानसिकता में यह बात आयेगी कि अभिव्यक्ति की स्वतन्त्रता का दुरुपयोग न होने पाये। क़ानून कहता है कि ब्लॉग पर अगर आप कुछ अनाप-शनाप लिखते हैं तो आपके ख़िलाफ़ क्रिमिनल या सिविल कार्रवाई हो सकती है। क्रिमिनल कार्रवाई में 3 साल की सज़ा तथा 5 लाख रुपये जुर्माना हो सकता है और सिविल कार्रवाई में 5 करोड़ रुपये तक का हर्जाना होता है। इसलिए ब्लॉगर्स को बहुत ज़्यादा सावधान होना पड़ेगा। अब वे दिन चले गये कि आप जो कुछ भी चाहें, लिखते रहें। कारण यह है कि आप जो कुछ ग़लत लिख रहे हैं, वह आईटी एक्ट के तहत आ गया है। आपके ख़िलाफ़ कौन व्यक्ति कैसे मुकदमा ठोक दे, यह आपको मालूम भी नहीं होगा इसलिए सावधानी इसी में है कि आप उस समय ब्लॉगिंग करें जब आपका मानसिक सन्तुलन सही दिशा में हो। अगर आप बहुत उत्तेजित हैं और आप भावनओं में आकर ब्लॉगिंग करेंगे तो वहाँ पर सम्भावना रहेगी कि आप कहीं न कहीं गलती कर जायें और आपको क़ानूनी परिस्थितियों का सामना करना पड़े। आज प्रयोक्ता द्वारा अश्लील सामग्री या ग़लत सन्देश भेजने पर इस क़ानून के तहत कार्रवाई हो सकती है। अगर आप अपने कम्प्यूटर या मोबाइल से सारे निशान मिटा भी दें तो सेवा प्रदाता कम्पनियाँ पुलिस को जाँच प्रक्रिया के लिए सबूत के तौर पर आपके भेजे गये सन्देश को उपलब्ध करा देती हैं इसीलिए आप यह मानकर चलें कि यहाँ सिर्फ़ आभासी दुनिया नहीं है अपितु यथार्थ में क़ानूनी दाँव-पेंच भी है।

यहाँ यह कहना समीचीन होगा कि भारत में न्यू मीडिया के लिए जो क़ानून है, उसमें संशोधन करने की ज़रूरत है। जब तक आप भारतीय प्रेस परिषद् को शक्तियाँ नहीं देंगे, वैधानिक अधिकार नहीं देंगे, उसकी क्षमता को बढ़ाएँगे नहीं, तबतक ऐसा नहीं है कि वह कोई प्रमुख अर्थपूर्ण भूमिका अदा कर पायेगी। साइबर लॉ विशेषज्ञ पवन दुग्गल का मानना है कि आचार संहिता बनाने की अवधारणा अच्छी है लेकिन ऐसा नहीं लगता कि आचार संहिता को प्रभावकारी ढंग से लागू किया जाता है। 'सेल्फ रेग्यूलेशन' भारत में आज तक नाकामयाब रहा है। सेल्फ रेग्यूलेशन नहीं होगा तो अभिव्यक्ति की आज़ादी कहाँ तक कामयाब होगी।

सन्दर्भ

1. *सम्पूर्ण गाँधी वाङ्मय,* खण्ड 39. पृ. 219, खण्ड 25, पृ. 299
2. गोयनका, कमल किशोर (सं.), *गाँधी : पत्रकारिता के प्रतिमान,* दिल्ली : नटराज प्रकाशन, पृ. 124
3. *सम्पूर्ण गाँधी वाङ्मय,* खण्ड 86, पृ. 446
4. *सम्पूर्ण गाँधी वाङ्मय,* खण्ड 43, पृ. 16
5. *सम्पूर्ण गाँधी वाङ्मय,* खण्ड 25, पृ. 159
6. *सम्पूर्ण गाँधी वाङ्मय,* खण्ड 78, पृ. 146
7. गाँधी, मोहनदास करमचन्द, *इंडियन ओपिनियन,* 4 जून, 1903
8. तिवारी, डॉ. अर्जुन, (2004), *महात्मा गाँधी की पत्रकारिता,* इलाहाबाद : जय भारती प्रकाशन, पृ. 72
9. वही, पृ. 73
10. गोयनका, कमल किशोर, (सं.), *गाँधी : पत्रकारिता के प्रतिमान,* दिल्ली : नटराज प्रकाशन, पृ. 195
11. सिंह, डॉ. अमित रंजन, *समसामयिक पत्रकारिता और गाँधी,* पटना : डॉल्फिन पब्लिकेशन, पृ. 220
12. वही, पृ. 221
13. शर्मा, कुमुद, *विज्ञापन की दुनिया,* नयी दिल्ली : प्रतिभा प्रतिष्ठान।
14. *24वाँ वार्षिक प्रतिवेदन,* नयी दिल्ली : भारतीय प्रेस परिषद्, पृ. 01
15. *पत्रकारिता के आचरण के मानक,* नयी दिल्ली : भारतीय प्रेस परिषद्, पृ. 123-124
16. *24वाँ वार्षिक प्रतिवेदन,* नयी दिल्ली : भारतीय प्रेस परिषद्, पृ. 06-07
17. तिवारी, डॉ. अर्जुन, (2004), *महात्मा गाँधी की पत्रकारिता,* इलाहाबाद : जय भारती प्रकाशन, पृ. 61
18. *जर्नल ऑफ़ मीडिया स्टडीज,* फ़रवरी, 2011. वॉल्यूम 01, इलाहाबाद : सेंटर फॉर मीडिया स्टडीज, इंस्टीट्यूट ऑफ़ प्रोफेशनल स्टडीज, यूनिवर्सिटी ऑफ़ इलाहाबाद।

19. शर्मा, डॉ. सतीश, *इलेक्ट्रॉनिक मीडिया और स्टिंग ऑपरेशन,* नयी दिल्ली : तक्षशिला प्रकाशन, पृ. 63
20. *25वाँ वार्षिक प्रतिवेदन,* नयी दिल्ली : भारतीय प्रेस परिषद्, पृ. 09
21. दीक्षित, डॉ. हरबंश, (2007), *प्रेस विधि एवं अभिव्यक्ति स्वातन्त्र्य,* नयी दिल्ली : वाणी प्रकाशन, पृ. 182
22. वही

आचार संहिता : व्यावहारिक पक्ष एवं वर्तमान बहस

'भूमण्डलीकरण मीडिया की आचार संहिता' विषय पर अध्ययन के दौरान पाया कि एक प्रकार से चुनिन्दा तरीक़े से प्रेस की स्वतन्त्रता पर सौदेबाजी की जाती है और इस खेल के खिलाड़ी होते हैं—प्रेस, प्रभु वर्ग, राजनीतिक दल, कार्पोरेट घराने, नौकरशाह, उद्योगपति, भू-माफिया, अन्य नवउदित संगठित धनिक व प्रोफेशनल वर्ग। इन तत्त्वों के कारण ही लोकहित व जनकल्याण के समाचारों को या तो रोका जाता है या मामूली सा स्थान दिया जाता है। हमने 2009 के आम चुनावों में पेड न्यूज़ या न्यूज़ फिक्सिंग के महाकाण्डों को देखा। पेड न्यूज़ के महाकाण्ड में लिप्त समाचार-पत्र व चैनलों के कई नामों को उजागर नहीं होने दिया गया। परिषद् की जाँच समिति इस मुद्दे पर विभाजित रही। हालाँकि यह कतिपय प्रतिबद्ध व जागरूक सदस्यों के कारण नामों का पर्दाफ़ाश हो सका। इस तरह की हरक़तों की स्वतन्त्रता संकटग्रस्त होने लगती है।

पत्रकारिता के आचरण के मानक निर्धारित करने वाली संस्था भारतीय प्रेस परिषद् अधिनियम, 1978 की धारा 13 (2)(ख) में परिषद् को आदेश दिया गया है कि वह रिपोर्टिंग के स्तर को बनाये रखने और उनमें सुधार करने हेतु समाचार कर्मियों की सहायता एवं मार्गदर्शन के लिए आचार संहिता बनाये। इसके अनुरूप, परिषद् का यही विचार रहा है कि लिखित संहिता बनाने के स्थान पर, इसे परिषद् द्वारा दिये गये निर्णयों के माध्यम से एक-एक मामले के आधार पर बनाया जाये।

मूलरूप से मीडिया की आचार संहिता के उल्लंघन से सम्बन्धित मामलों का अध्ययन किया गया। वर्ष 2001 से 2020 तक भारतीय प्रेस परिषद् में कुल दर्ज 34,734 मामलों में से मात्र 15,946 मामलों का ही निपटारा हुआ। यहाँ चौंकाने वाला तथ्य यह भी प्राप्त हुआ कि प्रेस द्वारा सरकारी अधिकारियों के विरुद्ध कुल 4,007 मामले दर्ज हुए जबकि पत्रकारिता की नैतिकता सम्बन्धी उल्लंघन के 14,200 मामले दर्ज हुए। तात्पर्य यह है कि पत्रकारिता के आचरण का उल्लंघन करने वाले मामले अधिक दर्ज किये गये। भारतीय प्रेस परिषद् में आचार संहिता उल्लंघन के सन्दर्भ में एक अध्ययन को वर्ष 2001 से 2020 तक क्रमानुसार प्रस्तुत किया जा रहा है।

अवधि	शिकायतों की संख्या	प्रेस द्वारा सरकार के अधिकारियों के विरुद्ध मामले	प्रेस के विरुद्ध पत्रकारिता की नैतिकता सम्बन्धी उल्लंघन के मामले	गत वर्ष के लम्बित मामले	कुल मामले	निपटाये गये मामले	पत्रकारों के उत्पीड़न सम्बन्धी मामले	सिद्धान्त एवं प्रकाशन सम्बन्धी मामले	प्रेस और मानहानि सम्बन्धी मामले	प्रेस और नैतिकता सम्बन्धी मामले	सांप्रदायिक जातीय और राष्ट्र विरोधी लेखन सम्बन्धी मामले
01-04-2001–31-03-2002	1250	390	860	523	1]773	130	18	19	68	06	02
01-04-2002–31-03-2003	1101	300	801	598	1]699	753	23	07	106	06	03
01-04-2003–31-03-2004	870	210	660	943	1]530	1]226	14	20	175	07	28
01-04-2004–31-03-2005	829	169	660	587	1]416	443	01	03	32	00	22
01-04-2005–31-03-2006	726	150	576	975	1]701	940	20	17	122	08	15
01-04-2006–31-03-2007	755	200	555	760	1]515	850	18	18	125	14	15
01-04-2007–31-03-2008	678	120	530	665	1]343	584	14	18	74	05	02
01-04-2008–31-03-2009	726	185	541	759	1]485	581	18	21	73	07	04
01-04-2009–31-03-2010	950	180	770	904	1854	681	22	39	108	07	07
01-04-2010–31-03-2011	900	187	713	1173	2073	1026	27	45	122	11	05

01-04-2011–31-03-2012	885	170	715	1047	1932	1116	13	19	63	02	02
01-04-2012–31-03-2013	1051	175	876	816	1867	997	27	33	110	06	06
01-04-2013–31-03-2014	1414	199	1215	870	2284	1342	37	22	164	00	02
01-04-2014–31-03-2015	1249	199	1050	942	2191	930	07	24	39	02	01
01-04-2015–31-03-2016	902	236	666	1261	2163	914	31	125	83	05	04
01-04-2016–31-03-2017	848	260	588	1251	2099	1567	53	56	242	11	04
01-04-2017–31-03-2018	755	193	562	532	1287	483	29	44	96	03	03
01-04-2018–31-03-2019	1333	221	1112	779	2112	970	25	36	99	07	01
01-04-2019–31-03-2020	985	263	722	1142	2127	413	31	68	89	07	04
कुल	18,207	4,007	14,200	16,527	34,734	15,946	428	634	1990	114	121

(स्रोत–वार्षिक प्रतिवेदन, भारतीय प्रेस परिषद्)

प्रेस की स्वतन्त्रता के ख़तरे से सम्बन्धित शिकायतें

भारतीय प्रेस परिषद् अधिनियम, 1978 की धारा 13 में भारतीय प्रेस परिषद् के मूल उद्देश्य निर्धारित किये गये हैं। अधिनियम के प्रावधानों के अन्तर्गत परिषद् का कार्य न केवल पत्रकारिता की नीति के उच्च स्तरों को बनाये रखना और सुधार करना ही नहीं है अपितु ऐसी किसी बात पर ध्यान देना भी है, जो प्रेस की स्वतन्त्र कामकाज को बाधित कर सकती है। इसे अधिकार है कि उन प्राधिकारियों के कृत्यों तथा आचरण पर नज़र रखें जिनसे प्रेस की स्वतन्त्रता बाधित होती हो और निर्णयों या रिपोर्टों के रूप में किसी भी प्रधिकारी के आचरण के बारे में सरकार सहित ऐसी टिप्पणी करे, जो वह उचित समझे। इसी अधिकार का प्रयोग करते हुए परिषद् प्राधिकारियों के विरुद्ध शिकायतों पर विचार करती है और निर्णय देती है।

दरअसल सरकार के प्राधिकारियों द्वारा प्रेस की स्वतन्त्रता बाधित करने के प्रयासों पर चाहे धमकियों द्वारा भौतिक या मौखिक या दबाव के रूप में रियायतों व सुविधाओं से वंचित करके, परिषद् द्वारा दिये गये निर्णयों में विचार किया जाता है। प्रिंट मीडिया की स्वतन्त्र कार्यप्रणाली पर अतिक्रमण करने वाली इन कार्रवाइयों को प्रेस परिषद् अधिनियम, 1978 की धारा 13 (1) और 13 (2) (क) (ङ) (ज) (झ) तथा (ट) के अन्तर्गत शामिल किया जाता है।

प्रेस की स्वतन्त्रता के ख़तरे से सम्बन्धित मामले

अवधि	शिकायत	लम्बित मामले	कुल मामले	निर्णय	ख़ारिज/ विचाराधीन	निर्णय नहीं
01.04.2001–31.03.2002	390	162	552	35	333	184
01.04.2002–31.03.2003	300	184	484	64	221	199
01.04.2003–31.03.2004	210	199	409	47	238	124
01.04.2004–31.03.2005	169	124	293	111	00	182
01.04.2005–31.03.2006	150	182	332	40	12	280
01.04.2006–31.03.2007	200	94	294	32	111	151

01.04.2007– 31.03.2008	120	164	284	30	128	126
01.04.2008– 31.03.2009	185	126	311	30	71	210
01.04.2009– 31.03.2010	180	210	390	35	108	247
01.04.2010– 31.03.2011	187	247	434	40	167	227
01.04.2011– 31.03.2012	170	227	397	24	229	144
01.04.2012– 31.03.2013	175	144	319	35	124	160
01.04.2013– 31.03.2014	199	160	359	51	187	121
01.04.2014– 31.03.2015	199	121	320	13	190	117
01.04.2015– 31.03.2016	236	117	353	48	162	143
01.04.2016– 31.03.2017	260	143	403	117	169	117
01.04.2017– 31.03.2018	193	117	310	77	70	163
01.04.2018– 31.03.2019	221	163	384	63	165	156
01.04.2019– 31.03.2020	263	156	431	86	249	96

(स्रोत–वार्षिक प्रतिवेदन, भारतीय प्रेस परिषद्)

प्रेस के विरुद्ध दर्ज शिकायतों में परिषद् द्वारा दिये गये निर्णय : मीडियाकर्मी अभिव्यक्ति की स्वतन्त्रता का हवाला देकर कई बार अपनी 'सुविधा प्राप्त' लेखिनी का प्रयोग अपने उद्देश्यों की पूर्ति करने के लिए दोषी होता है। "समाचार-पत्रों, समाचार एजेंसियों और पत्रकारों की ओर से समाचार एजेंसियों में अथवा समाचार-पत्रों के प्रकाशन में लगे हुए लोगों की सभी श्रेणियों के मध्य समुचित कार्यात्मक सम्बन्ध को बढ़ावा देने, पत्रकारिता के व्यवसाय में लगे सभी लोगों के बीच जनसेवा और दायित्व की भावना में वृद्धि को प्रोत्साहित करने, नागरिकता के अधिकारों और दायित्वों दोनों की भावनाओं में वृद्धि करने तथा जनहित के

उच्च स्तरों को बनाये रखना सुनिश्चित करते हुए उच्च व्यावसायिक स्तरों के अनुरूप समाचार-पत्रों, समाचार एजेंसियों और पत्रकारों के लिए आचार संहिता के निर्माण हेतु परिषद् को आदेश दिया गया है।"[1]

यहाँ यह कहना समीचीन होगा कि आज मीडिया का वाणिज्यीकरण हो गया है। बाज़ारवादी प्रतिस्पर्धा में यह ऐसी दौड़ लगाता है जिसमें मिशनरी भावना बहुत दूर होते हुए अनाचारों को स्थान मिलने लगता है। भूमण्डलीकरण के उपरान्त पत्रकारिता के पेशे के आचरण पर सवालिया निशान उठने लगे हैं। हाल में कई प्रकार के अनाचार ने इस महान व्यवसाय की प्रतिष्ठा को कम किया है।

प्रेस के विरुद्ध दर्ज़ शिकायतों में परिषद् के दिये गये निर्णय

अवधि	शिकायत	लम्बित मामले	कुल मामले	निर्णय	ख़ारिज विचाराधीन	निर्णय नहीं
01.04.2001–31.03.2002	860	361	1221	95	712	414
01.04.2002–31.03.2003	801	414	1215	471	00	744
01.04.2003–31.03.2004	660	744	1404	230	709	463
01.04.2004–31.03.2005	660	463	1123	57	277	975
01.04.2005–31.03.2006	576	793	1369	153	550	666
01.04.2006–31.03.2007	555	666	1221	172	548	477
01.04.2007–31.03.2008	558	501	1059	99	327	633
01.04.2008–31.03.2009	541	633	1174	105	375	694
01.04.2009–31.03.2010	770	694	1464	161	377	926
01.04.2010–31.03.2011	713	926	1639	183	636	820
01.04.2011–31.03.2012	715	820	1535	85	778	672
01.04.2012–31.03.2013	876	672	1548	154	684	710
01.04.2013–31.03.2014	1215	710	1925	188	916	821
01.04.2014–31.03.2015	1050	821	1871	65	662	1144
01.04.2016–31.03.2017	666	1144	1810	217	485	1108
01.04.2017–31.03.2018	588	1108	1696	468	813	415
01.04.2018–31.03.2019	562	415	977	155	206	616
01.04.2019–31.03.2020	1112	616	1728	147	595	986
01.04.2019–31.03.2020	722	986	1726	185	1200	341

(स्रोत–वार्षिक प्रतिवेदन, भारतीय प्रेस परिषद्)

पत्रकारों का उत्पीड़न : लोकतन्त्र के चौथे स्तम्भ के रूप में मीडियाकर्मियों को अपने व्यावसायिक कर्तव्य निभाने में प्रायः प्राधिकारियों, आतंकवादी संगठनों तथा असामाजिक तत्त्वों से भी अपनी निर्भीक रिपोर्टिंग/कवरेज़ करने में उनके

कामकाज की विधिसम्मत आलोचना प्रकाशित करने के लिए, आतंकवादी गुटों और असामाजिक तत्त्वों के अपराधों को उजागर करने के लिए गम्भीर परिणामों से गुजरना पड़ता है। अपने व्यावसायिक कर्तव्य ईमानदारी से निभाने के दौरान मीडियाकर्मियों की मार-पिटाई की जाती है, कई बार झूठे मामलों में फँसाया जाता है, अपहरण किया जाता है और कई मामलों में उनकी निर्मम हत्या भी कर दी जाती है। इतना ही नहीं उनके घरों पर धावा बोलकर घरवालों के साथ अभद्रता की जाती है।

प्रेस पर हमले : ''एक दलित संगठन के सक्रियतावादियों ने 26 मई, 2008 को एक प्रमुख तेलुगु समाचार-पत्र 'आन्ध्र ज्योति' के कार्यालय पर हमला किया, ऊधम मचाया, खिड़कियों के शीशे तोड़े और फर्नीचर में आग लगा दी। उनके रोष का कारण दैनिक समाचार पत्रों में प्रकाशित एक मुख्य समाचार था जिसमें दलित संगठनों के नेताओं के बारे में आंलोचनात्मक टिप्पणी की गयी थी जो ब्लैकमेल के दाँवपेच अपनाते हैं और राजनीतिक व्यक्तियों के साथ सौदेबाजी करते हैं। रिपोर्ट से क्रुद्ध होकर, 20 से अधिक एमआरपीएस कार्यकर्ता दो गाड़ियों में, लाठियों, पेट्रोल की बोतलों और पत्थरों से लैस होकर, जुबली हिल्स के पॉश क्षेत्र में स्थित समाचार-पत्र के कार्यालय में गये और अपना रोष निकाला।''[2]

एक अनुसूचित जाति संगठन द्वारा दुर्व्यवहार की शिकायत किये जाने के बाद तेलुगु दैनिक 'आन्ध्र ज्योति' के सम्पादक तथा दो पत्रकारों को 24 जून, 2008 की रात को अनुसूचित जाति/अनुसूचित जनजाति (अत्याचार निवारक) अधिनियम के अन्तर्गत गिरफ़्तार कर लिया गया। गिरफ़्तारी मीडिया आरक्षण समिति अध्यक्ष कृष्ण मडिगा द्वारा 28 मई को की गयी शिकायत के बाद हुई जिसमें समाचार-पत्र के स्टाफ पर ''उसे उसकी जाति के नाम पर अपशब्द कहने''[3] का आरोप लगाया गया था।

एक उग्र मराठी-समर्थक संगठन के कार्यकर्ताओं ने 5 जून, 2008 को इंडियन एक्सप्रेस समूह के मराठी समाचार-पत्र लोकसत्ता के सम्पादक कुमार केतकर के घर पर आक्रमण किया और तोड़-फोड़ की। वे एक सम्पादकीय का विरोध कर रहे थे, जिसमें मैरिन ड्राइव के पार अरब सागर में शिवाजी की 309 फुट ऊँची प्रतिमा स्थापित करने की राज्य सरकार की योजना की हँसी उड़ायी गयी थी। शिव संग्राम के लगभग 70-80 लोगों ने, जिसे एक सामाजिक-धार्मिक संस्था माना जाता है, पूर्व एनसीपी एमएलसी विनायक मेथे के नेतृत्व में पत्थर फेंके, खिड़कियों के शीशे तोड़े, दरवाज़ों तथा खिड़कियों पर तारकोल पोता और

थाणे के कोपरी क्षेत्र में केतकर के घर में घुसने की कोशिश की। उन्होंने घर के बाहर सड़क पर लोकसत्ता की प्रतियाँ भी जलायीं। आक्रमण को उचित ठहराते हुए मेथे ने इंडियन एक्सप्रेस से कहा, "इतने वर्षों के बाद राज्य सरकार ने अरब सागर में छत्रपति शिवाजी की प्रतिमा स्थापित करने के प्रस्ताव को स्वीकृति दी है। उसने (केतकर) इस प्रस्ताव का विरोध करने के लिए छत्रपति शिवाजी के विरुद्ध अपमानजनक भाषा का प्रयोग किया है। सो, हमारे कार्यकर्ताओं ने विरोध में उसके घर पर आक्रमण किया। इस पर मेथे ने कहा, "यह नृशंस लेखन पर एक भौतिक प्रतिक्रिया थी।"[4]

पत्रकारों की बेवाक रिपोर्टिंग को निष्फल करने के लिए प्रतिशोधात्मक उग्रवादियों और असामाजिक तत्त्वों द्वारा अपनाये जाते हैं और वे उनके दुर्व्यवहार को उजागर करते हैं, "पत्रकारों के उत्पीड़न के मामले में वृद्धि मानवाधिकारों के ऐसे उल्लंघन की जाँच में प्रयत्नों की असफलता को दर्शाता है।"[5]

पत्रकारों के उत्पीड़न सम्बन्धी मामले

अवधि	दर्ज शिकायत	अनुमोदित	अस्वीकृत	आश्वासन	अनिष्पादन	आरोप सिद्ध पर निर्णय नहीं	ख़ारिज	कार्रवाई नहीं
01.4.2001-31.3.2002	18	02	05	03	08	05	05	08
01.4.2002-31.3.2003	23	03	11	02	07	03	13	07
01.4.2003-31.3.2004	14	01	04	01	08	01	04	08
01.4.2004-31.3.2005	01	00	00	01	00	01	03	00
01.4.2005-31.3.2006	20	02	03	12	03	05	03	12
01.4.2006-31.3.2007	18	03	03	07	05	03	09	07
01.4.2007-31.3.2008	14	01	02	09	02	01	04	09
01.4.2008-31.3.2009	18	03	04	04	07	03	00	11
01.4.2009-31.3.2010	22	03	06	04	09	03	15	04
01.4.2010-31.3.2011	27	00	04	12	11	00	04	23
01.4.2011-31.3.2012	13	05	02	02	04	05	02	06
01.4.2012-31.3.2013	27	00	01	09	17	00	01	26
01.4.2013-31.3.2014	37	03	01	09	24	03	01	33
01.4.2014-31.3.2015	07	00	00	00	07	00	07	00
01.4.2015-31.3.2016	31	04	00	05	22	04	00	27
01.4.2016-31.3.2017	53	03	20	20	10	03	20	30
01.4.2017-31.3.2018	29	05	09	08	07	05	09	15
01.4.2018-31.3.2019	25	01	07	06	11	01	07	17
01.4.2019-31.3.2020	31	06	06	03	16	06	06	19

(स्रोत—वार्षिक प्रतिवेदन, भारतीय प्रेस परिषद्)

सिद्धान्त एवं प्रकाशन : पत्रकार हमारे समाज का ही एक अभिन्न अंग है। अन्य व्यवसाय से जुड़े लोगों की भाँति ही पत्रकार द्वारा भी ग़लत रिपोर्टिंग हो जाती है या सार्वजनिक पदधारियों और संस्थाओं के लिए हानिकारक हो। इसके लिए तुरन्त संशोधन प्रकाशित करना ही सर्वोत्तम उपाय है। प्रायः यह देखा जा रहा है कि वित्तीय लाभ हेतु वर्तमान प्रतिस्पर्धी दौड़ में प्रेस उन मिशनरी पारम्परिक सिद्धान्तों को भूल गयी जो कि उन लोगों के लिए अमूल्य थे, जो पत्रकारिता के व्यवसाय में असंगत रिपोर्टों, लेखों आदि का प्रकाशन और खण्डन प्रकाशित करने में इनकार करना; प्रेस द्वारा अपनाया गया कदाचार है जो कि नीति सम्बन्धी पत्रकारिता आचार नियमों का उल्लंघन करता है।

सिद्धान्त एवं प्रकाशन सम्बन्धी मामले

वर्ष	कुल मामले	अनुमोदित	अस्वीकृत/ आरोप सिद्ध नहीं	आश्वासन समर्थित/ संशोधित शिकायत	अनिष्पादन/ प्रत्याहरण
01.4.2001-31.3.2002	19	00	15	03	03
01.4.2002-31.3.2003	07	02	02	03	00
01.4.2003-31.3.2004	20	05	05	07	03
01.4.2004-31.3.2005	03	00	01	01	01
01.4.2005-31.3.2006	17	07	04	06	00
01.4.2006-31.3.2007	18	04	00	07	07
01.4.2007-31.3.2008	18	04	03	08	03
01.4.2008-31.3.2009	21	06	03	11	01
01.4.2009-31.3.2010	39	15	10	09	05
01.4.2010-31.3.2011	45	13	11	17	04
01.4.2011-31.3.2012	19	00	06	05	08
01.4.2012-31.3.2013	33	10	04	07	12
01.4.2013-31.3.2014	22	00	03	04	15
01.4.2014-31.3.2015	24	01	00	04	19
01.4.2015-31.3.2016	125	14	00	04	107
01.4.2016-31.3.2017	56	07	22	13	14
01.4.2017-31.3.2018	44	05	24	07	08
01.4.2018-31.3.2019	36	08	16	08	04
01.4.2019-31.3.2020	68	14	25	18	11

(स्रोत–वार्षिक प्रतिवेदन, भारतीय प्रेस परिषद्)

प्रेस और मानहानि : अक्सर ऐसा सुनने को मिलता है कि कुछ पत्रकार निजी वैमनस्यता निकालने के लिए या किसी व्यक्ति या संस्था से पैसे ऐंठने में असफल

हो जाने पर अपनी रिपोर्टों, स्तम्भों के माध्यम से व्यक्तियों या संस्थाओं को बदनाम करने के लिए प्रवृत्त हो जाते हैं। इसके फलस्वरूप मानहानिजनक, अपमानजनक, अपने आप गढ़े गये समाचार व्यक्ति या संगठन की बड़ी मेहनत से अर्जित की गयी प्रतिष्ठा को आघात पहुँचाते हैं और इसके कारण उन्हें बड़ी शर्मिंदगी उठानी पड़ती है। जिससे पीड़ित व्यक्ति जीवन भर के लिए तबाह हो सकता है और उसे वर्णनातीत मानसिक पीड़ा तथा कष्ट सहन करना पड़ता है। कोई खण्डन या क्षमा याचना या क़ानून द्वारा उपयुक्त दण्ड भी उसका सही पुनरुद्धार नहीं कर सकता। मीडिया से यह आशा की जाती है कि वह किसी व्यक्ति की एकान्तता में दखलन्दाजी न करे और न ही किसी व्यक्ति के घर की खुशी-शान्ति में बाधा पहुँचाये। हालाँकि प्रेस का यह भी दायित्व है कि सार्वजनिक स्थानों में किसी भी प्रकार के भ्रष्टाचार को उजागर करे। "यदि उच्च पद पर आसीन कोई व्यक्ति अपने पद का दुरुपयोग करे और उससे कोई निजी लाभ उठाने की कोशिश करे तो जनहित में ऐसे व्यक्ति के कुकृत्यों को जनता के सामने लाना प्रेस के लिए न्यायोचित हो सकता है।"[6]

मानहानि का मुकदमा–इंडिया टुडे के सम्पादक प्रभु चावला पत्रिका के 28 सितम्बर के तमिल संस्करण में अभिनेत्री खुशबू की विवाह पूर्व यौन सम्बन्धों पर टिप्पणियाँ प्रकाशित करने पर उनके विरुद्ध मामला रद्द करने की माँग लेकर मद्रास हाई कोर्ट की मदुरई न्यायपीठ के सम्मुख गये। श्री चावला ने अपनी याचिका में कहा कि पत्तली मक्कल काची आर. रामकुमार के संकरनकौय टाउन सेक्रेटरी ने उनके और अभिनेत्री के विरुद्ध भारतीय दण्ड संहिता की धारा 499 (मानहानि), 500 (मानहानि हेतु दंड) और 501 (मानहानि समझे जाने वाले मामले के रेखांकन और मुद्रण पर) के अन्तर्गत शिकायत दर्ज की थी। उन्होंने कहा कि अभिनेत्री द्वारा व्यक्त किये गये विचारों, जैसा कि पत्रिका में प्रकाशित किये गये थे, ने यह नहीं दर्शाया कि कथित अपराध किये गये थे और याचिका में आगे कहा गया कि काबिल मजिस्ट्रेट ने क़ानून का ग़लत विवेचन करते हुए, शिकायत की जानकारी लेते हुए प्रार्थी को आदेश जारी किये। इसके अतिरिक्त, यह मामला अभिनेत्री के विरुद्ध राजनीतिक गुबार निकालने के लिए दर्ज किया गया था और शिकायतकर्ता की मंशा "सही राय अभिव्यक्त करने से मीडिया की आवाज़ को बन्द करने की थी।"[7]

अभिनेत्री खुशबू ने भारत में हाल ही में शुरू की गयी यू.के. की पुरुष सम्बन्धित पत्रिका मैक्सिम के विरुद्ध मानहानि का मुकदमा दर्ज़ करने का

निर्णय किया है। इस पत्रिका के प्रथम भारतीय संस्करण में अभिनेत्री की मार्फ्ड तस्वीर दी गयी थी। खुशबू ने कहा, ''समाचार और फ़ोटोग्राफ दोनों कुरुचिपूर्ण हैं। उन्होंने अनादरसूचक अभिव्यक्ति की हैं और मैं बहुत परेशान हूँ।''[8] उनके वकील आर. कारथीकेयन के अनुसार, अभिनेत्री ब्रिटिश प्रकाशकों के साथ-साथ भारतीय संस्करण के सम्पादकों के विरुद्ध आपराधिक और अश्लील आरोपों सहित मानहानि का मुकदमा दर्ज करेंगी।

मानहानि के उद्देश्यों से रिपोर्ट आलेख प्रकाशित करने की परिपाटी जोरों से चल रही है और यह अनियमित लघु समाचार-पत्रों में सर्वाधिक प्रचलित है। परिषद् में प्राप्त शिकायतों के विश्लेषण से पता चलता है कि इस शीर्षक के अन्तर्गत दाखिल की गयी शिकायतों में अधिकांश मानहानि से सम्बन्धित मामले हैं—

प्रेस एवं मानहानि सम्बन्धी मामले

वर्ष	कुल	अनुमोदित मामले	अस्वीकृत	आश्वासन समर्थित संशोधित शिकायत	अनिष्पादन पर ख़ारिज
01.04.2001–31.03.2002	68	19	16	23	10
01.04.2002–31.03.2003	106	23	22	48	13
01.04.2003–31.03.2004	175	46	14	99	16
01.04.2004–31.03.2005	32	10	06	06	10
01.04.2005–31.03.2006	122	44	14	27	37
01.04.2006–31.03.2007	125	45	17	35	28
01.04.2007–31.03.2008	74	28	07	19	20
01.04.2008–31.03.2009	73	26	13	24	10
01.04.2008–31.03.2009	73	26	13	24	10
01.04.2009–31.03.2010	108	14	28	28	38
01.04.2010–31.03.2011	122	48	15	33	26
01.04.2011–31.03.2012	63	18	10	08	27
01.04.2012–31.03.2013	110	20	15	23	52
01.04.2013–31.03.2014	164	20	07	55	82
01.04.2014–31.03.2015	39	09	00	05	25
01.04.2015–31.03.2016	83	29	00	04	50
01.04.2016–31.03.2017	242	46	115	24	57
01.04.2017–31.03.2018	96	16	43	18	19
01.04.2018–31.03.2019	99	30	44	20	05
01.04.2019–31.03.2020	89	08	42	11	28

(स्रोत- वार्षिक प्रतिवेदन, भारतीय प्रेस परिषद)

प्रेस और नैतिकता—भारतीय संस्कृति में शालीनता व नैतिकता का अहम स्थान है पर आज की पत्रकारिता पश्चिमोन्मुखी होकर भारतीय समाज की नैतिकता के विरुद्ध अन्तर्वस्तु परोसने लगी है। प्रेस से यह आशा की जाती है कि वह भारतीय संस्कृति के विकास में सहयोग करे। भारतीय दण्ड संहिता में सार्वजनिक शालीनता तथा नैतिकता से सम्बन्धित अपराध शामिल हैं, तत्सम्बन्धी धाराएँ 292 से 292 (क) तक हैं। यह प्रावधान अश्लील साहित्य तथा वस्तुएँ बेचने या बाँटने या अश्लील हरकतें करने आदि को दण्डनीय घोषित करता है। परिषद् को यदि यह लगता है कि किसी रिपोर्ट या आलेख को प्रकाशित करने का उद्देश्य अश्लील था और वह युवाओं के मन में कामुक भावनाएँ पैदा करने के लिए था, जब कभी भी इन पर परिषद् की दृष्टि पड़ती है, वह मूल कार्रवाई करती है। इसके अतिरिक्त वह ऐसे मामलों पर प्राप्त शिकायतों पर भी निर्णय देती है।

प्रेस और नैतिकता से सम्बन्धित मामले

अवधि	कुल मामले	अनुमोदित	अस्वीकृत	आश्वासन समर्थित संशोधित	अनिष्पादन पर ख़ारिज
01.4.2001—31.3.2002	06	06	00	00	00
01.4.2002—31.3.2003	06	03	02	01	00
01.4.2003—31.3.2004	07	05	00	01	01
01.4.2004—31.3.2005	00	00	00	00	00
01.4.2005—31.3.2006	08	03	01	04	00
01.4.2006—31.3.2007	14	10	02	02	00
01.4.2007—31.3.2008	05	02	02	01	00
01.4.2008—31.3.2009	07	02	00	03	02
01.4.2003—31.3.2004	07	05	00	01	01
01.4.2004—31.3.2005	00	00	00	00	00
01.4.2005—31.3.2006	08	03	01	04	00
01.4.2006—31.3.2007	14	10	02	02	00
01.4.2007—31.3.2008	05	02	02	01	00
01.4.2008—31.3.2009	07	02	00	03	02
01.4.2009—31.3.2010	07	05	00	02	00
01.4.2010—31.3.2011	11	03	00	08	00
01.4.2011—31.3.2012	02	00	00	01	01
01.4.2012—31.3.2013	06	01	01	01	03
01.4.2013—31.3.2014	00	00	00	00	00
01.4.2014—31.3.2015	02	01	00	00	01
01.4.2015—31.3.2016	05	04	00	00	01

01.4.2016—31.3.2017	11	01	07	01	02
01.4.2017—31.3.2018	03	03	00	00	00
01.4.2018—31.3.2019	07	03	04	00	00
01.4.2019—31.3.2020	07	01	06	00	00

(स्रोत- वार्षिक प्रतिवेदन, भारतीय प्रेस परिषद्)

साम्प्रदायिक जातीय और राष्ट्र विरोधी लेखन—भारतीय संस्कृति एक ऐसा गुलदस्ता है जिसमें भिन्न-भिन्न जातियों, धर्म, भाषा-भाषी लोग समाहित हैं। सांस्कृतिक विविधता ही इसकी पहचान है। धर्मनिरपेक्ष देश में साम्प्रदायिक उन्माद और जातिवादी हिंसा के कृत्य हमारे देश की एकता व सुरक्षा के लिए ख़तरा बने हुए हैं। इस देश की एकता व अखण्डता को बढ़ाने में मीडिया की महती भूमिका है। मीडिया में जनता के मन को प्रभावित करने और जनता की राय बदलने की अद्भुत क्षमता है इसलिए प्रेस को चाहिए कि वह अपनी अन्तर्वस्तु में विभाजक बलों को दबाने तथा नियन्त्रित करने और राष्ट्रीय अखण्डता को बढ़ाने में महती भूमिका अदा करे। परिषद् प्रेस से अपील करती रही है कि जिन मामलों में समुदायों/जातियों की भावनाएँ आहत होती हों, उन पर रिपोर्टिंग करते समय यथोचित सतर्कता तथा सावधानी बरतें और उसे यह भी सलाह दी है कि यह सुनिश्चित करने के लिए विज्ञापनों की बारीकी से जाँच करें कि उनमें कोई साम्प्रदायिक या राष्ट्र विरोधी बातें तो नहीं है। एक घटना को इससे समझा जा सकता है–''गुवाहाटी नगर के भागों में टेलीविज़न केबल आपरेटरों ने 27 नवम्बर, 2007 को एनडीटीवी और सीएनएन-आईबीएन के दो प्रसारणों को रोक दिया, जिसमें उन्होंने इन चैनलों पर आरोप लगाया है कि उन्होंने जनजातीय आदिवासी और नगर के निवासियों में पिछले सप्ताह सामूहिक हिंसा को असम में उपद्रव को बढ़ाने में साम्प्रदायिक तनाव पैदा किया है।''[9] दुर्भाग्यवश परिषद् को साम्प्रदायिक लेखों के बारे में शिकायत मिलती रहती है–

साम्प्रदायिक जातीय और राष्ट्र विरोधी लेखन से सम्बन्धित मामले–

अवधि	कुल मामले	अनुमोदित	अस्वीकृत	आश्वासन समर्थित संशोधित	
01.04.2001—31.03.2002	02	00	01	01	00
01.04.2002—31.03.2003	03	00	00	00	01
01.04.2003—31.03.2004	28	18	06	06	01
01.04.2004—31.03.2005	22	00	00	00	03

01.04.2005–31.03.2006	06	04	00	00	00
01.04.2006–31.03.2007	15	10	00	00	01
01.04.2007–31.03.2008	02	00	01	01	01
01.04.2008–31.03.2009	04	00	00	04	00
01.04.2009–31.03.2010	07	02	02	02	01
01.04.2010–31.03.2011	05	04	00	01	00
01.04.2011–31.03.2012	02	01	00	01	00
01.04.2012–31.03.2013	06	02	00	02	02
01.04.2013–31.03.2014	02	00	01	00	01
01.04.2014–31.03.2015	01	00	00	00	01
01.04.2015–31.03.2016	04	02	00	00	02
01.04.2016–31.03.2017	04	00	00	01	03
01.04.2017–31.03.2018	03	01	02	00	00
01.04.2018–31.03.2019	01	00	01	00	00
01.04.2019–31.03.2020	04	01	01	02	00

(स्रोत- वार्षिक प्रतिवेदन, भारतीय प्रेस परिषद्)

भारतीय प्रेस परिषद् को शक्तिशाली बनाने की ज़रूरत

भारतीय प्रेस परिषद् पत्रकारिता के उच्च मानक निर्मित करने हेतु एक सर्वोच्च संस्था है। प्रेस परिषद् अधिनियम में परिषद् की धारा (1) के अन्तर्गत केवल घोषणात्मक दण्ड जैसे परिनिन्दा करने, चेतावनी देने, भर्त्सना करने का ही अधिकार दिया गया है। इसके अतिरिक्त इसे प्राधिकार है कि इस धारा के अन्तर्गत किसी जाँच से सम्बद्ध विवरण प्रकाशित करने के लिए प्रकाशन अपेक्षित है। हालाँकि अधिनियम प्रेस परिषद् को अपने निर्देशों को लागू करने हेतु कोई अधिकार नहीं देता और इसी कारण परिषद् के निर्णय का उद्देश्य इस आधार पर अक्सर निष्प्रभ हो जाता है। इसी कारण प्रेस परिषद् ने बार-बार सरकार से सिफ़ारिश की है कि प्रेस परिषद् के निर्णय/निर्देश को बल प्रदान करना सुनिश्चित करने के लिए इसे कुछ न्यूनतम अधिकार अवश्य दिये जायें। पत्रकारिता के आचरण के ख़िलाफ़ परिषद् में शिकायत करने पर यह सिर्फ़ निन्दा प्रस्ताव लगा सकती है। वर्ष 2001 से 2020 तक भारतीय प्रेस परिषद् में दर्ज कुल 34734 मामले के अध्ययन में यह बात स्पष्ट रूप से दिखती है कि यह न्यायिक मामले में बहुत हस्तक्षेप नहीं कर सकती है। कई बार तो वादी या प्रतिवादी मुकदमे को बहुत ही हल्के ढंग से लेते हुए सुनवाई के लिए जाना भी उचित नहीं समझते हैं। इसलिए इसे अधिक शक्तिशाली बनाये जाने की ज़रूरत है। हम इसे कुछ घटनाओं से समझ सकते हैं।

मद सं. 1 : समाचार कर्मियों का उत्पीड़न

श्री हर्षवर्धन आर्य, सम्पादक, लोकमत समाचार, नागपुर बनाम मुख्य वन संरक्षक, महाराष्ट्र राज्य, नागपुर व श्री तसनीम अहमद मुख्य वन संरक्षक (प्रादेशिक) अमरावती, महाराष्ट्र।

शिकायत—श्री हर्षवर्धन आर्य, स्थानीय सम्पादक लोकमत समाचार, नागपुर (महाराष्ट्र) ने यह शिकायत दिनांक 18.04.2005 को अपने समाचार-पत्र के 31.03.2005 के अंक में "एक करोड़ दो दिनों में खर्च करें, मुख्य वन संरक्षक का निर्देश" शीर्षक से एक आलोचनात्मक समाचार छापने के बाद कथित रूप से धमकियाँ देने पर श्री तसनीम अहमद, मुख्य वन सरंक्षक, अमरावती के विरुद्ध दाखिल की है। शिकायतकर्ता ने कहा है कि प्रकाशन से चिढ़ कर, प्रतिवादी ने अपने पत्र दिनांक 07.04.2005 द्वारा तथ्यों से इनकार करते हुए न केवल उसे प्रकाशन का आधार बताने के लिए कहा, बल्कि उसे धमकी दी कि दो सप्ताह के भीतर समाचार के समर्थन में प्रमाण उपलब्ध कराया जाए, अन्यथा क़ानूनी कार्रवाई की जायेगी।

प्रतिवादी ने पत्र की भाषा पर आपत्ति उठायी। शिकायतकर्ता ने अपने पत्र दिनांक 18.04.2005 में कहा कि यदि प्रतिवादी को कोई आपत्ति थी तो उसे तथ्यों का स्पष्टीकरण करते हुए अपना प्रत्युत्तर भेजना चाहिए था किन्तु ऐसा करने के बजाय उसने धमकी दी और आपत्तिजनक भाषा का उपयोग किया जो प्रेस की स्वतन्त्रता पर आघात है।

उत्तर में वक्तव्य के नोटिस, मुख्य वनसंरक्षक (प्रादेशिक) अमरावती और प्रधान मुख्य वन संरक्षक, महाराष्ट्र राज्य, नागपुर 'महाराष्ट्र' को दिनांक 16.09.2005 को जारी किये गये थे।

टिप्पणी—प्रतिवादी-मुख्य वन संरक्षक (प्रादेशिक), अमरावती ने अपनी टिप्पणी दिनांक 27.09.2005 को शिकायतकर्ता द्वारा लगाये गये आरोपों से पूरी तरह इनकार करते हुए कहा है कि शिकायतकर्ता ने यह शिकायत उसके विरुद्ध तथा मनगढ़न्त समाचार छापने के अपने कृत्य को दबाने के उद्देश्य से दाखिल की है और केवल अपने दायित्व से बचने के लिए समस्त लोकमत समूह को घसीटने का प्रयास किया है।

प्रतिवादी का कहना है कि उसने अपना पत्र दिनांक 07.04.2005 को इस इरादे से नहीं लिखा था कि श्री हर्षवर्धन आर्य का या किसी भी व्यक्ति का

अपमान किया जाये या प्रेस की स्वतन्त्रता पर आघात किया जाये या किसी भी तरह से 'समाचार-पत्र के लोकमत समूह को धमकी दी जाये।' प्रतिवादी ने कहा है कि शिकायतकर्ता ने परिषद् के पास शिकायत केवल इस इरादे से दाखिल की है कि उसके विरुद्ध एक जवाबी कार्रवाई शुरू किया जाये और उसे तथा उस जैसे अन्य अधिकारियों को भविष्य में परिषद् के पास आने से रोका जाये/हतोत्साहित किया जाये, वह ऐसा झूठा समाचार छापे तो भी उसने शिकायत को ख़ारिज कर देने का अनुरोध किया है।

टिप्पणियों की एक प्रति परिषद् के पत्र दिनांक 04.10.2005 द्वारा शिकायतकर्ता को सूचनार्थ भेज दी गयी थी।

प्रधान मुख्य वन संरक्षक, महाराष्ट्र राज्य नागपुर ने अपने उत्तर दिनांक 18.10.2005 में कहा है कि इस मामले से उसका सीधा सम्बन्ध नहीं था। उसने अनुरोध किया है कि उसे जारी किया गया नोटिस रद्द कर दिया जाये और श्री तसनीम अहमद, मुख्य वन सरंक्षक, अमरावती सर्कल, अमरावती द्वारा स्पष्ट की गयी तथ्यात्मक स्थिति को ध्यान में रखते हुए शिकायत पर निर्णय लिया जाये।

प्रधान मुख्य वन संरक्षक, महाराष्ट्र राज्य, नागपुर को परिषद् के पत्र दिनांक 28.11.2005 द्वारा सूचित कर दिया गया था कि प्रेस की स्वतन्त्रता को धमकी का आरोप एक सरकारी कर्मचारी के विरुद्ध उसकी सरकारी हैसियत में है, अतः नोटिस रद्द करने के उसके अनुरोध को स्वीकार नहीं किया जा सकता।

पहला स्थगन–मामला 08.02.2006 को पुणे में जाँच समिति के सामने सुनवाई के लिए रखा गया था। प्रतिवादी की ओर से सर्वश्री ओ. के. महाजन, प्रभागीय वन अधिकारी (सतर्कता) और एन.बी. गुडगे, उप वन अधिकारी, नियोजन समिति के सामने प्रस्तुत थे, किन्तु शिकायतकर्ता सम्पादक ने स्थगन के लिए अनुरोध किया था क्योंकि वह अपरिहार्य परिस्थितियों के कारण सुनवाई के लिए प्रस्तुत होने में असमर्थ था।

इसके साथ ही सुनवाई के लिए रखी गयी तीन जवाबी शिकायतों के स्थगन को देखते हुए जाँच समिति ने शिकायतकर्ता के अनुरोध को स्वीकार कर लिया और मामला स्थगित कर दिया।

दूसरा स्थगन–जाँच समिति द्वारा मामला 13.07.2006 को नयी दिल्ली में सुनवाई के लिए लिया गया था। किसी भी पक्ष की ओर से कोई प्रतिनिधि नहीं आया।

प्रतिवादी ने अपने पत्र दिनांक 06.07.2006 द्वारा इस आधार पर स्थगन के लिए अनुरोध किया था कि महाराष्ट्र विधानसभा का मानसून सत्र चल रहा है और अनेक विधायी मामलों पर उसे तत्काल ध्यान देने की ज़रूरत है। शिकायतकर्ता ने भी स्थगन के लिए अनुरोध किया था। पक्षकारों के अनुरोध पर जाँच समिति ने मामले और जवाबी शिकायतों को स्थगित कर दिया।

जाँच समिति की सिफ़ारिशें–जब जाँच समिति द्वारा प्रस्तुत मामले और सम्बन्धित जवाबी शिकायतों द्वारा को 21.09.2006 को हैदराबाद में सुनवाई के लिए रखा गया तब जाँच समिति के सामने कोई भी पक्षकार हाजिर नहीं हुआ। लोकमत के कार्मिक प्रबन्धक ने एक फैक्स दिनांक 20.09.2006 द्वारा अपरिहार्य कार्य के कारण मामले के स्थगन के लिए अनुरोध किया था।

जाँच समिति ने देखा कि उसके सामने तीन अवसरों पर रखी गयी शिकायत तथा जवाबी शिकायतों के पक्षकारों द्वारा अपने मामले की पैरवी करने में गम्भीर रुचि दिखायी नहीं देते। अतः उसने परिषद् से मामले को ख़ारिज करने की सिफ़ारिश की।

परिषद् का निर्णय–प्रेस परिषद् मामले के रिकार्डों पर और जाँच समिति की रिपोर्ट पर विचार करके, निष्कर्षों तथा सिफ़ारिशों को स्वीकार करती है और तद्नुसार, निर्णय लेती है। (दिनांक 16.10.2006 को निर्णीत)

स्रोत–निर्णयों के सार संग्रह, भारतीय प्रेस परिषद्।

मद संख्या 2 : सिद्धान्त और प्रकाशन

पुलिस अधीक्षक समाहर्ता भिण्ड, मध्य प्रदेश बनाम नवभारत, ग्वालियर मध्य प्रदेश।

शिकायत–दिनांक 21.01.2005 की यह शिकायत पुलिस अधीक्षक और समाहर्ता, भिंड, मध्य प्रदेश द्वारा संयुक्त रूप से नवभारत, ग्वालियर और मध्य प्रदेश से प्रकाशित हिन्दी दैनिक के विरुद्ध दाखिल की गयी है। जिसमें दिनांक 20.01.2005 के अंक में 'चुनाव में अत्यधिक हिंसा, 100 से अधिक घायल' शीर्षक के अन्तर्गत कथित रूप से असत्य और भ्रामक समाचार प्रकाशित किया गया था।

शिकायतकर्ताओं के अनुसार, आक्षेपित प्रकाशन में समाज-विरोधी तत्त्वों को बढ़ावा देने और स्वार्थी प्रयोजन पर समझौते की प्रवृत्ति थी। शिकायतकर्ता ने लिखा कि जिला अस्पताल के रिकॉर्ड के अनुसार, घायल व्यक्तियों के 35 मामले रजिस्टर कर दिये गये थे और तीन को ग्वालियर भेज दिया गया था।

उन्होंने दिनांक 21.01.2005 की अपनी शिकायत की एक प्रति संलग्न करके प्रतिवादी का ध्यान तथ्यों की ओर आकृष्ट किया परन्तु प्रतिवादी ने इस ओर ध्यान नहीं दिया।

कोई लिखित वक्तव्य नहीं—प्रतिवादी को दिनांक 18.02.2005 को कारण बताओ नोटिस जारी किया गया था परन्तु डाक विभाग ने इसे वापस भेज दिया, क्योंकि दिनांक 26.05.2005, 27.05.2005 और 02.06.2005 को तीन बार इसे डिलीवर करने पर भी वे इसे लेने के लिए कार्यालय में मौजूद नहीं थे।

प्रतिवादी को प्रोसेंस सर्विस एजेंसी द्वारा जिलाधीश, भोपाल के जरिये कारण बताओ नोटिस जारी किया गया था। इसके उत्तर में जिलाधीश, भोपाल ने दिनांक 23.12.2005 को अपने पत्र के जरिये प्रतिवादी को नया पता भेजा। प्रतिवादी को दिनांक 24.01.2006 को उनके नये पते पर पुनः कारण बताओ नोटिस सेवित किया गया। नोटिस की प्राप्ति, ए.डी. कार्ड की पावती के प्रूफ और दिनांक 06.07.2006 को समयबद्ध स्मरण पत्र जारी किये जाने के बावजूद प्रतिवादी की ओर से कोई उत्तर प्राप्त नहीं हुआ।

मामला स्थगित—यह मामला जाँच समिति की उदयपुर में दिनांक 27.02.2007 की बैठक में सुनवाई के लिए प्रस्तुत हुआ। श्री पंकज श्रीवास्तव, नवभारत, ग्वालियर की ओर से उपस्थित हुए, जबकि शिकायतकर्ता अनुपस्थित रहे। प्रतिवादी के प्रतिनिधि ने स्थानीय सम्पादक, दैनिक नवभारत ग्वालियर को एक अदिनांकित पत्र दाखिल किया, जिसमें यह लिखा था कि दैनिक नवभारत के सम्पादक और संवाददाता जिन्होंने आक्षेपित रिपोर्ट प्रकाशित की थी, उन्होंने इस समाचार-पत्र की नौकरी छोड़ दी है। अतः प्रतिवादी उपर्युक्त मामले में अपनी टिप्पणियाँ देने में असमर्थ रहे।

जाँच समिति को प्रतिवादी सम्पादक द्वारा अपने बचाव में कही गयी बात पर विश्वास नहीं हुआ क्योंकि समिति ने अनुभव किया कि एक समाचार-पत्र प्रतिष्ठान लगातार अपने अधिकारों का उपयोग करता है और कार्मिक के परिवर्तन से उनका उत्तरदायित्व कम नहीं होता और निर्देश दिया कि इस मामले में कोई लिखित वक्तव्य दाखिल नहीं किया गया था। चूँकि शिकायतकर्ता उपस्थित नहीं थे, अतः समिति ने किसी भी आगामी बैठक तक के लिए इस मामले को स्थगित करने का निर्णय किया। प्रतिवादी, दैनिक नवभारत के सम्पादक को दिनांक

09.04.2007 को एक पत्र जारी किया गया कि वे जाँच समिति के निर्देशानुसार लिखित वक्तव्य दाखिल करें।

कोई उपस्थित नहीं–जाँच समिति के सम्मुख सुनवाई के लिए यह मामला दिनांक 26.04.07 को नयी दिल्ली में रखा गया। किसी भी पक्ष की ओर से कोई भी उपस्थित नहीं हुआ।

जाँच समिति की सिफ़ारिशें–जाँच समिति ने गौर किया कि शिकायतकर्ताओं ने न तो स्थगन हेतु अनुरोध किया और न ही अपनी शिकायत जारी रखने के लिए समिति के सम्मुख उन्होंने प्रतिनिधित्व किया। शिकायतकर्ता पिछली बार भी अनुपस्थित रहे थे। यद्यपि, समिति ने कार्मिक परिवर्तन के बावजूद अन्तर्वस्तु हेतु समाचार-पत्र के दायित्व के सम्बन्ध में अपनी पूर्व टिप्पणियों को दोहराया, इन्होंने परिषद् से अनभियोग हेतु शिकायत ख़ारिज करने की सिफ़ारिश की।

परिषद् का निर्णय–प्रेस परिषद् मामले के रिकॉर्डों पर और जाँच समिति की रिपोर्ट पर विचार करके समिति के तर्कों, निष्कर्षों तथा सिफ़ारिशों को स्वीकार करती है और तद्नुसार, निर्णय लेती है। (27 जुलाई, 2007 को निर्णीत)

(स्रोत–निर्णयों के सार संग्रह, भारतीय प्रेस परिषद्)

मद सं. 3 : प्रेस और मानहानि

श्री जगदीश डेवल, महासचिव, डी.ए.वी. कॉलेज प्रबन्ध समिति, कर्मचारी संघ, दिल्ली बनाम सम्पादक 'पंजाब केसरी' नयी दिल्ली।

शिकायत–यह शिकायत दिनांक 22.03.2005 को श्री जगदीश डेवल, महासचिव, डी.ए.वी. कॉलेज, प्रबन्ध समिति कर्मचारी संघ, दिल्ली द्वारा पंजाब केसरी, नयी दिल्ली के विरुद्ध अपने 15.02.2005 के अंक में 'आपका मंच' स्तम्भ में 'डी.ए.वी. प्रशासन तन्त्र आशिकों के हाथ में' शीर्षक से डी.ए.वी. प्रबन्ध समिति के वर्ग तृतीय व चतुर्थ के कर्मचारियों का एक पत्र प्रकाशित करने पर दाखिल की गयी है।

सन्दर्भित प्रकाशन में कहा गया है कि पंजाब से स्थानान्तरित होकर आया डी.ए.वी. प्रबन्ध समिति का एक प्रशासनिक अधिकारी फाइलें गुम करने में निष्णात है और महिला प्रिंसिपलों पर मेहरबान है। एक महिला शिक्षिका ने प्रिंसिपल न बनाये जाने के लिए उसे धमकी दी थी क्योंकि उसने 'प्रेम का उत्तर प्रेम से देने' के उसके प्रस्ताव को ठुकरा दिया था। सन्दर्भित प्रकाशन में दिल्ली वासियों को

सलाह दी गयी थी कि उस भ्रष्ट अधिकारी को बदल कर कोई ईमानदार अधिकारी रखने के उपाय किये जायें अन्यथा महात्मा हंसराज और महर्षि दयानन्द की आत्माएँ संस्था को कोसेंगी। सन्दर्भित प्रकाशन में सुझाव दिया गया है कि आर्य समाज के सिद्धान्तों के प्रचार के नाम पर जो करोड़ों रुपये खर्च किये जाते हैं, अच्छा हो कि वे कर्मचारियों पर खर्च किये जायें जो तंगहाल हैं।

शिकायतकर्ता के अनुसार सन्दर्भित रिपोर्ट कथित रूप से तृतीय या चतुर्थ वर्ग के किसी कर्मचारी द्वारा गुमनामी की शर्त पर डी.ए.वी. कॉलेज के प्रबन्धन के विरुद्ध की गयी शिकायत के आधार पर प्रकाशित की गयी है। शिकायतकर्ता ने कहा है कि समाचार रिपोर्ट के प्रकाशन के कारण डी.ए.वी. प्रबन्ध समिति और उसके सभी कर्मचारी अपमानित हुए हैं। शिकायतकर्ता ने कहा है कि 16.02.2005 को एक बैठक बुलायी गयी थी जहाँ यह बताया गया था कि ऐसा कोई पत्र नहीं भेजा गया है और सभी कर्मचारियों ने वर्ग तृतीय और चतुर्थ सहित सन्दर्भित प्रकाशन की निन्दा करते हुए एक संकल्प पारित किया था। शिकायतकर्ता ने कहा है कि मुख्य सम्पादक, पंजाब केसरी, दिल्ली को भेजे गये 18.02.2005 के पत्र के साथ 16.02.2005 का संकल्प संलग्न किया गया था कि कर्मचारियों ने आरोपों से इनकार करते हुए उसकी निन्दा की है किन्तु समाचार-पत्र ने न तो खण्डन प्रकाशित किया और न ही उत्तर दिया।

कोई लिखित वक्तव्य नहीं–प्रतिवादी सम्पादक, पंजाब केसरी, दिल्ली को 11.07.2005 को कारण बताओ नोटिस जारी किया गया था और उसके बाद 06.01.2006 को एक समयबद्ध अनुस्मारक भेजने पर प्रतिवादी ने अपना लिखित वक्तव्य दाखिल नहीं किया।

जाँच समिति के सामने प्रस्तुत होना–मामला 05.05.2006 को नयी दिल्ली में जाँच समिति द्वारा सुनवाई के लिए बुलाया गया था। सर्वश्री राकेश महाजन, एडवोकेट और प्रभात शिकायतकर्ता की ओर से प्रस्तुत थे। समिति के सामने प्रतिवादी का प्रतिनिधित्व किसी ने नहीं किया।

जाँच समिति के सामने निवेदन–शिकायतकर्ता के वकील ने कहा कि डी.ए.वी. ट्रस्ट के प्रबन्धन से निकाले जाने के बाद पंजाब केसरी, दिल्ली का मुख्य सम्पादक, श्री अश्विनी कुमार एक प्रतिष्ठित संस्था डी.ए.वी. ट्रस्ट के विरुद्ध जो 700 संस्थाएँ चला रही हैं, काल्पनिक पत्र प्रकाशित करने की कार्यविधि अपना रहा है। वह संगठन को बदनाम करने पर तुला हुआ है।

डी.ए.वी. ट्रस्ट के कर्मचारियों ने प्रकाशन की निन्दा करते हुए एक संकल्प पारित किया है। संकल्प की एक प्रति प्रतिवादी सम्पादक को भेजी गयी थी, जिसने न तो उत्तर भेजा और न ही खण्डन प्रकाशित किया।

जाँच समिति की सिफ़ारिशें–रिकॉर्डों के आधार पर और शिकायतकर्ता के वकील द्वारा समिति के सामने रखे गये मौखिक तर्कों पर विचार करके समिति ने प्रतिवादी सम्पादक के अनुत्तरदायित्वपूर्ण रवैये पर खेद जताया कि उसने परिषद् के 11.07.2005 के कारण बताओ नोटिस के उत्तर में लिखित वक्तव्य दाखिल नहीं किया और सुनवाई का नोटिस मिल जाने के बावजूद जाँच समिति के सामने उसका कोई प्रतिनिधि नहीं आया। लिखित वक्तव्य के अभाव में शिकायतकर्ता द्वारा लगाये गये आरोप अनुत्तरित रहे और शिकायतकर्ता के इस कथन की पुष्टि होती है कि प्रतिवादी ने काल्पनिक पत्र दुर्भावनावश प्रकाशित किया है। जाँच समिति ने देखा कि समाचार में प्रबन्ध समिति के एक सदस्य पर प्रशासनिक अनियमितताओं और संदिग्ध चरित्र का आरोप लगाया गया है। शिकायतकर्ता ने यह भी सिद्ध कर दिया है कि सम्पादक का व्यक्तित्व वैमनस्य निकालने के लिए निजी उद्देश्य है। इसके होते हुए भी, 'आपका मंच' स्तम्भ में प्रकाशन वस्तुतः पाठकों द्वारा अपनी शिकायतें व्यक्त करने के लिए होते हैं, किन्तु पत्रकारिता की दृष्टि से ज़रूरी है कि सम्बन्धित प्राधिकारियों से शिकायत की जाँच कर ली जाये या कम-से-कम उनका स्पष्टीकरण ले लिया जाये। स्पष्ट है कि ऐसा कोई पत्र लिखने से स्पष्ट रूप से इनकार किया तो प्रतिवादी ने शिकायतकर्ता का स्पष्टीकरण न छापकर अपनी भूल का सुधार भी नहीं किया और उन्हें उत्तर के अधिकार से वंचित रखा। समिति की राय थी कि प्रतिवादी ने प्रकाशन पूर्व सत्यापन, मानहानिकारक लेखन और उत्तर के अधिकार से सम्बन्धित पत्रकारिता के आचार के मानकों का उल्लंघन किया है और अपने समाचार-पत्र के स्तम्भों का प्रयोग निजी वैमनस्य निकालने के लिए करके बड़ा पाप किया है। पत्रकारिता के आचार के मानकों के उपर्युक्त उल्लंघनों के लिए जाँच समिति ने शिकायत को सही माना और परिषद् से सिफ़ारिश की कि प्रतिवादी समाचार-पत्र, पंजाब केसरी, दिल्ली संस्करण और उसके मुख्य सम्पादक श्री अश्विनी कुमार की निन्दा की जाये। उसने यह भी सिफ़ारिश की कि परिषद् के निर्णय की प्रतियाँ डी.ए.वी.पी. भारतीय समाचार-पत्र रजिस्ट्रार और सूचना एवं जनसम्पर्क विभाग, दिल्ली सरकार को ऐसी कार्रवाई के लिए भेजी जायें जो वे इस मामले में उचित समझें।

परिषद् का निर्णय–प्रेस परिषद् मामले के रिकार्डों पर और जाँच समिति की रिपोर्ट पर विचार करके समिति के तर्कों, निष्कर्षों तथा सिफ़ारिशों को स्वीकार करती है और तद्नुसार निर्णय लेती है। (दिनांक 12.07.2006 को निर्णीत)

(स्रोत–निर्णयों के सार संग्रह, भारतीय प्रेस परिषद्)

उपरोक्त मामलों का गहनतम अध्ययन करने से यह स्पष्ट है कि भारतीय प्रेस परिषद् न्यायिक मामलों में सीमित अधिकार होने के कारण पत्रकारिता आचरण के मानक को तोड़ने वालों पर कोई सख़्त कार्रवाई नहीं कर पाती है। इसके अलावा हम स्टिंग ऑपरेशन, मीडिया ट्रायल व कई प्रसंगों का अध्ययन करें तो पाते हैं कि समय-समय पर मीडिया ने आचार संहिता को तोड़ा है।

स्टिंग ऑपरेशन–मीडिया जगत् में निस्सन्देह स्टिंग ऑपरेशन ने जहाँ कई भ्रष्टाचार और कुकृत्यों को उजागर किया है वहीं आज पत्रकार छिपे कैमरे से अन्तरंग स्टोरी को भी क़ैद कर वसूली भी करते हैं, जो पत्रकारिता के आचरण के विरुद्ध है।

इसे निम्न तीन घटनाओं से समझा जा सकता है–

घटना संख्या–एक : सूचना और प्रसारण मन्त्रालय ने लाइव इंडिया के टीवी चैनल को कारण बताओ नोटिस जारी किया है। इस चैनल ने गणित की अध्यापिका उमा खुराना के सम्बन्ध में किये गये झूठे स्टिंग ऑपरेशन को दिखाया था। मन्त्रालय ने चैनल से यह भी पूछा कि यह बताएँ कि उन्होंने अर्द्ध-सत्य मिथ्यापवाद के आधार पर किसी व्यक्ति के बारे में कार्यक्रम क्यों दिखाया और हिंसा को क्यों भड़काया?

यह बात 12 सितम्बर, 2007 को सरकार के परामर्शदाता ने उस समय बतायी, जब दिल्ली उच्च न्यायालय में सरकार से पूछा गया कि उस चैनल के ख़िलाफ़ क्या कार्रवाई की जा रही है जिसने झूठा स्टिंग ऑपरेशन दिखाया था।

उच्च न्यायालय द्वारा इस चैनल पर ध्यान केन्द्रित करने के परिमाणतः दिल्ली पुलिस ने स्थिति की रिपोर्ट देते हुए बताया कि "उमा खुराना को छात्राओं के वेश्यावृत्ति के रैकेट में लिप्त नहीं पाया गया है जैसा कि स्टिंग ऑपरेशन में दिखाया गया है और यह कि स्टिंग ऑपरेशन एक सुनियोजित नाटक था।"

सूचना और प्रसारण मन्त्रालय ने अपने नोटिस में कहा है कि चैनल ने केबल टी.वी. नेटवर्क (विनियम) अधिनियम की कार्यक्रम संहिता का उल्लेख किया है। स्टिंग ऑपरेशन में ऐसी बातें दी गयी हैं जिनसे 'मानहानि' होती है और इसे 'अर्द्ध सत्य' के रूप में माना जा सकता है और इससे हिंसा भड़कने

की सम्भावना है या इसमें ऐसी बातें हैं, जिनसे क़ानून और व्यवस्था बनाये रखने में कठिनाई हो सकती है और "लोगों ने इस बात की आलोचना की, कि एक व्यक्ति का अपमान किया गया है या उस पर मिथ्या आरोप लगाया गया है।"[10]

"जनता के कड़े विरोध के बाद सरकार ने 20 सितम्बर को लाइव इंडिया के समाचार चैनल को बन्द कर दिया और यह निर्देश दिया कि राज्य में एक विद्यालय की शिक्षिका को सेक्स रैकेट में फँसाने का झूठा स्टिंग ऑपरेशन किया गया था। यह प्रतिबन्ध 20 सितम्बर, 2007 से लागू हो गया और 20 अक्टूबर से पूरे देश में सभी मंचों से लाइव इंडिया को (जनमत टी.वी. के नाम से) चालू किया गया।"[11]

दिल्ली की अध्यापिका उमा खुराना पर झूठे स्टिंग ऑपरेशन के कारण टी.वी. चैनल लाइव इंडिया पर सूचना और प्रसारण मन्त्रालय द्वारा एक महीने की लगायी गयी रोक को टी.वी. चैनल द्वारा बाद में अपील करने पर हटा दिया गया था। यह चैनल 12 अक्टूबर, 2007 की मध्य रात्रि से कार्य करेगा। ''लाइव इंडिया पहला समाचार चैनल है, जिस पर मन्त्रालय द्वारा रोक लगायी गयी है।"[12]

राज्य सरकार ने 26 अक्टूबर, 2007 को आजतक और हेडलाइंस टुडे के केबल टीवी ऑपरेटरों पर कई हिस्सों में रोक लगा दी। ''ये चैनल स्टिंग ऑपरेशन के अंशों को 25 अक्टूबर, 2007 से दिखा रहे थे। इसमें यह दावा किया गया कि यह सब कुछ फरवरी, 2002 में दंगाइयों की मिली-भगत से नरेन्द्र मोदी, मुख्य मन्त्री की हत्या के बारे में बताया गया था।

अहमदाबाद के जिला अधिकारी धनंजय द्विवेदी से केबल ऑपरेटरों को एक लिखित आदेश प्राप्त हुआ, जिसमें इन चैनलों को बन्द करने का आदेश दिया गया था। इस आदेश में कहा गया था कि ये चैनल ऐसे 'दृश्य और विवरणों' का प्रदर्शन कर रहे थे, जो 'कार्यक्रम संहिता' के अनुरूप नहीं थे और इस प्रकार केबल टीवी नेटवर्क (विनियम) अधिनियम, 1995 का उल्लेख कर रहे थे।"[13]

घटना संख्या–दो : उच्चतम न्यायालय ने कहा कि इस बात की जाँच करने की आवश्यकता है कि क्या टेलीविज़न स्टिंग ऑपरेशन जनहित में है? ''मुख्य न्यायाधीश वाई.के. सब्बरवाल की अध्यक्षता वाली एक बेंच ने सी.एन.एन.-आई.बी.एन. के मुख्य सम्पादक राजदीप सरदेसाई के वकील स्टिंग ऑपरेशन के सम्बन्ध में प्रश्न किया और अनुमान लगाया कि वे प्रायः आउटसोर्स वाले लोग हैं जो उनका संचालन करते हैं, वे एक चैनल से दूसरे चैनल के पास जाते हैं और उनको लाखों रुपये में बेचते हैं। यह टिप्पणी सरदेसाई द्वारा दायर याचिका के

सन्दर्भ में की गयी, सरदेसाई को कई महीने पूर्व अपने चैनल पर स्टिंग ऑपरेशन प्रदर्शित करने के सम्बन्ध में उत्तर प्रदेश विधानसभा के समक्ष प्रस्तुत होने तथा गिरफ़्तार होने की सम्भावना का सामना करना था। उसमें उत्तर प्रदेश के एक मन्त्री तथा दो विधायकों को छिपे हुए कैमरे से रिश्वत लेते या रुपये लेने के लिए सहमत होते हुए दिखाया गया था।"[14]

एक सर्वसम्मत निर्णय में उत्तर प्रदेश विधानसभा ने माँग की, कि "सी.एन.एन.–आई.बी.एन. के मुख्य सम्पादक राजदीप सरदेसाई को पुलिस हिरासत में 27 अक्टूबर को सदन के समक्ष पेश किया जाये क्योंकि उसके द्वारा 12 फरवरी, 2006 को टी.वी. पर प्रसारित–'नेता बिकता है'–स्टिंग ऑपरेशन में विशेषाधिकार का उल्लंघन किया गया है। उस स्टिंग ऑपरेशन की अन्तरिम रिपोर्ट पर वाद-विवाद के बाद सदन ने प्रस्ताव पारित किया। यह ऑपरेशन डी.आई.जी. द्वारा समाजवादी दल के तत्कालीन पिछड़ा वर्ग राज्यमन्त्री महबूब अली, बीजेपी सदस्य सोमारू राम सरोज तथा बीएसपी सदस्य अनिल कुमार मौर्य पर किया गया था। अली पर आरोप था कि वह रुपये के बदले अपनी सरकारी कार में ड्रग ले जाने के लिए तैयार हो गया था, मौर्य ने एक कथित अपराधी को बचाने के लिए रिश्वत ली थी और राम ने एक एन.जी.ओ. के लिए सरकारी धन स्वीकार कराने के लिए रुपये लिए थे। इन तीनो विधायकों के विरुद्ध भ्रष्टाचार के आरोप की जाँच-पड़ताल करने के लिए विधानसभा ने 17 फरवरी को एक समिति का गठन किया था।"[15]

जब संसदीय कार्य मन्त्री मोहम्मद आज़म खाँ ने यह आशंका प्रकट की, कि सात चैनलों ने राजनीतिक दलों के कार्यालयों में स्टिंग ऑपरेशन करने के लिए संयुक्त दल भेजे हैं, तो स्पीकर माता प्रसाद पाण्डे ने कहा कि ऐसे ऑपरेशनों पर रोक लगाने व जाँच कराने के लिए, नियम बनाने के लिए, एक पैनल/समिति का गठन किया जायेगा।

घटना संख्या–तीन : पूर्व यूनियन मन्त्री दिलीप सिंह जूदेव 'स्टिंग ऑपरेशन' मामले में, जिसके छत्तीसगढ़ में खनन सम्बन्धी ठेके प्रदान करने के लिए उन्हें कथित रूप से कैमरे में 9 लाख रुपये की रिश्वत लेते हुए दर्शाया गया था, सी.बी.आई. द्वारा गिरफ्तारी के विरुद्ध दो पत्रकारों को संरक्षण दिया।

वरिष्ठ अधिवक्ता के.के. वेणुगोपाल, जो कि पत्रकारों की ओर से उपस्थित हुए, ने तर्क दिया कि एन.डी.ए. सरकार में पर्यावरण एवं वन राज्यमन्त्री,

भाजपा नेता जूदेव रिश्वत के आरोप में भ्रष्टाचार निरोधक अधिनियम की परिभाषा में नहीं आ सकते थे, क्योंकि दाता की मंशा बदले में अपने लिए कोई लाभ पाने की नहीं थी। उन्होंने कहा कि छत्तीसगढ़ में भुगतान पर खनन सम्बन्धी ठेके दिये जाने का पर्दाफ़ाश करने के लिए जनहित में उन्होंने ऐसा किया था। उनकी अपील स्वीकार करते हुए, न्यायालय ने कहा कि इस मामले का पूर्ण रूप से परीक्षण करने की आवश्यकता है। ''अब वह समय आ गया है कि मामले का निर्णय हो ही जाना चाहिए। यह (स्टिंग ऑपरेशन का हथियार) दोनों तरह से प्रभावित करेगा।"[16] पीठ ने टिप्पणी की।

मीडिया ट्रायल : गुड़िया दिल्ली अस्पताल में स्त्री रोग सम्बन्धी समस्याओं के कारण मर गयी। अपनी शादी के एक महीने के अन्दर ही वह विधवा हो गयी और उसकी दूसरी शादी हो गयी थी परन्तु जब उसका पहला पति जो कि यह मान लिया गया था कि कारगिल में मर गया था, पाकिस्तानी जेल से लौट आया, तब वह पहले से ही गर्भवती थी। इसे लेकर समाचार-पत्र स्तम्भों में काफी 'बहस' हुई। उस पर ज़्यादा हक़ किसका था—पहले पति का या दूसरे का? 'बच्चे' का पिता कौन था?

"खुद गुड़िया ही इन सबका फैसला कर सकती थी। पर ऐसा नहीं हुआ। संकट की इस घड़ी में एक समाचार चैनल ने इसे 'ऐतिहासिक हस्तक्षेप' कहा। उसने 'लाइव पंचायत' बुलायी, जहाँ सम्बद्ध परिवारों और कुछ विद्वानों को एक साथ लाया गया। इसका शीर्षक था 'किसकी गुड़िया'? तथा उप शीर्षक था 'यह कैसा बन्धन?' यह लाखों घरों में सीधे ही प्रस्तावित किया गया। पंचायत शरियत के फ्रेमवर्क के अन्तर्गत की गयी और एंकर लगातार दर्शकों को याद दिलाता रहा कि कोई भी फैसला इसी दायरे (फ्रेमवर्क) में रहकर करना था।

चैनल क्या सूचित करना चाहता था, वह स्पष्ट था, जब एंकर ने घोषणा की, 'इसी मजलिस में फैसला होगा।' गुड़िया पर विचार करने का समय ही नहीं था। न ही उसे कोई विकल्प दिया गया। अन्ततः गुड़िया ने अपने पहले पति के साथ रहने का फैसला किया।

उल्लेखनीय है कि एंकर पूरी कार्रवाई में विरोधी स्वर को स्वीकृति देने के लिए तैयार नहीं था। 'पंचायत' को एक औरत की क़िस्मत का फैसला करना था परन्तु कोई औरत इसके आसपास भी नहीं आ सकती थी। 'गुड़िया की मर्जी' हर एक ने दस्तखत किये जब वे पंचायत में आये। यदि वह सम्पन्न घराने

की होती, तो क्या चैनल यह उपहास करता? 'गुड़िया की मर्जी' चैनल के लिए महत्त्वपूर्ण नहीं थी बल्कि महत्त्वपूर्ण था दर्शकगणों का मूल्यांकन। जैसे ही आर्क लाइट बन्द हुई, वह उस क्षण को भूल गयी। पसन्द जैसा कोई शब्द उसके शब्दकोश में था ही नहीं।"[17]

न्यायालय अवमानना का दोषी - मामला संख्या एक : "11 नवम्बर, 2003 को दिल्ली उच्च न्यायालय ने एम.जे. अकबर, प्रमुख सम्पादक, दी एशियन एज, तीन अन्य पत्रकारों तथा दैनिक के मुद्रक एवं प्रकाशक को न्यायालय की अवमानना के मामले में दोषी सिद्ध किया। 05 मई, 2003 को नयी दिल्ली संस्करण में शीर्षक 'प्ली इन कोर्ट टू नेम जज ऐज़ फ्राड एक्यूज्ड' (जालसाज अभियुक्त के रूप में जज का नाम लेने पर न्यायालय में दलील) के अन्तर्गत समाचार देने पर चारों को सज़ा दी गयी। न्यायपीठ ने पाया, जो कि पटियाला हाउस कोर्ट में मेट्रोपोलिटन मजिस्ट्रेट अधिवक्ता द्वारा दर्ज किये गये आवेदन पर आधारित थी, तथ्यों की जाँच पड़ताल किये बिना प्रकाशित की गयी थी।"[18]

मामला संख्या दो : "हिमाचल प्रदेश हाई कोर्ट ने एक हिन्दी दैनिक समाचार-पत्र के रिपोर्टर को न्यायालय की अवमानना का दोषी ठहराया और उस पर 1500 रुपये का जुर्माना लगाया।"[19]

जालन्धर से प्रकाशित एक दैनिक के चम्बा रिपोर्टर दीपक रैना ने एक समाचार भेजा जिसमें आशा कुमारी भूमि सम्बन्धी मामले में न्यायपालिका की कार्यप्रणाली पर उन्होंने प्रतिकूल टिप्पणी की। हाई कोर्ट ने समाचार पर मूल कार्यवाही की और दैनिक के सम्पादक के साथ-साथ रिपोर्टर को कारण बताओ नोटिस जारी किया।

न्यायालय ने टिप्पणी की कि समाचार-पत्र में प्रतिबिम्बित टिप्पणियाँ स्वभावतः अवज्ञाकारी थीं और समाचार का प्रकाशन न्यायपालिका की प्रतिष्ठा को नुक़सान पहुँचा सकता था। (दी ट्रिब्यून, चंडीगढ़, 13 अगस्त, 2005)

अश्लीलता परोसने का दोषी–दिल्ली हाई कोर्ट ने इंडिया टुडे और आउटलुक पत्रिकाओं को 19-26 सितम्बर, 2005 के अंकों में कथित रूप से अश्लील और स्पष्टतया यौन सम्बन्धी लेख प्रकाशित करने पर 28 सितम्बर, 2005 को नोटिस जारी किये।

न्यायमूर्ति वीरेन्द्र जैन और न्यायमूर्ति रेखा शर्मा की खण्ड (न्याय) पीठ ने सूचना और प्रसारण मन्त्रालय तथा भारतीय प्रेस परिषद् (भा.प्रे.प.) को भी नोटिस जारी किये कि वे अपने उत्तर 7 दिसम्बर, 2005 तक दें क्योंकि लेखों

ने कथित रूप से युवा विचारों को प्रभावित किया। "प्रार्थी सुप्रिया अग्रवाल की ओर से उपस्थित परामर्शदाता वरुण गोस्वामी ने मन्त्रालय तथा भारतीय प्रेस परिषद् को समाचार-पत्रों तथा पत्रिकाओं में ऐसे यौन सम्बन्धी स्पष्ट, अश्लील, कामुक और आपत्तिजनक लेखों पर अंकुश लगाने के लिए नीति निर्माण हेतु मन्त्रालय तथा भारतीय प्रेस परिषद् को न्यायालय का निर्देश दिये जाने की माँग की। श्री गोस्वामी ने आरोप लगाया कि इंडिया टुडे की कवर स्टोरी 'सेक्स एंड सिंगल वुमेन' और आउटलुक के 'वुमेन बाय मैन सेक्स, फस्ट हैंड एनकाउंटर्स विद इंडियन जिगलोस एंड नेशनवाइड सर्वे फॉर फॉरबिडन सेक्स' में सम्बद्ध पत्रिकाओं के सम्पादकों और संवाददाताओं ने नागरिकों के प्रति जिम्मेदारी और नागरिकता के सारे अवरोधों, सीमाओं और हदों को पार कर लिया है। याचिका में कहा गया कि सांख्यिकीय सर्वेक्षण के रूप में दिये गये समाचार स्पष्ट, कामुक घटिया और अश्लील अभिव्यक्तियों और विवरणों से भरे हुए थे जो कि पूर्णतया अनावश्यक थे। इसमें कहा गया, "जाँच से पता चला कि अश्लील, प्रौढ़ और यौन सम्बन्धी स्पष्ट लेखों के भारत में प्रकाशन पर रोक थी और भारतीय समाज के प्रतीकात्मक और पारम्परिक मूल्यों और नीतियों को ध्यान में रखते हुए इस पर रोक लगायी गयी थी।"[20]

प्रिंट और इलेक्ट्रॉनिक मीडिया बिल, 2004 द्वारा रीमिक्स गानों और अश्लील, अभद्र और सेरोगेट विज्ञापनों के प्रकाशन अथवा प्रसारण के निषेध के सम्बन्ध में प्रिंट और इलेक्ट्रॉनिक मीडिया बिल, 2004 द्वारा रीमिक्स गानों और अश्लील, अभद्र और सेरोगेट विज्ञापनों के प्रकाशन अथवा प्रसारण के निषेध के सम्बन्ध में राज्यसभा में प्रस्तुत करने के लिए प्रस्तावित ग़ैर-सरकारी सदस्य विधेयक के सम्बन्ध में, परिषद् की टिप्पणियों हेतु सूचना एवं प्रसारण मन्त्रालय, भारत सरकार के दिनांक 9.12.2004 के पत्र के जरिये दिये गये हवाले पर परिषद् द्वारा विचार किया गया कि 1. क. प्रिंट मीडिया जैसे समाचार-पत्रों, पत्रिकाओं, होर्डिंग, बैनरों आदि द्वारा अभद्र, अश्लील तथा सेरोगेट विज्ञापनों का प्रकाशन और ख. अभद्र, अश्लील और सेरोगेट विज्ञापनों तथा रीमिक्स गानों का प्रसारण निषिद्ध है। 2. जो कोई भी उपधारा (1) के उपबन्धों का उल्लंघन करता है, वह इस अधिनियम के अन्तर्गत दोषी होगा। 3. सरकार का यह कर्तव्य होगा कि वह ऐसी एजेंसियों के माध्यम से और ऐसी रीति से जैसा कि निर्दिष्ट किया गया हो, इस अधिनियम के उपबन्धों के कड़े अनुपालन के लिए दबाव डाले। 4. जो कोई भी धारा 3 के

उपबन्धों का उल्लंघन करता है, वह ऐसी अवधि के लिए, जो कि पाँच वर्षों से कम न हो, परन्तु जिसे बढ़ाकर दस वर्ष तक किया जा सकता है और जुर्माने के साथ, जो कि तीन लाख रुपये से कम नहीं होगा परन्तु इसे बढ़ाकर सात लाख रुपये तक किया जा सकता है, कै़द सहित दण्डनीय होगा।

मीडिया वैज्ञानिक सोच के बजाय अन्धविश्वास को बढ़ावा दे रहा है : भूमण्डलीकरण के दौर में भारतीय मीडिया वैज्ञानिक सोच को बढ़ावा तो दे रहे हैं, पर इसके साथ ही अन्धविश्वासों, रूढ़ियों को भी बढ़ावा दे रहा है। (क) मीडिया में राशिफल के प्रकाशन तथा रावण, मेघनाथ और कुम्भकरण के पुतलों को जलाने के जन प्रदर्शन के सम्बन्ध में जनहित याचिका और (ख) टी.वी. तथा समाचार-पत्रों द्वारा तान्त्रिक तथा जादुई तरीक़ों से दैवी शक्तियों की प्राप्ति से भोली जनता से धोखाधड़ी करने के प्रचार पर रोक के सम्बन्ध में परिषद् को सूचना एवं प्रसारण मन्त्रालय, नयी दिल्ली के माध्यम से उनके दिनांक 22.12.2003 के पत्र के जरिये उपरोक्त विषय पर याचिका की एक प्रति प्राप्त हुई। कथित जनहित याचिका में प्रार्थना की गयी थी कि भारतीय प्रेस परिषद् को निर्देश दिये जायें कि वह अन्धविश्वास सम्बन्धी सामग्री के प्रकाशन के विरुद्ध मार्गदर्शी सिद्धान्त बनायें क्योंकि यह भारतीय संविधान की धारा 51 के तात्पर्य, जो कि प्रिंट मीडिया के साथ-साथ इलेक्ट्रॉनिक मीडिया पर राशिफल (ज्योतिष सम्बन्धी भविष्यवाणी) के प्रकाशन पर रोक लगाती है, के विरुद्ध है। इसका कारण यह है कि इसके पीछे कोई विज्ञान नहीं है और यह विशुद्ध रूप से अन्दाज, अनुमानों और अटकलों पर आधारित है जो कि आगे समाज में अन्धविश्वास की पुष्टि करता है। जनहित याचिका में विवेचित किया गया कि प्रेस परिषद् प्रिंट तथा इलेक्ट्रॉनिक मीडिया में प्रकाशित किये जा रहे राशिफल जिससे अन्धविश्वास फैलता है, को रोकने के लिए कर्तव्यबद्ध है।

परिषद् ने गौर किया कि द्वितीय प्रेस आयोग ने अपनी रिपोर्ट में इस मुद्दे पर टिप्पणियाँ कीं, कि प्रथम प्रेस आयोग द्वारा इस सम्बन्ध में अनुमोदन व्यक्त करने के बावजूद, भारतीय भाषाओं और अंग्रेज़ी दोनों में दैनिक समाचार-पत्रों ने कुछ विचारणीय अफ़वाहों सहित, ज्योतिष सम्बन्धी भविष्यवाणी देना जारी रखा है। आयोग ने सिफ़ारिश की, कि सामान्य हित दैनिकों और आवधिकों के सम्पादकों को, जो कि अपने पाठकों के बीच वैज्ञानिक मनःस्थिति को बढ़ावा देने

और अन्धविश्वास तथा भाग्यवादिता का मुक़ाबला करने में विश्वास रखते हैं, भविष्यवाणियों का प्रकाशन बन्द कर देना चाहिए तथा यह भी सुझाव दिया कि जो पाठक ज्योतिष विज्ञान में रुचि रखते हैं, वे इस विषय पर विशेष प्रकाशनों को पढ़ सकते हैं।

भोली-भाली जनता को धोखा देने के लिए दैवी शक्तियों को पाने और तान्त्रिकों के बारे में किये जा रहे प्रचार के सम्बन्ध में डॉ. छत्रपाल लोधा, संसद सदस्य द्वारा राज्यसभा में किये गये विशेष उल्लेख पर केन्द्र सरकार ने परिषद् की टिप्पणियाँ भी माँगी थीं।

परिषद् ने गौर किया कि जहाँ तक इलेक्ट्रॉनिक मीडिया का सम्बन्ध है, टी.वी. चैनल पर प्रसारित कार्यक्रम तथा केबल सेवा द्वारा पुनः प्रसारित कार्यक्रमों के लिए अपेक्षित है कि वे प्रोग्राम कोड तथा विज्ञापन कोड के प्रावधानों, जो कि केबल टेलीविज़न नेटवर्क (विनियम) अधिनियम, 1995 तथा उसके अधीन बनाये गये नियमों के अन्तर्गत है, का पालन करें। प्रोग्राम कोड में, अन्य बातों के साथ-साथ प्रावधान है कि कोई भी ऐसा कार्यक्रम केवल टी.वी. पर नहीं दिखाया जायेगा जो कि अन्धविश्वास को प्रोत्साहन दे। परिषद् ने संविधान के अनुच्छेद 19 प्रेस आयोग के विचारों, औषधि और चमत्कारिक उपचार (आक्षेपनीय विज्ञापन) अधिनियम 1954 और देश के विभिन्न अन्य क़ानूनों को ध्यान में रखते हुए विस्तार से इस मामले पर विचार-विमर्श किया। परिषद् ने लोगों के बीच तर्कसंगत, प्रगतिवादी और वैज्ञानिक मनःस्थिति को बढ़ावा देने हेतु दिलचस्पी लेने की सराहना की।

जादू टोना से सम्बन्धित विज्ञापन : चूँकि भारतीय प्रेस परिषद् एक सांविधिक प्राधिकरण है जिससे नैतिकता लागू करने की अपेक्षा की जाती है, उसका आह्वान क़ानून से परे होता है। अतः सन्दर्भित अधिनियम के अन्तर्गत कार्रवाई उसमें विहित अभिकरणों (एजेंसियों) द्वारा किये जाने की आवश्यकता है। जहाँ तक नैतिकता/नीतिशास्त्र का सम्बन्ध है, भारतीय प्रेस परिषद् ने इस विषय पर मानदण्ड संख्या 36(4) पहले ही निर्मित कर दिया है, जो निम्न प्रकार से है—"ऐसे विज्ञापनों को जो 'औषध तथा जादू-उपचार (आपत्तिजनक विज्ञापन) अधिनियम, 1954 (ड्रग एंड मेजिक रेमीडीज) (ऑब्जेक्शनेबिल एडवरटाइजमेंट्स) एक्ट 1954 की धाराओं या किसी अन्य संविधि का उल्लंघन करते हैं, अस्वीकार कर दिया जाना चाहिए।"[21]

निष्पादन पत्रकारिता : आज मीडिया में निष्पादन पत्रकारिता का चलन बढ़ा है। इसे निम्न प्रकरणों से समझा जा सकता है–

"42 वर्षीय बलात्कारी हत्यारे धनंजय चटर्जी, जिसे कोलकाता के अलीपुर सेंट्रल जेल में फाँसी दी गयी, की मृत्यु ने भारतीय मीडिया में निष्पादन पत्रकारिता का नया घिनौना अध्याय खोल दिया।

जैसे ही राष्ट्रपति ने धनंजय की दया याचिका अस्वीकार कर दी, टीवी और प्रिंट मीडिया दोनों ने किसी अन्य मुद्दे की तुलना में इस 'हैंगिंग स्टोरी' को अधिक महत्त्व दिया। अब तीन सप्ताह के लिए भारतीय ट्रकर्स को ईराक में बन्धक बनाया गया, तेजी से बढ़ती मुद्रा-स्फीति, हिमाचल प्रदेश खाली और पीओटी एक निरसन का खतरनाक उलझाव, फीके और महत्त्वहीन हो गये। (26वीं वार्षिक प्रतिवेदन, भारतीय प्रेस परिषद्)

शुक्रवार पूरी रात एनडीटीवी 24X7 और स्टार न्यूज़ के उल्लेखनीय विरोध को बचाने के लिए सभी टीवी चैनलों ने 'घटना' को लगातार कवर किया। रिपोर्टरों और कर्मियों को अनुकूल स्थानों पर रखकर, स्टूडियो और बंकूरा गाँव के बीच आते-जाते और टॉक शो आयोजित करके, इन चैनलों ने विकृति को गहराई से समझा जिसके लिए भारत में अधिकतर मीडिया उपभोक्ताओं ने कभी कल्पना भी नहीं की थी।

एथेंस ओलंपिक के उद्‌घाटन को लाखों लोग भूल गये और मदर टेरेसा शवयात्रा से लेकर इसकी बड़ी घटना की कोलकाता की तैयारी को गौर से देखने लगे। जेल के बाहर देखने के लिए भीड़ थी। मानवाधिकार कार्यकर्ताओं ने मूसलाधार वर्षा में अपनी मोमबत्तियों को जलाये रखने की कोशिश की। साधारण पिछलग्गुओं और पुलिसकर्मियों ने टी.वी. कर्मियों द्वारा आरम्भ घेरा बनाया गया। यह स्पष्ट था कि फाँसी को मीडिया द्वारा कृत्रिम रूप से उत्तेजित किया गया था।"[22]

बच्चे की पहचान बताने का दोषी : "एक बाल न्यायालय ने दो प्रसिद्ध टी.वी. चैनलों और एक राष्ट्रीय अंग्रेज़ी दैनिक को दहला देने वाले एम.एम.एस. स्कैंडल से जुड़े अवयस्क लड़के की पहचान बताने का दोषी ठहराया। न्यायालय ने उन्हें बाल न्याय (बाल देख-रेख और संरक्षण) अधिनियम की धारा 21 के उल्लंघन का दोषी ठहराया। उनमें से प्रत्येक पर 1000/- रुपये का जुर्माना लगाते हुए बाल न्याय बोर्ड प्रधान मजिस्ट्रेट सन्तोष स्नेही मान ने अपने आदेश में कहा "मेरा मानना है कि तीनों जवाबी नोटिसों (एन.डी.टी.वी., जी.टी.वी. और

दी टाइम्स ऑफ़ इंडिया) ने बाल न्याय (बाल देख-रेख और संरक्षण) अधिनियम की धारा 21 जो कि आरोपी की पहचान निजता और गोपनीयता को सुरक्षित रखती है, के मामले की रिपोर्टिंग करते हुए लड़के के बारे में सूक्ष्म विवरण देकर उल्लंघन किया है।"[23] लड़के के बारे में तथ्यों को दर्शाने पर कड़ी आपत्ति करते हुए, न्यायालय ने कहा "इनके कारण उसकी बदनामी होगी जिससे इस अधिनियम के अन्तर्गत उसे बचाने की आवश्यकता है।"

उस लड़के तथा उसके स्कूल ने मीडिया द्वारा सम्पूर्ण घटना को जिस प्रकार उजागर किया जा रहा था, उसके बारे में शिकायत करते हुए गत वर्ष 12 दिसम्बर को न्यायालय में अलग-अलग याचिकाएँ दायर कीं।

एफ टीवी को अश्लील सामग्री मिड नाइट हॉट कार्यक्रम प्रस्तुत करने की मनाही–सरकार चाहे लाख क़ानून बना दे पर बाज़ार की प्रतिस्पर्धा में टीवी चैनल वाले अश्लील सामग्री परोसते हैं। सूचना और प्रसारण मन्त्रालय ने सैटेलाइट टेलीविज़न चैनल पर अब प्रतिबन्ध लगा दिया है और एक अन्य चैनल पर दण्ड लगा दिया है जो लोक नैतिकता के कुछ कार्यक्रम दिखा रहे थे। इससे ऐसा पता चलता है कि कुछ गम्भीर भूल है जो भारत में टेलीविज़न से सम्बन्धित प्रसारण क़ानूनों का उल्लंघन कर रहा है। "मन्त्रालय का हाल का शिकार हुआ एफटीवी, जिसके दो माह तक 'मिड नाइट हॉट' नामक कार्यक्रम प्रसारित करने पर रोक लगा दी गयी है। इस कार्यक्रम में कुछ कम कपड़े पहने मॉडल रैंप पर चल रही थीं। बेतुके और मनमाने व्यवहार की यह पहली घटना नहीं है, हाल में ए.एक्स.एन. टी.वी. को 'बिकनी डेस्टिनेशन' दिखाने को ग़ैर-क़ानूनी माना गया है। एक तीसरा चैनल, जो गम्भीर विषय वस्तु के लिए जाना जाता है, जिसने कई लोकप्रिय चैनलों को जीवन शैली के छिछोरेपन में पछाड़ दिया है, वह है सी.एन.एन. आवाज़, जिसे वैश्विक विज्ञापन की प्रवृत्ति पर आयोजित नये कार्यक्रम में फब्तियाँ कसने और अल्कोहल के विज्ञापन की झलकियाँ दिखाने के लिए दण्डित किया गया है।"[24] अनावश्यक नैतिक आधार पर टेलीविज़न चैनलों को बन्द करना एक खतरनाक बात है क्योंकि यह उन लोगों तक भी पहुँच सकता है, जो राजनीतिक विचारधारा का विरोध करते हों या अधिकारियों के कहने पर नहीं चलते हों।

साक्षात्कार के नियम के उल्लंघन का दोषी–"नेशनल ब्रॉडकास्टिंग एसोसिएशन ने दिसम्बर, 2008 में अन्तरराष्ट्रीय नीति विश्लेषक फरहान अली के इंडिया टीवी

पर प्रसारित साक्षात्कार को नियमों के उल्लंघन का दोषी माना। यह अंग्रेज़ी में दिये गये एक साक्षात्कार को डब करके हिन्दी में प्रसारित किया गया, जिसमें उनकी तस्वीर का उपयोग किया गया। इसके लिए चैनल को एक लाख रुपये का जुर्माना किया गया और चैनल को 5 दिन तक रात आठ बजे से नौ बजे के बीच 12 मिनट के अन्तराल पर पाँच बार माफी का प्रसारण करने को कहा गया।"[25]

गलत फोटो के प्रसारण पर मानहानि का दोषी–"सितम्बर, 2008 में प्रोविडेंट फंड घोटाले की ख़बर का प्रसारण करते हुए टाइम्स नाऊ ने 15 सेकेण्ड तक प्रेस परिषद् के पूर्व अध्यक्ष न्यायमूर्ति पी.बी. सावन्त का फोटो दिखाया। ख़बर में यह भी दिखाया गया कि घोटाले में कई न्यायाधीश भी सम्मिलित रहे हैं।"[26] न्यायमूर्ति सावन्त ने चैनल को लीगल नोटिस भेजा। टाइम्स नाऊ ने पाँच दिन तक माफ़ीनामा प्रसारित किया, किन्तु सावन्त इससे सन्तुष्ट नहीं हुए। वे इस मामले को कोर्ट में ले गये। पुणे के जिला न्यायालय ने इसे मानहानि का दोषी मानते हुए सौ करोड़ रुपये अदा करने हेतु टाइम्स नाऊ के निर्देशित प्रसारकों ने दिशा-निर्देशों को तत्काल स्वीकार कर लिया।

दिशा-निर्देशों में कहा गया है कि अपराध करने वालों, उनके बन्धकों/पीड़ितों तथा सम्बन्धित सुरक्षा कर्मियों के साथ कार्रवाई के दौरान कोई 'सीधा' सम्पर्क नहीं बनाया जा सकता, कार्रवाई के दौरान संक्रिया का कोई ब्योरा प्रकट नहीं किया जा सकता, अभिलेखीय फुटेज के अनावश्यक पुनरावर्तन और दुःखद दृश्यों तथा ग्राफिक्स के प्रसारण से बचा जाये।

इस दिशा-निर्देशों का अनुपालन न करने पर प्राधिकारी द्वारा किसी विशिष्ट दण्ड के प्रावधान का उल्लेख तो नहीं किया गया है, फिर भी न्यायमूर्ति वर्मा ने कहा कि वर्तमान प्रावधान और प्राधिकारी में निहित अधिकार यहाँ भी लागू होंगे। "प्राधिकारी प्रसारक की भर्त्सना कर सकता है, उसे चेतावनी दे सकता है, परनिन्दा कर सकता है, असहमति व्यक्त कर सकता है या एक लाख रुपये तक जुर्माना कर सकता है और सम्बन्धित प्रधिकारी को ऐसे प्रसारक का लाइसेंस रद्द/प्रतिसंहरण करने की सिफ़ारिश कर सकता है और शिकायतों पर कार्रवाई करने के अतिरिक्त दिशा-निर्देशों के किसी उल्लंघन के लिए स्वप्रेरणा से भी संज्ञान ले सकता है।"[29]

आचार संहिता : वर्तमान बहस—समकालीनता में मीडिया की आचार संहिता के लिए विमर्श और चर्चाएँ आयोजित की जा रही हैं। इस सन्दर्भ में भारतीय प्रेस परिषद् के अध्यक्ष मार्कण्डेय काटजू के बयान को हम उल्लेखित कर सकते हैं वे कहते हैं कि "इलेक्ट्रॉनिक मीडिया को प्रेस काउंसिल ऑफ़ इंडिया की निगरानी में लाया जाये, उसे मीडिया काउंसिल कहा जाये। प्रेस काउंसिल को और शक्तियाँ दी जानी चाहिए। जिनका इस्तेमाल विशेष परिस्थितियों में किया जा सके। इलेक्ट्रॉनिक मीडिया के भीतर जवाबदेही का डर बैठाना ज़रूरी हो गया है। मैं सरकारी विज्ञापन रोकने की शक्ति चाहता हूँ। किसी भी मीडिया के बेहद निन्दनीय तरीक़े से काम करने पर एक निश्चित अवधि के लिए उसका लाइसेंस निलम्बित करने और दण्ड लगाने का अधिकार चाहता हूँ।"[30]

आज़ादी का मतलब यह नहीं है कि किसी को भी मनमानी करने का लाइसेंस दे दिया जाये। "जनहित के लिहाज़ से हर तरह की आज़ादी पर कुछ जिम्मेदारियों के साथ तार्किक पाबन्दी होती।"[31]

इलेक्ट्रॉनिक मीडिया पर स्व-नियन्त्रण को उल्लेखित करते हुए मार्कण्डेय काटजू कहते हैं कि—फिलहाल इलेक्ट्रॉनिक मीडिया पर नियन्त्रण रखने के लिए किसी भी तरह की कोई नियन्त्रक इकाई (अथॉरिटी) नहीं है। प्रेस परिषद् केवल प्रिंट माध्यम का नियन्त्रण करती है। यहाँ तक कि पत्रकारिता के सिद्धान्तों का उल्लंघन करने पर भी दण्ड के नाम पर केवल चेतावनी और भर्त्सना की जाती है। मैंने प्रधानमन्त्री को पत्र लिखकर उनसे आग्रह किया है कि वह प्रेस परिषद् एक्ट को संशोधित करके इलेक्ट्रॉनिक मीडिया को उसके दायरे में लाने व परिषद् को और अधिकार देने की पहल करें। इलेक्ट्रॉनिक मीडिया ने प्रेस परिषद् के दायरे में आने की बात का पुरजोर विरोध किया है। उनका स्व-नियन्त्रण का दावा बरकरार है। लेकिन देश में सुप्रीम कोर्ट और हाई कोर्ट के जज को भी किसी तरह का पूर्ण अधिकार नहीं है। वे भी दुराचार के मामले में संसद द्वारा अभियोग लाकर हटाये जा सकते हैं। वकील बार काउंसिल के दायरे में आते हैं, जो कि पेशे से सम्बन्धित दुराचार के मसले में उनका लाइसेंस तक रद्द कर सकती है अथवा उन्हें निलम्बित कर सकती है। चिकित्सकों पर मेडिकल काउंसिल होती है, जिनके पास उन्हें हटाने तक का अधिकार होता है। लेखा परीक्षकों के साथ भी समान व्यवहार होता है। तो फिर इलेक्ट्रॉनिक मीडिया को किसी परिषद् के नीचे आने में शर्म क्यों आती है। इस तरह के दोहरे मापदंड क्यों हैं? अगर वह प्रेस परिषद् के दायरे में नहीं आना चाहता, तो एनबीए और बीईए को इंगित करना

चाहिए कि वह किस अथॉरिटी के तहत काम करना चाहेगा। क्या वह प्रस्तावित लोकपाल के दायरे में आने के लिए सोच रहा है? मैंने इस बारे में बार-बार कई अख़बारों में सवाल उठाये हैं, लेकिन एनबीए व बीईए स्तर पर चुप्पी साध ली जाती है या फिर उन्हें अतार्किक करार दिया जाता है।

टीवी समाचार और कार्यक्रम जनता के बड़े तबके पर प्रभाव डालते हैं। इसलिए जाहिर तौर पर इलेक्ट्रॉनिक मीडिया स्व-नियन्त्रण की रट लगाये रखता है तो फिर सारे राजनेताओं, नौकरशाहों को लोकपाल के बजाय स्व-नियन्त्रण के दायरे में ला देना चाहिए। अगर इलेक्ट्रॉनिक मीडिया खुद को बहुत पवित्र और दूध का धुला होने के नज़रिये से देखता है और स्व-नियन्त्रण के सिवाय किसी के भी नियन्त्रण में ना रहने की बात करता है, तो फिर ये पेड न्यूज़ और राडिया टेप्स का किस्सा क्या है? क्या ये सज्जनों या साधुओं वाले काम हैं? हक़ीकत में स्व-नियन्त्रण जैसी कोई चीज़ है ही नहीं, यह एक विरोधाभास है। लोकतन्त्र में हर व्यक्ति उत्तरदायी होता है और यही बात मीडिया पर भी लागू होती है।[32]

सोशल नेटवर्किंग साइट्स पर लगाम : सूचना क्रान्ति ने संचार के क्षेत्र में बदलाव लाकर पूरी दुनिया के सामाजिक, आर्थिक, सांस्कृतिक और राजनीतिक व्यवहार को बदल दिया है। तानाशाही के विरुद्ध जनमत के अभियान में सोशल नेटवर्किंग साइट्स गोले बारूद से कहीं बढ़कर हैं। सरकार सोशल नेटवर्किंग साइट्स को अभिव्यक्ति का सशक्त जरिया के रूप में मानती है। विश्व के सबसे बड़े लोकतन्त्र के शासक नागरिकों की ऑनलाइन अभिव्यक्ति को बड़ा ख़तरा मानते हैं। यह सवाल इसलिए क्योंकि सूचना तकनीक (संशोधन) अधिनियम, 2009 के प्रस्तावित मसौदे को देखकर यही लगता है। दरअसल, आईटी एक्ट 2009 में प्रस्तावित संशोधन के मसौदे में जिस तरह ब्लॉग व ब्लॉग लेखकों को परिभाषित किया गया है, वह अहम सवाल हमारे सामने लाता है। हमें यह सोचने की ज़रूरत है कि आखिर ब्लॉग पर लिखे कंटेंट पर इतनी चिन्ता क्यों है सरकार को। तत्कालीन मानव संसाधन विकास मन्त्री कपिल सिब्बल बार-बार ब्लॉग सहित सोशल नेटवर्किंग साइटों की मॉनीटरिंग व आचार संहिता बनाने के लिए क़ानून बनाने का प्रस्ताव दे रहे हैं। प्रस्तावित मसौदे में इंटरनेट सेवा प्रदाता और टेलीकॉम सेवा प्रदाता की तरह ब्लॉग को भी 'इंटरमीडियरी' की श्रेणी में रखा गया है 'जो किसी सूचना को होस्ट नहीं कर सकता।' स्पष्ट रूप से ब्लॉग लेखकों के ऊपर कई तरह की पाबन्दियों का प्रावधान है। यह अभिव्यक्ति पर अंकुश की साजिश सरीखा है। हालाँकि हमें यह स्वीकारना चाहिए कि सामाजिक

व मानवीय मूल्यों को घृणित रूप में पेश करने वाली अभिव्यक्तियों के लिए आचार संहिता के लिए कोड अवश्य बनाना चाहिए। अगर हम आत्म नियन्त्रण नहीं रखेंगे तो सरकारी हथौड़ा सिर्फ़ ब्लॉग पर नहीं चलेगा। फेसबुक और ट्विटर जैसी सोशल नेटवर्किंग साइट भी इसकी जद में है। यानी यहाँ भी आप मनमर्जी के मालिक नहीं हैं। यहाँ भी आप अनाप-शनाप कुछ नहीं कह सकते। मीडिया की नैतिकता पर उठ रहे सवालों के लिए भारतीय प्रेस परिषद् के बजाय भारतीय मीडिया काउंसिल का गठन किया जाना चाहिए हालाँकि परिषद् मॉनीटरिंग कमीशन बनाने की बात करती है।

अन्ततः कहा जा सकता है कि परिषद् मीडिया मॉनीटरिंग कमीशन के गठन के लिए प्रस्ताव सरकार के पास भेज चुकी है। मीडिया की विषय-वस्तु विनियम और इसकी स्वतन्त्रता की रक्षा के लिए सामान्य प्राधिकरण स्थापित करने के प्रस्ताव पर भी परिषद् ने विचार किया है, जिसके कार्य क्षेत्र को इलेक्ट्रॉनिक और प्रिंट मीडिया तक बढ़ाया जा सकता है और इसका नाम भारत का 'मीडिया मॉनीटरिंग कमीशन' रखा जा सकता है। उपर्युक्त मामलों के अध्ययन से स्पष्ट' है कि भारतीय प्रेस परिषद् की अधिनियम में परिषद् की धारा (1) के अन्तर्गत केवल घोषणात्मक दण्ड जैसे परिनिन्दित करने, चेतावनी देने, भर्त्सना करने का ही अधिकार दिया गया है। इसके अतिरिक्त इसे प्राधिकार है कि इस धारा के अन्तर्गत किसी जाँच से सम्बद्ध विवरण प्रकाशित करने के लिए अपेक्षित है। हालाँकि, अधिनियम प्रेस परिषद् को अपने निर्देशों को लागू करने के लिए कोई अधिकार नहीं देता और इसी कारण परिषद् के निर्णय का उद्देश्य इस आधार पर अक्सर निष्प्रभ हो जाता है। इसी कारण से प्रेस परिषद् ने बार-बार सरकार से सिफ़ारिश की है कि प्रेस परिषद् के निर्णय/निर्देश को बल प्रदान करना सुनिश्चित करने के लिए इसे कुछ न्यूनतम अधिकार अवश्य दिये जायें। भारतीय प्रेस परिषद् को भारतीय मीडिया काउंसिल में परिवर्तित किया जाये और भारतीय मीडिया काउंसिल को वैधानिक दृष्टि से शक्ति सम्पन्न बनाया जाये। साथ ही उसे कार्रवाई और दण्ड के अधिकारों से लैस करना होगा, ताकि लोकतन्त्र के चौथे खम्भे के रूप में मीडिया और भी मज़बूत हो सके।

सन्दर्भ

1. *26वाँ वार्षिक प्रतिवेदन*, नयी दिल्ली : भारतीय प्रेस परिषद्।
2. 'दि ट्रिब्यून'. चण्डीगढ़, 27 मई, 2008
3. 'दि टाइम्स ऑफ़ इंडिया', नयी दिल्ली, 25 जून, 2008

4. 'दि इंडियन एक्सप्रेस', नयी दिल्ली. 6 जून, 2008
5. वार्षिक प्रतिवेदन, नयी दिल्ली : भारतीय प्रेस परिषद्, वर्ष 2001-02
6. 'भारतीय प्रेस परिषद् की 28वीं वार्षिक रिपोर्ट' (01 अप्रैल 2006-31 मार्च 2007)
7. 'दि हिन्दू', नयी दिल्ली, 17 नवम्बर, 2005
8. 'दि एशियन ऐज', नयी दिल्ली, 24 जनवरी, 2006
9. 'भारतीय प्रेस परिषद् की 29वीं वार्षिक रिपोर्ट', पृ. 30
10. 'टाइम्स ऑफ़ इंडिया', नयी दिल्ली, 13 सितम्बर, 2007
11. 'दि स्टेट्समैन', नयी दिल्ली, 21 सितम्बर, 2007
12. 'इंडियन एक्सप्रेस', नयी दिल्ली, 13 अक्टूबर, 2007
13. 'हिन्दुस्तान टाइम्स', नयी दिल्ली, 27 अक्टूबर, 2007
14. 'दि टेलीग्राफ', कोलकाता, 19 अक्टूबर 2006
15. 'दि हिन्दुस्तान टाइम्स', नयी दिल्ली, 02 अक्टूबर 2006
16. 'दि ट्रिब्यून', चण्डीगढ़, 1 फ़रवरी, 2005
17. वही, 4 फ़रवरी, 2006
18. 'दि हिन्दू', नयी दिल्ली, 12 नवम्बर, 2003
19. 'दि ट्रिब्यून', चण्डीगढ़, 13 अगस्त, 2005
20. वही, 29 सितम्बर, 2005
21. 'भारतीय प्रेस परिषद् की 28वीं वार्षिक रिपोर्ट', पृ. 15
22. 'दि पायनियर', नयी दिल्ली, 15 अगस्त, 2004
23. 'दि हिन्दुस्तान टाइम्स', नयी दिल्ली, 23 अगस्त, 2005
24. 'भारतीय प्रेस परिषद् की 29वीं वार्षिक रिपोर्ट', पृ. 28
25. 'मीडिया विमर्श', अक्टूबर-दिसम्बर 2011, पृ. 88
26. वही
27. 'दि एशियन ऐज', नयी दिल्ली, 4 सितम्बर, 2008
28. 'दि इंडियन एक्सप्रेस', नयी दिल्ली, 5 दिसम्बर, 2008
29. वही, 19 दिसम्बर, 2008
30. 'मीडिया विमर्श', भारतीय प्रेस परिषद् के अध्यक्ष मार्कण्डेय काटजू का आलेख, दिसम्बर. 2011, भोपाल
31. वही
32. वही

प्रेस की स्वतन्त्रता एक बहस

सुप्रसिद्ध मीडिया चिन्तक मार्शल मैकलुहान का मीडिया के सन्दर्भ में मत है कि पहला, जब मीडिया बड़े कार्पोरेट घरानों के नियन्त्रण में आ जाता है, तब इसका सम्पूर्ण कायान्तरण हो जाता है। दूसरा, उनका महत्त्वपूर्ण विचार यह भी है जब मीडिया के उपयोगकर्ता इसके प्रभाव की गिरफ़्त में आ जाते हैं तब उनकी इन्द्रियों पर मीडिया का क़ब्ज़ा भी हो जाता है। स्पष्ट है कि जब पाठक, दर्शक या श्रोता की इन्द्रियाँ मीडिया द्वारा अनुकूलित कर ली जाती हैं तब कॉर्पोरेट वर्ग इस उपयोगकर्ता वर्ग को उपभोक्ता वर्ग में तब्दील कर देता है। प्रकारान्तर से यही उपभोक्ता वर्ग राष्ट्रीय और बहुराष्ट्रीय निगमों के लिए विराट बाज़ार का निर्माण करता है।

मीडिया चाहे प्रिंट हो या इलेक्ट्रॉनिक इस वैश्वीकरण के युग में यह अन्तरमहाद्वीपीय निगमों के आर्थिक हितों का वाहक, रक्षक और प्रोत्साहक सा बन चुका है। बाज़ारवादी शक्तियों के आगे नतमस्तक मीडिया की अन्तर्वस्तु के सन्दर्भ में अब इसे ईमानदारी के साथ औद्योगिक उत्पाद माना जा सकता है। मीडिया की यह पहचान इसके अवधारणात्मक परिवर्तन की सूचक भी है। दशकों से हम सुनते और पढ़ते आये हैं कि मीडिया राज्य लोकतन्त्र का चौथा स्तम्भ है। ऐतिहासिक परिप्रेक्ष्य में यह सही भी है। विगत दो दशकों के अनुभवों ने इसकी नयी परिभाषा रची है और पहचान गढ़ी है। इस सम्बन्ध में इस तथ्य को भी स्वीकार करने की ज़रूरत है कि मीडिया कोई स्वायत्त क्षेत्र या शक्ति नहीं है जो इसे स्वायत्त सत्ता के रूप में देखते हैं, वे आत्म भ्रम के शिकार हैं। वस्तुतः मीडिया तत्कालीन सामाजिक, आर्थिक, राजनीतिक तन्त्र का ही 'बाई प्रोडक्ट या सह-उत्पाद' है। इसे राज्य सत्ता द्वारा निर्धारित दायरे के भीतर ही छूट दे सकता है। जब यह निर्धारित सीमाओं का अतिक्रमण करेगा तो इसे परिणाम भी भुगतने के लिए तैयार रहना होगा।

इस सोच की पृष्ठभूमि में जब हम वर्तमान मीडिया के परिदृश्य पर दृष्टि डालते हैं, तब यह भ्रम स्वतः ही भंग हो जाता है कि मीडिया लोकतन्त्र का चौथा स्तम्भ है। इसे निगम-सत्ता द्वारा नियन्त्रित लोकतन्त्र के स्तम्भों में से एक कहा जा सकता है। जब निगम-लोकतन्त्र स्तम्भ में रूपान्तरित हो गया है, तब इससे जनपक्षधरता की भूमिका की अपेक्षा करना आत्ममूर्खता होगी। यही वजह है कि आज हम मीडिया के दृश्य-अदृश्य 'अनुकूलन कारोबार' के चरित्र को सही सन्दर्भों में नहीं समझ पा रहे हैं और इसके प्रति कई प्रकार के भ्रम पाले हुए हैं।

आधुनिक मीडिया की बुनियाद प्रिंट मीडिया से शुरू कर इंटरनेट, ब्लॉग आदि ने अपना आधुनिकीकरण तो किया है। इसका अभूतपूर्व विस्तार भी हुआ है। आज यह 'मास मीडिया' की शक्ल ले चुका है। कभी यह परम्परागत शिक्षितों तक ही सीमित था लेकिन वर्तमान में इसकी पहुँच समाज के हरेक तबके तक है। इसका बाज़ार बढ़ा है, वर्तमान में इसका ग्राहक वर्ग बहुरंगी हुआ है। लेकिन असल सवाल मीडिया की विषयवस्तु व मूल चरित्र का है। इस सन्दर्भ में यह सोचना भी ज़रूरी है कि आखिरकार यह माध्यम किनके स्वार्थों का पैरोकार है? जब यह मास मीडिया बन गया है तो यह सोचना लाज़िमी है कि इसमें मास या जन या समाज कितना मौजूद है? मास मीडिया बनने के बावजूद यदि इसका चरित्र विशिष्टीकृत यानी अभिजातवर्गीय रहता है तो सवाल उठता है कि आखिर मीडिया किस प्रकार का जनमाध्यम है? क्या जनमाध्यम जन से दूर रहकर या जन की अनुपस्थिति में उसका प्रतिनिधित्व कर सकता है? यदि किसी पत्र या पत्रिका में उच्च या उच्च मध्यवर्ग, मध्यवर्ग या नव मध्यवर्ग की आकांक्षाएँ और जीवन शैलियाँ प्रतिबिम्बित होती हैं और हाशिये का समाज ग़ायब रहता है तो फिर मास मीडिया की परिभाषा पर पुनर्विचार करने की ज़रूरत भी है। महानगरों, उपमहानगरों और मझोले नगरों व नव उदित अपसंस्कृति के द्वीपों की मीडिया में मौजूदगी इस बात का एहसास कराती है कि मीडिया आखिर किन वर्गों का गेटकीपर या पक्षधर बन गया है? जब मीडिया की पहुँच असीमित होती जा रही है तब हाशिये रूपी मानवता की अनुपस्थिति की सतह से यह सवाल तो उठेगा कि मीडिया की नकेल किसके हाथ में है किसके लिए है और किसके द्वारा संचालित है?

अध्ययन के दौरान पाया कि कुछ दशक पूर्व तक मीडिया की अन्तर्धारा मूल रूप से मिशनवादी, मूल्यवादी और जन उद्देश्यवादी हुआ करती थी।

पिछले तीन दशक से मीडिया के चरित्र में गुणात्मक परिवर्तन आया। मिशनवादी पत्रकारिता में कॉमर्शियलाइजेशन का बोलबाला बढ़ा। इलेक्ट्रॉनिक माध्यमों व न्यू मीडिया के बढ़ते प्रभाव स्टिंग ऑपरेशन, मीडिया ट्रायल जैसे प्रयोगों ने एक तरफ़ जहाँ काली करतूतों को उद्घाटित कर समाज को चौंकाया है, वहीं अनेक प्रसंगों में मर्यादा की लक्ष्मण रेखा का उल्लंघन कर भय भी पैदा किया है। इस परिस्थिति ने इलेक्ट्रॉनिक मीडिया के नियमन के लिए क़ानून बनाने का विचार उपजा है। समाचार-पत्रों के लिए तो भारतीय प्रेस परिषद् विद्यमान है। यद्यपि वह एक नख दन्तविहीन संस्था होने के कारण प्रभाव खो रही है परन्तु इलेक्ट्रॉनिक या नव माध्यमों के लिए ऐसी कोई संस्था नहीं है। भारतीय संविधान के अनुच्छेद 19(2) के अन्तर्गत निहित अभिव्यक्ति की स्वतन्त्रता पर किये गये निर्बन्धन से सम्बन्धित मामलों का अध्ययन किया गया। अध्ययन में भारतीय प्रेस परिषद् में वर्ष 2001 से 2020 तक कुल 34,734 मामले थे, जिनमें 15,946 मामलों का ही निपटारा हो पाया। इसमें प्रेस द्वारा सरकार के अधिकारियों के विरुद्ध 4,007 मामले थे, जबकि पत्रकारिता की नैतिकता के उल्लंघन से सम्बन्धित 14,200 मामले थे। अध्ययन में पत्रकारों के उत्पीड़न, सिद्धान्त एवं प्रकाशन, प्रेस और मानहानि, प्रेस और नैतिकता, साम्प्रदायिक जाति और राष्ट्र विरोधी लेखन से सम्बन्धित मामलों को शामिल किया गया।

वर्ष 2001 से 2020 तक प्रेस की स्वतन्त्रता के ख़तरे से सम्बन्धित शिकायतों में दर्ज 7059 मामलों में से 978 मामलों पर ही निर्णय हुए, जबकि 2934 मामले ख़ारिज किये गये और 3167 मामलों को विचाराधीन व निर्णय नहीं दिया गया। वर्ष 2001 से 2020 तक प्रेस के विरुद्ध शिकायतों में दर्ज 27687 मामलों में से 3390 मामलों पर निर्णय हुए जबकि 10,850 मामले ख़ारिज और 13,625 मामलों को विचाराधीन या निर्णय नहीं दिया। वर्ष 2001 से 2020 तक पत्रकारों के उत्पीड़न से सम्बन्धित 428 मामलों में से 45 को अनुमोदित, 88 को अस्वीकृत, 117 को आश्वासन, 178 मामलों को अनिष्पादन, 52 मामलों पर आरोप सिद्ध होने पर निर्णय दिये गये, जबकि 113 मामलों को गुण-दोष के आधार पर ख़ारिज किया गया और 262 मामलों पर कोई कार्रवाई उचित नहीं समझी गयी। वर्ष 2001 से 2020 तक सिद्धान्त एवं प्रकाशन के सम्बन्ध में दर्ज 634 मामलों में से 115 मामलों को अनुमोदित, 154 मामलों के सम्बन्ध में आरोप प्रमाणित नहीं हो पाये, जबकि 142 मामले को आश्वासन समर्थित संशोधित शिकायत के रूप में और 223 मामले अनिष्पादित रहे। वर्ष 2001 से 2020 तक प्रेस और मानहानि

के सन्दर्भ में दर्ज 1990 मामलों में से 499 को अनुमोदित, 428 को अस्वीकृत, 510 मामलों को आश्वासन और 553 मामलों को न्यायाधीन/सारहीन होने पर समाप्त किया गया। प्रेस और नैतिकता के सन्दर्भ में दर्ज 114 मामलों में से 53 मामले स्वीकृत, 25 मामले अस्वीकृत, 25 मामलों पर आश्वासन व 11 मामलों को न्यायाधीन/सारहीन होने के कारण निपटारा किया गया। इतना ही नहीं वर्ष 2001 से 2020 तक साम्प्रदायिक जातीय और राष्ट्र विरोधी लेखन के सन्दर्भ में अध्ययन करें तो हम पाते हैं कि परिषद् में दर्ज 121 मामलों में से 45 मामलों को अनुमोदित, 15 मामलों को अस्वीकृत, 21 मामलों को आश्वासन देकर और 17 मामलों को सारहीन होने पर समाप्त किया गया।

यहाँ यह कहना समीचीन होगा कि परिषद् के पास सीमित अधिकार होने के कारण आचार संहिता के उल्लंघन से सम्बन्धित मामलों को दर्ज नहीं कराया जाता है क्योंकि इसे विधिक अधिकार नहीं होने की वजह से इसकी कोई ख़ास उपयोगिता प्रतीत नहीं होती। पत्रकारिता की लक्ष्मण रेखा के लाँघने के कई प्रकरणों को यहाँ उल्लेखित किया गया है। यहाँ एक सवाल अनुत्तरित रह जाता है कि आखिर मीडिया में आचार संहिता का उल्लंघन करने के लिए पत्रकार स्वयं बाध्य होता है या फिर कोई और कारण है, जिसकी बदौलत पत्रकारिता की नैतिकता के सम्बन्ध में सवालों का निरन्तर ग्राफ ऊँचा होता जा रहा है।

भूमण्डलीकरण के प्रभावों को देखते हुए यह कहना समीचीन रहेगा कि इससे पीछे लौटा नहीं जा सकता है इसलिए बाज़ार का वर्चस्व अब एक बहुआयामी यथार्थ बन चुका है। इसकी मौजूदगी को स्वीकार करके ही इसके प्रतिरोध की कारगर और व्यावहारिक रणनीति बन सकती है। अब डंकल, गेट, रेफ्रीजिरेटर और आइसक्रीम का प्रतिरोध तो मटके की रणनीति से कदापि नहीं हो सकता है। यहाँ यह कहना उचित प्रतीत होता है कि यह साफ-साफ पलायन है। बाज़ार की संरचना बेहद जटिल है, इसका सम्मोहन व प्रभाव भी बहुत निर्णायक है। बाज़ार नये प्रकार का यथार्थ निर्मित करता है। पहले यथार्थ के बदलने की प्रक्रिया इतनी तीव्र नहीं थी, इसलिए छोटे-छोटे रद्दोबदल से ही काम चल जाता था लेकिन भूमण्डलीकरण और त्वरित संचार प्रौद्योगिकी ने जो स्थितियाँ पैदा की हैं, वे एकदम नयी और अभूतभूर्व हैं। अब केवल पुराने औज़ारों को धार देने से काम नहीं चलेगा। इनकी समझ और परख के लिए एकदम नये प्रकार के औज़ारों की ज़रूरत पड़ेगी। इसका प्रतिरोध पलायन, अवसाद और नॉस्टेलेजिया से नहीं, व्यावहारिक और कारगर रणनीति से सम्भव है।

मीडिया समाज को बदलने का एक शक्तिशाली हथियार है लेकिन कुछ अदृश्य ताक़तें चाहती हैं कि वह समाज के बजाय उनके हित साधने में लगे। समाज की ताक़तवर शक्तियाँ मीडिया की भूमिका ही बदल देना चाहती हैं। आज अक्सर मीडिया के बारे में यह सुनने को मिलता है कि यह अपने पथ से विचलित हो गया है। यह सही है कि मीडिया के मूल्यों में गिरावट आयी है, इस बात पर बौद्धिकों में आम सहमति भी है। कहने का आशय है कि मूल्यों के पतन के लिए मीडिया को कटघरे में रखा जाता है लेकिन यहाँ यह बात अनुत्तरित है कि आखिर ऐसा क्यों हो रहा है? क्या मूल्य मीडिया में ही गिरे हैं और बाकी में नहीं। क्या यह सही नहीं है कि मीडियाकर्मियों के मूल्यबोध भी समाज सापेक्ष होते हैं और उनकी आकांक्षाएँ व आवश्यकताएँ भी वैसी होती हैं जैसी कि समाज के अन्य पेशे से जुड़े लोगों की।

पिछले कुछ दशकों से उदारीकरण से मध्यवर्गीय मानस में उपभोक्तावादी संस्कृति ने अपना घर बना लिया है। भूमण्डलीकरण से उपजे उपभोक्तावाद की अन्धी दौड़ में समाज, सरकार, संस्था के प्रति वैसी प्रतिबद्धता देखने को नहीं मिलती है जैसे कि पहले थी। आज समाज के प्रति मीडिया की जितनी जिम्मेदारी है, उससे कम जिम्मेदारी सिविल सोसायटी, राजनीतिक पार्टियों व राजनेताओं की नहीं है। सरकारी से लेकर ग़ैर-सरकारी संस्थाओं के विभाग भ्रष्टाचार की चादर में लिपट चुके हैं। प्रामाणिक रूप से भ्रष्टाचार में आकण्ठ डूबे राजनेताओं व अफसरान को समाज बहिष्कार नहीं करता। राजनीति के गलियारे में बाहुबलियों की पूछ इसलिए होती है कि उनको टिकट मिलेगा तो वे चुनकर आयेंगे। राजनीतिक पार्टियों को साफ-स्वच्छ छवि वाले उम्मीदवार से कोई लेना-देना नहीं रहा है। आज भ्रष्टाचार को हमारा समाज पूरी तरह अछूत नहीं मानता, अपितु पैसे के बल पर प्रतिष्ठा पाने की परम्परा भी विकसित हुई है। यही कारण है कि 2जी स्पेक्ट्रम घोटाले से लेकर सीएजी घोटाले के विरोध में कोई ख़ास जनान्दोलन उभर कर नहीं आ पाया। क्या इन घोटालों को उजागर करने में मीडिया ने अपनी महती भूमिका नहीं निभायी। केवल मीडियाकर्मियों पर आरोप मढ़ने से बेहतर है कि उनकी स्थिति पर भी संवेदनशील तरीक़े से सोचा जाये। अनुबन्धित पत्रकार के बतौर काम करने वाले क्षेत्रीय चैनलों या अख़बारों में काम करने वाले एक पत्रकार को महज दो हज़ार रुपये देकर इसके एवज में मीडिया मालिक येन-केन-प्रकारेण अपना टीआरपी बढ़ाने की अपेक्षा करते हैं। वैसे उद्योगपति जिनका मीडिया से कोई लेना-देना नहीं था, वे आज मीडिया के कारोबारी हो गये हैं।

विज्ञापनों की खोज में जुटे पत्रकार चौंकाने वाली स्टोरी प्राप्त करने के लिए उसके अपने आदर्श व मूल्य दबते चले जाते हैं जिसकी ओर 'पेज थ्री' नामक फ़िल्म इशारा करती है कि कैसे एक पत्रकार समाज सापेक्ष स्टोरी करके लाता है लेकिन उसके सम्पादक यह कहकर स्टोरी को हटाता है कि यह तो हमारा विज्ञापनदाता है, हमें तो वैसी स्टोरी दिखानी है जो कि बिक सके।

हमें यह नहीं भूलना चाहिए कि लोकतन्त्र के चौथे स्तम्भ से जो जनअपेक्षाएँ हैं वैसी किसी अन्य पेशे से नहीं। अगर मीडिया थोड़ा भी विचलित हो जाये तो यह लोकतान्त्रिक व्यवस्था ही चरमरा जायेगी।

यह तो सच है कि आज हम सूचना क्रान्ति के दौर में जी रहे हैं। सैटेलाइट क्रान्ति व इंटरनेट ने पूरे मानव समाज को एकाकार करने में महती भूमिका निभायी है इसलिए पूरा विश्व एक गाँव में तब्दील हो गया है। यह परिवर्तन कुछ हद तक सही भी हैं, क्योंकि जड़ता किसी भी समाज के लिए शुभ नहीं है। लेकिन कैसा परिवर्तन चाहेंगे आप? समकालीन अर्थव्यवस्था के उदारीकरण ने उपभोक्ता संस्कृति का नया संसार रच दिया है। इसी वृत्ति ने मीडिया को बाज़ार केन्द्रित कर दिया है। अब निजी हित उससे जुड़ गये हैं। अब समाचार उनके लिए सिर्फ़ एक प्रोडक्ट है और पाठक व दर्शक उसके ख़रीदार। पूँजीपति अपना माल बेचने के लिए ख़रीदार को ढूँढ़ता है। प्रोडक्ट बेचने के लिए कोई भी हथकण्डा ग़ैर वाज़िब नहीं होता। यही कारण है कि प्रबन्धन हर स्तर पर कामयाबी चाहता है। संचार माध्यम की मार्फत जो भी कम्पनी जितनी जल्दी अपने सामान की लांचिंग करेगा और उसे आकर्षक कलेवर में बाज़ार में उतारेगा, वह उतने ही ग्राहक बटोरेगा। यही कारण है कि मीडिया छापाख़ाना से यात्रा करते हुए ब्रेकिंग न्यूज़ तक पहुँच गया है। उत्पाद खपत के लिए पूँजीपति मीडिया के माध्यम से सबसे पहले पर जोर देते हैं। मीडिया की नैतिकता पर उठ रहे सवालों पर हमें गहराई से सोचना पड़ेगा क्योंकि इसकी जड़ें बड़ी गहरी हैं। एक ख़बरिया चैनल लाइव इंडिया ने दिल्ली की एक शिक्षिका उमा खुराना पर लड़कियों को फाँस कर सेक्स रैकेट चलाने का आरोप मढ़ दिया। चैनल ने शिक्षिका को फँसाने के लिए एक छद्म वीडियो सीडी दिखायी। इस ख़बर को देखने के बाद उत्तेजित अभिभावकों व अन्य लोगों ने उस स्कूल में न सिर्फ़ तोड़-फोड़ की बल्कि उमा खुराना से गाली गलौज भी की। बाद में जब मामले की जाँच-पड़ताल की गयी तो उमा खुराना पर लगाये गये आरोप ग़लत निकले। लेकिन मीडिया ने उस

शिक्षिका के चरित्र पर जो दाग लगाया, क्या वह कभी धुल पायेगा? यह घटना उमा खुराना के चरित्र के आगे प्रश्नचिह्न उपस्थित करती रहेगी। इतना ही नहीं एक चैनल ने तो बाकायदा भूत-प्रेत की स्टोरी बनाकर दिखाया जिससे ग्रामीण डर गये, कुछ लोगों ने चैनल के विरुद्ध सूचना एवं प्रसारण मन्त्रालय में शिकायत की। इसके बाद मन्त्रालय ने चैनल को नोटिस जारी किया। आज इस तरह की घटनाएँ प्रायः किसी न किसी ख़बरिया चैनल में देखने को मिलती है। कुछ चैनलों द्वारा सनसनी फैलाना, अन्धविश्वास को अलंकृत करना, घृणा फैलाना आदि उसके विषय वस्तु हो गये हैं, इसको देखकर कहा जा सकता है कि मीडिया अपनी नैतिकता के परे जाकर काम करने लगा है। ख़ासकर यह बाज़ारवाद को महिमामंडित करने में जुटा है और इस बाज़ारवाद ने हमारी संवेदना को कुंद कर दिया है। उचित-अनुचित के विवेक को भोथरा कर दिया गया है। किसी स्त्री के शीलहरण की स्टोरी को घण्टों दिखाकर उसका बार-बार शीलहरण किया जाता है। किसी साहित्यिक-सांस्कृतिक कार्यक्रमों के लिए उनके पास वक्त नहीं होता पर सिने तारिकाओं के रोमाँस के किस्से दिखाने में घण्टों जाया करते। हमारी सुबह मुन्नी बदनाम हुई, शीला की जवानी से शुरू होती है और सचिन के छक्के से शुभ रात्रि होती है। ख़बर परोसते वक्त चैनल वालों को इतना भी ध्यान नहीं रहता कि आखिर यह बच्चों की आँखों के सामने से गुजरेगा और ऐसी सामग्री परोसकर हम भविष्य के लिए विकृत और कुण्ठित समाज का निर्माण कर रहे हैं। मीडिया अपने पक्ष में यह तर्क देता है कि हम तो वही दिखाते हैं जो दर्शक देखना पसन्द करते हैं। लेकिन सवाल यह है कि क्या ऐसी रुचि या प्रवृत्ति मीडिया ने पैदा नहीं की है। मीडिया का कहना है कि हमारा काम जनता की रुचि को भुनाना है न कि निर्माण करना। चेतना निर्मित करना हमारा लक्ष्य नहीं है। हमारा लक्ष्य तो बाज़ार के लिए उपभोक्ता तैयार करना है। टीआरपी की होड़ में हर क्षण एक्सक्लूसिव दिखाने की खातिर मीडिया को यह भी चिन्ता नहीं होती है कि इस घटना की विश्वनीयता क्या है। स्टोरी गढ़ने के लिए कई बार तो सुनियोजित तरीक़े से हत्या करा दी जाती है।

आज हर क्षेत्र में पारदर्शिता की बात करने वाले मीडिया की पारदर्शिता ही संदिग्ध लगती है। ये मीडिया संस्थान भूल चुके हैं कि एक समय में पत्रकारिता त्याग और समर्पण की चीज़ हुआ करती थी। पत्रकारिता की नींव को मज़बूती प्रदान करने वाले बाबूराव विष्णु पराडकर, माखनलाल चतुर्वेदी सरीखे पत्रकारों ने जो बुनियाद रखी उस पर इमारत खड़ी होनी चाहिए थी पर वह तो जड़ से हिल चुकी है।

आज उनके सामने सिर्फ़ बाज़ार दिखता है। मीडिया के सन्दर्भ में विमर्श करते समय यह सोचने की ज़रूरत है कि पत्रकारिता देश और समाज का आईना होती है। एक ऐसा आईना जिससे यह अपेक्षा की जाती है कि अगर उसे सोने-चाँदी से भी जड़ दें, तो भी वह झूठ नहीं बोलेगा।

समकालीन मीडिया के परिदृश्य को देखें तो हम पाते हैं कि यह आईना पूरी तस्वीर प्रतिबिम्बित नहीं करता अपितु अपने स्वार्थ की पूर्ति के लिए ही कार्यक्रम परोसता है। सीएमएस मीडिया लैब ने वर्ष 2007 में छह राष्ट्रीय चैनलों के कुल समाचार समय का प्रतिशत निकाला। आँकड़े चौंकाने वाले थे। राष्ट्रीय समाचार चैनलों से सबसे ज़्यादा समय खेल (क्रिकेट) पर खर्च किया। कुल समाचार समय में खेल पर 17.37 प्रतिशत खर्च हुआ। उसके बाद मनोरंजन पर 16.15 प्रतिशत, अपराध पर 11.83 प्रतिशत, राजनीति पर 10.09 प्रतिशत समय समाचार चैनलों ने खर्च किया। पर्यावरण, स्वास्थ्य, शिक्षा और कृषि जैसे गम्भीर मुद्दों पर कुल समय का एक प्रतिशत भी खर्च नहीं किया गया। मीडिया द्वारा गम्भीर ख़बरों पर चटपटे आवरण चढ़ाकर दर्शक, श्रोता और पाठक के समक्ष परोसा जाता है। वैश्वीकरण के युग में पूँजी के वर्चस्व व मोहक रूप के कारण जड़ और प्रतिगामी मूल्यों को वरीयता दी जाने लगी है। पत्रकारिता तो एक ऐसा हथियार है जिसका सदुपयोग व दुरुपयोग दोनों हो सकता है, लेकिन हमें यह सोचना चाहिए कि इन हथियारों का संचालक कौन है और उनके न्यस्त हित क्या हैं?

इस सन्दर्भ में कहा जा सकता है कि आज इस हथियार का संचालन अधिकतर अपरिपक्व हाथों में है, जो बिना सामाजिक-सांस्कृतिक मुद्दों से जुड़े मीडिया संस्थानों के मालिक बन बैठे हैं जिनमें अधिकांश मालिक पूँजीपति हैं। मीडिया में बड़ी पूँजी लगी होती है जो पूँजी लगायेगा वह मुनाफ़ा खोजेगा ही। यही कारण है कि मीडिया हाउस के मालिक मुनाफ़ा कमाने के लिए ख़बर को मात्र एक उत्पाद समझते हैं और उसे साबुन शैम्पू की तरह बेचना चाहते हैं। वर्तमान चैनलों व अख़बारों की प्रतिस्पर्धा में कंटेंट, एडीटोरियल वैल्यू व ऑबजेक्टिव जर्नलिज्म हाशिये पर हैं। विज्ञापन बाज़ार में महारथ हासिल करने के लिए 'सर्कुलेशन वार' तेज हुआ है। इस लड़ाई में कंटेंट से ज़्यादा लुभावने उपहारों को देने की संस्कृति विकसित हुई है। अख़बार पाठकों को रातोंरात करोड़पति बनाने के दिवास्वप्न में डालता जा रहा है। बेचारा पाठक बिना मानसून उपहारों की बरसात से अचम्भित रहता है और समझ नहीं पाता है कि वह अख़बार पढ़ने के लिए ले रहा है या कि उपहारों के लिए। यह सही है कि इनाम की गारंटी से मौसमी पाठकों की

संख्या अचानक बढ़ जाती है। अख़बार वाले सर्कुलेशन में हुए उछाल से ख़ुश हो जाते हैं पर स्कीम ख़त्म होते ही मौसमी पाठक घटते जाते हैं। यहाँ यह समझा जा सकता है कि क्या कंटेंट का किला ध्वस्त करके नम्बर वन की रेस में विजयी बना जा सकता है। बिना ऑब्जेक्टिव पत्रकारिता व कंटेंट में सुधार करके या यों कहें कि पत्रकारिता की आत्मा को मार कर मीडिया कब तक मृत आत्मा की लड़ाई लड़ेगी? हालाँकि तमाम सामाजिक-सांस्कृतिक प्रदूषण के इस दौर में भी कुछ मीडिया संस्थानों ने अपनी विश्वसनीयता ज़रूर बनाये रखी है। उनके लिए सांस्कृतिक व मानवीय मूल्य को बचाने के मुद्दे अहम हैं लेकिन बाज़ारवाद के सामने मीडिया का टिके रहना भी एक बहुत बड़ी चुनौती है, ऐसे में वह कब तक अपने विश्वास को अक्षुण्ण रख सकेगा। लोकतन्त्र के चौथे स्तम्भ के रूप में मीडिया को यह समझना पड़ेगा कि वर्तमान में हम जिस प्रकार से सूचना क्रान्ति के दौर में जी रहे हैं और व्यक्ति अपने बुद्धि-विवेक से तर्क के बजाय मीडिया से प्राप्त सूचनाओं व सन्देशों पर भरोसा करता है, ऐसे में मीडिया का दायित्व और भी बढ़ जाता है कि वह प्राप्त संसाधनों का इस्तेमाल बड़ी ही सावधानी के साथ करे। अगर सावधानी से नहीं करेंगे तो लोकतन्त्र की पहरेदारी का दावा करनेवाले मीडिया पर से लोगों का भरोसा उठ जायेगा।

समकालीन दौर में अभिव्यक्ति की स्वतन्त्रता और प्रेस की स्वतन्त्रता की दुहाई देकर मीडिया संस्थान आज अपने ऊपर किसी भी प्रकार के हस्तक्षेप व नियन्त्रण को नकारते हैं। चाहे वह सरकारी हस्तक्षेप की बात हो या मीडिया परिषद् बनाने का सुझाव। पत्रकारिता के क्षेत्र के सम्पादकाचार्य बाबूराव विष्णु पराडकर ने 1925 ई. में हिन्दी साहित्य सम्मेलन के वृन्दावन अधिवेशन के अवसर पर आयोजित सम्पादक/पत्रकार सम्मेलन के दौरान अध्यक्षीय वक्तव्य में कहा था कि "मैं चाहता हूँ कि इंडियन मेडिकल काउंसिल के समान यह समिति सम्पादन कला को उत्तेजन देने का प्रबन्ध करे। सम्पादकों के साधारण धर्मों का निर्धारण कर उनका पालन सबसे करावे, विरुद्धाचरण को दण्ड भी दे। डॉक्टर, वकील तथा सब पेशों के लोगों के आचरण का एक आदर्श होता है। क्या सम्पादक ही उच्छृंखल होकर संसार का अनिष्ट करते रहेंगे, हमें स्वयं ही मिलकर अपना आदर्श ठहराना होगा।" पराडकर जी के वक्तव्यों से यह स्पष्ट है कि पत्रकारिता के आचरण के मानकों के उल्लंघन करने की बात पर आज से क़रीब सौ साल पूर्व से ही सोची जा रही थी। यह अनुभव किया जाने लगा था कि पत्रकार बिरादरी को मिलकर अपनी एक आचार संहिता बनानी चाहिए,

उसका उल्लंघन करने वालों को दण्डित करना चाहिए और इस कार्य के लिए इंडियन मेडिकल काउंसिल या बार काउंसिल की तरह एक स्वायत्त पेशेवर संगठन होना चाहिए। हालाँकि यह एक अलग मसला है कि मेडिकल काउंसिल और बार काउंसिल अपने पेशे के सदस्यों को पेशेवराना आचार दोषों से मुक्त रखने और दोषी पाये जाने वाले सदस्यों को दण्डित करने में कहाँ तक सफल हुए हैं? इन पेशों के सदस्यों के पेशेवराना आचरण पर उँगली न उठायी जा सके, ऐसी स्थिति आज भी नहीं है। चूँकि पत्रकारों के आचरण बनाने व पत्रकारिता के उच्च मानक स्थापित करने वाली संस्था भारतीय प्रेस परिषद् को मामूली सा अधिकार होने की वजह से वह आचार संहिता का उल्लंघन करने वालों पर अंकुश नहीं लगा पाती है इसलिए यह ज़रूरी है कि बार काउंसिल, मेडिकल काउंसिल की भाँति ही मीडिया काउंसिल बने और इसे कठोर विधायी शक्तियाँ दी जानी चाहिए। यहाँ यह कहा जा सकता है कि अब परम्परागत भारतीय प्रेस का सम्बोधन नेपथ्य में खिसक रहा है। इसके स्थान पर भारतीय मीडिया का सम्बोधन पत्रकारिता क्षितिज पर अपने पूरे ग्लैमर के साथ स्थापित हो चुका है। क्रॉस ऑनरशिप के द्वारा मालिक पूँजीपतियों के पक्ष में जनमत बनाते हैं। आज मीडिया की आचार संहिता के बारे में चर्चा करते ही यह बात सामने आती है कि 21वीं सदी की चुनौतियों को ध्यान में रखते हुए भारतीय मीडिया काउंसिल का गठन किया जाना चाहिए। भारतीय मीडिया काउंसिल की जमीन तैयार करने के लिए हमें सोचने की ज़रूरत है कि "1. प्रेस प्रतिष्ठानों में विदेशी पूँजी नियोजन की अनुमति 26 प्रतिशत तक। 2. प्रेस व मीडिया में उच्च पूँजी का वर्चस्व/विज्ञापनवाद का प्रभुत्व। ब्रांड मैनेजर का निर्णायक उदय। 3. सम्पादक संस्था का परोक्ष विलोपीकरण। 4. अनुबन्धित पत्रकार व कर्मचारी प्रथा को प्रोत्साहन। वेज बोर्ड नियमित मानव-शक्ति का क्रमिक लोप। निष्प्रभावी श्रमिक संगठन। 5. ऊँचा वेतन व सुविधावादी जीवनशैली, लेकिन प्रतिष्ठान में असुरक्षा व अनिश्चितता का वातावरण। 6. प्रशिक्षित पत्रकार व उत्पीड़क प्रतिस्पर्धा। 7. समाचार-पत्रों के बीच अस्वस्थ प्रतिस्पर्धा और घातक 'मूल्य जंग' (प्राइस वार)। मटमैली पूँजी का समाचार। 8. क्षेत्रीय भाषायी प्रेस व मीडिया की सत्ता का उदय। 9. बहु व अन्तरराज्यीय संस्करणों का विस्फोट। 10. पंचस्तरीय समाचार संरचना-क. राष्ट्रीय, ख. प्रदेश राजधानी, ग. सम्भागीय, घ. जिला स्तरीय और च. तालुका या तहसील या प्रखण्ड स्तरीय। 11. केन्द्रीय समाचार डेस्क और परोक्ष केन्द्रीय नियन्त्रण। 12. समाचार व मुद्दों का अति स्थानीयकरण। समाचार-पत्र का विखण्डीकरण और

उभरता अलोकतान्त्रिक व्यक्तित्व। संवादहीनता व अपरिचितपन की प्रवृत्तियों का उभरना। 13. समाचार-पत्रों में उभरती विद्रूपता। 14. प्रेस या मीडिया का प्रोडक्ट में रूपान्तरण। 15. समाचार, विचार और विज्ञापन के बीच गहराता प्रतिशत असन्तुलन। 16. पैसा वसूल समाचार परिघटना। पेड न्यूज़ अर्थात् प्रायोजित समाचार व विचार सामग्री का फलता-फूलता व्यापार 17. लॉबिंग का कारोबार। 18. स्टिंग ऑपरेशन। 19. विदेशी अख़बारों का भारतीय फेक्सीमिली संस्करण। 20. भारतीय लोकमत को प्रभावित करने की रणनीति। 21. एक व्यक्ति, परिवार या समूह का बहु आयामी संचार माध्यमों पर नियन्त्रण (प्रेस, चैनल, केबल आदि) 22. अख़बारों के इंटरनेट संस्करण और साइबर पत्रकारिता। 23. अख़बार और पत्र-पत्रिकाओं में सेक्स, ग्लैमर, अपराध, अन्धविश्वास आदि का बढ़ता प्रभाव। 24. सूचना मनोरंजन परिघटना। 25. आचार संहिता की योजनाबद्ध उपेक्षा। 26. शक्तिहीन भारतीय प्रेस परिषद। 27. प्रायोजित व दिखावटी पत्रकार और छद्म स्वतन्त्रता। 28. प्रेस में आन्तरिक उपनिवेश का परिवेश। 29. सोशल मीडिया का उदय। 30. ओम्बड्समेन की व्यवस्था। 31. भाषायी समाचार एजेंसियों का अवसान। 32. पत्रकारों पर बढ़ते हमले और राज्य की उदासीनता। 33. जन संघर्षों की ख़बरों को दबाना। 34. पेज थ्री संस्कृति को प्रोत्साहित करना। 35. बड़े प्रेस घरानों द्वारा सम्भागीय व जिलास्तरीय संस्करण निकालने के कारण स्थानीय स्तर के अख़बारों की दयनीय स्थिति। 36. पत्रकारों का ग़ैर-पत्रकारीय कार्यों द्वारा शोषण। 37. प्रेस प्रतिष्ठानों में 'शोध एवं विकास' पर न्यूनतम ध्यान, सन्दर्भ विभाग व पुस्तकालय का अभाव। 38. औद्योगिक व व्यापारिक हितों की रक्षा की दृष्टि से कॉर्पोरेट घरानों द्वारा ग्लैमरीकृत पत्रिकाओं का आक्रामक प्रकाशन। बौद्धिक जगत् व लोकतन्त्र को प्रभावित करने की कोशिशें। 39. एकाधिकारवादी प्रेस व मीडिया घरानों में देश के लिए 'एजेंडा निर्धारण' की उग्र होती प्रवृत्ति। 40. नव उदारवादी वैश्विक आर्थिक शक्तियों की अविवेकपूर्ण पक्षधरता। 41. स्वदेशी हितों व आवश्यकताओं के प्रति सुनियोजित उदासीनता।

यहाँ यह भी विचारणीय विषय है कि भारतीय मीडिया परिषद् का कार्य क्षेत्र किस प्रकार का होना चाहिए? क्योंकि आज मीडिया त्रिआयामी है अर्थात् प्रिंट या प्रेस, इलेक्ट्रॉनिक चैनल या केबल और इंटरनेट या साइबर। सूचना, समाचार, विचार और मनोरंजन के इन तीन माध्यमों की आवश्यकताओं को दृष्टिगत रखते हुए मीडिया काउंसिल का गठन हो तथा उसे और भी विधायी शक्तियाँ प्रदान की जाये क्योंकि मूल मुद्दा है लोकतन्त्र को जीवित, जीवन्त और समतावादी बनाये रखना।

जो कि हर दृष्टि से दबावमुक्त, जवाबदेह और लोकोन्मुखवादी हो। भारतीय मीडिया परिषद् के अन्तर्गत तीनों मीडिया संस्थानों प्रिंट, इलेक्ट्रॉनिक और साइबर मीडिया को शामिल किया जाना चाहिए। हालाँकि इस सन्दर्भ में भारतीय प्रेस परिषद् की ओर से मीडिया आयोग बनाने की माँग होती रही है। भारतीय प्रेस परिषद् के अध्यक्ष न्यायमूर्ति जी.एन. रॉय का कहना है कि परिषद् ने सरकार से आग्रह किया है कि मीडिया उद्योग के सामने आने वाली समस्याओं का अध्ययन करने के लिए मीडिया आयोग का गठन किया जाये। उन्होंने कहा, "हमने सुझाव दिया है कि दृश्य मीडिया को शामिल करने के लिए प्रेस परिषद् को मीडिया परिषद् में बदल दिया जाये, परन्तु सरकार की इसमें रुचि नहीं है और बताया कि सरकार कुछ अन्य विनियमों पर विचार कर रही है। सरकार मीडिया आयोग गठित कर सकती है और उस आयोग की सिफ़ारिशों के आधार पर नियामक निकाय के बारे में सोच सकती है।"[1]

भारतीय प्रेस परिषद् के स्थान पर भारतीय मीडिया काउंसिल का गठन होना चाहिए, जिसके दायरे में इलेक्ट्रॉनिक मीडिया को रखना चाहिए। क्योंकि हमें यह नहीं भूलना चाहिए कि प्रेस काउंसिल के गठन के समय सिर्फ़ समाचार-पत्र, पत्रिकाएँ थीं, रेडियो और टेलीविज़न सरकारी नियन्त्रण में थी। अब चूँकि न्यू मीडिया और निजी चैनलों की संख्या में गुणात्मक ढंग से बढ़ोतरी हो रही है, लेकिन इन पर अंकुश लगाने के लिए कोई वैधानिक संस्था कारगर रूप से कार्य नहीं कर रही है। इलेक्ट्रॉनिक मीडिया और न्यू मीडिया को भी भारतीय मीडिया काउंसिल के अन्तर्गत लाया जाना चाहिए। भारतीय मीडिया काउंसिल को स्वायत्तशासी निकाय के रूप में शक्ति सम्पन्न होना चाहिए, क्योंकि अभी तक प्रेस काउंसिल का जो स्वरूप है, उसे जो अधिकार दिये गये हैं, वे केवल निन्दा और परिनिन्दा तक ही सीमित हैं, जिसका कोई सबल अर्थ नहीं। अतएव प्रेस काउंसिल को दण्डात्मक शक्ति देने का अधिकार भी होना चाहिए। मीडिया काउंसिल के पास सरकारी विज्ञापन रोकने का प्रावधान हो। मीडिया काउंसिल को अधिकार देते समय मीडिया के आत्म-नियमन की भावना तथा संविधान के अनुच्छेद 19(1) क वाक् एवं अभिव्यक्ति की स्वतन्त्रता का सम्मान भी बरकरार रखना चाहिए। यदि ऐसा नहीं होगा, तो हो सकता कि सरकार की तरफ़ से मीडिया के साथ दुर्भावनात्मक एवं दण्डात्मक शक्तियों का उपयोग प्रेस को निरुत्तर करने के लिए किया जाने लगे। हमें आपातकाल के दौरान प्रेस के साथ की गयी ज्यादतियों को नहीं भूलना चाहिए। हमें यह नहीं भूलना चाहिए कि आज मीडिया में उद्योगपति

और सम्पन्न वर्गों का वर्चस्व है। इस कारण से ख़बरों का एक ख़ास वर्ग चरित्र बन रहा है। मीडिया मालिकान देश के शासन तन्त्र की ही तरह 'नव उदारवाद' के आगे दण्डवत है और इसे सत्ता व बाज़ार के अनुकूल बनाने के लिए सक्रिय रहते हैं। तथ्यात्मक समाचार हेतु घटनाओं की तह में जाये बगैर वह अपने अनुकूल ख़बरें प्लांट करते हैं। फिर उन्हें बार-बार दिखाकर सच में तब्दील करना चाहते हैं। तेजी से पैसे और पहुँच बनाने के लिए ख़बरों को सनसनी, अश्लील और चटपटी बनाया जाता है।

सारांशतः कहा जा सकता है कि प्रेस काउंसिल के स्थान पर मीडिया काउंसिल का गठन किया जाये और उसे शक्ति सम्पन्न भी बनाया जाये, किन्तु मीडिया की स्वायत्तता को किसी भी रूप में कम नहीं करना चाहिए। साथ ही प्रेस परिषद् के अधिकारों की रक्षा के साथ जनता के अधिकारों की भी रक्षा करे, ताकि आम व्यक्ति भी प्रेस परिषद् में अपनी शिकायत को ले जाने में किसी भी प्रकार का संकोच न करे। आज जब देश में सरकारी नौकरशाह एवं नेताओं को अपनी सम्पत्ति की घोषणा करना आवश्यक माना जाने लगा है तो ऐसे में प्रेस मालिकों को भी सम्पत्ति घोषित करना अनिवार्य बनाना चाहिए। इतना ही नहीं, मीडिया को यह अधिकार भी देना चाहिए कि वह प्रेस के मालिकों की सम्पत्तियों की जाँच भी कर सके। मीडिया को व्यवसाय से जनसेवा की तरफ़ उन्मुख करने की दिशा में भारतीय प्रेस परिषद् को चिन्तन मनन करना चाहिए। आज आवश्यकता इस बात की है कि हम समाचार-पत्र, पत्रिकाओं को एक उत्पाद की तरह न देखें, क्योंकि मीडिया का कार्य जनसेवा है। लोगों को सूचना देने का यह एक सशक्त माध्यम है। लोगों के दुःख—दर्द में उनकी समस्या को स्वर देने का एक मंच है, लाभार्जन ही एकमात्र उद्देश्य नहीं। उत्पाद और समाचार में अन्तर करने की भावना विकसित हो। क्योंकि हम जानते हैं कि पाठक समाचार-पत्र विज्ञापन के लिए नहीं पढ़ता, वरन् समाचार के लिए पढ़ता है। टीवी भी विज्ञापनों के लिए नहीं अपितु समाचारों के लिए उपयोग करता है। यहाँ यह कहना समीचीन होगा कि इलेक्ट्रॉनिक मीडिया को मीडिया काउंसिल के दायरे में लाने से ही समस्या का समाधान नहीं होगा। सूचना प्रौद्योगिकी की तीव्रता के दौर में आज एक और प्रभावशाली माध्यम न्यू मीडिया के रूप में हमारे समक्ष आ गया है, इसका भी नियमन आवश्यक है तथा इस तथ्य पर भी ध्यान देने की ज़रूरत है। हमें मीडिया को जनता के प्रति जवाबदेह बनाना होगा अन्यथा मर्डोकवादी मीडिया की चिन्तनधारा से लोकतन्त्र सशक्त होने के स्थान पर कमज़ोर ही होगा।

आचार संहिता का उल्लंघन करने वाले पत्रकारों को यह जान लेना ज़रूरी है कि कोई भी क़ानून से ऊपर नहीं है। जब भारत के संविधान में नागरिकों के लिए अभिव्यक्ति की स्वतन्त्रता को सुनिश्चित किया गया, तब यह भी सुनिश्चित किया गया कि यह स्वतन्त्रता पूर्ण नहीं थी और कोई भी अभिव्यक्ति चाहे वह शाब्दिक हो या दृश्य माध्यम से—वह विधायिका द्वारा बनाये गये और कार्यपालिका के द्वारा लागू किये गये संवैधानिक नियमों का उल्लंघन न करें। अगर प्रिंट या इलेक्ट्रॉनिक मीडिया अपने अधिकार क्षेत्र से बाहर आकर काम करते हैं तो न्यायपालिका के पास उस पर मौलिक अधिकार उल्लंघन के तहत कार्रवाई का हक़ है।

यहाँ यह गौर करने की बात है कि सेवानिवृत्त न्यायाधीश को ही प्रेस परिषद् का अध्यक्ष बनाया जाता है, वैसे न्यायाधीश को भी अध्यक्ष बना दिया जाता है, जिनकी पृष्ठभूमि पत्रकारिता की नहीं होती है। ऐसे में ज़रूरत यह भी है कि मीडिया की नामचीन हस्ती जो न्यायिक प्रक्रिया की समझ रखता हो, उसे प्रेस परिषद् या यों कहें कि मीडिया काउंसिल के अध्यक्ष के रूप में जिम्मेदारी दी जानी चाहिए। हम जानते हैं कि मीडिया में बड़ी पूँजी लगी है, पूँजीपति तबका हमेशा लाभ ही चाहता है, ऐसे में बाज़ारीय शक्ति के आगे मीडिया की नैतिकता पर सवाल उठता ही रहता है। इसी प्रकार सरकार को भी मीडिया के साथ निष्पक्ष बर्ताव करना चाहिए। सारा दोषारोपण मीडिया पर लगाने की जो प्रवृत्ति सरकारी तन्त्र में विकसित हो रही है, वह भी लोकतन्त्र के लिए शुभ नहीं है। इस बात का सदैव ध्यान रखना चाहिए। यदि मीडिया और सरकार दोनों की जनता के प्रति जवाबदेही सुनिश्चित हो जाये, तो मीडिया पर विश्वनीयता का जो संकट है, उससे मुक्ति मिल जायेगी। सरकार को इस दिशा में सार्थक पहल करने के लिए गम्भीरता से विचार करना चाहिए।

सन्दर्भ

1. संडे एक्सप्रेस, कोजीकोड, 21 सितम्बर, 2008

परिशिष्ट

पत्रकारिता के आचरण के मानक*

सिद्धान्त तथा आचार नीति–पत्रकारिता का मूल उद्देश्य यह है कि जनरुचि के विषयों पर न्यायसंगत, यथार्थ, निष्पक्ष, सौम्य तथा शालीन विधि से समाचार, विचार, टीका तथा जानकारी देकर लोगों की सेवा की जाये। इस प्रयोजन के लिए प्रेस से यह आशा की जाती है कि वह विश्व-भर में मान्यता प्राप्त व्यावसायिकता के कुछ मानकों के अनुरूप आचरण करे। यदि नीचे लिखे मानकों और उसके बाद संलग्न विशिष्ट दिशा-निर्देशों का प्रयोग उचित विवेक के साथ और हर मामले को अपनी परिस्थितियों के अनुकूल किया जाये तो पत्रकार को अपने आचरण के स्व-नियन्त्रण में मदद मिलेगी।

1. सटीकता, यथार्थता और निष्पक्षता–क. प्रेस गलत, निराधार, अशिष्ट, भ्रामक या विकृत सामग्री का प्रकाशन नहीं करेगा। मूल मुद्दों या विषय के सही पक्षों को प्रस्तुत किया जाये। अफ़वाहों तथा अटकलों को तथ्यों के रूप में प्रस्तुत न किया जाये। ख. समाचार-पत्रों का यह कर्तव्य है कि वे पब्लिक इंटरफेस वाले वित्तीय संस्थानों की साख को प्रभावित करने वाली अफ़वाहों के जवाब में सकारात्मक भूमिका अदा करें। ग. जहाँ प्रेस का यह कर्तव्य है कि वह अपने नोटिस में आने वाली ग़लतियों का भण्डाफोड़ करे, वहीं यह भी आवश्यक है कि ऐसी रिपोर्टों के साथ अखण्डनीय तथ्य साक्ष्य हों।

2. प्रकाशन-पूर्व सत्यापन–क. जनहित तथा लाभ की कोई रिपोर्ट अथवा लेख प्राप्त होने पर, जिसमें किसी नागरिक के विरुद्ध आक्षेप अथवा टीका हो, सम्पादक को चाहिए कि यथेष्ट ध्यान तथा सावधानी के साथ उसकी तथ्यात्मक यथार्थता की जाँच, अन्य प्रामाणिक स्रोतों के अतिरिक्त, सम्बन्धित व्यक्ति तथा संगठन से भी कर ले और उसका विवरण, टीका अथवा प्रतिक्रिया प्राप्त करके,

जहाँ आवश्यक हो, उचित संशोधनों के साथ रिपोर्ट में उसे भी प्रकाशित कर दे। प्रतिक्रिया के अभाव में इस आशय की टिप्पणी रिपोर्ट के साथ दे दी जाये। ख. परीक्षाओं के रद्द किये जाने या प्रत्याशियों द्वारा चुनाव से अपना नाम वापस लिए जाने आदि से सम्बन्धित समाचार यथेष्ट सत्यापन और जाँच के बिना प्रकाशित न किये जाये। ग. जो प्रलेख किसी समाचार रिपोर्ट का आधार हो, उसे कम से कम छह माह तक सुरक्षित रखा जाये।

3. मानहानिकारक लेखों के प्रति सावधानी–क. समाचार-पत्र को ऐसी बात प्रकाशित नहीं करना चाहिए जो किसी व्यक्ति या संगठन के प्रति स्पष्ट रूप से मानहानिकारक अथवा अपमानजनक हो, जब तक कि उचित सावधानी तथा जाँच के बाद उनके पास यह मानने के लिए पर्याप्त आधार न हो कि वह सच्ची है और उसका प्रकाशन जनता के हित में होगा। ख. किसी नागरिक के विरुद्ध अपमानजनक, भद्दी तथा मानहानिकारक सामग्री छापने के लिए, यदि कोई जनहित निहित न हो, सच्चाई को आधार नहीं बनाया जा सकता। ग. जनहित में बिरले मामलों को छोड़ कर किसी मृत व्यक्ति के विरुद्ध कोई ऐसी निजी टिप्पणी प्रकाशित न की जाये जिसे अपमानजनक समझा या माना जा सके, क्योंकि मृत व्यक्ति के लिए उस टिप्पणी का खण्डन करना या उससे इनकार करना सम्भव नहीं होगा। घ. प्रेस का यह कर्तव्य, विवेक तथा अधिकार है कि संदिग्ध पूर्व पृष्ठभूमि वाले और शंकास्पद चरित्र वाले नागरिकों की ओर पाठकों का ध्यान खींचकर जनहित की सेवा करे, किन्तु उत्तरदायी पत्रकारों के रूप में उन्हें उन व्यक्तियों को 'धोखेबाज' या 'हत्यारे' आदि शब्दों के सम्बोधन का प्रयोग करते समय यथेष्ट संयम तथा सावधानी बरतनी चाहिए। मूलभूत सिद्धान्त यह है कि किसी व्यक्ति के दोष को आरोपित तथ्यों के प्रमाण द्वारा सिद्ध किया जाये न कि अभियुक्त की दुश्चरित्रता के प्रमाण द्वारा उद्‌घाटित करने के अपने जोश में प्रेस को नैतिक सावधानी तथा निष्पक्ष टीका की सीमाओं का उल्लंघन नहीं करना चाहिए। च. प्रेस किसी व्यक्ति के नये कृत्य के सन्दर्भ में कटु टिप्पणी करने के लिए उस नागरिक के पहले के आपत्तिजनक व्यवहार को आधार नहीं बनायेगा। यदि जनता के लिए वह सन्दर्भ अपेक्षित हो तो प्रेस को सम्बन्धित अधिकारियों से प्रकाशन पूर्व पूछताछ कर लेनी चाहिए कि उन आपत्तिजनक कृत्यों के बारे में क्या अनुवर्ती कार्रवाई की गयी। छ. यदि आक्षेपित प्रकाशन स्पष्ट रूप से शिकायतकर्ता की प्रतिष्ठा को क्षति पहुँचाने वाले हों तो यह सिद्ध

करने का भार प्रतिवादी पर होगा कि वे सच्चे हैं या वह टिप्पणी सदाशयता के साथ तथा जनता की भलाई के लिए की गयी है। ज. समाचार-पत्र किसी व्यक्ति या निकाय को बदनाम करने के लिए इस आधार पर अपने बचाव अथवा छूट के लिए विशेषाधिकार या लाइसेंस का दावा नहीं कर सकते कि वह मद व्यंग्य के रूप में 'गपशप', 'पैरोडी' आदि विशेष स्तम्भों के अन्तर्गत प्रकाशित की गयी है। झ. किसी एक समाचार-पत्र द्वारा कोई मानहानिकारक समाचार प्रकाशित कर दिये जाने से अन्य समाचार-पत्रों को उसी के आधार पर समाचार/सूचना प्रकाशित करने का लाइसेंस नहीं मिल जाता। अन्य प्रकाशन द्वारा समान रिपोर्ट के प्रकाशन की सच्चाई आरोपों पर सटीकता का नाम प्रदान नहीं करती। ट. यह आवश्यक है कि प्रेस नागरिकों के साथ प्रत्यक्षतया सम्पर्क कर पाने से हासिल की गयी अद्वितीय स्थिति के कारण समाज के प्रति अपने दायित्व को समझे और अफ़वाहों तथा सनसनी को विश्वसनीयता प्रदान करने में लगे रहने की अपेक्षा देश की प्रगति और समाज की बेहतरी के लिए अपनी लाभदायक स्थिति का उपयोग करे। यह भी आवश्यक है कि प्रेस विशेष रूप से लघु स्थानीय प्रेस 'लोकहित' और 'लोक रुचि' के मामलों के बीच स्पष्ट अन्तर को परखना सीखे। जहाँ गप-शप और सामाजिक लेन-देन व्यवहार सम्बन्धी कार्यकलापों में लोगों की रुचि हो सकती है परन्तु उसे किसी सार्वजनिक उद्देश्य अथवा हित की पूर्ति नहीं होती और प्रेस को अतिसावधानीपूर्वक ऐसे मामलों पर अपने बहुमूल्य स्थान को बर्बाद करने से बचना चाहिए। ठ. ऐसी असम्बद्ध, अनावश्यक और असंगत बातों को शामिल न किया जाये जिनसे किसी व्यक्ति या संगठन के बदनाम होने की आशंका हो। ड. यद्यपि एक समाचार-पत्र को राजनीतिक विकास की रिपोर्ट करने का अधिकार अथवा कर्तव्य होता है, वह रिपोर्टिंग अभद्र नहीं होनी चाहिए। प्रेस की स्वतन्त्रता किसी समाचार-पत्र को यह लाइसेंस नहीं देती कि वह झूठे तथा मानहानिकारक लेख प्रकाशित करके किसी राजनीतिज्ञ को बदनाम करे या उसकी भावी राजनीतिक सम्भावनाओं को दुष्प्रभावित करे। ढ. प्रेस को यह स्मरण रहना चाहिए कि लोकतान्त्रिक ढांचे में स्थापित बोलने और अभिव्यक्ति की स्वतन्त्रता, जिनका प्रेस द्वारा उपयोग किया जाता है, के कारण उनकी जिम्मेदारी भी होती है। समाचार-पत्रों से यह आशा नहीं की जाती है कि वे स्वयं साक्ष्य का सृजन करके बाद में अपनी ही पत्रिका में झूठा प्रचार करने के लिए साक्ष्य का इस्तेमाल करके साधन के रूप में इसका प्रयोग करें। ण. प्रेस को रिपोर्टिंग पर प्रभाव डालने

के लिए प्रस्तावित प्रलोभनों पर प्रकाश डालने योग्य है और ऐसा रहस्योद्घाटन मानहानि के बराबर नहीं होगा। त. अधिकारिता–व्यक्तिगत आरोप/आलोचना के मामले में केवल अधिकारिता वाला सम्बन्धित व्यक्ति ही वाद पत्र दाखिल कर सकता है या उत्तर के अधिकार का दावा कर सकता है। तथापि किसी संगठन या सम्प्रदाय/वर्ग से सम्बन्धित व्यक्तियों की प्रतिनिधि सभा की अधिकारिता होगी कि किसी नेता के आचरण की प्रत्यक्ष आलोचना करने वाले प्रकाशन के विरुद्ध शिकायत दाखिल कर सके। थ. जनहित और सार्वजनिक निकाय–जनहित के संरक्षक के रूप में प्रेस को सार्वजनिक निकायों से भ्रष्टाचार और अनियमितता के मामले उजागर करने का अधिकार है किन्तु वह सामग्री अकाट्य प्रमाणों पर आधारित हो और जाँच तथा सम्बन्धित स्रोतों से सत्यापन के बाद और जिस व्यक्ति/प्राधिकारी पर टिप्पणी की जा रही है, उसकी बात सुनने के बाद प्रकाशित की जाये। समाचार-पत्रों को चाहिए कि चुभने वाली, तीखी तथा कड़वी भाषा का प्रयोग न करें और व्यंग्यपूर्ण/उपहासपूर्ण टिप्पणी न करें। प्रेस का यह प्रयास होना चाहिए कि वे संस्थानों को उनके कार्य में सुधार के लिए जागरूक करें न कि उनका नाश करे अथवा कार्यबल को हतोत्साहित करें या उनकी कार्य-प्रणाली से लोगों के विश्वास को ख़त्म करें। तद्नुसार, उन्हें यह कर्तव्य सौंपा गया है कि वे सुनिश्चित करें कि ऐसा करते हुए वे उचित और सन्तुलित रिपोर्ट प्रस्तुत करें जो कि बाह्य दबावों से प्रभावित न हो। लोकहित के अभिरक्षक और इसके अधिकारों के संरक्षक के रूप में प्रेस से यह भी आशा की जाती है कि वह सही सूचना उनके नोटिस में लाये ताकि उन्हें सही तरह से परख सकें जिन्हें जनता देश चलाने का दायित्व सौंपा है। द. मीडिया और प्राधिकारी हमारे लोकतन्त्र के दो महत्त्वपूर्ण स्तम्भ हैं और सरकार द्वारा लोकहित में सफलतापूर्वक कार्य करने के लिए प्रेस के जिम्मेदार और जागरूक होना अनिवार्य पूर्वापेक्षा है।

4. सरकारी कर्मचारियों के कृत्यों तथा आचरण पर टिप्पणी करने के लिए प्रेस के अधिकार का पैरामीटर–क. जहाँ तक सरकार, स्थानीय प्राधिकरण तथा सरकारी शक्ति का प्रयोग करने वाले अन्य अंगों/संस्थाओं का सम्बन्ध है, वे अपने सरकारी कर्तव्यों से सम्बन्धित कार्यों तथा आचरण के लिए क्षति का कोई दावा नहीं कर सकते हैं, जब तक कि कर्मचारी यह सिद्ध न कर दें कि वह प्रकाशन सच्चाई की ओर अवहेलना करके किया गया था। तथापि, न्यायपालिका को न्यायालय के अवमानना के लिए दण्ड देने का अधिकार है और संसद तथा विधायिकाओं के अधिकार क्रमशः अनुच्छेद 105 तथा 194 द्वारा सुरक्षित हैं, अतः वे इस नियम के अपवाद हैं।

ख. केन्द्रीय तथा स्थानीय निकायों को उन लेखों/रिपोर्टों के बारे में मानहानि के लिए दीवानी या फ़ौजदारी कार्रवाई करने का अधिकार नहीं है जिनमें उनके कामकाज की आलोचना की गयी हो। ग. जाँच कर रहे सरकारी कर्मचारियों के बारे में समाचार या टिप्पणी/जानकारी के प्रकाशन की प्रवृत्ति ऐसी होनी चाहिए कि अपराधों का पता लगाने या उन्हें रोकने में अथवा अपराधी पर मुकदमा चलाने में बाधा न पड़े। अन्वेषण एजेंसी पर भी इसी प्रकार का दायित्व आता है कि जानकारी को उद्‌घाटित न करे और ग़लत जानकारी प्रचारित न करे। घ. ऐसा कोई क़ानून तो नहीं है, जो राज्य या उसके अधिकारियों को प्रेस/मीडिया का निषेध करने के लिए अधिकृत करे, फिर भी शासकीय गुप्त बात अधिनियम, 1923 या ऐसा ही कोई अन्य क़ानून अथवा उपबन्ध जिसे क़ानून का बल प्राप्त हो, प्रेस या मीडिया पर भी समान रूप से लागू होते हैं। च. वे जो कि सार्वजनिक पद पर हैं और उनके अपने ही आचरण द्वारा उनकी आलोचना की जाती है, की ऐसी आलोचना के विरुद्ध शिकायत को नहीं सुना जा सकता।

5. सार्वजनिक व्यक्तियों की आलोचना/संगीत समीक्षाएँ–सार्वजनिक मंच पर प्रस्तुत होने वाला अभिनेता या गायक अपनी कला को जनता के सामने निर्णय के लिए रखता है, अतः समालोचकों की ऐसी टिप्पणियों को मानहानिकारक नहीं माना जा सकता, जो कलाकारों की निष्पादकता या विचार के लगभग विपरीत हों। तथापि आलोचकों को ऐसी कोई बात नहीं लिखनी चाहिए जिससे परोक्ष रूप से कलाकार की व्यक्तिगत विश्वसनीयता पर आक्षेप माना जा सके।

6. एकान्तता का अधिकार–क. प्रेस किसी व्यक्ति की निजता में हस्तक्षेप नहीं करेगा अथवा धावा नहीं बोलेगा जब तक कि वास्तविक अतिशय जनहित के कारण, न कि मात्र कामुक अथवा विकृत उत्सुकता के कारण, ऐसा करना अत्यन्त आवश्यक न हो। तथापि एक बार किसी मामले के सार्वजनिक रिकॉर्ड का भामला बन जाने पर एकान्तता का अधिकार समाप्त हो जाता है और वह अन्य बातों की तरह ही प्रेस तथा मीडिया के लिए चर्चा का वैध विषय बन जाता है। ऐसी रिपोर्टें, जिनमें महिलाओं को कलंकित करने की आशंका हो, में विशेष सावधानी बरतना अत्यावश्यक है।

स्पष्टीकरण–किसी व्यक्ति के घर, परिवार, धर्म, स्वास्थ्य, लैंगिकता, निजी जीवन तथा निजी मामलों से सम्बन्धित बातें 'एकान्तता' की अवधारणा में शामिल हैं, जब तक कि वे जनता या जनहित का अतिक्रमण न करें।

ख. पहचान के विरुद्ध सावधानी–महिलाओं, स्त्रियों के बलात्कार, भगा ले जाने अथवा अपहरण या बच्चों पर यौन प्रहार से सम्बन्धित अपराध की रिपोर्ट देते समय या महिलाओं की पवित्रता, निजी चरित्र तथा एकान्तता के बारे में सन्देह तथा शंका प्रकट करते समय पीड़ितों के नाम, फोटो तथा अन्य ऐसे विवरण प्रकाशित नहीं किये जायेंगे, जिनसे उनकी पहचान हो सके।

ग. जो अवयस्क बच्चों तथा शिशु यौन शोषण या 'जबरन शादी' अथवा अवैध यौन सम्बन्ध के फलस्वरूप पैदा हुए हों, उनकी पहचान या फोटो नहीं दिया जायेगा।

घ. व्यक्तिगत शोक के क्षणों में फोटोग्राफी के माध्यम से अनाधिकार प्रवेश से बचना चाहिए। हालाँकि दुर्घटनाओं अथवा प्राकृतिक आपदा के पीड़ितों के फोटोग्राफ व्यापक लोकहित में होंगे।

7. सार्वजनिक व्यक्तियों की निजता–क. एकान्तता का अधिकार एक अनुल्लंघनीय मानव अधिकार है। तथापि अलग-अलग व्यक्तियों के लिए और अलग-अलग परिस्थितियों में एकान्तता की मात्रा भिन्न होती है। जनता के दूत/प्रतिनिधि के रूप में जनता की नज़रों के नीचे काम करने वाला सार्वजनिक व्यक्ति वैसी एकान्तता की आशा नहीं कर सकता, जो किसी निजी व्यक्ति को मिलती है। उसके जो कृत्य और आचरण जनहित में हों ('जनहित' का आशय 'जनता के हित' से भिन्न और अलग है), चाहे वे अकेले में किये गये हों, प्रेस मीडिया के माध्यम से जनता की जानकारी में लाये जा सकते हैं। किन्तु प्रेस पर यह सुनिश्चित करने का दायित्व भी आता है कि उस सार्वजनिक व्यक्ति के जनहित के उन कृत्यों तथा आचरण के बारे में जानकारी न्यायोचित तरीक़ों से प्राप्त की गयी हो, उसका विधिवत् सत्यापन किया गया हो और फिर सही-सही रिपोर्ट की जाये। जनता की नज़रों से बाहर रह कर किये गये कृत्य के बारे में जानकारी प्राप्त करने के लिए प्रेस से टोही साधनों का प्रयोग करने की आशा नहीं की जाती है। निजी वार्ताओं और चर्चाओं के बारे में जानकारी प्राप्त करने के लिए प्रेस से यह आशा नहीं की जाती है कि वह सार्वजनिक व्यक्तियों को परेशान करे, किन्तु सार्वजनिक व्यक्तियों से भी यह आशा की जाती है कि वे अपनी कार्यशैली में अधिक खुलापन लायें और प्रेस के साथ सहयोग करें ताकि वह अपने प्रतिनिधियों के कृत्यों के बारे में जनता को सूचित करने के अपने कर्तव्य को निभा सके। ख. सार्वजनिक व्यक्तियों से सम्बन्धित उन भेंटवार्ताओं/लेखों या

तर्कों को जो उन घटनाओं के बारे में जिन्हें जनता जानती हो, यदि ठीक तरह से रिपोर्ट की जायें तो निजी जीवन में हस्तक्षेप नहीं कहा जा सकता। सार्वजनिक तथा निजी जीवन के बीच एक बहुत सूक्ष्म रेखा है और सार्वजनिक व्यक्तियों को आलोचना के प्रति बहुत असहिष्णु नहीं होना चाहिए। ग. समाचार-पत्रों को सत्ताधारी व्यक्तियों की आलोचना करने की छूट है क्योंकि उनका आचरण जनहित को प्रकट करता है बशर्ते कि उनकी आलोचना उस सार्वजनिक व्यक्ति के किसी विरोधी/प्रतिद्वन्द्वी की निजी ईर्ष्या की तुष्टि के उद्देश्य से न की गयी हो। घ. सार्वजनिक हस्तियों का परिवार वैध पत्रकारिता सम्बन्धी विषय नहीं है, और भी अधिक यदि इसकी रिपोर्टिंग अल्पवयस्कों को कवर करती है। यदि 'लोकहित' नाबालिग के निजता के अधिकार को पार करता है, तब माता-पिता की पूर्व सहमति लेना उचित होगा। च. जब सम्बद्ध व्यक्ति स्वयं बड़ी सभा के सामने निजी जीवन के बारे में तथ्यों को दर्शाता है तब यह समझा जायेगा कि व्यक्ति द्वारा निजता का आवरण हटा लिया गया है।

8. भेंटवार्ताओं तथा फोन पर बातचीत रिकॉर्ड करना–क. प्रेस किसी भी व्यक्ति के वार्तालाप को उसकी जानकारी या सहमति के बिना रिकॉर्ड नहीं करेगा। जब तक कि पत्रकार को किसी क़ानूनी कार्रवाई से बचाने के लिए या अन्य अनिवार्य उचित कारण से रिकार्डिंग आवश्यक न हो। ख. प्रेस के प्रतिनिधि के साथ किसी से वार्तालाप में प्रयुक्त आपत्तिजनक विशेषणों को प्रकाशन से पूर्व निकाल दिया जायेगा। ग. निजी विषाद के क्षणों में फोटोग्राफी द्वारा हस्तक्षेप न किया जाये किन्तु दुर्घटनाओं तथा प्राकृतिक आपदा के पीड़ितों की फोटोग्राफी व्यापक जनहित में हो सकती है।

9. अटकलबाजी, टीका तथा तथ्य–क. समाचार-पत्रों को चाहिए कि अटकलबाजी, कल्पना या टीका को तथ्य-विवरण के रूप में प्रस्तुत अथवा प्रचारित न करें। इन सभी कोटियों का स्पष्ट उल्लेख किया जाये। ख. उत्तम हास्य को व्यक्त करने वाले कार्टून तथा व्यंग्य चित्र समाचारों की एक विशेष कोटि में रखे जाते हैं जिनके प्रति अधिक उदार रवैया अपनाया जाता है।

10. समाचार-पत्र संकेतात्मक दोषिता से बचें–क. समाचार-पत्रों को साहचर्य से संकेतात्मक दोषिता से बचना चाहिए। उन्हें किसी अपराध में दण्डित या अभियुक्त के परिवार या सम्बन्धियों या साथियों का नाम अथवा पहचान नहीं देनी चाहिए, जबकि वे पूर्णतः निर्दोष हों और रिपोर्ट किये गये मामले में उनका उल्लेख संगत न हो। ख. किसी विवाद/झगड़े के मामले में समाचार-पत्र का

किसी पक्ष के साथ मिल जाना और उसके मामले को प्रस्तुत करना पत्रकारिता के मानकों के प्रतिकूल है।

11. विधानमण्डल की कार्यवाही की रिपोर्ट छापना—समाचार-पत्रों का कर्तव्य है कि संसद के दोनों सदनों, विधानसभा की कार्यवाही की रिपोर्ट ईमानदारी से छापें और इस बारे में समाचार-पत्रों पर किसी अदालत में दीवानी या फ़ौजदारी कार्रवाई नहीं की जायेगी, जब तक कि यह सिद्ध न हो जाये कि रिपोर्ट दुर्भावना के साथ छापी गयी है। तथापि समाचार-पत्रों को संसद के किसी सदन या विधानसभा या यथास्थिति, विधानमण्डल के किसी सदन या विधानसभा या यथास्थिति, विधानमण्डल के किसी सदन की ऐसी बैठक की कार्यवाही पर आधारित रिपोर्ट नहीं छापनी चाहिए जो मीडिया के लिए खुली न हो।

12. न्यायिक क्रियाओं की आलोचना में सावधानी—1. सिवाय उन मामलों के जहाँ अदालत बन्द कमरे में बैठे या अन्यथा निर्देश दे, समाचार-पत्र को लम्बित न्यायिक कार्रवाई की निष्पक्ष, यथार्थ तथा न्यायसंगत विधि से रिपोर्ट करने की छूट है। किन्तु वह कोई ऐसी बात प्रकाशित नहीं करेगा—जिसके प्रत्यक्ष तथा तात्कालिक प्रभाव से न्याय के विधिवत् प्रशासन में गम्भीर बाधा, रुकावट अथवा पूर्वाग्रह पैदा होने का काफी ख़तरा हो; या जो चालू विवरण या वाद-विवाद के रूप में हो अथवा न्यायालय के विचाराधीन मुद्दों पर समाचार-पत्र के अपने निष्कर्षों, अटकलों, विचारों या टीका को व्यक्त करती हो जिससे ऐसा लगे कि समाचार-पत्र ने न्यायालय के काम को अपने हाथ में ले लिया है; या जिस अभियुक्त पर कोई मुकदमा चल रहा हो, उसके निजी चरित्र के बारे में।

2. अभियुक्त के गिरफ़्तार हो जाने तथा उस पर आरोप लग जाने के बाद जब मामला अदालत में चला जाये तो सावधानी के तौर पर, खोजी पत्रकारिता के परिणामस्वरूप संगृहीत साक्ष्य को प्रकाशित नहीं करना चाहिए; और उस पर टीका नहीं करनी चाहिए, न ही उन्हें अभियुक्त द्वारा कथित इकबालिया बयान को प्रकट करना चाहिए और उस पर टीका करनी चाहिए अथवा मूल्यांकन करना चाहिए।

3. समाचार-पत्र, जनहित में किसी न्यायिक क्रिया या किसी अदालत के निर्णय की सार्वजनिक भलाई के लिए न्यायोचित आलोचना तो कर सकते हैं किन्तु वे न्यायाधीश पर कोई अभद्र आक्षेप नहीं करेंगे और न ही अनुचित अभिप्रेरणा अथवा निजी पक्षपात का आरोप लगायेंगे। वे अदालत को या समग्र न्यायपालिका को कलंकित नहीं करेंगे और न ही किसी न्यायाधीश के विरुद्ध योग्यता की अथवा सत्यनिष्ठा की कमी के निजी आरोप लगायेंगे।

4. सावधानी के तौर पर समाचार-पत्र कोई ऐसी अनुचित या अकारण आलोचना नहीं करेंगे जिसके निहित अर्थ से किसी न्यायाधीश पर उसके न्यायिक कार्यों के सामान्य व्यवहार में की गयी किसी क्रिया के लिए विषयेतर बातों को ध्यान में रखने का आरोप लगता हो, चाहे वह आलोचना वास्तव में न्यायालय का आपराधिक अवमान न बनती हो।

अदालत की कार्यवाही से सम्बन्धित समाचार छापना–अदालत की कार्यवाही के बारे में समाचार प्रकाशित करने के पहले संवाददाता और सम्पादक के लिए उचित होगा कि रिकॉर्डों से उसकी वास्तविकता, सत्यता तथा प्रामाणिकता सुनिश्चित कर लें ताकि अदालत की कार्यवाही के बारे में मिथ्या तथ्य तथा ग़लत जानकारी देने के लिए सम्बन्धित व्यक्ति को दोषी तथा जवाबदेह ठहराया जा सके।

13. भूल सुधार–यदि किसी तथ्यात्मक भूल या गलती का पता चले अथवा उसकी पुष्टि हो जाये तो समाचार-पत्र को तत्परतापूर्वक और यदि गम्भीर चूक हुई हो तो क्षमा-याचना या खेद की अभिव्यक्ति भी करनी चाहिए।

14. उत्तर का अधिकार–1. यदि अपेक्षित प्रकाशन द्वारा प्रभावित या दुःखी/चिन्तित महसूस करने वाले व्यक्ति की ओर से पत्र या टिप्पणी के रूप में सम्पादक को खण्डन/उत्तर/स्पष्टीकरण अथवा प्रत्युत्तर में भेजा जाये तो समाचार-पत्र उसे पूरा या उचित सम्पादन के बाद, प्रमुखता के साथ, निःशुल्क प्रकाशित करे। यदि सम्पादक को खण्डन/उत्तर/स्पष्टीकरण अथवा प्रत्युत्तर की सच्चाई या तथ्यात्मक यथार्थता पर शंका हो तो वह अन्त में अलग से उसकी यथातथ्यता पर शंका के बारे में संक्षिप्त सम्पादकीय टिप्पणी दे सकता है, किन्तु तभी जब वह शंका उसके पास उपलब्ध असंदिग्ध प्रलेखीय अथवा अन्य प्रामाणिक सामग्री पर आधारित हो। इस रियायत का उपयोग यदाकदा, उचित विवेक तथा सावधानी के साथ, उपयुक्त मामले में ही किया जाये। 2. किन्तु यदि उत्तर/खण्डन या प्रत्युत्तर प्रेस परिषद् के निर्देशों के अनुपालन में प्रकाशित किया जा रहा हो, तो इस आशय की संक्षिप्त सम्पादकीय टिप्पणी देने की अनुमति है। 3. प्रत्युत्तर के अधिकार का दावा पत्रकार सम्मेलन के माध्यम से नहीं किया जा सकता, क्योंकि सम्मेलन के समाचार का प्रकाशन सम्पादक के विवेक पर निर्भर करता है। 4. प्रेस की स्वतन्त्रता में पाठकों की रुचि के किसी भी मुद्दे के सभी पहलुओं को जानने का अधिकार शामिल है। अतः सम्पादक को केवल इस आधार पर उत्तर या प्रत्युत्तर प्रकाशित करने से इनकार नहीं करना चाहिए कि उसकी राय में समाचार में प्रकाशित कथा सच्ची है। इस बात का निर्णय पाठकों पर छोड़ देना चाहिए।

किसी पाठक की अवहेलना करना भी सम्पादक को शोभा नहीं देता। 5. प्रेस को यह स्मरण रखना चाहिए कि किसी भी छानबीन में वह अभियोजक नहीं है और व्यक्ति की निरपराधता के परम सिद्धान्त द्वारा इसका मार्गदर्शन होना चाहिए जब तक कि कथित अपराध स्वतन्त्र विश्वस्त साक्ष्य द्वारा निस्सन्देह सिद्ध न हो जाये और स्थान की कमी होने पर भी महत्त्वपूर्ण तथ्यों को प्रत्युत्तर में स्थान दिया जाना चाहिए ताकि जनता का किसी मामले के अन्तिम निर्णायक के रूप में अपनी राय बनाने में सम्पूर्ण और सही तथ्यों द्वारा मार्गदर्शन हो सके। लोक महत्त्व के किसी मुद्दे के सभी पक्षों को जानने का पाठक का अधिकार लोकतन्त्र में प्रेस द्वारा उपभोग की जा रही स्वतन्त्रता का स्वाभाविक निष्कर्ष है।

15. सम्पादक के नाम पत्र–1. यदि कोई सम्पादक किसी विवादास्पद विषय पर अपने स्तम्भ में लिखने का निर्णय लेता है तो उस विषय के बारे में प्राप्त सभी पत्रों को प्रकाशित करना उसके लिए अनिवार्य नहीं है। उसे उनमें से चुनकर कुछ पत्रों को पूरा या उसका सार छापने का अधिकार है। तथापि इस विवेक का उपयोग करते समय उसे यह सुनिश्चित करने का सच्चा प्रयास करना चाहिए कि जो प्रकाशित किया जाये वह एकपक्षीय न हो बल्कि विवाद के मुख्य मुद्दे के सम्बन्ध में पक्ष-विपक्ष के विचारों का सही सन्तुलन प्रस्तुत करे। 2. यदि किसी विवादास्पद विषय पर दो पक्षकारों द्वारा प्रत्युत्तर पर प्रत्युत्तर भेजे जा रहे हों तो सम्पादक को यह निर्णय लेने का अधिकार है कि उस चालू स्तम्भ को किस समय बन्द कर दे।

16. सम्पादक का विवेक–1. सम्पादकीय लिखने के मामले में सम्पादक को काफी छूट दे दी गयी है और वह अपने विवेक का प्रयोग कर सकता है। विषय का चुनाव वही करता है और ऐसी भाषा का प्रयोग करता है, जो वह उचित समझता है, बशर्ते कि सम्पादकीय लिखते समय वह क़ानून की सीमा से बाहर न जाये और पत्रकारिता के मानकों का उल्लंघन न करे। समाचार-पत्र में प्रकाशित सम्पादकीय टिप्पणी सौम्य एवं शिष्ट भाषा में होनी चाहिए। 2. रिपोर्टों/लेखों/पत्र के प्रकाशन के लिए सामग्री का चुनाव सम्पादक के विवेकाधिकार पर है, अतः यह देखना उसका कर्तव्य है कि जनहित के किसी विवादास्पद मुद्दे पर सभी विचारों को बराबर प्राथमिकता दी जाये ताकि जनता उस मामले में अपनी स्वतन्त्र राय बना सके। 3. सम्पादक को चाहिए कि वह समाचार रिपोर्ट/लेख प्रकाशित न करे जिसकी सच्चाई के बारे में उसे शंका हो। यदि समाचार रिपोर्ट/लेख के किसी अंश की सच्चाई सन्देहास्पद हो तो वह अंश निकालकर प्रकाशित

कर दिया जाये बशर्ते कि सम्पादक सन्तुष्ट हो कि शेष अंश सही है और उसके प्रकाशन से जनता को लाभ होगा।

17. अश्लीलता तथा अशिष्टता से बचा जाये–1. समाचार-पत्र/पत्रकार ऐसी कोई बात प्रकाशित नहीं करेंगे जो अश्लील, अशिष्ट अथवा जनता की सुरुचि के प्रतिकूल हो। 2. समाचार-पत्र ऐसे विज्ञापन प्रकाशित नहीं करेंगे जो अश्लील हों या जिनमें नग्न अथवा कामुक मुद्रा में प्रदर्शित किसी महिला की ओर पुरुषों की ललचाई दृष्टि आकर्षित होती हो जैसे कि यह स्वयं ही बिक्री के लिए कोई वाणिज्यिक वस्तु हो। 3. कोई चित्र अश्लील है या नहीं, इसका निर्णय तीन परीक्षाओं के आधार पर किया जाये अर्थात् क. क्या यह अशिष्ट तथा अभद्र है? ख. क्या यह मात्र अश्लीलता की कृति है? ग. क्या इसका उद्देश्य केवल पैसा कमाने के लिए किशोरों की यौन भावनाओं को गुदगुदाना है जिनके बीच वह संचारित होगी? अर्थात् क्या यह वाणिज्यिक लाभ के लिए एक दूषित स्वार्थ-साधन है? अन्य संगत बात यह है कि वह चित्र पत्रिका की विषय-वस्तु से सम्बन्धित है अर्थात् क्या उसके प्रकाशन से कला, चित्रकारी, शोध या यौन-सुधार के सन्दर्भ में किसी महान सामाजिक अथवा सार्वजनिक उद्देश्य की पूर्ति होती है? घ. एक फोटोग्राफ अथवा पेंटिंग कला सम्बन्धी कार्य है और कलाकार इसके चित्रांकन में कलात्मक छूट का उपभोग करता है तथापि यह समझना होगा कि कला सम्बन्धी उपभोग, परख और सराहना पारखियों द्वारा की जाती है। एक समाचार-पत्र के पृष्ठ ऐसी पेंटिंग के लिए सर्वाधिक उपयुक्त स्थान नहीं हो सकते। च. भूमण्डलीकरण और उदारीकरण से मीडिया को यह लाइसेंस नहीं मिल जाता कि वह प्रेस की स्वतन्त्रता का दुरुपयोग करे तथा समाज के मूल्यों को कम करे। मीडिया सार्वजनिक उद्देश्य की एक विशिष्ट भूमिका निभाता है जिसके लिए उसे उन वाणिज्यिक धारणाओं पर उठाना चाहिए, जो अन्य उद्योगों तथा व्यापार द्वारा अपनायी जाती है। जहाँ तक उस भूमिका का सम्बन्ध है, मीडिया का एक कर्तव्य यह है कि हमारी सांस्कृतिक विरासत तथा सामाजिक मूल्यों का संरक्षण करे और उन्हें आगे बढ़ाये। छ. समाचार-पत्रों में पाठकों के निजी प्रश्नों का उत्तर देने वाले 'नितान्त व्यक्तिगत' जैसे स्तम्भ जनता की शालीनता का उल्लंघन करने वाली या जनता की मानसिकता को भ्रष्ट करने वाली घोर अरुचिकर प्रस्तुतियाँ न बन जायें। ज. प्रेस का प्रयास यह सुनिश्चित करना होना चाहिए कि कवरेज व्यापक रूप से समाज के मानकों के अनुरूप हो न कि मात्र कुछ एक के अनुरूप हो। प्रेस के पतन को रोकना हमारा कर्तव्य भी है क्योंकि इसकी पहुँच और प्रभाव

में समाज की विचारधारा और मानस पटल को मोड़ने की अद्भुत क्षमता होती है। झ. भारतीय पाठक काफी परिपक्व हैं और सही पत्रकारिता की सराहना करने में समर्थ हैं। 'तथाकथित' लोकप्रिय स्वीकृति को बढ़ावा देकर पश्चिम की नक़ल के प्रयास परिचालन बढ़ाने के समाचार-पत्र के उद्देश्य को विफल कर सकते हैं। ट. समाचार-पत्र अपने लेखों के माध्यम से सार्वजनिक स्थानों पर अनैतिक कार्यकलापों से सम्बन्धित घटनाओं का भण्डाफोड़ कर सकते हैं, परन्तु यह फोटोग्राफिक साक्ष्य अथवा समाचार के संयमित प्रस्तुतीकरण की समुचित सावधानी बरतते हुए किया जाना चाहिए।

18 क. सामाजिक कुरीतियों को महिमामंडित/प्रोत्साहित न किया जाये–समाचार-पत्र अपने स्तम्भों का दुरुपयोग ऐसे लेखों के लिए नहीं होने देंगे जिनमें सती प्रथा अथवा आडम्बरपूर्ण आयोजनों जैसी सामाजिक कुरीतियों को प्रोत्साहित या महिमामण्डित करने की प्रवृत्ति हो।

ख. प्राकृतिक आपदाओं की रिपोर्ट–महामारियों के फैलने या प्राकृतिक आपदाओं से सम्बन्धित तथ्यों तथा आँकड़ों की प्रामाणिक स्रोतों से जाँच करने के बाद यथेष्ट संयम के साथ उन्हें इस प्रकार प्रकाशित किया जाये कि उसमें सनसनी, उत्तेजना, कल्पनाएँ तथा अपुष्ट तथ्य न हों।

19. हिंसा के महिमा मण्डन पर अंकुश : क. आतंकवादी हमलों, साम्प्रदायिक झगड़ों तथा दुर्घटनाओं के चित्र छापना–आतंकवादी हमलों या साम्प्रदायिक दंगों के बारे में समाचार देते समय मीडिया को चाहिए कि क्षत-विक्षत लाशों के चित्र या ऐसे चित्र प्रकाशित/प्रसारित न करे, जिनसे आतंक अथवा घृणा फैले या लोगों में साम्प्रदायिक भावना भड़के। ख. समाचार-पत्र/पत्रकार हिंसा, सशस्त्र डकैतियों, आतंकवादी गतिविधियों को इस प्रकार प्रस्तुत नहीं करेंगे जिससे अपराध करने वालों के कृत्य, घोषणाएँ तथा मृत्यु जनता की नज़रों में महिमामण्डित हो। समाचार-पत्र असामाजिक तत्त्वों के साथ ऐसी भेंटवार्ताओं को प्रकाशित न करे जिनसे अपराधियों और उनकी गतिविधियों को महिमामण्डित किया गया हो।

20. साम्प्रदायिक विवादों/संघर्षों के समाचार–1. साम्प्रदायिक या धार्मिक विवादों/संघर्षों से सम्बन्धित समाचारों, विचारों अथवा टीकाओं का प्रकाशन तथ्यों के यथोचित सत्यापन के बाद किया जायेगा और उचित सावधानी तथा संयम के साथ उन्हें इस प्रकार प्रस्तुत किया जायेगा कि साम्प्रदायिक सामंजस्य, मैत्री तथा शान्ति के अनुकूल वातावरण बनाने में सहायता मिले। सनसनीखेज, भड़काने वाले तथा भयप्रद शीर्षक न दिये जायें। साम्प्रदायिक हिंसा तथा बर्बरता की घटनाओं

को इस प्रकार प्रस्तुत किया जायेगा कि राज्य के क़ानून तथा व्यवस्था-तन्त्र में लोगों को भरोसा कम न हो। साम्प्रदायिक दंगों में पीड़ितों के समुदायवार आँकड़े नहीं दिये जायेंगे और न ही घटना के बारे में इस प्रकार लिखा जायेगा जिससे भावनाओं के भड़कने, तनाव के बढ़ने या सम्बन्धित साम्प्रदायिक/धार्मिक समूहों के बीच मनोमालिन्य बढ़ने की आशंका हो अथवा जिससे परेशानी बढ़ सकती हो। 2. पत्रकारों तथा स्तम्भकारों का अपने देश के प्रति एक अति विशिष्ट उत्तरदायित्व है कि साम्प्रदायिक शान्ति और सद्भाव को प्रोत्साहित करें। उनके लेख केवल अपने विचारों की अभिव्यक्ति नहीं होते बल्कि सामान्य समाज के चिन्तन तथा भावनाओं को निरूपित करने में भी बहुत मदद करते हैं। अतः यह अत्यन्त महत्त्वपूर्ण है कि वे अपनी लेखनी का प्रयोग सतर्कता और संयम के साथ करें। 3. मीडिया की भूमिका शान्ति स्थापित करने की होनी चाहिए न कि भड़काने की, परेशानी दूर करने की न कि फैलाने की। गुजरात में दंगा संकट में लोगों के बीच शान्ति और सामंजस्य स्थापित करने की अपनी उदात्त भूमिका निभाने दें। प्रत्यक्ष अथवा अप्रत्यक्ष रूप से उसे बाधित करने का कोई भी प्रयास राष्ट्र-विरोधी कार्य होगा। मीडिया पर राष्ट्रीय एकता का निर्माण और सभी स्तरों पर साम्प्रदायिक सामंजस्य स्थापित करने के लिए अपना पूरा प्रयास करने का भारी नैतिक उत्तरदायित्व है। इस सम्बन्ध में स्वतन्त्रता से पूर्व निभायी गयी उनकी भव्य भूमिका स्मरणीय है। 4. कल के इतिहास के इतिवृत्ति के रूप में, मीडिया का भविष्य के प्रति यह सुस्पष्ट कर्तव्य है कि घटनाओं को सरल और वास्तविक तथ्यों के रूप में दर्ज करें। घटनाओं का विश्लेषण और उन पर राय बिल्कुल भिन्न बातें हैं। अतः इन दोनों के साथ व्यवहार भी भिन्न होगा। संकट के समय, यथोचित सावधानी संयम के साथ तथ्यों को यथार्थ रूप में प्रस्तुत करने पर सामान्यतः, लोकतन्त्र में कोई आपत्ति नहीं की जा सकती, परन्तु मत-लेख लिखने वालों पर भारी उत्तरदायित्व आता है। लेखक को यह सुनिश्चित करना होता है कि उसके विश्लेषण न केवल निजी मान्यताओं, पूर्वाग्रहों या धारणाओं से मुक्त हों, बल्कि वे सत्यापित, सही और प्रभावित तथ्यों पर भी आधारित हों और जातियों, समुदायों या पन्थों के बीच कोई वैमनस्य या शत्रुता पैदा नहीं करेंगे। 5. जहाँ साम्प्रदायिक बन्धनों को तोड़ने में और सौहार्द तथा राष्ट्रीय हित को बढ़ावा देने में मीडिया के दायित्व एवं भूमिका को दुर्बल नहीं बनाना चाहिए, वहीं नागरिकों को बोलने की स्वतन्त्रता देना भी अत्यावश्यक है। भारतीय प्रेस को अनिवार्य रूप से दोनों को परखना और उनमें सन्तुलन करना चाहिए।

21. शीर्षक सनसनीखेज/उत्तेजक न हों और उनके नीचे मुद्रित सामग्री के लिए युक्तिसंगत हों–1. सामान्यतः और विशेष रूप से साम्प्रदायिक विवादों अथवा संघर्षों के मामले में–

क. उत्तेजक तथा सनसनीखेज शीर्षक न दिये जायें, ख. शीर्षक उनके नीचे मुद्रित सामग्री को प्रतिबिम्बित करे और उसके लिए युक्तिसंगत हों, ग. यदि शीर्षक में किसी के द्वारा अपने वक्तव्य में लगाये गये आरोप शामिल हों तो आरोप लगाने वाले व्यक्ति या स्रोत का उल्लेख किया जाये या कम से कम उद्धरण-चिह्न लगा दिये जायें।

22. जाति, धर्म या समुदाय के सन्दर्भ–1. सामान्यतः किसी व्यक्ति की या वर्ग-विशेष की जाति-पहचान न दी जाये, ख़ास तौर पर यदि उस सन्दर्भ में उससे उस जाति के प्रति अनादरपूर्ण भाव का बोध हो या अनादरपूर्ण आचरण अथवा व्यवहार का आरोपण होता हो। 2. समाचार-पत्रों को सलाह दी जाती है कि वे 'अनुसूचित जाति' अथवा 'हरिजन' शब्द का प्रयोग न करें, क्योंकि इस पर कुछ व्यक्तियों ने आपत्ति की है। 3. यदि किसी अभियुक्त या पीड़ित की जाति या समुदाय का अपराध अथवा दोष के साथ कोई सम्बन्ध न हो और किसी अभियुक्त की पहचान में या किसी कार्रवाई में उसकी कोई भूमिका न हो तो उस अभियुक्त या पीड़ित का वर्णन उसकी जाति या समुदाय से नहीं किया जायेगा। 4. समाचार-पत्र ऐसा कोई कथा साहित्य प्रकाशित न करे जिसमें उन धार्मिक चरित्रों को विकृत करके प्रतिकूल भावना के साथ चित्रित किया गया हो और समाज के बड़े हिस्से की धार्मिक भावनाओं को ठेस पहुँचायी गयी हो जो उन चरित्रों को सद्गुणों से सम्पन्न तथा महान मानते हैं और उनका बहुत आदर करते हैं। 5. पैगम्बरों, ऋषियों अथवा देवताओं के नाम का प्रयोग व्यापारिक उद्देश्य से करना पत्रकारिता की आचार नीति अथवा सुरुचि के विपरीत है। 6. यह सुनिश्चित करना समाचार-पत्र का कर्तव्य है कि लेख के सुर, भावना तथा भाषा का स्वरूप आपत्तिजनक, उत्तेजक, देश की एकता एवं अखण्डता तथा संविधान की भावना के विरुद्ध राजद्रोहात्मक और भड़काने वाला न हो या साम्प्रदायिक विद्वेष पैदा न करे। उसमें देश के विभाजन को प्रोत्साहित करने का प्रयास न किया गया हो। 7. पत्रकारों का एक काम यह भी है कि जनता को समाज के कमज़ोर वर्गों की नियति से अवगत करायें। वे समाज की ओर से उसके कमज़ोर वर्गों के रक्षक हैं।

23. सर्वोपरि राष्ट्रीय हित–1. समाचार-पत्र आत्म नियन्त्रण के रूप में, ऐसा कोई भी समाचार, टीका या जानकारी प्रस्तुत करने में यथेष्ट संयम तथा सावधानी बरतेंगे जिनसे राज्य तथा समाज के सर्वोपरि हितों या व्यक्तियों के अधिकारों के जोख़िम, ख़तरा या क्षति होने की आशंका हो, जिनके बारे में भारतीय संविधान के अनुच्छेद 19 खण्ड 2 के अन्तर्गत वक्ता तथा अभिव्यक्ति की स्वतन्त्रता के अधिकार पर क़ानून द्वारा न्यायोचित पाबन्दियाँ लगा दी जायें। 2. गलत/अशुद्ध नक्शे का प्रकाशन बहुत गम्भीर अपराध है, चाहे उसका कारण कुछ भी हो, क्योंकि इससे देश की प्रादेशिक अखण्डता पर प्रतिकूल प्रभाव पड़ता है। अतः उसे खेदपूर्वक तत्काल तथा प्रमुख रूप से वापस लिया जाये।

24. विदेश सम्बन्ध–जनमत तैयार करने और देशों के बीच बेहतर सद्भाव विकसित करने में मीडिया बहुत महत्त्वपूर्ण भूमिका निभाता है। अतः वस्तुनिष्ठ रिपोर्टिंग अपेक्षित है जिससे मैत्रीपूर्ण द्विपक्षीय सम्बन्धों के लिए कोई ख़तरा पैदा न हो।

25. समाचार-पत्र राजनयिक उन्मुक्ति के दुरुपयोग का उद्भासन कर सकते हैं : मीडिया भारत तथा विदेशी राज्यों के बीच सहयोग, मैत्रीपूर्ण सम्बन्धों तथा बेहतर समझ-बूझ के सेतुओं का निर्माण करने के लिए हरसम्भव प्रयास करेगा। साथ ही समाचार-पत्र का यह भी कर्तव्य है कि राजनयिक उन्मुक्ति के लिए किसी दुरुपयोग अथवा अनुचित लाभ को उद्भासित करे।

26. खोजी पत्रकारिता, उसके मानक तथा पैरामीटर–खोजी रिपोर्टिंग के तीन आधारभूत तत्त्व हैं : क. यह रिपोर्टर का काम है न कि उन व्यक्तियों का जिनकी रिपोर्ट वह कर रहा है; ख. उसका विषय पाठक के जानने के लिए सार्वजनिक महत्त्व का होना चाहिए; ग. सच्चाई को लोगों से छिपाने का प्रयास किया जा रहा है।

पहला मानक उपर्युक्त (क) से एक उपसिद्धान्त के रूप में बनता है–क. रिपोर्टर को अपनी स्टोरी सामान्यतः उन तथ्यों पर आधारित करनी चाहिए, जिनका स्वयं उसने अन्वेषण किया हो, पता लगाया हो और सत्यापन किया हो और सुनी-सुनायी बातों अथवा किसी अन्य व्यक्ति द्वारा संग्रहीत प्रमाण के निष्कर्ष पर नहीं जिनकी जाँच स्वयं रिपोर्टर ने प्रत्यक्ष, प्रामाणिक स्रोतों से न कर ली हो। ख. जो तत्त्व खुलेपन की अपेक्षा करते हैं और जो गोपनीयता को अनिवार्य बनाते हैं, उनके बीच संघर्ष होता है, अतः खोजी पत्रकारिता को एक ओर खुलेपन तथा दूसरी ओर गोपनीयता के बीच एक उचित सन्तुलन स्थापित

करके उसे बनाये रखना चाहिए और सार्वजनिक भलाई को सबसे अधिक महत्त्व देना चाहिए। ग. खोजी पत्रकार को अधपके, अपूर्ण, शंकास्पद तथ्यों से, जिनका स्वयं रिपोर्टर द्वारा प्रामाणिक स्रोतों से पूरी तरह जाँच तथा सत्यापन कर लिया गया हो, बनायी गयी तुरन्त रिपोर्ट अथवा तात्कालिक लाभों के प्रलोभन से बचना चाहिए। घ. काल्पनिक तथ्यों से या अस्तित्वहीन बातों को खोजने अथवा अटकलबाजियाँ लगाने से बचा जाये। सभी तथ्य महत्त्वपूर्ण हैं और समाचार-पत्र के प्रेस में जाने के क्षण तक उनकी यथासम्भव जाँच तथा पड़ताल की जाये। च. समाचार-पत्र तथ्यों की निष्पक्षता तथा यथार्थता के कड़े मानक अपनायें। निष्कर्षों को बिना अतिशयोक्ति या विकृति के निष्पक्ष विधि से प्रस्तुत किया जाये, ताकि आवश्यकता पड़ने पर अदालत में सिद्ध किया जा सके। छ. रिपोर्टर को विचाराधीन मामले या मुद्दे पर इस दृष्टि से नहीं देखना चाहिए जैसे वह अभियोक्ता या अभियोजन का वकील हो। रिपोर्टर का दृष्टिकोण निष्पक्ष, सही तथा सन्तुलित होना चाहिए। सभी तथ्यों के मूल मुद्दों के पक्ष तथा विपक्ष, दोनों दृष्टियों से, उचित जाँच करके उन्हें स्पष्ट तथा अलग-अलग व्यक्त किया जाये और कोई एक पक्षीय निष्कर्ष न निकाला जाये, न ही पक्षपातपूर्ण टीका की जाये। रिपोर्ट का सुर तथा भाव और उसकी भाषा सौम्य, शालीन तथा भद्र हो और अनावश्यक रूप से आपत्तिजनक, चुभने वाली, उपहासपूर्ण तथा व्यंग्यात्मक न हो, विशेषतः उस व्यक्ति के कथन पर टीका करते समय, जिसकी कथित गतिविधि या दुराचार का अन्वेषण किया जा रहा है। खोजी अपनी कार्रवाई का संचालन और जिस व्यक्ति के कथित आपराधिक कृत्यों तथा आचरण का अन्वेषण कर रहा है उसके दोषी या निर्दोष होने के अपने निर्णय की घोषणा इस प्रकार नहीं करनी चाहिए जैसे वह अभियुक्त पर मुकदमा चलाने वाली अदालत हो। ज. समस्त कार्यवाही में, अन्वेषण, प्रस्तुति तथा रिपोर्ट के प्रकाशन सहित, खोजी पत्रकार/समाचार-पत्र को आपराधिक विधिशास्त्र के इस सर्वोपरि सिद्धान्त को ध्यान में रखना चाहिए कि जब तक किसी व्यक्ति के विरुद्ध लगाया गया इलजाम स्वतन्त्र, विश्वसनीय साक्ष्य द्वारा असंदिग्ध रूप से प्रमाणित न हो जाये तब तक उसे निर्दोष माना जायेगा। झ. निजी जीवन किसी सार्वजनिक व्यक्ति का भी उसका अपना होता है। उसकी व्यक्तिगत एकान्तता या निजी जीवन को उद्घाटित करने या उसका अतिक्रमण करने की अनुमति नहीं है जब तक इस बात का प्रत्यक्ष प्रमाण न हो कि विचाराधीन मामले में उसके कुकृत्यों का उसकी सार्वजनिक स्थिति या शक्ति के साथ सम्बन्ध है और जनहित पर उसका

प्रतिकूल प्रभाव पड़ रहा है। ट. दण्ड प्रक्रिया के क़ानूनी उपबन्ध उस रूप में तो किसी पत्रकार की अन्वेषक कार्रवाइयों पर लागू नहीं होते, फिर भी उनमें निहित मूलभूत सिद्धान्तों को न्याय, आचार नीति तथा सद्भाव के आधार पर दिशा-निर्देश के रूप में अपनाया जा सकता है। ठ. यह कहना कि प्रेस को कोई सूचना तब तक प्रकाशित नहीं करनी चाहिए जब तक कि सरकारी रूप से जारी न की जाये, खोजी पत्रकारिता की भावना यहाँ तक कि पत्रकारिता के उद्देश्य तक की पूर्ति नहीं करेगा।

27. भरोसे का सम्मान किया जाये–1. यदि जानकारी किसी गोपनीय स्रोत से प्राप्त हो तो भरोसे का सम्मान किया जाये। प्रेस परिषद् द्वारा उस पत्रकार को वह स्रोत बताने के लिए बाध्य नहीं किया जा सकता; किन्तु यदि पत्रकार अपने विरुद्ध आरोप का खण्डन करने के लिए आवश्यक समझे और परिषद् के सामने कार्रवाई में स्रोत के बारे में स्वेच्छा से बता दे तो इसे पत्रकारिता की आचार नीति का उल्लंघन नहीं माना जायेगा। गुप्त रूप से बतायी गयी बातों को समाचार-पत्र द्वारा प्रकाशित न करने का यह नियम निम्नलिखित स्थितियों में लागू नहीं होता; क. जब बाद में स्रोत की सहमति ले ली जाये; या ख. जब सम्पादक उपयुक्त पाद-टिप्पणी द्वारा यह स्पष्ट कर दे कि कुछ बातों का प्रकाशन जनहित में था अतः सन्दर्भाधीन जानकारी प्रकाशित की जा रही है यद्यपि यह 'गुप्त रूप से' दी गयी थी।

28. समाचार-पत्र फूहड़ वाणिज्यीकरण से बचें–1. समाचार-पत्रों को सभी वैध उपायों से अपनी वित्तीय स्थिति सुनिश्चित करने, सुधारने अथवा मज़बूत करने का अधिकार है; किन्तु प्रेस फूहड़ वाणिज्यीकरण या अपने विरोधियों से इस प्रकार से अभद्र घातक वाणिज्यिक प्रतियोगिता नहीं करेगा जो उच्च व्यावसायिक मानकों अथवा सुरुचि के प्रतिकूल हो। 2. यदि मुद्रण में समाचार-पत्रों के बीच ऐसी घातक दाम लड़ाइयाँ/व्यापारिक प्रतियोगिताएँ शुरू की जायें तथा चलायी जायें जिनमें एक-दूसरे की वस्तु की निन्दा करने का सुर मिला हुआ हो, तो वह अनुचित व्यापार का रूप ले लेती है जो पत्रकारिता की आचार नीति के प्रतिकूल है। वह कब अनैतिक रूप धारण करता है, यह बात हर मामले की परिस्थितियों पर निर्भर करती है। 3. पत्रकारों की नियुक्ति के समय सम्पादक द्वारा उनसे जमानत जमा कर लिया जाना अनैतिक है। 4. मीडिया घराने को कार्य करते हुए अपनी निष्पक्षता बनाये रखनी चाहिए और रिपोर्टिंग को अन्य कारोबार सम्बन्धी हित जो कि मीडिया घराने के स्वामी का हो सकता है, में सहायक होने

की अनुमति नहीं दी जा सकती। जब ऐसे निजी हित का सम्भव व्यापक महत्त्व के लोक कर्तव्य के साथ विरोध हो तब दोनों को अलग-अलग करना न केवल न्यायोचित है, बल्कि अति आवश्यक है।

29. कपटपूर्ण गतिविधियाँ—ग्राहकों से चन्दा लेने के बाद प्रकाशन को बन्द करके जनता को धोखा देना/पत्रिका के प्रबन्धन की ओर से अनैतिक व्यवहार है। यदि बन्द करना अपरिहार्य हो तो चन्दे की शेष राशि ग्राहकों को लौटा दी जाये।

30. व्यावसायिक दुराचार—लोगों को समाचार के स्तम्भों के माध्यम से बदनाम करने की धमकी देकर उन्हें ब्लैकमेल करना या उनसे धन ऐंठना पत्रकारिता के मानकों का घोर उल्लंघन है।

31. व्यावसायिक प्रतिद्वन्द्विता—विरोधी समाचार-पत्रों द्वारा समाचार-पत्र के स्तम्भों का दुरुपयोग व्यावसायिक प्रतिद्वन्द्विता के फलस्वरूप एक-दूसरे के प्रति निजी द्वेष निकालने के लिए न किया जाये।

32. साहित्यिक चोरी—क. किसी अन्य की रचनाओं अथवा विचारों को, स्रोत का उल्लेख किये बिना, अपनी कह कर इस्तेमाल करना अथवा चलाना, पत्रकारिता की आचार नीति के प्रति अपराध है। ख. कॉपीराइट का उल्लंघन भी पत्रकारिता के मानकों का हनन है।

33. समाचारों को अनधिकृत रूप से उठाना—1. अन्य समाचार-पत्रों से समाचार उठाने और फिर उन्हें अपना मानकर प्रकाशित कर देने की रीति पत्रकारिता के उच्च मानकों के साथ मेल नहीं खाती। इसकी अनैतिकता को दूर करने के लिए उठाने वाले समाचार-पत्र को रिपोर्ट के स्रोत का विधिवत् आभार प्रकट करना चाहिए। 2. रूपलेखों की स्थिति 'समाचारों' से भिन्न है रूपलेख अनुमति/उचित आभार प्रदर्शन के बिना नहीं उठाये जायेंगे।

34. अवैध नक़ल—प्रेस किसी ज़ब्त की गयी पुस्तक से आपत्तिजनक अंश अथवा उद्धरण किसी भी रूप में प्रकाशित नहीं करेगा।

35. अयाचित सामग्री को वापस न करना—1. प्रकाशन के लिए विचारार्थ भेजी गयी अयाचित सामग्री को लौटाने के लिए समाचार-पत्र बाध्य नहीं है। तथापि यदि उसके साथ टिकट लगा लिफाफा हो तो समाचार-पत्र को उसे लौटाने का हर सम्भव प्रयास करना चाहिए। 2. जब कभी लेखकों के लेख बिना पारिश्रमिक के छापे जायें तब ज़रूरी है कि भुगतान न करने के लिए पारस्परिक सहमति हो और समाचार-पत्र को सदा इस व्यवहार का पालन करना चाहिए।

36. विज्ञापन–1. वाणिज्यिक विज्ञापन में सामाजिक, आर्थिक अथवा राजनीतिक जानकारी होती है। इतना ही नहीं, विज्ञापन जीवन की रीति तथा प्रवृत्ति को कम से कम वैसे ही निरूपित करते हैं जैसे अन्य प्रकार की जानकारी तथा टीका। पत्रकारिता की मर्यादा की यह माँग है कि विज्ञापन समाचार-पत्र में प्रकाशित अन्य सामग्री से स्पष्ट अलग दिखायी दें। 2. ऐसा कोई विज्ञापन प्रकाशित नहीं किया जायेगा जो प्रत्यक्ष या अप्रत्यक्ष रूप से सिगरेट, तम्बाकू उत्पादों, शराब तथा अन्य मादक द्रव्यों के उत्पादन, बिक्री या सेवन को प्रोत्साहित करे। 3. समाचार-पत्र ऐसा कोई विज्ञापन प्रकाशित नहीं करेगा जिसमें समाज के किसी वर्ग या समुदाय की धार्मिक भावनाओं को ठेस पहुँचाने की अथवा समग्र रूप से अहित करने की प्रवृत्ति हो। 4. जो विज्ञापन औषधि और चमत्कारित उपचार 'आक्षेपणीय विज्ञापन' अधिनियम, 1954 के उपबन्धों का उल्लंघन करते हों, उन्हें अस्वीकृत कर दिया जाये। 5. समाचार-पत्र ऐसी किसी बात वाले विज्ञापन को प्रकाशित न करें, जो अवैध या ग़ैर-क़ानूनी हो या सुरुचि अथवा पत्रकारिता की आचारनीति अथवा औचित्य के विरुद्ध हो। 6. पत्रकारिता की मर्यादा की यह माँग है कि विज्ञापन समाचार-पत्र में प्रकाशित सम्पादकीय सामग्री से स्पष्ट अलग दिखायी दें। विज्ञापन प्रकाशित करते समय समाचार-पत्र उसके लिए वसूल की गयी राशि निर्धारित करेंगे। इसके पीछे तर्क यह है कि विज्ञापनों के लिए राशि उसी दर से ली जाये जिससे सामान्यतः समाचार-पत्र द्वारा ली जाती है, क्योंकि सामान्य दर से अधिक भुगतान समाचार-पत्र को सहायता माना जायेगा। 7. डमी तथा उठाये गये विज्ञापनों का प्रकाशन जिनके लिए न तो भुगतान किया गया हो और न ही विज्ञापकों द्वारा प्राधिकृत किया गया हो, पत्रकारिता की आचार नीति का उल्लंघन है, विशेषतः जब समाचार-पत्र उन विज्ञापनों के लिए बिल भेजे। 8. किसी विज्ञापन को जान-बूझकर समाचार-पत्र की सभी प्रतियों में प्रकाशित न करना पत्रकारिता की आचार नीति के मानकों के प्रति अपराध है और घोर व्यावसायिक कदाचार है। 9. प्रकाशन के लिए प्राप्त किसी विज्ञापन के क़ानूनी औचित्य अथवा अनौचित्य पर विचार करने के मामले में समाचार-पत्र के विज्ञापन विभाग तथा सम्पादकीय विभाग के बीच पूर्ण समन्वय तथा संचार होना चाहिए। 10. सम्पादकों को चाहिए कि विज्ञापनों को स्वीकार या अस्वीकार करने में अन्तिम निर्णय के अपने अधिकार पर आग्रह करें, विशेषतः उनको जो शालीनता तथा अश्लीलता के बीच वाली रेखा पर हो अथवा उसे पार कर रहे हों।

11. समाचार-पत्र वैवाहिक विज्ञापनों के साथ निम्नलिखित शब्दों में सावधानीपूर्वक सूचना प्रकाशित करें–"पाठकों को सलाह दी जाती है कि किसी विज्ञापन पर क्रिया करने से पहले पूरी तरह उपयुक्त जाँच-पड़ताल कर लें। यह समाचार-पत्र वर-वधू की स्थिति, आयु, आय के विवरण के बारे में विज्ञापक द्वारा किये गये दावे या उल्लेख की पुष्टि या समर्थन नहीं करता।" (*पाद टिप्पणी : दिल्ली के उच्च न्यायालय ने श्रीमती हरजीत कौर बनाम श्री सुरिंदर पाल सिंह के एफएओ सं. 65/1998 के सम्बन्ध में भारतीय प्रेस परिषद् को निर्देश दिये हैं कि समाचार-पत्रों को वर्गीकृत/वैवाहिक विज्ञापन के साथ उक्त सावधानी सूचना प्रकाशित करने के लिए कहा जाये।) 12. समाचार-पत्र में प्रकाशित सभी बातों के लिए, विज्ञापनों सहित, सम्पादक उत्तरदायी होगा। यदि उत्तरदायित्व न लेना हो तो इसका पहले से स्पष्ट उल्लेख कर दिया जाये। 13. 'मनोरंजक' बातचीत और सांकेतिक अश्लील दूर वार्ता टेलीटॉक हेतु दिये गये नम्बर डायल करने के लिए आम जनता को आमंत्रित करते हुए सम्पूर्ण देश में समाचार-पत्रों द्वारा दिये गये टेली-फ्रेंडशिप, मित्रता विज्ञापन किशोरों के विचारों को प्रदूषित करके अनैतिक सांस्कृतिक लोकाचार को बढ़ावा दे सकते हैं। प्रेस को ऐसे विज्ञापन अस्वीकार कर देने चाहिए। 14. गुप्त प्रलोभन के संकेतक, अशोभनीय भाषाओं का प्रयोग करते हुए स्वास्थ्य और शारीरिक स्वस्थता सेवाओं के वर्गीकृत विज्ञापन विधि के साथ-साथ नीति का उल्लंघन करते हैं। समाचार-पत्र को ही यह सुनिश्चित करने के लिए कि प्रलोभनकारी विज्ञापन न दिये जायें, ऐसे विज्ञापन के परीक्षण के लिए समुचित साधन अपनाने चाहिए। 15. हमारे सामाजिक परिवेश और स्वीकृत परम्परागत मूल्यों, जो कि हमारे देश में प्रिय हैं, में गर्भ निरोधक विज्ञापन तथा विज्ञापन के साथ ब्रांड आइटम को संलग्न करना नैतिक नहीं है। एक समाचार-पत्र का परम धर्म है कि वह एड्स से बचने के लिए एहतियाती कार्रवाई के बारे में लोगों को शिक्षित करे और विज्ञापन, चाहे वे सामाजिक कल्याण संगठन द्वारा जारी किये गये हों, को स्वीकार करने में अधिक दूरदर्शिता दिखायें। 16. रोज़गार समाचार जिस पर सरकारी नौकरियों के प्रामाणिक समाचार के व्यवस्थापक के रूप में विश्वास किया जाता है, को केवल वास्तविक प्राइवेट निकायों के विज्ञापन स्वीकार करने में अधिक सावधान रहना चाहिए। 17. शैक्षणिक संस्थानों के विज्ञापन स्वीकार करते हुए समाचार-पत्रों को यह सुनिश्चित करना चाहिए कि ऐसे विज्ञापनों में यह अनिवार्य विवरण दिया जाये कि सम्बद्ध संस्थानों को क़ानून के संगत अधिनियमनों के तहत मान्यता दी गयी है। 18. आज के समाज के

सम्बन्ध में तथा मूल्यों के निर्धारण में विज्ञापन अत्यधिक महत्त्वपूर्ण भूमिका अदा करते हैं और चूँकि अधिकाधिक उदारवादी दृष्टिकोण रखा जा रहा है जो कि सिद्धान्त नहीं है, 'लोकानुभूति' में ऐसे मामलों की स्वीकार्यता में तेजी आ सकती है, परन्तु किस क़ीमत पर यह विचारणीय महत्त्वपूर्ण बिन्दु है। यह ध्यान रखना चाहिए कि सम्बद्ध विश्व दौड़ में हमें उन मूल्यों को पीछे नहीं छोड़ना चाहिए जिनके कारण ही भारत को नैतिकता के आधार पर सम्पूर्ण विश्व में अद्वितीय स्थान प्राप्त हुआ है।

37. आन्तरिक विवाद : क. प्रबन्धन-सम्पादक सम्बन्ध--1. एक ओर सम्पादक तथा पत्रकार और दूसरी ओर प्रबन्धक, कार्यपालक अथवा प्रशासक के बीच एक स्पष्ट अन्तर होता है। चाहे किसी समाचार-पत्र विशेष में उन्हें कुछ भी नाम दिया जाये। सम्पादक तथा प्रबन्धन के कर्तव्य और उत्तरदायित्व अलग-अलग हैं और पत्र को निकालने के लिए प्रतिष्ठान के कुशल प्रबन्ध हेतु जो भी समन्वय अपेक्षित हो, दोनों के काम भिन्न-भिन्न हैं और ऐसे ही रहने चाहिए। एक बार मालिक सामान्य मार्गदर्शन के लिए नीति तय कर दे तो उसके बाद सम्पादक और उसके अधीन काम करने वाले पत्रकारों के दैनन्दिन कामकाज में न वह हस्तक्षेप कर सकता है न ही उसकी ओर से कोई अन्य व्यक्ति।

यह सर्वमान्य है कि प्रेस की स्वतन्त्रता मूलतः लोगों की सभी विषयों, समस्याओं तथा घटनाओं के बारे में सही तथा पर्याप्त जानकारी प्राप्त करने की स्वतन्त्रता है। सम्पादकीय कार्यों के निष्पादन में सम्पादक सर्वोच्च है, मालिक से भी ऊपर। समाचार-पत्र की स्वतन्त्रता मूलतः सम्पादक की सभी आन्तरिक और बाह्य प्रतिबन्धों से स्वतन्त्रता है। जब तक सम्पादक को यह स्वतन्त्रता नहीं होगी तब तक वह जनता के प्रति अपना प्राथमिक कर्तव्य नहीं निभा पायेगा और इस स्वतन्त्रता के बिना उसे समाचार-पत्र में प्रकाशित होने वाली हर बात के लिए क़ानून के सामने उत्तरदायी नहीं ठहराया जा सकता।

समाचार-पत्र को चलाने के लिए प्रबन्ध, प्रशासन या व्यवसाय पक्ष को उसके सम्पादकीय पक्ष से स्वतन्त्र रखा जाये और उसे सम्पादकीय विभाग में हस्तक्षेप करने या दख़ल देने की अनुमति न दी जाये। यदि मालिक और सम्पादक एक ही हो, तब भी यह एहतियात बरतनी होगी। मालिक को चाहिए कि अपने व्यावसायिक हितों या धारणाओं को जनता के प्रति समाचार-पत्र के दायित्व पर हावी होने या हस्तक्षेप करने की अनुमति न दे। इसलिए प्रबन्धन पर भी यह दायित्व आ जाता है कि सम्पादक के रूप में ऐसे व्यक्ति को चुना जाये जो सक्षम, ईमानदार और स्वतन्त्र विचारों वाला हो।

अन्तिम विश्लेषण में किसी भी व्यवस्था का सफल संचालन, प्रबन्धन, सम्पादक, सम्पादकीय पत्रकारों और समाचार-पत्र के प्रकाशन में निष्ठापूर्वक काम करने वाले सभी व्यक्तियों की पारस्परिक समझ बूझ, सहयोग और सद्भाव पर निर्भर करता है।

यदि विभिन्न विभागों के बीच, सम्पादन सहित, समन्वय स्थापित करने में प्रबन्धन द्वारा सम्पादक की स्वतन्त्रता में किसी प्रकार का हस्तक्षेप न किया जाये कि किन समाचारों या विचारों को शामिल करना अथवा निकालना है, उनकी लम्बाई तथा ब्योरा और भाषा तथा स्थान जहाँ उन्हें छापा जाना है और उन्हें कितनी प्रमुखता दी जानी है, तो इस प्रकार की शिकायत आने की कम सम्भावना है कि उस समन्वय ने सम्पादक की स्वतन्त्रता का उल्लंघन किया है। किन्तु यदि सामग्री के चयन के बारे में सम्पादक के विवेक में किसी प्रकार का अनावश्यक हस्तक्षेप किया जाये तो वह निश्चय ही उक्त स्वतन्त्रता का अनावश्यक उल्लंघन होगा।

मालिक द्वारा सम्पादक को कभी भी उसके निजी हितों के लिए काम करने को नहीं कहा जा सकता। सम्पादक से मालिक के निजी हितों के लिए काम करने की अपेक्षा करना न केवल सम्पादक के पद के महत्त्व को कम करना है, बल्कि समाचार-पत्र की विषयवस्तु के बारे में समाज के ट्रस्टी के रूप में उसकी प्रतिष्ठा का अतिक्रमण भी है। प्रेस की स्वच्छन्दता और स्वतन्त्रता का दम भरने वाले किसी भी देश में किसी भी समाचार-पत्र के मालिक द्वारा अपने सम्पादक का प्रयोग अपने निजी हितों को साधने के लिए अपने व्यक्तिगत एजेंट के रूप में करना और उसे उसी उद्देश्य से लिखने तथा काम करने के लिए मजबूर करना आपत्तिजनक भी है और भर्त्सना योग्य भी। कोई भी सम्पादक या वस्तुतः कोई भी पत्रकार जो ऐसे काम करता है या करने के लिए राज़ी हो जाता है वह न केवल अपनी बल्कि पत्रकारिता के व्यवसाय की भी प्रतिष्ठा कम करता है या करने के लिए राज़ी हो जाता है वह पत्रकारिता करते रहने के योग्य नहीं है। वह उस विश्वास को झुठलाता है जो निष्पक्ष, वस्तुनिष्ठ एवं सर्वांगीण समाचार व विचार उपलब्ध कराने के लिए समाज उसमें रखता है।

ख. प्रबन्धन बनाम पत्रकार : कार्यात्मक सम्बन्ध–रिपोर्टर को अपने पत्रकारिता सम्बन्धी दायित्व को निभाने के अतिरिक्त प्रशासनिक/वाणिज्यिक पक्ष को निभाने का निर्देश देना अनैतिक अभ्यास है और कार्यात्मक सम्बन्ध को नष्ट करते हुए स्वतन्त्रता का अतिक्रमण है।

38. ज्योतिष सम्बन्धी भविष्यवाणी–ज्योतिष सम्बन्धी भविष्यवाणी और अन्धविश्वास को बढ़ावा देने से पाठकों के मस्तिष्क पर बुरा प्रभाव पड़ सकता है और इसी कारण अवांछनीय है। सामान्य हित दैनिकों और आवधिकों के सम्पादक जो कि वैज्ञानिक मानसिकता को बढ़ावा देने और अन्धविश्वास तथा भाग्यवादिता का मुक़ाबला करने में विश्वास रखते हैं, को ज्योतिष सम्बन्धी भविष्यवाणियों के प्रकाशन से बचना चाहिए। वे पाठक, जिनकी ज्योतिष में रुचि है, इस विषय पर विशिष्ट प्रकाशनों को देख सकते हैं।

39. प्राकृतिक आपदाओं की रिपोर्ट–1. महामारियों के फैलने या प्राकृतिक आपदाओं से सम्बन्धित तथ्यों तथा आँकड़ों की प्रामाणिक स्रोतों से जाँच करने के बाद यथेष्ट संयम के साथ उन्हें इस प्रकार प्रकाशित किया जाये कि उसमें सनसनी, उत्तेजना, कल्पनाएँ तथा अपुष्ट तथ्य न हों। 2. समाज के कृताकृत के माध्यम से प्राकृतिक अथवा मानक निर्मित जोख़िम विनाशकारी हो जाते हैं। अतः मीडिया सहित सभी दावेदारों द्वारा रोकथाम सम्बन्धी कार्रवाई करके विनाशकारी प्रभाव को कम किया जा सकता है। 3. मीडिया को आपदा में कमी के सम्भाव्य लाभों और क्या करना चाहिए, क्या नहीं करना चाहिए, का व्यापक प्रचार करना चाहिए, ताकि समाज आपदाओं के दौरान और उनके होने के पश्चात् उनका पालन करे। मानक दिशा-निर्देशों की लोगों को विस्तृत जानकारी दी जानी चाहिए। बच्चों और महिलाओं से सम्बन्धित मुद्दे जो कि आपदा के दौरान और इसके पश्चात् सर्वाधिक दुर्बल वर्ग हैं, को मीडिया द्वारा सावधानीपूर्वक उठाना चाहिए। 4. यह आवश्यक है कि मीडिया और सभी सरकारी तथा ग़ैर-सरकारी एजेंसियों के बीच पूर्ण सहयोग हो। उनके बीच सहयोग और समन्वय की सीमा आपदाओं से निपटने अथवा उन्हें रोकने की तैयारी की प्रकृति, डिग्री और पैमाना निर्धारित करती है।

40. एचआईवी/एड्स और मीडिया–कर्तव्य और निषेध :

कर्तव्य निम्नवत हैं– 1. मीडिया को चाहिए कि लोगों को सूचित और शिक्षित करे, न कि भयभीत या आतंकित, 2. वस्तुनिष्ठ, तथ्यपरक और संवेदी बनाये, 3. तेजी से बढ़ रहे संक्रमण की बदलती हुई वास्तविकताओं से अवगत कराये, 4. उपयुक्त भाषा तथा शब्दावली का प्रयोग करे जो कलंक लगाने वाली न हो, 5. सुनिश्चित करे कि शीर्ष पंक्ति सही और सन्तुलित हो, 6. उत्तरदायी बनें; एचआईवी/एड्स के साथ जी रहे लोगों पीएलएचआईवी की आवाज़ का प्रयोग करके तस्वीर के सभी पहलू प्रस्तुत करें, 7. निवारण और संचरण के बारे में भ्रान्तियों को दूर करिए, 8. चमत्कारी इलाज और संक्रमण से बचने के अवैज्ञानिक दावों

के बारे में काल्पनिक मान्यताओं का असली रूप दिखायें, 9. मुद्दे की गम्भीरता को कम न करते हुए सकारात्मक कथाओं को उजागर करे, 10. संक्रमित लोगों, उनके परिवारों और साथियों की गोपनीयता बनाये रखें, 11. सुनिश्चित करें कि चित्रों से उनकी गोपनीयता प्रकट न हों, 12. सुनिश्चित करें कि चित्रों के शीर्षक यथार्थ हों, 13. लिंग संवेदी रिपोर्टिंग सुनिश्चित करें और घिसी-पिटी बातों से बचें, 14. डाटा प्राधिकृत स्रोतों से लें क्योंकि ग़लत रिपोर्टों का मनोबल पर प्रतिकूल प्रभाव पड़ता है और कलंक बढ़ता है, 15. पत्रकार यह सुनिश्चित करने के लिए उत्तरदायी है कि जिनसे भेंटवार्ता की जा रही है, वे प्रकट होने/पहचान के प्रभावों को समझते हैं, 16. सुविदित सहमति सुनिश्चित करे, जहाँ तक सम्भव हो, लिखित रूप में, 17. एचआईवी सम्बन्धित आत्महत्या या भेदभाव की घटनाओं जैसी नकारात्मक कथाओं की कवरेज को सन्तुलित करने के लिए हेल्पलाइनों/परामर्श केन्द्रों के सम्पर्कों को शामिल कर लें, 18. आर्थिक, व्यावसायिक, राजनीतिक और विकास के मुद्दों पर संक्रमण के प्रभाव की जाँच के लिए रिपोर्ट को व्यापक बनायें, 19. जब कभी शंका हो, स्पष्टीकरण के लिए पॉजीटिव लोगों के स्थानीय नेटवर्क या राज्य एड्स नियन्त्रण सोसायटी या वर्तमान शब्दावली दिशा-निर्देशों से सम्पर्क करें, 20. सुनिश्चित करें कि प्रश्न बहुत निजी या अभियोगात्मक न हों, 21. एचआईवी के साथ जी रहे लोगों को सकारात्मक रूप में दर्शाएँ, उन्हें 'पीड़ितों' के रूप में नहीं बल्कि व्यक्तियों के रूप में चित्रित करें।

निषेध निम्नवत हैं–

1. किस्से को सनसनीखेज़ न बनायें, 2. ऐसे निर्णय न लें जिन से पीएलएचआईवी पर दोष लगता हो, 3. संक्रमण का वर्णन करने के लिए 'अनर्थ' जैसे शब्दों का प्रयोग न करें और न ही पीएलएचआईवी का वर्णन एड्स वाहक, वेश्या, व्यसनी, एड्स का रोगी/शिकार/पीड़ित के रूप में करें, 4. इस बात पर अनावश्यक जोर न दें कि एचआईवी पीड़ित व्यक्ति को संक्रमण कैसे हुआ, 5. एचआईवी और एड्स से संक्रमित तथा प्रभावित बच्चों की पहचान नाम या फोटो से न करें, सहमति से भी नहीं, 6. छिपे हुए कैमरों का प्रयोग न करें, 7. बीमार तथा मरणासन्न की भयानक रिपोर्टों और छवियों से बचें, जिनसे विषाद, बेबसी तथा अलगाव की भावना व्यक्त होती हो, 8. ग्राफिक्स के रूप में खोपड़ियों, आड़ी हड्डियों, साँपों या ऐसे दृश्यों का प्रयोग न करें, 9. जाति, लिंग या यौन स्थिति के सन्दर्भों से बचें, 10. यौन अल्पसंख्यकों के बारे में, समलिंगी, उभयलिंगी या ट्रांसजेंडर एलजीबीटी सहित, घिसी-पिटी बातों को न दोहराएँ, 11. संक्रमित व्यक्तियों का

चित्रण पीड़ितों, दोषियों या दया के पात्रों के रूप में न करें, 12. एचआईवी, एसटीआई, चर्म रोगों, तपेदिक तथा अन्य सांयोगिक संक्रमणों से सम्बन्धित भ्रामक विज्ञापनों को प्रोत्साहित न करें, 13. स्वैच्छिक परीक्षण के इच्छुक व्यक्तियों की गोपनीयता भंग न करें।

41. मीडिया द्वारा परीक्षण परिचय–मीडिया और न्यायपालिका लोकतन्त्र के दो महत्त्वपूर्ण स्तम्भ और प्राकृतिक साथी हैं, सफल लोकतन्त्र के लक्ष्य की ओर एक-दूसरे के पूरक हैं। क़ानून की विधिवत् प्रक्रिया के लिए ज़रूरी उपायों को वक्तृता की स्वतन्त्रता पर प्राथमिकता मिलनी चाहिए। निष्पक्ष परिणाम और वक्तृता की स्वतन्त्रता के बीच संघर्ष की स्थिति में निष्पक्ष परीक्षण को अधिक महत्त्व देना ज़रूरी है क्योंकि किसी अभियुक्त के लिए निष्पक्ष परीक्षण पर समझौता बहुत हानि पहुँचाएगा और न्याय करने का तन्त्र विफल हो जायेगा। अतः मीडियाकर्मियों को प्रशिक्षित किया जाये और अदालतों के काम-काज तथा क़ानून की प्रक्रियाओं के बारे में आधारभूत जानकारी दी जाये–1. अभियुक्त को तब तक निर्दोष माने जाने का अधिकार है जब तक अदालत द्वारा अपराध का निर्णय न सुना दिया जायेगा। 2. मीडिया की रिपोर्टों में सामान्य जनता को अभियुक्त व्यक्ति की सह-अपराधिता में विश्वास करने के लिए प्रेरित न किया जाये क्योंकि इससे पुलिस द्वारा निष्पक्ष अन्वेषण पर अनुचित दबाव पड़ता है। 3. किये गये अपराध पर सरकारी एजेंसियों द्वारा छानबीन की दिशा के बारे में गप-शप पर आधारित सूचना प्रकाशित करना घटना का ऐसा प्रचार करता है जिससे अपराध करने वाले व्यक्ति को सुरक्षित स्थान पर जाने में सहायता मिल सकती है। 4. यह सदा उचित नहीं होता कि अपराध से सम्बन्धित मुद्दों पर दिन-प्रति-दिन के आधार पर जोरदार रिपोर्टिंग की जाये या तथ्यों का पता लगाये बिना अपराध के कल्पित साक्ष्य पर टिप्पणी की जाये। 5. किसी आपराधिक मामले में अन्वेषण के स्तर पर मीडिया की रिपोर्टिंग द्रुत और निष्पक्ष अन्वेषण सुनिश्चित कर सकती है, परन्तु गोपनीय जानकारी प्रकट करने से अन्वेषण में बाधा आ सकती है या पूर्वाग्रह बन सकता है। अतः अन्वेषण के पूरे ब्योरे तक निर्बाध पहुँच नहीं हो सकती। 6. पीड़ितों, गवाहों, संदिग्ध व्यक्तियों और अभियुक्तों का अत्यधिक प्रचार नहीं करना चाहिए क्योंकि यह उनके निजता के अधिकारों पर हमलों के समान है। 7. समाचार-पत्रों/मीडिया द्वारा गवाहों की पहचान किये जाने से उन्हें अभियुक्तों अथवा उनके साथियों के साथ-साथ जाँच एजेंसियों से ख़तरा हो जाता है। अतः मीडिया को गवाहों की पहचान नहीं बतानी

चाहिए क्योंकि वे दबाव के कारण प्रतिकूल हो सकते हैं। 8. संदिग्ध व्यक्ति की तस्वीर नहीं दर्शायी जानी चाहिए क्योंकि इसके कारण अभियुक्त की पहचान के लिए दण्ड प्रक्रिया संहिता के अन्तर्गत की गयी 'पहचान परेडों' के दौरान समस्या खड़ी हो सकती है। 9. मीडिया से यह आशा नहीं की जाती कि अपना समान्तर परीक्षण करे या निर्णय की भविष्यवाणी करके न्यायाधीश, ज्यूरी अथवा साक्षियों पर अनुचित प्रभाव डाले या कार्रवाई के किसी पक्षकार में पूर्वग्रह पैदा करे। 10. परीक्षण/सुनवाई के बाद प्रायः दिये गये निर्णय की रिपोर्टिंग होती है। परन्तु जब की समाप्ति और निर्णय के बीच अन्तराल हो तो समाप्त हुई कार्रवाई पर, आने वाले निर्णय को प्रभावित करने के लिए उद्दिष्ट साक्ष्य और तर्कों पर चर्चा सहित टिप्पणी से बचा जाये। 11. आरम्भिक परीक्षण पर रिपोर्ट देने के बाद मीडिया का कर्तव्य है कि न्यायालय के अन्तिम निर्णय के प्रकाशन के साथ मामले का अनुवर्तन करे।

ख. स्टिंग ऑपरेशनों पर दिशा-निर्देश–1. किसी स्टिंग ऑपरेशन पर रिपोर्ट करने का इच्छुक समाचार-पत्र उसे रिकॉर्ड या प्रस्तुत करने वाले व्यक्ति से इस आशय का प्रमाण-पत्र लेगा कि ऑपरेशन वास्तविक और सदाशयी है। 2. स्टिंग ऑपरेशन के विभिन्न चरणों का एक लिखित समवर्ती रिकॉर्ड अवश्य हो। 3. स्टिंग ऑपरेशन को रिपोर्ट करने का निर्णय सम्पादक द्वारा अपनी तसल्ली करने के बाद लिया जायेगा कि मामला जनहित का है और रिपोर्ट सभी क़ानूनी अपेक्षाओं का अनुपालन करती है। 4. प्रिंट मीडिया में प्रकाशित स्टिंग ऑपरेशन भावी पाठक के बोध को ध्यान में रख कर बनाया जाये। पाठक को आघात या ठेस से बचाने के लिए पूरी सावधानी और संवेदनशीलता बरती जाये।

42. फोटो पत्रकारिता के लिए मानक–केवल शब्दों की अपेक्षा किसी समाचार की तस्वीर या दृश्य प्रस्तुति पाठकों तथा दर्शकों पर अधिक गहरा और चिरस्थायी प्रभाव डालती है। अतः निम्नलिखित कर्तव्यों तथा निषेधों का पालन उन्हें अपने आचार के आत्मनियन्त्रण और व्यावसायिक निष्ठा तथा उच्च मानक बनाये रखने में मदद करेगा।

कर्तव्य – 1. चित्र यथार्थ और बोधगम्य हों और व्यक्तियों को सही सन्दर्भ में प्रस्तुत किया जाये। 2. सभी व्यक्तियों के साथ सम्मान और प्रतिष्ठा का व्यवहार किया जाये। नाजुक व्यक्तियों पर विशेष ध्यान दिया जाये और अपराध अथवा उन्माद के पीड़ितों के साथ अनुकम्पा का व्यवहार किया जाये।

निजी दुःख को तभी शामिल किया जाये जब जनता की उसे बाँटने या देखने की प्रबल और न्यायोचित रुचि हो। 2. किसी दृश्य सामग्री का सम्पादन करते समय, यह सुनिश्चित किया जाये कि चित्रों की विषय-वस्तु और सन्दर्भ की निष्ठा को बनाये रखा गया है। चित्रों में हेरफेर न किया जाये और न ही ध्वनि में किसी प्रकार का परिवर्तन किया जाये जिससे दर्शकों को भ्रान्ति हो या व्यक्तियों का ग़लत निरूपण हो। 3. व्यक्तियों से व्यवहार करते समय विनम्र रहने का प्रयास करें। 4. फोटोग्राफिक क्षण की निष्ठा का सम्मान किया जाये। 5. चित्र कोई ऐसी बात निरूपित न करे जो अश्लील, अभद्र या जनता की सुरुचि को ठेस पहुँचाने वाली हो। 6. यह सुनिश्चित करने का प्रयास करें कि जनता का कामकाज जनता में किया जाये। सभी पत्रकारों के लिए पहुँच के अधिकारों की रक्षा करें। 7. व्यक्तियों तक पूर्ण और निर्बाध पहुँच के लिए प्रयास करें और छिछले या हड़बड़ी वाले अवसरों के लिए विकल्प सुझायें। 8. विविध दृष्टिकोण लें और अप्रिय या अलक्षित दृष्टिकोणों को दिखाने के लिए काम करें। 9. इस संहिता में अभिव्यक्त भाव और उच्च मानकों को उदाहरण तथा प्रभाव द्वारा बनाये रखने की कोशिश करें। जब ऐसी स्थिति का सामना करना पड़े जिसमें उचित कार्रवाई स्पष्ट न हो, तब उनसे परामर्श लें जो इस व्यवसाय में उच्चतम मानक दर्शाते हैं।

निषेध – 1. व्यक्तियों के फोटो लेते समय जानबूझ कर घटनाओं को बदलने या बदलने की कोशिश करने या प्रभावित करने का प्रयास न करें। 2. किसी व्यक्ति की गोपनीयता में हस्तक्षेप या आक्रमण न किया जाये, जब तक कि वह वास्तविक भारी जनहित के आधार पर, न कि किसी कामुक अथवा विकृत कौतूहल के आधार पर अनिवार्य न हो। 3. आतंकवादी हमलों, साम्प्रदायिक दंगों या हिंसा की अन्य घटनाओं को कवर करते समय क्षत-विक्षत शवों या ऐसी अन्य छवियों को न दिखाएँ जो घृणा अथवा आतंक पैदा करें या साम्प्रदायिक अथवा धार्मिक भावनाएँ भड़कायें। 4. मंचित फोटो अवसरों से प्रभावित न हों। 5. उनसे उपहार, अनुग्रह या मुआवज़ा स्वीकार न करें जो कवरेज को प्रभावित करने की माँग कर सकते हों। 6. ऐसे राजनीतिक, सिविक या व्यापार के धन्धों अथवा नौकरी से बचें जो उनकी व्यावसायिक स्वतन्त्रता से समझौता कर सकती हो या समझौता करती हुई प्रतीत हो। 7. सूचना या भागीदारी के लिए स्रोत अथवा व्यक्ति को कोई भुगतान न करें और न ही कोई तात्विक प्रतिफल दें। 8. काम में किसी प्रकार का पक्षपात निरूपित नहीं होना चाहिए। 9. अन्य पत्रकारों के प्रयासों को जानबूझ कर ध्वस्त न करें।

क. साम्प्रदायिक अशान्ति होने पर प्रेस द्वारा अपनाये जाने वाले मानक, प्रेस को अभिव्यक्ति की पूर्ण स्वतन्त्रता है। भारत के राजनीतिक जीवन को पूर्ण रूप देने वाले विभिन्न साम्प्रदायिक तथा धार्मिक समूहों के बीच मैत्रीपूर्ण तथा सद्भावपूर्ण सम्बन्धों की आवश्यकता के बारे में जनता को शिक्षित करने तथा जनता की राय बनाने में और राष्ट्रीय अखण्डता प्राप्त करने के लिए देश के सर्वोत्तम पुरुषों के विवेक को प्रतिबिम्बित करने में उसे महान और महत्त्वपूर्ण भूमिका निभानी है। इस बात को महसूस करते हुए भारतीय प्रेस परिषद् ने यह सोचा कि यदि साम्प्रदायिक सम्बन्धों को प्रभावित करने वाले मामलों की रिपोर्ट करने में प्रेस उचित मानकों तथा आदर्शों का कड़ाई से पालन नहीं करेगा तो यह उद्देश्य प्राप्त नहीं हो सकेगा, साम्प्रदायिक शान्ति तथा सद्भाव की स्थापना नहीं हो पायेगी और राष्ट्रीय एकता भंग हो जायेगी। सब बातों को शामिल करने का प्रयास किये बिना परिषद् की राय में निम्नलिखित बातें पत्रकारिता की मर्यादा तथा आचार नीति के प्रति अपराध हैं–1. साम्प्रदायिक मामलों से सम्बन्धित तथ्यों अथवा घटनाओं को विकृत करना या बढ़ा-चढ़ाकर बताना या अफ़वाहों, सन्देहों अथवा निष्कर्षों को तथ्यों के रूप में प्रचारित करना और उन्हीं पर अपनी टीका को आधारित करना। 2. समाचारों तथा विचारों की प्रस्तुति में उग्र या असंयमित भाषा का प्रयोग चाहे वह साहित्यिक सौष्ठव के रूप में या अलंकार अथवा जोर देने के उद्देश्य से ही क्यों न हो। 3. अपनी शिकायतों को दूर करने के लिए एक साधन के रूप में, भड़काये जाने पर भी वे चाहे सच्ची हों या न हों, हिंसा को प्रोत्साहित या क्षमा करना, 4. किसी भी समुदाय की सच्ची तथा वैध शिकायतों की ओर ध्यान दिलाना तो प्रेस का विधिसम्मत कार्य है ताकि शान्तिपूर्ण, क़ानूनी तथा वैध तरीक़ों से उनका निवारण हो सके, किन्तु शिकायत को गढ़ना या वास्तविक शिकायतें बढ़ा-चढ़ाकर लिखना अनुचित तथा पत्रकारिता की आचार नीति का उल्लंघन है क्योंकि इससे साम्प्रदायिक दुर्भावना पैदा होती है और वैमनस्य को बढ़ावा मिलता है। 5. समुदायों अथवा व्यक्तियों पर फूहड़ तथा झूठे प्रहार, विशेषतः जब उनके साथ यह आरोप हो कि उनका कदाचार उस समुदाय विशेष या जाति विशेष का सदस्य होने के कारण है। 6. ऐसी घटनाओं को झूठ-मूठ साम्प्रदायिक रंगत देना जिनके घटित होने में विभिन्न समुदायों के लोग शामिल हों। 7. ऐसी बातों पर जोर देना जिनसे साम्प्रदायिक घृणा या दुर्भावना पैदा हो सकती हो अथवा समुदायों के बीच अविश्वास की भावना पनप सकती हो। 8. भयोत्पादक समाचार छापना जो तत्त्वतः झूठे हों या उन समाचारों पर उत्तेजक

टीका लिखना वैसे ही विभिन्न समुदायों अथवा प्रादेशिक या भाषायी समूहों के बीच कटु सम्बन्ध पैदा करने के उद्देश्य से लिखना। 9. सनसनी फैलाने के उद्देश्य से वास्तविक घटनाओं का अतिशयोक्तिपूर्ण ऐसे समाचारों का मोटे शीर्षकों के साथ अथवा विशिष्ट टाइप में प्रकाशन, जिनसे साम्प्रदायिक सद्‌भाव पर प्रतिकूल प्रभाव पड़ता हो। 10. विभिन्न धर्मों, मतों अथवा उनके प्रवर्तकों के बारे में अपमानजनक, अशिष्ट अथवा अनादरपूर्ण टिप्पणी लिखना अथवा उल्लेख करना।

साम्प्रदायिक उपद्रवों को रोकने के सम्बन्ध में राज्य सरकारों तथा मीडिया के लिए निर्देश : 1. राज्य सरकार को ऐसे साम्प्रदायिक लेखों का प्रकाशन रोकने पर कड़ी नज़र रखने का उत्तरदायित्व अपने ऊपर लेना चाहिए जिनसे तनाव, विनाश तथा मृत्यु को बढ़ावा मिल सकता है और उनकी सूचना परिषद् को देनी चाहिए। 2. सरकार को गलती करने वाले समाचार-पत्रों या सम्पादकों के विरुद्ध कार्रवाई करने का अवसर मिल सकता है। किन्तु ऐसा क़ानून की सीमाओं के भीतर ही किया जाये। यदि पत्रकारों को गिरफ़्तार किया जाये या तलाशी तथा जब्ती की कार्रवाई आवश्यक हो जाये तो यह स्वस्थ परम्परा होगी कि इन घटनाओं की सूचना प्रेस परिषद् को 24 से 48 घण्टे के भीतर दे दी जाये और फिर एक सप्ताह के भीतर विस्तृत रिपोर्ट भेज दी जाये; 3. प्राधिकारी किसी भी स्थिति में बदले की भावना से काम न करें यथा विज्ञापनों में कटौती, मान्यता रद्द करना, न्यूज़ प्रिंट कोटा तथा सुविधाओं में कटौती; 4. प्रेस को भड़काने वाले तथा सनसनीखेज शीर्षकों से बचना चाहिए; 5. शीर्षक अपने नीचे मुद्रित सामग्री को प्रतिबिम्ब करने वाले और युक्तिसंगत हो; 6. यदि हताहतों की संख्या की यथार्थता के बारे में शंका हो और यदि विभिन्न स्रोतों द्वारा बतायी गयी संख्या में बहुत अन्तर हो तो शीर्षकों में कम वाले आँकड़े देने चाहिए; 7. यदि शीर्षकों में किसी व्यक्ति द्वारा लगाया गया आरोप शामिल हो तो आरोप लगाने वाले व्यक्ति/निकाय का नाम लिखा जाये या कम से कम उद्धरण चिह्न लगाये जायें; 8. समाचार रिपोर्टों में टीका तथा मूल्यांकन नहीं होना चाहिए; 9. समाचारों की प्रस्तुति एक पक्षीय भावनाओं से अभिप्रेरित या निर्देशित न हो और न ही ऐसा प्रतीत हो; 10. समाचारों को लिखने में प्रयुक्त भाषा संयमित तथा ऐसी हो जो समुदायों तथा समूहों के बीच सद्‌भावना तथा सौहार्द पैदा करे; 11. सुधारों को तत्परतापूर्वक यथेष्ट प्रमुखता के साथ छापा जाये और गम्भीर मामलों में खेद भी व्यक्त किया जाये और 12. यदि इन सब सिद्धान्तों से अवगत कराने के लिए पत्रकारों को सेवाकालीन प्रशिक्षण दिया जाये तो बहुत मदद मिलेगी।

राम जन्मभूमि बाबरी मस्जिद विवाद के परिणामस्वरूप 21, 22 जनवरी, 1993 को प्रेस परिषद् की ओर से जारी निर्देश—पत्रकारिता की निम्नलिखित अनुचित तथा अनैतिक बातें करने से बचने के लिए दिशा-निर्देश : 1. साम्प्रदायिक मामलों से सम्बन्धित तथ्यों अथवा घटनाओं को विकृत करना या बढ़ा-चढ़ाकर बताना या अफ़वाहों, सन्देहों अथवा निष्कर्षों को तथ्यों के रूप में प्रचारित करना और उन्हीं पर अपनी टीका को आधारित करना। 2. समाचारों तथा विचारों की प्रस्तुति में उग्र या असंयमित भाषा का प्रयोग, चाहे वह साहित्यिक सौष्ठव के रूप में या अथवा जोर देने के उद्देश्य से ही क्यों न हो। 3. अपनी शिकायतों को दूर कराने के एक साधन के रूप में, भड़काये जाने पर भी चाहे वह सच्ची हो या न हो, हिंसा को प्रोत्साहित या क्षमा करना। 4. किसी भी समुदाय की सच्ची तथा वैध शिकायतों की ओर ध्यान दिलाना तो प्रेस का विधिसम्मत कार्य है, ताकि शान्तिपूर्ण, क़ानूनी तथा वैध तरीक़ों से उनका निवारण हो सके किन्तु शिकायतें गढ़ना या वास्तविक शिकायतें बढ़ा-चढ़ाकर लिखना अनुचित तथा पत्रकारिता की आचार नीति का उल्लंघन है क्योंकि इससे साम्प्रदायिक दुर्भावना पैदा होती है और वैमनस्य को बढ़ावा मिलता है। 5. समुदायों तथा व्यक्तियों पर फूहड़ तथा झूठे प्रहार, विशेषतः जब उनके साथ यह आरोप हो कि उनका कदाचार उस समुदाय विशेष या जाति विशेष का सदस्य होने के कारण है। 6. ऐसी घटनाओं को झूठ-मूठ साम्प्रदायिक रंगत देना जिनके घटित होने में विभिन्न समुदायों के लोग शामिल हों। 7. ऐसी बातों पर जोर देना जिनसे साम्प्रदायिक घृणा या दुर्भावना पैदा हो सकती हो अथवा समुदायों के बीच अविश्वास की भावना पनप सकती हो। 8. भयोत्पादक समाचार छापना जो तत्त्वतः झूठे हो या उन समाचारों पर उत्तेजक टीका लिखना या वैसे भी विभिन्न समुदायों अथवा प्रादेशिक या भाषायी समूहों के बीच कटु सम्बन्ध पैदा करने के उद्देश्य से लिखना। 9. सनसनी फैलाने के उद्देश्य से वास्तविक घटनाओं का अतिशयोक्तिपूर्ण वर्णन तथा ऐसे समाचारों का मोटे शीर्षकों के साथ अथवा विशिष्ट टाइप में प्रकाशन, जिनसे साम्प्रदायिक सद्भाव पर प्रतिकूल प्रभाव पड़ता हो। 10. विभिन्न धर्मों, मतों अथवा उनके प्रवर्तकों के बारे में अपमानजनक अशिष्ट अथवा अनादरपूर्ण टिप्पणी लिखना अथवा उल्लेख करना।

सैन्य वादियों/आतंकवादियों के विज्ञप्ति पत्रकों का प्रकाशन-दिशा-निर्देशक सिद्धान्त 1991-1992 : असम के एक समाचार-पत्र द्वारा उल्फा की कुछ विज्ञप्तियों को पत्रकों/धमकी भरी पर्चियों के प्रकाशन के विरुद्ध शिकायत के फलस्वरूप प्रेस परिषद् ने प्रेस के लिए कुछ सामान्य सिद्धान्त बनाये हैं। पंजाब तथा जम्मू और

कश्मीर पर भारतीय प्रेस परिषद् की रिपोर्ट में की गयी सिफ़ारिशों के अनुरूप हैं जिन्हें प्रेस परिषद् ने जनवरी, 1991 में स्वीकार किया था। यह दिशा-निर्देश सिद्धान्त, जिन पर परिषद् ने सितम्बर, 1992 में विचार किया था, जो कि निम्नलिखित है–'हिंसा में लिप्त तत्त्वों से आने वाले आदेशों या 'प्रेस विज्ञप्तियों' अथवा घोर परिणामों की धमकियों के अन्तर्गत समाचार-पत्रों में प्रकाशित करने के लिए कहना 'प्रेस की स्वतन्त्रता पर गम्भीरतम प्रहार है जो लोकतान्त्रिक तथा बहु सामुदायिक समाज का एक सबसे अधिक विश्वसनीय आधार है।' सामान्यतः वे आदेश या ज्ञापन अपने में ही समाचार योग्य नहीं होते हैं। उनके प्रकाशन से जनता का मनोबल गिरता है और जनता, पुलिस तथा सुरक्षा पर प्रतिकूल प्रभाव पड़ता है। उनके प्रकाशन से केवल सम्बन्धित समाचार-पत्र की स्वतन्त्रता ही दुष्प्रभावी नहीं होती, बल्कि यह पत्रकारिता की आचार नीति के मानकों तथा व्यावसायिक उत्तरदायित्व के प्रति भी अपराध है।

इसका यह अर्थ नहीं है कि यदि किसी भी स्रोत से आने वाली 'प्रेस विज्ञप्ति' में कुछ समाचार योग्य हो तो उसे बिल्कुल ब्लैक आउट कर दिया जाये क्योंकि 'स्वतः आरोपित सेंसर व्यवस्था भी' छली होने के लिए कम खतरनाक नहीं होती। ज़रूरी बात यह है कि ऐसे प्रेस विज्ञप्तियों के प्रकाशन पर विचार करते समय सम्पादक उचित सावधानी तथा सतर्कता बरतें। यदि सारी विज्ञप्ति हानिकर न हो तो उसका सम्पादन किया जाये, आपत्तिजनक अंश निकाल दिये जाये, भाषा सौम्य बना दी जाये ताकि जो कुछ समाचार योग्य हो, सन्तुलित रूप में प्रकाशित हो जाये। किन्तु यदि 'समाचार' का सारा ताना-बाना ही दूषित हो तो उसके प्रकाशन को बिल्कुल रोक लेने में ही समझदारी होगी।

आतंकवाद के कवरेज के मीडिया के अनुभव से यह बिल्कुल स्पष्ट हो गया है कि यह कोई आसान काम नहीं है। सम्पादकीय रक्षा तथा साहस के किसी भी प्रदर्शन को समाचार-पत्र के निस्सहाय कर्मचारी यह समझ सकते हैं कि उन्हें अनावश्यक ख़तरे में डाला जा रहा है। ऐसी परिस्थितियों में सम्पादकों तथा मालिकों के लिए अपनी बात रखने की कोई गुंजाइश नहीं होती।

इस बारे में पंजाब में एक व्यावहारिक उपाय सफल रहा है कि सरकार समाचार-पत्रों के साथ निकट सम्पर्क में रहे और हिंसा में ग्रस्त समूहों से आने वाली आपत्तिजनक तथा राष्ट्र विरोधी प्रेस विज्ञप्तियों को छपने से पहले समाचार-पत्रों से निकाल दिया जाये। यद्यपि इसे एक प्रकार की पूर्व सेंसरशिप माना जायेगा, फिर भी इस व्यवस्था ने अनेक जानें बचायी हैं और समाचार-पत्रों की कठिन स्थितियों से रक्षा की है। किन्तु इसमें एक ख़तरा यह है कि निरंकुश

प्रशासन इस व्यवस्था का प्रयोग प्रेस का मुँह बन्द करने के लिए कर सकता है और क़ानून के अन्तर्गत अपने अधिकार का दुरुपयोग 'आपत्तिजनक सामग्री' को अपनी इच्छानुसार परिभाषित करने के लिए कर सकता है। अतः कड़ी प्रक्रियाएँ निर्धारित करने की आवश्यकता है। इस बारे में किसी भी क़ानून के अन्तर्गत तथाकथित 'आपत्तिजनक सामग्री' के प्रकाशन के सम्बन्ध में समय-समय पर जारी आदेशों के लिए किसी प्रकार की अपीलीय समीक्षा की व्यवस्था होनी चाहिए ताकि मनमानी कार्रवाई की प्रवृत्ति को रोका जा सके। मुख्य क़ानून तथा उसके अन्तर्गत बनाये गये नियमों की भी परिवर्तित परिस्थितियों के अनुसार आवधिक समीक्षा की जाये। इन सुरक्षा उपायों को प्रेस क़ानूनों में शामिल कर लिया जाये।

वित्तीय पत्रकारिता–1. भारतीय प्रेस परिषद् ने रिपोर्टरों/वित्तीय पत्रकारों/समाचार-पत्र प्रतिष्ठानों को परामर्श दिया है कि वे नकद या जिसमें किसी भी प्रकार का ऐसा कोई उपहार/अनुदान/रियायत/सुविधा आदि स्वीकार न करें, जिससे वित्तीय मामलों पर उनकी स्वतन्त्र तथा निष्पक्ष रिपोर्टिंग में बाधा पड़ने की सम्भावना हो। 2. परिषद् ने अपनी रिपोर्ट में कहा है कि आजकल पाठकों के मन पर वित्तीय पत्रकारों का बहुत प्रभाव पड़ता है, अतः पाठकों के प्रति उनका दायित्व है कि कम्पनी के वित्तीय व्यवहार, स्थिति तथा भविष्य के बारे में सन्तुलित तथा यथार्थ दृष्टिकोण प्रस्तुत करें। देखा जाता है कि समाचार-पत्रों/पत्रिकाओं में कुछ कम्पनियों के बारे में अधिक समाचार प्रकाशित किये जाते हैं, क्योंकि वे उस प्रिंट मीडिया को विज्ञापन देती हैं। कई बार उन कम्पनियों के बारे में प्रतिकूल रिपोर्ट प्रकाशित की जाती है जो उन समाचार-पत्रों या पत्रिकाओं को विज्ञापन नहीं देती हैं और फिर, जब कोई मीडिया किसी भी कारण से कम्पनी/प्रबन्धकों से ख़ुश न हो तो उस कम्पनी के नकारात्मक पहलुओं को उजागर किया जाता है जबकि इससे विपरीत स्थिति में नकारात्मक पहलुओं का उल्लेख नहीं किया जाता। यह भी पता चला है कि कुछ कम्पनियाँ अपने बारे में अनुकूल तथा सकारात्मक रिपोर्टें लेने के लिए कुछ वित्तीय पत्रकारों को उपहार, ऋण, छूट, अधिमानी शेयर आदि देती हैं। साथ ही इन आपत्तिजनक रीतियों के विरुद्ध जनमत तैयार करने के लिए या निवेशकों की शिक्षा के लिए कोई तन्त्र नहीं है। 3. नियमित क्षेत्र में उस कुरीति पर चिन्ता महसूस करते हुए और वित्तीय संस्थाओं तथा पत्रकारों के प्रतिनिधियों के साथ विस्तृत चर्चा के बाद परिषद् ने वित्तीय पत्रकारों द्वारा अनुपालन के लिए निम्नलिखित दिशा-निर्देशों की सिफ़ारिश की है–

क. वित्तीय पत्रकार को ऐसा कोई उपहार, ऋण, ट्रिप, छूट, अधिमानी शेयर या अन्य अनुग्रह स्वीकार नहीं करना चाहिए जिससे उनकी स्थिति प्रभावित होती

हो या हो सकती हो। ख. किसी कम्पनी की रिपोर्ट के बारे में यह प्रमुख रूप से उल्लेख किया जाये कि रिपोर्ट कम्पनी द्वारा या कम्पनी के वित्तीय समर्थकों द्वारा दी गयी जानकारी पर आधारित है। ग. जब किसी कम्पनी द्वारा प्रतिष्ठानों को देखने के लिए ट्रिप आयोजित किये जायें तो ट्रिप का लाभ उठाने वाला अपनी रिपोर्ट में निरपवाद रूप से उल्लेख करे कि यात्रा की व्यवस्था सम्बन्धित कम्पनी द्वारा की गयी थी और यथास्थिति उसने आतिथ्य का प्रबन्ध भी किया था। घ. कम्पनी से सम्बन्धित कोई भी बात तथ्यों का सत्यापन किये बिना प्रकाशित न की जाये और उस रिपोर्ट के स्रोत का भी उल्लेख कर दिया जाये। च. जो रिपोर्टर किसी घोटाले का भण्डाफोड़ करे या कोई बढ़िया परियोजना चलाये जाने के बारे में रिपोर्ट लाये, उसे प्रोत्साहित तथा पुरस्कृत किया जाये। छ. जिस पत्रकार का किसी कम्पनी में वित्तीय हित हो या शेयर धारिता, स्टॉक धारक आदि हो, उस कम्पनी के बारे में रिपोर्ट नहीं देनी चाहिए। ज. पत्रकार को प्रकाशन के लिए जो सूचना पहले से प्राप्त हो जाये उसका प्रयोग उसे अपने लाभ के लिए या अपने सम्बन्धियों तथा मित्रों के लाभ के लिए नहीं करना चाहिए। झ. किसी भी समाचार-पत्र के मालिक, सम्पादक अथवा उससे जुड़े किसी अन्य व्यक्ति को समाचार-पत्र के साथ अपने सम्बन्धों का प्रयोग अपने अन्य व्यापारिक हितों को बढ़ाने के लिए नहीं करना चाहिए। ट. जब किसी विज्ञापन एजेंसी या विज्ञापक को भारतीय विज्ञापन परिषद् द्वारा अभ्यारोपित किया जाये तो जिस समाचार-पत्र में वह विज्ञापन छपा हो, वह अभ्यारोपण के समाचार को प्रमुखता के साथ प्रकाशित करे।

चुनाव रिपोर्टिंग 1996–आम चुनाव हमारे लोकतन्त्र का एक अत्यन्त महत्त्वपूर्ण अंग है और यह ज़रूरी है कि मीडिया द्वारा चुनाव लड़ रहे विभिन्न दलों के चुनाव अभियान की सही तथा निष्पक्ष रिपोर्टें प्रेषित की जाये। प्रेस की स्वतन्त्रता बहुत हद तक स्वयं प्रेस के उत्तरदायित्व की भावना के साथ व्यवहार करने पर निर्भर करती है। अतः यह सुनिश्चित करना ज़रूरी है कि मीडिया, चुनाव अभियान की सही तथा निष्पक्ष रिपोर्टिंग के इस सिद्धान्त का पालन करे। अतः प्रेस परिषद् ने चुनाव के दौरान मीडिया द्वारा अनुपालन के लिए दिशा-निर्देश बनाये हैं–

1. प्रेस का यह कर्तव्य होगा कि चुनाव तथा प्रत्याशियों के बारे में निष्पक्ष रिपोर्ट दे। समाचार-पत्रों से अस्वस्थ चुनाव अभियानों में शामिल होने की आशा नहीं की जाती। चुनावों के दौरान किसी प्रत्याशी, दल या घटना के बारे में अतिशयोक्तिपूर्ण रिपोर्टें न दी जाये। वस्तुतः कड़े मुक़ाबले वाले दो या तीन प्रत्याशी

ही मीडिया का सारा ध्यान आकर्षित करते हैं। वास्तविक अभियान की रिपोर्ट देते समय समाचार-पत्र को किसी प्रत्याशी द्वारा उठाये गये किसी महत्त्वपूर्ण मुद्दे को छोड़ना नहीं चाहिए और न ही उसके विरोधी पर कोई प्रहार करना चाहिए। 2. निर्वाचन नियमावली के अन्तर्गत साम्प्रदायिक अथवा जातीय आधार पर चुनाव अभियान की अनुमति नहीं है। अतः प्रेस की ऐसी रिपोर्टों से दूर रहना चाहिए, जिनसे धर्म, जाति, मत, सम्प्रदाय अथवा भाषा के आधार पर लोगों के बीच शत्रुता या घृणा की भावनाएँ पैदा हो सकती हों। 3. प्रेस को किसी प्रत्याशी के चरित्र या आचरण के बारे में या प्रत्याशी के सम्बन्ध में अथवा किसी प्रत्याशी का नाम अथवा उसकी प्रत्याशिता वापस लिए जाने के बारे में ऐसे झूठे या आलोचनात्मक वक्तव्य छापने से बचना चाहिए, जिससे चुनाव में उस प्रत्याशी की सम्भावनाएँ दुष्प्रभावित होती हों। प्रेस किसी भी प्रत्याशी/दल के विरुद्ध अपुष्ट आरोप प्रकाशित नहीं करेगा। 4. प्रेस किसी प्रत्याशी/दल की छवि प्रस्तुत करने के लिए किसी प्रकार का प्रलोभन-वित्तीय या अन्य सुविधाएँ स्वीकार नहीं करेगा। वह किसी भी प्रत्याशी/दल द्वारा उन्हें पेश किया गया आतिथ्य या अन्य सुविधाएँ स्वीकार नहीं करेगा। 5. प्रेस से किसी प्रत्याशी/दल-विशेष के प्रचार में शामिल होने की आशा नहीं की जाती। यदि वह ऐसा करता है तो अन्य प्रत्याशी/दल को उत्तर का अधिकार देगा। 6. प्रेस किसी दल/सत्तासीन पार्टी की उपलब्धियों के बारे में सरकारी खर्चे पर कोई विज्ञापन स्वीकार/प्रकाशित नहीं करेगा। 7. प्रेस निर्वाचन आयोग/निर्वाचन अधिकारियों अथवा मुख्य निर्वाचन अधिकारी द्वारा समय-समय पर जारी सभी निर्देशों/अनुदेशों का पालन करेगा।

मतदान-पूर्व तथा मतदान-उपरान्त सर्वेक्षण पर दिशा-निर्देश 1996—भारतीय प्रेस परिषद् ने मतदान पूर्व सर्वेक्षणों के प्रकाशन की उपयुक्तता या अनुपयुक्तता के प्रश्न पर और उनसे प्राप्त होने वाले उद्देश्य पर विचार करके यह राय बनायी है कि समाचार-पत्रों को अपने मंच का प्रयोग चुनावों की विकृति तथा तोड़-मरोड़ के लिए नहीं होने देना चाहिए और अपना प्रयोग सम्बन्धित दलों के लिए नहीं होने देना चाहिए।

अतः प्रेस परिषद् की यह सलाह है कि प्रतिनिधिक लोकतन्त्र में निर्वाचन प्रक्रिया की महत्त्वपूर्ण स्थिति को देखते हुए समाचार-पत्रों को सतर्क रहना चाहिए कि उनके बहुमूल्य मंच का प्रयोग चुनावों की विकृति तथा तोड़-मरोड़ के लिए न किया जाये। आज इस बात पर जोर देना ज़रूरी हो गया है क्योंकि सम्बन्धित व्यक्तियों तथा समूहों द्वारा कोशिश की जाने लगी है कि जातीय, धार्मिक तथा नृजातीय आधार पर सूक्ष्म तथा अति सूक्ष्म प्रचार द्वारा और तथाकथित

निर्वाचन-पूर्व सर्वेक्षणों जैसे परिष्कृत साधनों के प्रयोग द्वारा भोले मतदाताओं को दिग्भ्रमित करने के लिए प्रिंट मीडिया से अधिकाधिक लाभ उठाया जाये। अनेक मामलों में साम्प्रदायिक और राजद्रोहात्मक प्रचार का पता लगाने में तो कठिनाई नहीं होती, किन्तु कई बार चेष्टापूर्वक रोपित किये गये, मतदान-पूर्व सर्वेक्षण के अपने हित के लिए प्रयोग करना इतना आसान नहीं होता। अतः प्रेस परिषद् का सुझाव है कि समाचार-पत्र जब कभी मतदान-पूर्व सर्वेक्षण प्रकाशित करें, वे उनके साथ निम्नलिखित जानकारी स्पष्ट रूप से कि सर्वेक्षण किन संस्थाओं ने किये हैं; सर्वेक्षण किन व्यक्तियों तथा संगठनों ने कराए हैं; चुने गये नमूनों का आकार तथा स्वरूप; निष्कर्षों के लिए नमूना चुनने की विधि और निष्कर्षों में भूल की सम्भावित गुंजाइश है।

1. फिर, मतदान एक से अधिक तिथियों के होने की स्थिति को देखा गया है कि जो मतदान हो चुका है, मीडिया उनके मतदान-उपरान्त सर्वेक्षण प्रकाशित कर देते हैं। इससे उन मतदाताओं के प्रभावित हो जाने की आशंका है जहाँ अभी मतदान होना है। यह सुनिश्चित करने की दृष्टि से कि निर्वाचन प्रक्रिया को निर्मल रखा जाये और मतदाताओं के मन पर किसी बाहरी तत्त्व का प्रभाव न पड़े। यह आवश्यक है कि मीडिया तब तक मतदान-उपरान्त सर्वेक्षण को प्रकाशित न करे, जब तक अन्तिम मतदान पूरा न हो जाये। 2. अतः प्रेस से प्रेस परिषद् का अनुरोध है कि मतदान-उपरान्त सर्वेक्षणों के बारे में निम्नलिखित दिशा-निर्देश का पालन किया जाये।

दिशा-निर्देश--कोई समाचार-पत्र तब तक मतदान-उपरान्त सर्वेक्षण प्रकाशित नहीं करेगा, चाहे वे कितने भी प्रामाणिक हों, जब तक अन्तिम मतदान पूरा न हो जाये।

एकान्तता का अधिकार--(सार्वजनिक व्यक्ति तथा प्रेस-1998) इस मामले पर राष्ट्रीय तथा अन्तरराष्ट्रीय दोनों स्तरों पर गरमागरम बहस हो रही है। यह निश्चित प्रतीत होता है कि एकान्तता का अधिकार निर्द्वन्द्व/निर्बाध नहीं हो सकता, फिर भी मीडिया को स्वयं आत्मसंयम दर्शाना होता है और सार्वजनिक व्यक्ति की एकान्तता का सम्मान करना पड़ता है। यदि सार्वजनिक व्यक्ति की एकान्तता तथा उसके व्यक्तिगत आचरण, कार्यकलापों, गतिविधियों, आदतों तथा चरित्र की विशेषताओं के सम्बन्ध में जिनका जनहित पर अतिक्रमण या प्रभाव होता है, जानने का जनता के अधिकार के बीच संघर्ष होता है तो पहले को बाद वाले के अर्थात् जनता के अधिकार के सामने आत्मसमर्पण कर देना चाहिए।

तथापि यह बात ध्यान रखनी आवश्यक होगी कि जो चीज़ जनता के प्रति हित या रुचि की है, वह जनहित के साथ समानार्थी नहीं है और वह अन्तिम व आधारभूत परीक्षण होना चाहिए जिसका पत्रकारों को प्रत्येक अलग-अलग मामले की परिस्थितियों में स्वयं ही प्रयोग करना चाहिए।

उपर्युक्त को चित्रित करते हुए परिषद् निम्नलिखित दिशा-निर्देश तैयार करती है–

एकान्तता का अधिकार एक अल्लंघनीय परम पावन मानवीय अधिकार है। तथापि एकान्तता की मात्रा एक व्यक्ति से दूसरे व्यक्ति तथा एक संस्था से दूसरी संस्था की अलग-अलग होती है। सार्वजनिक व्यक्ति/नेता जो जनता की नज़र के नीचे उस के एक दूत/प्रतिनिधि के रूप में कार्य करता है, वह आशा नहीं कर सकता कि उसे एकान्तता उसी मात्रा में मिले जितनी मात्रा एक निजी व्यक्ति को मिलती है। उनके कार्य तथा आचरण क्योंकि जनरुचि/हित के होते हैं, 'जनरुचि/हित' 'जनता के प्रति रुचि/हित' से भिन्न तथा अलग हैं। चाहे वे एकान्त में किये गये हों, परन्तु उन्हें प्रेस के माध्यम द्वारा जनता की जानकारी में लाया जा सकता है तथापि प्रेस का इस बात को सुनिश्चित करने का एक संगत/अनुरूप कर्तव्य होता है कि सार्वजनिक व्यक्ति के जनहित/रुचि से सम्बन्धित ऐसे कार्यों तथा आचरण के सम्बन्ध में सूचना उत्तम व निष्पक्ष साधनों से प्राप्त की गयी है, वह समुचित रूप से सत्यापित है और उसकी बात सही ढंग से रिपोर्ट की गयी है। जनता की ताक या दृष्टि से दूर किये गये या संचालित कार्यों के सम्बन्ध में सूचना प्राप्त करने के लिए, प्रेस से यह आशा नहीं की जाती कि वह निगरानी की युक्तियों का प्रयोग करे। निजी बातचीत तथा चर्चाओं के विषय में सूचना व जानकारी प्राप्त करने के लिए जहाँ प्रेस से यह आशा की जाती है कि वह सार्वजनिक व्यक्ति को तंग न करे वहाँ सार्वजनिक व्यक्तियों से भी यह आशा की जाती है कि वे अपनी कार्यप्रणाली में अधिक खुलापन लायें और जनता को अपने प्रतिनिधियों के कार्यों के विषय में जानकारी देने के लिए प्रेस को अपने कर्तव्य का पालन करने में उसे सहयोग दें।

यह निश्चित है कि उपर्युक्त व्यापक दिशा-निर्देश जिन्हें सच्चे भाव और अभिप्राय से तैयार किया गया है, प्रेस की सूचना तक पहुँचने के अधिकार तथा सार्वजनिक व्यक्ति की एकान्तता के अधिकार के बीच एक सन्तुलन उत्पन्न करेंगे।

(*स्रोत–भारतीय प्रेस परिषद् द्वारा प्रकाशित 'पत्रकारिता के आचरण के मानक' से)

सन्दर्भ ग्रन्थ सूची

- अग्रवाल, मधु, (1995), *भारतीय विज्ञापन में नैतिकता,* नयी दिल्ली : प्रकाशन विभाग, सूचना एवं प्रसारण मन्त्रालय, भारत सरकार।
- अमीन, समीर, (2005), *भूमण्डलीकरण के युग में पूँजीवाद* (अनु. राम कवींद्र सिंह), दिल्ली : ग्रन्थ शिल्पी प्रकाशन।
- अग्राचोव और नि. येमोंश्किन, (1986), *नयी सूचना व्यवस्था अथवा मनोवैज्ञानिक युद्ध,* मास्को : प्रगति प्रकाशन।
- अनुजा, डॉ. मंगला, (1996), *भारतीय पत्रकारिता : नींव के पत्थर,* भोपाल : मध्यप्रदेश हिन्दी ग्रन्थ अकादमी।
- अनुराग, फैसल, (2007), *क्षेत्रीय पत्रकारिता के ग्लोबल फलक,* नयी दिल्ली : प्रकाशन संस्थान।
- अली, डॉ. मुश्ताक, (2007), *व्यावहारिक पत्रकारिता,* इलाहाबाद : साहित्य संगम प्रकाशन।
- इल्बर्ट, सी., (1922), *द गवर्नमेंट ऑफ इंडिया,* ऑक्सफोर्ड।
- इस्सर, देवेन्द्र, (1995), *जनमाध्यम संप्रेषण और विकास,* दिल्ली : इंद्रप्रस्थ प्रकाशन।
- उपाध्याय, देवेन्द्र, (1998), *समाचार-पत्रों की दुनिया,* दिल्ली : मौलिक साहित्य प्रकाशन।
- उपाध्याय, हरिभाऊ, (1969), *बापू कथा,* वाराणसी : सर्व सेवा संघ प्रकाशन।
- एगी, वारेन के., ऑल्ट, फिलिप और एमरी, एडविन, (1982), *पर्सपेक्टिव ऑन मास कम्युनिकेशन्स,* न्यूयार्क : हार्पर एंड रो पब्लिकेशंस।
- एगी, वारेन के., ऑल्ट फिलिप एच. और एमरी, एडविन, (1989), *मेनकरेंट्स इन मास कम्युनिकेशंस,* न्यूयार्क : हार्पर एंड रो पब्लिकेशंस।
- एडर्नो, टी. डब्ल्यू., (2006), *संस्कृति उद्योग,* दिल्ली : ग्रन्थ शिल्पी प्रकाशन।
- एलन ओ. कोनार, (1988), *रेमंड विलियम्स ऑन टेलीविजन* (सं.), लन्दन : रूटलेज प्रकाशन।
- कंपेन, बेंजामिन एम., (1979), *हू ऑन्स दि मीडिया?,* न्यूयार्क : नॉलेज इंडस्ट्री पब्लिकेशंस इ. व्हाइट प्लेन्स।
- कुकार्किन, ए., (1989), *दि पासिंग एज,* मास्को : प्रोग्रेस पब्लिशर्स।
- कश्यप, डॉ. श्याम एवं कुमार, मुकेश, (2008), *खबरें विस्तार से,* नयी दिल्ली : राजकमल प्रकाशन,
- कश्यप, डॉ. सुभाष (1998), *संसदीय लोकतन्त्र का इतिहास,* नयी दिल्ली : हिन्दी माध्यम कार्यान्वयन निदेशालय, दिल्ली विश्वविद्यालय।
- काबरा, कमल नयन, (2005), *भूमण्डलीकरण विचार, नीतियाँ और विकल्प,* दिल्ली : प्रकाशन संस्थान।
- काश्लेव, यूरी, (1984), सूचना साम्राज्यवाद, दिल्ली : शब्दकार।
- कुमार, अमरेन्द्र एवं सिंह निशान्त, *इक्कीसवीं सदी और हिन्दी पत्रकारिता* (सं.), दिल्ली : सामयिक प्रकाशन।

- कुमार, बिजेन्द्र, (2007), *हिन्दी पत्रकारिता और भूमण्डलीकरण,* दिल्ली : श्री नटराज प्रकाशन।
- कुमार, मुकेश एवं शेखर, सुधांशु, (2009), *भूमण्डलीकरण : नीति नियति,* सागर : विश्वविद्यालय प्रकाशन।
- कुमार, सुरेश, *इंटरनेट पत्रकारिता,* दिल्ली : तक्षशिला प्रकाशन।
- कुरान जेम्स और ग्रान्हिम निकोलोस, (1986), *मीडिया कल्चर एंड सोसाइटी* (सं.), लन्दन : सेज पब्लिकेशन्स।
- कॉलिन्स, रिचार्ड, कुरान, जेम्स, गुरेविच, माइकेल और वुलकॉट, जेनिट, (1987), *मास कम्युनिकेशन्स एंड सोसाइटी* (सं.), लन्दन : एडवर्ड आर्नल्ड और दि ओपन यूनिवर्सिटी प्रेस।
- कुलश्रेष्ठ, डॉ. विजय एवं जैन, डॉ. हंसा, (2005), *जनसंचार शोध प्रविधियाँ,* जयपुर : माया प्रकाशन।
- कोठारी, गुलाब, (2003), *समाचार पत्र प्रबन्धन,* नयी दिल्ली : राधाकृष्ण प्रकाशन।
- कौल, जवाहरलाल, (2000), *हिन्दी पत्रकारिता का बाज़ार भाव,* दिल्ली : प्रभात प्रकाशन।
- खेतान, प्रभा, (2004), *बाज़ार के बीच बाज़ार के खिलाफ भूमण्डलीकरण और स्त्री के प्रश्न,* नयी दिल्ली : वाणी प्रकाशन।
- गाँधी, महात्मा, (2005), *मंगल प्रभात,* नयी दिल्ली : सस्ता साहित्य मण्डल प्रकाशन।
- गाँधी, महात्मा, (2005), *मेरे सपनों का भारत,* अहमदाबाद : नवजीवन प्रकाशन।
- गाँधी, महात्मा, (2005), *रचनात्मक कार्यक्रम,* अहमदाबाद : नवजीवन प्रकाशन।
- गाँधी, महात्मा, (2007), *गाँधी सत्य के प्रयोग अथवा आत्मकथा,* अहमदाबाद : नवजीवन प्रकाशन।
- गाँधी, महात्मा, (2007), *दक्षिण अफ्रीका के सत्याग्रह का इतिहास,* अहमदाबाद : नवजीवन प्रकाशन।
- गाँधी, महात्मा, (2007), *सर्वोदय,* अहमदाबाद : नवजीवन प्रकाशन।
- गाँधी, महात्मा, (2009), *हिन्द स्वराज,* वाराणसी : सर्व सेवा संघ प्रकाशन।
- गुप्त, बृजमोहन, *जनसंचार माध्यम : विविध आयाम,* दिल्ली : राधाकृष्ण प्रकाशन।
- गुरेविच, माइकेल, बेनिट, टॉनी, कुरान, जेम्स और वुलकॉट, जेनिट, (1985), *कल्चर, सोसायटी एंड दि मीडिया* (सं.), लन्दन : मेथ्यून।
- गोयनका, कमल किशोर, (2008), *गाँधी : पत्रकारिता के प्रतिमान,* दिल्ली : नटराज प्रकाशन।
- गोयनका, कमल किशोर, (2010), *पत्रकारिता के युग निर्माता : महात्मा गाँधी,* दिल्ली : प्रभात प्रकाशन।
- गौतम, डॉ. सुरेश, (2001), *हिन्दी पत्रकारिता : कल, आज और कल,* दिल्ली : साहित्य प्रकाशन।
- चतुर्वेदी, जगदीश्वर एवं सिंह, सुधा, (2008), *भूमण्डलीकरण और ग्लोबल मीडिया,* नयी दिल्ली : अनामिका पब्लिशर्स एंड डिस्ट्रीब्यूटर्स।
- चतुर्वेदी, जगदीश्वर, (1997), *हिन्दी पत्रकारिता के इतिहास की भूमिका,* दिल्ली : अनामिका पब्लिशर्स एंड डिस्ट्रीब्यूटर्स।
- चतुर्वेदी, जगदीश्वर, (2002), *सूचना समाज,* दिल्ली : अनामिका पब्लिशर्स एंड डिस्ट्रीब्यूटर्स।
- चतुर्वेदी, जगदीश्वर, (2004), *हिन्दी पत्रकारिता का इतिहास,* दिल्ली : प्रभात प्रकाशन।
- चतुर्वेदी, जगदीश्वर, (2005), *युद्ध ग्लोबल संस्कृति और मीडिया,* नयी दिल्ली : अनामिका पब्लिशर्स एंड डिस्ट्रीब्यूटर्स।
- चोम्स्की, नौम, (2006), *जनमाध्यमों का माया लोक* (अनु. चन्द्रभूषण), नयी दिल्ली : ग्रन्थ शिल्पी प्रकाशन।

- चोम्स्की, नौम, (1989), *नेसिसरी इल्यूजन्स थॉट कंट्रोल इन डेमोक्रेटिक सोसाइटीज,* लन्दन : प्लूटो प्रेस।
- चौबे, कृपाशंकर, (1999), *पत्रकारिता के नये परिदृश्य,* दिल्ली : मानक पब्लिकेशन्स।
- चौबे, कृपाशंकर, (2003), पत्रकारिता के उत्तर आधुनिक चरण, नयी दिल्ली : वाणी प्रकाशन।
- चौबे, कृपाशंकर, (2008), *समाज संस्कृति और समय,* नयी दिल्ली : प्रकाशन संस्थान।
- जायसवाल, नवल, (2008), *फोटो पत्रकारिता,* नयी दिल्ली : सामयिक प्रकाशन।
- जालान, विमल, (2002), *भारत की अर्थनीति : इक्कीसवीं सदी की ओर,* नयी दिल्ली : राजकमल प्रकाशन।
- जेफ्री, रॉबिन, (2004), *भारत की समाचार-पत्र क्रान्ति*। दिल्ली : भारतीय जनसंचार संस्थान।
- जेमेसन, फ्रेडरिक, (1992), *दि जियोपोलीटिकल एस्थेटिक्स,* लन्दन : इंडियाना यूनिवर्सिटी प्रेस और बीएफआई पब्लिशिंग।
- जैन, रमेश वोहरा, (1989), *भारत में हिन्दी पत्रकारिता,* जयपुर : प्रकाशन चौड़ा रास्ता।
- जैन, रमेश, (1987), *हिन्दी पत्रकारिता का आलोचनात्मक इतिहास,* जयपुर : बोहरा प्रकाशन।
- जैन, रमेश, (1992), *व्यावसायिक पत्रकारिता,* जयपुर : बोहरा प्रकाशन।
- जोशी, पूरनचन्द, (2001), *संस्कृति विकास और संचार क्रान्ति,* दिल्ली : ग्रन्थ शिल्पी प्रकाशन।
- जोशी, मनोहर श्याम, (2008), *पटकथा लेखन एक परिचय,* नयी दिल्ली : राजकमल प्रकाशन।
- जोशी, रामशरण, (2002), *मीडिया और बाज़ारवाद* (सं), दिल्ली : राधाकृष्ण प्रकाशन।
- जोशी, रामशरण, (2006), *मीडिया-विमर्श,* नयी दिल्ली : सामयिक प्रकाशन।
- जोशी, रामशरण, (2008), *मीडिया मिशन से बाज़ारीकरण तक,* बीकानेर : वाग्देवी प्रकाशन।
- जोशी, रामशरण, (2006), *वैश्वीकरण के दौर में,* दिल्ली : समयांतर प्रकाशन।
- जोशी, रामशरण, *इक्कीसवीं सदी के संकट,* दिल्ली : राजकमल प्रकाशन।
- टॉमस, टी. के. (1990), *एटानॉमी फॉर दि इलेक्ट्रॉनिक मीडिया* (सं.), नयी दिल्ली : कोणार्क पब्लिशर्स।
- ट्रेबर, माइकेल, (1986), *दि मिथ ऑफ दि इंफोर्मेशन रिवोल्यूशन* (सं.), लन्दन : सेज पब्लिकेशन्स,
- डिफ्लूर, मेल्विन एल. और डेनिस, ई.ई. (1985), *अंडरस्टेडिंग मास कम्युनिकेशन,* बोस्टन : हगटन मिफलिन कम्पनी।
- डेविस, फिलिप और निव, ब्रेन, (1985), *सिनेमा, पोलिटिक्स एंड सोसाइटी इन अमरीका* (सं.), मेनचेस्टर : मेनचेस्टर यूनिवर्सिटी प्रेस।
- तिवारी, अर्जुन, (1982), *स्वतन्त्रता आन्दोलन और हिन्दी पत्रकारिता,* वाराणसी।
- तिवारी, डॉ. अर्जुन, (2004), *महात्मा गाँधी की पत्रकारिता,* इलाहाबाद : जय भारती प्रकाशन,
- तिवारी, डॉ. अर्जुन, (2004), *मीडिया माफिया,* इलाहाबाद : माया प्रेस।
- त्रिपाठी, कमलापति, (1994), *पत्र और पत्रकार : पुरुषोत्तमदास टंडन 'पत्रकार',* बनारस : ज्ञानमंडल प्रकाशन।
- त्रिपाठी, प्रदीप, *मानवाधिकार और भारतीय संविधान संरक्षण और विश्लेषण,* दिल्ली : राधा पब्लिकेशन्स।
- त्रिपाठी, रमेशचन्द्र, (1993), *पत्रकारिता के सिद्धान्त,* दिल्ली : पल्लव प्रकाशन।
- थॉम्पसन, जॉन बी., (1992), *आइडियोलोजी एंड मोडर्न कल्चर,* कैंब्रिज यू.के. : पोलिटी प्रेस।
- दत्त, डॉ. कृष्ण कुमार, (2006), *विश्व मीडिया बाज़ार,* जयपुर : नेशनल पब्लिशिंग हाउस।
- दीक्षित, कमल एवं दर्पण, महेश, (2005), *समाचार सम्पादन,* नयी दिल्ली : राधाकृष्ण प्रकाशन।
- दीक्षित, डॉ. हरबंश, (2007), *प्रेस विधि एवं अभिव्यक्ति स्वातन्त्र्य,* नयी दिल्ली : वाणी प्रकाशन।

- दीक्षित, राजीव, (2009), *बहुराष्ट्रीय कम्पनियों का मकड़जाल,* वर्धा : आजादी बचाओ आन्दोलन प्रकाशन।
- दुबे, अभय कुमार, (2003), *भारत का भूमण्डलीकरण,* नयी दिल्ली : वाणी प्रकाशन।
- देवदत्त, (2002), *स्वदेशी स्वराज ही क्यों,* दिल्ली : प्रज्ञा संस्थान।
- धर्माधिकारी, चन्द्रशेखर, (2008), *खोज गाँधी की,* वर्धा : गाँधी विचार परिषद्।
- धूलिया, सुभाष, (2001), *सूचना क्रान्ति की राजनीति और विचारधारा,* नयी दिल्ली : ग्रन्थ शिल्पी प्रकाशन।
- नन्दी, आशिस, (2005), *राष्ट्रवाद बनाम देशभक्ति* (अनु. अभय कुमार दुबे), नयी दिल्ली : वाणी प्रकाशन।
- नटराजन, एस., (1962), *प्रेस एसोसिएशन ऑफ इंडिया : स्थापित 1915 की रिपोर्ट के आधार पर,* मुम्बई : एशिया पब्लिशिंग हाउस।
- नटराजन, जे., (2002), *भारतीय पत्रकारिता का इतिहास* (अनु. आर. चेतनक्रान्ति), नयी दिल्ली : प्रकाशन विभाग, सूचना एवं प्रसारण मन्त्रालय, भारत सरकार।
- *नाट्यशास्त्र फिल्म एवं टेलीविजन परिभाषा कोश,* नयी दिल्ली : वैज्ञानिक तथा तकनीकी शब्दावली आयोग।
- नारंग, गोपीचन्द, (2000), *संरचनावाद उत्तर-संरचनावाद एवं प्राच्य काव्यशास्त्र* (उर्दू से अनु. देवेश), नयी दिल्ली : साहित्य अकादमी।
- *निर्णयों का सार-संग्रह,* 1 अप्रैल 2006-31 मार्च 2007, नयी दिल्ली : भारतीय प्रेस परिषद्।
- *निर्णयों का सार-संग्रह,* 1 अप्रैल 2007-31 मार्च 2008, नयी दिल्ली : भारतीय प्रेस परिषद्।
- नेहरू, जवाहरलाल, (1981), *भारत की खोज,* नयी दिल्ली : ऑक्सफोर्ड।
- नेहरू, जवाहरलाल, (1982), *विश्व इतिहास की झलक,* नयी दिल्ली : ऑक्सफोर्ड।
- पचौरी, सुधीश, (1994), *उत्तर-आधुनिकता और उत्तर-संरचनावाद,* दिल्ली : हिमाचल पुस्तक भंडार।
- पचौरी, सुधीश, (1994), *दूरदर्शन दशा और दिशा,* नयी दिल्ली : प्रकाशन विभाग, सूचना और प्रसारण मन्त्रालय।
- पचौरी, सुधीश, (1998), *ब्रेक के बाद,* दिल्ली : राधाकृष्ण प्रकाशन।
- पचौरी, सुधीश, (2000), *उत्तर आधुनिक प्रस्थान बिन्दु (उपभोक्ता संस्कृति के चिह्न),* दिल्ली : आत्माराम एंड सन्स।
- पचौरी, सुधीश, (2000), *मीडिया और साहित्य,* दिल्ली : राजसूर्य प्रकाशन।
- पचौरी, सुधीश, (2004), *मीडिया की परख,* दिल्ली : नीलकंठ प्रकाशन।
- पचौरी, सुधीश, *जनसंचार माध्यम भाषा और साहित्य,* दिल्ली : श्री नटराज प्रकाशन।
- *पत्रकारिता एवं जनसंचार,* स्नातकोत्तर, पाठ्यसामग्री, कोटा : खुला विश्वविद्यालय।
- *पत्रकारिता के आचरण के मानक,* (2005), नयी दिल्ली : भारतीय प्रेस परिषद्।
- पाठक, विजया, (1999), *मीडिया : समग्र आयाम,* भोपाल : जगत पाठक पत्रकारिता संस्थान।
- पाण्डेय, डॉ. रतन कुमार, (2008), *मीडिया का यथार्थ,* नयी दिल्ली : वाणी प्रकाशन।
- पामदत्त, रजनी, (1977), *आज का भारत,* दिल्ली : मैकमिलन प्रकाशन।
- पारख, जवरीमल्ल, (2000), *जनसंचार माध्यमों का वैचारिक परिप्रेक्ष्य,* नयी दिल्ली : ग्रन्थ शिल्पी प्रकाशन।
- पारख, जवरीमल्ल, (2001), *जनसंचार के सामाजिक सन्दर्भ,* नयी दिल्ली : अनामिका पब्लिशर्स एंड डिस्ट्रीब्यूटर्स।

- पारख, जवरीमल, (2006), *जनसंचार माध्यमों का राजनीतिक चरित्र*, नयी दिल्ली : अनामिका पब्लिशर्स एंड डिस्ट्रीब्यूटर्स।
- पालीवाल, कृष्णदत्त, (2008), *उत्तर आधुनिकतावाद और दलित साहित्य*, नयी दिल्ली : वाणी प्रकाशन।
- पुराणिक, आलोक, *आर्थिक पत्रकारिता*, नयी दिल्ली : प्रभात प्रकाशन।
- बघेल, संजय सिंह, (2008), *संचार, समाज और साहित्य*, गाजियाबाद : के.एल. पचौरी प्रकाशन।
- बर्गर, आर्थर एस., (1997), *नैरेटिव्स : इन पोपुलर कल्चर, मीडिया एंड एवरीडे लाइफ*, लन्दन : सेज पब्लिकेशंस।
- वेट्स, बर्नाड, टॉनी और मार्टिन, ग्राहम, (1986), *पॉपुलर कल्चर : पास्ट एंड प्रेजेन्ट*, लन्दन : ओपन यूनिवर्सिटी प्रेस।
- बारवाज़, पेट्रिक और एंड्रयू, एहरेन्बर्ग, (1988), *टेलीविजन एंड इट्स ऑडियन्स*, लन्दन : सेज पब्लिकेशंस।
- बोर्दियु, पियरे, (1998), *ऑन टेलीविजन एंड जर्नलिज्म*, लन्दन : प्लूटो प्रेस।
- ब्राउन, चार्लिन जे., ब्राउन, ट्रेवर आर. और रिवर्स, विलियम एल., (1978), *दि मीडिया एंड दि पीपुल*, न्यूयार्क : होल्ट, राइनहार्ट एंड विंसटन।
- ब्रॉडी, ई.डब्ल्यू., (1990), *कम्युनिकेशन टुमारो*, न्यूयार्क : प्रेयजर पब्लिशर्स।
- भट्ट, शंकर, (2002), *भारतीय प्रेस 1955 से अब तक*, नयी दिल्ली : प्रकाशन विभाग, सूचना और प्रसारण मन्त्रालय, भारत सरकार।
- भट्टाचार्य, एस.एन., (1965), *महात्मा गाँधी : द जर्नलिस्ट*, मुम्बई : एशिया पब्लिशिंग हाउस.
- भरुचा, रुस्तम, (1999), *इन दि नेम ऑफ सेक्युलर : कन्टेपररी कल्चरल एक्टिविज्म इन इंडिया*, दिल्ली : ऑक्सफोर्ड यूनिवर्सिटी प्रेस।
- भार्गव, डॉ. मोतीलाल, (1992), *आधुनिक भारत के निर्माता गणेश शंकर विद्यार्थी*, नयी दिल्ली : सूचना और प्रसारण मन्त्रालय, भारत सरकार।
- भानावत, डॉ. संजीव। (2004), *पत्रकारिता का इतिहास एवं जन-संचार माध्यम*, जयपुर : यूनिवर्सिटी पब्लिकेशंस।
- भारती, जयप्रकाश, (1994), *हिन्दी पत्रकारिता : दशा और दिशा* (सं.), दिल्ली : प्रवीण प्रकाशन।
- भीष्मपाल, एच., (1988), *खोजी पत्रकारिता*, नयी दिल्ली : प्रकाशन विभाग, सूचना और प्रसारण मन्त्रालय, भारत सरकार।
- मन्त्री, गणेश, (2000), *पत्रकारिता की चुनौतियाँ*, दिल्ली : सत साहित्य प्रकाशन।
- मजूमदार, आर.सी., (1960), *एडवांस्ड हिस्ट्री ऑफ इंडिया*, लन्दन।
- मसानी, मेहरा, (1976), *ब्रॉडकास्टिंग एंड दि पीपुल*, नयी दिल्ली : नेशनल बुक ट्रस्ट, इंडिया।
- मस्त, जिराल्ड, कोहेन, मार्शल और ब्रॉडी, लियो, (1992), *फिल्म थियरी एंड क्रिटिसिज्म* (सं.), न्यूयार्क : ऑक्सफोर्ड यूनिवर्सिटी प्रेस।
- मार्क्स, कार्ल और एंगेल्स, फ्रेडरिक, (1981), *साहित्य और कला*, मास्को : प्रगति प्रकाशन।
- मिश्र, कृष्ण बिहारी, (1985), *हिन्दी पत्रकारिता*, नयी दिल्ली : भारतीय ज्ञानपीठ प्रकाशन।
- मिश्र, गिरीश एवं पाण्डेय, ब्रजकुमार, (2005), *भूमण्डलीकरण मिथक या यथार्थ*, मुजफ्फरपुर : अभिधा प्रकाशन।
- मिश्र, वी.के. एवं पुरी, एस.के., (1998), *भारतीय अर्थ-व्यवस्था*, मुम्बई : हिमालय पब्लिशिंग हाउस।

- मैकब्राइड, सीन, (1988), *मैनी वॉइसेस, वन वर्ल्ड : यूनेस्को रिपोर्ट* (सं.), लन्दन : कोगेन पेज लिमिटेड।
- मैकलुहान, मार्शल, (1964), *अंडरस्टेंडिंग मीडिया : दि एक्सटेंशंस ऑफ मैन*, न्यूयार्क : पेंग्विन बुक्स।
- मैक्वेल, डेनिस, (1994), *मास कम्युनिकेशन थियरी : एन इंट्रोडक्शन*, लन्दन : सेज पब्लिकेशन्स.
- मेहता, आलोक, *पत्रकारिता की लक्ष्मण रेखा*, दिल्ली : सामयिक प्रकाशन।
- मैकेबी, कॉलिन, (1985), *थियरिटकल एसेज : फिल्म, लिंग्विस्टिक्स, लिट्रेचर*, मेनचेस्टर : मेनचेस्टर यूनिवर्सिटी प्रेस।
- मोहन, अरविन्द, (2005), *पत्रकार और पत्रकारिता प्रशिक्षण*, नयी दिल्ली : सामयिक प्रकाशन।
- मोहन, अरविन्द, (2006), *मीडिया, शासन और बाज़ार*, बीकानेर : वाग्देवी प्रकाशन।
- राजकिशोर, (1994), *आज के प्रश्न विनाश को निमन्त्रण*, नयी दिल्ली : वाणी प्रकाशन।
- राजकिशोर, (1994), *पत्रकारिता के परिप्रेक्ष्य*, दिल्ली : साहित्य सहकार प्रकाशन।
- राजकिशोर, (1994), *समकालीन पत्रकारिता : मूल्यांकन और मुद्दे* (सं.), दिल्ली : वाणी प्रकाशन।
- राजकिशोर, (2003), *आज के प्रश्न : अश्लीलता का हमला*, नयी दिल्ली : वाणी प्रकाशन।
- राजगढ़िया, विष्णु एवं केजरीवाल, अरविन्द, (2005), *सूचना का अधिकार*, नयी दिल्ली : राजकमल प्रकाशन।
- राजगढ़िया, विष्णु, (2008), *जनसंचार : सिद्धान्त और अनुप्रयोग*, राधाकृष्ण प्रकाशन।
- राजाध्यक्ष, आशीष और विलमैन, पॉल, (1995), *एनसाइक्लोपिडिया ऑफ इंडियन सिनेमा*, नयी दिल्ली : ऑक्सफोर्ड यूनिवर्सिटी प्रेस।
- राय, एम. सत्या, (1983), *भारत में राष्ट्रवाद*, दिल्ली : हिन्दी माध्यम कार्यान्वयन निदेशालय, दिल्ली विश्वविद्यालय।
- राय, एम. सत्या, (1990), *भारत में उपनिवेशवाद और राष्ट्रवाद*, दिल्ली : हिन्दी माध्यम कार्यान्वयन निदेशालय, दिल्ली विश्वविद्यालय।
- राय, सुजाता, (1996), *राष्ट्रीय जागरण और हिन्दी पत्रकारिता का आदिकाल*, दिल्ली : अनामिका पब्लिशर्स एंड डिस्ट्रीब्यूटर्स।
- रुद्रदत्त, (1993), *भारतीय अर्थ-व्यवस्था*, दिल्ली : राजदत्त प्रगति पब्लिकेशन्स।
- रोजर्स, एवरेट्ट एम., (1986), *कम्युनिकेशन टेक्नोलोजी*, न्यूयार्क : दि फ्री प्रेस।
- लोजियाक, कोनार्ड, (1986), *दि पॉवर ऑफ़ टेलीविजन*, लन्दन : फ्रांसिस प्रिंटर (पब्लिशर्स)।
- मोस्को, विंसेंट और मोस्को, जेनिट, (1988), *दि पोलिटिकल इकॉनॉमी ऑफ इन्फोर्मेशन* (सं.), विसकंसिन : दि यूनिवर्सिटी ऑफ विसकंसिन प्रेस।
- बिटनर, जॉन आर., (1986), *मास कम्युनिकेशन*, बोस्टन : एलिन एंड बेकन।
- विपिनचन्द्र, (1990), *भारत का स्वतन्त्रता संघर्ष*, दिल्ली : हिन्दी माध्यम कार्यान्वयन निदेशालय, दिल्ली विश्वविद्यालय।
- विपिनचन्द्र, (1996), *भारत में उपनिवेशवाद और राष्ट्रवाद*, दिल्ली : अनामिका प्रकाशन एंड डिस्ट्रीब्यूटर्स।
- विलियम्स, रेमंड, (1968), *कम्युनिकेशंस*, यू.के. : पेंग्विन बुक्स, मिडिलसेक्स।
- विलियम्स, रेमंड, (1979), *टेलीविजन एंड कल्चरल फॉर्म*, ग्लासगो : फोंटाना कॉलिंस, रिचार्ड कॉलिंस।
- विलियम्स, रेमंड, (1982), *प्रोब्लम्स इन मेटिरियलिज्म एंड कल्चर*, लन्दन : वर्सो एडिशंस एंड एनएलबी।

- विलियम्स, रेमंड, (1989), *की वर्ड्स*, लन्दन : फोंटाना प्रेस।
- वेन, माइक, (1998), *डिसिडेन्ट वॉइसेज : दि पॉलिटिक्स ऑफ टेलीविजन एंड कल्चरल चेंजेज* (सं.), लन्दन : प्लूटो प्रेस।
- वैदिक, वेदप्रताप, (1992), *हिन्दी पत्रकारिता के विविध आयाम* (सं.), दिल्ली : हिन्दी बुक सेंटर।
- व्यास, लक्ष्मी शंकर, (1977), *सम्पादक पराड़कर*, लखनऊ : उत्तर प्रदेश हिन्दी संस्थान (पत्रकारिता विभाग), राजर्षि पुरुषोत्तम दास टंडन।
- शर्मा, कुमुद, (2003), *भूमण्डलीकरण और मीडिया*, नयी दिल्ली : ग्रन्थ अकादमी प्रकाशन।
- शर्मा, कुमुद, (2009), *जनसम्पर्क प्रबन्धन*, दिल्ली : ज्ञानगंगा प्रकाशन।
- शर्मा, कुमुद, (2009), *भूमण्डलीकरण और मीडिया*, नयी दिल्ली : ग्रन्थ अकादमी प्रकाशन।
- शर्मा, क्षमा, (2002), *पत्रकारिता और साहित्य*, दिल्ली : श्री नटराज प्रकाशन।
- शर्मा, डॉ, अशोक कुमार, (1997), *संचार क्रान्ति और हिन्दी पत्रकारिता*, वाराणसी : विश्वविद्यालय प्रकाशन।
- शर्मा, राधेश्याम, (1990), *विकास पत्रकारिता*, पंचकूला : हरियाणा साहित्य अकादमी।
- शर्मा, राधेश्याम, (2002), *हिन्दी पत्रकारिता : स्वरूप और आयाम*, पंचकूला : हरियाणा साहित्य अकादमी।
- शाह, गिरिराज, (1989), *ग्लिम्पसेज ऑफ एंशिएंट इंडियन कल्चर*, नोएडा : त्रिशूल पब्लिकेशन्स।
- शिलर, हर्बर्ट आई., (1976), *कम्युनिकेशंस एंड कल्चरल डोमिनेशंस*, न्यूयार्क : एम.ई. शार्प, आइएनसी व्हाइट प्लेन्स।
- शुक्ला, रवीन्द्र, (2008), *सूचना प्रौद्योगिकी और समाचार-पत्र*, नयी दिल्लीः राधाकृष्ण प्रकाशन।
- संतोष, (2008), *पत्रकारिता और समाज*, नयी दिल्ली : ओमेगा पब्लिकेशन्स।
- *संपूर्ण गाँधी वाङ्मय*, नयी दिल्ली : प्रकाशन विभाग, भारत सरकार।
- सक्सेना, राजीव, 2008, *नयी सदी की पत्रकारिता*, दिल्ली : प्रतिभा प्रकाशन।
- सरदार, जियाउद्दीन, (1998), *पोस्ट मॉडर्निज्म एंड दि अदर : दि न्यू इंपिरियलिज्म ऑफ वेस्टर्न कल्चर*, लन्दन : प्लूटो प्रेस।
- सिंघल, अरविंद और रोजर्स, एवरेट्ट एम., (1989), *इंडियाज इन्फोर्मेशन रिवोल्यूशन*, नयी दिल्ली : सेज पब्लिकेशन्स।
- सिंह, अरुण कुमार, (2003), *मनोविज्ञान, समाजशास्त्र तथा शिक्षा में शोध विधियाँ*।
- सिंह, डॉ. अमित रंजन, (2014), *समसामयिक पत्रकारिता और गाँधी*, नयी दिल्ली : डॉल्फिन पब्लिकेशन।
- सिंह, डॉ. दिनेश प्रसाद, (2007), *प्रयोजनमूलक हिन्दी और पत्रकारिता*, नयी दिल्ली : वाणी प्रकाशन।
- सिंह, डॉ. देवेन्द्र, (2007), *भारतीय इलेक्ट्रॉनिक मीडिया*, दिल्ली : प्रभात प्रकाशन।
- सिंह, बच्चन, (1989), *हिन्दी पत्रकारिता के नये प्रतिमान*, वाराणसी : विश्वविद्यालय प्रकाशन।
- सिंहा, राकेश, (2007), *राजनीतिक पत्रकारिता*, दिल्ली : प्रभात प्रकाशन।
- सिन्हा सच्चिदानन्द, (2003), *भूमण्डलीकरण की चुनौतियाँ*, नयी दिल्ली : वाणी प्रकाशन।
- सुखीजा, वीना, (1999), *मुलाकात : लोकमित्र*, दिल्ली : इमेज रिफ्लेक्शन।
- सुजाता, (2012), *गाँधी की नैतिकता*, वाराणसी : सर्व सेवा संघ प्रकाशन।
- सेंगर, शैलेन्द्र, (2008), *पत्रकारिता : कल और आज*, दिल्ली : आधुनिक प्रकाशन।
- स्टीवंस, राबर्ट एल., (1988), *कम्युनिकेशन, डेवलपमेंट एंड दि थर्ड वर्ल्ड*, न्यूयार्क : लांगमेन।
- स्टीफन सेक्सबी (1990), *दि एज ऑफ़ इन्फोर्मेशन*, लन्दन दि मैकमिलन प्रेस लि.।

- स्मार्ट, बेरी, (1992), *मॉडर्न कंडीशंस, पोस्टमॉडर्न कोंट्रोवर्सीज,* लन्दन : रूटलेज।
- हर्बर्ट, कॉवेल, (1936), *हिस्ट्री एंड कंस्टीच्यूशन ऑफ़ द कोर्ट्स ऑफ़ लेजिस्लेटिव अथॉरिटीज इन इंडिया,* कलकत्ता।
- हर्मन, एडवर्ड एस. और मैक्स्चनी, राबर्ट डब्ल्यू., (1998), *दि ग्लोबल मीडिया,* नयी दिल्ली : माध्यम बुक्स।
- हरमन, एडवर्ड एस. एवं मैक्चेस्नी, राबर्ट डब्ल्यू., (2006), *भूमण्डलीय जनमाध्यम (निगम पूँजीवाद के नये प्रचारक)* (अनु. चन्द्रभूषण), दिल्ली : ग्रन्थ शिल्पी प्रकाशन।
- हेमन्त, (2007), *योद्धा पत्रकार,* नयी दिल्ली : सामयिक प्रकाशन।
- Agrawal, Vir Bala. (2006). *Essential of Practical Jounalism*. New Delhi : Concept Publishing Company.
- Agrawal, Namita. (2007). *Theories of Communication and Mass Media*. Jaipur: Book Enclave.
- Baldevraj, Nayar. (2001). *Globalization and Nationalism*. Delhi: Sage Publication.
- Bandyopadhyaya, Anu. (1994). *M. K. Gandhi: Author, Journalist, Printer, Publisher*. Ahmedabad: Navajivan Publishing house.
- Bhagwati, Jagdish & Khan, Manzar. (2004). *In defence of globalization*. Delhi: Oxford University Press.
- Bhargava, B.K. & Sethi, Vandana. (2004). *Indian Economy: Performance Issues and Policies*. Delhi: Sulchand Publication.
- Bhattacharjee, Shymali. (2010). *News Coverage, Reporting and Editing*. New Delhi: Kanishka Publishers, Distributors.
- Bhattacharya, Bhabani. (1969). *Gandhi: The Writer (The Image as it Grew)*. New Delhi: National Book Trust, India.
- Bhattacharya, S.N. (1965). *Mahatma Gandhi: The Journalist*. Bombai: Asia Publishing House.
- Chaturvedi, S.N. (2007). *Dynamics of Journalism and Art of Editing*. New Delhi: Cyber Tech Publications.
- Chauhan, Swati. Chandra, Navin. (1997). *Journalism today: Principles, Practices and Challenges* (Ed.). Delhi: Kaniska Publishers and Distributors.
- Christopher, C. (1997). *Dynamics of Journalism*. Delhi: Anmol Publication.
- Cushion, Stephen. (2012). *Television Journalism*. New Delhi: Sage Publications.
- Dalmar, Fisher. (1999). *Communication in Organisations*. Mumbai: Jaico Publishing House.
- Datta, K.B. (2010). *Modern Handbook of Media Ethics*. New Delhi: Ekta Books Distributors.

- Day, Loius Alvin. (2006). *Media Communication Ethics*. New Delhi: Cengage Learning
- Desai, Amit. (2003). *Journalism and Mass Communication*. New Delhi: Reference Press.
- Donald, Ralph & Thomas, Spann. (2004). *Fundamentals of Television Production*. New Delhi: Surjeet Publications.
- Dutt, Rudder. *Second genaration Economic Reforms in India* (Ed.). Delhi: Deep and Deep Publication.
- Edward Sherman, Robert W. Mccheney. (1998). *The Global Media*. Delhi: Madhyam Books.
- Fernandez, Joseph. (2004). *Corporate Communications: A 21st. Century Primer*. New Delhi: Response Books.
- Fitzpatrick, Kathy & Carolyn Bronstein. (2006). *Ethics in Public Relations*. USA: Sage
- Gandhi, P. Jagdish & Bhramnanda, Prof. P.R. *Globalised Indian Economy: Contemporary Issues and Perspective*. Delhi : Deep and Deep Publication.
- Gandhi, Ved Prakash. (2009). *Handbook of Television and Radio Broadcasting*. New Delhi: Kanishka Publishers & Distributors.
- Ganesh, S. (2007). *Hand Book of Media Communication and Public Relations*. New Delhi: Radha Publications.
- Gaur, Sanjay. (2006). *Dynamics of Mass Society and Communication*. Jaipur: Book Enclave.
- Ghoshal, Subhash & Millan, Mc. (2002). *Making of Advertising*.
- Gunaratne, Shelton A. (2000). *Hand Book of the Media in Asia* (Ed.). Delhi: Sage Publication.
- Gupta, V.S. (2000). *Communication and Development*. New Delhi: Concept Publishing Company.
- Herbert, John. (2001). *Practising global Journalism exploring reporting issue worldwide*. Oxford: Focal Press.
- Hodkinson, Paul. (2011). *Media, Culture and Society*. New Delhi: Sage Publications.
- Hussain, Zahid & Ray, Vanita. (2000). *Media and Communications in the third world*. New Delhi: Kanishka publishers & Distributors.
- Iyer, Raghavan. (1990). *The Essential Writings of M. Gandhi*. New Delhi: Oxford University Press.
- Jethwaney, Jaishri & Jain, Shruti. (2012). *Advertising Management*. New Delhi: Oxford University Press.

- Kapila, Uma. (2002-2003). *Understanding the problems of Indian economy*. Delhi: Academic foundation.
- Kapoor, D.N. (2006). *Broadcast Journalism*. New Delhi: Mohit Publications.
- Kumar, Keval J. (2004). *Mass Communication in India*. Mumbai : Jaico Publishing House.
- Lievrouw, Leah A., Sonia Livingstone. (2009). *New Media* (Volume I,II,III,IV) (Ed.). New Delhi: Sage Publications.
- Mehta, Malti & S.R. Sharma. (2013). *New Media and Its Language*. New Delhi: Sarup Book Publishers.
- Mehta, Nalin. (2009). *Television in India*. Routledge.
- Menin, P.K. (2005). *Journalistic Ethics*. Jaipur: Pointer Publishers.
- Menon, Mridula. (2004). *Development Communication and Media Debate*. New Delhi: Kanishka Publishers & Distributors.
- Mody, Bella. (1991). *Designing Messages for Development Communication*. New Delhi: Sage Publications.
- Murthy, D V R. (2006). *Development Journalism*. New Delhi: Kanishka Publishers & Distributors.
- Narula, Uma. (2006). *Communication Models*. New Delhi: Atlantic Publishers & Distributors.
- Nayar, Baldev Raj. (2001). *Globalization and Nationalism*. Delhi : Sage Publication.
- Negrine, Ralph & Stanyer, James. (2007).*The Political Communication Reader*. Newyork : Routledge.
- Oliver Boyed Barrett and Rantonen. (1988). *The globalization of News* (Ed.). Delhi: Sage Publication.
- Petras, James & Veltmeyer, Henry. (2001). *Globalization Unmasked Imperialism in the Twenty-First Century*. Nova Skotia : Fernwood Publishing.
- Plaisance, Patrick Lee. (2009). *Media Ethics*. USA: Sage Publications.
- Prasad, Kiran. (2009). *Communication for Development* (Volume I & II). New Delhi: B.R. Publishing Corporation.
- Puri, Manohar. (2006). *Art of Editing*. New Delhi: Pragun Publications.
- Pushkar, Niranjan. (2009). *Development Communication*. New Delhi: Authors press.
- Rama, S. Shiva. (1996). *Globalization: The Indian Scenario*. Allahabad: Wheeler Publishing.
- Rechardson, Martin. (2000). *Globlization and International Trade Celt*. UK: Edward Elgar Publication.

- Roy, Sumit. (2005). *Globalisation, ICT and Developing Nations*. New Delhi : Sage India Publications.
- Sadler, L. Roger. (2005). *Electronic Media Law*. Califonia : Sage Publication.
- Sen, Amartya. (1999). *Development as Freedom*. Delhi : Oxford University Press.
- Shrivastava, K.M. (2005). *Media Ethics Veda to Gandhi & Beyond*. New Delhi: Publication Division. Govt. of India.
- Shrivastava, K.M. (2005). *News Reporting and Editing*. New Delhi: Sterling Publishers.
- Singh, Bhanu Pratap. (2011). *Art of Editing*. New Delhi: Anmol Publications.
- Sinha, Ajit Kumar. (1994). *New Economic policy in India* (Ed.). Delhi: Deep and Deep Publication.
- Sinha, Ajit Kumar. (1994). *New Economic Policy of India: Restructuring and Liberalizing the Economy for 21st Century*. Delhi: South Asia Books.
- Toffler, Alvin. (1970). *Future Shock*. New York: Bantam Books, Marca Registrada.
- Toffler, Alvin. (1980). *The Third wave*. New York: Bantam Books, Marca Registrada.
- Toffler, Alvin. (1990). *Powershift: Knowledge, Wealth and Violence at the Edge of the 21st Century*. New York: Bantam Books, Marca Registrada.
- Verma, N.K. (2006). *Handbook of Mass Communication*. New Delhi: Sumit Enterprises.
- Waney, Jaishri Jeth & Sarkar, N. N. (2015). *Public Relations Management*. NewDelhi: Sterling.

❑❑